ARISTÓTELES

META FÍSICA

VOLUME II
Texto grego com tradução ao lado

PLANO DA OBRA:

Volume I:	Ensaio introdutório
Volume II:	Texto grego com tradução ao lado
Volume III:	Sumário e comentários

ARISTÓTELES

META FÍSICA

Ensaio introdutório, texto grego com
tradução e comentário de
GIOVANNI REALE

VOLUME II
Texto grego com tradução ao lado

TRADUÇÃO
Marcelo Perine

Edições Loyola

Título original:
Aristotele Metafisica – Saggio introduttivo, testo greco con traduzione a fronte e commentario a cura di Giovanni Reale
(*edizione maggiore rinnovata*)
© Traduzione, proprietà Rusconi Libri
© Saggio introduttivo e commentario, Giovanni Reale
© da presente edição, Vita e Pensiero, Milano
ISBN 88-343-0541-8 (obra)

Dados Internacionais de Catalogação na Publicação (CIP)
(Câmara Brasileira do Livro, SP, Brasil)

Aristóteles
  Metafísica : volume II / Aristóteles ; ensaio introdutório, texto grego com tradução e comentário de Giovanni Reale ; tradução Marcelo Perine. -- 5. ed. -- São Paulo : Edições Loyola, 2015.

  ISBN 978-85-15-02427-8

  1. Ética 2. Filosofia antiga 3. Metafísica 4. Poética I. Reale, Giovanni. II. Título.

15-12914   CDD-185

Índices para catálogo sistemático:
  1. Metafísica : Filosofia aristotélica   185

Edição de texto: Marcos Marcionilo
Capa e projeto gráfico: Maurélio Barbosa
Diagramação: So Wai Tam
Revisão: Marcelo Perine

Edições Loyola Jesuítas
Rua 1822, 341 – Ipiranga
04216-000 São Paulo, SP
T 55 11 3385 8500/8501 • 2063 4275
editorial@loyola.com.br
vendas@loyola.com.br
www.loyola.com.br

Todos os direitos reservados. Nenhuma parte desta obra pode ser reproduzida ou transmitida por qualquer forma e/ou quaisquer meios (eletrônico ou mecânico, incluindo fotocópia e gravação) ou arquivada em qualquer sistema ou banco de dados sem permissão escrita da Editora.

ISBN 978-85-15-02427-8
5ª edição: 2015
© EDIÇÕES LOYOLA, São Paulo, Brasil, 2002

Poi ch'innalzai un poco più le ciglia,
Vidi 'l maestro di color che sanno
Seder fra filosofica famiglia.
Tutti lo miran, tutti onor li fanno (...).
Dante, Inferno, IV 130-133.

(...) er [Aristóteles] ist eins der reichsten und umfassendsten (tiefsten) wissenschaftlichen Genie's gewesen, die je erschienen sind, ein Mann, dem keine Zeit ein gleiches an die Seite zu stellen hat.

(...) ele [Aristóteles] é um dos mais ricos e universais (profundos) gênios científicos que jamais existiram, um homem ao qual nenhuma época pode pôr ao lado um igual.

G. W. F. Hegel,
Vorlesungen über die Geschichte der Philosophie, in *Sämtliche Werke*, Bd. 18. Ed. Glockner, p. 298.

Sumário

Advertência IX
Livro A (primeiro) 1
Livro α ἔλαττον (segundo) 69
Livro B (terceiro) 83
Livro Γ (quarto) 129
Livro Δ (quinto) 187
Livro E (sexto) 267
Livro Z (sétimo) 285
Livro H (oitavo) 367
Livro Θ (nono) 393
Livro I (décimo) 433
Livro K (décimo primeiro) 479
Livro Λ (décimo segundo) 541
Livro M (décimo terceiro) 587
Livro N (décimo quarto) 657

Advertência

Ao iniciar a leitura deste volume, que contém o texto grego e a tradução da Metafísica de Aristóteles, o leitor deverá ter presentes as explicações do Prefácio geral, contido no primeiro volume, e de modo particular as observações relativas aos critérios seguidos na tradução e no enfoque específico deste segundo volume (cf. pp. 13-17).

Considero, em todo caso, muito oportuno evocar aqui alguns pontos e acrescentar algumas explicações ulteriores.

O texto grego de base que segui é sobretudo o que foi estabelecido por Ross, embora tenha tido sempre presente também o de Jaeger. Entretanto, introduzo no texto de Ross algumas variantes, e não só as que foram extraídas da edição de Jaeger, oferecendo nas notas, na maioria dos casos, a relativa justificação.

Para tornar bem inteligível o texto grego, Ross introduz numerosos parênteses. Eu reproduzo esses parênteses no texto grego, mas em grande medida os elimino na tradução. De fato, na tradução mudo radicalmente o enfoque linguístico, valendo-me do complexo jogo de pontuação e de cadenciamento dos períodos, de modo a alcançar clareza que, mantendo aqueles parênteses (estritamente ligados ao texto grego), não se poderia alcançar.

Uso os parênteses quando ajudam o leitor a bem seguir o raciocínio de Aristóteles, com base no tipo de tradução que faço, e com base na interpretação que ofereço. Uso, depois, colchetes só para evidenciar eventuais acréscimos, e não, em geral, todas as explicitações do texto grego que apresento, porque tais parênteses perturbam bastante o leitor e não servem à compreensão do texto. Ao contrário, uso parênteses normais para apresentar todos os expedientes que utilizei para evidenciar a articulação e o cadenciamento dos raciocínios, que, em muitos livros, são verdadeiramente úteis e até mesmo necessários. O texto de Aristóteles extremamente denso, que, como já disse e como em seguida

voltaremos a afirmar, na medida em que é um material de escola, às vezes até mesmo uma verdadeira sequência de apontamentos, necessita de uma série de explicações para ser usado e bem recebido (enquanto carece dos suportes sistemáticos oferecidos pelas lições dentro do Perípato). Às vezes indico com números romanos os cadenciamentos, às vezes com números arábicos, de acordo com os blocos de argumentos, e os subdivido depois com letras, ora maiúsculas, ora minúsculas, e até mesmo (quando necessário) com ulteriores divisões feitas com letras gregas, para indicar as articulações posteriores.

O leitor tenha presente que toda essa trama de relações e cadenciamentos dos raciocínios evidenciada mediante números e letras é retomada ou completada nos sumários e nas notas de comentário, com todas as explicações do caso. Mas o leitor, caso inicie a leitura do texto com outro interesse e outra ótica, pode também não levar em conta essa complexa divisão e deixá-la, justamente, entre parênteses.

O leitor notará, particularmente, uma nítida diferença entre a extensão do texto grego e a tradução. Isto se explica, não só pelo fato de a língua grega ser muito mais sintética do que as línguas modernas (como expliquei no Prefácio, *pp. 13-17), mas também pela titulação dos parágrafos (que visa dar ao leitor o núcleo da problemática nele tratada, e que eu mesmo preparei, como, de resto, já outros estudiosos julgaram oportuno fazer), por toda uma série de* caput *adequadamente pensada, por um cadenciamento dos períodos que busca evidenciar do melhor modo a articulação dos raciocínios (seguindo, obviamente, a lógica da língua), pela explicitação dos sujeitos e dos objetos amiúde implícitos no texto grego, pelo desenvolvimento que os neutros implicam para se tornarem compreensíveis, e, enfim, pelo adequado esclarecimento e interpretação das braquilogias.*

Recordo que minha tradução está bem longe de ser um simples decalque do texto grego, mas pretende ser uma tradução-interpretação e, particularmente, uma nova proposição das mensagens conceituais comunicadas por Aristóteles em língua grega, muito amiúde técnica e esotérica.

Portanto, como já disse no Prefácio, os controles e confrontos com o texto originário apresentado (nas páginas pares) ao lado da tradução (nas páginas ímpares) devem sempre ser feitos levando em conta o comentário e apoiando-se na lógica do pensamento filosófico de Aristóteles, e não só na lógica da gramática e da sintaxe grega.

Uma tradução literal de Aristóteles não serviria a ninguém. E, com efeito, os filólogos puros, em todas as línguas modernas, não foram capazes de traduzir a Metafísica, *justamente porque só o conhecimento da língua (do léxico,*

da gramática e da sintaxe do grego) está longe de ser suficiente para poder compreender e, portanto, fazer compreender um dos maiores e mais difíceis textos especulativos até hoje escritos. (De resto, nas modernas teorias relativas às técnicas de tradução, mesmo de línguas modernas para línguas modernas, está bastante estabelecida a ideia de que o tradutor não é nunca verdadeiramente confiável, por elevado que seja seu conhecimento da língua em questão, quando não conheça em justa proporção o objeto de que trata o livro a ser traduzido).

Como se verifica isso, e justamente no mais alto grau, no caso da Metafísica?

A meu ver, isso se verifica pelo fato de a Metafísica *tratar de um tipo de problemática totalmente particular, cuja penetração exige uma espécie de "iniciação", para usar uma metáfora clássica.*

Só uma adesão simpatética à problemática tratada, uma notável familiaridade com ela, ou, para dizer com uma imagem particularmente significativa, uma espécie de "simbiose" com esse tipo de investigação, permitem compreender adequadamente, numa língua tão diferente da originária (com estruturas gramaticais e sintáticas dificilmente passíveis de superposição), uma obra desse calibre.

Naturalmente, considero que esse critério seja insubstituível, malgrado todos os inconvenientes estruturalmente implícitos.

Há algum tempo eu teria resistido a apresentar diante de um texto originário uma tradução autônoma e não linguisticamente literal. Hoje, ao contrário, sou muito favorável a esse tipo de operação, na medida em que considero poder apresentar as duas faces da coisa na justa medida.

No passado, os editores de textos gregos julgavam que não era tarefa sua traduzir os textos que publicavam. Certos tradutores por sua vez, julgavam não ser tarefa sua interpretar o texto que apresentavam, raciocinando aproximadamente do seguinte modo: a tradução que se extrai do texto é essa; não é minha tarefa, mas do intérprete, entender a tradução em seus conteúdos e explicá-la. Hoje, ao invés, felizmente as tendências se inverteram: muitas vezes os editores dos textos gregos enfrentam também a tarefa de traduzi-los e de comentá-los adequadamente. De resto, justamente isso começaram a fazer, já no passado, alguns autores que se ocuparam da Metafísica *de Aristóteles: basta pensar em estudiosos do calibre de Schwegler, de Bonitz e de Ross, que foram seja editores, seja tradutores, seja intérpretes e comentadores, com precisas competências inclusive doutrinais. E começou-se a fazer isso justamente com* Metafísica, *porque é o próprio texto que impõe essa regra de maneira irreversível.*

Enfim, o leitor tenha presente um fato que emergiu claramente no século XX, mas que muitos continuam a esquecer ou a excluir. A Metafísica não é um livro, mas uma coletânea de vários escritos no âmbito de uma mesma temática. Consequentemente, não tem absolutamente as características que se espera de um livro; antes, tem até mesmo muitas características opostas, como explico no Prefácio.

Recorde-se que Aristóteles era um grande escritor. Seus livros publicados, como nos refere Cícero, eram um verdadeiro rio de eloquência; ao contrário, seus escritos de escola são rios de conceitos, mas não de eloquência. Quase não existem na Metafísica *páginas marcantes do ponto de vista estilístico e formal: constitui uma exceção, verdadeiramente extraordinária, só o capítulo sétimo do livro doze, ou seja, a página na qual Aristóteles descreve Deus e sua natureza; uma página na qual o próprio Dante se apoiou nalgumas passagens, traduzindo em versos as palavras do Estagirita (cf. vol. III, p. 577). De modo muito notável, os escritos de escola de Aristóteles pressupõem o sistemático contraponto das lições no Perípato, além de algumas referências também às obras publicadas.*

Infelizmente, nenhuma das obras publicadas de Aristóteles nos chegou (exceto o De mundo, se o aceitamos como autêntico, o que está longe de ser admitido por todos). Delas conhecemos apenas alguns fragmentos.

Com Aristóteles ocorreu justamente o contrário do que ocorreu com Platão. De fato, de Platão nos chegaram todas as obras publicadas e só escassas relações dos discípulos sobre as doutrinas não-escritas, desenvolvidas por ele nas suas lições dentro da Academia, e que continham as coisas que, para ela, eram "de maior valor". De Aristóteles, ao contrário, chegaram-nos somente as obras que continham as lições dadas por ele no interior do Perípato e, portanto, justamente seus conceitos definitivos, e não as doutrinas por ele destinadas ao um público mais amplo, além de seus alunos.

Os conteúdos das obras de Aristóteles correspondem em larga medida, pelo menos do ponto de vista analógico e metodológico, aos que Platão confiava unicamente ou prioritariamente à oralidade dialética e a seus cursos e aulas, e que Aristóteles não confiou apenas à oralidade, porque, contra as convicções do mestre, alinhou-se nitidamente em favor da nova cultura da escrita e, portanto, escreveu todos os conteúdos das suas lições (e também em síntese os das lições do mestre).

Certamente, se recuperássemos muito mais do que até agora se recuperou das obras publicadas de Aristóteles, provavelmente ganharíamos muito também na leitura da Metafísica. *Seriam ganhos iguais e contrários, por assim*

dizer, relativamente aos que se adquirem na releitura dos escritos platônicos à luz de suas doutrinas não-escritas.

Todavia, o fato de que de Aristóteles nos tenham chegado só as obras de escola é de grande vantagem, porque justamente a elas ele confiava seus conceitos definitivos, que certamente não estavam em antítese com os conceitos sustentados nas obras esotéricas, mas eram conceitos axiológicos complementares e conceitos teoréticos de aprofundamento (eram conceitos que, em linguagem platônica, prestavam "definitivos socorros").

E a Metafísica *contém justamente os supremos conceitos definitivos da escola de Platão (e que só no âmbito dela teriam podido nascer) e depois desenvolvidos no âmbito de sua própria escola, ou seja, os conceitos com cuja conquista se alcança o fim da viagem (para usar ainda a linguagem platônica).*

A *ilustração de Luca Della Robbia* (que aparece no frontispício de cada volume desta Metafísica), *apresenta justamente* Aristóteles *que discute com* Platão, *e representa, com arte refinada e de modo verdadeiramente emblemático, o nexo estrutural que subsiste entre esses dois maiores pensadores helênicos.*

A Metafísica *hoje deve ser relida justamente nessa ótica, que reconquista inteiramente os nexos entre* Platão e Aristóteles, *se queremos entendê-la na justa dimensão histórica e filosófica, como demonstrei no* Ensaio introdutório, *e como poderei reafirmar também no* Comentário, *pelo menos por evocações.*

ΑΡΙΣΤΟΤΕΛΟΥΣ
ΤΑ ΜΕΤΑ ΤΑ ΦΥΣΙΚΑ

ARISTÓTELES
METAFÍSICA

Texto grego com tradução ao lado

εἴ γε ἀΐδιον μηθέν ἐστιν, οὐδὲ γένεσιν εἶναι δυνατόν.
Se não existisse nada de eterno, também não poderia existir o devir.
Metafísica, Β 4, 999 b 5-6.

ἔι τε μὴ ἔσται παρὰ τὰ αἰσθητὰ ἄλλα, οὐκ ἔσται ἀρχὴ καὶ τάξις καὶ γένεσις καὶ τὰ οὐράνια, ἀλλῷ ἀεὶ τῆς ἀρχῆς ἀρχή...
Se além das coisas sensíveis não existisse nada, nem sequer haveria um princípio, nem ordem, nem geração, nem movimentos dos céus, mas deveria haver um princípio do princípio...
Metafísica, Λ 10, 1075 b 24-26.

LIVRO
A
(PRIMEIRO)

1

980ᵃ   Πάντες ἄνθρωποι τοῦ εἰδέναι ὀρέγονται φύσει. σημεῖον δ᾽
ἡ τῶν αἰσθήσεων ἀγάπησις· καὶ γὰρ χωρὶς τῆς χρείας
ἀγαπῶνται δι᾽ αὐτάς, καὶ μάλιστα τῶν ἄλλων ἡ διὰ τῶν
ὀμμάτων. οὐ γὰρ μόνον ἵνα πράττωμεν ἀλλὰ καὶ μηθὲν
25 μέλλοντες πράττειν τὸ ὁρᾶν αἱρούμεθα ἀντὶ πάντων ὡς εἰπεῖν
τῶν ἄλλων. αἴτιον δ᾽ ὅτι μάλιστα ποιεῖ γνωρίζειν ἡμᾶς
αὕτη τῶν αἰσθήσεων καὶ πολλὰς δηλοῖ διαφοράς. φύσει
μὲν οὖν αἴσθησιν ἔχοντα γίγνεται τὰ ζῷα, ἐκ δὲ ταύτης
τοῖς μὲν αὐτῶν οὐκ ἐγγίγνεται μνήμη, τοῖς δ᾽ ἐγγίγνεται.
980ᵇ καὶ διὰ τοῦτο ταῦτα φρονιμώτερα καὶ μαθητικώτερα τῶν
μὴ δυναμένων μνημονεύειν ἐστί, φρόνιμα μὲν ἄνευ τοῦ
μανθάνειν ὅσα μὴ δύναται τῶν ψόφων ἀκούειν (οἷον μέ-
λιττα κἂν εἴ τι τοιοῦτον ἄλλο γένος ζῴων ἔστι), μανθάνει
25 δ᾽ ὅσα πρὸς τῇ μνήμῃ καὶ ταύτην ἔχει τὴν αἴσθησιν. τὰ
μὲν οὖν ἄλλα ταῖς φαντασίαις ζῇ καὶ ταῖς μνήμαις, ἐμπειρίας δὲ μετέχει μικρόν· τὸ δὲ τῶν ἀνθρώπων γένος καὶ
τέχνῃ καὶ λογισμοῖς. γίγνεται δ᾽ ἐκ τῆς μνήμης ἐμπειρία
τοῖς ἀνθρώποις· αἱ γὰρ πολλαὶ μνῆμαι τοῦ αὐτοῦ πράγμα-
981ᵃ τος μιᾶς ἐμπειρίας δύναμιν ἀποτελοῦσιν. καὶ δοκεῖ σχεδὸν
ἐπιστήμῃ καὶ τέχνῃ ὅμοιον εἶναι καὶ ἐμπειρία, ἀποβαίνει δ᾽
ἐπιστήμη καὶ τέχνη διὰ τῆς ἐμπειρίας τοῖς ἀνθρώποις· ἡ
μὲν γὰρ ἐμπειρία τέχνην ἐποίησεν, ὡς φησὶ Πῶλος, ἡ
5 δ᾽ ἀπειρία τύχην. γίγνεται δὲ τέχνη ὅταν ἐκ πολλῶν
τῆς ἐμπειρίας ἐννοημάτων μία καθόλου γένηται περὶ
τῶν ὁμοίων ὑπόληψις. τὸ μὲν γὰρ ἔχειν ὑπόληψιν ὅτι

1. [*A sapiência é conhecimento de causas*]¹

Todos os homens, por natureza, tendem ao saber². Sinal disso é o amor pelas sensações. De fato, eles amam as sensações por si mesmas, independentemente da sua utilidade e amam, acima de todas, a sensação da visão. Com efeito, não só em vista da ação, mas mesmo sem ter nenhuma intenção de agir, nós preferimos o ver, em certo sentido, a todas as outras sensações³. E o motivo está no fato de que a visão nos proporciona mais conhecimentos do que todas as outras sensações e nos torna manifestas numerosas diferenças entre as coisas⁴. 980ª 25

Os animais são naturalmente dotados de sensação; mas em alguns da sensação não nasce a memória, ao passo que em outros nasce. Por isso estes últimos são mais inteligentes e mais aptos a aprender do que os que não têm capacidade de recordar. São inteligentes, mas incapazes de aprender, todos os animais incapacitados de ouvir os sons (por exemplo a abelha e qualquer outro gênero de animais desse tipo); ao contrário, aprendem todos os que, além da memória, possuem também o sentido da audição⁵. 980ᵇ 25

Ora, enquanto os outros animais vivem com imagens sensíveis e com recordações, e pouco participam da experiência, o gênero humano vive também da arte e de raciocínios. Nos homens, a experiência deriva da memória. De fato, muitas recordações do mesmo objeto chegam a constituir uma experiência única. A experiência parece um pouco semelhante à ciência e à arte. Com efeito, os homens adquirem ciência e arte por meio da experiência. A experiência, como diz Polo, produz a arte, enquanto a inexperiência produz o puro acaso. A arte se produz quando, de muitas observações da experiência, forma-se um juízo geral e único passível de ser referido a todos os casos semelhantes⁶. 981ª 5

Καλλία κάμνοντι τηνδὶ τὴν νόσον τοδὶ συνήνεγκε καὶ Σωκράτει καὶ καθ' ἕκαστον οὕτω πολλοῖς, ἐμπειρίας ἐστίν· τὸ δ' ὅτι πᾶσι τοῖς τοιοῖσδε κατ' εἶδος ἓν ἀφορισθεῖσι, κάμνουσι τηνδὶ τὴν νόσον, συνήνεγκεν, οἷον τοῖς φλεγματώδεσιν ἢ χολώδεσι [ἢ] πυρέττουσι καύσῳ, τέχνης. —πρὸς μὲν οὖν τὸ πράττειν ἐμπειρία τέχνης οὐδὲν δοκεῖ διαφέρειν, ἀλλὰ καὶ μᾶλλον ἐπιτυγχάνουσιν οἱ ἔμπειροι τῶν ἄνευ τῆς ἐμπειρίας λόγον ἐχόντων (αἴτιον δ' ὅτι ἡ μὲν ἐμπειρία τῶν καθ' ἕκαστόν ἐστι γνῶσις ἡ δὲ τέχνη τῶν καθόλου, αἱ δὲ πράξεις καὶ αἱ γενέσεις πᾶσαι περὶ τὸ καθ' ἕκαστόν εἰσιν· οὐ γὰρ ἄνθρωπον ὑγιάζει ὁ ἰατρεύων ἀλλ' ἢ κατὰ συμβεβηκός, ἀλλὰ Καλλίαν ἢ Σωκράτην ἢ τῶν ἄλλων τινὰ τῶν οὕτω λεγομένων ᾧ συμβέβηκεν ἀνθρώπῳ εἶναι· ἐὰν οὖν ἄνευ τῆς ἐμπειρίας ἔχῃ τις τὸν λόγον, καὶ τὸ καθόλου μὲν γνωρίζῃ τὸ δ' ἐν τούτῳ καθ' ἕκαστον ἀγνοῇ, πολλάκις διαμαρτήσεται τῆς θεραπείας· θεραπευτὸν γὰρ τὸ καθ' ἕκαστον)· ἀλλ' ὅμως τό γε εἰδέναι καὶ τὸ ἐπαΐειν τῇ τέχνῃ τῆς ἐμπειρίας ὑπάρχειν οἰόμεθα μᾶλλον, καὶ σοφωτέρους τοὺς τεχνίτας τῶν ἐμπείρων ὑπολαμβάνομεν, ὡς κατὰ τὸ εἰδέναι μᾶλλον ἀκολουθοῦσαν τὴν σοφίαν πᾶσι· τοῦτο δ' ὅτι οἱ μὲν τὴν αἰτίαν ἴσασιν οἱ δ' οὔ. οἱ μὲν γὰρ ἔμπειροι τὸ ὅτι μὲν ἴσασι, διότι δ' οὐκ ἴσασιν· οἱ δὲ τὸ διότι καὶ τὴν αἰτίαν γνωρίζουσιν. διὸ καὶ τοὺς ἀρχιτέκτονας περὶ ἕκαστον τιμιωτέρους καὶ μᾶλλον εἰδέναι νομίζομεν τῶν χειροτεχνῶν καὶ σοφωτέρους, ὅτι τὰς αἰτίας τῶν ποιουμένων ἴσασιν (τοὺς δ', ὥσπερ καὶ τῶν ἀψύχων ἔνια ποιεῖ μέν, οὐκ εἰδότα δὲ ποιεῖ ἃ ποιεῖ, οἷον καίει τὸ πῦρ—τὰ μὲν οὖν ἄψυχα φύσει τινὶ ποιεῖν τούτων ἕκαστον τοὺς δὲ χειροτέχνας δι' ἔθος), ὡς οὐ κατὰ τὸ πρακτικοὺς εἶναι σοφωτέρους ὄντας

Por exemplo, o ato de julgar que determinado remédio fez bem a Cálias, que sofria de certa enfermidade, e que também fez bem a Sócrates e a muitos outros indivíduos, é próprio da experiência; ao contrário, o ato de julgar que a todos esses indivíduos, reduzidos à unidade segundo a espécie, que padeciam de certa enfermidade, determinado remédio fez bem (por exemplo, aos fleumáticos, aos biliosos e aos febris) é próprio da arte[7].

Ora, em vista da atividade prática, a experiência em nada parece diferir da arte; antes, os empíricos têm mais sucesso do que os que possuem a teoria sem a prática. E a razão disso é a seguinte: a experiência é conhecimento dos particulares, enquanto a arte é conhecimento dos universais; ora, todas as ações e as produções referem-se ao particular. De fato, o médico não cura o homem a não ser acidentalmente, mas cura Cálias ou Sócrates ou qualquer outro indivíduo que leva um nome como eles, ao qual ocorra ser homem[8]. Portanto, se alguém possui a teoria sem a experiência e conhece o universal mas não conhece o particular que nele está contido, muitas vezes errará o tratamento, porque o tratamento se dirige, justamente, ao indivíduo particular.

Todavia, consideramos que o saber e o entender sejam mais próprios da arte do que da experiência, e julgamos os que possuem a arte mais sábios do que os que só possuem a experiência, na medida em que estamos convencidos de que a sapiência, em cada um dos homens, corresponda à sua capacidade de conhecer. E isso porque os primeiros conhecem a causa, enquanto os outros não a conhecem. Os empíricos conhecem o puro dado de fato, mas não seu porquê; ao contrário, os outros conhecem o porquê e a causa[9].

Por isso consideramos os que têm a direção nas diferentes artes mais dignos de honra e possuidores de maior conhecimento e mais sábios do que os trabalhadores manuais, na medida em que aqueles conhecem as causas das coisas que são feitas; ao contrário, os trabalhadores manuais agem, mas sem saber o que fazem, assim como agem alguns dos seres inanimados, por exemplo, como o fogo queima: cada um desses seres inanimados age por certo impulso natural, enquanto os trabalhadores manuais agem por hábito. Por isso consideramos os primeiros mais sábios, não

ἀλλὰ κατὰ τὸ λόγον ἔχειν αὐτοὺς καὶ τὰς αἰτίας γνωρίζειν. ὅλως τε σημεῖον τοῦ εἰδότος καὶ μὴ εἰδότος τὸ δύνασθαι διδάσκειν ἐστίν, καὶ διὰ τοῦτο τὴν τέχνην τῆς ἐμπειρίας ἡγούμεθα μᾶλλον ἐπιστήμην εἶναι· δύνανται γάρ, οἱ δὲ οὐ δύνανται διδάσκειν. ἔτι δὲ τῶν αἰσθήσεων οὐδεμίαν ἡγούμεθα εἶναι σοφίαν· καίτοι κυριώταταί γ' εἰσὶν αὗται τῶν καθ' ἕκαστα γνώσεις· ἀλλ' οὐ λέγουσι τὸ διὰ τί περὶ οὐδενός, οἷον διὰ τί θερμὸν τὸ πῦρ, ἀλλὰ μόνον ὅτι θερμόν. τὸ μὲν οὖν πρῶτον εἰκὸς τὸν ὁποιανοῦν εὑρόντα τέχνην παρὰ τὰς κοινὰς αἰσθήσεις θαυμάζεσθαι ὑπὸ τῶν ἀνθρώπων μὴ μόνον διὰ τὸ χρήσιμον εἶναί τι τῶν εὑρεθέντων ἀλλ' ὡς σοφὸν καὶ διαφέροντα τῶν ἄλλων· πλειόνων δ' εὑρισκομένων τεχνῶν καὶ τῶν μὲν πρὸς τἀναγκαῖα τῶν δὲ πρὸς διαγωγὴν οὐσῶν, ἀεὶ σοφωτέρους τοὺς τοιούτους ἐκείνων ὑπολαμβάνεσθαι διὰ τὸ μὴ πρὸς χρῆσιν εἶναι τὰς ἐπιστήμας αὐτῶν. ὅθεν ἤδη πάντων τῶν τοιούτων κατεσκευασμένων αἱ μὴ πρὸς ἡδονὴν μηδὲ πρὸς τἀναγκαῖα τῶν ἐπιστημῶν εὑρέθησαν, καὶ πρῶτον ἐν τούτοις τοῖς τόποις οὗ πρῶτον ἐσχόλασαν· διὸ περὶ Αἴγυπτον αἱ μαθηματικαὶ πρῶτον τέχναι συνέστησαν, ἐκεῖ γὰρ ἀφείθη σχολάζειν τὸ τῶν ἱερέων ἔθνος. εἴρηται μὲν οὖν ἐν τοῖς ἠθικοῖς τίς διαφορὰ τέχνης καὶ ἐπιστήμης καὶ τῶν ἄλλων τῶν ὁμογενῶν· οὗ δ' ἕνεκα νῦν ποιούμεθα τὸν λόγον τοῦτ' ἐστίν, ὅτι τὴν ὀνομαζομένην σοφίαν περὶ τὰ [πρῶτα] αἴτια καὶ τὰς ἀρχὰς ὑπολαμβάνουσι πάντες· ὥστε, καθάπερ εἴρηται πρότερον, ὁ μὲν ἔμπειρος τῶν ὁποιανοῦν ἐχόντων αἴσθησιν εἶναι δοκεῖ σοφώτερος, ὁ δὲ τεχνίτης τῶν ἐμπείρων, χειροτέχνου δὲ ἀρχιτέκτων, αἱ δὲ θεωρητικαὶ τῶν ποιητικῶν μᾶλλον. ὅτι μὲν οὖν ἡ σοφία περί τινας ἀρχὰς καὶ αἰτίας ἐστὶν ἐπιστήμη, δῆλον.

porque capazes de fazer, mas porque possuidores de um saber conceptual e por conhecerem as causas.

Em geral, o que distingue quem sabe de quem não sabe é a capacidade de ensinar: por isso consideramos que a arte seja sobretudo a ciência e não a experiência; de fato, os que possuem a arte são capazes de ensinar, enquanto os que possuem a experiência não o são[10].

Ademais, consideramos que nenhuma das sensações seja sapiência. De fato, se as sensações são, por excelência, os instrumentos de conhecimento dos particulares, entretanto não nos dizem o porquê de nada: não dizem, por exemplo, por que o fogo é quente, apenas assinalam o fato de ele ser quente[11].

Portanto, é lógico que quem por primeiro descobriu alguma arte, superando os conhecimentos sensíveis comuns, tenha sido objeto de admiração dos homens, justamente enquanto sábio e superior aos outros, e não só pela utilidade de alguma de suas descobertas. E também é lógico que, tendo sido descobertas numerosas artes, umas voltadas para as necessidades da vida e outras para o bem-estar, sempre tenham sido julgados mais sábios os descobridores destas do que os daquelas, porque seus conhecimentos não eram dirigidos ao útil. Daí resulta que, quando já se tinham constituído todas as artes desse tipo, passou-se à descoberta das ciências que visam nem ao prazer nem às necessidades da vida, e isso ocorreu primeiramente nos lugares em que primeiro os homens se libertaram de ocupações práticas. Por isso as artes matemáticas se constituíram pela primeira vez no Egito. De fato, lá era concedida essa liberdade à casta dos sacerdotes[12].

Diz-se na *Ética* qual é a diferença entre a arte e a ciência e as outras disciplinas do mesmo gênero[13]. E a finalidade do raciocínio que ora fazemos é demonstrar que pelo nome de sapiência todos entendem a pesquisa das causas primeiras[14] e dos princípios. E é por isso que, como dissemos acima, quem tem experiência é considerado mais sábio do que quem possui apenas algum conhecimento sensível: quem tem a arte mais do que quem tem experiência, quem dirige mais do que o trabalhador manual e as ciências teoréticas mais do que as práticas.

É evidente, portanto, que a sapiência é uma ciência acerca de certos princípios e certas causas[15].

2

Ἐπεὶ δὲ ταύτην τὴν ἐπιστήμην ζητοῦμεν, τοῦτ' ἂν εἴη σκεπτέον, ἡ περὶ ποίας αἰτίας καὶ περὶ ποίας ἀρχὰς ἐπιστήμη σοφία ἐστίν. εἰ δὴ λάβοι τις τὰς ὑπολήψεις ἃς ἔχομεν περὶ τοῦ σοφοῦ, τάχ' ἂν ἐκ τούτου φανερὸν γένοιτο μᾶλλον. ὑπολαμβάνομεν δὴ πρῶτον μὲν ἐπίστασθαι πάντα τὸν σοφὸν ὡς ἐνδέχεται, μὴ καθ' ἕκαστον ἔχοντα ἐπιστήμην αὐτῶν· εἶτα τὸν τὰ χαλεπὰ γνῶναι δυνάμενον καὶ μὴ ῥᾴδια ἀνθρώπῳ γιγνώσκειν, τοῦτον σοφόν (τὸ γὰρ αἰσθάνεσθαι πάντων κοινόν, διὸ ῥᾴδιον καὶ οὐδὲν σοφόν)· ἔτι τὸν ἀκριβέστερον καὶ τὸν διδασκαλικώτερον τῶν αἰτιῶν σοφώτερον εἶναι περὶ πᾶσαν ἐπιστήμην· καὶ τῶν ἐπιστημῶν δὲ τὴν αὑτῆς ἕνεκεν καὶ τοῦ εἰδέναι χάριν αἱρετὴν οὖσαν μᾶλλον εἶναι σοφίαν ἢ τὴν τῶν ἀποβαινόντων ἕνεκεν, καὶ τὴν ἀρχικωτέραν τῆς ὑπηρετούσης μᾶλλον σοφίαν· οὐ γὰρ δεῖν ἐπιτάττεσθαι τὸν σοφὸν ἀλλ' ἐπιτάττειν, καὶ οὐ τοῦτον ἑτέρῳ πείθεσθαι, ἀλλὰ τούτῳ τὸν ἧττον σοφόν. — τὰς μὲν οὖν ὑπολήψεις τοιαύτας καὶ τοσαύτας ἔχομεν περὶ τῆς σοφίας καὶ τῶν σοφῶν· τούτων δὲ τὸ μὲν πάντα ἐπίστασθαι τῷ μάλιστα ἔχοντι τὴν καθόλου ἐπιστήμην ἀναγκαῖον ὑπάρχειν (οὗτος γὰρ οἶδέ πως πάντα τὰ ὑποκείμενα), σχεδὸν δὲ καὶ χαλεπώτατα ταῦτα γνωρίζειν τοῖς ἀνθρώποις, τὰ μάλιστα καθόλου (πορρωτάτω γὰρ τῶν αἰσθήσεών ἐστιν), ἀκριβέσταται δὲ τῶν ἐπιστημῶν αἳ μάλιστα τῶν πρώτων εἰσίν (αἱ γὰρ ἐξ ἐλαττόνων ἀκριβέστεραι τῶν ἐκ προσθέσεως λεγομένων, οἷον ἀριθμητικὴ γεωμετρίας)· ἀλλὰ μὴν καὶ διδασκαλική γε

2. [Quais são as causas buscadas pela sapiência e as características gerais da sapiência][1]

Ora, dado que buscamos justamente essa ciência, deveremos examinar de que causas e de que princípios é ciência a sapiência. E talvez isso se torne claro se considerarmos as concepções que temos do sábio[2]. (1) Consideramos, em primeiro lugar, que o sábio conheça todas as coisas, enquanto isso é possível, mas não que ele tenha ciência de cada coisa individualmente considerada. (2) Ademais, reputamos sábio quem é capaz de conhecer as coisas difíceis ou não facilmente compreensíveis para o homem (de fato, o conhecimento sensível é comum a todos e, por ser fácil, não é sapiência). (3) Mais ainda, reputamos que, em cada ciência, seja mais sábio quem possui maior conhecimento das causas (4) e quem é mais capaz de ensiná-las aos outros. (5) Consideramos ainda, entre as ciências, que seja em maior grau sapiência a que é escolhida por si e unicamente em vista do saber, em contraste com a que é escolhida em vista do que dela deriva. (6) E consideramos que seja em maior grau sapiência a ciência que é hierarquicamente superior com relação à que é subordinada. De fato, o sábio não deve ser comandado mas comandar, nem deve obedecer a outros, mas a ele deve obedecer quem é menos sábio.

Tantas e tais são, portanto, as concepções geralmente partilhadas sobre a sapiência e sobre os sábios. Ora, (1) a primeira dessas características — a de conhecer todas as coisas — deve necessariamente pertencer sobretudo a quem possui a ciência do universal. De fato, sob certo aspecto, este sabe todas as coisas <particulares, enquanto estão> sujeitas <ao universal>[3]. (2) E as coisas mais universais são, para os homens, exatamente as mais difíceis de conhecer por serem as mais distantes das apreensões sensíveis[4]. (3) E as mais exatas entre as ciências são sobretudo as que tratam dos primeiros princípios. De fato, as ciências que pressupõem um menor número de princípios são mais exatas do que as que pressupõem o acréscimo de <ulteriores princípios> como, por exemplo, a aritmética em comparação com a geometria[5]. (4) Mas a ciência que mais indaga as causas é também a

ἡ τῶν αἰτιῶν θεωρητικὴ μᾶλλον (οὗτοι γὰρ διδάσκουσιν, οἱ τὰς
30 αἰτίας λέγοντες περὶ ἑκάστου), τὸ δ' εἰδέναι καὶ τὸ ἐπίστασθαι
αὐτῶν ἕνεκα μάλισθ' ὑπάρχει τῇ τοῦ μάλιστα ἐπιστητοῦ ἐπιστήμῃ (ὁ γὰρ τὸ ἐπίστασθαι δι' αὑτὸ αἱρούμενος τὴν μάλιστα
982ᵇ ἐπιστήμην μάλιστα αἱρήσεται, τοιαύτη δ' ἐστὶν ἡ τοῦ μάλιστα
ἐπιστητοῦ), μάλιστα δ' ἐπιστητὰ τὰ πρῶτα καὶ τὰ αἴτια (διὰ
γὰρ ταῦτα καὶ ἐκ τούτων τἆλλα γνωρίζεται ἀλλ' οὐ ταῦτα
διὰ τῶν ὑποκειμένων), ἀρχικωτάτη δὲ τῶν ἐπιστημῶν, καὶ
5 μᾶλλον ἀρχικὴ τῆς ὑπηρετούσης, ἡ γνωρίζουσα τίνος ἕνεκέν
ἐστι πρακτέον ἕκαστον· τοῦτο δ' ἐστὶ τἀγαθὸν ἑκάστου, ὅλως
δὲ τὸ ἄριστον ἐν τῇ φύσει πάσῃ. ἐξ ἁπάντων οὖν τῶν εἰρημένων ἐπὶ τὴν αὐτὴν ἐπιστήμην πίπτει τὸ ζητούμενον ὄνομα·
δεῖ γὰρ ταύτην τῶν πρώτων ἀρχῶν καὶ αἰτιῶν εἶναι θεωρητι-
10 κήν· καὶ γὰρ τἀγαθὸν καὶ τὸ οὗ ἕνεκα ἓν τῶν αἰτίων ἐστίν.
    Ὅτι δ' οὐ ποιητική, δῆλον καὶ ἐκ τῶν πρώτων φιλοσοφη-
σάντων· διὰ γὰρ τὸ θαυμάζειν οἱ ἄνθρωποι καὶ νῦν καὶ
τὸ πρῶτον ἤρξαντο φιλοσοφεῖν, ἐξ ἀρχῆς μὲν τὰ πρόχειρα
τῶν ἀτόπων θαυμάσαντες, εἶτα κατὰ μικρὸν οὕτω προϊόντες
15 καὶ περὶ τῶν μειζόνων διαπορήσαντες, οἷον περί τε τῶν τῆς
σελήνης παθημάτων καὶ τῶν περὶ τὸν ἥλιον καὶ ἄστρα
καὶ περὶ τῆς τοῦ παντὸς γενέσεως. ὁ δ' ἀπορῶν καὶ θαυμά-
ζων οἴεται ἀγνοεῖν (διὸ καὶ ὁ φιλόμυθος φιλόσοφός πώς
ἐστιν· ὁ γὰρ μῦθος σύγκειται ἐκ θαυμασίων)· ὥστ' εἴπερ διὰ
20 τὸ φεύγειν τὴν ἄγνοιαν ἐφιλοσόφησαν, φανερὸν ὅτι διὰ τὸ
εἰδέναι τὸ ἐπίστασθαι ἐδίωκον καὶ οὐ χρήσεώς τινος ἕνεκεν.
μαρτυρεῖ δὲ αὐτὸ τὸ συμβεβηκός· σχεδὸν γὰρ πάντων

mais capaz de ensinar, pois os que dizem quais são as causas de cada coisa são os que ensinam[6]. (5) Ademais, o saber e o conhecer cujo fim é o próprio saber e o próprio conhecer encontram-se sobretudo na ciência do que é maximamente cognoscível. De fato, quem deseja a ciência por si mesma deseja acima de tudo a que é ciência em máximo grau, e esta é a ciência do que é maximamente cognoscível. Ora, maximamente cognoscíveis são os primeiros princípios e as causas; de fato, por eles e a partir deles se conhecem todas as outras coisas, enquanto, ao contrário, eles não se conhecem por meio das coisas que lhes estão sujeitas[7]. (6) E a mais elevada das ciências, a que mais autoridade tem sobre as dependentes é a que conhece o fim para o qual é feita cada coisa; e o fim em todas as coisas é o bem e, de modo geral, em toda a natureza o fim é o sumo bem[8].

Do que foi dito resulta que o nome do objeto de nossa investigação refere-se a uma única ciência; esta deve especular sobre os princípios primeiros e as causas, pois o bem e o fim das coisas é uma causa.

Que, depois, ela não tenda a realizar coisa alguma, fica claro a partir das afirmações dos que por primeiro cultivaram a filosofia[9]. De fato, os homens começaram a filosofar, agora como na origem, por causa da admiração, na medida em que, inicialmente, ficavam perplexos diante das dificuldades mais simples; em seguida, progredindo pouco a pouco, chegaram a enfrentar problemas sempre maiores, por exemplo, os problemas relativos aos fenômenos da lua e aos do sol e dos astros, ou os problemas relativos à geração de todo o universo. Ora, quem experimenta uma sensação de dúvida e de admiração reconhece que não sabe; e é por isso que também aquele que ama o mito é, de certo modo, filósofo: o mito, com efeito, é constituído por um conjunto de coisas admiráveis[10]. De modo que, se os homens filosofaram para libertar-se da ignorância, é evidente que buscavam o conhecimento unicamente em vista do saber e não por alguma utilidade prática. E o modo como as coisas se desenvolveram o demonstra: quando já se possuía praticamente tudo o de que se necessitava para a vida e também para o conforto e para o bem-estar, então se começou

ὑπαρχόντων τῶν ἀναγκαίων καὶ πρὸς ῥᾳστώνην καὶ διαγωγὴν ἡ τοιαύτη φρόνησις ἤρξατο ζητεῖσθαι. δῆλον οὖν ὡς δι'
25 οὐδεμίαν αὐτὴν ζητοῦμεν χρείαν ἑτέραν, ἀλλ' ὥσπερ ἄνθρωπος, φαμέν, ἐλεύθερος ὁ αὑτοῦ ἕνεκα καὶ μὴ ἄλλου ὤν, οὕτω
καὶ αὐτὴν ὡς μόνην οὖσαν ἐλευθέραν τῶν ἐπιστημῶν· μόνη
γὰρ αὕτη αὑτῆς ἕνεκέν ἐστιν. διὸ καὶ δικαίως ἂν οὐκ ἀνθρω-
πίνη νομίζοιτο αὐτῆς ἡ κτῆσις· πολλαχῇ γὰρ ἡ φύσις δούλη τῶν
30 ἀνθρώπων ἐστίν, ὥστε κατὰ Σιμωνίδην "θεὸς ἂν μόνος τοῦτ'
ἔχοι γέρας", ἄνδρα δ' οὐκ ἄξιον μὴ οὐ ζητεῖν τὴν καθ' αὑτὸν
ἐπιστήμην. εἰ δὴ λέγουσί τι οἱ ποιηταὶ καὶ πέφυκε φθονεῖν
983ᵃ τὸ θεῖον, ἐπὶ τούτου συμβῆναι μάλιστα εἰκὸς καὶ δυστυχεῖς
εἶναι πάντας τοὺς περιττούς. ἀλλ' οὔτε τὸ θεῖον φθονερὸν ἐνδέχεται εἶναι, ἀλλὰ κατὰ τὴν παροιμίαν πολλὰ ψεύδονται
ἀοιδοί, οὔτε τῆς τοιαύτης ἄλλην χρὴ νομίζειν τιμιω-
5 τέραν. ἡ γὰρ θειοτάτη καὶ τιμιωτάτη· τοιαύτη δὲ διχῶς
ἂν εἴη μόνη· ἥν τε γὰρ μάλιστ' ἂν ὁ θεὸς ἔχοι, θεία τῶν
ἐπιστημῶν ἐστί, κἂν εἴ τις τῶν θείων εἴη. μόνη δ' αὕτη τούτων ἀμφοτέρων τετύχηκεν· ὅ τε γὰρ θεὸς δοκεῖ τῶν αἰτίων
πᾶσιν εἶναι καὶ ἀρχή τις, καὶ τὴν τοιαύτην ἢ μόνος ἢ μά-
10 λιστ' ἂν ἔχοι ὁ θεός. ἀναγκαιότεραι μὲν οὖν πᾶσαι ταύτης,
ἀμείνων δ' οὐδεμία. — δεῖ μέντοι πως καταστῆναι τὴν κτῆσιν
αὐτῆς εἰς τοὐναντίον ἡμῖν τῶν ἐξ ἀρχῆς ζητήσεων. ἄρχονται
μὲν γάρ, ὥσπερ εἴπομεν, ἀπὸ τοῦ θαυμάζειν πάντες εἰ οὕτως
ἔχει, καθάπερ (περὶ) τῶν θαυμάτων ταὐτόματα [τοῖς μήπω
15 τεθεωρηκόσι τὴν αἰτίαν] ἢ περὶ τὰς τοῦ ἡλίου τροπὰς ἢ τὴν τῆς
διαμέτρου ἀσυμμετρίαν (θαυμαστὸν γὰρ εἶναι δοκεῖ πᾶσι (τοῖς
μήπω τεθεωρηκόσι τὴν αἰτίαν) εἴ τι τῷ ἐλαχίστῳ μὴ μετρεῖται)· δεῖ δὲ εἰς τοὐναντίον καὶ τὸ ἄμεινον κατὰ τὴν παροιμίαν ἀπο-

a buscar essa forma de conhecimento. É evidente, portanto, que
não a buscamos por nenhuma vantagem que lhe seja estranha; e,
mais ainda, é evidente que, como chamamos livre o homem que
é fim para si mesmo e não está submetido a outros, assim só esta
ciência, dentre todas as outras, é chamada livre, pois só ela é fim
para si mesma[11].

Por isso, também, com razão poder-se-ia pensar que a posse
dela não seja própria do homem; de fato, por muitos aspectos
a natureza dos homens é escrava, e por isso Simônides diz que
"Só Deus pode ter esse privilégio"[12], e que é conveniente que
o homem busque uma ciência a si adequada. E se os poetas
dissessem a verdade, e se a divindade fosse verdadeiramente
invejosa, é lógico que veríamos os efeitos disso sobretudo nesse
caso, de modo que seriam desgraçados todos os que se distinguem no saber. Na realidade, não é possível que a divindade
seja invejosa, mas, como afirma o provérbio, os poetas dizem
muitas mentiras[13]; nem se deve pensar que exista outra ciência
mais digna de honra. Esta, de fato, entre todas, é a mais divina e
a mais digna de honra. Mas uma ciência só pode ser divina nos
dois sentidos seguintes: (a) ou porque ela é ciência que Deus
possui em grau supremo, (b) ou porque ela tem por objeto as
coisas divinas. Ora, só a sapiência possui essas duas características. De fato, é convicção comum a todos que Deus seja uma
causa e um princípio, e, também, que Deus, exclusivamente ou
em sumo grau, tenha esse tipo de ciência[14]. Todas as outras ciências serão mais necessárias do que esta, mas nenhuma lhe será
superior[15].

Por outro lado, a posse dessa ciência deve nos levar ao estado
oposto àquele em que nos encontrávamos no início das pesquisas.
Como dissemos, todos começam por admirar-se de que as coisas
sejam tais como são, como, por exemplo, diante das marionetes
que se movem por si nas representações, ou diante das revoluções
do sol e da incomensurabilidade da diagonal com o lado de um
quadrado. Com efeito, a todos os que ainda não conheceram a
razão disso, causa admiração que entre uma e outro não exista
uma unidade mínima de medida comum. Todavia é preciso
chegar ao estado oposto e também melhor, conforme afirma

τελευτῆσαι, καθάπερ καὶ ἐν τούτοις ὅταν μάθωσιν· οὐθὲν γὰρ
20 ἂν οὕτως θαυμάσειεν ἀνὴρ γεωμετρικὸς ὡς εἰ γένοιτο ἡ διάμετρος
μετρητή. τίς μὲν οὖν ἡ φύσις τῆς ἐπιστήμης τῆς ζητουμένης,
εἴρηται, καὶ τίς ὁ σκοπὸς οὗ δεῖ τυγχάνειν τὴν ζήτησιν καὶ
τὴν ὅλην μέθοδον.

3

Ἐπεὶ δὲ φανερὸν ὅτι τῶν ἐξ ἀρχῆς αἰτίων δεῖ λαβεῖν
25 ἐπιστήμην (τότε γὰρ εἰδέναι φαμὲν ἕκαστον, ὅταν τὴν πρώτην αἰτίαν οἰώμεθα γνωρίζειν), τὰ δ' αἴτια λέγεται τετραχῶς, ὧν μίαν μὲν αἰτίαν φαμὲν εἶναι τὴν οὐσίαν καὶ τὸ τί
ἦν εἶναι (ἀνάγεται γὰρ τὸ διὰ τί εἰς τὸν λόγον ἔσχατον,
αἴτιον δὲ καὶ ἀρχὴ τὸ διὰ τί πρῶτον), ἑτέραν δὲ τὴν ὕλην
30 καὶ τὸ ὑποκείμενον, τρίτην δὲ ὅθεν ἡ ἀρχὴ τῆς κινήσεως,
τετάρτην δὲ τὴν ἀντικειμένην αἰτίαν ταύτῃ, τὸ οὗ ἕνεκα καὶ
τἀγαθόν (τέλος γὰρ γενέσεως καὶ κινήσεως πάσης τοῦτ' ἐστίν),
τεθεώρηται μὲν οὖν ἱκανῶς περὶ αὐτῶν ἡμῖν ἐν τοῖς περὶ φύ-
983ᵇ σεως, ὅμως δὲ παραλάβωμεν καὶ τοὺς πρότερον ἡμῶν εἰς
ἐπίσκεψιν τῶν ὄντων ἐλθόντας καὶ φιλοσοφήσαντας περὶ
τῆς ἀληθείας. δῆλον γὰρ ὅτι κἀκεῖνοι λέγουσιν ἀρχάς τινας
καὶ αἰτίας· ἐπελθοῦσιν οὖν ἔσται τι προὔργου τῇ μεθόδῳ τῇ νῦν·
5 ἢ γὰρ ἕτερόν τι γένος εὑρήσομεν αἰτίας ἢ ταῖς νῦν λεγο-
μέναις μᾶλλον πιστεύσομεν. —τῶν δὴ πρώτων φιλοσοφησάν-
των οἱ πλεῖστοι τὰς ἐν ὕλης εἴδει μόνας ᾠήθησαν ἀρχὰς
εἶναι πάντων· ἐξ οὗ γὰρ ἔστιν ἅπαντα τὰ ὄντα καὶ ἐξ οὗ
γίγνεται πρώτου καὶ εἰς ὃ φθείρεται τελευταῖον, τῆς μὲν
10 οὐσίας ὑπομενούσης τοῖς δὲ πάθεσι μεταβαλλούσης, τοῦτο στοιχεῖον καὶ ταύτην ἀρχήν φασιν εἶναι τῶν ὄντων, καὶ διὰ
τοῦτο οὔτε γίγνεσθαι οὐθὲν οἴονται οὔτε ἀπόλλυσθαι, ὡς τῆς
τοιαύτης φύσεως ἀεὶ σωζομένης, ὥσπερ οὐδὲ τὸν Σωκράτην

o provérbio[16]. E assim acontece, efetivamente, para ficar nos exemplos dados, uma vez que se tenha conhecido a causa: nada provocaria mais admiração num geômetra do que se a diagonal fosse comensurável com o lado[17].

Fica estabelecido, portanto, qual é a natureza da ciência buscada, e qual o fim que a nossa pesquisa e toda nossa investigação devem alcançar[18].

3. [*As causas primeiras são quatro e análise das doutrinas dos predecessores como prova da tese*][1]

Portanto, é preciso adquirir a ciência das causas primeiras. Com efeito, dizemos conhecer algo quando pensamos conhecer a causa primeira. Ora, as causas são entendidas em quatro diferentes sentidos[2]. (1) Num primeiro sentido, dizemos que causa é a substância e a essência. De fato, o porquê das coisas se reduz, em última análise, à forma e o primeiro porquê é, justamente, uma causa e um princípio[3]; (2) num segundo sentido, dizemos que causa é a matéria e o substrato[4]; (3) num terceiro sentido, dizemos que causa é o princípio do movimento[5]; (4) num quarto sentido, dizemos que causa é o oposto do último sentido, ou seja, é o fim e o bem: de fato, este é o fim da geração e de todo movimento[6]. Estudamos adequadamente essas causas na *Física*[7]; todavia, devemos examinar também os que antes de nós enfrentaram o estudo dos seres e filosofaram sobre a realidade. É claro que também eles falam de certos princípios e de certas causas. Para a presente investigação certamente será vantajoso referir-se a eles. Com efeito, ou encontraremos outro gênero de causa ou ganharemos convicção mais sólida nas causas das quais agora falamos[8].

Os que por primeiro filosofaram, em sua maioria, pensaram que os princípios de todas as coisas fossem exclusivamente materiais. De fato, eles afirmam que aquilo de que todos os seres são constituídos e aquilo de que originariamente derivam e aquilo em que por último se dissolvem é elemento e princípio dos seres, na medida em que é uma realidade que permanece idêntica mesmo na mudança de suas afecções. Por esta razão eles

φαμὲν οὔτε γίγνεσθαι ἁπλῶς ὅταν γίγνηται καλὸς ἢ μουσικὸς οὔτε ἀπόλλυσθαι ὅταν ἀποβάλλῃ ταύτας τὰς ἕξεις,
διὰ τὸ ὑπομένειν τὸ ὑποκείμενον τὸν Σωκράτην αὐτόν, οὕτως
οὐδὲ τῶν ἄλλων οὐδέν· ἀεὶ γὰρ εἶναί τινα φύσιν ἢ μίαν ἢ
πλείους μιᾶς ἐξ ὧν γίγνεται τἆλλα σωζομένης ἐκείνης. τὸ
μέντοι πλῆθος καὶ τὸ εἶδος τῆς τοιαύτης ἀρχῆς οὐ τὸ αὐτὸ
πάντες λέγουσιν, ἀλλὰ Θαλῆς μὲν ὁ τῆς τοιαύτης ἀρχηγὸς
φιλοσοφίας ὕδωρ φησὶν εἶναι (διὸ καὶ τὴν γῆν ἐφ' ὕδατος
ἀπεφήνατο εἶναι), λαβὼν ἴσως τὴν ὑπόληψιν ταύτην ἐκ τοῦ πάντων ὁρᾶν τὴν τροφὴν ὑγρὰν οὖσαν καὶ αὐτὸ τὸ θερμὸν ἐκ τούτου
γιγνόμενον καὶ τούτῳ ζῶν (τὸ δ' ἐξ οὗ γίγνεται, τοῦτ' ἐστὶν
ἀρχὴ πάντων) — διά τε δὴ τοῦτο τὴν ὑπόληψιν λαβὼν ταύτην
καὶ διὰ τὸ πάντων τὰ σπέρματα τὴν φύσιν ὑγρὰν ἔχειν,
τὸ δ' ὕδωρ ἀρχὴν τῆς φύσεως εἶναι τοῖς ὑγροῖς. εἰσὶ δέ
τινες οἳ καὶ τοὺς παμπαλαίους καὶ πολὺ πρὸ τῆς νῦν γενέσεως καὶ πρώτους θεολογήσαντας οὕτως οἴονται περὶ τῆς φύσεως ὑπολαβεῖν· Ὠκεανόν τε γὰρ καὶ Τηθὺν ἐποίησαν τῆς
γενέσεως πατέρας, καὶ τὸν ὅρκον τῶν θεῶν ὕδωρ, τὴν καλου-
μένην ὑπ' αὐτῶν Στύγα [τῶν ποιητῶν]· τιμιώτατον μὲν γὰρ
τὸ πρεσβύτατον, ὅρκος δὲ τὸ τιμιώτατόν ἐστιν. εἰ μὲν οὖν
ἀρχαία τις αὕτη καὶ παλαιὰ τετύχηκεν οὖσα περὶ τῆς φύσεως ἡ δόξα, τάχ' ἂν ἄδηλον εἴη, Θαλῆς μέντοι λέγεται
οὕτως ἀποφήνασθαι περὶ τῆς πρώτης αἰτίας (Ἵππωνα γὰρ
οὐκ ἄν τις ἀξιώσειε θεῖναι μετὰ τούτων διὰ τὴν εὐτέλειαν
αὐτοῦ τῆς διανοίας)· Ἀναξιμένης δὲ ἀέρα καὶ Διογένης πρότερον ὕδατος καὶ μάλιστ' ἀρχὴν τιθέασι τῶν ἁπλῶν σωμά-

creem que nada se gere e nada se destrua, já que tal realidade sempre se conserva. Assim como não dizemos que Sócrates é gerado em sentido absoluto quando se torna belo ou músico, e não dizemos que perece quando perde esses modos de ser, porque o substrato — ou seja, o próprio Sócrates — continua a existir, assim também devemos dizer que não se corrompe, em sentido absoluto, nenhuma das outras coisas. De fato, deve haver alguma realidade natural (uma só ou mais de uma) da qual derivam todas as outras coisas, enquanto ela continua a existir sem mudança[9].

Todavia, esses filósofos não são unânimes quanto ao número e à espécie desse princípio. Tales, iniciador desse tipo de filosofia, diz que o princípio é a água (por isso afirma também que a terra flutua sobre a água), certamente tirando esta convicção da constatação de que o alimento de todas as coisas é úmido, e da constatação de que até o calor se gera do úmido e vive no úmido. Ora, aquilo de que todas as coisas se geram é o princípio de tudo. Ele tirou, pois, esta convicção desse fato e também do fato de que as sementes de todas as coisas têm uma natureza úmida, sendo a água o princípio da natureza das coisas úmidas[10].

Há também quem acredite que os mais antigos, que por primeiro discorreram sobre os deuses, muito antes da presente geração, também tiveram essa mesma concepção da realidade natural. De fato, afirmaram Oceano e Tétis como autores da geração das coisas, e disseram que aquilo sobre o quê juram os deuses é a água, chamada por eles de Estige. Com efeito, o que é mais antigo é também mais digno de respeito, e aquilo sobre quê se jura é o que há de mais respeitável[11]. Mas não é absolutamente claro que tal concepção da realidade tenha sido tão originária e tão antiga; ao contrário, afirma-se que Tales foi o primeiro a professar essa doutrina da causa primeira (de fato, ninguém pensaria em pôr Hípon junto com esses, dada a inconsistência de seu pensamento)[12].

Anaxímenes[13] e Diógenes[14], ao contrário, mais do que a água, consideraram como originário o ar e, entre os corpos simples, o consideraram como princípio por excelência, enquanto Hipaso de

των, Ίππασος δὲ πῦρ ὁ Μεταποντῖνος καὶ Ἡράκλειτος ὁ
Ἐφέσιος, Ἐμπεδοκλῆς δὲ τὰ τέτταρα, πρὸς τοῖς εἰρημένοις
γῆν προστιθεὶς τέταρτον (ταῦτα γὰρ ἀεὶ διαμένειν καὶ οὐ
10 γίγνεσθαι ἀλλ' ἢ πλήθει καὶ ὀλιγότητι, συγκρινόμενα καὶ
διακρινόμενα εἰς ἕν τε καὶ ἐξ ἑνός)· Ἀναξαγόρας δὲ ὁ Κλαζομένιος τῇ μὲν ἡλικίᾳ πρότερος ὢν τούτου τοῖς δ' ἔργοις
ὕστερος ἀπείρους εἶναί φησι τὰς ἀρχάς· σχεδὸν γὰρ ἅπαντα
τὰ ὁμοιομερῆ καθάπερ ὕδωρ ἢ πῦρ οὕτω γίγνεσθαι καὶ
15 ἀπόλλυσθαί φησι, συγκρίσει καὶ διακρίσει μόνον, ἄλλως δ'
οὔτε γίγνεσθαι οὔτ' ἀπόλλυσθαι ἀλλὰ διαμένειν ἀΐδια. — ἐκ
μὲν οὖν τούτων μόνην τις αἰτίαν νομίσειεν ἂν τὴν ἐν ὕλης
εἴδει λεγομένην· προϊόντων δ' οὕτως, αὐτὸ τὸ πρᾶγμα ὡδο-
ποίησεν αὐτοῖς καὶ συνηνάγκασε ζητεῖν· εἰ γὰρ ὅτι μάλιστα
20 πᾶσα γένεσις καὶ φθορὰ ἔκ τινος ἑνὸς ἢ καὶ πλειόνων ἐστίν,
διὰ τί τοῦτο συμβαίνει καὶ τί τὸ αἴτιον; οὐ γὰρ δὴ τό γε
ὑποκείμενον αὐτὸ ποιεῖ μεταβάλλειν ἑαυτό· λέγω δ' οἷον
οὔτε τὸ ξύλον οὔτε ὁ χαλκὸς αἴτιος τοῦ μεταβάλλειν ἑκάτερον αὐτῶν, οὐδὲ ποιεῖ τὸ μὲν ξύλον κλίνην ὁ δὲ χαλκὸς ἀν-
25 δριάντα, ἀλλ' ἕτερόν τι τῆς μεταβολῆς αἴτιον. τὸ δὲ τοῦτο
ζητεῖν ἐστι τὸ τὴν ἑτέραν ἀρχὴν ζητεῖν, ὡς ἂν ἡμεῖς φαίη-
μεν, ὅθεν ἡ ἀρχὴ τῆς κινήσεως. οἱ μὲν οὖν πάμπαν ἐξ ἀρχῆς ἀψάμενοι τῆς μεθόδου τῆς τοιαύτης καὶ ἓν φάσκοντες
εἶναι τὸ ὑποκείμενον οὐθὲν ἐδυσχέραναν ἑαυτοῖς, ἀλλ' ἔνιοί
30 γε τῶν ἓν λεγόντων, ὥσπερ ἡττηθέντες ὑπὸ ταύτης τῆς ζητήσεως, τὸ ἓν ἀκίνητόν φασιν εἶναι καὶ τὴν φύσιν ὅλην οὐ
μόνον κατὰ γένεσιν καὶ φθοράν (τοῦτο μὲν γὰρ ἀρχαῖόν τε
καὶ πάντες ὡμολόγησαν) ἀλλὰ καὶ κατὰ τὴν ἄλλην μετα-
984ᵇ βολὴν πᾶσαν· καὶ τοῦτο αὐτῶν ἴδιόν ἐστιν. τῶν μὲν οὖν ἓν

Metaponto[15] e Heráclito de Éfeso[16] consideraram como princípio o fogo.

Por sua vez Empédocles afirmou como princípio os quatro corpos simples, acrescentando um quarto aos três acima mencionados, a saber a terra. Com efeito, estes permanecem sempre sem mudança e só estão sujeitos ao devir pelo aumento ou diminuição de quantidade, quando se juntam numa unidade ou se dissociam dela[17].

Anaxágoras de Clazômenas, anterior a Empédocles pela idade, mas a ele posterior pelas obras, afirma que os princípios são infinitos. De fato, ele diz que todas as homeomerias se geram e se corrompem só na medida em que se reúnem e se dissociam tal como ocorre com a água e com o fogo, e que de outro modo não se geram nem se corrompem, mas permanecem eternas[18].

Com base nesses raciocínios, poder-se-ia crer que exista uma causa única: a chamada causa material. Mas, enquanto esses pensadores procediam desse modo, a própria realidade lhes abriu o caminho e os obrigou a prosseguir na investigação. De fato, mesmo tendo admitido que todo processo de geração e de corrupção derive de um único elemento material, ou de muitos elementos materiais, por que ele ocorre e qual é sua causa? Certamente não é o substrato que provoca a mudança em si mesmo. Vejamos um exemplo: nem a madeira nem o bronze, tomados individualmente, são causa da própria mudança; a madeira não faz a cama nem o bronze faz a estátua, mas é outra a causa de sua mudança[19]. Ora, investigar isso significa buscar o outro princípio, isto é, como diríamos nós, o princípio do movimento.

Os que desde o início empreenderam esse tipo de pesquisa e sustentaram só um substrato não se deram conta dessa dificuldade. Antes, alguns dos que afirmam essa unidade do substrato, como que sucumbindo à dificuldade dessa pesquisa do princípio do movimento, afirmam que o substrato uno é imóvel e que toda a natureza também é imóvel, não só no sentido de que não se gera nem se corrompe (esta é, com efeito, uma convicção antiga e compartilhada por todos), mas também no sentido de que é imóvel relativamente a qualquer outro tipo de mudança (e esta é a característica peculiar deles)[20]. Portanto, nenhum dos que afirmaram que o todo é uma unidade conseguiu descobrir uma causa

φασκόντων εἶναι τὸ πᾶν οὐθενὶ συνέβη τὴν τοιαύτην συνιδεῖν αἰτίαν πλὴν εἰ ἄρα Παρμενίδῃ, καὶ τούτῳ κατὰ τοσοῦτον ὅσον οὐ μόνον ἓν ἀλλὰ καὶ δύο πως τίθησιν αἰτίας εἶναι·
5 τοῖς δὲ δὴ πλείω ποιοῦσι μᾶλλον ἐνδέχεται λέγειν, οἷον τοῖς θερμὸν καὶ ψυχρὸν ἢ πῦρ καὶ γῆν· χρῶνται γὰρ ὡς κινητικὴν ἔχοντι τῷ πυρὶ τὴν φύσιν, ὕδατι δὲ καὶ γῇ καὶ τοῖς τοιούτοις τοὐναντίον. — μετὰ δὲ τούτους καὶ τὰς τοιαύτας ἀρχάς, ὡς οὐχ ἱκανῶν οὐσῶν γεννῆσαι τὴν τῶν ὄντων φύσιν, πάλιν
10 ὑπ' αὐτῆς τῆς ἀληθείας, ὥσπερ εἴπομεν, ἀναγκαζόμενοι τὴν ἐχομένην ἐζήτησαν ἀρχήν. τοῦ γὰρ εὖ καὶ καλῶς τὰ μὲν ἔχειν τὰ δὲ γίγνεσθαι τῶν ὄντων ἴσως οὔτε πῦρ οὔτε γῆν οὔτ' ἄλλο τῶν τοιούτων οὐθὲν οὔτ' εἰκὸς αἴτιον εἶναι οὔτ' ἐκείνους οἰηθῆναι· οὐδ' αὖ τῷ αὐτομάτῳ καὶ τύχῃ τοσοῦτον ἐπιτρέ-
15 ψαι πρᾶγμα καλῶς εἶχεν. νοῦν δή τις εἰπὼν ἐνεῖναι, καθάπερ ἐν τοῖς ζῴοις, καὶ ἐν τῇ φύσει τὸν αἴτιον τοῦ κόσμου καὶ τῆς τάξεως πάσης οἷον νήφων ἐφάνη παρ' εἰκῇ λέγοντας τοὺς πρότερον. φανερῶς μὲν οὖν Ἀναξαγόραν ἴσμεν ἀφάμενον τούτων τῶν λόγων, αἰτίαν δ' ἔχει πρότερον Ἑρ-
20 μότιμος ὁ Κλαζομένιος εἰπεῖν. οἱ μὲν οὖν οὕτως ὑπολαμβάνοντες ἅμα τοῦ καλῶς τὴν αἰτίαν ἀρχὴν εἶναι τῶν ὄντων ἔθεσαν, καὶ τὴν τοιαύτην ὅθεν ἡ κίνησις ὑπάρχει τοῖς οὖσιν.

4

ὑποπτεύσειε δ' ἄν τις Ἡσίοδον πρῶτον ζητῆσαι τὸ τοιοῦ- 4
τον, κἂν εἴ τις ἄλλος ἔρωτα ἢ ἐπιθυμίαν ἐν τοῖς οὖσιν ἔθη-
25 κεν ὡς ἀρχήν, οἷον καὶ Παρμενίδης· καὶ γὰρ οὗτος κατα-

desse tipo, exceto, talvez, Parmênides, pelo menos na medida em que afirmou não só a existência do uno, mas também a existência de duas outras causas[21].

Os que admitem vários princípios resolvem melhor a questão, como, por exemplo, os que admitem como princípios o quente e o frio ou o fogo e a terra. Estes, com efeito, servem-se do fogo como se fosse dotado de natureza motora e, por outro lado, servem-se da água e da terra e dos outros elementos desse tipo como se fossem dotados da natureza contrária[22].

Depois desses pensadores e depois da descoberta desses princípios, insuficientes para produzir a natureza e os seres, os filósofos, forçados novamente pela própria verdade, como já dissemos, puseram-se em busca de outro princípio[23]. Com efeito, o fato de algumas coisas serem belas ou boas e outras se tornarem tais não pode ser causado nem pelo fogo, nem pela terra nem por outro elemento desse gênero, e não é verossímil que aqueles filósofos tenham pensado isso. Por outro lado, não era conveniente remeter tudo ao acaso e à sorte.

Por isso, quando alguém disse que na natureza, como nos animais, existe uma Inteligência que é causa da ordem e da distribuição harmoniosa de todas as coisas, pareceu ser o único filósofo sensato, enquanto os predecessores pareceram gente que fala por falar. Ora, sabemos com certeza que Anaxágoras raciocinou desse modo[24]; mas afirma-se que Hermótimo de Clazômenas[25] foi o primeiro a falar disso. Em todo caso, os que raciocinaram desse modo puseram a causa do bem e do belo como princípio dos seres e consideraram esse tipo de causa como princípio do qual se origina o movimento dos seres.

4. *[Continuação do exame das doutrinas dos predecessores com particular atenção a Empédocles, Anaxágoras e Demócrito]*[1]

Todavia, poder-se-ia pensar que foi Hesíodo o primeiro a buscar uma causa desse tipo[2], ou qualquer outro que pôs como princípio dos seres o amor e o desejo, como o fez, por exemplo, Parmênides. Este, com efeito, ao reconstruir a origem do univer-

σκευάζων τὴν τοῦ παντὸς γένεσιν "πρώτιστον μέν" φησιν
"ἔρωτα θεῶν μητίσατο πάντων", Ἡσίοδος δὲ "πάντων μὲν
πρώτιστα χάος γένετ', αὐτὰρ ἔπειτα | γαῖ' εὐρύστερνος ... | ἠδ'
ἔρος, ὃς πάντεσσι μεταπρέπει ἀθανάτοισιν", ὡς δέον ἐν τοῖς
οὖσιν ὑπάρχειν τιν' αἰτίαν ἥτις κινήσει καὶ συνάξει τὰ πράγματα. τούτους μὲν οὖν πῶς χρὴ διανεῖμαι περὶ τοῦ τίς πρῶτος, ἐξέστω κρίνειν ὕστερον· ἐπεὶ δὲ καὶ τἀναντία τοῖς ἀγα-
θοῖς ἐνόντα ἐφαίνετο ἐν τῇ φύσει, καὶ οὐ μόνον τάξις καὶ
τὸ καλὸν ἀλλὰ καὶ ἀταξία καὶ τὸ αἰσχρόν, καὶ πλείω τὰ
κακὰ τῶν ἀγαθῶν καὶ τὰ φαῦλα τῶν καλῶν, οὕτως ἄλλος
τις φιλίαν εἰσήνεγκε καὶ νεῖκος, ἑκάτερον ἑκατέρων αἴτιον
τούτων. εἰ γάρ τις ἀκολουθοίη καὶ λαμβάνοι πρὸς τὴν διάνοιαν καὶ μὴ πρὸς ἃ ψελλίζεται λέγων Ἐμπεδοκλῆς, εὑρή-
σει τὴν μὲν φιλίαν αἰτίαν οὖσαν τῶν ἀγαθῶν τὸ δὲ νεῖκος
τῶν κακῶν· ὥστ' εἴ τις φαίη τρόπον τινὰ καὶ λέγειν καὶ
πρῶτον λέγειν τὸ κακὸν καὶ τὸ ἀγαθὸν ἀρχὰς Ἐμπεδοκλέα,
τάχ' ἂν λέγοι καλῶς, εἴπερ τὸ τῶν ἀγαθῶν ἁπάντων αἴτιον
αὐτὸ τἀγαθόν ἐστι [καὶ τῶν κακῶν τὸ κακόν]. — οὗτοι μὲν οὖν,
ὥσπερ λέγομεν, καὶ μέχρι τούτου δυοῖν αἰτίαιν ὧν ἡμεῖς διωρί-
σαμεν ἐν τοῖς περὶ φύσεως ἡμμένοι φαίνονται, τῆς τε ὕλης καὶ
τοῦ ὅθεν ἡ κίνησις, ἀμυδρῶς μέντοι καὶ οὐθὲν σαφῶς ἀλλ' οἷον
ἐν ταῖς μάχαις οἱ ἀγύμναστοι ποιοῦσιν· καὶ γὰρ ἐκεῖνοι περι-
φερόμενοι τύπτουσι πολλάκις καλὰς πληγάς, ἀλλ' οὔτε
ἐκεῖνοι ἀπὸ ἐπιστήμης οὔτε οὗτοι ἐοίκασιν εἰδέναι ὅ τι
λέγουσιν· σχεδὸν γὰρ οὐθὲν χρώμενοι φαίνονται τούτοις ἀλλ'
ἢ κατὰ μικρόν. Ἀναξαγόρας τε γὰρ μηχανῇ χρῆται τῷ
νῷ πρὸς τὴν κοσμοποιίαν, καὶ ὅταν ἀπορήσῃ διὰ τίν' αἰτίαν
ἐξ ἀνάγκης ἐστί, τότε παρέλκει αὐτόν, ἐν δὲ τοῖς ἄλλοις
πάντα μᾶλλον αἰτιᾶται τῶν γιγνομένων ἢ νοῦν, καὶ Ἐμπεδοκλῆς ἐπὶ πλέον μὲν τούτου χρῆται τοῖς αἰτίοις, οὐ μὴν

so diz: "Primeiro entre todos os deuses <a Deusa> produziu o Amor"³; enquanto Hesíodo diz: "Antes de tudo existiu o Caos, depois foi a terra do amplo ventre e o Amor que resplandece entre todos os imortais", como se ambos reconhecessem que deve existir nos seres uma causa que move e reúne as coisas⁴. Seja-nos concedido julgar adiante a qual desses pensadores compete a prioridade⁵.

Mas, como era evidente na natureza a existência de coisas contrárias às boas, assim como a existência não só da ordem e beleza, mas também da desordem e feiura, e a existência de males mais numerosos do que os bens, e coisas feias em maior número do que belas, houve outro pensador que introduziu a Amizade e a Discórdia como causas, respectivamente, desses contrários. Se seguimos Empédocles, entendendo-o segundo a lógica de seu pensamento mais do que segundo seu modo confuso de se exprimir, vemos que a Amizade é causa dos bens, enquanto a Discórdia é causa dos males. Assim sendo, se disséssemos que Empédocles afirmou — antes, que foi o primeiro a afirmar — que o bem e o mal são princípios, provavelmente estaríamos certos, pois a causa de todos os bens é o próprio bem e a causa de todos os males é o próprio mal⁶.

Parece que esses, como dissemos, alcançaram só duas das "quatro" causas distinguidas nos livros de *Física*, a saber: a causa material e a causa do movimento, mas de modo confuso e obscuro, tal como se comportam nos combates os que não se exercitaram: como estes, agitando-se em todas as direções, lançam belos golpes sem serem guiados pelo conhecimento, também aqueles pensadores não parecem ter verdadeiramente conhecimento do que afirmam. De fato, eles quase nunca se servem de seus princípios⁷.

O próprio Anaxágoras, na constituição do universo, serve-se da <Inteligência> como de um *deus ex machina*, e só quando se encontra em dificuldade para dar a razão de alguma coisa evoca a Inteligência; no mais, atribui a causa das coisas a tudo, menos à Inteligência⁸.

Empédocles utiliza muito mais suas causas do que Anaxágoras, mas não se serve delas adequadamente e de maneira

οὔθ' ἱκανῶς, οὔτ' ἐν τούτοις εὑρίσκει τὸ ὁμολογούμενον. πολλαχοῦ γοῦν αὐτῷ ἡ μὲν φιλία διακρίνει τὸ δὲ νεῖκος συγκρίνει. ὅταν μὲν γὰρ εἰς τὰ στοιχεῖα διίστηται τὸ πᾶν ὑπὸ τοῦ νείκους, τότε τὸ πῦρ εἰς ἓν συγκρίνεται καὶ τῶν ἄλλων στοιχείων ἕκαστον· ὅταν δὲ πάλιν ὑπὸ τῆς φιλίας συνίωσιν εἰς τὸ ἕν, ἀναγκαῖον ἐξ ἑκάστου τὰ μόρια διακρίνεσθαι πάλιν. — Ἐμπεδοκλῆς μὲν οὖν παρὰ τοὺς πρότερον πρῶτος τὸ τὴν αἰτίαν διελεῖν εἰσήνεγκεν, οὐ μίαν ποιήσας τὴν τῆς κινήσεως ἀρχὴν ἀλλ' ἑτέρας τε καὶ ἐναντίας, ἔτι δὲ τὰ ὡς ἐν ὕλης εἴδει λεγόμενα στοιχεῖα τέτταρα πρῶτος εἶπεν (οὐ μὴν χρῆταί γε τέτταρσιν ἀλλ' ὡς δυσὶν οὖσι μόνοις, πυρὶ μὲν καθ' αὑτὸ τοῖς δ' ἀντικειμένοις ὡς μιᾷ φύσει, γῇ τε καὶ ἀέρι καὶ ὕδατι· λάβοι δ' ἄν τις αὐτὸ θεωρῶν ἐκ τῶν ἐπῶν)· — οὗτος μὲν οὖν, ὥσπερ λέγομεν, οὕτω τε καὶ τοσαύτας εἴρηκε τὰς ἀρχάς· Λεύκιππος δὲ καὶ ὁ ἑταῖρος αὐτοῦ Δημόκριτος στοιχεῖα μὲν τὸ πλῆρες καὶ τὸ κενὸν εἶναί φασι, λέγοντες τὸ μὲν ὂν τὸ δὲ μὴ ὄν, τούτων δὲ τὸ μὲν πλῆρες καὶ στερεὸν τὸ ὄν, τὸ δὲ κενὸν τὸ μὴ ὄν (διὸ καὶ οὐθὲν μᾶλλον τὸ ὂν τοῦ μὴ ὄντος εἶναί φασιν, ὅτι οὐδὲ τοῦ κενοῦ τὸ σῶμα), αἴτια δὲ τῶν ὄντων ταῦτα ὡς ὕλην. καὶ καθάπερ οἱ ἓν ποιοῦντες τὴν ὑποκειμένην οὐσίαν τἆλλα τοῖς πάθεσιν αὐτῆς γεννῶσι, τὸ μανὸν καὶ τὸ πυκνὸν ἀρχὰς τιθέμενοι τῶν παθημάτων, τὸν αὐτὸν τρόπον καὶ οὗτοι τὰς διαφορὰς αἰτίας τῶν ἄλλων εἶναί φασιν. ταύτας μέντοι τρεῖς εἶναι λέγουσι, σχῆμά τε καὶ τάξιν καὶ θέσιν· διαφέρειν γάρ φασι τὸ ὂν ῥυσμῷ καὶ διαθιγῇ καὶ τροπῇ μόνον· τούτων δὲ ὁ μὲν ῥυσμὸς σχῆμά ἐστιν ἡ δὲ διαθιγὴ τάξις ἡ δὲ τροπὴ θέσις· διαφέρει γὰρ τὸ μὲν Α τοῦ Ν σχήματι τὸ δὲ ΑΝ τοῦ ΝΑ τάξει τὸ δὲ Ζ τοῦ Η

coerente. Amiúde, pelo menos no contexto de seu discurso, a Amizade separa e a Discórdia une. Quando o todo se dissolve nos elementos por obra da Discórdia, o fogo se reúne formando uma unidade, assim como cada um dos outros elementos. Quando, ao contrário, por obra da Amizade os elementos se recompõem na unidade <da Esfera>, as partes deles necessariamente se separam entre si[9].

Empédocles, em todo caso, diferentemente dos predecessores, foi o primeiro a introduzir a distinção dessa causa, tendo afirmado não um único princípio do movimento, mas dois princípios diferentes e até mesmo contrários. Ademais, ele foi o primeiro a dizer que os elementos de natureza material são quatro em número. (De resto, ele não se serve deles como se fossem quatro, mas como se fossem apenas dois: de um lado o fogo por conta própria e, de outro, os outros três — terra, ar e água — contrapostos como uma única natureza: pode-se extrair isso da consideração de seu poema). Estes e nesse número, portanto, são os princípios segundo Empédocles, como dissemos[10].

Leucipo[11] e seu seguidor Demócrito[12] afirmam como elementos o cheio e o vazio, e chamam um de ser e o outro de não-ser; mais precisamente, chamam o cheio e o sólido de ser e o vazio de não-ser; e por isso sustentam que o ser não tem mais realidade do que o não-ser, pois o cheio não tem mais realidade que o vazio. E afirmam esses elementos como causas materiais dos seres. E como os pensadores que consideram como única a substância que funciona como substrato e explicam a derivação de todas as outras coisas pela modificação dela, introduzindo o rarefeito e o denso como princípios dessas modificações, do mesmo modo, Demócrito e Leucipo dizem que as diferenças <dos elementos> são as causas de todas as outras. Além disso, eles dizem que são três as diferenças: a figura, a ordem e a posição. Com efeito, explicam eles, o ser só difere pela proporção, pelo contato e pela direção. A proporção é a forma, o contato é a ordem e a direção é a posição. Assim, A difere de N pela forma, AN de NA pela ordem, enquanto Z difere de H pela posição. Mas eles também, como os

θέσει. περὶ δὲ κινήσεως, ὅθεν ἢ πῶς ὑπάρξει τοῖς οὖσι, καὶ
20 οὗτοι παραπλησίως τοῖς ἄλλοις ῥαθύμως ἀφεῖσαν. περὶ μὲν
οὖν τῶν δύο αἰτιῶν, ὥσπερ λέγομεν, ἐπὶ τοσοῦτον ἔοικεν ἐζη-
τῆσθαι παρὰ τῶν πρότερον.

5

Ἐν δὲ τούτοις καὶ πρὸ τούτων οἱ καλούμενοι Πυθαγόρειοι
τῶν μαθημάτων ἁψάμενοι πρῶτοι ταῦτά τε προήγαγον, καὶ
25 ἐντραφέντες ἐν αὐτοῖς τὰς τούτων ἀρχὰς τῶν ὄντων ἀρχὰς
ᾠήθησαν εἶναι πάντων. ἐπεὶ δὲ τούτων οἱ ἀριθμοὶ φύσει
πρῶτοι, ἐν δὲ τούτοις ἐδόκουν θεωρεῖν ὁμοιώματα πολλὰ
τοῖς οὖσι καὶ γιγνομένοις, μᾶλλον ἢ ἐν πυρὶ καὶ γῇ καὶ
ὕδατι, ὅτι τὸ μὲν τοιονδὶ τῶν ἀριθμῶν πάθος δικαιοσύνη
30 τὸ δὲ τοιονδὶ ψυχή τε καὶ νοῦς ἕτερον δὲ καιρὸς καὶ τῶν ἄλλων ὡς εἰπεῖν ἕκαστον ὁμοίως, ἔτι δὲ τῶν ἁρμονιῶν ἐν ἀριθμοῖς ὁρῶντες τὰ πάθη καὶ τοὺς λόγους, — ἐπεὶ δὴ τὰ μὲν ἄλλα
τοῖς ἀριθμοῖς ἐφαίνοντο τὴν φύσιν ἀφωμοιῶσθαι πᾶσαν, οἱ
986ᵃ δ' ἀριθμοὶ πάσης τῆς φύσεως πρῶτοι, τὰ τῶν ἀριθμῶν στοιχεῖα τῶν ὄντων στοιχεῖα πάντων ὑπέλαβον εἶναι, καὶ τὸν
ὅλον οὐρανὸν ἁρμονίαν εἶναι καὶ ἀριθμόν· καὶ ὅσα εἶχον
ὁμολογούμενα ἔν τε τοῖς ἀριθμοῖς καὶ ταῖς ἁρμονίαις πρὸς
5 τὰ τοῦ οὐρανοῦ πάθη καὶ μέρη καὶ πρὸς τὴν ὅλην διακό-
σμησιν, ταῦτα συνάγοντες ἐφήρμοττον. κἂν εἴ τί που
διέλειπε, προσεγλίχοντο τοῦ συνειρομένην πᾶσαν αὐτοῖς εἶναι
τὴν πραγματείαν· λέγω δ' οἷον, ἐπειδὴ τέλειον ἡ δεκὰς
εἶναι δοκεῖ καὶ πᾶσαν περιειληφέναι τὴν τῶν ἀριθμῶν φύσιν,
10 καὶ τὰ φερόμενα κατὰ τὸν οὐρανὸν δέκα μὲν εἶναί φασιν,

outros, negligenciaram a questão de saber de onde deriva e como existe nos seres o movimento[13].

A respeito das duas causas em questão, como dissemos, até esse ponto chegou a pesquisa dos pensadores precedentes.

5. *[Continuação do exame das doutrinas dos predecessores com particular atenção aos pitagóricos e aos eleatas][1]*

Os assim chamados pitagóricos[2] são contemporâneos e até mesmo anteriores a esses filósofos. Eles por primeiro se aplicaram às matemáticas, fazendo-as progredir e, nutridos por elas, acreditaram que os princípios delas eram os princípios de todos os seres. E dado que nas matemáticas os números são, por sua natureza, os primeiros princípios, e dado que justamente nos números, mais do que no fogo e na terra e na água, eles achavam que viam muitas semelhanças com as coisas que são e que se geram — por exemplo, consideravam que determinada propriedade dos números[3] era a justiça, outra a alma e o intelecto, outra ainda o momento e o ponto oportuno, e, em poucas palavras, de modo semelhante para todas as outras coisas[4] —; e além disso, por verem que as notas e os acordes musicais consistiam em números[5]; e, finalmente, porque todas as outras coisas em toda a realidade lhes pareciam feitas à imagem dos números e porque os números tinham a primazia na totalidade da realidade, pensaram que os elementos dos números eram elementos de todas as coisas, e que a totalidade do céu era harmonia e número[6]. Eles recolhiam e sistematizavam todas as concordâncias que conseguiam mostrar entre os números e os acordes musicais, os fenômenos, as partes do céu e todo o ordenamento do universo. E se faltava alguma coisa, eles se esmeravam em introduzi-la, de modo a tornar coerente sua investigação. Por exemplo: como o número dez parece ser perfeito e parece compreender em si toda a realidade dos números, eles afirmavam que os corpos que se movem no céu também deviam ser dez[7]; mas, como apenas nove podem ser vistos, eles introduziam um décimo: a Antiterra[8].

ὄντων δὲ ἐννέα μόνον τῶν φανερῶν διὰ τοῦτο δεκάτην τὴν
ἀντίχθονα ποιοῦσιν. διώρισται δὲ περὶ τούτων ἐν ἑτέροις
ἡμῖν ἀκριβέστερον. ἀλλ' οὗ δὴ χάριν ἐπερχόμεθα, τοῦτό ἐστιν
ὅπως λάβωμεν καὶ παρὰ τούτων τίνας εἶναι τιθέασι τὰς
ἀρχὰς καὶ πῶς εἰς τὰς εἰρημένας ἐμπίπτουσιν αἰτίας. φαίνονται δὴ καὶ οὗτοι τὸν ἀριθμὸν νομίζοντες ἀρχὴν εἶναι καὶ
ὡς ὕλην τοῖς οὖσι καὶ ὡς πάθη τε καὶ ἕξεις, τοῦ δὲ ἀριθμοῦ
στοιχεῖα τό τε ἄρτιον καὶ τὸ περιττόν, τούτων δὲ τὸ μὲν πεπερασμένον τὸ δὲ ἄπειρον, τὸ δ' ἓν ἐξ ἀμφοτέρων εἶναι τούτων (καὶ γὰρ ἄρτιον εἶναι καὶ περιττόν), τὸν δ' ἀριθμὸν ἐκ
τοῦ ἑνός, ἀριθμοὺς δέ, καθάπερ εἴρηται, τὸν ὅλον οὐρανόν. —
ἕτεροι δὲ τῶν αὐτῶν τούτων τὰς ἀρχὰς δέκα λέγουσιν εἶναι
τὰς κατὰ συστοιχίαν λεγομένας, πέρας [καὶ] ἄπειρον, περιττὸν [καὶ] ἄρτιον, ἓν [καὶ] πλῆθος, δεξιὸν [καὶ] ἀριστερόν, ἄρρεν
[καὶ] θῆλυ, ἠρεμοῦν [καὶ] κινούμενον, εὐθὺ [καὶ] καμπύλον, φῶς
[καὶ] σκότος, ἀγαθὸν [καὶ] κακόν, τετράγωνον [καὶ] ἑτερόμηκες·
ὅνπερ τρόπον ἔοικε καὶ Ἀλκμαίων ὁ Κροτωνιάτης ὑπολαβεῖν, καὶ ἤτοι οὗτος παρ' ἐκείνων ἢ ἐκεῖνοι παρὰ τούτου παρέλαβον τὸν λόγον τοῦτον· καὶ γὰρ [ἐγένετο τὴν ἡλικίαν] Ἀλκμαίων [ἐπὶ γέροντι Πυθαγόρᾳ,] ἀπεφήνατο [δὲ] παραπλησίως
τούτοις· φησὶ γὰρ εἶναι δύο τὰ πολλὰ τῶν ἀνθρωπίνων, λέγων τὰς ἐναντιότητας οὐχ ὥσπερ οὗτοι διωρισμένας ἀλλὰ
τὰς τυχούσας, οἷον λευκὸν μέλαν, γλυκὺ πικρόν, ἀγαθὸν
κακόν, μέγα μικρόν. οὗτος μὲν οὖν ἀδιορίστως ἀπέρριψε περὶ
τῶν λοιπῶν, οἱ δὲ Πυθαγόρειοι καὶ πόσαι καὶ τίνες αἱ ἐναντιώσεις ἀπεφήναντο. παρὰ μὲν οὖν τούτων ἀμφοῖν τοσοῦτον

Tratamos esses assuntos mais acuradamente em outras obras[9]. Aqui voltamos a eles para ver, também com esses filósofos, quais são os princípios que eles afirmam e de que modo eles entram no âmbito das causas das quais falamos. Também estes parecem considerar que o número é princípio não só enquanto constitutivo material dos seres, mas também como constitutivo das propriedades e dos estados dos mesmos[10]. Em seguida eles afirmam como elementos constitutivos do número o par e o ímpar; dos quais o primeiro é ilimitado e o segundo limitado. O Um deriva desses dois elementos, porque é par e ímpar ao mesmo tempo. Do Um procede, depois, o número; e os números, como dissemos, constituiriam a totalidade do universo[11].

Outros pitagóricos afirmaram que os princípios são dez, distintos em série <de contrários>:

(1) limite-ilimite,

(2) ímpar-par,

(3) um-múltiplo,

(4) direito-esquerdo,

(5) macho-fêmea,

(6) repouso-movimento,

(7) reto-curvo,

(8) luz-trevas,

(9) bom-mau

(10) quadrado-retângulo[12].

Parece que também Alcméon de Crotona pensava desse modo, quer ele tenha tomado essa doutrina dos pitagóricos, quer estes a tenham tomado dele; pois Alcméon se destacou quando Pitágoras já era velho e professou uma doutrina muito semelhante à dos pitagóricos. Com efeito, ele dizia que as múltiplas coisas humanas, em sua maioria, formam pares de contrários, que ele agrupou não do modo preciso como o faziam os pitagóricos, mas ao acaso como, por exemplo: branco-preto, doce-amargo, bom-mau, grande-pequeno. Ele fez afirmações desordenadas a respeito dos pares de contrários, enquanto os pitagóricos afirmaram claramente quais e quantos são[13].

ἔστι λαβεῖν, ὅτι τἀναντία ἀρχαὶ τῶν ὄντων· τὸ δ' ὅσαι παρὰ τῶν ἑτέρων, καὶ τίνες αὗταί εἰσιν. πῶς μέντοι πρὸς τὰς εἰρημένας αἰτίας ἐνδέχεται συνάγειν, σαφῶς μὲν οὐ διήρθρωται παρ' ἐκείνων, ἐοίκασι δ' ὡς ἐν ὕλης εἴδει τὰ στοιχεῖα τάττειν· ἐκ τούτων γὰρ ὡς ἐνυπαρχόντων συνεστάναι καὶ πεπλάσθαι φασὶ τὴν οὐσίαν. — τῶν μὲν οὖν παλαιῶν καὶ πλείω λεγόντων τὰ στοιχεῖα τῆς φύσεως ἐκ τούτων ἱκανόν ἐστι θεωρῆσαι τὴν διάνοιαν· εἰσὶ δέ τινες οἳ περὶ τοῦ παντὸς ὡς μιᾶς οὔσης φύσεως ἀπεφήναντο, τρόπον δὲ οὐ τὸν αὐτὸν πάντες οὔτε τοῦ καλῶς οὔτε τοῦ κατὰ τὴν φύσιν. εἰς μὲν οὖν τὴν νῦν σκέψιν τῶν αἰτίων οὐδαμῶς συναρμόττει περὶ αὐτῶν ὁ λόγος (οὐ γὰρ ὥσπερ ἔνιοι τῶν φυσιολόγων ἓν ὑποθέμενοι τὸ ὂν ὅμως γεννῶσιν ὡς ἐξ ὕλης τοῦ ἑνός, ἀλλ' ἕτερον τρόπον οὗτοι λέγουσιν· ἐκεῖνοι μὲν γὰρ προστιθέασι κίνησιν, γεννῶντές γε τὸ πᾶν, οὗτοι δὲ ἀκίνητον εἶναί φασιν)· οὐ μὴν ἀλλὰ τοσοῦτόν γε οἰκεῖόν ἐστι τῇ νῦν σκέψει. Παρμενίδης μὲν γὰρ ἔοικε τοῦ κατὰ τὸν λόγον ἑνὸς ἅπτεσθαι, Μέλισσος δὲ τοῦ κατὰ τὴν ὕλην (διὸ καὶ ὁ μὲν πεπερασμένον ὁ δ' ἄπειρόν φησιν εἶναι αὐτό)· Ξενοφάνης δὲ πρῶτος τούτων ἑνίσας (ὁ γὰρ Παρμενίδης τούτου λέγεται γενέσθαι μαθητής) οὐθὲν διεσαφήνισεν, οὐδὲ τῆς φύσεως τούτων οὐδετέρας ἔοικε θιγεῖν, ἀλλ' εἰς τὸν ὅλον οὐρανὸν ἀποβλέψας τὸ ἓν εἶναί φησι τὸν θεόν. οὗτοι μὲν οὖν, καθάπερ εἴπομεν, ἀφετέοι πρὸς τὴν νῦν ζήτησιν, οἱ μὲν δύο καὶ πάμπαν ὡς ὄντες μικρὸν ἀγροικότεροι, Ξενοφάνης καὶ Μέλισσος· Παρμενίδης δὲ μᾶλλον βλέπων ἔοικέ που λέγειν· παρὰ γὰρ τὸ ὂν τὸ μὴ ὂν οὐθὲν ἀξιῶν εἶναι, ἐξ ἀνάγκης ἓν οἴεται εἶναι, τὸ ὄν, καὶ

Deste e daqueles pode-se extrair apenas o seguinte: os contrários são os princípios dos seres; mas quantos e quais são eles só se extrai dos pitagóricos. Mas nem mesmo pelos pitagóricos esses contrários foram analisados de maneira suficientemente clara a ponto de se estabelecer de que modo é possível reduzi-los às causas das quais falamos; parece, entretanto, que eles atribuem a seus elementos a função de matéria. De fato, eles dizem que a substância é composta e constituída por esses elementos como partes imanentes a ela[14].

O que foi dito é suficiente para se compreender o pensamento dos antigos que admitiam uma pluralidade de elementos constitutivos da natureza.

Outros filósofos sustentaram que o universo é uma realidade única, mas não falaram todos do mesmo modo, seja quanto à exatidão da investigação, seja acerca da determinação dessa realidade. Uma discussão sobre esses filósofos foge ao exame das causas que agora estamos desenvolvendo. Com efeito, eles não procedem como alguns filósofos naturalistas, que, mesmo afirmando a unidade do ser, fazem derivar as coisas do um como da matéria, mas o fazem de modo totalmente diferente. Os naturalistas, ao explicar a geração do universo, atribuem ao Um o movimento; estes filósofos, por sua vez, afirmam que o Um é imóvel. Não obstante isso, o que diremos em seguida está relacionado com a pesquisa que estamos desenvolvendo[15].

Parmênides parece ter entendido o Um segundo a forma[16], Melisso segundo a matéria (e por isso o primeiro sustentou que o Um é limitado, o outro que é ilimitado)[17]. Xenófanes afirmou antes deles a unidade do todo (diz-se, com efeito, que Parmênides foi seu discípulo), mas não oferece nenhum esclarecimento e não parece ter compreendido a natureza nem de uma nem de outra dessas causas, mas, estendendo sua consideração a todo o universo, afirma que o Um é Deus[18].

Para a pesquisa que estamos desenvolvendo, como dissemos, podemos deixar de lado dois desses filósofos, Xenófanes e Melisso, por serem suas concepções um tanto grosseiras[19]; Parmênides, ao contrário, parece raciocinar com mais perspicácia. Por considerar que além do ser não existe o não-ser, necessaria-

ἄλλο οὐθέν (περὶ οὗ σαφέστερον ἐν τοῖς περὶ φύσεως εἰρήκαμεν), ἀναγκαζόμενος δ' ἀκολουθεῖν τοῖς φαινομένοις, καὶ τὸ ἓν μὲν κατὰ τὸν λόγον πλείω δὲ κατὰ τὴν αἴσθησιν ὑπολαμβάνων εἶναι, δύο τὰς αἰτίας καὶ δύο τὰς ἀρχὰς πάλιν τίθησι, θερμὸν καὶ ψυχρόν, οἷον πῦρ καὶ γῆν λέγων· τούτων δὲ κατὰ μὲν τὸ ὂν τὸ θερμὸν τάττει θάτερον δὲ κατὰ τὸ μὴ ὄν. — ἐκ μὲν οὖν τῶν εἰρημένων καὶ παρὰ τῶν συνηδρευκότων ἤδη τῷ λόγῳ σοφῶν ταῦτα παρειλήφαμεν, παρὰ μὲν τῶν πρώτων σωματικήν τε τὴν ἀρχήν (ὕδωρ γὰρ καὶ πῦρ καὶ τὰ τοιαῦτα σώματά ἐστιν), καὶ τῶν μὲν μίαν τῶν δὲ πλείους τὰς ἀρχὰς τὰς σωματικάς, ἀμφοτέρων μέντοι ταύτας ὡς ἐν ὕλης εἴδει τιθέντων, παρὰ δέ τινων ταύτην τε τὴν αἰτίαν τιθέντων καὶ πρὸς ταύτῃ τὴν ὅθεν ἡ κίνησις, καὶ ταύτην παρὰ τῶν μὲν μίαν παρὰ τῶν δὲ δύο. μέχρι μὲν οὖν τῶν Ἰταλικῶν καὶ χωρὶς ἐκείνων μορυχώτερον εἰρήκασιν οἱ ἄλλοι περὶ αὐτῶν, πλὴν ὥσπερ εἴπομεν δυοῖν τε αἰτίαιν τυγχάνουσι κεχρημένοι, καὶ τούτων τὴν ἑτέραν οἱ μὲν μίαν οἱ δὲ δύο ποιοῦσι, τὴν ὅθεν ἡ κίνησις· οἱ δὲ Πυθαγόρειοι δύο μὲν τὰς ἀρχὰς κατὰ τὸν αὐτὸν εἰρήκασι τρόπον, τοσοῦτον δὲ προσεπέθεσαν ὃ καὶ ἴδιόν ἐστιν αὐτῶν, ὅτι τὸ πεπερασμένον καὶ τὸ ἄπειρον [καὶ τὸ ἕν] οὐχ ἑτέρας τινὰς ᾠήθησαν εἶναι φύσεις, οἷον πῦρ ἢ γῆν ἤ τι τοιοῦτον ἕτερον, ἀλλ' αὐτὸ τὸ ἄπειρον καὶ αὐτὸ τὸ ἓν οὐσίαν εἶναι τούτων ὧν κατηγοροῦνται, διὸ καὶ ἀριθμὸν εἶναι τὴν οὐσίαν πάντων. περί τε τούτων οὖν τοῦτον ἀπεφήναντο τὸν τρόπον, καὶ περὶ τοῦ τί ἐστιν ἤρξαντο μὲν λέγειν καὶ ὁρίζεσθαι, λίαν δ' ἁπλῶς ἐπραγματεύθησαν. ὡρίζοντό τε γὰρ ἐπιπολαίως, καὶ ᾧ πρώτῳ ὑπάρξειεν ὁ λεχθεὶς ὅρος, τοῦτ' εἶναι τὴν οὐσίαν τοῦ πράγματος ἐνόμιζον, ὥσπερ εἴ τις οἴοιτο ταὐτὸν εἶναι διπλάσιον καὶ τὴν δυάδα διότι πρῶτον ὑπάρχει τοῖς δυσὶ τὸ διπλάσιον. ἀλλ' οὐ ταὐτὸν ἴσως ἐστὶ τὸ εἶναι διπλασίῳ καὶ δυάδι· εἰ δὲ μή,

mente deve crer que o ser é um e nada mais (discorremos sobre isso de modo mais profundo na *Física*)[20]. Entretanto, forçado a levar em conta os fenômenos, e supondo que o um é segundo a razão, enquanto o múltiplo é segundo os sentidos, também ele afirma duas causas e dois princípios: o quente e o frio, quer dizer, o fogo e a terra; atribuindo ao quente o estatuto do ser e ao frio o do não-ser[21].

987a

Concluindo, das afirmações e das doutrinas dos sábios consideradas na presente discussão extraímos o seguinte. Os primeiros filósofos afirmaram o princípio material (de fato, água[22], fogo[23] e semelhantes[24] são corpos); alguns o afirmaram como único[25], outros como uma pluralidade de princípios materiais[26]; uns e outros, contudo, os consideraram de natureza material. Há ainda os que afirmam, além dessa causa[27], também a causa do movimento, e esta, segundo alguns destes[28] é uma só, segundo outros são duas[29].

5

Até os filósofos itálicos[30] (com exceção deles), todos os filósofos discorreram de modo inadequado sobre as causas. Estes — como dissemos — de algum modo recorreram a duas causas, e alguns[31] afirmaram que a segunda dessas causas — a causa do movimento — é uma só, enquanto outros afirmaram serem duas[32]. Os pitagóricos afirmaram do mesmo modo dois princípios, mas acrescentaram a seguinte peculiaridade: consideraram que o limitado, o ilimitado e o um não eram atributos de outras realidades (por exemplo, fogo ou terra ou alguma outra coisa), mas que o próprio ilimitado e o um eram a substância das coisas das quais se predicam, e que por isso o número era a substância de todas as coisas[33].

10

15

A respeito das causas, portanto, os pitagóricos se expressaram do seguinte modo. Eles começaram a falar da essência e a dar definições, mas o fizeram de maneira muito simplista[34]. Com efeito, definiram de modo superficial, pois consideravam que aquilo a que primeiramente se atribuía determinada definição era a substância das coisas: como se alguém acreditasse que o duplo e o número dois são a mesma coisa, porque o número dois é aquilo do qual em primeiro lugar se predica o duplo. Mas não são certamente a mesma coisa a essência do duplo e a essência do dois; se fossem, o

20

25

πολλὰ τὸ ἓν ἔσται, ὃ κἀκείνοις συνέβαινεν. παρὰ μὲν οὖν τῶν πρότερον καὶ τῶν ἄλλων τοσαῦτα ἔστι λαβεῖν.

6

Μετὰ δὲ τὰς εἰρημένας φιλοσοφίας ἡ Πλάτωνος ἐπεγένετο πραγματεία, τὰ μὲν πολλὰ τούτοις ἀκολουθοῦσα, τὰ δὲ καὶ ἴδια παρὰ τὴν τῶν Ἰταλικῶν ἔχουσα φιλοσοφίαν. ἐκ νέου τε γὰρ συνήθης γενόμενος πρῶτον Κρατύλῳ καὶ ταῖς Ἡρακλειτείοις δόξαις, ὡς ἁπάντων τῶν αἰσθητῶν ἀεὶ ῥεόντων καὶ ἐπιστήμης περὶ αὐτῶν οὐκ οὔσης, ταῦτα μὲν καὶ ὕστερον οὕτως ὑπέλαβεν· Σωκράτους δὲ περὶ μὲν τὰ ἠθικὰ πραγματευομένου περὶ δὲ τῆς ὅλης φύσεως οὐθέν, ἐν μέντοι τούτοις τὸ καθόλου ζητοῦντος καὶ περὶ ὁρισμῶν ἐπιστήσαντος πρώτου τὴν διάνοιαν, ἐκεῖνον ἀποδεξάμενος διὰ τὸ τοιοῦτον ὑπέλαβεν ὡς περὶ ἑτέρων τοῦτο γιγνόμενον καὶ οὐ τῶν αἰσθητῶν· ἀδύνατον γὰρ εἶναι τὸν κοινὸν ὅρον τῶν αἰσθητῶν τινός, ἀεί γε μεταβαλλόντων. οὗτος οὖν τὰ μὲν τοιαῦτα τῶν ὄντων ἰδέας προσηγόρευσε, τὰ δ' αἰσθητὰ παρὰ ταῦτα καὶ κατὰ ταῦτα λέγεσθαι πάντα· κατὰ μέθεξιν γὰρ εἶναι τὰ πολλὰ ὁμώνυμα τοῖς εἴδεσιν. τὴν δὲ μέθεξιν τοὔνομα μόνον μετέβαλεν· οἱ μὲν γὰρ Πυθαγόρειοι μιμήσει τὰ ὄντα φασὶν εἶναι τῶν ἀριθμῶν, Πλάτων δὲ μεθέξει, τοὔνομα μεταβαλών. τὴν μέντοι γε μέθεξιν ἢ τὴν μίμησιν ἥτις ἂν εἴη τῶν εἰδῶν ἀφεῖσαν ἐν κοινῷ ζητεῖν. ἔτι δὲ παρὰ τὰ αἰσθητὰ καὶ τὰ εἴδη τὰ μαθηματικὰ τῶν πραγμάτων εἶναί φησι

um seria ao mesmo tempo muitas coisas, e esta é a consequência em que incorrem³⁵.

Isso, portanto, é o que se pode aprender dos primeiros filósofos e de seus sucessores.

6. [Continuação do exame das doutrinas dos predecessores com particular atenção a Platão]¹

Depois das filosofias mencionadas, surgiu a doutrina de Platão, que, em muitos pontos, segue a dos pitagóricos, mas apresenta também características próprias, estranhas à filosofia dos itálicos.

Platão, com efeito, tendo sido desde jovem amigo de Crátilo e seguidor das doutrinas heraclitianas, segundo as quais todas as coisas sensíveis estão em contínuo fluxo e das quais não se pode fazer ciência, manteve posteriormente essas convicções². Por sua vez, Sócrates ocupava-se de questões éticas e não da natureza em sua totalidade, mas buscava o universal no âmbito daquelas questões, tendo sido o primeiro a fixar a atenção nas definições³. Ora, Platão aceitou essa doutrina socrática, mas acreditou, por causa da convicção acolhida dos heraclitianos, que as definições se referissem a outras realidades e não às realidades sensíveis. De fato, ele considerava impossível que a definição universal se referisse a algum dos objetos sensíveis, por estarem sujeitos a contínua mudança. Então, ele chamou essas outras realidades Ideias⁴, afirmando que os sensíveis existem ao lado⁵ delas e delas recebem seus nomes. Com efeito, a pluralidade das coisas sensíveis que têm o mesmo nome das Formas existe por "participação" nas Formas. No que se refere à "participação", a única inovação de Platão foi o nome. De fato, os pitagóricos dizem que os seres subsistem por "imitação" dos números; Platão, ao invés, diz "por participação", mudando apenas o nome. De todo modo, tanto uns como o outro descuidaram igualmente de indicar o que significa "participação" e "imitação" das Formas⁶.

Ademais, ele afirma que, além dos sensíveis e das Formas, existem os Entes matemáticos "intermediários" entre uns e as

μεταξύ, διαφέροντα τῶν μὲν αἰσθητῶν τῷ ἀΐδια καὶ ἀκίνητα εἶναι, τῶν δ' εἰδῶν τῷ τὰ μὲν πόλλ' ἄττα ὅμοια εἶναι τὸ δὲ εἶδος αὐτὸ ἓν ἕκαστον μόνον. ἐπεὶ δ' αἴτια τὰ εἴδη τοῖς ἄλλοις, τἀκείνων στοιχεῖα πάντων ᾠήθη τῶν ὄντων εἶναι
20 στοιχεῖα. ὡς μὲν οὖν ὕλην τὸ μέγα καὶ τὸ μικρὸν εἶναι ἀρχάς, ὡς δ' οὐσίαν τὸ ἕν· ἐξ ἐκείνων γὰρ κατὰ μέθεξιν τοῦ ἑνὸς τὰ εἴδη εἶναι ⟨καὶ⟩ τοὺς ἀριθμούς. τὸ μέντοι γε ἓν οὐσίαν εἶναι, καὶ μὴ ἕτερόν γέ τι ὂν λέγεσθαι ἕν, παραπλησίως τοῖς Πυθαγορείοις ἔλεγε, καὶ τὸ τοὺς ἀριθμοὺς αἰτίους εἶναι τοῖς ἄλλοις
25 τῆς οὐσίας ὡσαύτως ἐκείνοις· τὸ δὲ ἀντὶ τοῦ ἀπείρου ὡς ἑνὸς δυάδα ποιῆσαι, τὸ δ' ἄπειρον ἐκ μεγάλου καὶ μικροῦ, τοῦτ' ἴδιον· καὶ ἔτι ὁ μὲν τοὺς ἀριθμοὺς παρὰ τὰ αἰσθητά, οἱ δ' ἀριθμοὺς εἶναί φασιν αὐτὰ τὰ πράγματα, καὶ τὰ μαθηματικὰ μεταξὺ τούτων οὐ τιθέασιν. τὸ μὲν οὖν τὸ ἓν καὶ τοὺς
30 ἀριθμοὺς παρὰ τὰ πράγματα ποιῆσαι, καὶ μὴ ὥσπερ οἱ Πυθαγόρειοι, καὶ ἡ τῶν εἰδῶν εἰσαγωγὴ διὰ τὴν ἐν τοῖς λόγοις ἐγένετο σκέψιν (οἱ γὰρ πρότεροι διαλεκτικῆς οὐ μετεῖχον), τὸ δὲ δυάδα ποιῆσαι τὴν ἑτέραν φύσιν διὰ τὸ τοὺς ἀριθμοὺς ἔξω τῶν πρώτων εὐφυῶς ἐξ αὐτῆς γεννᾶσθαι ὥσ-
988ᵃ περ ἔκ τινος ἐκμαγείου. καίτοι συμβαίνει γ' ἐναντίως· οὐ γὰρ εὔλογον οὕτως. οἱ μὲν γὰρ ἐκ τῆς ὕλης πολλὰ ποιοῦσιν, τὸ δ' εἶδος ἅπαξ γεννᾷ μόνον, φαίνεται δ' ἐκ μιᾶς ὕλης μία τράπεζα, ὁ δὲ τὸ εἶδος ἐπιφέρων εἷς ὢν πολλὰς ποιεῖ.
5 ὁμοίως δ' ἔχει καὶ τὸ ἄρρεν πρὸς τὸ θῆλυ· τὸ μὲν γὰρ ὑπὸ μιᾶς πληροῦται ὀχείας, τὸ δ' ἄρρεν πολλὰ πληροῖ· καίτοι ταῦτα μιμήματα τῶν ἀρχῶν ἐκείνων ἐστίν. Πλά-

outras, que diferem dos sensíveis, por serem imóveis e eternos, e das Formas, por existirem muitos semelhantes, enquanto cada Forma é única e individual[7].

Portanto, posto que as Formas são causas das outras coisas, Platão considerou os elementos constitutivos das Formas como os elementos de todos os seres. Como elemento material das Formas ele punha o grande e o pequeno, e como causa formal o Um: de fato, considerava que as Formas <e> os números derivassem por participação do grande e do pequeno no Um[8].

Quanto à afirmação de que o um é substância e não algo diferente daquilo a que se predica, Platão se aproxima muito dos pitagóricos; e, como os pitagóricos, considera os números como causa da substância das outras coisas. Entretanto, é peculiar a Platão o fato de ter posto no lugar do ilimitado entendido como unidade, uma díade, e o fato de ter concebido o ilimitado como derivado do grande e do pequeno. Platão, além disso, situa os Números fora dos sensíveis, enquanto os pitagóricos sustetam que os Números são as próprias coisas e não afirmam os Entes matemáticos como intermediários entre aqueles e estas[9].

O fato de ter posto o Um e os Números fora das coisas, à diferença dos pitagóricos, e também o ter introduzido as Formas foram as consequências da investigação fundada nas puras noções[10], que é própria de Platão, pois os predecessores não conheciam a dialética[11]. Mas, o ter posto uma díade como natureza oposta ao Um tinha em vista derivar facilmente dela, como de uma matriz, todos os números, exceto os primeiros[12]. Entretanto, ocorreu exatamente o contrário, pois essa doutrina não é razoável. Com efeito, eles derivam muitas coisas da matéria, enquanto da Forma deveria derivar uma única coisa. Mas é claro que de uma única matéria se extrai, por exemplo, uma única mesa, enquanto o artesão que aplica a forma, mesmo sendo um só, produz muitas mesas. Tem-se aqui a mesma relação que se tem entre macho e fêmea: esta é fecundada por uma única cópula, enquanto o macho pode fecundar muitas fêmeas[13]. Estas são imagens ilustrativas daqueles

των μὲν οὖν περὶ τῶν ζητουμένων οὕτω διώρισεν· φανερὸν δ'
ἐκ τῶν εἰρημένων ὅτι δυοῖν αἰτίαιν μόνον κέχρηται, τῇ τε
τοῦ τί ἐστι καὶ τῇ κατὰ τὴν ὕλην (τὰ γὰρ εἴδη τοῦ τί ἐστιν
αἴτια τοῖς ἄλλοις, τοῖς δ' εἴδεσι τὸ ἕν), καὶ τίς ἡ ὕλη ἡ
ὑποκειμένη καθ' ἧς τὰ εἴδη μὲν ἐπὶ τῶν αἰσθητῶν τὸ δ'
ἓν ἐν τοῖς εἴδεσι λέγεται, ὅτι αὕτη δυάς ἐστι, τὸ μέγα καὶ
τὸ μικρόν, ἔτι δὲ τὴν τοῦ εὖ καὶ τοῦ κακῶς αἰτίαν τοῖς στοιχείοις ἀπέδωκεν ἑκατέροις ἑκατέραν, ὥσπερ φαμὲν καὶ τῶν
προτέρων ἐπιζητῆσαί τινας φιλοσόφων, οἷον Ἐμπεδοκλέα
καὶ Ἀναξαγόραν.

7

Συντόμως μὲν οὖν καὶ κεφαλαιωδῶς ἐπεληλύθαμεν τίνες
τε καὶ πῶς τυγχάνουσιν εἰρηκότες περί τε τῶν ἀρχῶν
καὶ τῆς ἀληθείας· ὅμως δὲ τοσοῦτόν γ' ἔχομεν ἐξ αὐτῶν,
ὅτι τῶν λεγόντων περὶ ἀρχῆς καὶ αἰτίας οὐθεὶς ἔξω τῶν ἐν
τοῖς περὶ φύσεως ἡμῖν διωρισμένων εἴρηκεν, ἀλλὰ πάντες
ἀμυδρῶς μὲν ἐκείνων δέ πως φαίνονται θιγγάνοντες. οἱ μὲν
γὰρ ὡς ὕλην τὴν ἀρχὴν λέγουσιν, ἄν τε μίαν ἄν τε πλείους
ὑποθῶσι, καὶ ἐάν τε σῶμα ἐάν τε ἀσώματον τοῦτο τιθῶσιν (οἷον
Πλάτων μὲν τὸ μέγα καὶ τὸ μικρὸν λέγων, οἱ δ' Ἰταλικοὶ
τὸ ἄπειρον, Ἐμπεδοκλῆς δὲ πῦρ καὶ γῆν καὶ ὕδωρ καὶ
ἀέρα, Ἀναξαγόρας δὲ τὴν τῶν ὁμοιομερῶν ἀπειρίαν· οὗτοί
τε δὴ πάντες τῆς τοιαύτης αἰτίας ἡμμένοι εἰσί, καὶ ἔτι ὅσοι
ἀέρα ἢ πῦρ ἢ ὕδωρ ἢ πυρὸς μὲν πυκνότερον ἀέρος δὲ λεπτό-
τερον· καὶ γὰρ τοιοῦτόν τινες εἰρήκασιν εἶναι τὸ πρῶτον
στοιχεῖον)· —οὗτοι μὲν οὖν ταύτης τῆς αἰτίας ἥψαντο μόνον,
ἕτεροι δέ τινες ὅθεν ἡ ἀρχὴ τῆς κινήσεως (οἷον ὅσοι φιλίαν

princípios. Platão, portanto, resolveu desse modo a questão que estamos investigando.

Do que dissemos, fica claro que ele recorreu a apenas duas causas: a formal e a material. De fato, as Ideias são causas formais das outras coisas, e o Um é causa formal das Ideias. E à pergunta sobre qual é a matéria que tem a função de substrato do qual se predicam as Ideias — no âmbito dos sensíveis —, e do qual se predica o Um — no âmbito das Ideias —, ele responde que é a díade, isto é, o grande e o pequeno[14].

Platão, ademais, atribuiu a causa do bem ao primeiro de seus elementos e a causa do mal ao outro, como já tinham tentado fazer — como dissemos — alguns filósofos anteriores, por exemplo Empédocles e Anaxágoras[15].

7. [Recapitulação dos resultados do exame das doutrinas dos predecessores][1]

De modo conciso e sumário examinamos os filósofos que discorreram sobre os princípios e a verdade, e o modo como o fizeram. Desse exame extraímos as seguintes conclusões: nenhum dos que trataram do princípio e da causa falou de outras causas além das que distinguimos nos livros da *Física*[2], mas todos, de certo modo, parecem ter acenado justamente a elas, ainda que de maneira confusa.

(1) Alguns, com efeito, falam do princípio como matéria, quer o entendam como único quer como múltiplo, quer o afirmem como corpóreo quer como incorpóreo. Platão, por exemplo, põe como princípio material o grande e o pequeno, enquanto os itálicos põem o ilimitado[3], e Empédocles afirma o fogo, a terra, a água e o ar, e Anaxágoras a infinidade das homeomerias. Todos esses pensadores entreviram esse tipo de causa. E também os que afirmaram como princípio o ar[4] ou a água[5] ou o fogo[6] ou um elemento mais denso do que o fogo e mais sutil do que o ar: com efeito, há quem afirme que assim é o elemento primitivo[7].

(2) Enquanto esses filósofos entreviram só essa causa, outros entreviram a causa motora; assim, por exemplo, os que

καὶ νεῖκος ἢ νοῦν ἢ ἔρωτα ποιοῦσιν ἀρχήν)· τὸ δὲ τί ἦν εἶναι
35 καὶ τὴν οὐσίαν σαφῶς μὲν οὐθεὶς ἀποδέδωκε, μάλιστα δ' οἱ τὰ
988ᵇ εἴδη τιθέντες λέγουσιν (οὔτε γὰρ ὡς ὕλην τοῖς αἰσθητοῖς τὰ
εἴδη καὶ τὸ ἓν τοῖς εἴδεσιν οὔθ' ὡς ἐντεῦθεν τὴν ἀρχὴν τῆς
κινήσεως γιγνομένην ὑπολαμβάνουσιν — ἀκινησίας γὰρ αἴτια
μᾶλλον καὶ τοῦ ἐν ἠρεμίᾳ εἶναι φασιν — ἀλλὰ τὸ τί ἦν εἶναι
5 ἑκάστῳ τῶν ἄλλων τὰ εἴδη παρέχονται, τοῖς δ' εἴδεσι τὸ
ἕν)· τὸ δ' οὗ ἕνεκα αἱ πράξεις καὶ αἱ μεταβολαὶ καὶ αἱ
κινήσεις τρόπον μέν τινα λέγουσιν αἴτιον, οὕτω δὲ οὐ λέγουσιν οὐδ' ὅνπερ πέφυκεν. οἱ μὲν γὰρ νοῦν λέγοντες ἢ φιλίαν
ὡς ἀγαθὸν μὲν ταύτας τὰς αἰτίας τιθέασιν, οὐ μὴν ὡς
10 ἕνεκά γε τούτων ἢ ὂν ἢ γιγνόμενόν τι τῶν ὄντων ἀλλ' ὡς
ἀπὸ τούτων τὰς κινήσεις οὔσας λέγουσιν· ὡς δ' αὕτως καὶ
οἱ τὸ ἓν ἢ τὸ ὂν φάσκοντες εἶναι τὴν τοιαύτην φύσιν τῆς
μὲν οὐσίας αἴτιόν φασιν εἶναι, οὐ μὴν τούτου γε ἕνεκα ἢ εἶναι ἢ
γίγνεσθαι, ὥστε λέγειν τε καὶ μὴ λέγειν πως συμβαίνει αὐ-
15 τοῖς τἀγαθὸν αἴτιον· οὐ γὰρ ἁπλῶς ἀλλὰ κατὰ συμβεβηκὸς
λέγουσιν. — ὅτι μὲν οὖν ὀρθῶς διώρισται περὶ τῶν αἰτίων καὶ
πόσα καὶ ποῖα, μαρτυρεῖν ἐοίκασιν ἡμῖν καὶ οὗτοι πάντες,
οὐ δυνάμενοι θιγεῖν ἄλλης αἰτίας, πρὸς δὲ τούτοις ὅτι ζητη-
τέαι αἱ ἀρχαὶ ἢ οὕτως ἅπασαι ἢ τινὰ τρόπον τοιοῦτον, δῆλον·
20 πῶς δὲ τούτων ἕκαστος εἴρηκε καὶ πῶς ἔχει περὶ τῶν ἀρχῶν,
τὰς ἐνδεχομένας ἀπορίας μετὰ τοῦτο διέλθωμεν περὶ αὐτῶν.

8

Ὅσοι μὲν οὖν ἕν τε τὸ πᾶν καὶ μίαν τινὰ φύσιν ὡς
ὕλην τιθέασι, καὶ ταύτην σωματικὴν καὶ μέγεθος ἔχουσαν,

afirmam como princípio a Amizade e a Discórdia[8], ou a Inteligência[9], ou até mesmo o Amor[10].

(3) Nenhum deles, entretanto, explicou claramente a essência e a substância[11]. Contudo, os que afirmaram a existência de Formas[12] explicaram mais do que todos os outros. De fato, eles não consideram as Formas como matéria das coisas sensíveis nem o Um como matéria das Formas; tampouco consideram as Formas como princípio de movimento (elas são, segundo eles, causa de imobilidade e de repouso)[13]. Eles apresentam as Formas como essência de cada uma das coisas sensíveis, e o Um como essência das Formas[14].

(4) Quanto ao fim pelo qual as ações, as mudanças e os movimentos ocorrem, de certo modo eles o afirmam como causa, mas não dizem como e nem explicam sua natureza. Os que afirmam a Inteligência ou a Amizade admitem essas causas como bem, mas não falam delas como se fossem o fim pelo qual alguns dos seres são ou se produzem, mas como se delas derivassem os movimentos[15]. Do mesmo modo, também os que afirmam que o Um e o Ser são bem por sua natureza, dizem que são causa da substância, mas não dizem que são o fim pelo qual algo é ou se gera. De modo que, em certo sentido, eles dizem e não dizem que o bem é causa. Eles, de fato, não afirmam de modo definifitivo que o bem é causa absoluta, mas o afirmam acidentalmente[16].

Portanto, parece que todos esses filósofos atestam que nós definimos com exatidão o número e a natureza das causas, na medida em que eles não souberam exprimir outras. Ademais, é evidente que se devem estudar todos os princípios nesses <quatro> modos ou em algum desses <quatro> modos[17].

Feito isso, devemos passar a examinar as dificuldades que podem se apresentar sobre o modo pelo qual cada um desses filósofos se expressou e sobre a posição assumida por eles relativamente aos princípios.

8. *[Crítica dos filósofos naturalistas, monistas e pluralistas]*[1]

(I) É evidente que erram em muitos sentidos os que afirmam o todo como uma unidade e postulam como matéria uma realidade única, corpórea e dotada de grandeza[2].

δῆλον ὅτι πολλαχῶς ἁμαρτάνουσιν. τῶν γὰρ σωμάτων τὰ
στοιχεῖα τιθέασι μόνον, τῶν δ' ἀσωμάτων οὔ, ὄντων καὶ ἀσωμάτων. καὶ περὶ γενέσεως καὶ φθορᾶς ἐπιχειροῦντες τὰς
αἰτίας λέγειν, καὶ περὶ πάντων φυσιολογοῦντες, τὸ τῆς κινήσεως αἴτιον ἀναιροῦσιν. ἔτι δὲ τῷ τὴν οὐσίαν μηθενὸς αἰτίαν
τιθέναι μηδὲ τὸ τί ἐστι, καὶ πρὸς τούτοις τῷ ῥᾳδίως τῶν
ἁπλῶν σωμάτων λέγειν ἀρχὴν ὁτιοῦν πλὴν γῆς, οὐκ ἐπισκεψάμενοι τὴν ἐξ ἀλλήλων γένεσιν πῶς ποιοῦνται, λέγω δὲ
πῦρ καὶ ὕδωρ καὶ γῆν καὶ ἀέρα. τὰ μὲν γὰρ συγκρίσει
τὰ δὲ διακρίσει ἐξ ἀλλήλων γίγνεται, τοῦτο δὲ πρὸς τὸ πρότερον εἶναι καὶ ὕστερον διαφέρει πλεῖστον. τῇ μὲν γὰρ ἂν
δόξειε στοιχειωδέστατον εἶναι πάντων ἐξ οὗ γίγνονται συγκρίσει πρώτου, τοιοῦτον δὲ τὸ μικρομερέστατον καὶ λεπτότατον ἂν
εἴη τῶν σωμάτων (διόπερ ὅσοι πῦρ ἀρχὴν τιθέασι, μάλιστα
ὁμολογουμένως ἂν τῷ λόγῳ τούτῳ λέγοιεν· τοιοῦτον δὲ καὶ
τῶν ἄλλων ἕκαστος ὁμολογεῖ τὸ στοιχεῖον εἶναι τὸ τῶν σωμάτων· οὐθεὶς γοῦν ἠξίωσε τῶν ἓν λεγόντων γῆν εἶναι
στοιχεῖον, δηλονότι διὰ τὴν μεγαλομέρειαν, τῶν δὲ τριῶν
ἕκαστον στοιχείων εἴληφέ τινα κριτήν, οἱ μὲν γὰρ πῦρ οἱ δ'
ὕδωρ οἱ δ' ἀέρα τοῦτ' εἶναί φασιν· καίτοι διὰ τί ποτ' οὐ καὶ
τὴν γῆν λέγουσιν, ὥσπερ οἱ πολλοὶ τῶν ἀνθρώπων; πάντα
γὰρ εἶναί φασι γῆν, φησὶ δὲ καὶ Ἡσίοδος τὴν γῆν πρώτην γενέσθαι τῶν σωμάτων· οὕτως ἀρχαίαν καὶ δημοτικὴν συμβέβηκεν εἶναι τὴν ὑπόληψιν)· —κατὰ μὲν οὖν τοῦτον τὸν λόγον οὔτ' εἴ τις τούτων τι λέγει πλὴν πυρός,
οὔτ' εἴ τις ἀέρος μὲν πυκνότερον τοῦτο τίθησιν ὕδατος δὲ

(1) De fato, eles postulam apenas os elementos das realidades corpóreas e não das incorpóreas, que, entretanto, também existem³.

(2) Ademais, embora tentando indicar as causas da geração e da corrupção, e mesmo explicando todas as coisas do ponto de vista da natureza, eles suprimem a causa do movimento⁴.

(3) Além disso, erram porque não põem a substância e a essência como causa de alguma coisa⁵.

(4) Finalmente⁶, erram também porque postulam como princípio, de maneira simplista, algum dos corpos simples, exceto a terra⁷, sem refletir sobre o modo como estes — ou seja, o fogo, a água, a terra e o ar — se geram uns dos outros. De fato, esses elementos se geram uns dos outros às vezes por união, outras por separação, o que é de enorme importância para estabelecer a anterioridade ou a posterioridade de cada elemento. Com efeito, (a) de determinado ponto de vista, parece ser elemento mais originário do que todos os outros o primeiro a partir do qual se geram todos os outros, por um processo de união; mas esse elemento deveria ser o corpo composto de partículas menores e mais sutis. (Por isso, todos os que põem o fogo como princípio falariam de modo mais conforme com esse modo de raciocinar. Mas também todos os outros filósofos reconhecem que o elemento originário dos corpos deve ser desse tipo. De fato, nenhum dos que admitiram um único elemento considerou que ele fosse a terra⁸, evidentemente pela grandeza de suas partes. Ao contrário, cada um dos outros três elementos encontrou algum defensor. Pois alguns dizem que esse elemento é o fogo, outros a água e outros ainda o ar. E por que razão, senão por esta, nenhum escolheu a terra como elemento, como faz a maioria dos homens? De fato, estes dizem que tudo é terra, e também Hesíodo⁹ diz que, dos quatro corpos, a terra foi gerada primeiro, tão antiga e popular se revela essa convicção!). Portanto, com base nesse raciocínio, não acertaria quem dissesse que é originário outro elemento além do fogo, nem quem pusesse

λεπτότερον, οὐκ ὀρθῶς ἂν λέγοι· εἰ δ' ἔστι τὸ τῇ γενέσει ὕστερον τῇ φύσει πρότερον, τὸ δὲ πεπεμμένον καὶ συγκεκριμένον ὕστερον τῇ γενέσει, τοὐναντίον ἂν εἴη τούτων, ὕδωρ μὲν ἀέρος πρότερον γῆ δὲ ὕδατος. — περὶ μὲν οὖν τῶν μίαν τιθεμένων αἰτίαν οἵαν εἴπομεν, ἔστω ταῦτ' εἰρημένα· τὸ δ' αὐτὸ κἂν εἴ τις ταῦτα πλείω τίθησιν, οἷον Ἐμπεδοκλῆς τέτταρά φησιν εἶναι σώματα τὴν ὕλην. καὶ γὰρ τούτῳ τὰ μὲν ταὐτὰ τὰ δ' ἴδια συμβαίνειν ἀνάγκη. γιγνόμενά τε γὰρ ἐξ ἀλλήλων ὁρῶμεν ὡς οὐκ ἀεὶ διαμένοντος πυρὸς καὶ γῆς τοῦ αὐτοῦ σώματος (εἴρηται δὲ ἐν τοῖς περὶ φύσεως περὶ αὐτῶν), καὶ περὶ τῆς τῶν κινουμένων αἰτίας, πότερον ἓν ἢ δύο θετέον, οὔτ' ὀρθῶς οὔτε εὐλόγως οἰητέον εἰρῆσθαι παντελῶς. ὅλως τε ἀλλοίωσιν ἀναιρεῖσθαι ἀνάγκη τοῖς οὕτω λέγουσιν· οὐ γὰρ ἐκ θερμοῦ ψυχρὸν οὐδὲ ἐκ ψυχροῦ θερμὸν ἔσται. τί γὰρ αὐτὰ ἂν πάσχοι τἀναντία, καὶ τίς εἴη ἂν μία φύσις ἡ γιγνομένη πῦρ καὶ ὕδωρ, ὃ ἐκεῖνος οὔ φησιν. Ἀναξαγόραν δ' εἴ τις ὑπολάβοι δύο λέγειν στοιχεῖα, μάλιστ' ἂν ὑπολάβοι κατὰ λόγον, ὃν ἐκεῖνος αὐτὸς μὲν οὐ διήρθρωσεν, ἠκολούθησε μέντ' ἂν ἐξ ἀνάγκης τοῖς ἐπάγουσιν αὐτόν. ἀτόπου γὰρ ὄντος καὶ ἄλλως τοῦ φάσκειν μεμῖχθαι τὴν ἀρχὴν πάντα, καὶ διὰ τὸ συμβαίνειν ἄμικτα δεῖν προϋπάρχειν καὶ διὰ τὸ μὴ πεφυκέναι τῷ τυχόντι μίγνυσθαι τὸ τυχόν, πρὸς δὲ τούτοις ὅτι τὰ πάθη καὶ τὰ συμβεβηκότα χωρίζοιτ' ἂν τῶν οὐσιῶν (τῶν γὰρ αὐτῶν μῖξίς ἐστι καὶ χωρισμός), ὅμως εἴ τις ἀκο-

como originário um elemento mais denso do que o ar,
porém mais sutil do que a água[10]. Ao invés, (b) se o
que é posterior por geração é anterior por natureza, e
o que é misturado e composto é posterior por geração,
então seria verdade justamente o contrário do que se
disse: a água seria anterior ao ar e a terra à água[11].
Sobre os filósofos que postulam uma causa única baste o
que dissemos[12].

(II) As mesmas observações valem para quem admite um
número maior de elementos. (A) Valem, por exemplo, para Empédocles, que afirma os quatro elementos como matéria. Com efeito, também ele incorre necessariamente em dificuldades, algumas das quais são as mesmas em que incorreram os outros pensadores[13], outras, ao contrário, são próprias dele.

(1) Com efeito, vemos que os "quatro elementos" geram-se uns dos outros, o que significa que o mesmo corpo não permanece sempre fogo e terra[14] (e disso falamos nos outros livros sobre a natureza)[15].

(2) E também é preciso dizer que ele não resolveu corretamente nem de modo plausível a questão de se devemos postular uma só ou duas causas dos movimentos[16].

(3) Em geral, quem fala desse modo elimina necessariamente todo processo de alteração. De fato, não poderá haver passagem do quente ao úmido, nem do úmido ao quente: nesse caso deveria haver alguma coisa que recebesse esses contrários, e deveria haver uma natureza única que se tornasse fogo e água, mas Empédocles não admite isso[17].

(B) Quanto a Anaxágoras, pode-se admitir que ele afirma dois elementos[18], sobretudo baseando-nos numa consideração que ele mesmo não fez, mas que forçosamente faria se a isso fosse levado. Com efeito, é absurdo afirmar que todas as coisas estavam misturadas na origem, além de outras razões, também porque elas deveriam preexistir não misturadas[19], e porque nem todas as coisas podem, por sua natureza, misturar-se com todas as outras[20]. Além disso, também porque as afecções e os acidentes poderiam ser separados das substâncias (de fato, aquilo que se mistura pode também se separar)[21]. Pois bem, não obstante

λουθήσειε συνδιαρθρῶν ἃ βούλεται λέγειν, ἴσως ἂν φανείη καινοπρεπεστέρως λέγων. ὅτε γὰρ οὐθὲν ἦν ἀποκεκριμένον, δῆλον ὡς οὐθὲν ἦν ἀληθὲς εἰπεῖν κατὰ τῆς οὐσίας ἐκείνης, λέγω δ' οἷον ὅτι οὔτε λευκὸν οὔτε μέλαν ἢ φαιὸν ἢ ἄλλο χρῶμα, ἀλλ' ἄχρων ἦν ἐξ ἀνάγκης· εἶχε γὰρ ἄν τι τούτων τῶν χρωμάτων· ὁμοίως δὲ καὶ ἄχυμον τῷ αὐτῷ λόγῳ τούτῳ, οὐδὲ ἄλλο τῶν ὁμοίων οὐθέν· οὔτε γὰρ ποιόν τι οἷόν τε αὐτὸ εἶναι οὔτε ποσὸν οὔτε τί. τῶν γὰρ ἐν μέρει τι λεγομένων εἰδῶν ὑπῆρχεν ἂν αὐτῷ, τοῦτο δὲ ἀδύνατον μεμιγμένων γε πάντων· ἤδη γὰρ ἂν ἀπεκέκριτο, φησὶ δ' εἶναι μεμιγμένα πάντα πλὴν τοῦ νοῦ, τοῦτον δὲ ἀμιγῆ μόνον καὶ καθαρόν. ἐκ δὴ τούτων συμβαίνει λέγειν αὐτῷ τὰς ἀρχὰς τό τε ἕν (τοῦτο γὰρ ἁπλοῦν καὶ ἀμιγές) καὶ θάτερον, οἷον τίθεμεν τὸ ἀόριστον πρὶν ὁρισθῆναι καὶ μετασχεῖν εἴδους τινός, ὥστε λέγει μὲν οὔτ' ὀρθῶς οὔτε σαφῶς, βούλεται μέντοι τι παραπλήσιον τοῖς τε ὕστερον λέγουσι καὶ τοῖς νῦν φαινομένοις μᾶλλον. —ἀλλὰ γὰρ οὗτοι μὲν τοῖς περὶ γένεσιν λόγοις καὶ φθορὰν καὶ κίνησιν οἰκεῖοι τυγχάνουσι μόνον (σχεδὸν γὰρ περὶ τῆς τοιαύτης οὐσίας καὶ τὰς ἀρχὰς καὶ τὰς αἰτίας ζητοῦσι μόνης)· ὅσοι δὲ περὶ μὲν ἁπάντων τῶν ὄντων ποιοῦνται τὴν θεωρίαν, τῶν δ' ὄντων τὰ μὲν αἰσθητὰ τὰ δ' οὐκ αἰσθητὰ τιθέασι, δῆλον ὡς περὶ ἀμφοτέρων τῶν γενῶν ποιοῦνται τὴν ἐπίσκεψιν· διὸ μᾶλλον ἄν τις ἐνδιατρίψειε περὶ αὐτῶν, τί καλῶς ἢ μὴ καλῶς λέγουσιν εἰς τὴν τῶν νῦν ἡμῖν προκειμένων σκέψιν. οἱ μὲν οὖν καλούμενοι Πυθαγόρειοι ταῖς μὲν ἀρχαῖς καὶ τοῖς στοιχείοις ἐκτοπωτέροις χρῶνται τῶν φυσιο-

isso, se alguém seguisse seu pensamento, explicitando o que ele pretendia dizer, talvez mostraria alguma novidade. De fato, quando nada ainda estava separado, evidentemente nada de verdadeiro era possível afirmar dessa substância. Por exemplo, não era possível dizer que fosse branca, ou preta, ou cinza, ou de outra cor; ela devia necessariamente ser incolor, caso contrário deveria ter alguma dessas cores. Analogamente, e pela mesma razão, ela não deveria ter nenhum sabor, e não deveria ter nenhuma determinação desse tipo, pois não é possível que ela fosse uma determinada qualidade, ou determinada quantidade ou determinada essência. Nesse caso, nela deveria existir uma forma particular, o que é impossível, já que tudo estava misturado. De fato, essa forma já deveria estar separada, sendo que Anaxágoras afirma que tudo estava misturado, exceto a Inteligência, e que só esta é pura e encontra-se fora da mistura[21]. De tudo isso resulta que Anaxágoras acaba por afirmar como princípios o Um (este, de fato, é puro e sem mistura) e o Diverso, que corresponde ao elemento que postulamos como indeterminado, antes de ser determinado e de participar de alguma Forma. De modo que Anaxágoras não fala nem com exatidão nem com clareza, mas o que pretende dizer é semelhante ao que dizem os filósofos posteriores e corresponde melhor às coisas como se nos apresentam[22].

Na realidade, esses filósofos, com seus discursos, referem-se unicamente à geração, à corrupção e ao movimento, pois pesquisam quase exclusivamente os princípios e as causas desse tipo de substância[23].

(III) Ao contrário, os que estendem sua especulação a todos os seres e admitem tanto a existência de seres sensíveis como a de seres não-sensíveis, evidentemente aplicam sua pesquisa aos dois gêneros de seres[24]. Por isso devemos nos voltar prioritariamente para eles, em vista de estabelecer o que está correto e o que não está, com relação à pesquisa que agora empreendemos.

    (1) Os filósofos chamados pitagóricos[25] valem-se de princípios e de elementos mais remotos do que os princípios físicos dos naturalistas, e a razão disso está em que eles não os extraíram das coisas sensíveis; de fato, os entes matemáticos, exceto os relativos à astronomia, são sem

λόγων (τὸ δ' αἴτιον ὅτι παρέλαβον αὐτὰς οὐκ ἐξ αἰσθητῶν·
τὰ γὰρ μαθηματικὰ τῶν ὄντων ἄνευ κινήσεώς ἐστιν ἔξω
τῶν περὶ τὴν ἀστρολογίαν), διαλέγονται μέντοι καὶ πραγματεύονται περὶ φύσεως πάντα· γεννῶσί τε γὰρ τὸν οὐρανόν,
990ᵃ καὶ περὶ τὰ τούτου μέρη καὶ τὰ πάθη καὶ τὰ ἔργα διατη-
ροῦσι τὸ συμβαῖνον, καὶ τὰς ἀρχὰς καὶ τὰ αἴτια εἰς ταῦτα
καταναλίσκουσιν, ὡς ὁμολογοῦντες τοῖς ἄλλοις φυσιολόγοις
ὅτι τό γε ὂν τοῦτ' ἐστὶν ὅσον αἰσθητόν ἐστι καὶ περιείληφεν ὁ
5 καλούμενος οὐρανός. τὰς δ' αἰτίας καὶ τὰς ἀρχάς, ὥσπερ
εἴπομεν, ἱκανὰς λέγουσιν ἐπαναβῆναι καὶ ἐπὶ τὰ ἀνωτέρω
τῶν ὄντων, καὶ μᾶλλον ἢ τοῖς περὶ φύσεως λόγοις ἁρμοτ-
τούσας. ἐκ τίνος μέντοι τρόπου κίνησις ἔσται πέρατος καὶ
ἀπείρου μόνων ὑποκειμένων καὶ περιττοῦ καὶ ἀρτίου, οὐθὲν
10 λέγουσιν, ἢ πῶς δυνατὸν ἄνευ κινήσεως καὶ μεταβολῆς γένεσιν εἶναι καὶ φθορὰν ἢ τὰ τῶν φερομένων ἔργα κατὰ τὸν
οὐρανόν. ἔτι δὲ εἴτε δοίη τις αὐτοῖς ἐκ τούτων εἶναι μέγεθος
εἴτε δειχθείη τοῦτο, ὅμως τίνα τρόπον ἔσται τὰ μὲν κοῦφα
τὰ δὲ βάρος ἔχοντα τῶν σωμάτων; ἐξ ὧν γὰρ ὑποτίθενται
15 καὶ λέγουσιν, οὐθὲν μᾶλλον περὶ τῶν μαθηματικῶν λέγουσι
σωμάτων ἢ τῶν αἰσθητῶν· διὸ περὶ πυρὸς ἢ γῆς ἢ τῶν
ἄλλων τῶν τοιούτων σωμάτων οὐδ' ὁτιοῦν εἰρήκασιν, ἅτε οὐθὲν
περὶ τῶν αἰσθητῶν οἶμαι λέγοντες ἴδιον. ἔτι δὲ πῶς δεῖ
λαβεῖν αἴτια μὲν εἶναι τὰ τοῦ ἀριθμοῦ πάθη καὶ τὸν ἀριθμὸν
20 τῶν κατὰ τὸν οὐρανὸν ὄντων καὶ γιγνομένων καὶ ἐξ ἀρχῆς
καὶ νῦν, ἀριθμὸν δ' ἄλλον μηθένα εἶναι παρὰ τὸν ἀριθμὸν
τοῦτον ἐξ οὗ συνέστηκεν ὁ κόσμος; ὅταν γὰρ ἐν τῳδὶ μὲν τῷ
μέρει δόξα καὶ καιρὸς αὐτοῖς ᾖ, μικρὸν δὲ ἄνωθεν ἢ κά-
τωθεν ἀδικία καὶ κρίσις ἢ μῖξις, ἀπόδειξιν δὲ λέγωσιν ὅτι
25 τούτων μὲν ἕκαστον ἀριθμός ἐστι, συμβαίνει δὲ κατὰ τὸν

movimento. Não obstante, eles discutem e tratam de questões relativas exclusivamente à natureza. De fato, descrevem a gênese do céu e observam o que decorre para as suas partes, para suas características e para seus movimentos, e esgotam suas causas e seus princípios na explicação dessas coisas, como se estivessem de acordo com os outros filósofos naturalistas, em que o ser se reduz ao sensível e ao que está contido no que eles chamam céu. Mas, como dissemos, eles postulam causas e princípios capazes de remontar também aos seres superiores, e que, antes, se adaptam melhor a estes do que às doutrinas físicas[26].

(2) Por outro lado, eles não explicam como se pode produzir o movimento, na medida em que postulam como substrato só o limitado e o ilimitado, o ímpar e o par; e tampouco explicam como é possível que, sem movimento e mudança, existam a geração e a corrupção e as revoluções dos corpos que se movem no céu[27].

(3) Ademais, mesmo concedendo a eles que a grandeza deriva desses princípios, e se pudéssemos demonstrar isso, continuaria ainda sem explicação o fato de alguns corpos serem leves e outros pesados. De fato, os princípios que postulam e fazem valer referem-se tanto aos corpos matemáticos quanto aos corpos sensíveis. Por isso, se não disseram absolutamente nada sobre o fogo nem sobre a terra nem sobre outros corpos como estes é porque — a meu ver — eles não têm nada de peculiar a dizer sobre os sensíveis[28].

(4) Finalmente, como se deve entender que as propriedades do número e o número são causas das coisas existentes no universo e das coisas que nele se produzem desde a origem até agora, e, de outro lado, como entender que não existe outro número além do número do qual é constituído o mundo? De fato, quando eles dizem que em determinado lugar do universo encontram-se a opinião e o momento oportuno e que um pouco acima e um pouco abaixo encontram-se a injustiça e a separação ou a mistura, e para provar afirmam que cada uma dessas coisas é um número (mas depois ocorre que nesse mesmo lugar do céu já se encontre uma multidão de grandezas reunidas,

τόπον τοῦτον ἤδη πλῆθος εἶναι τῶν συνισταμένων μεγεθῶν διὰ
τὸ τὰ πάθη ταῦτα ἀκολουθεῖν τοῖς τόποις ἑκάστοις, πότερον
οὗτος ὁ αὐτός ἐστιν ἀριθμός, ὁ ἐν τῷ οὐρανῷ, ὃν δεῖ λαβεῖν
ὅτι τούτων ἕκαστόν ἐστιν, ἢ παρὰ τοῦτον ἄλλος; ὁ μὲν γὰρ
30 Πλάτων ἕτερον εἶναί φησιν· καίτοι κἀκεῖνος ἀριθμοὺς οἴεται
καὶ ταῦτα εἶναι καὶ τὰς τούτων αἰτίας, ἀλλὰ τοὺς μὲν νοητοὺς αἰτίους τούτους δὲ αἰσθητούς.

9

Περὶ μὲν οὖν τῶν Πυθαγορείων ἀφείσθω τὰ νῦν (ἱκανὸν γὰρ αὐτῶν ἅψασθαι τοσοῦτον)· οἱ δὲ τὰς ἰδέας αἰτίας
990ᵇ τιθέμενοι πρῶτον μὲν ζητοῦντες τωνδὶ τῶν ὄντων λαβεῖν τὰς
αἰτίας ἕτερα τούτοις ἴσα τὸν ἀριθμὸν ἐκόμισαν, ὥσπερ εἴ τις
ἀριθμῆσαι βουλόμενος ἐλαττόνων μὲν ὄντων οἴοιτο μὴ δυνήσεσθαι, πλείω δὲ ποιήσας ἀριθμοίη (σχεδὸν γὰρ ἴσα—ἢ οὐκ
5 ἐλάττω—ἐστὶ τὰ εἴδη τούτοις περὶ ὧν ζητοῦντες τὰς αἰτίας ἐκ
τούτων ἐπ' ἐκεῖνα προῆλθον· καθ' ἕκαστον γὰρ ὁμώνυμόν τι
ἔστι καὶ παρὰ τὰς οὐσίας, τῶν τε ἄλλων ὧν ἔστιν ἓν ἐπὶ πολλῶν, καὶ ἐπὶ τοῖσδε καὶ ἐπὶ τοῖς ἀϊδίοις)· ἔτι δὲ καθ' οὓς τρόπους δείκνυμεν ὅτι ἔστι τὰ εἴδη, κατ' οὐθένα φαίνεται τούτων·
10 ἐξ ἐνίων μὲν γὰρ οὐκ ἀνάγκη γίγνεσθαι συλλογισμόν, ἐξ ἐνίων
δὲ καὶ οὐχ ὧν οἰόμεθα τούτων εἴδη γίγνεται. κατά τε γὰρ
τοὺς λόγους τοὺς ἐκ τῶν ἐπιστημῶν εἴδη ἔσται πάντων ὅσων
ἐπιστῆμαί εἰσί, καὶ κατὰ τὸ ἓν ἐπὶ πολλῶν καὶ τῶν ἀποφά-

porque essas propriedades do número que as constituem correspondem a regiões particulares do universo): pois bem, deve-se por acaso entender que esse número que está no universo coincide com cada uma daquelas coisas ou é outro número diferente dele? Platão afirma que é um número diferente[29]. Entretanto, também ele considera que essas coisas e suas causas sejam números, mas sustenta que as causas sejam números inteligíveis e que os outros sejam números sensíveis.

9. [Crítica de Platão e dos platônicos][1]

Agora deixemos de lado os pitagóricos, porque é suficiente o que dissemos sobre eles, e passemos aos filósofos que postulam como princípios as Formas e as Ideias.

(1) Em primeiro lugar, eles, tentando apreender as causas dos seres sensíveis, introduziram entidades suprassensíveis em número igual aos sensíveis: como se alguém, querendo contar os objetos, considerasse não poder fazê-lo por serem os objetos muito pouco numerosos, e, ao invés, considerasse poder contá-los depois de ter aumentado seu número. As Formas, de fato, são em número praticamente igual — ou pelo menos não inferior — aos objetos dos quais esses filósofos, com a intenção de buscar suas causas, partiram para chegar a elas. Com efeito, para cada coisa individual existe uma entidade com o mesmo nome; e isso vale tanto para as substâncias como para todas as outras coisas cuja multiplicidade é redutível à unidade: tanto no âmbito das coisas terrenas, quanto no âmbito das coisas eternas[2].

(2) Ademais, a existência das Ideias não se prova por nenhuma das argumentações que aduzimos como prova. De algumas argumentações, com efeito, a existência das Ideias não procede como conclusão necessária; de outras segue-se a existência de Formas também das coisas das quais não admitimos a existência de Formas. De fato, (a) das provas extraídas das ciências decorre a existência de Ideias de todas as coisas que são objeto de ciência; (b) da prova derivada da unidade do múltiplo,

σεων, κατὰ δὲ τὸ νοεῖν τι φθαρέντος τῶν φθαρτῶν· φάντασμα γάρ τι τούτων ἔστιν. ἔτι δὲ οἱ ἀκριβέστεροι τῶν λόγων
οἱ μὲν τῶν πρός τι ποιοῦσιν ἰδέας, ὧν οὔ φαμεν εἶναι καθ᾽
αὐτὸ γένος, οἱ δὲ τὸν τρίτον ἄνθρωπον λέγουσιν. ὅλως τε
ἀναιροῦσιν οἱ περὶ τῶν εἰδῶν λόγοι ἃ μᾶλλον εἶναι βουλόμεθα
[οἱ λέγοντες εἴδη] τοῦ τὰς ἰδέας εἶναι· συμβαίνει γὰρ μὴ
εἶναι τὴν δυάδα πρώτην ἀλλὰ τὸν ἀριθμόν, καὶ τὸ πρός τι
τοῦ καθ᾽ αὑτό, καὶ πάνθ᾽ ὅσα τινὲς ἀκολουθήσαντες ταῖς περὶ
τῶν ἰδεῶν δόξαις ἠναντιώθησαν ταῖς ἀρχαῖς. — ἔτι κατὰ
μὲν τὴν ὑπόληψιν καθ᾽ ἣν εἶναί φαμεν τὰς ἰδέας οὐ μόνον
τῶν οὐσιῶν ἔσται εἴδη ἀλλὰ πολλῶν καὶ ἑτέρων (καὶ γὰρ τὸ
νόημα ἓν οὐ μόνον περὶ τὰς οὐσίας ἀλλὰ καὶ κατὰ τῶν ἄλλων ἐστί, καὶ ἐπιστῆμαι οὐ μόνον τῆς οὐσίας εἰσὶν ἀλλὰ καὶ
ἑτέρων, καὶ ἄλλα δὲ μυρία συμβαίνει τοιαῦτα)· κατὰ δὲ
τὸ ἀναγκαῖον καὶ τὰς δόξας τὰς περὶ αὐτῶν, εἰ ἔστι μεθεκτὰ τὰ εἴδη, τῶν οὐσιῶν ἀναγκαῖον ἰδέας εἶναι μόνον. οὐ
γὰρ κατὰ συμβεβηκὸς μετέχονται ἀλλὰ δεῖ ταύτῃ ἑκάστου μετέχειν ᾗ μὴ καθ᾽ ὑποκειμένου λέγεται (λέγω δ᾽
οἷον, εἴ τι αὐτοδιπλασίου μετέχει, τοῦτο καὶ ἀϊδίου μετέχει,
ἀλλὰ κατὰ συμβεβηκός· συμβέβηκε γὰρ τῷ διπλασίῳ
ἀϊδίῳ εἶναι), ὥστ᾽ ἔσται οὐσιῶν τὰ εἴδη· ταὐτὰ δὲ ἐνταῦθα
οὐσίαν σημαίνει κἀκεῖ· ἢ τί ἔσται τὸ εἶναι φάναι τι παρὰ
ταῦτα, τὸ ἓν ἐπὶ πολλῶν; καὶ εἰ μὲν ταὐτὸ εἶδος τῶν ἰδεῶν

decorrerá a existência de Formas também das negações; (c) e do argumento extraído do fato de podermos pensar algo mesmo depois que se tenha corrompido decorre a existência de Ideias das coisas que já se corromperam (de fato, destas permanece em nós uma imagem)³.

(3) Além disso, algumas das argumentações mais rigorosas levam a admitir a existência de Ideias também das relações, sendo que não admitimos que exista um gênero em si das relações; outras dessas argumentações levam à afirmação do "terceiro homem"⁴.

(4) Em geral, os argumentos que demonstram a existência das Formas chegam a eliminar justamente os princípios cuja existência nos importa mais do que a própria existência das Ideias. De fato, daqueles argumentos procede que não a díade mas o número é anterior e, também, que o relativo é anterior ao que é por si; e seguem-se também todas as consequências às quais chegaram alguns seguidores da doutrina das Formas, em nítido contraste com seus princípios⁵.

(5) Ademais, com base nos pressupostos a partir dos quais afirmamos a existência das Ideias, decorrerá a existência de Formas não só das substâncias, mas também de muitas outras coisas. (Com efeito, é possível reduzir a multiplicidade a uma unidade de conceito não só quando se trata de substâncias, mas também de outras coisas; e podem-se extrair ainda muitas outras consequências desse tipo). Ao contrário, como decorre das premissas e da própria doutrina das Ideias, se as Formas são aquilo de que as coisas participam, só devem existir Ideias das substâncias. Efetivamente, as coisas não participam das Ideias por acidente, mas devem participar de cada Ideia como de algo que não é atribuído a um sujeito ulterior (dou um exemplo: se alguma coisa participa do duplo em si, participa também do eterno, mas por acidente: de fato ser eterna é propriedade acidental da essência do duplo), portanto <só> deverão existir Formas das substâncias. Mas o que substância significa nesse mundo também significa substância no mundo das Formas; se não fosse assim, o que poderia significar a afirmação de que a unidade do múltiplo é algo existente além das coisas sensíveis? E se a

καὶ τῶν μετεχόντων, ἔσται τι κοινόν (τί γὰρ μᾶλλον ἐπὶ
τῶν φθαρτῶν δυάδων, καὶ τῶν πολλῶν μὲν ἀϊδίων δέ, τὸ
5 δυὰς ἓν καὶ ταὐτόν, ἢ ἐπί τ' αὐτῆς καὶ τῆς τινός)· εἰ δὲ
μὴ τὸ αὐτὸ εἶδος, ὁμώνυμα ἂν εἴη, καὶ ὅμοιον ὥσπερ
ἂν εἴ τις καλοῖ ἄνθρωπον τόν τε Καλλίαν καὶ τὸ ξύλον,
μηδεμίαν κοινωνίαν ἐπιβλέψας αὐτῶν. — πάντων δὲ μάλιστα
διαπορήσειεν ἄν τις τί ποτε συμβάλλεται τὰ εἴδη τοῖς
10 ἀϊδίοις τῶν αἰσθητῶν ἢ τοῖς γιγνομένοις καὶ φθειρομένοις·
οὔτε γὰρ κινήσεως οὔτε μεταβολῆς οὐδεμιᾶς ἐστὶν αἴτια αὐτοῖς.
ἀλλὰ μὴν οὔτε πρὸς τὴν ἐπιστήμην οὐθὲν βοηθεῖ τὴν τῶν ἄλλων (οὐδὲ γὰρ οὐσία ἐκεῖνα τούτων· ἐν τούτοις γὰρ ἂν ἦν), οὔτε
εἰς τὸ εἶναι, μὴ ἐνυπάρχοντά γε τοῖς μετέχουσιν· οὕτω μὲν
15 γὰρ ἂν ἴσως αἴτια δόξειεν εἶναι ὡς τὸ λευκὸν μεμιγμένον
τῷ λευκῷ, ἀλλ' οὗτος μὲν ὁ λόγος λίαν εὐκίνητος, ὃν Ἀναξαγόρας μὲν πρῶτος Εὔδοξος δ' ὕστερον καὶ ἄλλοι τινὲς
ἔλεγον (ῥᾴδιον γὰρ συναγαγεῖν πολλὰ καὶ ἀδύνατα πρὸς
τὴν τοιαύτην δόξαν)· ἀλλὰ μὴν οὐδ' ἐκ τῶν εἰδῶν ἐστὶ τἆλλα
20 κατ' οὐθένα τρόπον τῶν εἰωθότων λέγεσθαι. τὸ δὲ λέγειν
παραδείγματα αὐτὰ εἶναι καὶ μετέχειν αὐτῶν τἆλλα κενολογεῖν ἐστὶ καὶ μεταφορὰς λέγειν ποιητικάς. τί γάρ ἐστι
τὸ ἐργαζόμενον πρὸς τὰς ἰδέας ἀποβλέπον; ἐνδέχεταί τε
καὶ εἶναι καὶ γίγνεσθαι ὅμοιον ὁτιοῦν καὶ μὴ εἰκαζόμενον
25 πρὸς ἐκεῖνο, ὥστε καὶ ὄντος Σωκράτους καὶ μὴ ὄντος γένοιτ'
ἂν οἷος Σωκράτης· ὁμοίως δὲ δῆλον ὅτι κἂν εἰ ἦν ὁ
Σωκράτης ἀΐδιος. ἔσται τε πλείω παραδείγματα τοῦ αὐτοῦ,
ὥστε καὶ εἴδη, οἷον τοῦ ἀνθρώπου τὸ ζῷον καὶ τὸ δίπουν,

forma das Ideias é a mesma das coisas sensíveis que delas
participam, então deverá existir algo comum entre umas
e outras (por que deve haver uma única e idêntica díade
comum às díades corruptíveis e às díades matemáticas
— que também são múltiplas, porém eternas —, e não
comum à díade em si e a uma díade particular sensível?); 5
e se a forma não é a mesma, entre as Ideias e as coisas só o
nome será comum: é como se alguém chamasse "homem"
tanto Cálias como um pedaço de madeira, sem constatar
nada de comum entre os dois[6].
(6) Mas a dificuldade mais grave que se poderia levantar é
a seguinte: que vantagem trazem as Formas aos seres
sensíveis, seja aos sensíveis eternos, seja aos que estão 10
sujeitos à geração e à corrupção? De fato, com relação a
esses seres as Formas não são causa nem de movimento
nem de qualquer mudança. Ademais, as Ideias não servem
ao conhecimento das coisas sensíveis (de fato, não constituem a substância das coisas sensíveis, caso contrário
seriam imanentes a elas), nem ao ser das coisas sensíveis,
enquanto não são imanentes às coisas sensíveis que
delas participam. Se fossem imanentes, poderia parecer 15
que são causa das coisas sensíveis, assim como o branco
é causa da brancura de um objeto quando se mistura
com ele. Mas esse raciocínio, sustentado primeiro por
Anaxágoras, depois por Eudoxo e ainda hoje por outros,
é insustentável: de fato, é muito fácil levantar muitas e
insuperáveis dificuldades contra essa opinião[7].
(7) E, certamente, as coisas sensíveis não podem derivar das
Formas em nenhum daqueles modos que de costume são
indicados. Dizer que as Formas são "modelos" e que as 20
coisas sensíveis "participam" delas significa falar sem
dizer nada e recorrer a meras imagens poéticas. (a) De
fato, o que é que age com os olhos postos nas Ideias?
(b) É possível, com efeito, que exista ou que se gere
alguma coisa semelhante a outra, mesmo sem ter sido
modelada à imagem daquela; de modo que poderia
muito bem nascer um símile de Sócrates, quer Sócrates 25
exista ou não. E é evidente que isso ocorreria mesmo
que existisse um "Sócrates eterno". (c) Além disso, para

ἅμα δὲ καὶ τὸ αὐτοάνθρωπος. ἔτι οὐ μόνον τῶν αἰσθητῶν
30 παραδείγματα τὰ εἴδη ἀλλὰ καὶ αὐτῶν, οἷον τὸ γένος,
ὡς γένος, εἰδῶν· ὥστε τὸ αὐτὸ ἔσται παράδειγμα καὶ
991ᵇ εἰκών. ἔτι δόξειεν ἂν ἀδύνατον εἶναι χωρὶς τὴν οὐσίαν καὶ οὗ
ἡ οὐσία· ὥστε πῶς ἂν αἱ ἰδέαι οὐσίαι τῶν πραγμάτων οὖσαι
χωρὶς εἶεν; ἐν δὲ τῷ Φαίδωνι οὕτω λέγεται, ὡς καὶ τοῦ
εἶναι καὶ τοῦ γίγνεσθαι αἴτια τὰ εἴδη ἐστίν· καίτοι τῶν εἰδῶν
5 ὄντων ὅμως οὐ γίγνεται τὰ μετέχοντα ἂν μὴ ᾖ τὸ κινῆσον,
καὶ πολλὰ γίγνεται ἕτερα, οἷον οἰκία καὶ δακτύλιος, ὧν οὔ
φαμεν εἴδη εἶναι· ὥστε δῆλον ὅτι ἐνδέχεται καὶ τἆλλα καὶ
εἶναι καὶ γίγνεσθαι διὰ τοιαύτας αἰτίας οἵας καὶ τὰ ῥηθέντα νῦν. — ἔτι εἴπερ εἰσὶν ἀριθμοὶ τὰ εἴδη, πῶς αἴτιοι ἔσον-
10 ται; πότερον ὅτι ἕτεροι ἀριθμοί εἰσι τὰ ὄντα, οἷον ὁδὶ μὲν ⟨ὁ⟩
ἀριθμὸς ἄνθρωπος ὁδὶ δὲ Σωκράτης ὁδὶ δὲ Καλλίας; τί
οὖν ἐκεῖνοι τούτοις αἴτιοί εἰσιν; οὐδὲ γὰρ εἰ οἱ μὲν ἀΐδιοι οἱ
δὲ μή, οὐδὲν διοίσει. εἰ δ' ὅτι λόγοι ἀριθμῶν τἀνταῦθα, οἷον ἡ
συμφωνία, δῆλον ὅτι ἐστὶν ἕν γέ τι ὧν εἰσὶ λόγοι. εἰ δή
15 τι τοῦτο, ἡ ὕλη, φανερὸν ὅτι καὶ αὐτοὶ οἱ ἀριθμοὶ λόγοι τινὲς
ἔσονται ἑτέρου πρὸς ἕτερον. λέγω δ' οἷον, εἰ ἔστιν ὁ Καλλίας
λόγος ἐν ἀριθμοῖς πυρὸς καὶ γῆς καὶ ὕδατος καὶ ἀέρος,
καὶ ἄλλων τινῶν ὑποκειμένων ἔσται καὶ ἡ ἰδέα ἀριθμός· καὶ
αὐτοάνθρωπος, εἴτ' ἀριθμός τις ὢν εἴτε μή, ὅμως ἔσται λόγος
20 ἐν ἀριθμοῖς τινῶν καὶ οὐκ ἀριθμός, οὐδ' ἔσται τις διὰ ταῦτα
ἀριθμός. ἔτι ἐκ πολλῶν ἀριθμῶν εἷς ἀριθμὸς γίγνεται, ἐξ

a mesma coisa deverão existir numerosos modelos e, como consequência, também numerosas Formas: por exemplo, do homem existirão as Formas de "animal", de "bípede", além da de "homem em si". (d) Finalmente, as Formas não serão modelos só das coisas sensíveis, mas também de si próprias. Por exemplo, o gênero, enquanto gênero, será modelo das Formas nele contidas. Consequentemente, a mesma coisa será modelo e cópia[8].

(8) E mais, parece impossível que a substância exista separadamente daquilo de que é substância; consequentemente, se são substâncias das coisas, como podem as Ideias existir separadamente delas? Mas no *Fédon* é afirmado justamente isso: que as Formas são causa do ser e do devir das coisas. Contudo, mesmo concedendo que as Formas existam, as coisas que delas participam não se produziriam se não existisse a causa motora. Há também muitas outras coisas produzidas — por exemplo uma casa ou um anel — das quais não admitimos que existam Ideias. Portanto, é claro que todas as outras coisas também podem ser e gerar-se por obra de causas semelhantes às que produzem os objetos acima mencionados[9].

(9) Mais ainda, se as Formas são números, de que modo poderão ser causas? Será porque os seres sensíveis também são números? Por exemplo, esse determinado número é o homem, esse outro é Sócrates, aquele outro é Cálias? E por que aqueles números são causas destes? Que uns sejam eternos e os outros não o sejam não tem a mínima importância. Se a razão consiste em que as coisas sensíveis são constituídas de relações numéricas (como, por exemplo, a harmonia), então é claro que existe algo do qual os números são relação. E se isso existe — a matéria —, é evidente que os próprios números ideais serão constituídos de determinadas relações entre alguma coisa e algo mais. Por exemplo, se Cálias é uma relação numérica de fogo, terra, água e ar, também a Ideia deverá ser uma relação numérica de certos elementos outros que têm a função de substrato. E o homem em si — seja ele um determinado número ou não — também será uma relação numérica de certos elementos, e não simplesmente número; e por estas razões não poderá ser um número[10].

εἰδῶν δὲ ἓν εἶδος πῶς; εἰ δὲ μὴ ἐξ αὐτῶν ἀλλ' ἐκ τῶν ἐν τῷ ἀριθμῷ, οἷον ἐν τῇ μυριάδι, πῶς ἔχουσιν αἱ μονάδες; εἴτε γὰρ ὁμοειδεῖς, πολλὰ συμβήσεται ἄτοπα, εἴτε μὴ ὁμοει-
25 δεῖς, μήτε αὐταὶ ἀλλήλαις μήτε αἱ ἄλλαι πᾶσαι πάσαις· τίνι γὰρ διοίσουσιν ἀπαθεῖς οὖσαι; οὔτε γὰρ εὔλογα ταῦτα οὔτε ὁμολογούμενα τῇ νοήσει. ἔτι δ' ἀναγκαῖον ἕτερον γένος ἀριθμοῦ κατασκευάζειν περὶ ὃ ἡ ἀριθμητική, καὶ πάντα τὰ μεταξὺ λεγόμενα ὑπό τινων, ἃ πῶς ἢ ἐκ τίνων
30 ἐστὶν ἀρχῶν; ἢ διὰ τί μεταξὺ τῶν δεῦρό τ' ἔσται καὶ αὐτῶν; ἔτι αἱ μονάδες αἱ ἐν τῇ δυάδι ἑκατέρα ἔκ τινος
992ᵃ προτέρας δυάδος· καίτοι ἀδύνατον. ἔτι διὰ τί ἓν ὁ ἀριθμὸς συλλαμβανόμενος; ἔτι δὲ πρὸς τοῖς εἰρημένοις, εἴπερ εἰσὶν αἱ μονάδες διάφοροι, ἐχρῆν οὕτω λέγειν ὥσπερ καὶ ὅσοι τὰ στοιχεῖα τέτταρα ἢ δύο λέγουσιν· καὶ γὰρ τούτων ἕκαστος οὐ
5 τὸ κοινὸν λέγει στοιχεῖον, οἷον τὸ σῶμα, ἀλλὰ πῦρ καὶ γῆν, εἴτ' ἔστι τι κοινόν, τὸ σῶμα, εἴτε μή. νῦν δὲ λέγεται ὡς ὄντος τοῦ ἑνὸς ὥσπερ πυρὸς ἢ ὕδατος ὁμοιομεροῦς· εἰ δ' οὕτως, οὐκ ἔσονται οὐσίαι οἱ ἀριθμοί, ἀλλὰ δῆλον ὅτι, εἴπερ ἐστί τι ἓν αὐτὸ καὶ τοῦτό ἐστιν ἀρχή, πλεοναχῶς λέγεται τὸ ἕν· ἄλ-
10 λως γὰρ ἀδύνατον. — βουλόμενοι δὲ τὰς οὐσίας ἀνάγειν εἰς τὰς ἀρχὰς μήκη μὲν τίθεμεν ἐκ βραχέος καὶ μακροῦ, ἔκ τινος μικροῦ καὶ μεγάλου, καὶ ἐπίπεδον ἐκ πλατέος καὶ στενοῦ, σῶμα δ' ἐκ βαθέος καὶ ταπεινοῦ. καίτοι πῶς ἕξει ἢ τὸ ἐπί-

(10) Por outro lado, de muitos números se produz um único número; mas como pode produzir-se de muitas Formas uma única Forma? E se os números não são formados pelos próprios números, mas pelas unidades contidas no número — por exemplo no dez mil —, então como serão essas unidades? De fato, se são da mesma espécie, seguir-se-ão absurdas consequências. E se, compara- das umas às outras, não são da mesma espécie nem as unidades pertencentes ao mesmo número nem as unidades pertencentes a números diferentes, igualmente seguir-se-ão consequências absurdas. Com efeito, de que modo poderão distinguir-se uma da outra, dado que não possuem determinações qualitativas? Tais afirmações não são nem razoáveis nem coerentes[11].

(11) Também é necessário admitir um segundo gênero de número: o que é objeto da aritmética, e todos os objetos que alguns chamam "intermediários". Mas de que modo eles existem e de que princípios derivam? Por que devem existir entes "intermediários" entre as coisas daqui de baixo e as realidades em si?[12]

(12) Além disso, as unidades que estão contidas na díade deveriam derivar de uma díade anterior. Mas isso é impossível[13].

(13) E também, em virtude de que o número, sendo composto, é algo unitário?[14]

(14) Ao que foi dito deve-se acrescentar o seguinte: se as unidades são diferentes, delas é preciso dizer o mesmo que diziam os filósofos que admitem quatro ou dois elementos. De fato, cada um desses filósofos não entende por elemento o que é comum, por exemplo, o corpo em geral, mas entendem por elementos o fogo e a terra, quer exista algo de comum entre eles — o corpo, justamente —, quer não exista. Ora, os pla- tônicos falam como se a unidade fosse homogênea, como o fogo ou a terra. Se assim é, os números não serão substân- cias: mas é evidente que, se existe uma Unidade em si, e se esta é princípio, então a unidade é entendida em muitos significados diferentes. De outro modo seria impossível[15].

(15) Querendo reduzir as substâncias a nossos princípios, deriva- mos os comprimentos do "curto e longo" (isto é, de uma espécie de pequeno e grande), a superfície do "largo e estreito" e o corpo do "alto e baixo". Mas como a superfí-

πεδον γραμμὴν ἢ τὸ στερεὸν γραμμὴν καὶ ἐπίπεδον; ἄλλο
γὰρ γένος τὸ πλατὺ καὶ στενὸν καὶ βαθὺ καὶ ταπεινόν·
ὥσπερ οὖν οὐδ' ἀριθμὸς ὑπάρχει ἐν αὐτοῖς, ὅτι τὸ πολὺ καὶ
ὀλίγον ἕτερον τούτων, δῆλον ὅτι οὐδ' ἄλλο οὐθὲν τῶν ἄνω
ὑπάρξει τοῖς κάτω. ἀλλὰ μὴν οὐδὲ γένος τὸ πλατὺ τοῦ βα-
θέος· ἦν γὰρ ἂν ἐπίπεδόν τι τὸ σῶμα. ἔτι αἱ στιγμαὶ ἐκ
τίνος ἐνυπάρξουσιν; τούτῳ μὲν οὖν τῷ γένει καὶ διεμάχετο
Πλάτων ὡς ὄντι γεωμετρικῷ δόγματι, ἀλλ' ἐκάλει ἀρχὴν
γραμμῆς — τοῦτο δὲ πολλάκις ἐτίθει — τὰς ἀτόμους γραμμάς.
καίτοι ἀνάγκη τούτων εἶναί τι πέρας· ὥστ' ἐξ οὗ λόγου γραμμή
ἔστι, καὶ στιγμὴ ἔστιν. — ὅλως δὲ ζητούσης τῆς σοφίας περὶ
τῶν φανερῶν τὸ αἴτιον, τοῦτο μὲν εἰάκαμεν (οὐθὲν γὰρ λέγομεν
περὶ τῆς αἰτίας ὅθεν ἡ ἀρχὴ τῆς μεταβολῆς), τὴν δ' οὐσίαν
οἰόμενοι λέγειν αὐτῶν ἑτέρας μὲν οὐσίας εἶναί φαμεν, ὅπως
δ' ἐκεῖναι τούτων οὐσίαι, διὰ κενῆς λέγομεν· τὸ γὰρ μετέχειν,
ὥσπερ καὶ πρότερον εἴπομεν, οὐθέν ἐστιν. οὐδὲ δὴ ὅπερ ταῖς
ἐπιστήμαις ὁρῶμεν ὂν αἴτιον, δι' ὃ καὶ πᾶς νοῦς καὶ πᾶσα
φύσις ποιεῖ, οὐδὲ ταύτης τῆς αἰτίας, ἥν φαμεν εἶναι μίαν
τῶν ἀρχῶν, οὐθὲν ἅπτεται τὰ εἴδη, ἀλλὰ γέγονε τὰ μαθήματα τοῖς νῦν ἡ φιλοσοφία, φασκόντων ἄλλων χάριν
αὐτὰ δεῖν πραγματεύεσθαι. ἔτι δὲ τὴν ὑποκειμένην οὐσίαν
ὡς ὕλην μαθηματικωτέραν ἄν τις ὑπολάβοι, καὶ μᾶλλον
κατηγορεῖσθαι καὶ διαφορὰν εἶναι τῆς οὐσίας καὶ τῆς ὕλης
ἢ ὕλην, οἷον τὸ μέγα καὶ τὸ μικρόν, ὥσπερ καὶ οἱ φυσιο-
λόγοι φασὶ τὸ μανὸν καὶ τὸ πυκνόν, πρώτας τοῦ ὑποκειμένου
φάσκοντες εἶναι διαφορὰς ταύτας· ταῦτα γάρ ἐστιν ὑπεροχή
τις καὶ ἔλλειψις. περί τε κινήσεως, εἰ μὲν ἔσται ταῦτα κίνησις,

cie poderá conter a linha, e como o sólido poderá conter a linha e a superfície? De fato, "largo e estreito" constituem um gênero diferente de "alto e baixo". Portanto, assim como o número não está contido nas grandezas geométricas, enquanto o "muito e pouco" é um gênero diferente delas, também é evidente que nenhum dos outros gêneros superiores poderá estar contido nos inferiores. E tampouco se pode dizer que o "largo" seja gênero do "profundo", porque assim o sólido se reduziria a uma superfície[16].

(16) Mais ainda: de que princípio derivarão os pontos contidos na linha? Platão contestava a existência desse gênero de entes, pensando que se tratasse de uma pura noção geométrica: ele chamava os pontos de "princípios da linha", e usava amiúde a expressão "linhas indivisíveis". Por outro lado, é necessário que exista um limite das linhas; consequentemente, o argumento que demonstra a existência da linha demonstra também a existência do ponto[17].

(17) E, em geral, dado que a sapiência tem por objeto de pesquisa a causa dos fenômenos, renunciamos justamente a isso (de fato, não dizemos nada a respeito da causa que dá origem ao movimento) e, acreditando exprimir a substância deles, afirmamos a existência de outras substâncias. Mas quando se trata de explicar o modo pelo qual essas últimas são substâncias dos fenômenos, falamos sem dizer nada. De fato, a expressão "participar", como já dissemos acima, não significa nada[18].

(18) E tampouco as Formas têm qualquer relação com a que vemos ser a causa (que afirmamos ser um dos <quatro> princípios) nas ciências e em vista da qual opera toda inteligência e toda natureza. Ao invés, para os filósofos de hoje, as matemáticas se tornaram filosofia, mesmo que eles proclamem que é preciso ocupar-se delas só em função de outras coisas[19].

(19) Além disso, poder-se-ia muito bem dizer que a substância que serve de substrato material — ou seja, o grande e o pequeno — é demasiado matemática e que é, antes, um atributo e uma diferenciação da substância e da matéria, mais do que uma matéria, semelhante ao "tênue" e ao "denso" de que falam os filósofos naturalistas, que os consideram como as primeiras diferenciações do substrato. (Com efeito, eles são uma espécie de excesso e de falta)[20].

δῆλον ὅτι κινήσεται τὰ εἴδη· εἰ δὲ μή, πόθεν ἦλθεν; ὅλη γὰρ ἡ περὶ φύσεως ἀνῄρηται σκέψις. ὅ τε δοκεῖ ῥᾴδιον εἶναι, τὸ δεῖξαι ὅτι ἓν ἅπαντα, οὐ γίγνεται· τῇ γὰρ ἐκθέσει οὐ γίγνεται πάντα ἓν ἀλλ' αὐτό τι ἕν, ἂν διδῷ τις πάντα· καὶ οὐδὲ τοῦτο, εἰ μὴ γένος δώσει τὸ καθόλου εἶναι· τοῦτο δ' ἐν ἐνίοις ἀδύνατον. οὐθένα δ' ἔχει λόγον οὐδὲ τὰ μετὰ τοὺς ἀριθμοὺς μήκη τε καὶ ἐπίπεδα καὶ στερεά, οὔτε ὅπως ἔστιν ἢ ἔσται οὔτε τίνα ἔχει δύναμιν· ταῦτα γὰρ οὔτε εἴδη οἷόν τε εἶναι (οὐ γάρ εἰσιν ἀριθμοί) οὔτε τὰ μεταξύ (μαθηματικὰ γὰρ ἐκεῖνα) οὔτε τὰ φθαρτά, ἀλλὰ πάλιν τέταρτον ἄλλο φαίνεται τοῦτό τι γένος. ὅλως τε τὸ τῶν ὄντων ζητεῖν στοιχεῖα μὴ διελόντας, πολλαχῶς λεγομένων, ἀδύνατον εὑρεῖν, ἄλλως τε καὶ τοῦτον τὸν τρόπον ζητοῦντας ἐξ οἵων ἐστὶ στοιχείων. ἐκ τίνων γὰρ τὸ ποιεῖν ἢ πάσχειν ἢ τὸ εὐθύ, οὐκ ἔστι δήπου λαβεῖν, ἀλλ' εἴπερ, τῶν οὐσιῶν μόνον ἐνδέχεται· ὥστε τὸ τῶν ὄντων ἁπάντων τὰ στοιχεῖα ἢ ζητεῖν ἢ οἴεσθαι ἔχειν οὐκ ἀληθές. πῶς δ' ἄν τις καὶ μάθοι τὰ τῶν πάντων στοιχεῖα; δῆλον γὰρ ὡς οὐθὲν οἷόν τε προϋπάρχειν γνωρίζοντα πρότερον. ὥσπερ γὰρ τῷ γεωμετρεῖν μανθάνοντι ἄλλα μὲν ἐνδέχεται προειδέναι, ὧν δὲ ἡ ἐπιστήμη καὶ περὶ ὧν μέλλει μανθάνειν οὐθὲν προγιγνώσκει, οὕτω δὴ καὶ ἐπὶ τῶν ἄλλων, ὥστ' εἴ τις τῶν πάντων ἔστιν ἐπιστήμη, οἵαν δή τινές φασιν, οὐθὲν ἂν προϋπάρχοι γνωρίζων οὗτος. καίτοι πᾶσα μάθησις διὰ

(20) No que se refere ao movimento, se essas diferenciações são movimento, é evidente que as Formas se movem. E se não são, de onde veio o movimento? Assim, fica totalmente suprimida a investigação sobre a natureza[21].

(21) Depois, a demonstração de que todas as coisas constituem uma unidade — demonstração que parece fácil — não alcança e seu fim: de fato, de sua prova por "ékthesis"[22] não decorre que todas as coisas sejam uma unidade, mas apenas que existe certo Um-em-si, se concedermos que todos os seus pressupostos sejam verdadeiros; antes, não decorre nem mesmo isto se não se concede que o universal seja um gênero. De fato, em alguns casos isso é impossível[23].

(22) E eles também não sabem dar a razão dos entes posteriores aos números — a saber os comprimentos, as superfícies e os sólidos —, nem explicam por que existem ou existiram e a função que têm. De fato, não é possível que eles sejam Formas (porque não são números); nem é possível que sejam entes intermediários (estes, com efeito, são objetos matemáticos); nem é possível que sejam corruptíveis: parece, portanto, que se trata de um novo gênero de realidade, isto é, de um quarto gênero[24].

(23) Em geral, investigar os elementos dos seres sem ter distinguido os múltiplos sentidos nos quais se entende o ser significa comprometer a possibilidade de encontrá-los, especialmente se o que se investiga são os elementos constitutivos dos seres. Certamente não é possível buscar os elementos constitutivos do fazer ou do padecer ou do reto, pois se isso é possível, só o pode ser pelas substâncias. Investigar os elementos de todos os seres ou crer tê-los encontrado daquele modo é um erro[25].

(24) E como poderíamos aprender os elementos de todas as coisas? É evidente que não deveríamos possuir nenhum conhecimento prévio. Assim como quem aprende geometria pode possuir outros conhecimentos, mas não das coisas tratadas pela ciência que pretende aprender e da qual não possui conhecimentos prévios, o mesmo ocorre para todas as outras ciências. Consequentemente, se existisse uma ciência de todas as coisas, tal como alguns afirmam, quem a aprende deveria, previamente, não saber nada. Entretanto, todo tipo de aprendizado ocorre

προγιγνωσκομένων ἢ πάντων ἢ τινῶν ἐστί, καὶ ἡ δι' ἀποδείξεως
(καὶ) ἡ δι' ὁρισμῶν (δεῖ γὰρ ἐξ ὧν ὁ ὁρισμὸς προειδέναι καὶ
εἶναι γνώριμα)· ὁμοίως δὲ καὶ ἡ δι' ἐπαγωγῆς. ἀλλὰ μὴν
993ᵃ εἰ καὶ τυγχάνοι σύμφυτος οὖσα, θαυμαστὸν πῶς λανθάνο-
μεν ἔχοντες τὴν κρατίστην τῶν ἐπιστημῶν. ἔτι πῶς τις γνω-
ριεῖ ἐκ τίνων ἐστί, καὶ πῶς ἔσται δῆλον; καὶ γὰρ τοῦτ' ἔχει
ἀπορίαν· ἀμφισβητήσειε γὰρ ἄν τις ὥσπερ καὶ περὶ ἐνίας
5 συλλαβάς· οἱ μὲν γὰρ τὸ ζα ἐκ τοῦ σ καὶ δ καὶ α φασὶν
εἶναι, οἱ δέ τινες ἕτερον φθόγγον φασὶν εἶναι καὶ οὐθένα
τῶν γνωρίμων. ἔτι δὲ ὧν ἐστιν αἴσθησις, ταῦτα πῶς ἄν τις
μὴ ἔχων τὴν αἴσθησιν γνοίη; καίτοι ἔδει, εἴγε πάντων ταὐτὰ
στοιχεῖά ἐστιν ἐξ ὧν, ὥσπερ αἱ σύνθετοι φωναί εἰσιν ἐκ τῶν
10 οἰκείων στοιχείων.

"Ὅτι μὲν οὖν τὰς εἰρημένας ἐν τοῖς φυσικοῖς αἰτίας 10
ζητεῖν ἐοίκασι πάντες, καὶ τούτων ἐκτὸς οὐδεμίαν ἔχοιμεν ἂν
εἰπεῖν, δῆλον καὶ ἐκ τῶν πρότερον εἰρημένων· ἀλλ' ἀμυδρῶς
ταύτας, καὶ τρόπον μέν τινα πᾶσαι πρότερον εἴρηνται τρό-
15 πον δέ τινα οὐδαμῶς. ψελλιζομένῃ γὰρ ἔοικεν ἡ πρώτη
φιλοσοφία περὶ πάντων, ἅτε νέα τε καὶ κατ' ἀρχὰς οὖσα [καὶ
τὸ πρῶτον], ἐπεὶ καὶ Ἐμπεδοκλῆς ὀστοῦν τῷ λόγῳ φησὶν
εἶναι, τοῦτο δ' ἐστὶ τὸ τί ἦν εἶναι καὶ ἡ οὐσία τοῦ πράγματος.
ἀλλὰ μὴν ὁμοίως ἀναγκαῖον καὶ σάρκας καὶ τῶν ἄλλων
20 ἕκαστον εἶναι τὸν λόγον, ἢ μηδὲ ἕν· διὰ τοῦτο γὰρ καὶ σὰρξ
καὶ ὀστοῦν ἔσται καὶ τῶν ἄλλων ἕκαστον καὶ οὐ διὰ τὴν

mediante conhecimentos total ou parcialmente prévios; e isso se dá quer se proceda por via demonstrativa, quer se proceda pela via de definição (com efeito, é preciso que os elementos constitutivos da definição sejam previamente conhecidos e claros); quer ainda para o conhecimento por via de indução. Portanto, se esse conhecimento fosse inato, seria muito surpreendente, porque possuiríamos sem o saber a mais elevada das ciências[26].

(25) Além disso, como será possível conhecer os elementos constitutivos das coisas e como isso poderá se tornar evidente? Também isso é um problema. Sempre se poderá discutir sobre esse ponto, assim como se discute sobre certas sílabas: de fato, alguns dizem que a sílaba ZA é composta de D, S, A; outros, ao contrário, sustentam que se trata de um som diferente e que não é redutível a nenhum dos sons conhecidos[27].

(26) Finalmente, como poderemos conhecer os objetos dados pela sensação sem possuir a própria sensação? No entanto, deveria ser assim se os elementos constitutivos de todas as coisas são os mesmos, assim como todos os sons compostos resultam de sons elementares[28].

10. [*Conclusões*][1]

Portanto[2], do que foi dito acima, fica evidente que todos os filósofos parecem ter buscado as causas por nós estabelecidas na *Física*, e que não se pode falar de nenhuma outra causa além daquelas. Mas eles falaram delas de maneira confusa. Em certo sentido, todas foram mencionadas por eles, noutro sentido não foram absolutamente mencionadas. A filosofia primitiva[3], com efeito, parece balbuciar sobre todas as coisas, por ser ainda jovem e estar em seus primeiros passos.

Assim, Empédocles afirma que o osso existe em virtude de uma relação <formal>. Ora, esta não é senão a substância da coisa. Mas então é necessário, igualmente, ou que também a carne e cada uma das outras coisas seja em virtude de uma relação, ou que nenhuma seja. Então, carne, osso e cada uma das outras

ὕλην, ἣν ἐκεῖνος λέγει, πῦρ καὶ γῆν καὶ ὕδωρ καὶ ἀέρα. ἀλλὰ ταῦτα ἄλλου μὲν λέγοντος συνέφησεν ἂν ἐξ ἀνάγκης, σαφῶς δὲ οὐκ εἴρηκεν. περὶ μὲν οὖν τούτων δεδήλωται καὶ
25 πρότερον· ὅσα δὲ περὶ τῶν αὐτῶν τούτων ἀπορήσειεν ἄν τις, ἐπανέλθωμεν πάλιν· τάχα γὰρ ἂν ἐξ αὐτῶν εὐπορήσαιμέν τι πρὸς τὰς ὕστερον ἀπορίας.

coisas serão em virtude dessa relação, e não em virtude da matéria admitida por Empédocles, ou seja, fogo, terra, água e ar. Mas Empédocles certamente aceitaria isso se outros lhe tivessem dito; ele, porém, não o disse claramente. Sobre essas questões já demos esclarecimentos acima[4].

Mas devemos voltar ainda sobre alguns problemas que se poderia levantar sobre essas doutrinas das causas: quem sabe poderemos extrair da solução desses problemas alguma ajuda para a solução de ulteriores problemas, que serão postos adiante[5].

LIVRO
α ἔλαττον
(SEGUNDO)

1

Ἡ περὶ τῆς ἀληθείας θεωρία τῇ μὲν χαλεπὴ τῇ δὲ ῥᾳδία. σημεῖον δὲ τὸ μήτ' ἀξίως μηδένα δύνασθαι θιγεῖν αὐτῆς μήτε πάντως ἀποτυγχάνειν, ἀλλ' ἕκαστον λέγειν τι περὶ τῆς φύσεως, καὶ καθ' ἕνα μὲν ἢ μηθὲν ἢ μικρὸν ἐπιβάλλειν αὐτῇ, ἐκ πάντων δὲ συναθροιζομένων γίγνεσθαί τι μέγεθος· ὥστ' εἴπερ ἔοικεν ἔχειν καθάπερ τυγχάνομεν παροιμιαζόμενοι, τίς ἂν θύρας ἁμάρτοι; ταύτῃ μὲν ἂν εἴη ῥᾳδία, τὸ δ' ὅλον τι ἔχειν καὶ μέρος μὴ δύνασθαι δηλοῖ τὸ χαλεπὸν αὐτῆς. ἴσως δὲ καὶ τῆς χαλεπότητος οὔσης κατὰ δύο τρόπους, οὐκ ἐν τοῖς πράγμασιν ἀλλ' ἐν ἡμῖν τὸ αἴτιον αὐτῆς· ὥσπερ γὰρ τὰ τῶν νυκτερίδων ὄμματα πρὸς τὸ φέγγος ἔχει τὸ μεθ' ἡμέραν, οὕτω καὶ τῆς ἡμετέρας ψυχῆς ὁ νοῦς πρὸς τὰ τῇ φύσει φανερώτατα πάντων. οὐ μόνον δὲ χάριν ἔχειν δίκαιον τούτοις ὧν ἄν τις κοινώσαιτο ταῖς δόξαις, ἀλλὰ καὶ τοῖς ἐπιπολαιότερον ἀποφηναμένοις· καὶ γὰρ οὗτοι συνεβάλοντό τι· τὴν γὰρ ἕξιν προήσκησαν ἡμῶν· εἰ μὲν γὰρ Τιμόθεος μὴ ἐγένετο, πολλὴν ἂν μελοποιίαν οὐκ εἴχομεν· εἰ δὲ μὴ Φρῦνις, Τιμόθεος οὐκ ἂν ἐγένετο. τὸν αὐτὸν δὲ τρόπον καὶ ἐπὶ τῶν περὶ τῆς ἀληθείας ἀποφηναμένων·

1. [*A filosofia é conhecimento da verdade e o conhecimento da verdade é conhecimento das causas*]¹

Sob certo aspecto, a pesquisa da verdade é difícil, sob outro é fácil. Prova disso é que é impossível a um homem apreender adequadamente a verdade e igualmente impossível não apreendê-la de modo nenhum²: de fato, se cada um pode dizer algo a respeito da realidade³, e se, tomada individualmente, essa contribuição pouco ou nada acrescenta ao conhecimento da verdade, todavia, da união de todas as contribuições individuais decorre um resultado considerável. Assim, se a respeito da verdade ocorre o que é afirmado no provérbio "Quem poderia errar uma porta?"⁴, então, sob esse aspecto ela será fácil; ao contrário, poder alcançar a verdade em geral e não nos particulares mostra a dificuldade da questão⁵. E dado que existem dois tipos de dificuldades, é possível que a causa da dificuldade da pesquisa da verdade não esteja nas coisas, mas em nós⁶. Com efeito, assim como os olhos dos morcegos reagem diante da luz do dia, assim também a inteligência que está em nossa alma se comporta diante das coisas que, por sua natureza, são as mais evidentes⁷.

Ora, é justo ser gratos não só àqueles com os quais dividimos as opiniões, mas também àqueles que expressaram opiniões até mesmo superficiais; também eles, com efeito, deram alguma contribuição à verdade, enquanto ajudaram a formar nosso hábito especulativo⁸. Se Timóteo⁹ não tivesse existido, não teríamos grande número de melodias; mas se Frini¹⁰ não tivesse existido, tampouco teria existido Timóteo. O mesmo vale para os que

παρὰ μὲν γὰρ ἐνίων παρειλήφαμέν τινας δόξας, οἱ δὲ τοῦ
γενέσθαι τούτους αἴτιοι γεγόνασιν. ὀρθῶς δ' ἔχει καὶ τὸ κα-
20 λεῖσθαι τὴν φιλοσοφίαν ἐπιστήμην τῆς ἀληθείας. θεωρητικῆς
μὲν γὰρ τέλος ἀλήθεια πρακτικῆς δ' ἔργον· καὶ γὰρ ἂν
τὸ πῶς ἔχει σκοπῶσιν, οὐ τὸ ἀίδιον ἀλλ' ὃ πρός τι καὶ νῦν
θεωροῦσιν οἱ πρακτικοί. οὐκ ἴσμεν δὲ τὸ ἀληθὲς ἄνευ τῆς
αἰτίας· ἕκαστον δὲ μάλιστα αὐτὸ τῶν ἄλλων καθ' ὃ καὶ
25 τοῖς ἄλλοις ὑπάρχει τὸ συνώνυμον (οἷον τὸ πῦρ θερμότατον·
καὶ γὰρ τοῖς ἄλλοις τὸ αἴτιον τοῦτο τῆς θερμότητος)· ὥστε
καὶ ἀληθέστατον τὸ τοῖς ὑστέροις αἴτιον τοῦ ἀληθέσιν εἶναι.
διὸ τὰς τῶν ἀεὶ ὄντων ἀρχὰς ἀναγκαῖον ἀεὶ εἶναι ἀληθε-
στάτας (οὐ γάρ ποτε ἀληθεῖς, οὐδ' ἐκείναις αἴτιόν τί ἐστι τοῦ
30 εἶναι, ἀλλ' ἐκεῖναι τοῖς ἄλλοις), ὥσθ' ἕκαστον ὡς ἔχει τοῦ
εἶναι, οὕτω καὶ τῆς ἀληθείας.

2

Ἀλλὰ μὴν ὅτι γ' ἔστιν ἀρχή τις καὶ οὐκ ἄπειρα τὰ 2
αἴτια τῶν ὄντων οὔτ' εἰς εὐθυωρίαν οὔτε κατ' εἶδος, δῆλον.
οὔτε γὰρ ὡς ἐξ ὕλης τόδ' ἐκ τοῦδε δυνατὸν ἰέναι εἰς ἄπειρον
(οἷον σάρκα μὲν ἐκ γῆς, γῆν δ' ἐξ ἀέρος, ἀέρα δ' ἐκ πυρός,
5 καὶ τοῦτο μὴ ἵστασθαι), οὔτε ὅθεν ἡ ἀρχὴ τῆς κινήσεως (οἷον
τὸν μὲν ἄνθρωπον ὑπὸ τοῦ ἀέρος κινηθῆναι, τοῦτον δ' ὑπὸ τοῦ
ἡλίου, τὸν δὲ ἥλιον ὑπὸ τοῦ νείκους, καὶ τούτου μηδὲν εἶναι
πέρας)· ὁμοίως δὲ οὐδὲ τὸ οὗ ἕνεκα εἰς ἄπειρον οἷόν τε ἰέναι,
βάδισιν μὲν ὑγιείας ἕνεκα, ταύτην δ' εὐδαιμονίας, τὴν δ' εὐδαιμο-

falaram da verdade: de alguns recebemos certas doutrinas, mas outros foram a causa de seu surgimento[11].

E também é justo chamar a filosofia de ciência da verdade[12], porque o fim da ciência teorética é a verdade, enquanto o fim da prática é a ação. (Com efeito, os que visam à ação, mesmo que observem como estão as coisas, não tendem ao conhecimento do que é eterno, mas só do que é relativo a determinada circunstância e num determinado momento)[13]. Ora, não conhecemos a verdade sem conhecer a causa[14]. Mas qualquer coisa que possua em grau eminente a natureza que lhe é própria constitui a causa pela qual aquela natureza será atribuída a outras coisas[15]: por exemplo, o fogo é o quente em grau máximo, porque ele é causa do calor nas outras coisas. Portanto o que é causa do ser verdadeiro das coisas que dele derivam deve ser verdadeiro mais que todos os outros. Assim é necessário que as causas dos seres eternos[16] sejam mais verdadeiras do que todas as outras: com efeito, elas não são verdadeiras apenas algumas vezes, e não existe uma causa ulterior do seu ser, mas elas são as causas do ser das outras coisas. Por conseguinte, cada coisa possui tanto de verdade quanto possui de ser[17].

2. [As causas são necessariamente limitadas tanto em espécie como em número][1]

Ademais, é evidente que existe um princípio primeiro e que as causas dos seres não são (A) nem uma série infinita <no âmbito de uma mesma espécie>[2], (B) nem um número infinito de espécies[3].

(A) Com efeito, (1) quanto à causa material, não é possível derivar uma coisa de outra procedendo ao infinito: por exemplo, a carne da terra, a terra do ar, o ar do fogo, sem parar. (2) E isso também não é possível quanto à causa motora: por exemplo, que o homem seja movido pelo ar, este pelo sol, o sol pela discórdia[4], sem que haja um termo desse processo. (3) E, de modo semelhante, não é possível proceder ao infinito quanto à causa final: não é possível dizer, por exemplo, que a caminhada é feita em vista da saúde, esta em vista da felicidade e a felicidade em vista de outra

νίαν άλλου, καὶ οὕτως ἀεὶ ἄλλο ἄλλου ἕνεκεν εἶναι· καὶ ἐπὶ τοῦ τί ἦν εἶναι δ' ὡσαύτως. τῶν γὰρ μέσων, ὧν ἐστί τι ἔσχατον καὶ πρότερον, ἀναγκαῖον εἶναι τὸ πρότερον αἴτιον τῶν μετ' αὐτό. εἰ γὰρ εἰπεῖν ἡμᾶς δέοι τί τῶν τριῶν αἴτιον, τὸ πρῶτον ἐροῦμεν· οὐ γὰρ δὴ τό γ' ἔσχατον, οὐδενὸς γὰρ τὸ τελευταῖον· ἀλλὰ μὴν οὐδὲ τὸ μέσον, ἑνὸς γάρ (οὐθὲν δὲ διαφέρει ἓν ἢ πλείω εἶναι, οὐδ' ἄπειρα ἢ πεπερασμένα). τῶν δ' ἀπείρων τοῦτον τὸν τρόπον καὶ ὅλως τοῦ ἀπείρου πάντα τὰ μόρια μέσα ὁμοίως μέχρι τοῦ νῦν· ὥστ' εἴπερ μηδέν ἐστι πρῶτον, ὅλως αἴτιον οὐδέν ἐστιν. — ἀλλὰ μὴν οὐδ' ἐπὶ τὸ κάτω οἷόν τε εἰς ἄπειρον ἰέναι, τοῦ ἄνω ἔχοντος ἀρχήν, ὥστ' ἐκ πυρὸς μὲν ὕδωρ, ἐκ δὲ τούτου γῆν, καὶ οὕτως ἀεὶ ἄλλο τι γίγνεσθαι γένος. διχῶς γὰρ γίγνεται τόδε ἐκ τοῦδε — μὴ ὡς τόδε λέγεται μετὰ τόδε, οἷον ἐξ Ἰσθμίων Ὀλύμπια, ἀλλ' ἢ ὡς ἐκ παιδὸς ἀνὴρ μεταβάλλοντος ἢ ὡς ἐξ ὕδατος ἀήρ. ὡς μὲν οὖν ἐκ παιδὸς ἄνδρα γίγνεσθαί φαμεν, ὡς ἐκ τοῦ γιγνομένου τὸ γεγονὸς ἢ ἐκ τοῦ ἐπιτελουμένου τὸ τετελεσμένον (ἀεὶ γάρ ἐστι μεταξύ, ὥσπερ τοῦ εἶναι καὶ μὴ εἶναι γένεσις, οὕτω καὶ τὸ γιγνόμενον τοῦ ὄντος καὶ μὴ ὄντος· ἔστι γὰρ ὁ μανθάνων γιγνόμενος ἐπιστήμων, καὶ τοῦτ' ἐστὶν ὃ λέγεται, ὅτι γίγνεται ἐκ μανθάνοντος ἐπιστήμων)· τὸ δ' ὡς ἐξ ἀέρος ὕδωρ, φθειρομένου θατέρου. διὸ ἐκεῖνα μὲν οὐκ ἀνακάμπτει

coisa, e assim, que algo é sempre em vista de outro. (4) E o mesmo vale para a causa formal[5].

De fato, quando se trata de termos intermediários e que se encontram entre um último e um primeiro, é necessário que o termo que é primeiro seja a causa dos que se lhe seguem. Se devêssemos responder à pergunta sobre qual é a causa de três termos em série, responderíamos que é o primeiro, porque a causa certamente não é o último termo, já que o último não é causa de nada; e tampouco o é o termo intermediário, porque ele é causa só de um dos três termos: e é indiferente que o termo intermediário seja um só ou, ao contrário, sejam muitos, em número infinito ou finito. Dos termos que são infinitos desse modo[6], e do infinito em geral, todos os termos são igualmente intermediários até o termo presente. Portanto, se nada é primeiro, não existe causa[7].

Mas se existe um princípio no topo da série das causas, também não é possível proceder ao infinito descendo na série das causas, como se a água devesse derivar do fogo e a terra da água, e desse modo sempre algum elemento de gênero diferente devesse derivar de um gênero precedente. Diz-se que uma coisa deriva de outra em dois sentidos (exceto no caso em que "isso deriva disso" signifique "isso vem depois disso", como, por exemplo, quando se diz que dos jogos ístmicos se passa aos jogos olímpicos)[8]: (a) ou no sentido de que o homem deriva da mudança da criança, (b) ou no sentido de que o ar deriva da água[9]. (a) Dizemos que o homem provém da criança como algo que já adveio provém de algo que está em devir, ou como algo que já está realizado provém de algo que está em vias de realização. (De fato, nesse caso há sempre um termo intermediário: entre o ser e o não-ser existe sempre no meio o processo do devir, assim entre o que é e o que não é há sempre no meio o que advém. Torna-se sábio quem aprende, e é justamente isso que queremos dizer quando afirmamos que do aprendiz deriva o sábio). (b) O outro sentido em que se entende que uma coisa provém de outra, como a água do ar, implica o desaparecimento de um dos dois termos. (a) No primeiro sentido, os termos do processo não são reversíveis: de fato, do homem não pode derivar uma criança.

εἰς ἄλληλα, οὐδὲ γίγνεται ἐξ ἀνδρὸς παῖς (οὐ γὰρ γίγνεται
994ᵇ ἐκ τῆς γενέσεως τὸ γιγνόμενον ἀλλ' (ὃ) ἔστι μετὰ τὴν γένεσιν·
οὕτω γὰρ καὶ ἡμέρα ἐκ τοῦ πρῶι, ὅτι μετὰ τοῦτο· διὸ οὐδὲ τὸ
πρῶι ἐξ ἡμέρας)· θάτερα δὲ ἀνακάμπτει. ἀμφοτέρως δὲ
ἀδύνατον εἰς ἄπειρον ἰέναι· τῶν μὲν γὰρ ὄντων μεταξὺ
5 ἀνάγκη τέλος εἶναι, τὰ δ' εἰς ἄλληλα ἀνακάμπτει· ἡ γὰρ
θατέρου φθορὰ θατέρου ἐστὶ γένεσις. — ἅμα δὲ καὶ ἀδύνατον τὸ
πρῶτον ἀΐδιον ὂν φθαρῆναι· ἐπεὶ γὰρ οὐκ ἄπειρος ἡ γένεσις
ἐπὶ τὸ ἄνω, ἀνάγκη ἐξ οὗ φθαρέντος πρώτου τι ἐγένετο μὴ
ἀΐδιον εἶναι. ἔτι δὲ τὸ οὗ ἕνεκα τέλος, τοιοῦτον δὲ ὃ μὴ ἄλλου
10 ἕνεκα ἀλλὰ τἆλλα ἐκείνου, ὥστ' εἰ μὲν ἔσται τοιοῦτόν τι
ἔσχατον, οὐκ ἔσται ἄπειρον, εἰ δὲ μηθὲν τοιοῦτον, οὐκ ἔσται τὸ
οὗ ἕνεκα, ἀλλ' οἱ τὸ ἄπειρον ποιοῦντες λανθάνουσιν ἐξαιροῦντες
τὴν τοῦ ἀγαθοῦ φύσιν (καίτοι οὐθεὶς ἂν ἐγχειρήσειεν οὐδὲν
πράττειν μὴ μέλλων ἐπὶ πέρας ἥξειν)· οὐδ' ἂν εἴη νοῦς ἐν
15 τοῖς οὖσιν· ἕνεκα γάρ τινος ἀεὶ πράττει ὅ γε νοῦν ἔχων,
τοῦτο δέ ἐστι πέρας· τὸ γὰρ τέλος πέρας ἐστίν. ἀλλὰ μὴν
οὐδὲ τὸ τί ἦν εἶναι ἐνδέχεται ἀνάγεσθαι εἰς ἄλλον ὁρισμὸν
πλεονάζοντα τῷ λόγῳ· ἀεί τε γὰρ ἔστιν ὁ ἔμπροσθεν μᾶλλον, ὁ δ' ὕστερος οὐκ ἔστιν, οὗ δὲ τὸ πρῶτον μὴ ἔστιν, οὐδὲ
20 τὸ ἐχόμενον· ἔτι τὸ ἐπίστασθαι ἀναιροῦσιν οἱ οὕτως λέγοντες,
οὐ γὰρ οἷόν τε εἰδέναι πρὶν εἰς τὰ ἄτομα ἐλθεῖν· καὶ τὸ
γιγνώσκειν οὐκ ἔστιν, τὰ γὰρ οὕτως ἄπειρα πῶς ἐνδέχεται
νοεῖν; οὐ γὰρ ὅμοιον ἐπὶ τῆς γραμμῆς, ἣ κατὰ τὰς διαιρέ-

(Com efeito, o que deriva do processo do devir não é o que está em devir, mas é <o que> existe depois do processo do devir)[10]. Assim o dia deriva da aurora, porque vem depois dela e, por isso, a aurora não pode provir do dia. (b) No segundo sentido, ao contrário, os termos são reversíveis. Ora, em ambos os casos é impossível um processo ao infinito. (a) No primeiro caso, deve necessariamente haver um fim dos termos intermediários. (b) No segundo caso, os elementos se transformam reciprocamente um no outro: a corrupção de um é geração de outro. Ademais, se o primeiro termo da série fosse eterno seria impossível que perecesse. E porque o processo de geração não é infinito na série das causas, necessariamente não é eterno o primeiro termo de cuja corrupção gerou-se o outro[11].

Ademais, o objetivo é um fim, e o fim é o que não existe em vista de outra coisa, mas aquilo em vista de que todas as outras coisas existem; de modo que, se existe um termo último desse tipo, não pode existir um processo ao infinito. Se, ao contrário, não existe um termo último desse tipo, não pode existir a causa final. Mas os que defendem o processo ao infinito não se dão conta de suprimir a realidade do bem. Entretanto, ninguém começaria nada se não fosse para chegar a um termo. E tampouco haveria inteligência nas ações que não têm um fim: quem é inteligente opera efetivamente em função de um fim; e este é um termo, porque o fim é, justamente, um termo[12].

Mas tampouco a definição da essência pode ser reduzida <ao infinito> a outra definição sempre mais ampla em seu enunciado. De fato, a definição próxima é sempre mais definição do que a última. E quando, numa série de definições, a primeira não define a essência, tampouco o fará a posterior[13]. Além disso, os que falam desse modo destroem o saber: com efeito, não se pode possuir o saber antes de ter alcançado o que não é mais divisível. E também não será possível o conhecer: de fato, como é possível pensar coisas que são infinitas desse modo?[14] Aqui não ocorre o mesmo que no caso da linha: é verdade que o processo de divisão da linha não se detém, mas o pensamento não pode pensar a linha se não chegar ao fim no processo de divisão. Portanto, quem vai ao infinito no processo de divisão

σεις μὲν οὐχ ἴσταται, νοῆσαι δ' οὐκ ἔστι μὴ στήσαντα (διόπερ
25 οὐκ ἀριθμήσει τὰς τομὰς ὁ τὴν ἄπειρον διεξιών), ἀλλὰ καὶ
τὴν ὅλην οὐ κινουμένῳ νοεῖν ἀνάγκη. καὶ ἀπείρῳ οὐδενὶ ἔστιν
εἶναι· εἰ δὲ μή, οὐκ ἄπειρόν γ' ἐστὶ τὸ ἀπείρῳ εἶναι. — ἀλλὰ
μὴν καὶ εἰ ἄπειρά γ' ἦσαν πλήθει τὰ εἴδη τῶν αἰτίων, οὐκ
ἂν ἦν οὐδ' οὕτω τὸ γιγνώσκειν· τότε γὰρ εἰδέναι οἰόμεθα
30 ὅταν τὰ αἴτια γνωρίσωμεν· τὸ δ' ἄπειρον κατὰ τὴν πρόσθεσιν οὐκ ἔστιν ἐν πεπερασμένῳ διεξελθεῖν.

3

Αἱ δ' ἀκροάσεις κατὰ τὰ ἔθη συμβαίνουσιν· ὡς γὰρ
995ᵃ εἰώθαμεν οὕτως ἀξιοῦμεν λέγεσθαι, καὶ τὰ παρὰ ταῦτα οὐχ
ὅμοια φαίνεται ἀλλὰ διὰ τὴν ἀσυνήθειαν ἀγνωστότερα καὶ
ξενικώτερα· τὸ γὰρ σύνηθες γνώριμον. ἡλίκην δὲ ἰσχὺν
ἔχει τὸ σύνηθες οἱ νόμοι δηλοῦσιν, ἐν οἷς τὰ μυθώδη καὶ
5 παιδαριώδη μεῖζον ἰσχύει τοῦ γινώσκειν περὶ αὐτῶν διὰ τὸ
ἔθος. οἱ μὲν οὖν ἐὰν μὴ μαθηματικῶς λέγῃ τις οὐκ ἀποδέ-
χονται τῶν λεγόντων, οἱ δ' ἂν μὴ παραδειγματικῶς, οἱ
δὲ μάρτυρα ἀξιοῦσιν ἐπάγεσθαι ποιητήν. καὶ οἱ μὲν πάντα
ἀκριβῶς, τοὺς δὲ λυπεῖ τὸ ἀκριβὲς ἢ διὰ τὸ μὴ δύνασθαι
10 συνείρειν ἢ διὰ τὴν μικρολογίαν· ἔχει γάρ τι τὸ ἀκριβὲς
τοιοῦτον, ὥστε, καθάπερ ἐπὶ τῶν συμβολαίων, καὶ ἐπὶ τῶν
λόγων ἀνελεύθερον εἶναί τισι δοκεῖ. διὸ δεῖ πεπαιδεῦσθαι
πῶς ἕκαστα ἀποδεκτέον, ὡς ἄτοπον ἅμα ζητεῖν ἐπιστήμην

jamais poderá contar os segmentos da linha. E a linha em seu conjunto deve ser pensada por algo em nós que não se mova de uma parte a outra[15]. — E também não pode existir algo que seja essencialmente infinito; e mesmo que existisse, a essência do infinito não seria infinita![16]

(B) Por outro lado, se fossem infinitas em número as espécies de causas, também nesse caso o conhecimento seria impossível. De fato, só julgamos conhecer quando conhecemos as causas. Mas não é possível, num tempo finito, ir ao infinito por sucessivos acréscimos[17].

3. [*Algumas observações metodológicas: é necessário adaptar o método ao objeto que é próprio da ciência*][1]

A eficácia das lições[2] depende dos hábitos dos ouvintes. Nós exigimos, com efeito, que se fale do modo como estamos familiarizados; as coisas que não nos são ditas desse modo não nos parecem as mesmas, mas, por falta de hábito, parecem-nos mais difíceis de compreender e mais estranhas. O que é habitual é mais facilmente cognoscível.

A força do hábito é demonstrada pelas leis, nas quais até o que é mítico e pueril, em virtude do hábito, tem mais força do que o próprio conhecimento.

Ora, alguns não estão dispostos a ouvir se não se fala com rigor matemático; outros só ouvem quem recorre a exemplos, enquanto outros ainda exigem que se acrescente o testemunho de poetas. Alguns exigem que se diga tudo com rigor; para outros, ao contrário, o rigor incomoda, seja por sua incapacidade de compreender os nexos do raciocínio, seja pela aversão às sutilezas. De fato, algo do rigor pode parecer sutileza; e por isso alguns o consideram um tanto mesquinho, tanto nos discursos como nos negócios.

Por isso, é necessário ter sido instruído sobre o método que é próprio de cada ciência, pois é absurdo buscar ao mesmo tempo uma ciência e seu método. Com efeito, não é fácil conseguir nenhuma dessas duas coisas.

καὶ τρόπον ἐπιστήμης· ἔστι δ' οὐδὲ θάτερον ῥᾴδιον λαβεῖν. τὴν
15 δ' ἀκριβολογίαν τὴν μαθηματικὴν οὐκ ἐν ἅπασιν ἀπαιτη-
τέον, ἀλλ' ἐν τοῖς μὴ ἔχουσιν ὕλην. διόπερ οὐ φυσικὸς ὁ
τρόπος· ἅπασα γὰρ ἴσως ἡ φύσις ἔχει ὕλην. διὸ σκεπτέον
πρῶτον τί ἐστιν ἡ φύσις· οὕτω γὰρ καὶ περὶ τίνων ἡ φυσικὴ
δῆλον ἔσται καὶ εἰ μιᾶς ἐπιστήμης ἢ πλειόνων τὰ αἴτια καὶ
20 τὰς ἀρχὰς θεωρῆσαί ἐστιν.

Não se deve exigir em todos os casos o rigor matemático, mas só nas coisas desprovidas de matéria[3]. Por isso o método da matemática não se adapta à física. É indubitável que toda a natureza possui matéria. Por isso é preciso, em primeiro lugar, examinar o que é a natureza; e desse modo ficará claro qual é o objeto da física[4]. E também ficará claro se o exame das causas e dos princípios pertence a uma só ou a muitas ciências[5].

LIVRO
B
(TERCEIRO)

1

Ἀνάγκη πρὸς τὴν ἐπιζητουμένην ἐπιστήμην ἐπελθεῖν ἡμᾶς 1
πρῶτον περὶ ὧν ἀπορῆσαι δεῖ πρῶτον· ταῦτα δ' ἐστὶν ὅσα
τε περὶ αὐτῶν ἄλλως ὑπειλήφασί τινες, κἂν εἴ τι χωρὶς
τούτων τυγχάνει παρεωραμένον. ἔστι δὲ τοῖς εὐπορῆσαι βου-
λομένοις προὔργου τὸ διαπορῆσαι καλῶς· ἡ γὰρ ὕστερον
εὐπορία λύσις τῶν πρότερον ἀπορουμένων ἐστί, λύειν δ' οὐκ
ἔστιν ἀγνοοῦντας τὸν δεσμόν, ἀλλ' ἡ τῆς διανοίας ἀπορία
δηλοῖ τοῦτο περὶ τοῦ πράγματος· ᾗ γὰρ ἀπορεῖ, ταύτῃ παραπλήσιον πέπονθε τοῖς δεδεμένοις· ἀδύνατον γὰρ ἀμφοτέρως προελθεῖν εἰς τὸ πρόσθεν. διὸ δεῖ τὰς δυσχερείας τε-
θεωρηκέναι πάσας πρότερον, τούτων τε χάριν καὶ διὰ τὸ τοὺς
ζητοῦντας ἄνευ τοῦ διαπορῆσαι πρῶτον ὁμοίους εἶναι τοῖς ποῖ
δεῖ βαδίζειν ἀγνοοῦσι, καὶ πρὸς τούτοις οὐδ' εἴ ποτε τὸ ζητούμενον εὕρηκεν ἢ μὴ γιγνώσκειν· τὸ γὰρ τέλος τούτῳ μὲν οὐ
δῆλον τῷ δὲ προηπορηκότι δῆλον. ἔτι δὲ βέλτιον ἀνάγκη
ἔχειν πρὸς τὸ κρῖναι τὸν ὥσπερ ἀντιδίκων καὶ τῶν ἀμφι-
σβητούντων λόγων ἀκηκοότα πάντων. — ἔστι δ' ἀπορία πρώτη
μὲν περὶ ὧν ἐν τοῖς πεφροιμιασμένοις διηπορήσαμεν, πότερον μιᾶς ἢ πολλῶν ἐπιστημῶν θεωρῆσαι τὰς αἰτίας· καὶ πότερον τὰς τῆς οὐσίας ἀρχὰς τὰς πρώτας ἐστὶ τῆς ἐπιστήμης
ἰδεῖν μόνον ἢ καὶ περὶ τῶν ἀρχῶν ἐξ ὧν δεικνύουσι πάντες,
οἷον πότερον ἐνδέχεται ταὐτὸ καὶ ἓν ἅμα φάναι καὶ ἀπο-

1. [*Conceito, finalidade e elenco das aporias*]¹

Com relação à ciência que estamos procurando, é necessário examinar os problemas, dos quais, em primeiro lugar, deve-se perceber a dificuldade. Trata-se dos problemas em torno dos quais alguns filósofos ofereceram soluções contrastantes e, além destes, de outros problemas que até agora foram descuidados. Ora, para quem pretende resolver bem um problema, é útil perceber adequadamente a dificuldade que ele comporta: a boa solução final consiste na resolução das dificuldades previamente estabelecidas. Quem ignora um nó não poderá desatá-lo; e a dificuldade encontrada pelo pensamento manifesta a dificuldade existente nas coisas. De fato, enquanto duvidamos, estamos numa condição semelhante a quem está amarrado; em ambos os casos, é impossível ir adiante. Por isso é preciso que, primeiro, sejam examinadas todas as dificuldades tanto por essas razões, como porque os que pesquisam sem primeiro ter examinado as dificuldades assemelham-se aos que não sabem aonde devem ir. Ademais, estes não são capazes de saber se encontraram ou não o que buscam; pois não lhes é claro o fim que devem alcançar, enquanto isso é claro para quem antes compreendeu as dificuldades. Ademais, quem ouviu as razões opostas, como num processo, está necessariamente em melhor condição de julgar².

(1) A primeira dificuldade refere-se a uma questão já tratada na introdução: se a investigação sobre as causas é tarefa de uma única ciência ou de mais de uma³.

(2) Também comporta dificuldade saber se é tarefa de nossa ciência considerar só os princípios primeiros da substância ou também os princípios sobre os quais se fundam todas as demonstrações: por exemplo, se é possível ou

φάναι ἢ οὔ, καὶ περὶ τῶν ἄλλων τῶν τοιούτων· εἴ τ' ἔστι περὶ τὴν οὐσίαν, πότερον μία περὶ πάσας ἢ πλείονές εἰσι, κἂν εἰ πλείονες πότερον ἅπασαι συγγενεῖς ἢ τὰς μὲν σοφίας τὰς δὲ ἄλλο τι λεκτέον αὐτῶν. καὶ τοῦτο δ' αὐτὸ τῶν ἀναγκαίων ἐστὶ ζητῆσαι, πότερον τὰς αἰσθητὰς οὐσίας εἶναι μόνον φατέον ἢ καὶ παρὰ ταύτας ἄλλας, καὶ πότερον μοναχῶς ἢ πλείονα γένη τῶν οὐσιῶν, οἷον οἱ ποιοῦντες τά τε εἴδη καὶ τὰ μαθηματικὰ μεταξὺ τούτων τε καὶ τῶν αἰσθητῶν. περί τε τούτων οὖν, καθάπερ φαμέν, ἐπισκεπτέον, καὶ πότερον περὶ τὰς οὐσίας ἡ θεωρία μόνον ἐστὶν ἢ καὶ περὶ τὰ συμβεβηκότα καθ' αὑτὰ ταῖς οὐσίαις, πρὸς δὲ τούτοις περὶ ταὐτοῦ καὶ ἑτέρου καὶ ὁμοίου καὶ ἀνομοίου καὶ ἐναντιότητος, καὶ περὶ προτέρου καὶ ὑστέρου καὶ τῶν ἄλλων ἁπάντων τῶν τοιούτων περὶ ὅσων οἱ διαλεκτικοὶ πειρῶνται σκοπεῖν ἐκ τῶν ἐνδόξων μόνων ποιούμενοι τὴν σκέψιν, τίνος ἐστὶ θεωρῆσαι περὶ πάντων· ἔτι δὲ τούτοις αὐτοῖς ὅσα καθ' αὑτὰ συμβέβηκεν, καὶ μὴ μόνον τί ἐστι τούτων ἕκαστον ἀλλὰ καὶ ἆρα ἓν ἑνὶ ἐναντίον· καὶ πότερον αἱ ἀρχαὶ καὶ τὰ στοιχεῖα τὰ γένη ἐστὶν ἢ εἰς ἃ διαιρεῖται ἐνυπάρχοντα ἕκαστον· καὶ εἰ τὰ γένη, πότερον ὅσα ἐπὶ τοῖς ἀτόμοις λέγεται τελευταῖα ἢ τὰ πρῶτα, οἷον πότερον ζῷον ἢ ἄνθρωπος ἀρχή τε καὶ μᾶλλον ἔστι παρὰ τὸ καθ' ἕκαστον. μάλιστα δὲ ζητητέον καὶ πραγματευτέον πότερον ἔστι τι παρὰ τὴν ὕλην αἴτιον καθ' αὑτὸ ἢ οὔ, καὶ τοῦτο χωριστὸν ἢ οὔ, καὶ πό-

não afirmar e negar ao mesmo tempo a mesma coisa, e os outros princípios desse tipo[4].

(3) E, na hipótese de que essa ciência trate unicamente da substância, surge a dificuldade de saber se existe uma única ciência para todas as substâncias ou se existe mais de uma; e, caso haja mais de uma, se são todas afins ou se só algumas devem ser chamadas "sapiência" e as outras de outro modo[5].

(4) E a seguinte questão também deve ser submetida a exame: se devemos dizer que só existem substâncias sensíveis ou se além destas existem também outras; e, ademais, se essas outras substâncias são de um único gênero ou se delas existem diversos gêneros como, por exemplo, sustentam os que postulam as Formas e os objetos matemáticos "intermediários" entre as Formas e as substâncias sensíveis[6].

(5) Portanto, como se disse, é preciso investigar essas questões e também a seguinte: se nossa investigação trata unicamente das substâncias ou também das propriedades das substâncias. E além disso, será preciso investigar que ciência tem a tarefa de indagar sobre o "mesmo" e sobre o "outro", o "semelhante" e o "dessemelhante", a "contrariedade", o "antes", o "depois", e todas as outras noções desse gênero, que os dialéticos se esforçam por examinar, porém baseando sua investigação unicamente sobre as opiniões comuns. E ainda será preciso examinar as características essenciais de cada uma dessas coisas e não só o que é cada uma delas, mas também se cada uma tem um único contrário[7].

(6) E também isso é uma dificuldade: se os princípios e os elementos são os gêneros ou os constitutivos materiais nos quais se decompõe cada coisa[8].

(7) E, na hipótese de que os princípios sejam os gêneros, põe-se o problema de se os gêneros são os "últimos" que se predicam dos indivíduos ou se são os "primeiros": por exemplo, se "homem" ou se "animal" é princípio e tem maior grau de realidade além do indivíduo particular[9].

(8) Mas, de modo particular, deve ser examinada e tratada a questão de se além da matéria existe uma causa subsistente por si ou não, e se essa causa é separada ou não; e, também, se é só uma ou se são mais de uma; e, ainda, se existe

τερον ἓν ἢ πλείω τὸν ἀριθμόν, καὶ πότερον ἔστι τι παρὰ τὸ
35 σύνολον (λέγω δὲ τὸ σύνολον, ὅταν κατηγορηθῇ τι τῆς ὕλης)
ἢ οὐθέν, ἢ τῶν μὲν τῶν δ' οὔ, καὶ ποῖα τοιαῦτα τῶν ὄντων.
996ᵃ ἔτι αἱ ἀρχαὶ πότερον ἀριθμῷ ἢ εἴδει ὡρισμέναι, καὶ αἱ ἐν
τοῖς λόγοις καὶ αἱ ἐν τῷ ὑποκειμένῳ; καὶ πότερον τῶν
φθαρτῶν καὶ ἀφθάρτων αἱ αὐταὶ ἢ ἕτεραι, καὶ πότερον
ἄφθαρτοι πᾶσαι ἢ τῶν φθαρτῶν φθαρταί; ἔτι δὲ τὸ πάν-
5 των χαλεπώτατον καὶ πλείστην ἀπορίαν ἔχον, πότερον τὸ
ἓν καὶ τὸ ὄν, καθάπερ οἱ Πυθαγόρειοι καὶ Πλάτων ἔλεγεν,
οὐχ ἕτερόν τί ἐστιν ἀλλ' οὐσία τῶν ὄντων; ἢ οὔ, ἀλλ' ἕτερόν τι
τὸ ὑποκείμενον, ὥσπερ Ἐμπεδοκλῆς φησὶ φιλίαν ἄλλος
δέ τις πῦρ ὁ δὲ ὕδωρ ἢ ἀέρα· καὶ πότερον αἱ ἀρχαὶ
10 καθόλου εἰσὶν ἢ ὡς τὰ καθ' ἕκαστα τῶν πραγμάτων, καὶ
δυνάμει ἢ ἐνεργείᾳ· ἔτι πότερον ἄλλως ἢ κατὰ κίνησιν·
καὶ γὰρ ταῦτα ἀπορίαν ἂν παράσχοι πολλήν. πρὸς δὲ
τούτοις πότερον οἱ ἀριθμοὶ καὶ τὰ μήκη καὶ τὰ σχήματα
καὶ αἱ στιγμαὶ οὐσίαι τινές εἰσιν ἢ οὔ, κἂν εἰ οὐσίαι πότερον
15 κεχωρισμέναι τῶν αἰσθητῶν ἢ ἐνυπάρχουσαι ἐν τούτοις; περὶ
γὰρ τούτων ἁπάντων οὐ μόνον χαλεπὸν τὸ εὐπορῆσαι τῆς
ἀληθείας ἀλλ' οὐδὲ τὸ διαπορῆσαι τῷ λόγῳ ῥᾴδιον καλῶς.

2

Πρῶτον μὲν οὖν περὶ ὧν πρῶτον εἴπομεν, πότερον μιᾶς
ἢ πλειόνων ἐστὶν ἐπιστημῶν θεωρῆσαι πάντα τὰ γένη τῶν

alguma coisa além do sínolo <concreto> (temos um sínolo quando uma forma se predica da matéria), ou se além do sínolo nada existe; ou ainda, se para alguns seres existe algo separado enquanto para outros não, e quais são os seres desse tipo[10].

(9) Ademais, os princípios, seja formais seja materiais, são limitados quanto ao número ou quanto à espécie?[11]

(10) E os princípios das coisas corruptíveis e os das incorruptíveis são idênticos ou são diversos? São todos incorruptíveis ou os das coisas corruptíveis são corruptíveis?[12]

(11) Além disso, a dificuldade maior e mais exigente é a seguinte: se o Ser e o Um, como diziam os pitagóricos e Platão, são ou não a substância das coisas, ou se, ao contrário, supõem alguma outra realidade que lhes sirva de substrato como, por exemplo, segundo Empédocles, a amizade ou, segundo outros, o fogo ou, segundo outros ainda, a água ou o ar[13].

(12) Outro problema é o seguinte: se os princípios são universais ou se são particulares, como as coisas individuais[14].

(13) E também isso é problema: se os princípios são em potência ou em ato; e se são em potência ou em ato num sentido diferente daquele que se refere ao movimento. Estes são problemas que apresentam notável dificuldade[15].

(14) Além disso, há também a seguinte questão: se os números, as linhas, as figuras e os pontos são substâncias ou não e, caso sejam substâncias, se são separadas das coisas sensíveis ou imanentes a elas[16].

Para todos esses problemas[17] não só é difícil encontrar a verdade, mas nem sequer é fácil compreender bem e adequadamente as dificuldades que eles comportam.

2. [Discussão das cinco primeiras aporias]

[Primeira aporia][1]

Examinemos, pois, em primeiro lugar, a primeira questão que enunciamos: se o estudo de todos os gêneros de causas é tarefa de uma única ciência ou de mais ciências.

αἰτίων. μιᾶς μὲν γὰρ ἐπιστήμης πῶς ἂν εἴη μὴ ἐναντίας οὔσας τὰς ἀρχὰς γνωρίζειν; ἔτι δὲ πολλοῖς τῶν ὄντων οὐχ ὑπάρχουσι πᾶσαι· τίνα γὰρ τρόπον οἷόν τε κινήσεως ἀρχὴν εἶναι τοῖς ἀκινήτοις ἢ τὴν τἀγαθοῦ φύσιν, εἴπερ ἅπαν ὃ ἂν ᾖ ἀγαθὸν καθ' αὑτὸ καὶ διὰ τὴν αὑτοῦ φύσιν τέλος ἐστὶν καὶ οὕτως αἴτιον ὅτι ἐκείνου ἕνεκα καὶ γίγνεται καὶ ἔστι τἆλλα, τὸ δὲ τέλος καὶ τὸ οὗ ἕνεκα πράξεώς τινός ἐστι τέλος, αἱ δὲ πράξεις πᾶσαι μετὰ κινήσεως; ὥστ' ἐν τοῖς ἀκινήτοις οὐκ ἂν ἐνδέχοιτο ταύτην εἶναι τὴν ἀρχὴν οὐδ' εἶναί τι αὐτοαγαθόν. διὸ καὶ ἐν τοῖς μαθήμασιν οὐθὲν δείκνυται διὰ ταύτης τῆς αἰτίας, οὐδ' ἔστιν ἀπόδειξις οὐδεμία διότι βέλτιον ἢ χεῖρον, ἀλλ' οὐδὲ τὸ παράπαν μέμνηται οὐθεὶς οὐθενὸς τῶν τοιούτων, ὥστε διὰ ταῦτα τῶν σοφιστῶν τινες οἷον Ἀρίστιππος προεπηλάκιζεν αὐτάς· ἐν μὲν γὰρ ταῖς ἄλλαις τέχναις, καὶ ταῖς βαναύσοις, οἷον ἐν τεκτονικῇ καὶ σκυτικῇ, διότι βέλτιον ἢ χεῖρον λέγεσθαι πάντα, τὰς δὲ μαθηματικὰς οὐθένα ποιεῖσθαι λόγον περὶ ἀγαθῶν καὶ κακῶν. — ἀλλὰ μὴν εἴ γε πλείους ἐπιστῆμαι τῶν αἰτίων εἰσὶ καὶ ἑτέρα ἑτέρας ἀρχῆς, τίνα τούτων φατέον εἶναι τὴν ζητουμένην, ἢ τίνα μάλιστα τοῦ πράγματος τοῦ ζητουμένου ἐπιστήμονα τῶν ἐχόντων αὐτάς; ἐνδέχεται γὰρ τῷ αὐτῷ πάντας τοὺς τρόπους τοὺς τῶν αἰτίων ὑπάρχειν, οἷον οἰκίας ὅθεν μὲν ἡ κίνησις ἡ τέχνη καὶ ὁ οἰκοδόμος, οὗ δ' ἕνεκα τὸ ἔργον, ὕλη δὲ γῆ καὶ λίθοι, τὸ δ' εἶδος ὁ λόγος. ἐκ μὲν οὖν τῶν πάλαι διωρισμένων τίνα χρὴ καλεῖν τῶν ἐπιστημῶν σοφίαν ἔχει λόγον ἑκάστην προσαγορεύειν· ᾗ μὲν γὰρ ἀρχικωτάτη καὶ ἡγεμονικωτάτη καὶ ᾗ ὥσπερ δούλας οὐδ' ἀντειπεῖν τὰς ἄλλας ἐπιστήμας δίκαιον, ἡ τοῦ τέλους καὶ τἀγαθοῦ τοιαύτη (τούτου γὰρ ἕνεκα

Mas como o conhecimento de todos os princípios poderia ser tarefa de uma única ciência se eles não são contrários?² Ademais, em muitos seres não estão presentes todos os princípios. Com efeito, como é possível que para os seres imóveis exista um princípio de movimento ou ainda uma causa do bem³, uma vez que tudo o que por si é bom é por sua natureza um fim e é causa, dado que em virtude dele as coisas se produzem e são, e dado que o fim e o objetivo é o fim de alguma ação, e as ações implicam movimento? Consequentemente, nos seres imóveis não poderá haver esse princípio do movimento nem uma causa do bem. Por essa razão, nas matemáticas não se demonstra nada pela causa final e não existe nenhuma demonstração que argumente com base no melhor e no pior, e os matemáticos nem sequer mencionam coisas como estas. (É por estas razões que alguns sofistas, como Aristipo⁴, desprezavam as matemáticas: de fato, enquanto nas outras artes e até nas artes manuais, como as do marceneiro ou do sapateiro, tudo é motivado pelas razões do melhor e do pior, as matemáticas não desenvolvem nenhuma consideração acerca das coisas boas e más)⁵.

Por outro lado, se as ciências das causas são mais de uma e se existem diversas ciências dos diferentes princípios, qual delas poderemos dizer que é a ciência por nós buscada ou, dentre os que possuem aquelas ciências, quem poderemos dizer que conhece melhor o objeto de nossa pesquisa? Pode ocorrer que no mesmo objeto estejam presentes todos os tipos de causas; como, por exemplo, numa casa: sua causa motora são a arte e o construtor, a causa final é a obra, a causa material são a terra e as pedras, e a causa formal é a essência. Ora, segundo as características que estabelecemos acima⁶ para determinar qual das ciências deve ser denominada "sapiência", a ciência de cada uma das causas tem alguma razão para reivindicar essa denominação⁷. (a) De fato, na medida em que é ciência soberana e mais digna entre todas para dirigir, na medida em que a ela todas as outras ciências, como servas, justamente não podem replicar, a ciência do fim e do bem parece exigir a denominação de sapiência (todas as coisas, com efeito, existem em função do fim). (b) Por sua vez, tendo sido a

τἄλλα), ᾗ δὲ τῶν πρώτων αἰτίων καὶ τοῦ μάλιστα ἐπιστητοῦ
διωρίσθη εἶναι, ἡ τῆς οὐσίας ἂν εἴη τοιαύτη· πολλαχῶς γὰρ
15 ἐπισταμένων τὸ αὐτὸ μᾶλλον μὲν εἰδέναι φαμὲν τὸν τῷ
εἶναι γνωρίζοντα τί τὸ πρᾶγμα ἢ τῷ μὴ εἶναι, αὐτῶν δὲ
τούτων ἕτερον ἑτέρου μᾶλλον, καὶ μάλιστα τὸν τί ἐστιν ἀλλ᾽
οὐ τὸν πόσον ἢ ποῖον ἢ τί ποιεῖν ἢ πάσχειν πέφυκεν. ἔτι δὲ
καὶ ἐν τοῖς ἄλλοις τὸ εἰδέναι ἕκαστον καὶ ὧν ἀποδείξεις
20 εἰσί, τότ᾽ οἰόμεθα ὑπάρχειν ὅταν εἰδῶμεν τί ἐστιν (οἷον τί
ἐστι τὸ τετραγωνίζειν, ὅτι μέσης εὕρεσις· ὁμοίως δὲ καὶ ἐπὶ
τῶν ἄλλων), περὶ δὲ τὰς γενέσεις καὶ τὰς πράξεις καὶ περὶ
πᾶσαν μεταβολὴν ὅταν εἰδῶμεν τὴν ἀρχὴν τῆς κινήσεως·
τοῦτο δ᾽ ἕτερον καὶ ἀντικείμενον τῷ τέλει, ὥστ᾽ ἄλλης ἂν
25 δόξειεν ἐπιστήμης εἶναι τὸ θεωρῆσαι τῶν αἰτίων τούτων ἕκαστον. — ἀλλὰ μὴν καὶ περὶ τῶν ἀποδεικτικῶν ἀρχῶν, πότερον
μιᾶς ἐστὶν ἐπιστήμης ἢ πλειόνων, ἀμφισβητήσιμόν ἐστιν (λέγω
δὲ ἀποδεικτικὰς τὰς κοινὰς δόξας ἐξ ὧν ἅπαντες δεικνύουσιν) οἷον ὅτι πᾶν ἀναγκαῖον ἢ φάναι ἢ ἀποφάναι, καὶ
30 ἀδύνατον ἅμα εἶναι καὶ μὴ εἶναι, καὶ ὅσαι ἄλλαι τοιαῦται προτάσεις, πότερον μία τούτων ἐπιστήμη καὶ τῆς οὐσίας ἢ
ἑτέρα, κἂν εἰ μὴ μία, ποτέραν χρὴ προσαγορεύειν τὴν ζητουμένην νῦν. μιᾶς μὲν οὖν οὐκ εὔλογον εἶναι· τί γὰρ μᾶλλον γεωμετρίας ἢ ὁποιασοῦν περὶ τούτων ἐστὶν ἴδιον τὸ ἐπαΐειν;
35 εἴπερ οὖν ὁμοίως μὲν ὁποιασοῦν ἐστίν, ἁπασῶν δὲ μὴ ἐνδέχε-

sapiência definida[8] como ciência das causas primeiras e do que é maximamente cognoscível, esta parece ser a ciência do substância[9]. Com efeito, entre os que conhecem a mesma coisa segundo diferentes modos, afirmamos que conhece mais o que é a coisa quem a conhece em seu ser e não quem a conhece em seu não-ser[10]; e também entre os que a conhecem no primeiro modo, há quem a conheça mais do que outro, e a conhece mais do que todos quem conhece sua essência e não a qualidade ou a quantidade ou o fazer ou o padecer[11]. E também, nos outros casos, pensamos que se tem o conhecimento de todas as coisas, inclusive das que são passíveis de demonstração[12], quando se conhece a essência. (Por exemplo, conhecemos a essência da operação da quadratura quando sabemos que ela consiste em encontrar a média proporcional[12]; e de modo análogo em outros casos). (c) Ao contrário, consideramos ter conhecimento das gerações, das ações e de toda espécie de mudança quando conhecemos o princípio motor, e esse princípio é diferente e oposto à causa final[14]. Concluindo, parece que o estudo de cada uma dessas causas é objeto de uma ciência diferente[15].

[Segunda aporia][16]

Há também a seguinte aporia: se compete a uma única ciência[17] ou a mais de uma o estudo dos princípios da demonstração. (Chamo princípios da demonstração às convicções comuns[18] das quais todos partem para demonstrar: por exemplo, que todas as coisas devem ser ou afirmadas ou negadas e que é impossível ser e não ser ao mesmo tempo, e as outras premissas desse tipo)[19]. O problema, portanto, consiste em saber se é uma só a ciência que trata desses princípios e da substância, ou se são duas diferentes; e se não é uma só, com qual delas devemos identificar a que estamos buscando.

Ora, não parece razoável que seja uma só. De fato, por que haveria de ser tarefa própria, digamos, da geometria mais do que de qualquer outra ciência, tratar desses princípios? Se, portanto, pertence igualmente a qualquer ciência e se, por outro lado, não é

997ᵃ ται, ὥσπερ οὐδὲ τῶν ἄλλων οὕτως οὐδὲ τῆς γνωριζούσης τὰς
οὐσίας ἴδιόν ἐστι τὸ γιγνώσκειν περὶ αὐτῶν. ἅμα δὲ καὶ τίνα
τρόπον ἔσται αὐτῶν ἐπιστήμη; τί μὲν γὰρ ἕκαστον τούτων
τυγχάνει ὂν καὶ νῦν γνωρίζομεν (χρῶνται γοῦν ὡς γιγνω-
5 σκομένοις αὐτοῖς καὶ ἄλλαι τέχναι)· εἰ δὲ ἀποδεικτικὴ περὶ
αὐτῶν ἐστί, δεήσει τι γένος εἶναι ὑποκείμενον καὶ τὰ μὲν
πάθη τὰ δ' ἀξιώματ' αὐτῶν (περὶ πάντων γὰρ ἀδύνατον
ἀπόδειξιν εἶναι), ἀνάγκη γὰρ ἔκ τινων εἶναι καὶ περί τι καὶ
τινῶν τὴν ἀπόδειξιν· ὥστε συμβαίνει πάντων εἶναι γένος ἕν
10 τι τῶν δεικνυμένων, πᾶσαι γὰρ αἱ ἀποδεικτικαὶ χρῶνται
τοῖς ἀξιώμασιν. — ἀλλὰ μὴν εἰ ἑτέρα ἡ τῆς οὐσίας καὶ ἡ περὶ
τούτων, ποτέρα κυριωτέρα καὶ προτέρα πέφυκεν αὐτῶν; καθόλου γὰρ μάλιστα καὶ πάντων ἀρχαὶ τὰ ἀξιώματά ἐστιν,
εἴ τ' ἐστὶ μὴ τοῦ φιλοσόφου, τίνος ἔσται περὶ αὐτῶν ἄλλου τὸ
15 θεωρῆσαι τὸ ἀληθὲς καὶ ψεῦδος; — ὅλως τε τῶν οὐσιῶν πότερον μία πασῶν ἐστὶν ἢ πλείους ἐπιστῆμαι; εἰ μὲν οὖν μὴ
μία, ποίας οὐσίας θετέον τὴν ἐπιστήμην ταύτην; τὸ δὲ μίαν
πασῶν οὐκ εὔλογον· καὶ γὰρ ἂν ἀποδεικτικὴ μία περὶ πάντων εἴη τῶν συμβεβηκότων, εἴπερ πᾶσα ἀποδεικτικὴ περὶ
20 τι ὑποκείμενον θεωρεῖ τὰ καθ' αὑτὰ συμβεβηκότα ἐκ τῶν
κοινῶν δοξῶν. περὶ οὖν τὸ αὐτὸ γένος τὰ συμβεβηκότα καθ'
αὑτὰ τῆς αὐτῆς ἐστὶ θεωρῆσαι ἐκ τῶν αὐτῶν δοξῶν. περί
τε γὰρ ὃ μιᾶς καὶ ἐξ ὧν μιᾶς, εἴτε τῆς αὐτῆς εἴτε ἄλ-

possível que pertença a todos o conhecimento dos princípios, dado não ser tarefa específica de nenhuma das outras ciências, também não é tarefa específica da ciência que conhece as substâncias. Por outro lado, como poderá ser a ciência desses princípios? O que é cada um deles sabemos imediatamente. E as outras artes servem-se deles como de algo que é conhecido. Se deles houvesse uma ciência demonstrativa, então deveria haver um gênero com função de sujeito e deste alguns princípios deveriam ser propriedades e outros axiomas (porque é impossível que haja demonstração de tudo); de fato, a demonstração deve necessariamente partir de algo, versar sobre algo e ser demonstração de algo. Consequentemente, seguir-se-ia que todas as coisas passíveis de demonstração pertenceriam ao mesmo gênero, enquanto todas as ciências demonstrativas valem-se dos axiomas[20].

Ao contrário, se a ciência da substância é diferente da dos axiomas, qual das duas será superior e anterior? Com efeito, os axiomas são o que de mais universal existe; e se não é tarefa do filósofo, de quem mais poderá ser tarefa indagar a verdade e a falsidade deles?[21]

[Terceira aporia][22]

E, em geral, existe uma única ciência de todas as substâncias[23] ou mais de uma?

Ora, se não existe uma só, de que tipo de substâncias diremos que é ciência esta nossa?[24]

Por outro lado, não parece razoável que seja uma só a ciência de todas as substâncias, porque, se assim fosse, seria também única a ciência demonstrativa de todos os atributos, dado que toda ciência demonstrativa de determinado objeto estuda seus atributos essenciais a partir de axiomas[25]. Portanto, tratando-se de um mesmo gênero[26], caberá a uma mesma ciência estudar seus atributos a partir dos axiomas. E, com efeito, segundo esta hipótese, o objeto sobre o qual versa a demonstração pertencerá a uma única ciência, e os princípios dos quais parte a demonstração

λης, ὥστε καὶ τὰ συμβεβηκότα, εἶθ' αὗται θεωροῦσιν εἴτ'
25 ἐκ τούτων μία. — ἔτι δὲ πότερον περὶ τὰς οὐσίας μόνον
ἡ θεωρία ἐστὶν ἢ καὶ περὶ τὰ συμβεβηκότα ταύταις; λέγω
δ' οἷον, εἰ τὸ στερεὸν οὐσία τίς ἐστι καὶ γραμμαὶ καὶ ἐπίπεδα, πότερον τῆς αὐτῆς ταῦτα γνωρίζειν ἐστὶν ἐπιστήμης καὶ
τὰ συμβεβηκότα περὶ ἕκαστον γένος περὶ ὧν αἱ μαθημα-
30 τικαὶ δεικνύουσιν, ἢ ἄλλης. εἰ μὲν γὰρ τῆς αὐτῆς, ἀποδεικτική τις ἂν εἴη καὶ ἡ τῆς οὐσίας, οὐ δοκεῖ δὲ τοῦ τί
ἐστιν ἀπόδειξις εἶναι· εἰ δ' ἑτέρας, τίς ἔσται ἡ θεωροῦσα περὶ
τὴν οὐσίαν τὰ συμβεβηκότᾶ τοῦτο γὰρ ἀποδοῦναι παγχά-
λεπον. — ἔτι δὲ πότερον τὰς αἰσθητὰς οὐσίας μόνας εἶναι
35 φατέον ἢ καὶ παρὰ ταύτας ἄλλας, καὶ πότερον μοναχῶς ἢ
997ᵇ πλείω γένη τετύχηκεν ὄντα τῶν οὐσιῶν, οἷον οἱ λέγοντες τά
τε εἴδη καὶ τὰ μεταξύ, περὶ ἃ τὰς μαθηματικὰς εἶναί φασιν ἐπιστήμας; ὡς μὲν οὖν λέγομεν τὰ εἴδη αἴτιά τε καὶ
οὐσίας εἶναι καθ' ἑαυτὰς εἴρηται ἐν τοῖς πρώτοις λόγοις περὶ
5 αὐτῶν· πολλαχῇ δὲ ἐχόντων δυσκολίαν, οὐθενὸς ἧττον ἄτοπον τὸ φάναι μὲν εἶναί τινας φύσεις παρὰ τὰς ἐν τῷ
οὐρανῷ, ταύτας δὲ τὰς αὐτὰς φάναι τοῖς αἰσθητοῖς πλὴν ὅτι
τὰ μὲν ἀΐδια τὰ δὲ φθαρτά. αὐτὸ γὰρ ἄνθρωπόν φασιν
εἶναι καὶ ἵππον καὶ ὑγίειαν, ἄλλο δ' οὐδέν, παραπλήσιον
10 ποιοῦντες τοῖς θεοὺς μὲν εἶναι φάσκουσιν ἀνθρωποειδεῖς δέ·

também pertencerão a uma única ciência (quer ela coincida, quer não, com a primeira)[27] e, consequentemente, também os atributos pertencerão à mesma ciência (isto é: a essas duas ciências ou à ciência única que reúne essas duas)[28].

[*Quarta aporia*][29]

Ademais, nossa investigação versa somente sobre as substâncias, ou também sobre seus atributos? (Por exemplo: se o sólido é uma substância e assim também as linhas e as superfícies, será tarefa da mesma ciência conhecer esses entes e também os atributos de cada gênero desses entes que constituem o objeto das demonstrações matemáticas, ou será tarefa de uma ciência diferente?).

Se fosse tarefa da mesma ciência, então haveria uma ciência demonstrativa também da substância, enquanto na verdade não parece haver uma demonstração da essência[30].

Por outro lado, se é tarefa de uma ciência diferente, que ciência estudará os atributos da substância? É dificílimo responder a esta pergunta[31].

[*Quinta aporia*][32]

Por outro lado, deve-se dizer que só existem substâncias sensíveis ou também outras além delas? E deve-se dizer que só existe um gênero ou que existem diversos gêneros dessas substâncias, como pretendem os[33] que afirmam a existência de Formas e de Entes intermediários (que, segundo eles, seriam o objeto dos conhecimentos matemáticos)?

Ora, já explicamos anteriormente[34] em que sentido dizemos que as Formas são causas e substâncias por si. Entre os muitos absurdos dessa doutrina, o maior consiste em afirmar, por um lado, que existem outras realidades além das existentes neste mundo e afirmar, por outro lado, que são iguais às sensíveis, com a única diferença de que umas são eternas e as outras corruptíveis. Eles afirmam, de fato, que existe um "homem em si", um "cavalo em si", uma "saúde em si", sem acrescentar nada além, comportando-se, aproximadamente, como os que afirmam a existência de deuses, mas que eles têm forma humana. Com

οὔτε γὰρ ἐκεῖνοι οὐδὲν ἄλλο ἐποίουν ἢ ἀνθρώπους ἀϊδίους, οὔθ᾽ οὗτοι τὰ εἴδη ἄλλ᾽ ἢ αἰσθητὰ ἀΐδια. ἔτι δὲ εἴ τις παρὰ τὰ εἴδη καὶ τὰ αἰσθητὰ τὰ μεταξὺ θήσεται, πολλὰς ἀπορίας ἕξει· δῆλον γὰρ ὡς ὁμοίως γραμμαί τε παρά τ᾽ αὐτὰς καὶ
15 τὰς αἰσθητὰς ἔσονται καὶ ἕκαστον τῶν ἄλλων γενῶν· ὥστ᾽ ἐπείπερ ἡ ἀστρολογία μία τούτων ἐστίν, ἔσται τις καὶ οὐρανὸς παρὰ τὸν αἰσθητὸν οὐρανὸν καὶ ἥλιός τε καὶ σελήνη καὶ τἆλλα ὁμοίως τὰ κατὰ τὸν οὐρανόν. καίτοι πῶς δεῖ πιστεῦσαι τούτοις; οὐδὲ γὰρ ἀκίνητον εὔλογον εἶναι, κινούμενον δὲ
20 καὶ παντελῶς ἀδύνατον· ὁμοίως δὲ καὶ περὶ ὧν ἡ ὀπτικὴ πραγματεύεται καὶ ἡ ἐν τοῖς μαθήμασιν ἁρμονική· καὶ γὰρ ταῦτα ἀδύνατον εἶναι παρὰ τὰ αἰσθητὰ διὰ τὰς αὐτὰς αἰτίας· εἰ γὰρ ἔστιν αἰσθητὰ μεταξὺ καὶ αἰσθήσεις, δῆλον ὅτι καὶ ζῷα ἔσονται μεταξὺ αὐτῶν τε καὶ τῶν φθαρτῶν.
25 ἀπορήσειε δ᾽ ἄν τις καὶ περὶ ποῖα τῶν ὄντων δεῖ ζητεῖν ταύτας τὰς ἐπιστήμας. εἰ γὰρ τούτῳ διοίσει τῆς γεωδαισίας ἡ γεωμετρία μόνον, ὅτι ἡ μὲν τούτων ἐστὶν ὧν αἰσθανόμεθα ἡ δ᾽ οὐκ αἰσθητῶν, δῆλον ὅτι καὶ παρ᾽ ἰατρικὴν ἔσται τις ἐπιστήμη καὶ παρ᾽ ἑκάστην τῶν ἄλλων μεταξὺ αὐτῆς τε ἰατρι-
30 κῆς καὶ τῆσδε τῆς ἰατρικῆς· καίτοι πῶς τοῦτο δυνατόν; καὶ γὰρ ἂν ὑγιείν᾽ ἄττα εἴη παρὰ τὰ αἰσθητὰ καὶ αὐτὸ τὸ ὑγιεινόν. ἅμα δὲ οὐδὲ τοῦτο ἀληθές, ὡς ἡ γεωδαισία τῶν αἰσθητῶν ἐστὶ μεγεθῶν καὶ φθαρτῶν· ἐφθείρετο γὰρ ἂν φθειρομένων. —ἀλλὰ μὴν οὐδὲ τῶν αἰσθητῶν ἂν εἴη μεγεθῶν
35 οὐδὲ περὶ τὸν οὐρανὸν ἡ ἀστρολογία τόνδε. οὔτε γὰρ αἱ αἰσθη-
998ᵃ ταὶ γραμμαὶ τοιαῦταί εἰσιν οἵας λέγει ὁ γεωμέτρης (οὐθὲν γὰρ εὐθὺ τῶν αἰσθητῶν οὕτως οὐδὲ στρογγύλον· ἅπτεται γὰρ

efeito, os deuses que eles admitem não são mais que homens eternos, enquanto as Formas que eles postulam não são mais que sensíveis eternos[35]. Ademais, se além das Formas e dos sensíveis postularmos também entes intermediários[36], surgirão numerosas dificuldades. De fato, é evidente que existirão outras linhas além das linhas-em-si e das linhas sensíveis, e do mesmo modo para cada um dos outros gêneros. Assim sendo, dado que a astronomia é uma dessas ciências matemáticas, deverá existir, consequentemente, também outro céu além do céu sensível[37], assim como outro sol e outra lua, e o mesmo para todos os outros corpos celestes. Mas como se pode crer nisso? De fato, não é razoável admitir que esse céu <intermediário> seja imóvel e, por outro lado, é absolutamente impossível que seja móvel[38]. O mesmo se deve dizer das coisas que são objeto da pesquisa ótica e dos objetos da pesquisa da harmônica matemática[39]. Com efeito, é impossível que elas existam além dos sensíveis, pelas mesmas razões[40]. De fato, se existem seres sensíveis intermediários, existirão também sensações intermediárias, e é evidente que existirão também animais intermediários entre os animais em si e os animais corruptíveis[41]. E também é difícil estabelecer para que gêneros de realidades devem-se buscar essas ciências intermediárias. De fato, se a geometria só difere da geodésia[42] porque esta última versa sobre as coisas sensíveis, enquanto a primeira versa sobre as coisas não sensíveis, é evidente que deverá ocorrer o mesmo com a medicina e com cada uma das ciências, e deverá haver uma medicina intermediária entre a medicina em si e a medicina sensível. Mas como isso é possível? De fato, nesse caso deveriam existir, além das coisas sadias sensíveis e além do sadio em si, outras coisas sadias[43]. Entretanto, nem sequer é verdade que a geodésia trate de grandezas sensíveis e corruptíveis; pois corrompendo-se essas grandezas, também ela deveria corromper-se[44].

Por outro lado, a astronomia não poderia ter como objeto de estudo as grandezas sensíveis, nem esse céu sensível. De fato, nem as linhas sensíveis são do modo como as entende o geômetra (com efeito, nenhuma das coisas sensíveis é reta ou curva como pretende o geômetra, o círculo sensível não encontra a tangente

τοῦ κανόνος οὐ κατὰ στιγμὴν ὁ κύκλος ἀλλ' ὥσπερ Πρωταγόρας ἔλεγεν ἐλέγχων τοὺς γεωμέτρας), οὔθ' αἱ κινήσεις καὶ
5 ἕλικες τοῦ οὐρανοῦ ὅμοιαι περὶ ὧν ἡ ἀστρολογία ποιεῖται τοὺς λόγους, οὔτε τὰ σημεῖα τοῖς ἄστροις τὴν αὐτὴν ἔχει φύσιν. εἰσὶ δέ τινες οἵ φασιν εἶναι μὲν τὰ μεταξὺ ταῦτα λεγόμενα τῶν τε εἰδῶν καὶ τῶν αἰσθητῶν, οὐ μὴν χωρίς γε τῶν αἰσθητῶν ἀλλ' ἐν τούτοις· οἷς τὰ συμβαίνοντα ἀδύνατα πάντα
10 μὲν πλείονος λόγου διελθεῖν, ἱκανὸν δὲ καὶ τὰ τοιαῦτα θεωρῆσαι. οὔτε γὰρ ἐπὶ τούτων εὔλογον ἔχειν οὕτω μόνον, ἀλλὰ δῆλον ὅτι καὶ τὰ εἴδη ἐνδέχοιτ' ἂν ἐν τοῖς αἰσθητοῖς εἶναι (τοῦ γὰρ αὐτοῦ λόγου ἀμφότερα ταῦτά ἐστιν), ἔτι δὲ δύο στερεὰ ἐν τῷ αὐτῷ ἀναγκαῖον εἶναι τόπῳ, καὶ μὴ εἶναι ἀκί-
15 νητα ἐν κινουμένοις γε ὄντα τοῖς αἰσθητοῖς. ὅλως δὲ τίνος ἕνεκ' ἄν τις θείη εἶναι μὲν αὐτά, εἶναι δ' ἐν τοῖς αἰσθητοῖς; ταὐτὰ γὰρ συμβήσεται ἄτοπα τοῖς προειρημένοις· ἔσται γὰρ οὐρανός τις παρὰ τὸν οὐρανόν, πλήν γ' οὐ χωρὶς ἀλλ' ἐν τῷ αὐτῷ τόπῳ· ὅπερ ἐστὶν ἀδυνατώτερον.

3

20 Περί τε τούτων οὖν ἀπορία πολλὴ πῶς δεῖ θέμενον τυχεῖν τῆς ἀληθείας, καὶ περὶ τῶν ἀρχῶν πότερον δεῖ τὰ γένη στοιχεῖα καὶ ἀρχὰς ὑπολαμβάνειν ἢ μᾶλλον ἐξ ὧν ἐνυπαρχόντων ἐστὶν ἕκαστον πρώτων, οἷον φωνῆς στοιχεῖα καὶ ἀρχαὶ δοκοῦσιν εἶναι ταῦτ' ἐξ ὧν σύγκεινται αἱ φωναὶ
25 πρώτων, ἀλλ' οὐ τὸ κοινὸν ἡ φωνή· καὶ τῶν διαγραμμάτων ταῦτα στοιχεῖα λέγομεν ὧν αἱ ἀποδείξεις ἐνυπάρχουσιν ἐν ταῖς τῶν ἄλλων ἀποδείξεσιν ἢ πάντων ἢ τῶν πλείστων,

num ponto, mas a encontra do modo como dizia Protágoras em suas refutações dos geômetras⁴⁵), nem os movimentos e as revoluções reais do céu são idênticos àqueles dos quais fala a astronomia, nem os pontos⁴⁶ têm a mesma natureza dos astros.

Alguns, depois, afirmam a existência desses entes intermediários entre as Formas e os sensíveis, não fora dos sensíveis mas imanentes a eles⁴⁷. Para examinar todas as dificuldades que daí se seguem seria necessária uma discussão mais ampla; bastem, por agora, as seguintes considerações⁴⁸. Não é razoável que só os entes intermediários sejam imanentes às coisas sensíveis, mas é evidente que também as Formas deveriam ser imanentes aos sensíveis: de fato, a mesma razão vale para os dois casos⁴⁹. Ademais, necessariamente viriam a existir dois sólidos no mesmo lugar⁵⁰, e os intermediários não seriam imóveis, já que se encontrariam nos sensíveis, que estão em movimento. E, em geral, por que postular a existência dessas entidades para, depois, afirmar que são imanentes aos sensíveis? Com efeito, reapresentam-se os mesmos absurdos dos quais já falamos⁵¹: haverá um céu além do céu sensível, só que não será separado, mas estará no mesmo lugar⁵². Isso também é absurdo.

3. [Discussão das aporias sexta e sétima]
[Sexta aporia]¹

Portanto, sobre essas coisas é muito difícil julgar com verdade. Assim como sobre o seguinte problema relativo aos princípios: se devem ser considerados como elementos e princípios os gêneros ou, ao contrário, os constitutivos primeiros dos quais cada coisa é intrisecamente constituída².

Por exemplo: elementos e princípios da palavra³ parecem ser os constitutivos primeiros dos quais as palavras são intrisecamente compostas⁴, e não o universal <isto é, o gênero> palavra. E assim chamamos "elementos" das proposições geométricas as proposições cujas demonstrações estão contidas em todas ou na maioria das demonstrações das outras proposições⁵. Ademais, tanto os que sustentam a existência de numerosos elementos⁶

ἔτι δὲ τῶν σωμάτων καὶ οἱ πλείω λέγοντες εἶναι στοιχεῖα
καὶ οἱ ἕν, ἐξ ὧν σύγκειται καὶ ἐξ ὧν συνέστηκεν ἀρχὰς λέγουσιν εἶναι, οἷον Ἐμπεδοκλῆς πῦρ καὶ ὕδωρ καὶ τὰ μετὰ
τούτων στοιχεῖά φησιν εἶναι ἐξ ὧν ἐστὶ τὰ ὄντα ἐνυπαρχόντων, ἀλλ' οὐχ ὡς γένη λέγει ταῦτα τῶν ὄντων. πρὸς δὲ
τούτοις καὶ τῶν ἄλλων εἴ τις ἐθέλει τὴν φύσιν ἀθρεῖν, οἷον
κλίνην ἐξ ὧν μορίων συνέστηκε καὶ πῶς συγκειμένων, τότε
γνωρίζει τὴν φύσιν αὐτῆς. — ἐκ μὲν οὖν τούτων τῶν λόγων οὐκ
ἂν εἴησαν αἱ ἀρχαὶ τὰ γένη τῶν ὄντων· εἰ δ' ἕκαστον μὲν
γνωρίζομεν διὰ τῶν ὁρισμῶν, ἀρχαὶ δὲ τὰ γένη τῶν ὁρισμῶν
εἰσίν, ἀνάγκη καὶ τῶν ὁριστῶν ἀρχὰς εἶναι τὰ γένη. κἂν
εἰ ἔστι τὴν τῶν ὄντων λαβεῖν ἐπιστήμην τὸ τῶν εἰδῶν λαβεῖν
καθ' ἃ λέγονται τὰ ὄντα, τῶν γε εἰδῶν ἀρχαὶ τὰ γένη εἰσίν.
φαίνονται δέ τινες καὶ τῶν λεγόντων στοιχεῖα τῶν ὄντων τὸ
ἓν ἢ τὸ ὂν ἢ τὸ μέγα καὶ μικρὸν ὡς γένεσιν αὐτοῖς χρῆσθαι. — ἀλλὰ μὴν οὐδὲ ἀμφοτέρως γε οἷόν τε λέγειν τὰς
ἀρχάς. ὁ μὲν γὰρ λόγος τῆς οὐσίας εἷς· ἕτερος δ' ἔσται ὁ
διὰ τῶν γενῶν ὁρισμὸς καὶ ὁ λέγων ἐξ ὧν ἔστιν ἐνυπαρχόντων. — πρὸς δὲ τούτοις εἰ καὶ ὅτι μάλιστα ἀρχαὶ τὰ γένη εἰσί,
πότερον δεῖ νομίζειν τὰ πρῶτα τῶν γενῶν ἀρχὰς ἢ τὰ
ἔσχατα κατηγορούμενα ἐπὶ τῶν ἀτόμων; καὶ γὰρ τοῦτο ἔχει
ἀμφισβήτησιν. εἰ μὲν γὰρ ἀεὶ τὰ καθόλου μᾶλλον ἀρχαί,
φανερὸν ὅτι τὰ ἀνωτάτω τῶν γενῶν· ταῦτα γὰρ λέγεται
κατὰ πάντων. τοσαῦται οὖν ἔσονται ἀρχαὶ τῶν ὄντων ὅσαπερ τὰ πρῶτα γένη, ὥστ' ἔσται τό τε ὂν καὶ τὸ ἓν ἀρχαὶ καὶ
οὐσίαι· ταῦτα γὰρ κατὰ πάντων μάλιστα λέγεται τῶν ὄντων.

como os que sustentam a existência de um único elemento originário[7] concordam em dizer que princípios das realidades naturais[8] são os constitutivos "materiais" primeiros que as compõem. (Por exemplo, Empédocles diz que os princípios dos corpos são o fogo, a água e os outros elementos que se seguem a estes, enquanto constitutivos <materiais> dos quais os seres são intrinsecamente compostos, e não enquanto gêneros dos seres)[9]. Além disso, se queremos conhecer também a natureza dos outros objetos[10], por exemplo a natureza de uma cama, esta será conhecida justamente quando se souber de que partes ela é constituída e como elas são compostas. Portanto, a partir desses argumentos, fica claro que os gêneros não poderão ser os princípios dos seres.

Por outro lado, dado que conhecemos cada coisa mediante as definições, e porque os gêneros são princípios das definições, é necessário que os gêneros também sejam princípios das coisas definidas[11]. E se adquirir a ciência dos seres consiste em adquirir a ciência das espécies segundo as quais os seres são denominados, então os princípios das espécies são os gêneros[12]. E parece que até mesmo alguns dos que dizem que os elementos dos seres são o Um e o Ser, ou o grande e o pequeno, os consideram como gêneros[13].

Mas, na verdade, não é possível falar desses dois modos dos princípios. De fato, a definição da substância é uma só. Ao contrário, uma é a definição formulada com base nos gêneros e outra é a definição que oferece os constitutivos materiais dos quais são feitas as coisas[14].

[*Sétima aporia*][15]

Além disso, admitindo que os gêneros sejam princípios por excelência, surgirá o seguinte problema: devem ser considerados princípios os gêneros primeiros ou os gêneros últimos que são predicados dos indivíduos?

De fato, se os universais são princípios por excelência, é evidente que princípios serão os gêneros mais elevados: estes, de fato, são predicados de todas as coisas. Portanto, tantos serão os princípios dos seres quantos serão os gêneros primeiros; con-

οὐχ οἷόν τε δὲ τῶν ὄντων ἓν εἶναι γένος οὔτε τὸ ἓν οὔτε τὸ ὄν·
ἀνάγκη μὲν γὰρ τὰς διαφορὰς ἑκάστου γένους καὶ εἶναι καὶ
μίαν εἶναι ἑκάστην, ἀδύνατον δὲ κατηγορεῖσθαι ἢ τὰ εἴδη τοῦ
25 γένους ἐπὶ τῶν οἰκείων διαφορῶν ἢ τὸ γένος ἄνευ τῶν αὑτοῦ
εἰδῶν, ὥστ' εἴπερ τὸ ἓν γένος ἢ τὸ ὄν, οὐδεμία διαφορὰ οὔτε
ὂν οὔτε ἓν ἔσται. ἀλλὰ μὴν εἰ μὴ γένη, οὐδ' ἀρχαὶ ἔσονται,
εἴπερ ἀρχαὶ τὰ γένη. ἔτι καὶ τὰ μεταξὺ συλλαμβανό-
μενα μετὰ τῶν διαφορῶν ἔσται γένη μέχρι τῶν ἀτόμων
30 (νῦν δὲ τὰ μὲν δοκεῖ τὰ δ' οὐ δοκεῖ)· πρὸς δὲ τούτοις ἔτι μᾶλλον αἱ διαφοραὶ ἀρχαὶ ἢ τὰ γένη· εἰ δὲ καὶ αὗται ἀρχαί,
ἄπειροι ὡς εἰπεῖν ἀρχαὶ γίγνονται, ἄλλως τε κἂν τις τὸ
999ᵃ πρῶτον γένος ἀρχὴν τιθῇ. ἀλλὰ μὴν καὶ εἰ μᾶλλόν γε
ἀρχοειδὲς τὸ ἕν ἐστιν, ἓν δὲ τὸ ἀδιαίρετον, ἀδιαίρετον δὲ
ἅπαν ἢ κατὰ τὸ ποσὸν ἢ κατ' εἶδος, πρότερον δὲ τὸ κατ'
εἶδος, τὰ δὲ γένη διαιρετὰ εἰς εἴδη, μᾶλλον ἂν ἓν τὸ
5 ἔσχατον εἴη κατηγορούμενον· οὐ γάρ ἐστι γένος ἄνθρωπος
τῶν τινῶν ἀνθρώπων. ἔτι ἐν οἷς τὸ πρότερον καὶ ὕστερόν
ἐστιν, οὐχ οἷόν τε τὸ ἐπὶ τούτων εἶναί τι παρὰ ταῦτα (οἷον
εἰ πρώτη τῶν ἀριθμῶν ἡ δυάς, οὐκ ἔσται τις ἀριθμὸς παρὰ
τὰ εἴδη τῶν ἀριθμῶν· ὁμοίως δὲ οὐδὲ σχῆμα παρὰ τὰ εἴδη
10 τῶν σχημάτων· εἰ δὲ μὴ τούτων, σχολῇ τῶν γε ἄλλων
ἔσται τὰ γένη παρὰ τὰ εἴδη· τούτων γὰρ δοκεῖ μάλιστα εἶναι
γένη)· ἐν δὲ τοῖς ἀτόμοις οὐκ ἔστι τὸ μὲν πρότερον τὸ δ' ὕστερον. ἔτι ὅπου τὸ μὲν βέλτιον τὸ δὲ χεῖρον, ἀεὶ τὸ βέλτιον
πρότερον· ὥστ' οὐδὲ τούτων ἂν εἴη γένος. — ἐκ μὲν οὖν τούτων
15 μᾶλλον φαίνεται τὰ ἐπὶ τῶν ἀτόμων κατηγορούμενα ἀρχαὶ
εἶναι τῶν γενῶν· πάλιν δὲ πῶς αὖ δεῖ ταύτας ἀρχὰς ὑπο-

sequentemente, o Ser e o Um serão princípios e substâncias das coisas, porque eles, mais do que outros, se predicam de todas as coisas. Mas não é possível que o Um e o Ser sejam gêneros. (Com efeito, existem necessariamente as diferenças de cada gênero, e cada uma delas é única. Por outro lado, é impossível que as espécies de um gênero se prediquem das próprias diferenças ou que o gênero separado de suas espécies se predique de suas diferenças. De onde se segue que, se o Ser e o Um são gêneros, nenhuma "diferença" poderá ser nem poderá ser uma)[16]. E se o Ser e o Um não são gêneros, tampouco serão princípios se os princípios são gêneros. Ora, alguns parecem ser e outros não[17]. Além disso, as diferenças serão mais princípios do que os gêneros; mas, se também elas são princípios, os princípios se tornam, por assim dizer, infinitos, sobretudo se postulamos como princípio o gênero primeiro[18]. Por outro lado, se o Um tem mais caráter de princípio, e se um é o indivisível, e se tudo o que é indivisível o é ou pela quantidade ou pela espécie, e se o indivisível segundo a espécie é anterior, e se os gêneros são divisíveis nas espécies, então com maior razão viria a ser um a espécie ínfima que se predica dos indivíduos: de fato, "homem" não é gênero dos homens individuais[19]. Ademais, nas coisas em que existem termos anteriores e posteriores, não é possível que o gênero que inclui todos os termos seja algo subsistente ao lado dos próprios termos. Por exemplo, se o primeiro dos números é a díade, não poderá haver um gênero número subsistente além das espécies individuais de números. E, analogamente, tampouco haverá um gênero figura subsistente ao lado das espécies de figuras individuais. E se os gêneros não existem fora das espécies para essas coisas, tanto menos para as outras: de fato, considera-se que existam gêneros sobretudo dos números e das figuras. Entre os indivíduos, ao invés, não há uma série de termos anteriores e posteriores[20]. Além disso, onde quer que haja o melhor e o pior, o melhor é sempre anterior, de modo que nem sequer dessas coisas poderá haver um gênero existente por si[21].

A partir de tudo isso resulta que as espécies predicadas dos indivíduos são mais princípios do que os gêneros. Por outro lado, não é fácil dizer como devem ser concebidos esses princípios. De

λαβεῖν οὐ ῥᾴδιον εἰπεῖν. τὴν μὲν γὰρ ἀρχὴν δεῖ καὶ τὴν
αἰτίαν εἶναι παρὰ τὰ πράγματα ὧν ἀρχή, καὶ δύνασθαι
εἶναι χωριζομένην αὐτῶν· τοιοῦτον δέ τι παρὰ τὸ καθ' ἕκαστον
20 εἶναι διὰ τί ἄν τις ὑπολάβοι, πλὴν ὅτι καθόλου κατηγορεῖται καὶ κατὰ πάντων; ἀλλὰ μὴν εἰ διὰ τοῦτο, τὰ μᾶλλον καθόλου μᾶλλον θετέον ἀρχάς· ὥστε ἀρχαὶ τὰ πρῶτ'
ἂν εἴησαν γένη.

4

Ἔστι δ' ἐχομένη τε τούτων ἀπορία καὶ πασῶν χαλε-
25 πωτάτη καὶ ἀναγκαιοτάτη θεωρῆσαι, περὶ ἧς ὁ λόγος ἐφέ-
στηκε νῦν. εἴτε γὰρ μὴ ἔστι τι παρὰ τὰ καθ' ἕκαστα, τὰ
δὲ καθ' ἕκαστα ἄπειρα, τῶν δ' ἀπείρων πῶς ἐνδέχεται λαβεῖν ἐπιστήμην; ᾗ γὰρ ἕν τι καὶ ταὐτόν, καὶ ᾗ καθόλου τι
ὑπάρχει, ταύτῃ πάντα γνωρίζομεν. —ἀλλὰ μὴν εἰ τοῦτο
30 ἀναγκαῖόν ἐστι καὶ δεῖ τι εἶναι παρὰ τὰ καθ' ἕκαστα, ἀναγκαῖον
ἂν εἴη τὰ γένη εἶναι παρὰ τὰ καθ' ἕκαστα, ἤτοι τὰ ἔσχατα ἢ
τὰ πρῶτα· τοῦτο δ' ὅτι ἀδύνατον ἄρτι διηπορήσαμεν. —ἔτι εἰ
ὅτι μάλιστα ἔστι τι παρὰ τὸ σύνολον ὅταν κατηγορηθῇ τι τῆς
ὕλης, πότερον, εἰ ἔστι, παρὰ πάντα δεῖ εἶναί τι, ἢ παρὰ μὲν ἔνια
999ᵇ εἶναι παρὰ δ' ἔνια μὴ εἶναι, ἢ παρ' οὐδέν; εἰ μὲν οὖν μηδέν ἐστι
παρὰ τὰ καθ' ἕκαστα, οὐθὲν ἂν εἴη νοητὸν ἀλλὰ πάντα αἰσθητὰ
καὶ ἐπιστήμη οὐδενός, εἰ μή τις εἶναι λέγει τὴν αἴσθησιν ἐπιστήμην. ἔτι δ' οὐδ' ἀΐδιον οὐθὲν οὐδ' ἀκίνητον (τὰ γὰρ αἰσθητὰ
5 πάντα φθείρεται καὶ ἐν κινήσει ἐστίν)· ἀλλὰ μὴν εἴ γε ἀΐδιον
μηθέν ἐστιν, οὐδὲ γένεσιν εἶναι δυνατόν. ἀνάγκη γὰρ εἶναί τι

fato, é necessário que o princípio e a causa subsistam fora das coisas das quais são princípio, e que possam existir separados delas. Mas por que outra razão se poderia admitir algo existente fora dos indivíduos senão por ser universal e ser predicado de todas as coisas?²² Mas se é por esta razão, com maior razão será preciso postular como princípio o que é mais universal e, consequentemente, serão princípios os gêneros primeiros.

4. [Discussão da oitava, nona, décima e décima primeira aporias]

[Oitava aporia]¹

Há, depois, uma questão afim a esta, que é a mais difícil de todas e cujo exame é o mais necessário. Dela devemos agora falar. Se, com efeito, não existe nada além das coisas individuais, e se as coisas individuais são infinitas, como é possível adquirir ciência dessa multiplicidade infinita? De fato, nós só conhecemos todas as coisas na medida em que existe algo uno, idêntico e universal².

Mas se isso é necessário, e se deve haver algo além das coisas individuais, então será necessário que existam os gêneros ao lado das coisas individuais (sejam os gêneros últimos, sejam os gêneros supremos). Mas foi demonstrado há pouco que isso é impossível³. Ademais, admitido que verdadeiramente exista algo além do sínolo (e tem-se o sínolo quando a matéria é determinada por uma forma), então, se algo verdadeiramente existe, deve existir para todas as coisas? Ou só para algumas e não para outras? Ou para nenhuma⁴?

Ora, se não existisse nada além das coisas individuais, não haveria nada de inteligível, mas tudo seria sensível, e não haveria ciência de nada, a menos que se sustentasse que a sensação é ciência⁵. Além disso, não haveria nada de eterno e de imóvel (dado que todas as coisas sensíveis se corrompem e estão em movimento); mas se não existisse nada de eterno, também não poderia existir o devir⁶. De fato, é necessário que o que advém

τὸ γιγνόμενον καὶ ἐξ οὗ γίγνεται καὶ τούτων τὸ ἔσχατον ἀγένητον, εἴπερ ἵσταταί τε καὶ ἐκ μὴ ὄντος γενέσθαι ἀδύνατον· ἔτι δὲ γενέσεως οὔσης καὶ κινήσεως ἀνάγκη καὶ πέρας εἶναι (οὔτε
10 γὰρ ἄπειρός ἐστιν οὐδεμία κίνησις ἀλλὰ πάσης ἔστι τέλος, γίγνεσθαί τε οὐχ οἷόν τε τὸ ἀδύνατον γενέσθαι· τὸ δὲ γεγονὸς ἀνάγκη εἶναι ὅτε πρῶτον γέγονεν)· ἔτι δ' εἴπερ ἡ ὕλη ἐστὶν ἀΐδιος διὰ τὸ ἀγένητος εἶναι, πολὺ ἔτι μᾶλλον εὔλογον εἶναι τὴν οὐσίαν, ὅ ποτε ἐκείνη γίγνεται· εἰ γὰρ μήτε τοῦτο ἔσται
15 μήτε ἐκείνη, οὐθὲν ἔσται τὸ παράπαν, εἰ δὲ τοῦτο ἀδύνατον, ἀνάγκη τι εἶναι παρὰ τὸ σύνολον, τὴν μορφὴν καὶ τὸ εἶδος. — εἰ δ' αὖ τις τοῦτο θήσει, ἀπορία ἐπὶ τίνων τε θήσει τοῦτο καὶ ἐπὶ τίνων οὔ. ὅτι μὲν γὰρ ἐπὶ πάντων οὐχ οἷόν τε, φανερόν· οὐ γὰρ ἂν θείημεν εἶναί τινα οἰκίαν παρὰ τὰς τι-
20 νὰς οἰκίας. πρὸς δὲ τούτοις πότερον ἡ οὐσία μία πάντων ἔσται, οἷον τῶν ἀνθρώπων; ἀλλ' ἄτοπον· ἓν γὰρ πάντα ὧν ἡ οὐσία μία. ἀλλὰ πολλὰ καὶ διάφορα; ἀλλὰ καὶ τοῦτο ἄλογον. ἅμα δὲ καὶ πῶς γίγνεται ἡ ὕλη τούτων ἕκαστον καὶ ἔστι τὸ σύνολον ἄμφω ταῦτα; — ἔτι δὲ περὶ τῶν ἀρχῶν
25 καὶ τόδε ἀπορήσειεν ἄν τις. εἰ μὲν γὰρ εἴδει εἰσὶν ἕν, οὐθὲν ἔσται ἀριθμῷ ἕν, οὐδ' αὐτὸ τὸ ἓν καὶ τὸ ὄν· καὶ τὸ ἐπίστασθαι πῶς ἔσται, εἰ μή τι ἔσται ἓν ἐπὶ πάντων; — ἀλλὰ μὴν εἰ ἀριθμῷ ἓν καὶ μία ἑκάστη τῶν ἀρχῶν, καὶ μὴ ὥσπερ

seja algo, e é necessário que também seja algo aquilo do qual ele deriva, e que o último desses termos não seja gerado, dado não ser possível um processo ao infinito e dado ser impossível que algo se gere do não-ser[7].

Ademais, porque existe geração e movimento, é necessário que também exista um limite: de fato, nenhum movimento é infinito, mas todos os movimentos têm um termo; também é impossível que advenha o que não pode ter advindo, porque o que adveio existe necessariamente a partir do momento em que adveio[8]. Além disso, se a matéria é eterna[9], por ser ingênita, com maior razão é lógico admitir que o seja a forma, que é o termo ao qual tende a matéria em seu devir. Se, com efeito, não existisse nem esta nem aquela, nada existiria; e se isso é impossível, então é necessário que exista algo além do sínolo, justamente a forma e a essência[10].

Mas, novamente, se admitirmos a existência dessa realidade, surgirá o problema de saber para que coisas deveremos admiti-la e para que coisas não. Evidentemente, não é possível admiti-la para todas. De fato, não podemos admitir que exista algo além dessas coisas particulares[11]. E além disso, como é possível que a substância <ou seja, a forma> seja uma só para todas as coisas? Por exemplo, como é possível que a forma de todos os homens seja uma só? Isso é absurdo. Todas as coisas das quais a forma é única constituem uma unidade. As formas serão, então, muitas e diferentes? Também isso é absurdo[12]. Ademais, de que modo a matéria se torna cada uma dessas coisas particulares, e de que modo o sínolo é as duas ao mesmo tempo, isto é, matéria e forma?[13]

[Nona aporia][14]

Além disso, poder-se-ia levantar também o seguinte problema sobre os princípios: se eles <só> têm unidade específica, nada poderá ser numericamente um, nem mesmo o Um e o Ser. E então, como será possível o conhecer, se não existe algo que, sendo um, englobe todas as coisas particulares?[15]

Por outro lado, se os princípios têm unidade numérica e se cada princípio é um só e não diferente nas diferentes coisas, como ocorre nas coisas sensíveis (por exemplo, dessa sílaba particular,

ἐπὶ τῶν αἰσθητῶν ἄλλαι ἄλλων (οἷον τῆσδε τῆς συλλαβῆς
30 τῷ εἴδει τῆς αὐτῆς οὔσης καὶ αἱ ἀρχαὶ εἴδει αἱ αὐταί· καὶ
γὰρ αὗται ὑπάρχουσιν ἀριθμῷ ἕτεραι), — εἰ δὲ μὴ οὕτως ἀλλ'
αἱ τῶν ὄντων ἀρχαὶ ἀριθμῷ ἕν εἰσιν, οὐκ ἔσται παρὰ τὰ
στοιχεῖα οὐθὲν ἕτερον· τὸ γὰρ ἀριθμῷ ἓν ἢ τὸ καθ' ἕκαστον
λέγειν διαφέρει οὐθέν· οὕτω γὰρ λέγομεν τὸ καθ' ἕκαστον,
1000ᵃ τὸ ἀριθμῷ ἕν, καθόλου δὲ τὸ ἐπὶ τούτων. ὥσπερ οὖν εἰ τὰ
τῆς φωνῆς ἀριθμῷ ἦν στοιχεῖα ὡρισμένα, ἀναγκαῖον ἦν ἂν τοσαῦτα εἶναι τὰ πάντα γράμματα ὅσαπερ τὰ στοιχεῖα, μὴ
ὄντων γε δύο τῶν αὐτῶν μηδὲ πλειόνων.

5 Οὐθενὸς δ' ἐλάττων ἀπορία παραλέλειπται καὶ τοῖς
νῦν καὶ τοῖς πρότερον, πότερον αἱ αὐταὶ τῶν φθαρτῶν καὶ
τῶν ἀφθάρτων ἀρχαί εἰσιν ἢ ἕτεραι. εἰ μὲν γὰρ αἱ αὐταί,
πῶς τὰ μὲν φθαρτὰ τὰ δὲ ἄφθαρτα, καὶ διὰ τίν' αἰτίαν;
οἱ μὲν οὖν περὶ Ἡσίοδον καὶ πάντες ὅσοι θεολόγοι
10 μόνον ἐφρόντισαν τοῦ πιθανοῦ τοῦ πρὸς αὐτούς, ἡμῶν δ' ὠλι-
γώρησαν (θεοὺς γὰρ ποιοῦντες τὰς ἀρχὰς καὶ ἐκ θεῶν γεγονέναι, τὰ μὴ γευσάμενα τοῦ νέκταρος καὶ τῆς ἀμβρο-
σίας θνητὰ γενέσθαι φασίν, δῆλον ὡς ταῦτα τὰ ὀνόματα
γνώριμα λέγοντες αὐτοῖς· καίτοι περὶ αὐτῆς τῆς προσφο-
15 ρᾶς τῶν αἰτίων τούτων ὑπὲρ ἡμᾶς εἰρήκασιν· εἰ μὲν γὰρ
χάριν ἡδονῆς αὐτῶν θιγγάνουσιν, οὐθὲν αἴτια τοῦ εἶναι τὸ
νέκταρ καὶ ἡ ἀμβροσία, εἰ δὲ τοῦ εἶναι, πῶς ἂν εἶεν ἀί-
διοι δεόμενοι τροφῆς)· — ἀλλὰ περὶ μὲν τῶν μυθικῶς σοφι-
ζομένων οὐκ ἄξιον μετὰ σπουδῆς σκοπεῖν· παρὰ δὲ τῶν δι'
20 ἀποδείξεως λεγόντων δεῖ πυνθάνεσθαι διερωτῶντας τί δή
ποτ' ἐκ τῶν αὐτῶν ὄντα τὰ μὲν ἀΐδια τὴν φύσιν ἐστί
τὰ δὲ φθείρεται τῶν ὄντων. ἐπεὶ δὲ οὔτε αἰτίαν λέγουσιν

que é idêntica a outra pela espécie, os princípios são idênticos especificamente, mas diferentes numericamente); se, portanto, não é assim, e se, ao contrário, os princípios têm unidade numérica, não poderá haver nada além dos próprios elementos. (De fato, não existe diferença entre dizer "numericamente um" e dizer "singular". Dizemos singular o que é um só, enquanto dizemos universal o que envolve todas as coisas singulares). Verificar-se-ia a mesma coisa se os elementos da voz fossem numericamente limitados: haveria necessariamente tantas letras quantos fossem os elementos, dado que não podem existir dois ou mais elementos idênticos[16].

[Décima aporia][17]

Uma dificuldade não inferior às anteriores, descuidada pelos filósofos contemporâneos e pelos filósofos precedentes é a seguinte: os princípios das coisas corruptíveis e os princípios das incorruptíveis são os mesmos ou são diferentes?

Se são os mesmos, como se explica que umas sejam corruptíveis e outras incorruptíveis? Os seguidores de Hesíodo e todos os teólogos só se preocuparam em dizer o que lhes parecia convincente e se esqueceram de nós[18]. (De fato, enquanto, por um lado, consideravam os deuses como princípios e dos deuses derivavam tudo, por outro lado também diziam que os seres que não experimentaram néctar e ambrosia eram mortais. É evidente que o significado desses termos devia ser bem conhecido para eles; mas o que disseram sobre a aplicação dessas causas está acima da nossa capacidade de compreender[19]. Se, com efeito, os deuses experimentam essas bebidas por prazer, então o néctar e a ambrosia não são a causa de seu ser; se, ao contrário, são causa de seu ser, como é possível que os deuses sejam eternos se têm necessidade de alimento[20]?). Mas não vale a pena considerar seriamente essas elucubrações mitológicas. Ao invés, é preciso tentar aprender dos que demonstram o que afirmam, perguntando-lhes as razões pelas quais alguns seres que derivam dos mesmos princípios são, por natureza, eternos, enquanto outros estão sujeitos à corrupção. Mas, porque eles não fornecem a razão disso, e porque, por outro

οὔτε εὔλογον οὕτως ἔχειν, δῆλον ὡς οὐχ αἱ αὐταὶ ἀρχαὶ
οὐδὲ αἰτίαι αὐτῶν ἂν εἶεν. καὶ γὰρ ὅνπερ οἰηθείη λέγειν
25 ἄν τις μάλιστα ὁμολογουμένως αὑτῷ, Ἐμπεδοκλῆς, καὶ
οὗτος ταὐτὸν πέπονθεν· τίθησι μὲν γὰρ ἀρχήν τινα αἰτίαν
τῆς φθορᾶς τὸ νεῖκος, δόξειε δ' ἂν οὐθὲν ἧττον καὶ τοῦτο
γεννᾶν ἔξω τοῦ ἑνός· ἅπαντα γὰρ ἐκ τούτου τἆλλά ἐστι
πλὴν ὁ θεός. λέγει γοῦν "ἐξ ὧν πάνθ' ὅσα τ' ἦν ὅσα τ'
30 ἔσθ' ὅσα τ' ἔσται ὀπίσσω, | δένδρεά τ' ἐβλάστησε καὶ ἀνέ-
ρες ἠδὲ γυναῖκες, | θῆρές τ' οἰωνοί τε καὶ ὑδατοθρέμμονες
ἰχθῦς, | καί τε θεοὶ δολιχαίωνες". καὶ χωρὶς δὲ τούτων δῆ-
1000ᵇ λον· εἰ γὰρ μὴ ἦν ἐν τοῖς πράγμασιν, ἓν ἂν ἦν
ἅπαντα, ὥς φησιν· ὅταν γὰρ συνέλθῃ, τότε δ' "ἔσχατον
ἵστατο νεῖκος". διὸ καὶ συμβαίνει αὐτῷ τὸν εὐδαιμονέ-
στατον θεὸν ἧττον φρόνιμον εἶναι τῶν ἄλλων· οὐ γὰρ γνω-
5 ρίζει ἅπαντα· τὸ γὰρ νεῖκος οὐκ ἔχει, ἡ δὲ γνῶσις
τοῦ ὁμοίου τῷ ὁμοίῳ. "γαίῃ μὲν γάρ," φησί, "γαῖαν
ὀπώπαμεν, ὕδατι δ' ὕδωρ, | αἰθέρι δ' αἰθέρα δῖον, ἀτὰρ
πυρὶ πῦρ ἀίδηλον, | στοργὴν δὲ στοργῇ, νεῖκος δέ τε νείκεϊ
λυγρῷ." ἀλλ' ὅθεν δὴ ὁ λόγος, τοῦτό γε φανερόν, ὅτι
10 συμβαίνει αὐτῷ τὸ νεῖκος μηθὲν μᾶλλον φθορᾶς ἢ τοῦ
εἶναι αἴτιον· ὁμοίως δ' οὐδ' ἡ φιλότης τοῦ εἶναι, συνάγουσα
γὰρ εἰς τὸ ἓν φθείρει τὰ ἄλλα. καὶ ἅμα δὲ αὐτῆς τῆς μεταβολῆς αἴτιον οὐθὲν λέγει ἀλλ' ἢ ὅτι οὕτως πέφυκεν·
"ἀλλ' ὅτε δὴ μέγα νεῖκος ἐνὶ μελέεσσιν ἐθρέφθη, | εἰς τιμάς
15 τ' ἀνόρουσε τελειομένοιο χρόνοιο | ὅς σφιν ἀμοιβαῖος πλα-
τέος παρ' ἐλήλαται ὅρκου." ὡς ἀναγκαῖον μὲν ὂν μεταβάλ-
λειν· αἰτίαν δὲ τῆς ἀνάγκης οὐδεμίαν δηλοῖ. ἀλλ' ὅμως
τοσοῦτόν γε μόνος λέγει ὁμολογουμένως· οὐ γὰρ τὰ μὲν
φθαρτὰ τὰ δὲ ἄφθαρτα ποιεῖ τῶν ὄντων ἀλλὰ πάντα

lado, não é razoável que assim seja, é evidente que os princípios e as causas de uns e de outros não podem ser as mesmas. De fato, até Empédocles, que podemos considerar como o que mais coerentemente se pronunciou a respeito, caiu no mesmo erro[21]. Com efeito, ele postula a discórdia como princípio e como causa da corrupção; todavia, ela parece ser mais a causa da geração das coisas, exceto do Um[22], pois todas as coisas, exceto Deus, derivam da discórdia. Diz Empédocles: "Desses derivam todas as coisas que foram, que são e que serão, / germinando árvores, homens e mulheres, / animais, pássaros e peixes que se nutrem de água / e deuses longevos"[23].

Mas, mesmo prescindindo desses versos, é evidente o que dissemos; se, de fato, não existisse a discórdia nas coisas, todas estariam reunidas no Um, como ele diz: quando as coisas se reuniram, então "surgiu por fim a discórdia"[24]. Por isso, também a partir de suas afirmações segue-se que Deus, que é sumamente feliz, é menos inteligente do que os outros seres. De fato, ele não conhece todas as coisas, porque não tem em si a discórdia, e só há conhecimento do semelhante pelo semelhante. Diz Empédocles: "Com a terra conhecemos a terra, com a água, a água, / com o éter o éter divino, e com o fogo o fogo destruidor, / o amor com o amor e a discórdia com a triste discórdia"[25].

Mas, para voltar ao ponto de onde se iniciou o discurso, fica claro o seguinte: que, para ele, a discórdia não é mais causa da corrupção do que do ser das coisas. Analogamente, a amizade não é a única causa do ser das coisas; de fato, quando reúne tudo no Um, faz todas as outras coisas cessarem de ser[26]. E, ao mesmo tempo, ele não indica nenhuma causa que motive a passagem de uma à outra, e diz simplesmente que assim ocorre por natureza: "Mas quando a grande discórdia cresceu em seus membros, / e elevou-se ao poder, tendo-se cumprido o tempo / que a ambas alternadamente é concedido por solene juramento..."[27].

Ele entende como necessária a alternância, mas não indica nenhuma causa dessa necessidade[28]. Entretanto, Empédocles é o único a falar coerentemente: de fato, ele não postulou alguns seres como corruptíveis e outros como incorruptíveis, mas postulou todos como corruptíveis, exceto os elementos. Mas o

φθαρτὰ πλὴν τῶν στοιχείων. ἡ δὲ νῦν λεγομένη ἀπορία ἐστὶ διὰ τί τὰ μὲν τὰ δ' οὔ, εἴπερ ἐκ τῶν αὐτῶν ἐστίν. — ὅτι μὲν οὖν οὐκ ἂν εἴησαν αἱ αὐταὶ ἀρχαί, τοσαῦτα εἰρήσθω· εἰ δὲ ἕτεραι ἀρχαί, μία μὲν ἀπορία πότερον ἄφθαρτοι καὶ αὗται ἔσονται ἢ φθαρταί· εἰ μὲν γὰρ φθαρταί, δῆλον ὡς ἀναγκαῖον καὶ ταύτας ἔκ τινων εἶναι (πάντα γὰρ φθείρεται εἰς ταῦτ' ἐξ ὧν ἔστιν), ὥστε συμβαίνει τῶν ἀρχῶν ἑτέρας ἀρχὰς εἶναι προτέρας, τοῦτο δ' ἀδύνατον, καὶ εἰ ἵσταται καὶ εἰ βαδίζει εἰς ἄπειρον· ἔτι δὲ πῶς ἔσται τὰ φθαρτά, εἰ αἱ ἀρχαὶ ἀναιρεθήσονται; εἰ δὲ ἄφθαρτοι, διὰ τί ἐκ μὲν τούτων ἀφθάρτων οὐσῶν φθαρτὰ ἔσται, ἐκ δὲ τῶν ἑτέρων ἄφθαρτα; τοῦτο γὰρ οὐκ εὔλογον, ἀλλ' ἢ ἀδύνατον ἢ πολλοῦ λόγου δεῖται. ἔτι δὲ οὐδ' ἐγκεχείρηκεν οὐδεὶς ἑτέρας, ἀλλὰ τὰς αὐτὰς ἁπάντων λέγουσιν ἀρχάς. ἀλλὰ τὸ πρῶτον ἀπορηθὲν ἀποτρώγουσιν ὥσπερ τοῦτο μικρόν τι λαμβάνοντες.

Πάντων δὲ καὶ θεωρῆσαι χαλεπώτατον καὶ πρὸς τὸ γνῶναι τἀληθὲς ἀναγκαιότατον πότερόν ποτε τὸ ὂν καὶ τὸ ἓν οὐσίαι τῶν ὄντων εἰσί, καὶ ἑκάτερον αὐτῶν οὐχ ἕτερόν τι ὂν τὸ μὲν ἓν τὸ δὲ ὂν ἐστιν, ἢ δεῖ ζητεῖν τί ποτ' ἐστὶ τὸ ὂν καὶ τὸ ἓν ὡς ὑποκειμένης ἄλλης φύσεως. οἱ μὲν γὰρ ἐκείνως οἱ δ' οὕτως οἴονται τὴν φύσιν ἔχειν. Πλάτων μὲν γὰρ καὶ οἱ Πυθαγόρειοι οὐχ ἕτερόν τι τὸ ὂν οὐδὲ τὸ ἓν ἀλλὰ τοῦτο αὐτῶν τὴν φύσιν εἶναι, ὡς οὔσης τῆς οὐσίας

problema que agora nos ocupa é saber por que algumas coisas são corruptíveis e outras não, embora derivando dos mesmos princípios²⁹.

Tudo o que se disse mostra que os princípios não podem ser os mesmos. Mas se os princípios são diversos, surge o problema de saber se os princípios das coisas corruptíveis são incorruptíveis ou corruptíveis. Caso fossem corruptíveis, é evidente que deveriam, também eles, derivar necessariamente de ulteriores princípios: de fato, tudo o que se corrompe corrompe-se dissolvendo-se naquilo de que é derivado. Por conseguinte, haveria outros princípios anteriores aos princípios; mas isso é impossível, quer se chegue a um termo, quer se proceda ao infinito³⁰. Além disso, como poderão existir as coisas corruptíveis se os princípios tiverem sido destruídos?³¹ Se, ao contrário, os princípios das coisas corruptíveis são incorruptíveis, por que desses princípios, que são incorruptíveis, derivariam coisas corruptíveis, enquanto de outros princípios, também incorruptíveis, derivariam coisas incorruptíveis? Isto não é verossímil. De fato, ou é impossível ou carece de uma longa explicação. Ademais, nenhum filósofo jamais sustentou que os princípios são diversos, mas todos dizem que os princípios de todas as coisas são os mesmos. Mas, na realidade, eles apenas acenam ao problema que pusemos, considerando-o de pouca relevância.

[Décima primeira aporia]³²

Mas o problema mais difícil de examinar e cuja solução é a mais necessária para conhecer a verdade é o seguinte: se o Ser e o Um são as substâncias das coisas e se cada um deles não é, respectivamente, nada mais que Ser e Um, ou se devemos considerar a essência do Ser e do Um em outra realidade que lhes sirva de substrato.

Alguns entendem a natureza do Ser e do Um do primeiro modo, outros do segundo. Platão e os pitagóricos afirmam que o Ser e o Um são apenas Ser e Um e que justamente nisso consiste sua natureza, sustentando que a substância deles é a própria essên-

αὐτοῦ τοῦ ἑνὶ εἶναι καὶ ὄντι· οἱ δὲ περὶ φύσεως, οἷον Ἐμπεδοκλῆς ὡς εἰς γνωριμώτερον ἀνάγων λέγει ὅ τι τὸ ἕν ἐστιν· δόξειε γὰρ ἂν λέγειν τοῦτο τὴν φιλίαν εἶναι (αἰτία
15 γοῦν ἐστὶν αὕτη τοῦ ἓν εἶναι πᾶσιν), ἕτεροι δὲ πῦρ, οἱ δ' ἀέρα φασὶν εἶναι τὸ ἓν τοῦτο καὶ τὸ ὄν, ἐξ οὗ τὰ ὄντα εἶναί τε καὶ γεγονέναι. ὣς δ' αὕτως καὶ οἱ πλείω τὰ στοιχεῖα τιθέμενοι· ἀνάγκη γὰρ καὶ τούτοις τοσαῦτα λέγειν τὸ ἓν καὶ τὸ ὂν ὅσας περ ἀρχὰς εἶναί φασιν. συμβαίνει
20 δέ, εἰ μέν τις μὴ θήσεται εἶναί τινα οὐσίαν τὸ ἓν καὶ τὸ ὄν, μηδὲ τῶν ἄλλων εἶναι τῶν καθόλου μηθέν (ταῦτα γὰρ ἐστι καθόλου μάλιστα πάντων, εἰ δὲ μὴ ἔστι τι ἓν αὐτὸ μηδ' αὐτὸ ὄν, σχολῇ τῶν γε ἄλλων τι ἂν εἴη παρὰ τὰ λεγόμενα καθ' ἕκαστα), ἔτι δὲ μὴ ὄντος τοῦ ἑνὸς οὐσίας,
25 δῆλον ὅτι οὐδ' ἂν ἀριθμὸς εἴη ὡς κεχωρισμένη τις φύσις τῶν ὄντων (ὁ μὲν γὰρ ἀριθμὸς μονάδες, ἡ δὲ μονὰς ὅπερ ἕν τί ἐστιν)· εἰ δ' ἔστι τι αὐτὸ ἓν καὶ ὄν, ἀναγκαῖον οὐσίαν αὐτῶν εἶναι τὸ ἓν καὶ τὸ ὄν· οὐ γὰρ ἕτερόν τι καθ' οὗ κατηγορεῖται ἀλλὰ ταῦτα αὐτά. —ἀλλὰ μὴν εἴ γ' ἔσται
30 τι αὐτὸ ὂν καὶ αὐτὸ ἕν, πολλὴ ἀπορία πῶς ἔσται τι παρὰ ταῦτα ἕτερον, λέγω δὲ πῶς ἔσται πλείω ἑνὸς τὰ ὄντα. τὸ γὰρ ἕτερον τοῦ ὄντος οὐκ ἔστιν, ὥστε κατὰ τὸν Παρμενίδου συμβαίνειν ἀνάγκη λόγον ἓν ἅπαντα εἶναι τὰ ὄντα καὶ
1001ᵇ τοῦτο εἶναι τὸ ὄν. ἀμφοτέρως δὲ δύσκολον· ἄν τε γὰρ μὴ ᾖ τὸ ἓν οὐσία ἄν τε ᾖ τὸ αὐτὸ ἕν, ἀδύνατον τὸν ἀριθμὸν οὐσίαν εἶναι. ἐὰν μὲν οὖν μὴ ᾖ, εἴρηται πρότερον δι' ὅ· ἐὰν δὲ ᾖ, ἡ αὐτὴ ἀπορία καὶ περὶ τοῦ ὄντος. ἐκ τίνος γὰρ
5 παρὰ τὸ ἓν ἔσται αὐτὸ ἄλλο ἕν; ἀνάγκη γὰρ μὴ ἓν εἶ-

cia do Um e do Ser. Já os naturalistas pensam de modo diferente: Empédocles, por exemplo, explica o Um reduzindo-o a algo mais conhecido; de fato, parece que ele afirma que o Um é a amizade, por ser a amizade a causa de unidade de todas as coisas. Outros dizem que o Ser e o Um são o fogo, enquanto outros ainda dizem que é o ar, e sustentam que as coisas são constituídas e foram produzidas desses elementos. Os pensadores que postulam vários elementos também sustentam essa doutrina: também eles devem necessariamente afirmar que todos esses elementos chamados princípios são Ser e Um[33].

Ora, se não se quiser admitir que o Ser e o Um são determinada substância, seguir-se-á que nenhum dos universais será substância. (O Ser e o Um são o que há de mais universal; e se o Ser e o Um não são uma realidade, tampouco se vê como algo pode ser fora das coisas ditas particulares)[34]. Além disso, se o Um não é uma substância, é evidente que o número também não poderá ser uma substância separada. (O número, com efeito, é constituído de unidades, e a unidade coincide essencialmente com o Um)[35]. Mas se existem o Um em si e o Ser em si, é necessário que sua substância seja o um e o ser: com efeito, aquilo de que se predicam não é diferente deles, mas o próprio um e o próprio ser[36].

Por outro lado, se existe algo que é Ser-em-si e Um-em-si, será muito difícil compreender como poderá existir algo além deles, isto é, como os seres poderão ser múltiplos. De fato, o que não é ser não é; consequentemente cairíamos na doutrina de Parmênides, para quem todos os seres constituem uma unidade e esta é o ser[37]. Mas ambas as posições apresentam dificuldade. Quer o Um não seja substância, quer o Um seja substância em si e por si, é impossível que o número seja substância. Já apresentamos as razões pelas quais é impossível a hipótese de que o Um não seja substância; se, ao contrário, é substância, surgirá a mesma dificuldade que já encontramos a propósito do Ser. Como poderá existir, além do Um em si, outra coisa que seja Um? De fato, essa outra coisa deveria ser não-um; mas todos os seres ou são um ou são muitos, sendo cada um deles um[38]. Ademais, se o

ναι· ἄπαντα δὲ τὰ ὄντα ἢ ἓν ἢ πολλὰ ὧν ἓν ἕκαστον. ἔτι εἰ ἀδιαίρετον αὐτὸ τὸ ἕν, κατὰ μὲν τὸ Ζήνωνος ἀξίωμα οὐθὲν ἂν εἴη (ὃ γὰρ μήτε προστιθέμενον μήτε ἀφαιρούμενον ποιεῖ μεῖζον μηδὲ ἔλαττον, οὔ φησιν εἶναι τοῦτο τῶν ὄντων, 10 ὡς δηλονότι ὄντος μεγέθους τοῦ ὄντος· καὶ εἰ μέγεθος, σωματικόν· τοῦτο γὰρ πάντῃ ὄν· τὰ δὲ ἄλλα πὼς μὲν προστιθέμενα ποιήσει μεῖζον, πὼς δ' οὐθέν, οἷον ἐπίπεδον καὶ γραμμή, στιγμὴ δὲ καὶ μονὰς οὐδαμῶς)· ἀλλ' ἐπειδὴ οὗτος θεωρεῖ φορτικῶς, καὶ ἐνδέχεται εἶναι ἀδιαίρετόν τι 15 ὥστε [καὶ οὕτως] καὶ πρὸς ἐκεῖνόν τιν' ἀπολογίαν ἔχειν (μεῖζον μὲν γὰρ οὐ ποιήσει πλεῖον δὲ προστιθέμενον τὸ τοιοῦτον)· — ἀλλὰ πῶς δὴ ἐξ ἑνὸς τοιούτου ἢ πλειόνων τοιούτων ἔσται μέγεθος; ὅμοιον γὰρ καὶ τὴν γραμμὴν ἐκ στιγμῶν εἶναι φάσκειν. ἀλλὰ μὴν καὶ εἴ τις οὕτως ὑπολαμβάνει ὥστε 20 γενέσθαι, καθάπερ λέγουσί τινες, ἐκ τοῦ ἑνὸς αὐτοῦ καὶ ἄλλου μὴ ἑνός τινος τὸν ἀριθμόν, οὐθὲν ἧττον ζητητέον διὰ τί καὶ πῶς ὁτὲ μὲν ἀριθμὸς ὁτὲ δὲ μέγεθος ἔσται τὸ γενόμενον, εἴπερ τὸ μὴ ἓν ἡ ἀνισότης καὶ ἡ αὐτὴ φύσις ἦν. οὔτε γὰρ ὅπως ἐξ ἑνὸς καὶ ταύτης οὔτε ὅπως ἐξ ἀρι-25 θμοῦ τινὸς καὶ ταύτης γένοιτ' ἂν τὰ μεγέθη, δῆλον.

5

Τούτων δ' ἐχομένη ἀπορία πότερον οἱ ἀριθμοὶ καὶ τὰ σώματα καὶ τὰ ἐπίπεδα καὶ αἱ στιγμαὶ οὐσίαι τινές εἰσιν ἢ οὔ. εἰ μὲν γὰρ μὴ εἰσιν, διαφεύγει τί τὸ ὂν καὶ τίνες αἱ οὐσίαι τῶν ὄντων· τὰ μὲν γὰρ πάθη καὶ αἱ κινήσεις 30 καὶ τὰ πρός τι καὶ αἱ διαθέσεις καὶ οἱ λόγοι οὐθενὸς δοκοῦσιν οὐσίαν σημαίνειν (λέγονται γὰρ πάντα καθ' ὑποκει-

Um em si é indivisível, de acordo com a doutrina de Zenão, não é nada. (De fato, ele diz que aquilo que acrescentado ou tirado não torna uma coisa, respectivamente, maior ou menor não é ser, convicto de que o ser é uma grandeza. E se é uma grande- 10 za, é corpóreo, pois o corpóreo existe em todas as dimensões. Os outros objetos matemáticos, ao contrário, se acrescentados de certo modo às coisas as tornam maiores, se de outro modo, não: do primeiro modo a superfície e a linha; do outro modo, o ponto e a unidade não aumentam em nada a coisa à qual se acrescentam)[39]. Posto que esse modo de raciocinar é grosseiro e que é possível existir algo indivisível, poder-se-ia objetar que o in- 15 divisível acrescentado a alguma coisa não aumenta seu tamanho, mas seu número. Mas então, como é que de um Um desse tipo, ou de numerosos Um desse tipo poderá derivar a grandeza? De fato, essa afirmação é equivalente à que diz que a linha deriva de pontos[40]. Por outro lado, mesmo sustentando, como alguns o 20 fazem, que o número deriva do Um-em-si e de outro princípio que não é um, dever-se-á investigar por que e como o que dele deriva é às vezes um número e às vezes uma grandeza, dado que o não-um é a desigualdade e, portanto, o mesmo princípio num caso como no outro. De fato, não é claro como do Um e dessa desigualdade, ou de certo número e dessa desigualdade as grandezas podem ser geradas[41]. 25

5. [Discussão sobre o estatuto ontológico dos números]

[Décima segunda aporia][1]

Um problema relacionado a esses é o seguinte: se os números, os sólidos, as superfícies e as linhas são substâncias ou não.

Se não são substâncias, não sabemos dizer o que é o ser e quais são as substâncias dos seres, pois parece que as afecções, os movimentos, as relações, as disposições e as proporções não 30 exprimem a substância de nada. Com efeito, todos eles são predicados de algum substrato e nenhum deles é algo determinado[2].

μένου τινός, καὶ οὐθὲν τόδε τι)· ἃ δὲ μάλιστ' ἂν δόξειε
σημαίνειν οὐσίαν, ὕδωρ καὶ γῆ καὶ πῦρ καὶ ἀήρ, ἐξ ὧν
1002ᵃ τὰ σύνθετα σώματα συνέστηκε, τούτων θερμότητες μὲν καὶ
ψυχρότητες καὶ τὰ τοιαῦτα πάθη, οὐκ οὐσίαι, τὸ δὲ σῶμα
τὸ ταῦτα πεπονθὸς μόνον ὑπομένει ὡς ὄν τι καὶ οὐσία τις
οὖσα. ἀλλὰ μὴν τό γε σῶμα ἧττον οὐσία τῆς ἐπιφανείας,
5 καὶ αὕτη τῆς γραμμῆς, καὶ αὕτη τῆς μονάδος καὶ τῆς
στιγμῆς· τούτοις γὰρ ὥρισται τὸ σῶμα, καὶ τὰ μὲν ἄνευ
σώματος ἐνδέχεσθαι δοκεῖ εἶναι τὸ δὲ σῶμα ἄνευ τούτων
ἀδύνατον. διόπερ οἱ μὲν πολλοὶ καὶ οἱ πρότερον τὴν
οὐσίαν καὶ τὸ ὂν ᾤοντο τὸ σῶμα εἶναι τὰ δὲ ἄλλα
10 τούτου πάθη, ὥστε καὶ τὰς ἀρχὰς τὰς τῶν σωμάτων
τῶν ὄντων εἶναι ἀρχάς· οἱ δ' ὕστεροι καὶ σοφώτεροι τούτων εἶναι δόξαντες ἀριθμούς. καθάπερ οὖν εἴπομεν, εἰ μὴ
ἔστιν οὐσία ταῦτα, ὅλως οὐδὲν ἐστὶν οὐσία οὐδὲ ὂν οὐθέν· οὐ
γὰρ δὴ τά γε συμβεβηκότα τούτοις ἄξιον ὄντα καλεῖν.
15 —ἀλλὰ μὴν εἰ τοῦτο μὲν ὁμολογεῖται, ὅτι μᾶλλον οὐσία τὰ
μήκη τῶν σωμάτων καὶ αἱ στιγμαί, ταῦτα δὲ μὴ ὁρῶμεν
ποίων ἂν εἶεν σωμάτων (ἐν γὰρ τοῖς αἰσθητοῖς ἀδύνατον
εἶναι), οὐκ ἂν εἴη οὐσία οὐδεμία. ἔτι δὲ φαίνεται ταῦτα
πάντα διαιρέσεις ὄντα τοῦ σώματος, τὸ μὲν εἰς πλάτος
20 τὸ δ' εἰς βάθος τὸ δ' εἰς μῆκος. πρὸς δὲ τούτοις ὁμοίως
ἔνεστιν ἐν τῷ στερεῷ ὁποιονοῦν σχῆμα· ὥστ' εἰ μηδ'
ἐν τῷ λίθῳ Ἑρμῆς, οὐδὲ τὸ ἥμισυ τοῦ κύβου ἐν τῷ κύβῳ
οὕτως ὡς ἀφωρισμένον· οὐκ ἄρα οὐδ' ἐπιφάνεια (εἰ γὰρ
ὁποιαοῦν, κἂν αὕτη ἂν ἦν ἡ ἀφορίζουσα τὸ ἥμισυ), ὁ δ'
25 αὐτὸς λόγος καὶ ἐπὶ γραμμῆς καὶ στιγμῆς καὶ μονάδος,
ὥστ' εἰ μάλιστα μὲν οὐσία τὸ σῶμα, τούτου δὲ μᾶλλον

Quanto às coisas que melhor parecem exprimir a substância — a água, a terra, o fogo e o ar, isto é, os elementos dos quais os corpos são compostos —, deve-se observar que o quente e o frio e as outras afecções desse tipo, próprias daqueles elementos, não são substâncias, e que só o corpo que serve de substrato a essas afecções subsiste como substância e como ser³. Mas o corpo é menos substância do que a superfície, e esta é menos do que a linha e a linha menos do que a unidade e o ponto: de fato, o corpo é determinado por estes e parece que eles podem existir sem o corpo, enquanto é impossível que o corpo exista sem eles⁴. Por isso — enquanto a maioria dos homens e dos filósofos precedentes sustentavam que o corpo era substância e ser e que as outras coisas eram propriedades deles e, consequentemente, os princípios dos corpos eram princípios de todos os seres — os filósofos mais recentes e tidos como mais sábios sustentaram que os princípios dos seres eram os números⁵. Portanto, como dissemos, se essas coisas não são substâncias, não existe absolutamente nenhuma substância e nenhum ser: pois certamente seus acidentes não merecem ser chamados seres⁶.

Por outro lado, se admitimos que as linhas e os pontos são mais substâncias do que os corpos, não se vê em que corpos eles se encontrem — com efeito, é impossível que se encontrem nos corpos sensíveis — e, então, não existirá nenhuma substância⁷. Ademais, parece que a linha, a superfície e o ponto são divisões do corpo: a linha segundo a largura, a superfície segundo a profundidade, o ponto segundo o comprimento⁸. Além disso, no sólido ou estão presentes todas as espécies de figura ou, então, nenhuma. Assim, se na pedra não está presente um Hermes, tampouco a metade de um cubo estará presente no cubo como algo determinado. Portanto, também não estará presente a superfície: se, com efeito, estivesse presente uma superfície qualquer, também estaria aquela que delimita a metade de um cubo. O mesmo raciocínio vale para a linha, para o ponto e para a unidade⁹. Portanto, se o corpo, por um lado, é substância por excelência e se, por outro, essas coisas são mais substância do que o corpo, e se depois se vê que elas não são substâncias, então não sabemos

ταῦτα, μὴ ἔστι δὲ ταῦτα μηδὲ οὐσίαι τινές, διαφεύγει τί
τὸ ὂν καὶ τίς ἡ οὐσία τῶν ὄντων. πρὸς γὰρ τοῖς εἰρημένοις
καὶ τὰ περὶ τὴν γένεσιν καὶ τὴν φθορὰν συμβαίνει ἄλογα.
δοκεῖ μὲν γὰρ ἡ οὐσία, ἐὰν μὴ οὖσα πρότερον νῦν ᾖ ἢ πρότερον οὖσα ὕστερον μὴ ᾖ, μετὰ τοῦ γίγνεσθαι καὶ φθείρεσθαι
ταῦτα πάσχειν· τὰς δὲ στιγμὰς καὶ τὰς γραμμὰς καὶ τὰς
ἐπιφανείας οὐκ ἐνδέχεται οὔτε γίγνεσθαι οὔτε φθείρεσθαι,
ὁτὲ μὲν οὔσας ὁτὲ δὲ οὐκ οὔσας. ὅταν γὰρ ἅπτηται ἢ διαιρῆται τὰ σώματα, ἅμα ὁτὲ μὲν μία ἁπτομένων ὁτὲ δὲ
δύο διαιρουμένων γίγνονται· ὥστ' οὔτε συγκειμένων ἔστιν ἀλλ'
ἔφθαρται, διῃρημένων τε εἰσὶν αἱ πρότερον οὐκ οὖσαι (οὐ γὰρ
δὴ ἥ γ' ἀδιαίρετος στιγμὴ διῃρέθη εἰς δύο), εἴ τε γίγνονται καὶ
φθείρονται, ἐκ τίνος γίγνονται; παραπλησίως δ' ἔχει καὶ
περὶ τὸ νῦν τὸ ἐν τῷ χρόνῳ· οὐδὲ γὰρ τοῦτο ἐνδέχεται
γίγνεσθαι καὶ φθείρεσθαι, ἀλλ' ὅμως ἕτερον ἀεὶ δοκεῖ εἶναι, οὐκ οὐσία τις οὖσα. ὁμοίως δὲ δῆλον ὅτι ἔχει καὶ περὶ
τὰς στιγμὰς καὶ τὰς γραμμὰς καὶ τὰ ἐπίπεδα· ὁ γὰρ
αὐτὸς λόγος· ἅπαντα γὰρ ὁμοίως ἢ πέρατα ἢ διαιρέσεις
εἰσίν.

6

Ὅλως δ' ἀπορήσειεν ἄν τις διὰ τί καὶ δεῖ ζητεῖν
ἄλλ' ἄττα παρά τε τὰ αἰσθητὰ καὶ τὰ μεταξύ, οἷον ἃ
τίθεμεν εἴδη. εἰ γὰρ διὰ τοῦτο, ὅτι τὰ μὲν μαθηματικὰ
τῶν δεῦρο ἄλλῳ μέν τινι διαφέρει, τῷ δὲ πόλλ' ἄττα
ὁμοειδῆ εἶναι οὐθὲν διαφέρει, ὥστ' οὐκ ἔσονται αὐτῶν αἱ
ἀρχαὶ ἀριθμῷ ἀφωρισμέναι (ὥσπερ οὐδὲ τῶν ἐνταῦθα
γραμμάτων ἀριθμῷ μὲν πάντων οὐκ εἰσὶν αἱ ἀρχαὶ ὡρι-

o que é o ser e o que é a substância dos seres. A esses absurdos acrescentam-se outros aos quais se chega ao considerarmos a geração e a corrupção. De fato, é claro que a substância passa do não-ser ao ser e do ser ao não-ser como consequência dos processos de geração e corrupção. Ao contrário, as linhas, os pontos e as superfícies não podem nem gerar-se nem corromper-se, embora sejam em certo momento e em outro momento não sejam. De fato, quando os corpos são postos em contato ou são divididos, no momento em que se tocam forma-se uma única superfície e no momento em que se dividem formam-se duas. Por conseguinte, quando os corpos são reunidos, as duas superfícies deixam de existir e são aniquiladas; quando os corpos são separados, existem as duas superfícies que antes não existiam. (Certamente não se pode dividir em dois o ponto, que é indivisível)[10]. Mas se elas se gerassem e se corrompessem, de que substrato derivariam? O mesmo ocorre com instante e com o tempo. Também ele não pode gerar-se e corromper-se e, contudo, parece ser sempre diferente, porque não é uma substância. E, evidentemente, o mesmo vale para as linhas, os pontos e as superfícies. E a razão é a mesma. Com efeito, todas essas coisas são, do mesmo modo, limites ou divisões[11].

6. [Discussão das três últimas aporias]

[Décima terceira aporia][1]

Poder-se-ia, em geral, levantar o problema da razão pela qual se devam buscar outras realidades além das sensíveis e das intermediárias como, por exemplo, as Ideias cuja existência admitimos.

Se é porque os objetos matemáticos, em certo sentido, diferem dos sensíveis, mas não enquanto existem muitos da mesma espécie e, portanto, seus princípios são limitados em número[2] (por exemplo, assim como os princípios de todas as nossas palavras não são limitados em número, mas só pela espécie[3], a menos que

σμέναι, εἴδει δέ, ἐὰν μὴ λαμβάνῃ τις τησδὶ τῆς συλλαβῆς ἢ τησδὶ τῆς φωνῆς· τούτων δ' ἔσονται καὶ ἀριθμῷ
ὡρισμέναι—ὁμοίως δὲ καὶ ἐπὶ τῶν μεταξύ· ἄπειρα γὰρ
κἀκεῖ τὰ ὁμοειδῆ), ὥστ' εἰ μὴ ἔστι παρὰ τὰ αἰσθητὰ καὶ
τὰ μαθηματικὰ ἕτερ' ἄττα οἷα λέγουσι τὰ εἴδη τινές,
οὐκ ἔσται μία ἀριθμῷ ἀλλ' εἴδει οὐσία, οὐδ' αἱ ἀρχαὶ τῶν
ὄντων ἀριθμῷ ἔσονται ποσαί τινες ἀλλὰ εἴδει· —εἰ οὖν τοῦτο
ἀναγκαῖον, καὶ τὰ εἴδη ἀναγκαῖον διὰ τοῦτο εἶναι τιθέναι.
καὶ γὰρ εἰ μὴ καλῶς διαρθροῦσιν οἱ λέγοντες, ἀλλ' ἔστι
γε τοῦθ' ὃ βούλονται, καὶ ἀνάγκη ταῦτα λέγειν αὐτοῖς,
ὅτι τῶν εἰδῶν οὐσία τις ἕκαστόν ἐστι καὶ οὐθὲν κατὰ συμβεβηκός. —ἀλλὰ μὴν εἴ γε θήσομεν τά τε εἴδη εἶναι καὶ
ἓν ἀριθμῷ τὰς ἀρχὰς ἀλλὰ μὴ εἴδει, εἰρήκαμεν ἃ συμβαίνειν ἀναγκαῖον ἀδύνατα. —σύνεγγυς δὲ τούτων ἐστὶ τὸ
διαπορῆσαι πότερον δυνάμει ἔστι τὰ στοιχεῖα ἢ τιν' ἕτερον
τρόπον. εἰ μὲν γὰρ ἄλλως πως, πρότερόν τι ἔσται τῶν ἀρχῶν ἄλλο (πρότερον γὰρ ἡ δύναμις ἐκείνης τῆς αἰτίας,
τὸ δὲ δυνατὸν οὐκ ἀναγκαῖον ἐκείνως πᾶν ἔχειν)· εἰ δ' ἔστι
δυνάμει τὰ στοιχεῖα, ἐνδέχεται μηθὲν εἶναι τῶν ὄντων·
δυνατὸν γὰρ εἶναι καὶ τὸ μήπω ὄν· γίγνεται μὲν γὰρ τὸ
μὴ ὄν, οὐθὲν δὲ γίγνεται τῶν εἶναι ἀδυνάτων. —ταύτας τε
οὖν τὰς ἀπορίας ἀναγκαῖον ἀπορῆσαι περὶ τῶν ἀρχῶν, καὶ
πότερον καθόλου εἰσὶν ἢ ὡς λέγομεν τὰ καθ' ἕκαστα. εἰ

tomemos os elementos de determinada sílaba e de determinada
palavra: os elementos destas, evidentemente, serão limitados também numericamente[4]; e o mesmo ocorre para os entes intermediários, pois existem muitos entes intermediários da mesma espécie),
de modo que, se além dos sensíveis e dos objetos matemáticos
não existissem outras realidades como as que alguns chamam de
Formas, não poderia haver uma substância numericamente una
mas só especificamente una, nem os princípios dos seres poderiam ser numericamente determinados, mas só especificamente
determinados[5]. Pois bem, se isso é necessário, pela mesma razão
será necessário também admitir a existência de Ideias[6]. De fato,
mesmo que os defensores das Ideias não se expliquem bem, no
fundo é isso que eles querem dizer; e eles devem necessariamente
afirmar a existência das Ideias, enquanto cada Ideia é substância
e não existe acidentalmente[7].

Por outro lado, se afirmamos que existem Ideias e que os
princípios têm unidade numérica e não específica, já indicamos
acima os absurdos que daí decorrem necessariamente[8].

[Décima quarta aporia][9]

Outro problema estreitamente ligado a esses consiste em
saber se os elementos existem em potência ou de outro modo.

Se existissem de outro modo, deveria haver algo de anterior
aos princípios. De fato, a potência seria anterior àquele tipo de
causa: mas não é necessário que o que é em potência chegue a
ser em ato[10].

Ao contrário, se os elementos fossem em potência, então
seria possível que atualmente não existisse nenhum dos seres.
De fato, mesmo o que ainda não é é em potência para ser. O que
não é pode vir a ser, mas nada do que não tem potência para ser
pode vir a ser[11].

[Décima quinta aporia][12]

Estes são, portanto, os problemas relativos aos princípios,
que precisamos discutir, e também esse outro: se os princípios são
universais ou se existem ao modo dos indivíduos.

μὲν γὰρ καθόλου, οὐκ ἔσονται οὐσίαι (οὐθὲν γὰρ τῶν κοινῶν τόδε τι σημαίνει ἀλλὰ τοιόνδε, ἡ δ' οὐσία τόδε τι· εἰ δ'
10 ἔσται τόδε τι καὶ ἓν θέσθαι τὸ κοινῇ κατηγορούμενον, πολλὰ ἔσται ζῷα ὁ Σωκράτης, αὐτός τε καὶ ὁ ἄνθρωπος καὶ τὸ ζῷον, εἴπερ σημαίνει ἕκαστον τόδε τι καὶ ἕν)· —εἰ μὲν οὖν καθόλου αἱ ἀρχαί, ταῦτα συμβαίνει· εἰ δὲ μὴ καθόλου ἀλλ' ὡς τὰ καθ' ἕκαστα, οὐκ ἔσονται ἐπιστηταί (καθόλου
15 γὰρ ἡ ἐπιστήμη πάντων), ὥστ' ἔσονται ἀρχαὶ ἕτεραι πρότεραι τῶν ἀρχῶν αἱ καθόλου κατηγορούμεναι, ἄνπερ μέλλῃ ἔσεσθαι αὐτῶν ἐπιστήμη.

Se são universais, não podem ser substâncias. De fato, nenhum dos atributos universais exprime algo determinado, mas apenas de que espécie é uma coisa[13], enquanto a substância é algo determinado[14]. Se admitíssemos que o predicado universal é algo determinado e se o postulássemos como existente separado, Sócrates viria a ser muitos seres vivos: seria ele mesmo, seria o homem e seria o animal, dado que cada um desses predicados exprime algo determinado[15].

Portanto, se os princípios são universais, estas são as consequências.

Se, ao contrário, os princípios não são universais, mas existem ao modo dos indivíduos, não serão objeto de conhecimento. De fato, a ciência é sempre do universal[16]. Consequentemente, para que seja possível uma ciência dos princípios, deveria haver outros princípios, anteriores aos princípios, ou seja, os princípios que se predicam universalmente dos princípios particulares[17].

LIVRO
Γ
(QUARTO)

1

Ἔστιν ἐπιστήμη τις ἣ θεωρεῖ τὸ ὂν ᾗ ὂν καὶ τὰ τούτῳ ὑπάρχοντα καθ' αὑτό. αὕτη δ' ἐστὶν οὐδεμιᾷ τῶν ἐν μέρει λεγομένων ἡ αὐτή· οὐδεμία γὰρ τῶν ἄλλων ἐπισκοπεῖ καθόλου περὶ τοῦ ὄντος ᾗ ὄν, ἀλλὰ μέρος αὐτοῦ τι ἀποτεμόμεναι περὶ τούτου θεωροῦσι τὸ συμβεβηκός, οἷον αἱ μαθηματικαὶ τῶν ἐπιστημῶν. ἐπεὶ δὲ τὰς ἀρχὰς καὶ τὰς ἀκροτάτας αἰτίας ζητοῦμεν, δῆλον ὡς φύσεώς τινος αὐτὰς ἀναγκαῖον εἶναι καθ' αὑτήν. εἰ οὖν καὶ οἱ τὰ στοιχεῖα τῶν ὄντων ζητοῦντες ταύτας τὰς ἀρχὰς ἐζήτουν, ἀνάγκη καὶ τὰ στοιχεῖα τοῦ ὄντος εἶναι μὴ κατὰ συμβεβηκὸς ἀλλ' ᾗ ὄν· διὸ καὶ ἡμῖν τοῦ ὄντος ᾗ ὂν τὰς πρώτας αἰτίας ληπτέον.

2

Τὸ δὲ ὂν λέγεται μὲν πολλαχῶς, ἀλλὰ πρὸς ἓν καὶ μίαν τινὰ φύσιν καὶ οὐχ ὁμωνύμως ἀλλ' ὥσπερ καὶ τὸ ὑγιεινὸν ἅπαν πρὸς ὑγίειαν, τὸ μὲν τῷ φυλάττειν τὸ δὲ τῷ ποιεῖν τὸ δὲ τῷ σημεῖον εἶναι τῆς ὑγιείας τὸ δ' ὅτι δεκτικὸν αὐτῆς, καὶ τὸ ἰατρικὸν πρὸς ἰατρικήν (τὸ μὲν γὰρ τῷ ἔχειν ἰατρικὴν λέγεται ἰατρικὸν τὸ δὲ τῷ εὐφυὲς εἶναι πρὸς αὐτὴν τὸ δὲ τῷ ἔργον εἶναι τῆς ἰατρικῆς),

1. *[Definição da metafísica como ciência do ser enquanto ser]*[1]

Existe uma ciência que considera o ser enquanto ser e as propriedades que lhe competem enquanto tal. Ela não se identifica com nenhuma das ciências particulares: de fato, nenhuma das outras ciências considera universalmente o ser enquanto ser, mas, delimitando uma parte dele, cada uma estuda as características dessa parte. Assim o fazem, por exemplo, as matemáticas[2].

Ora, dado que buscamos as causas e os princípios supremos, é evidente que estes devem ser causas e princípios de uma realidade que é por si. Se também os que buscavam os elementos dos seres, buscavam esses princípios <supremos>, necessariamente aqueles elementos não eram elementos do ser acidental, mas do ser enquanto ser. Portanto, também nós devemos buscar as causas do ser enquanto ser[3].

2. *[Os significados do ser, as relações entre o uno e o ser e as várias noções que entram no âmbito da ciência do ser]*[1]

O ser se diz em múltiplos significados, mas sempre em referência a uma unidade e a uma realidade determinada. O ser, portanto, não se diz por mera homonímia, mas do mesmo modo como chamamos "salutar" tudo o que se refere à saúde: seja enquanto a conserva, seja enquanto a produz, seja enquanto é sintoma dela, seja enquanto é capaz de recebê-la; ou também do modo como dizemos "médico" tudo o que se refere à medicina: seja enquanto a possui, seja enquanto é inclinado a ela por natureza,

ὁμοιοτρόπως δὲ καὶ ἄλλα ληφόμεθα λεγόμενα τούτοις, —
οὕτω δὲ καὶ τὸ ὂν λέγεται πολλαχῶς μὲν ἀλλ' ἅπαν
πρὸς μίαν ἀρχήν· τὰ μὲν γὰρ ὅτι οὐσίαι, ὄντα λέγεται,
τὰ δ' ὅτι πάθη οὐσίας, τὰ δ' ὅτι ὁδὸς εἰς οὐσίαν ἢ
φθοραὶ ἢ στερήσεις ἢ ποιότητες ἢ ποιητικὰ ἢ γεννητικὰ
οὐσίας ἢ τῶν πρὸς τὴν οὐσίαν λεγομένων, ἢ τούτων τινὸς
ἀποφάσεις ἢ οὐσίας· διὸ καὶ τὸ μὴ ὂν εἶναι μὴ ὂν φαμεν.
καθάπερ οὖν καὶ τῶν ὑγιεινῶν ἁπάντων μία ἐπιστήμη ἔστιν,
ὁμοίως τοῦτο καὶ ἐπὶ τῶν ἄλλων. οὐ γὰρ μόνον τῶν καθ'
ἓν λεγομένων ἐπιστήμης ἐστὶ θεωρῆσαι μιᾶς ἀλλὰ καὶ τῶν
πρὸς μίαν λεγομένων φύσιν· καὶ γὰρ ταῦτα τρόπον τινὰ
λέγονται καθ' ἕν. δῆλον οὖν ὅτι καὶ τὰ ὄντα μιᾶς θεωρῆσαι
ᾗ ὄντα. πανταχοῦ δὲ κυρίως τοῦ πρώτου ἡ ἐπιστήμη, καὶ ἐξ
οὗ τὰ ἄλλα ἤρτηται, καὶ δι' ὃ λέγονται. εἰ οὖν τοῦτ' ἐστὶν ἡ
οὐσία, τῶν οὐσιῶν ἂν δέοι τὰς ἀρχὰς καὶ τὰς αἰτίας ἔχειν
τὸν φιλόσοφον. —ἅπαντος δὲ γένους καὶ αἴσθησις μία ἑνὸς
καὶ ἐπιστήμη, οἷον γραμματικὴ μία οὖσα πάσας θεωρεῖ
τὰς φωνάς· διὸ καὶ τοῦ ὄντος ᾗ ὂν ὅσα εἴδη θεωρῆσαι μιᾶς
ἐστὶν ἐπιστήμης τῷ γένει, τά τε εἴδη τῶν εἰδῶν. εἰ δὴ τὸ
ὂν καὶ τὸ ἓν ταὐτὸν καὶ μία φύσις τῷ ἀκολουθεῖν ἀλλήλοις ὥσπερ ἀρχὴ καὶ αἴτιον, ἀλλ' οὐχ ὡς ἑνὶ λόγῳ δηλού-
μενα (διαφέρει δὲ οὐθὲν οὐδ' ἂν ὁμοίως ὑπολάβωμεν, ἀλλὰ
καὶ πρὸ ἔργου μᾶλλον)· ταὐτὸ γὰρ εἷς ἄνθρωπος καὶ ἄνθρωπος,
καὶ ὢν ἄνθρωπος καὶ ἄνθρωπος, καὶ οὐχ ἕτερόν τι δηλοῖ κατὰ

seja enquanto é obra da medicina; e poderemos aduzir ainda
outros exemplos de coisas que se dizem de modo semelhante a
estas. Assim também o ser se diz em muitos sentidos, mas todos
em referência a um único princípio: algumas coisas são ditas ser
porque são substância, outras porque afecções da substância,
outras porque são vias que levam à substância, ou porque são
corrupções, ou privações, ou qualidades, ou causas produtoras
ou geradoras tanto da substância como do que se refere à substância, ou porque negações de algumas destas ou, até mesmo,
da própria substância. (Por isso até mesmo o não-ser dizemos
que "é" não-ser[2].)

Ora, como existe uma única ciência de todas as coisas que
são ditas "salutares", assim também nos outros casos. De fato,
não só compete a uma única ciência o estudo das coisas que se
dizem num único sentido, mas também o estudo das coisas que
se dizem em diversos sentidos, porém em referência a uma única
natureza: de fato, também estas, de certo modo, se dizem num
único sentido. É evidente, portanto, que os seres serão objeto de
uma única ciência, justamente enquanto seres. Todavia, a ciência
tem como objeto, essencialmente, o que é primeiro, ou seja, aquilo
de que depende e pelo que é denominado todo o resto. Portanto,
se o primeiro é a substância, o filósofo deverá conhecer as causas
e os princípios da substância[3].

De cada gênero de coisas existe uma sensação única[4] e também uma ciência única: por exemplo, a gramática, que é uma
ciência única, estuda todos os sons[5]. Por isso é tarefa de uma ciência
única quanto ao gênero estudar também todas as espécies do ser
enquanto ser, e é tarefa das várias espécies dessa ciência estudar
as várias espécies de ser enquanto ser[6].

Ora, o ser e o um são a mesma coisa e uma realidade única,
enquanto se implicam reciprocamente um ao outro (assim como
se implicam reciprocamente princípio e causa), ainda que não
sejam passíveis de expressão com uma única noção. (Mas não
mudaria nada se os considerássemos idênticos também na noção,
o que seria até uma vantagem). De fato, as expressões "homem"
e "um homem" significam a mesma coisa, do mesmo modo que
"homem" e "é homem"; e não se diz nada de diferente quando se

τὴν λέξιν ἐπαναδιπλούμενον τὸ εἷς ἄνθρωπος καὶ εἷς ὢν ἄνθρωπος (δῆλον δ' ὅτι οὐ χωρίζεται οὔτ' ἐπὶ γενέσεως οὔτ' 30 ἐπὶ φθορᾶς), ὁμοίως δὲ καὶ ἐπὶ τοῦ ἑνός, ὥστε φανερὸν ὅτι ἡ πρόσθεσις ἐν τούτοις ταὐτὸ δηλοῖ, καὶ οὐδὲν ἕτερον τὸ ἓν παρὰ τὸ ὄν, ἔτι δ' ἡ ἑκάστου οὐσία ἕν ἐστιν οὐ κατὰ συμβεβηκός, ὁμοίως δὲ καὶ ὅπερ ὄν τι· — ὥσθ' ὅσα περ τοῦ ἑνὸς εἴδη, τοσαῦτα καὶ τοῦ ὄντος· περὶ ὧν τὸ τί ἐστι τῆς 35 αὐτῆς ἐπιστήμης τῷ γένει θεωρῆσαι, λέγω δ' οἷον περὶ ταὐτοῦ καὶ ὁμοίου καὶ τῶν ἄλλων τῶν τοιούτων. σχεδὸν δὲ 1004ᵃ πάντα ἀνάγεται τἀναντία εἰς τὴν ἀρχὴν ταύτην· τεθεωρήσθω δ' ἡμῖν ταῦτα ἐν τῇ ἐκλογῇ τῶν ἐναντίων. καὶ τοσαῦτα μέρη φιλοσοφίας ἔστιν ὅσαι περ αἱ οὐσίαι· ὥστε ἀναγκαῖον εἶναί τινα πρώτην καὶ ἐχομένην αὐτῶν. ὑπάρ- 5 χει γὰρ εὐθὺς γένη ἔχον τὸ ὂν [καὶ τὸ ἕν]· διὸ καὶ αἱ ἐπιστῆμαι ἀκολουθήσουσι τούτοις. ἔστι γὰρ ὁ φιλόσοφος ὥσπερ ὁ μαθηματικὸς λεγόμενος· καὶ γὰρ αὕτη ἔχει μέρη, καὶ πρώτη τις καὶ δευτέρα ἔστιν ἐπιστήμη καὶ ἄλλαι ἐφεξῆς ἐν τοῖς μαθήμασιν. — ἐπεὶ δὲ μιᾶς τἀντικείμενα 10 θεωρῆσαι, τῷ δὲ ἑνὶ ἀντίκειται πλῆθος — ἀπόφασιν δὲ καὶ στέρησιν μιᾶς ἐστὶ θεωρῆσαι διὰ τὸ ἀμφοτέρως θεωρεῖσθαι τὸ ἓν οὗ ἡ ἀπόφασις ἢ ἡ στέρησις (ἢ ⟨γὰρ⟩ ἁπλῶς λέγομεν ὅτι οὐχ ὑπάρχει ἐκεῖνο, ἢ τινὶ γένει· ἔνθα μὲν οὖν †τῷ ἑνὶ ἡ διαφορὰ πρόσεστι παρὰ τὸ ἓν τῇ ἀποφάσει†, ἀπουσία γὰρ 15 ἡ ἀπόφασις ἐκείνου ἐστίν, ἐν δὲ τῇ στερήσει καὶ ὑποκειμένη τις φύσις γίγνεται καθ' ἧς λέγεται ἡ στέρησις) [τῷ δ' ἑνὶ πλῆθος ἀντίκειται] — ὥστε καὶ τἀντικείμενα τοῖς εἰρημένοις, τό τε ἕτερον καὶ ἀνόμοιον καὶ ἄνισον καὶ ὅσα ἄλλα λέγεται ἢ κατὰ ταῦτα ἢ κατὰ πλῆθος καὶ τὸ ἕν,

duplica a expressão "um homem" e se diz "é um homem" (com efeito, é evidente que o ser do homem não se separa da unidade do homem nem na geração nem na corrupção; e o mesmo também vale para o um). Por conseguinte, é evidente que o acréscimo, nesses casos, apenas repete a mesma coisa e que o um não é algo diferente além do ser[7].

Além disso, a substância de cada coisa é uma unidade, e não de maneira acidental; do mesmo modo, ela também é essencialmente um ser[8].

Segue-se, portanto, que tantas são as espécies de ser quantas são as do um. Conhecer o que são essas espécies pertence a uma ciência que é a mesma quanto ao gênero; por exemplo, pertence à mesma ciência o estudo do idêntico, do semelhante e das outras espécies desse tipo, assim como dos seus contrários[9]. E quase todos os contrários se reduzem a esse princípio: discorremos sobre isso no escrito intitulado A *divisão dos contrários*[10].

Existem tantas partes da filosofia quantas são as substâncias; consequentemente, é necessário que entre as partes da filosofia exista uma que seja primeira e uma que seja segunda. De fato, originariamente o ser é dividido em gêneros e por esta razão as ciências se distinguem segundo a distinção desses gêneros. O filósofo é como o matemático: de fato, também a matemática tem partes, e destas uma é primeira e a outra é segunda, e as restantes seguem em série uma depois da outra[11].

E dado que[12] à mesma ciência compete o estudo dos contrários, e porque ao um se opõe o múltiplo e, ainda, porque à mesma ciência compete o estudo da negação e da privação, dado que, em ambos os casos se estuda o um do qual se dá negação e privação (de fato, dizemos ou em sentido absoluto que ele não subsiste, ou que não existe em determinado gênero de coisas; por isso nesse segundo caso ao um se acrescenta a diferença, que não existe na negação, pois a negação é a ausência do um, enquanto na privação subsiste uma realidade que serve de sujeito do qual se afirma a privação), segue-se que também os contrários das noções supra mencionadas[13] — como: o diverso, o dessemelhante e o desigual, e todos os outros que deles

τῆς εἰρημένης γνωρίζειν ἐπιστήμης· ὧν ἐστὶ καὶ ἡ ἐναντιότης· διαφορὰ γάρ τις ἡ ἐναντιότης, ἡ δὲ διαφορὰ ἑτερότης. ὥστ' ἐπειδὴ πολλαχῶς τὸ ἓν λέγεται, καὶ ταῦτα πολλαχῶς μὲν λεχθήσεται, ὅμως δὲ μιᾶς ἅπαντά ἐστι γνωρίζειν· οὐ γὰρ εἰ πολλαχῶς, ἑτέρας, ἀλλ' εἰ μήτε καθ' ἓν μήτε πρὸς ἓν οἱ λόγοι ἀναφέρονται. ἐπεὶ δὲ πάντα πρὸς τὸ πρῶτον ἀναφέρεται, οἷον ὅσα ἓν λέγεται πρὸς τὸ πρῶτον ἕν, ὡσαύτως φατέον καὶ περὶ ταὐτοῦ καὶ ἑτέρου καὶ τῶν ἐναντίων ἔχειν· ὥστε διελόμενον ποσαχῶς λέγεται ἕκαστον, οὕτως ἀποδοτέον πρὸς τὸ πρῶτον ἐν ἑκάστῃ κατηγορίᾳ πῶς πρὸς ἐκεῖνο λέγεται· τὰ μὲν γὰρ τῷ ἔχειν ἐκεῖνο τὰ δὲ τῷ ποιεῖν τὰ δὲ κατ' ἄλλους λεχθήσεται τοιούτους τρόπους. — φανερὸν οὖν [ὅπερ ἐν ταῖς ἀπορίαις ἐλέχθη] ὅτι μιᾶς περὶ τούτων καὶ τῆς οὐσίας ἐστὶ λόγον ἔχειν (τοῦτο δ' ἦν ἓν τῶν ἐν τοῖς ἀπορήμασιν), καὶ ἔστι τοῦ φιλοσόφου περὶ πάντων δύνασθαι θεωρεῖν. εἰ γὰρ μὴ τοῦ φιλοσόφου, τίς ἔσται ὁ ἐπισκεψόμενος εἰ ταὐτὸ Σωκράτης καὶ Σωκράτης καθήμενος, ἢ εἰ ἓν ἑνὶ ἐναντίον, ἢ τί ἐστι τὸ ἐναντίον ἢ ποσαχῶς λέγεται; ὁμοίως δὲ καὶ περὶ τῶν ἄλλων τῶν τοιούτων. ἐπεὶ οὖν τοῦ ἑνὸς ᾗ ἓν καὶ τοῦ ὄντος ᾗ ὂν ταῦτα καθ' αὑτά ἐστι πάθη, ἀλλ' οὐχ ᾗ ἀριθμοὶ ἢ γραμμαὶ ἢ πῦρ, δῆλον ὡς ἐκείνης τῆς ἐπιστήμης καὶ τί ἐστι γνωρίσαι καὶ τὰ συμβεβηκότ' αὐτοῖς. καὶ οὐ ταύτῃ ἁμαρτάνουσιν οἱ περὶ αὐτῶν σκοπούμενοι ὡς οὐ φιλοσοφοῦντες, ἀλλ' ὅτι πρότερον ἡ οὐσία,

derivam[14], ou do múltiplo e do um[15] — entram no campo de investigação da ciência da qual falamos. Dentre estas deve ser incluída também a contrariedade, porque esta é uma diferença e a diferença é uma diversidade[16].

E, dado que o um se diz em múltiplos significados, também esses termos, por sua vez, se dirão em múltiplos significados; todavia, todos serão objeto de conhecimento de uma mesma ciência. De fato, os termos não entram no âmbito de ciências diferentes por terem múltiplos significados, mas porque suas definições não são unívocas ou por não poderem ser referidas a algo uno[17].

Ora, porque todos os significados dos termos sobre os quais raciocinamos se remetem a um primeiro — por exemplo, todos os significados de "um" se remetem a um originário significado de um — deve-se dizer que isso também ocorre com o mesmo, com o diverso e com os contrários em geral. Assim, depois de ter distinguido em quantos modos se entende cada um desses, é preciso referir-se ao que é primeiro no âmbito de cada um desses grupos de significados e mostrar de que modo o significado do termo considerado se refere ao primeiro. Alguns significados se referem ao primeiro enquanto o contêm, outros porque o produzem, outros por outras relações desse tipo[18].

É evidente, portanto, como dissemos no livro sobre as aporias, que é tarefa de uma mesma ciência ocupar-se dessas noções e da substância (este era um dos problemas discutidos), e que é tarefa do filósofo saber indagar sobre todas essas coisas[19]. Se isso não fosse tarefa do filósofo, quem mais poderia investigar se "Sócrates" é o mesmo que "Sócrates sentado"[20], se só existe um contrário para cada coisa, ou o que é o contrário e em quantos significados ele pode ser entendido?[21]

E o mesmo se diga de todos os outros problemas desse tipo.

Porque essas coisas[22] são propriedades essenciais do um enquanto um e do ser enquanto ser, e não enquanto números, linhas ou fogo, é evidente que eles competem a uma ciência que conheça sua essência e suas características.

E os que investigam essas propriedades[23] não erram por não fazerem investigação filosófica, mas porque a substância tem

περὶ ἧς οὐθὲν ἐπαΐουσιν, ἐπεὶ ὥσπερ ἔστι καὶ ἀριθμοῦ ᾗ ἀριθμός ἴδια πάθη, οἷον περιττότης ἀρτιότης, συμμετρία ἰσότης, ὑπεροχὴ ἔλλειψις, καὶ ταῦτα καὶ καθ' αὑτοὺς καὶ πρὸς ἀλλήλους ὑπάρχει τοῖς ἀριθμοῖς (ὁμοίως δὲ καὶ στερεῷ καὶ ἀκινήτῳ καὶ κινουμένῳ ἀβαρεῖ τε καὶ βάρος ἔχοντι ἔστιν ἕτερα ἴδια), οὕτω καὶ τῷ ὄντι ᾗ ὂν ἔστι τινὰ ἴδια, καὶ ταῦτ' ἐστὶ περὶ ὧν τοῦ φιλοσόφου ἐπισκέψασθαι τὸ ἀληθές. σημεῖον δέ· οἱ γὰρ διαλεκτικοὶ καὶ σοφισταὶ τὸ αὐτὸ μὲν ὑποδύονται σχῆμα τῷ φιλοσόφῳ· ἡ γὰρ σοφιστικὴ φαινομένη μόνον σοφία ἐστί, καὶ οἱ διαλεκτικοὶ διαλέγονται περὶ ἁπάντων, κοινὸν δὲ πᾶσι τὸ ὂν ἐστιν, διαλέγονται δὲ περὶ τούτων δῆλον ὅτι διὰ τὸ τῆς φιλοσοφίας ταῦτα εἶναι οἰκεῖα. περὶ μὲν γὰρ τὸ αὐτὸ γένος στρέφεται ἡ σοφιστικὴ καὶ ἡ διαλεκτικὴ τῇ φιλοσοφίᾳ, ἀλλὰ διαφέρει τῆς μὲν τῷ τρόπῳ τῆς δυνάμεως, τῆς δὲ τοῦ βίου τῇ προαιρέσει· ἔστι δὲ ἡ διαλεκτικὴ πειραστικὴ περὶ ὧν ἡ φιλοσοφία γνωριστική, ἡ δὲ σοφιστικὴ φαινομένη, οὖσα δ' οὔ.

Ἔτι τῶν ἐναντίων ἡ ἑτέρα συστοιχία στέρησις, καὶ πάντα ἀνάγεται εἰς τὸ ὂν καὶ τὸ μὴ ὄν, καὶ εἰς ἓν καὶ πλῆθος, οἷον στάσις τοῦ ἑνὸς κίνησις δὲ τοῦ πλήθους· τὰ δ' ὄντα καὶ τὴν οὐσίαν ὁμολογοῦσιν ἐξ ἐναντίων σχεδὸν ἅπαντες συγκεῖσθαι· πάντες γοῦν τὰς ἀρχὰς ἐναντίας λέγουσιν· οἱ μὲν γὰρ περιττὸν καὶ ἄρτιον, οἱ δὲ θερμὸν καὶ ψυχρόν, οἱ δὲ πέρας καὶ ἄπειρον, οἱ δὲ φιλίαν καὶ νεῖκος. πάντα δὲ καὶ τἆλλα ἀναγόμενα φαίνεται εἰς τὸ ἓν καὶ πλῆθος (εἰλήφθω γὰρ ἡ ἀναγωγὴ ἡμῖν), αἱ δ' ἀρχαὶ καὶ παντελῶς αἱ παρὰ τῶν ἄλλων ὡς εἰς γένη ταῦτα πίπτουσιν. φανερὸν οὖν καὶ ἐκ τούτων ὅτι μιᾶς ἐπιστήμης τὸ ὂν ᾗ ὂν θεωρῆσαι. πάντα γὰρ ἢ ἐναντία ἢ ἐξ ἐναντίων, ἀρχαὶ δὲ τῶν ἐναντίων τὸ ἓν καὶ πλῆθος. ταῦτα δὲ μιᾶς ἐπιστήμης, εἴτε καθ' ἓν λέγε-

prioridade sobre elas e porque eles não dizem nada sobre a substância[24]. De fato, do mesmo modo que existem propriedades peculiares ao número enquanto número, por exemplo, paridade, imparidade, comensurabilidade, igualdade, excesso e falta, e elas pertencem aos números, quer os consideremos separadamente, quer em sua relação recíproca; e do mesmo modo que existem outras propriedades peculiares ao sólido, ao imóvel, ao móvel, ao que não tem peso e ao que tem peso, assim também existem propriedades peculiares ao ser enquanto ser e é sobre estas que o filósofo deve buscar a verdade.

Eis uma prova do que dissemos: os dialéticos e os sofistas exteriormente têm o mesmo aspecto do filósofo (a sofística é uma sapiência apenas aparente, e os dialéticos discutem sobre tudo, e o ser é comum a tudo), e discutem essas noções, evidentemente, porque elas são o objeto próprio da filosofia. A dialética e a sofística se dirigem ao mesmo gênero de objetos aos quais se dirige a filosofia; mas a filosofia difere da primeira pelo modo de especular e da segunda pela finalidade da especulação. A dialética move-se às cegas nas coisas que a filosofia conhece verdadeiramente; a sofística é conhecimento aparente, mas não real[25].

Ademais, uma das duas séries de contrários é privação, e todos os contrários podem ser reduzidos ao ser e ao não-ser, e ao um e ao múltiplo: por exemplo o repouso ao um e o movimento ao múltiplo. Ora, quase todos os filósofos estão de acordo em sustentar que os seres e a substância são constituídos por contrários: de fato todos põem como princípios os contrários. Alguns postulam o ímpar e o par como princípios[26], outros o quente e o frio[27], outros ainda o limite e o ilimite[28], outros, enfim, a amizade e a discórdia[29]. E também todos os outros contrários se reduzem claramente ao um e ao múltiplo (pressupomos essa redução já realizada por nós em outro lugar)[30]; portanto, também os princípios dos outros filósofos se reduzem inteiramente a esses dois gêneros. Também por isso é evidente que é tarefa de uma mesma ciência o estudo do ser enquanto ser. De fato, todas as coisas ou são contrárias ou derivadas de contrários, e o um e o múltiplo são princípios dos contrários. Ora, o um e o múltiplo pertencem a uma mesma ciência, quer sejam predicados em sentido

ται είτε μή, ώσπερ ίσως έχει και τάληθές. άλλ' όμως εί και πολλαχώς λέγεται το έν, προς το πρώτον τάλλα λεχθήσεται και τα εναντία ομοίως, [και διά τούτο] και εί μη έστι το ον ή το εν καθόλου και ταύτο επί πάντων ή
10 χωριστόν, ώσπερ ίσως ούκ έστιν άλλα τα μέν προς έν τα δε τω εφεξής. και διά τούτο ου του γεωμέτρου θεωρήσαι τί το εναντίον ή τέλειον ή εν ή ον ή ταυτον ή έτερον, άλλ' ή εξ υποθέσεως. ότι μεν ούν μιάς επιστήμης το ον ή ον θεωρήσαι και τα υπάρχοντα αυτώ ή ον, δήλον, και ότι
15 ου μόνον των ουσιών άλλα και των υπαρχόντων ή αύτη θεωρητική, των τε ειρημένων και περί προτέρου και υστέρου, και γένους και είδους, και όλου και μέρους και των άλλων των τοιούτων.

3

Λεκτέον δε πότερον μιάς ή ετέρας επιστήμης περί τε των εν τοις μαθήμασι καλουμένων αξιωμάτων και περί
20 της ουσίας. φανερον δη ότι μιάς τε και της του φιλοσόφου και ή περί τούτων εστί σκέψις· άπασι γαρ υπάρχει τοις ούσιν άλλ' ου γένει τινί χωρίς ιδία των άλλων. και χρώνται μεν πάντες, ότι του όντος εστίν ή ον, έκαστον δε το γένος
25 ον· επί τοσούτον δε χρώνται εφ' όσον αυτοίς ικανόν, τούτο δ' έστιν όσον επέχει το γένος περί ου φέρουσι τας αποδείξεις· ώστ' επεί δήλον ότι ή όντα υπάρχει πάσι (τούτο γαρ αυτοίς το κοινόν), του περί το ον ή ον γνωρίζοντος και περί

unívoco, quer não (como, de fato, ocorre); todavia, mesmo que o um se diga em muitos sentidos, todos os diferentes sentidos são ditos em referência ao sentido originário (e, de modo semelhante, também os outros contrários); e mesmo que o ser, assim como o um, não seja algo universal e idêntico em todas as coisas, ou algo separado (como, efetivamente, não é), todavia, algumas coisas são ditas "seres" ou "um" por referência a um único termo, outras por serem consecutivas uma à outra[31]. Por isso não é tarefa do geômetra estudar o que é o contrário, o perfeito, o ser, o um, o idêntico ou o diverso, ou só é sua tarefa a título de hipótese.

É evidente, portanto, que a uma mesma ciência pertence o estudo do ser enquanto ser e das propriedades que a ele se referem, e que a mesma ciência deve estudar não só as substâncias, mas também suas propriedades, os contrários de que se falou, e também o anterior e o posterior, o gênero e a espécie, o todo e a parte e as outras noções desse tipo.

3. [À *ciência do ser compete também o estudo dos axiomas e em primeiro lugar do princípio de não-contradição*][1]

Agora devemos dizer se é tarefa de uma mesma ciência ou de ciências diferentes estudar os chamados "axiomas" na matemática, e estudar também a substância. Ora, é evidente que a investigação desses "axiomas" pertence ao âmbito da mesma ciência, isto é, da ciência do filósofo. De fato, eles valem para todos os seres e não são propriedades peculiares de algum gênero particular de ser com exclusão de outros. E todos servem-se desses axiomas, porque eles são próprios do ser enquanto ser, e todo gênero de realidade é ser. Entretanto, cada um se serve deles na medida em que lhe convém, ou seja, na medida do gênero sobre o qual versam suas demonstrações[2]. Consequentemente, por ser evidente que os axiomas pertencem a todas as coisas enquanto todas são seres (de fato, o ser é o que é comum a tudo), caberá a quem estuda o ser enquanto ser estudar também esses axiomas[3].

τούτων ἐστὶν ἡ θεωρία. διόπερ οὐθεὶς τῶν κατὰ μέρος ἐπισκο-
πούντων ἐγχειρεῖ λέγειν τι περὶ αὐτῶν, εἰ ἀληθῆ ἢ μή,
οὔτε γεωμέτρης οὔτ' ἀριθμητικός, ἀλλὰ τῶν φυσικῶν ἔνιοι,
εἰκότως τοῦτο δρῶντες· μόνοι γὰρ ᾤοντο περί τε τῆς ὅλης
φύσεως σκοπεῖν καὶ περὶ τοῦ ὄντος. ἐπεὶ δ' ἔστιν ἔτι τοῦ
φυσικοῦ τις ἀνωτέρω (ἓν γάρ τι γένος τοῦ ὄντος ἡ φύσις), τοῦ
⟨περὶ τὸ⟩ καθόλου καὶ [τοῦ] περὶ τὴν πρώτην οὐσίαν θεωρητι-
κοῦ καὶ ἡ περὶ τούτων ἂν εἴη σκέψις· ἔστι δὲ σοφία τις καὶ ἡ φυσική, ἀλλ' οὐ πρώτη. ὅσα δ' ἐγχειροῦσι τῶν λεγόντων τινὲς
περὶ τῆς ἀληθείας ὃν τρόπον δεῖ ἀποδέχεσθαι, δι' ἀπαι-
δευσίαν τῶν ἀναλυτικῶν τοῦτο δρῶσιν· δεῖ γὰρ περὶ τούτων
ἥκειν προεπισταμένους ἀλλὰ μὴ ἀκούοντας ζητεῖν. — ὅτι μὲν
οὖν τοῦ φιλοσόφου, καὶ τοῦ περὶ πάσης τῆς οὐσίας θεωροῦντος
ᾗ πέφυκεν, καὶ περὶ τῶν συλλογιστικῶν ἀρχῶν ἐστὶν ἐπισκέψασθαι, δῆλον· προσήκει δὲ τὸν μάλιστα γνωρίζοντα
περὶ ἕκαστον γένος ἔχειν λέγειν τὰς βεβαιοτάτας ἀρχὰς
τοῦ πράγματος, ὥστε καὶ τὸν περὶ τῶν ὄντων ᾗ ὄντα τὰς
πάντων βεβαιοτάτας. ἔστι δ' οὗτος ὁ φιλόσοφος. βεβαιοτάτη δ' ἀρχὴ πασῶν περὶ ἣν διαψευσθῆναι ἀδύνατον·
γνωριμωτάτην τε γὰρ ἀναγκαῖον εἶναι τὴν τοιαύτην (περὶ
γὰρ ἃ μὴ γνωρίζουσιν ἀπατῶνται πάντες) καὶ ἀνυπόθετον.
ἣν γὰρ ἀναγκαῖον ἔχειν τὸν ὁτιοῦν ξυνιέντα τῶν ὄντων, τοῦτο
οὐχ ὑπόθεσις· ὃ δὲ γνωρίζειν ἀναγκαῖον τῷ ὁτιοῦν γνωρί-
ζοντι, καὶ ἥκειν ἔχοντα ἀναγκαῖον. ὅτι μὲν οὖν βεβαιοτάτη
ἡ τοιαύτη πασῶν ἀρχή, δῆλον· τίς δ' ἔστιν αὕτη, μετὰ
ταῦτα λέγωμεν. τὸ γὰρ αὐτὸ ἅμα ὑπάρχειν τε καὶ μὴ

Por isso, nenhum dos que se limitam à investigação de
uma parte do ser se preocupa em dizer algo sobre os axiomas, 30
se são verdadeiros ou não: nem o geômetra, nem o matemático.
É certo que alguns filósofos falaram deles, e por boas razões,
pois se consideravam os únicos a investigar toda a realidade e
o ser[4].

Por outro lado, dado que existe algo que está acima do físico
(de fato, a natureza é apenas um gênero de ser), ao que estuda
o universal e a substância primeira caberá também o estudo dos 35
axiomas. A física é, sem dúvida, uma sapiência, mas não é a pri- 1005[b]
meira sapiência[5].

Quanto às tentativas feitas por alguns dos que tratam da
verdade de determinar as condições sob as quais se deve acolher
algo como verdade, é preciso dizer que elas nascem da ignorância
dos *Analíticos*; por isso impõe-se que meus ouvintes tenham um
conhecimento preliminar do conteúdo dos *Analíticos*, e que não
o busquem simultaneamente a estas lições[6].

Portanto, é evidente que a tarefa do filósofo e de quem 5
especula sobre a totalidade da substância e sobre sua natureza[7], consiste em investigar também os princípios dos silogismos.
Em qualquer gênero de coisas, quem possui o conhecimento
mais elevado deve ser capaz de dizer quais são os princípios mais
seguros do objeto sobre o qual investiga; por consequência, quem 10
possui o conhecimento dos seres enquanto seres deve poder dizer quais são os princípios mais seguros de todos os seres. Este é
o filósofo[8]. E o princípio mais seguro de todos é aquele sobre o
qual é impossível errar: esse princípio deve ser o mais conhecido (de fato, todos erram sobre as coisas que não são conhecidas)
e deve ser um princípio não hipotético. Com efeito, o princípio
que deve necessariamente ser possuído por quem quer conhecer 15
qualquer coisa não pode ser uma pura hipótese, e o que deve conhecer necessariamente quem queira conhecer qualquer
coisa já deve ser possuído antes que se aprenda qualquer coisa. É evidente, portanto, que esse princípio é o mais seguro
de todos[9].

Depois do que foi dito, devemos definir esse princípio. É
impossível que a mesma coisa, ao mesmo tempo, pertença e

ὑπάρχειν ἀδύνατον τῷ αὐτῷ καὶ κατὰ τὸ αὐτό (καὶ ὅσα ἄλλα προσδιορισαίμεθ᾽ ἄν, ἔστω προσδιωρισμένα πρὸς τὰς λογικὰς δυσχερείας)· αὕτη δὴ πασῶν ἐστὶ βεβαιοτάτη τῶν ἀρχῶν· ἔχει γὰρ τὸν εἰρημένον διορισμόν. ἀδύνατον γὰρ ὁντινοῦν ταὐτὸν ὑπολαμβάνειν εἶναι καὶ μὴ εἶναι, καθάπερ τινὲς οἴονται λέγειν Ἡράκλειτον. οὐκ ἔστι γὰρ ἀναγκαῖον, ἅ τις λέγει, ταῦτα καὶ ὑπολαμβάνειν· εἰ δὲ μὴ ἐνδέχεται ἅμα ὑπάρχειν τῷ αὐτῷ τἀναντία (προσδιωρίσθω δ᾽ ἡμῖν καὶ ταύτῃ τῇ προτάσει τὰ εἰωθότα), ἐναντία δ᾽ ἐστὶ δόξα δόξῃ ἡ τῆς ἀντιφάσεως, φανερὸν ὅτι ἀδύνατον ἅμα ὑπολαμβάνειν τὸν αὐτὸν εἶναι καὶ μὴ εἶναι τὸ αὐτό· ἅμα γὰρ ἂν ἔχοι τὰς ἐναντίας δόξας ὁ διεψευσμένος περὶ τούτου. διὸ πάντες οἱ ἀποδεικνύντες εἰς ταύτην ἀνάγουσιν ἐσχάτην δόξαν· φύσει γὰρ ἀρχὴ καὶ τῶν ἄλλων ἀξιωμάτων αὕτη πάντων.

4

Εἰσὶ δέ τινες οἵ, καθάπερ εἴπομεν, αὐτοί τε ἐνδέχεσθαί φασι τὸ αὐτὸ εἶναι καὶ μὴ εἶναι, καὶ ὑπολαμβάνειν οὕτως. χρῶνται δὲ τῷ λόγῳ τούτῳ πολλοὶ καὶ τῶν περὶ φύσεως. ἡμεῖς δὲ νῦν εἰλήφαμεν ὡς ἀδυνάτου ὄντος ἅμα εἶναι καὶ μὴ εἶναι, καὶ διὰ τούτου ἐδείξαμεν ὅτι βεβαιοτάτη αὕτη τῶν ἀρχῶν πασῶν. ἀξιοῦσι δὴ καὶ τοῦτο ἀποδεικνύναι τινὲς δι᾽ ἀπαιδευσίαν· ἔστι γὰρ ἀπαιδευσία τὸ μὴ γιγνώσκειν τίνων δεῖ ζητεῖν ἀπόδειξιν καὶ τίνων οὐ δεῖ· ὅλως μὲν γὰρ ἁπάντων ἀδύνατον ἀπόδειξιν εἶναι (εἰς ἄπειρον γὰρ ἂν βαδίζοι, ὥστε μηδ᾽ οὕτως εἶναι ἀπόδειξιν), εἰ δέ τινων μὴ δεῖ ζητεῖν ἀπόδειξιν, τίνα ἀξιοῦσιν εἶναι μᾶλλον τοιαύτην ἀρχὴν οὐκ ἂν ἔχοιεν εἰπεῖν. ἔστι δ᾽ ἀπο-

não pertença a uma mesma coisa, segundo o mesmo aspecto[10] (e
acrescentem-se também todas as outras determinações que se   20
possam acrescentar para evitar dificuldades de índole dialética)[11].
Este é o mais seguro de todos os princípios: de fato, ele possui
as características acima indicadas. Efetivamente, é impossível a
quem quer que seja acreditar que uma mesma coisa seja e não
seja, como, segundo alguns, teria dito Heráclito[12]. Com efeito,
não é preciso admitir como verdade tudo o que ele diz[13]. E se não   25
é possível que os contrários subsistam juntos no mesmo sujeito
(e acrescente-se a essa premissa as costumeiras explicações)[14], e
se uma opinião que está em contradição com outra é o contrário
dela, é evidentemente impossível que, ao mesmo tempo, a mesma
pessoa admita verdadeiramente que a mesma coisa exista e não   30
exista. Quem se enganasse sobre esse ponto teria ao mesmo tempo
opiniões contraditórias[15]. Portanto, todos os que demonstram
alguma coisa remetem-se a essa noção última porque, por sua
natureza, constitui o princípio de todos os outros axiomas.

4. *[Demonstração do princípio de não-contradição por via
de refutação]*[1]

Há alguns[2], como dissemos[3], que afirmam que a mesma coisa   35
pode ser e não ser, e que se pode pensar desse modo[4]. Muitos   1006ª
filósofos naturalistas também raciocinam desse modo[5]. Nós, ao
contrário, estabelecemos que é impossível que uma coisa, ao
mesmo tempo, seja e não seja; e, baseados nessa impossibilidade,
mostramos que esse é o mais seguro de todos os princípios[6].   5
Ora, alguns consideram, por ignorância, que também esse
princípio deva ser demonstrado[7]. Constitui ignorância o fato
de não saber de que coisas se deve buscar uma demonstração e
de que coisas, ao contrário, não se deve. É impossível que exista
demonstração de tudo: nesse caso ir-se-ia ao infinito e, consequentemente, não haveria nenhuma demonstração[8]. Se, portanto, de
algumas coisas não se deve buscar uma demonstração, aqueles   10
certamente não poderiam indicar outro princípio que, mais do
que este, não tenha necessidade de demonstração.

δεῖξαι ἐλεγκτικῶς καὶ περὶ τούτου ὅτι ἀδύνατον, ἂν μόνον
τι λέγῃ ὁ ἀμφισβητῶν· ἂν δὲ μηθέν, γελοῖον τὸ ζητεῖν
λόγον πρὸς τὸν μηθενὸς ἔχοντα λόγον, ᾗ μὴ ἔχει· ὅμοιος
15 γὰρ φυτῷ ὁ τοιοῦτος ᾖ τοιοῦτος ἤδη. τὸ δ' ἐλεγκτικῶς ἀποδεῖξαι λέγω διαφέρειν καὶ τὸ ἀποδεῖξαι, ὅτι ἀποδει-
κνύων μὲν ἂν δόξειεν αἰτεῖσθαι τὸ ἐν ἀρχῇ, ἄλλου δὲ τοῦ
τοιούτου αἰτίου ὄντος ἔλεγχος ἂν εἴη καὶ οὐκ ἀπόδειξις. ἀρχὴ
δὲ πρὸς ἅπαντα τὰ τοιαῦτα οὐ τὸ ἀξιοῦν ἢ εἶναί τι λέγειν
20 ἢ μὴ εἶναι (τοῦτο μὲν γὰρ τάχ' ἄν τις ὑπολάβοι τὸ ἐξ
ἀρχῆς αἰτεῖν), ἀλλὰ σημαίνειν γέ τι καὶ αὐτῷ καὶ ἄλλῳ·
τοῦτο γὰρ ἀνάγκη, εἴπερ λέγοι τι. εἰ γὰρ μή, οὐκ ἂν
εἴη τῷ τοιούτῳ λόγος, οὔτ' αὐτῷ πρὸς αὐτὸν οὔτε πρὸς
ἄλλον. ἂν δέ τις τοῦτο διδῷ, ἔσται ἀπόδειξις· ἤδη γάρ τι
25 ἔσται ὡρισμένον. ἀλλ' αἴτιος οὐχ ὁ ἀποδεικνὺς ἀλλ' ὁ ὑπο-
μένων· ἀναιρῶν γὰρ λόγον ὑπομένει λόγον. ἔτι δὲ ὁ τοῦτο
συγχωρήσας συγκεχώρηκέ τι ἀληθὲς εἶναι χωρὶς ἀποδείξεως [ὥστε οὐκ ἂν πᾶν οὕτως καὶ οὐχ οὕτως ἔχοι]. —πρῶτον
μὲν οὖν δῆλον ὡς τοῦτό γ' αὐτὸ ἀληθές, ὅτι σημαίνει τὸ
30 ὄνομα τὸ εἶναι ἢ μὴ εἶναι τοδί, ὥστ' οὐκ ἂν πᾶν οὕτως καὶ
οὐχ οὕτως ἔχοι· ἔτι εἰ τὸ ἄνθρωπος σημαίνει ἕν, ἔστω τοῦτο
τὸ ζῷον δίπουν. λέγω δὲ τὸ ἓν σημαίνειν τοῦτο· εἰ τοῦτ'
ἔστιν ἄνθρωπος, ἂν ᾖ τι ἄνθρωπος, τοῦτ' ἔσται τὸ ἀνθρώπῳ
εἶναι (διαφέρει δ' οὐθὲν οὐδ' εἰ πλείω τις φαίη σημαίνειν
1006ᵇ μόνον δὲ ὡρισμένα, τεθείη γὰρ ἂν ἐφ' ἑκάστῳ λόγῳ

Todavia, também para esse princípio, pode-se demonstrar, por via de refutação, a impossibilidade em palavra[9] desde que o adversário diga algo. Se o adversário não diz nada, então é ridículo buscar uma argumentação para opor a quem não diz nada, justamente enquanto não diz nada: ele, rigorosamente falando, seria semelhante a uma planta. E a diferença entre a demonstração por refutação e a demonstração propriamente dita consiste em que se alguém quisesse demonstrar, cairia claramente numa petição de princípio; ao contrário, se a causa da demonstração fosse uma afirmação de outro, então teríamos refutação e não demonstração[10]. O ponto de partida, em todos esses casos, não consiste em exigir que o adversário diga que algo é ou que não é (ele, de fato, poderia logo objetar que isso já é admitir o que se quer provar)[11], mas que diga algo e que tenha um significado para ele e para os outros; e isso é necessário se ele pretende dizer algo. Se não fizesse isso, ele não poderia de algum modo discorrer, nem consigo mesmo nem com os outros; mas se o adversário concede isso, então será possível uma demonstração[12]. De fato, nesse caso já haverá algo determinado. E não responderá pela petição de princípio quem demonstra, mas quem provoca a demonstração: com efeito, ele se vale de um raciocínio justamente para destruir o raciocínio. Ademais, quem concedeu isso, concedeu que existe algo verdadeiro independentemente da demonstração[14].

(1) Em primeiro lugar[15], (a) é evidentemente verdade que pelo menos os termos "ser" e "não-ser" têm um significado determinado; consequentemente, nem tudo pode ser desse modo e, ao mesmo tempo, não ser desse modo.

(b) Ademais, suponhamos que "homem" só tenha um significado, e estabeleçamos que seja "animal bípede". E afirmando que só tem um significado pretendo dizer o seguinte: se o termo "homem" significa isso que se disse, toda vez que haja algo que seja homem, esse algo deverá ser o que se afirmou como a essência do homem[16].

(E se o adversário objeta que uma palavra tem muitos significados, isso não tem importância, desde que os significados sejam limitados; de fato, bastará designar cada um desses

ἕτερον ὄνομα· λέγω δ' οἷον, εἰ μὴ φαίη τὸ ἄνθρωπος ἓν
σημαίνειν, πολλὰ δέ, ὧν ἑνὸς μὲν εἷς λόγος τὸ ζῷον δίπουν, εἶεν δὲ καὶ ἕτεροι πλείους, ὡρισμένοι δὲ τὸν ἀριθμόν·
5 τεθείη γὰρ ἂν ἴδιον ὄνομα καθ' ἕκαστον τὸν λόγον· εἰ δὲ
μὴ [τεθείη], ἀλλ' ἄπειρα σημαίνειν φαίη, φανερὸν ὅτι οὐκ ἂν
εἴη λόγος· τὸ γὰρ μὴ ἓν σημαίνειν οὐθὲν σημαίνειν ἐστίν,
μὴ σημαινόντων δὲ τῶν ὀνομάτων ἀνῄρηται τὸ διαλέγεσθαι
πρὸς ἀλλήλους, κατὰ δὲ τὴν ἀλήθειαν καὶ πρὸς αὑτόν·
10 οὐθὲν γὰρ ἐνδέχεται νοεῖν μὴ νοοῦντα ἕν, εἰ δ' ἐνδέχεται,
τεθείη ἂν ὄνομα τούτῳ τῷ πράγματι ἕν). — ἔστω δή, ὥσπερ
ἐλέχθη κατ' ἀρχάς, σημαῖνόν τι τὸ ὄνομα καὶ σημαῖνον
ἕν· οὐ δὴ ἐνδέχεται τὸ ἀνθρώπῳ εἶναι σημαίνειν ὅπερ ἀνθρώπῳ
μὴ εἶναι, εἰ τὸ ἄνθρωπος σημαίνει μὴ μόνον καθ' ἑνὸς
15 ἀλλὰ καὶ ἕν (οὐ γὰρ τοῦτο ἀξιοῦμεν τὸ ἓν σημαίνειν,
τὸ καθ' ἑνός, ἐπεὶ οὕτω γε κἂν τὸ μουσικὸν καὶ τὸ λευκὸν
καὶ τὸ ἄνθρωπος ἓν ἐσήμαινεν, ὥστε ἓν ἅπαντα ἔσται·
συνώνυμα γάρ). καὶ οὐκ ἔσται εἶναι καὶ μὴ εἶναι τὸ αὐτὸ
ἀλλ' ἢ καθ' ὁμωνυμίαν, ὥσπερ ἂν εἰ ὃν ἡμεῖς ἄνθρωπον
20 καλοῦμεν, ἄλλοι μὴ ἄνθρωπον καλοῖεν· τὸ δ' ἀπορούμενον
οὐ τοῦτό ἐστιν, εἰ ἐνδέχεται τὸ αὐτὸ ἅμα εἶναι καὶ μὴ εἶναι
ἄνθρωπον τὸ ὄνομα, ἀλλὰ τὸ πρᾶγμα. εἰ δὲ μὴ σημαίνει ἕτερον τὸ ἄνθρωπος καὶ τὸ μὴ ἄνθρωπος, δῆλον ὅτι καὶ
τὸ μὴ εἶναι ἀνθρώπῳ τοῦ εἶναι ἀνθρώπῳ, ὥστ' ἔσται τὸ ἀν-

diferentes significados com uma palavra diferente. Dou um exemplo: suponhamos que o adversário não admitisse que "homem" tenha só um significado, e sustentasse que tem muitos, e que a definição "animal bípede" representa apenas um desses significados. Pois bem, concedamos que existem muitas outras definições de "homem", mesmo que limitadas em número, pois a cada uma dessas definições poder-se-á dar um nome próprio. Mas se o adversário não admitisse isso e dissesse que as palavras têm infinitos significados, é evidente que não mais seria possível nenhum discurso. Com efeito, não ter um significado determinado equivale a não ter nenhum significado; e se as palavras não têm nenhum significado, tornam-se impossíveis o discurso e a comunicação recíproca e, na verdade, até mesmo um discurso consigo mesmo. De fato, não se pode pensar nada se não se pensa algo determinado; mas se é impossível pensar algo, então pode-se também dar um nome preciso a esse determinado objeto que é pensado)[17].

Fique, portanto, estabelecido, como dissemos no início, que o nome exprime um e só um significado determinado.

(c) Posto isso, não é possível que a essência de homem signifique a mesma coisa que o que não é essência de homem, admitido, evidentemente, que "homem" signifique não só o atributo de determinada coisa, mas determinada coisa. Com efeito, nós não consideramos que "significar determinada coisa" seja o mesmo que "significar o atributo de determinada coisa", pois desse modo "músico", "branco" e "homem" significariam a mesma coisa e, consequentemente, todas as coisas se reduziriam a uma só, porque teriam todas o mesmo significado[18]. E também não será possível que a mesma coisa seja e não seja homem, a não ser por puro equívoco: como se, digamos, aquilo que designamos "homem", outros o denominassem "não-homem". Mas o problema que nos ocupa não é se é possível que a mesma coisa seja ou não seja homem quanto ao nome, mas quanto à coisa mesma. Ora, se não significassem coisas diferentes o "homem" e o "não-homem", é evidente que também a "essência de homem" não seria diferente da "essência de não-homem" e, consequentemente, a "essência de homem" seria a "essência de não-homem", porque seria uma

θρώπῳ εἶναι μὴ ἀνθρώπῳ εἶναι· ἓν γὰρ ἔσται. τοῦτο γὰρ σημαίνει τὸ εἶναι ἕν, τὸ ὡς λώπιον καὶ ἱμάτιον, εἰ ὁ λόγος εἷς· εἰ δὲ ἔσται ἕν, ἓν σημανεῖ τὸ ἀνθρώπῳ εἶναι καὶ μὴ ἀνθρώπῳ. ἀλλ᾽ ἐδέδεικτο ὅτι ἕτερον σημαίνει. ἀνάγκη τοίνυν, εἴ τί ἐστιν ἀληθὲς εἰπεῖν ὅτι ἄνθρωπος, ζῷον εἶναι δίπουν (τοῦτο γὰρ ἦν ὃ ἐσήμαινε τὸ ἄνθρωπος)· εἰ δ᾽ ἀνάγκη τοῦτο, οὐκ ἐνδέχεται μὴ εἶναι ⟨τότε⟩ τὸ αὐτὸ ζῷον δίπουν (τοῦτο γὰρ σημαίνει τὸ ἀνάγκη εἶναι, τὸ ἀδύνατον εἶναι μὴ εἶναι [ἄνθρωπον])· οὐκ ἄρα ἐνδέχεται ἅμα ἀληθὲς εἶναι εἰπεῖν τὸ αὐτὸ ἄνθρωπον εἶναι καὶ μὴ εἶναι ἄνθρωπον. ὁ δ᾽ αὐτὸς λόγος καὶ ἐπὶ τοῦ μὴ εἶναι ἄνθρωπον· τὸ γὰρ ἀνθρώπῳ εἶναι καὶ τὸ μὴ ἀνθρώπῳ εἶναι ἕτερον σημαίνει, εἴπερ καὶ τὸ λευκὸν εἶναι καὶ τὸ ἄνθρωπον εἶναι ἕτερον· πολὺ γὰρ ἀντίκειται ἐκεῖνο μᾶλλον, ὥστε σημαίνειν ἕτερον. εἰ δὲ καὶ τὸ λευκὸν φήσει τὸ αὐτὸ καὶ ἓν σημαίνειν, πάλιν τὸ αὐτὸ ἐροῦμεν ὅπερ καὶ πρότερον ἐλέχθη, ὅτι ἓν πάντα ἔσται καὶ οὐ μόνον τὰ ἀντικείμενα. εἰ δὲ μὴ ἐνδέχεται τοῦτο, συμβαίνει τὸ λεχθέν, ἂν ἀποκρίνηται τὸ ἐρωτώμενον. ἐὰν δὲ προστιθῇ ἐρωτῶντος ἁπλῶς καὶ τὰς ἀποφάσεις, οὐκ ἀποκρίνεται τὸ ἐρωτώμενον. οὐθὲν γὰρ κωλύει εἶναι τὸ αὐτὸ καὶ ἄνθρωπον καὶ λευκὸν καὶ ἄλλα μυρία τὸ πλῆθος· ἀλλ᾽ ὅμως ἐρομένου εἰ ἀληθὲς εἰπεῖν ἄνθρωπον τοῦτο εἶναι ἢ οὔ, ἀποκριτέον τὸ ἓν σημαῖνον καὶ οὐ προσθετέον ὅτι καὶ λευκὸν καὶ μέγα. καὶ γὰρ ἀδύνατον ἄπειρά γ᾽ ὄντα τὰ συμβεβηκότα διελθεῖν· ἢ οὖν ἅπαντα διελθέτω ἢ μηθέν. ὁμοίως τοίνυν εἰ καὶ μυριάκις ἐστὶ τὸ αὐτὸ ἄνθρωπος καὶ οὐκ ἄνθρωπος, οὐ προσαποκριτέον τῷ ἐρομένῳ εἰ ἔστιν ἄνθρωπος, ὅτι ἐστὶν ἅμα καὶ οὐκ ἄνθρωπος, εἰ μὴ καὶ τἆλλα ὅσα συμβέβηκε προσαποκριτέον, ὅσα ἐστὶν ἢ μὴ ἔστιν· ἐὰν

coisa só (ser uma coisa só significa, por exemplo, o seguinte: ser 25
como "túnica" e "veste", isto é, ter uma única definição); e se
fossem uma coisa só, a "essência de homem" e a "essência de
não-homem" significariam uma coisa só. Mas demonstramos
que significam coisas diferentes. Portanto, se existe algo do qual
se pode dizer verdadeiramente que é "homem", é necessário que
esse algo seja "animal bípede" (de fato, estabelecemos que esse 30
era o significado de homem); e se isso é necessário, não é possível que esse algo não seja animal bípede (com efeito, necessário
significa não poder não ser). Portanto, não é possível que seja
verdade, ao mesmo tempo, dizer de algo que "é homem" e que
"não é homem"[19].

(d) O mesmo raciocínio vale também para o "não-ser- 1007ª
homem"[20]. A essência de homem e a de não-homem significam
coisas diferentes, assim como ser branco e ser homem significam
duas coisas diferentes; com efeito, os dois primeiros termos
são muito mais opostos entre si do que os outros dois, e com
muito mais razão significam coisas diferentes. E se o adversário
objetasse que o branco e o homem significam uma só e mesma 5
coisa, voltaríamos a dizer o que dissemos acima, ou seja, que
todas as coisas e não só as opostas se reduziriam a uma só. Mas
se isso é impossível, segue-se o que dissemos, desde que o adversário responda ao que se lhe pergunta. Mas se a uma pergunta
simples ele responde acrescentando também as negações, então
não responde de modo pertinente ao que se lhe pergunta. Nada 10
impede que a mesma coisa seja homem e branco e mil outras
coisas. Todavia, se lhe perguntamos se é verdade dizer que essa
coisa é homem ou não, deve dar uma resposta que signifique uma
única coisa, e não deve acrescentar, por exemplo, que o homem é
também branco e grande. De fato, é impossível enumerar todos
os acidentes, porque eles são infinitos. Então, ou se enumeram 15
todos ou nenhum. De modo semelhante, portanto, se a mesma
coisa é homem e mil outras coisas diferentes de homem, aquele
a quem se pergunta se algo determinado é homem, não deve
responder que é homem e também não-homem; a menos que,
respondendo desse modo, acrescente todos os outros acidentes:

δὲ τοῦτο ποιῇ, οὐ διαλέγεται. — ὅλως δ' ἀναιροῦσιν οἱ τοῦτο λέ- 20
γοντες οὐσίαν καὶ τὸ τί ἦν εἶναι. πάντα γὰρ ἀνάγκη συμβεβηκέναι φάσκειν αὐτοῖς, καὶ τὸ ὅπερ ἀνθρώπῳ εἶναι ἢ
ζῴῳ εἶναι μὴ εἶναι. εἰ γὰρ ἔσται τι ὅπερ ἀνθρώπῳ εἶναι,
τοῦτο οὐκ ἔσται μὴ ἀνθρώπῳ εἶναι ἢ μὴ εἶναι ἀνθρώπῳ
(καίτοι αὗται ἀποφάσεις τούτου)· ἓν γὰρ ἦν ὃ ἐσήμαινε, 25
καὶ ἦν τοῦτό τινος οὐσία. τὸ δ' οὐσίαν σημαίνειν ἐστὶν
ὅτι οὐκ ἄλλο τι τὸ εἶναι αὐτῷ. εἰ δ' ἔσται αὐτῷ τὸ
ὅπερ ἀνθρώπῳ εἶναι ἢ ὅπερ μὴ ἀνθρώπῳ εἶναι ἢ ὅπερ
μὴ εἶναι ἀνθρώπῳ, ἄλλο ἔσται, ὥστ' ἀναγκαῖον αὐτοῖς
λέγειν ὅτι οὐθενὸς ἔσται τοιοῦτος λόγος, ἀλλὰ πάντα 30
κατὰ συμβεβηκός· τούτῳ γὰρ διώρισται οὐσία καὶ τὸ συμ-
βεβηκός· τὸ γὰρ λευκὸν τῷ ἀνθρώπῳ συμβέβηκεν ὅτι
ἔστι μὲν λευκὸς ἀλλ' οὐχ ὅπερ λευκόν. εἰ δὲ πάντα κατὰ
συμβεβηκὸς λέγεται, οὐθὲν ἔσται πρῶτον τὸ καθ' οὗ, εἰ ἀεὶ
τὸ συμβεβηκὸς καθ' ὑποκειμένου τινὸς σημαίνει τὴν κατη- 35
γορίαν. ἀνάγκη ἄρα εἰς ἄπειρον ἰέναι. ἀλλ' ἀδύνατον· οὐδὲ 1007ᵇ
γὰρ πλείω συμπλέκεται δυοῖν· τὸ γὰρ συμβεβηκὸς οὐ
συμβεβηκότι συμβεβηκός, εἰ μὴ ὅτι ἄμφω συμβέβηκε
ταὐτῷ, λέγω δ' οἷον τὸ λευκὸν μουσικὸν καὶ τοῦτο λευκὸν
ὅτι ἄμφω τῷ ἀνθρώπῳ συμβέβηκεν. ἀλλ' οὐχ ὁ Σωκρά- 5
της μουσικὸς οὕτως, ὅτι ἄμφω συμβέβηκεν ἑτέρῳ τινί. ἐπεὶ
τοίνυν τὰ μὲν οὕτως τὰ δ' ἐκείνως λέγεται συμβεβηκότα,
ὅσα οὕτως λέγεται ὡς τὸ λευκὸν τῷ Σωκράτει, οὐκ ἐνδέχεται ἄπειρα εἶναι ἐπὶ τὸ ἄνω, οἷον τῷ Σωκράτει τῷ λευκῷ
ἕτερόν τι συμβεβηκός· οὐ γὰρ γίγνεταί τι ἓν ἐξ ἁπάντων. 10
οὐδὲ δὴ τῷ λευκῷ ἕτερόν τι ἔσται συμβεβηκός, οἷον τὸ μου-

todos os que possui e todos os que não possui. Mas se faz isso, 20
não pode mais discutir[21].
(2) Em geral, os que raciocinam desse modo suprimem a substância e a essência das coisas[22]. De fato, eles devem necessariamente afirmar que tudo é acidente e que não existe a essência do homem ou a essência do animal. Se existisse uma essência do homem, esta não poderia ser nem a essência de não-homem nem a não-essência de homem (embora essas sejam as negações da essência de homem)[23]; de fato, 25
tínhamos estabelecido que um só devia ser o significado e que este deveria exprimir a substância da coisa[24]. E a substância de uma coisa significa que a essência dela não pode ser diferente. Se, ao contrário, a essência do homem pudesse ser também a essência de não-homem ou a não-essência de homem, então seria também diferente daquilo que se estabeleceu e, consequentemente, os que sustentam isso deveriam sustentar, necessariamente, que não é possível 30
definir a essência de qualquer coisa e que tudo existe como acidente. De fato, nisso se distinguem a substância e o acidente: o "branco" é acidente do "homem", enquanto o homem é branco, mas não o é por sua natureza[25]. Mas se todas as coisas são ditas como acidentes, não poderá haver nada que sirva de sujeito dos acidentes, enquanto o acidente exprime sempre um predicado de algum sujeito. Então, 35
necessariamente, vai-se ao infinito. Mas isso é impossível, 1007b
porque não se pode predicar mais do que dois acidentes um do outro. De fato, (a) o acidente não pode ser acidente de um acidente, a menos que um e outro sejam acidentes da mesma coisa: por exemplo, o branco é músico e o músico é branco, enquanto um e outro são acidentes do homem.
(b) Ao contrário, não é desse modo que músico é acidente 5
de Sócrates: não é no sentido de que um e outro sejam acidentes de outra coisa. Ora, porque alguns acidentes são ditos no primeiro sentido e outros no segundo, os que são ditos (b) no sentido de que branco se diz de Sócrates não podem constituir uma série infinita de predicados: por exemplo, a Sócrates-branco não se pode acrescentar outro acidente, porque não se gera algo uno do conjunto de todos os predicados[26.] E tampouco, (a) no primeiro sentido, ao branco 10

σικόν· οὐθέν τε γὰρ μᾶλλον τοῦτο ἐκείνῳ ἢ ἐκεῖνο τούτῳ
συμβέβηκεν, καὶ ἅμα διώρισται ὅτι τὰ μὲν οὕτω συμβέβηκε τὰ δ' ὡς τὸ μουσικὸν Σωκράτει· ὅσα δ' οὕτως, οὐ
15 συμβεβηκότι συμβέβηκε συμβεβηκός, ἀλλ' ὅσα ἐκείνως,
ὥστ' οὐ πάντα κατὰ συμβεβηκὸς λεχθήσεται. ἔσται
ἄρα τι καὶ ὡς οὐσίαν σημαῖνον. εἰ δὲ τοῦτο, δέδεικται ὅτι
ἀδύνατον ἅμα κατηγορεῖσθαι τὰς ἀντιφάσεις. —ἔτι εἰ ἀληθεῖς αἱ ἀντιφάσεις ἅμα κατὰ τοῦ αὐτοῦ πᾶσαι, δῆλον ὡς
20 ἅπαντα ἔσται ἕν. ἔσται γὰρ τὸ αὐτὸ καὶ τριήρης καὶ τοῖ-
χος καὶ ἄνθρωπος, εἰ κατὰ παντός τι ἢ καταφῆσαι ἢ
ἀποφῆσαι ἐνδέχεται, καθάπερ ἀνάγκη τοῖς τὸν Πρωταγόρου λέγουσι λόγον. εἰ γάρ τῳ δοκεῖ μὴ εἶναι τριήρης ὁ
ἄνθρωπος, δῆλον ὡς οὐκ ἔστι τριήρης· ὥστε καὶ ἔστιν, εἴπερ
25 ἡ ἀντίφασις ἀληθής. καὶ γίγνεται δὴ τὸ τοῦ Ἀναξαγόρου,
ὁμοῦ πάντα χρήματα· ὥστε μηθὲν ἀληθῶς ὑπάρχειν. τὸ
ἀόριστον οὖν ἐοίκασι λέγειν, καὶ οἰόμενοι τὸ ὂν λέγειν περὶ
τοῦ μὴ ὄντος λέγουσιν· τὸ γὰρ δυνάμει ὂν καὶ μὴ ἐντελεχείᾳ τὸ ἀόριστόν ἐστιν. ἀλλὰ μὴν λεκτέον γ' αὐτοῖς κατὰ
30 παντὸς ⟨παντὸς⟩ τὴν κατάφασιν ἢ τὴν ἀπόφασιν· ἄτοπον γὰρ
εἰ ἑκάστῳ ἡ μὲν αὐτοῦ ἀπόφασις ὑπάρξει, ἡ δ' ἑτέρου ὃ μὴ
ὑπάρχει αὐτῷ οὐχ ὑπάρξει· λέγω δ' οἷον εἰ ἀληθὲς εἰπεῖν τὸν
ἄνθρωπον ὅτι οὐκ ἄνθρωπος, δῆλον ὅτι καὶ ἢ τριήρης ἢ οὐ
τριήρης. εἰ μὲν οὖν ἡ κατάφασις, ἀνάγκη καὶ τὴν ἀπόφασιν·
35 εἰ δὲ μὴ ὑπάρχει ἡ κατάφασις, ἥ γε ἀπόφασις ὑπάρξει
1008ᵃ μᾶλλον ἢ ἡ αὐτοῦ. εἰ οὖν κἀκείνη ὑπάρχει, ὑπάρξει καὶ ἡ

se poderá acrescentar outro acidente, como, por exemplo, músico: de fato, músico não é acidente de branco, tanto quanto branco não o é de músico[27]. E, ao mesmo tempo, explicamos que alguns acidentes (a) são acidentes nesse sentido, enquanto outros (b) o são no sentido de que músico é acidente de Sócrates: nesse último sentido, o acidente não é nunca acidente de um acidente. Só os acidentes tomados no primeiro sentido podem ser acidentes de um acidente. Portanto não será possível dizer que tudo existe à guisa de acidente. Logo, deverá haver alguma coisa que exprima a substância. E, se é assim, fica provado ser impossível que os contraditórios se prediquem juntos[28].

(3) Ademais[29], se relativamente a um mesmo sujeito são verdadeiras, ao mesmo tempo, todas as afirmações contraditórias, é evidente que todas as coisas se reduzirão a uma só. De fato, serão a mesma coisa um "trirreme" e uma "parede" e um "homem", se determinado predicado pode ser tanto afirmado como negado de todas as coisas, como são obrigados a admitir os defensores da doutrina de Protágoras[30]. De fato, se a alguém parece que um "homem" não é um "trirreme", é evidente que não é um trirreme; mas também será um trirreme a partir do momento em que o contraditório é verdadeiro. Então todas as coisas estarão misturadas, como diz Anaxágoras[31] e, por consequência, não poderá verdadeiramente existir alguma realidade <determinada>. Portanto, parece que esses filósofos falam do indeterminado; e, acreditando falar do ser, na realidade falam do não-ser, porque o indeterminado é ser em potência e não em ato[32]. E na verdade eles são obrigados a admitir que de toda coisa é possível afirmar ou negar qualquer coisa. Seria absurdo que de qualquer coisa se pudesse predicar sua negação e não a negação de outra coisa que não lhe compete. Dou um exemplo: se é verdade dizer que o homem é não-homem, é evidente que deverá também ser verdade dizer tanto que é trirreme como que é não-trirreme. De fato, se algo pode ser afirmado de alguma coisa, necessariamente também poderá ser negado; se, ao contrário, algo não pode ser afirmado de alguma coisa, poderá pelo menos ser negado dela, mais do que a negação da própria coisa. Mas, dado que ao homem

τῆς τριήρους· εἰ δ' αὕτη, καὶ ἡ κατάφασις. —ταὐτά τε οὖν συμβαίνει τοῖς λέγουσι τὸν λόγον τοῦτον, καὶ ὅτι οὐκ ἀνάγκη ἢ φάναι ἢ ἀποφάναι. εἰ γὰρ ἀληθὲς ὅτι ἄνθρωπος καὶ
5 οὐκ ἄνθρωπος, δῆλον ὅτι καὶ οὔτ' ἄνθρωπος οὔτ' οὐκ ἄνθρωπος ἔσται· τοῖν γὰρ δυοῖν δύο ἀποφάσεις, εἰ δὲ μία ἐξ ἀμφοῖν ἐκείνη, καὶ αὕτη μία ἂν εἴη ἀντικειμένη. —ἔτι ἤτοι περὶ ἅπαντα οὕτως ἔχει, καὶ ἔστι καὶ λευκὸν καὶ οὐ λευκὸν καὶ ὂν καὶ οὐκ ὄν, καὶ περὶ τὰς ἄλλας φάσεις καὶ
10 ἀποφάσεις ὁμοιοτρόπως, ἢ οὔ ἀλλὰ περὶ μέν τινας, περί τινας δ' οὔ. καὶ εἰ μὲν μὴ περὶ πάσας, αὗται ἂν εἶεν ὁμολογούμεναι· εἰ δὲ περὶ πάσας, πάλιν ἤτοι καθ' ὅσων τὸ φῆσαι καὶ ἀποφῆσαι καὶ καθ' ὅσων ἀποφῆσαι καὶ φῆσαι, ἢ κατὰ μὲν ὧν φῆσαι καὶ ἀποφῆσαι, καθ' ὅσων δὲ ἀπο-
15 φῆσαι οὐ πάντων φῆσαι. καὶ εἰ μὲν οὕτως, εἴη ἄν τι παγίως οὐκ ὄν, καὶ αὕτη βεβαία δόξα, καὶ εἰ τὸ μὴ εἶναι βέβαιόν τι καὶ γνώριμον, γνωριμωτέρα ἂν εἴη ἡ φάσις ἡ ἀντικειμένη· εἰ δὲ ὁμοίως καὶ ὅσα ἀποφῆσαι φάναι, ἀνάγκη ἤτοι ἀληθὲς διαιροῦντα λέγειν, οἷον ὅτι
20 λευκὸν καὶ πάλιν ὅτι οὐ λευκόν, ἢ οὔ. καὶ εἰ μὲν μὴ ἀληθὲς διαιροῦντα λέγειν, οὐ λέγει τε ταῦτα καὶ οὐκ ἔστιν οὐθέν (τὰ δὲ μὴ ὄντα πῶς ἂν φθέγξαιτο ἢ βαδίσειεν;), καὶ πάντα δ' ἂν εἴη ἕν, ὥσπερ καὶ πρότερον εἴρηται, καὶ ταὐτὸν ἔσται καὶ ἄνθρωπος καὶ θεὸς καὶ τριή-
25 ρης καὶ αἱ ἀντιφάσεις αὐτῶν (εἰ γὰρ ὁμοίως καθ' ἑκάστου, οὐδὲν διοίσει ἕτερον ἑτέρου· εἰ γὰρ διοίσει, τοῦτ' ἔσται ἀληθὲς

convém esta última negação, também convirá a negação
de trirreme; e se lhe convém a negação de trirreme, convir-
lhe-á também a afirmação de trirreme³³.
(4) Os que sustentam essas doutrinas incorrem nessas consequências e também na seguinte: que não é necessário
afirmar ou negar. Se, de fato, é verdade que o homem é
homem e é também não-homem, é evidente que ele será,
também, nem homem nem não-homem. Às duas primeiras afirmações correspondem as duas últimas negações;
e se considerarmos as duas primeiras como uma única
afirmação, as duas últimas também poderão ser consideradas como uma única negação oposta à primeira³⁴.
(5) Ademais³⁵, (a) ou é assim para todas as coisas — e então
o branco é também não-branco e o ser é também não-ser,
e o mesmo vale para todas as afirmações ou negações —,
(b) ou não é assim para todas as coisas, mas só para algumas e não para outras. (b) Se não é assim para todas
as coisas, as que ficam de fora são reconhecidas como
não contraditórias. (a) Se, ao contrário, a tese vale para
todas as coisas, então, de novo (α) ou tudo o que se pode
afirmar pode-se também negar e, vice-versa, tudo o que
se pode negar pode-se também afirmar; (β) ou tudo o
que se afirma pode-se também negar, mas nem tudo o
que se nega pode-se também afirmar. (β) Se ocorre este
caso, então existe algo que seguramente não é, e esta
será uma convicção segura; e se a afirmação do não-ser
é algo seguro e cognoscível, com muito mais razão será
cognoscível a afirmação oposta. (α) Se, ao contrário, tudo
o que se pode negar pode-se igualmente afirmar, então,
necessariamente, (α¹) ou se dirá a verdade distinguindo
afirmação e negação (por exemplo, dizendo que uma
coisa é branca e, logo depois, que é não-branca), ou (β¹)
não as distinguindo. (β¹) Ora, se não se diz a verdade
distinguindo afirmação e negação, não se diz nada e não
pode haver nada. Mas então, como poderá falar ou caminhar o que não é? E todas as coisas se reduzem a uma só,
como se disse acima³⁶, de modo que "homem", "Deus",
"trirreme" e suas negações serão a mesma coisa. De fato,
se de cada coisa pode-se igualmente predicar afirmação e
negação, nada poderá distinguir-se de outra, porque, caso

καὶ ἴδιον)· ὁμοίως δὲ καὶ εἰ διαιροῦντα ἐνδέχεται ἀληθεύειν, συμβαίνει τὸ λεχθέν, πρὸς δὲ τούτῳ ὅτι πάντες ἂν ἀλη-θεύοιεν καὶ πάντες ἂν ψεύδοιντο, καὶ αὐτὸς αὑτὸν ὁμο-
30 λογεῖ ψεύδεσθαι. ἅμα δὲ φανερὸν ὅτι περὶ οὐθενός ἐστι πρὸς τοῦτον ἡ σκέψις· οὐθὲν γὰρ λέγει. οὔτε γὰρ οὕτως οὔτ' οὐχ οὕτως λέγει, ἀλλ' οὕτως τε καὶ οὐχ οὕτως· καὶ πάλιν γε ταῦτα ἀπόφησιν ἄμφω, ὅτι οὔθ' οὕτως οὔτε οὐχ οὕτως· εἰ γὰρ μή, ἤδη ἄν τι εἴη ὡρισμένον. —ἔτι εἰ ὅταν ἡ φάσις
35 ἀληθὴς ᾖ, ἡ ἀπόφασις ψευδής, κἂν αὕτη ἀληθὴς ᾖ, ἡ κατάφασις ψευδής, οὐκ ἂν εἴη τὸ αὐτὸ ἅμα φάναι καὶ
1008ᵇ ἀποφάναι ἀληθῶς. ἀλλ' ἴσως φαῖεν ἂν τοῦτ' εἶναι τὸ ἐξ ἀρχῆς κείμενον. —ἔτι ἆρα ὁ μὲν ἢ ἔχειν πως ὑπολαμβά-νων ἢ μὴ ἔχειν διέψευσται, ὁ δὲ ἄμφω ἀληθεύει; εἰ γὰρ ἀληθεύει, τί ἂν εἴη τὸ λεγόμενον ὅτι τοιαύτη τῶν ὄντων ἡ
5 φύσις; εἰ δὲ μὴ ἀληθεύει, ἀλλὰ μᾶλλον ἀληθεύει ἢ ὁ ἐκεί-νως ὑπολαμβάνων, ἤδη πως ἔχοι ἂν τὰ ὄντα, καὶ τοῦτ' ἀληθὲς ἂν εἴη, καὶ οὐχ ἅμα καὶ οὐκ ἀληθές. εἰ δὲ ὁμοίως ἅπαντες καὶ ψεύδονται καὶ ἀληθῆ λέγουσιν, οὔτε φθέγξα-σθαι οὔτ' εἰπεῖν τῷ τοιούτῳ ἔσται· ἅμα γὰρ ταὐτά τε καὶ
10 οὐ ταῦτα λέγει. εἰ δὲ μηθὲν ὑπολαμβάνει ἀλλ' ὁμοίως οἴεται καὶ οὐκ οἴεται, τί ἂν διαφερόντως ἔχοι τῶν γε φυ-τῶν; ὅθεν καὶ μάλιστα φανερόν ἐστιν ὅτι οὐδεὶς οὕτω διά-κειται οὔτε τῶν ἄλλων οὔτε τῶν λεγόντων τὸν λόγον τοῦτον. διὰ τί γὰρ βαδίζει Μέγαράδε ἀλλ' οὐχ ἡσυχάζει, οἰόμε-
15 νος βαδίζειν δεῖν; οὐδ' εὐθέως ἕωθεν πορεύεται εἰς φρέαρ ἢ εἰς

se distinguisse, essa diferença constituiria algo verdadeiro e algo peculiar àquela coisa. (α¹) E se dizemos a verdade distinguindo afirmação e negação, teremos igualmente as consequências acima anunciadas e, além delas, também a seguinte: que todos dirão a verdade e todos dirão o falso, e até mesmo quem admitir isso, estará dizendo o falso[37]. Ao mesmo tempo, é evidente que a discussão com esse 30
adversário não pode versar sobre nada, porque ele não diz nada. De fato, ele não diz nem que a coisa é assim, nem que não é assim, mas diz que é assim e não-assim, e depois, de novo, nega uma e outra afirmação, e diz que a coisa nem é assim nem não-assim. Se não fizesse isso já haveria algo determinado.

(6) Além disso[38], se quando a afirmação é verdadeira, a negação é falsa, e se quando a negação é verdadeira, a afirmação é 35
falsa, não se poderá com verdade afirmar e negar a mesma coisa. Mas o adversário poderia, talvez, objetar que com 1008ᵇ
isso se pressupõe justamente o que se devia demonstrar.

(7) Ademais[39], estará errado quem considerar que a coisa ou é ou não é de certo modo, e estará na verdade quem disser que a coisa, ao mesmo tempo, é e não é de certo 5
modo? (a) Se este último está na verdade, que sentido terá falar da natureza das coisas?[40] (b) E se não está na verdade, porém está mais do que quem pensa do outro modo, então as coisas terão um determinado modo de ser e esse modo será verdadeiro e não, ao mesmo tempo, também não verdadeiro[41]. (c) E caso se sustente que todos, do mesmo modo, ao mesmo tempo, se enganem e digam a verdade, então quem sustentar essa tese não poderá abrir a boca nem falar; de fato, ao mesmo tempo, 10
diz determinadas coisas e as desdiz. E se alguém não pensa nada e, indiferentemente, crê e não crê, como será diferente das plantas[42]? (d) Daí deriva, com a máxima evidência, que ninguém está nessa condição: nem os que sustentam essa doutrina nem os outros. De fato, por que motivo quem raciocina desse modo vai verdadeiramente a Megara e não fica em casa tranquilo, contentando-se simplesmente com pensar em ir? E por que, logo de manhã, não se deixa cair num poço ou num precipício, 15
quando os depara, mas evita isso cuidadosamente, como

φάραγγα, ἐὰν τύχῃ, ἀλλὰ φαίνεται εὐλαβούμενος, ὡς οὐχ
ὁμοίως οἰόμενος μὴ ἀγαθὸν εἶναι τὸ ἐμπεσεῖν καὶ ἀγαθόν;
δῆλον ἄρα ὅτι τὸ μὲν βέλτιον ὑπολαμβάνει τὸ δ' οὐ βέλτιον. εἰ δὲ τοῦτο, καὶ τὸ μὲν ἄνθρωπον τὸ δ' οὐκ ἄνθρωπον
20 καὶ τὸ μὲν γλυκὺ τὸ δ' οὐ γλυκὺ ἀνάγκη ὑπολαμβάνειν.
οὐ γὰρ ἐξ ἴσου ἅπαντα ζητεῖ καὶ ὑπολαμβάνει, ὅταν οἰη-
θεὶς βέλτιον εἶναι τὸ πιεῖν ὕδωρ καὶ ἰδεῖν ἄνθρωπον εἶτα
ζητῇ αὐτά· καίτοι ἔδει γε, εἰ ταὐτὸν ἦν ὁμοίως καὶ ἄνθρωπος καὶ οὐκ ἄνθρωπος. ἀλλ' ὅπερ ἐλέχθη, οὐθεὶς ὃς οὐ
25 φαίνεται τὰ μὲν εὐλαβούμενος τὰ δ' οὔ· ὥστε, ὡς ἔοικε,
πάντες ὑπολαμβάνουσιν ἔχειν ἁπλῶς, εἰ μὴ περὶ ἅπαντα,
ἀλλὰ περὶ τὸ ἄμεινον καὶ χεῖρον. εἰ δὲ μὴ ἐπιστάμενοι
ἀλλὰ δοξάζοντες, πολὺ μᾶλλον ἐπιμελητέον ἂν εἴη τῆς
ἀληθείας, ὥσπερ καὶ νοσώδει ὄντι ἢ ὑγιεινῷ τῆς ὑγιείας·
30 καὶ γὰρ ὁ δοξάζων πρὸς τὸν ἐπιστάμενον οὐχ ὑγιεινῶς διά-
κειται πρὸς τὴν ἀλήθειαν. — ἔτι εἰ ὅτι μάλιστα πάντα οὕτως
ἔχει καὶ οὐχ οὕτως, ἀλλὰ τό γε μᾶλλον καὶ ἧττον ἔνεστιν
ἐν τῇ φύσει τῶν ὄντων· οὐ γὰρ ἂν ὁμοίως φήσαιμεν εἶναι
τὰ δύο ἄρτια καὶ τὰ τρία, οὐδ' ὁμοίως διέψευσται ὁ τὰ
35 τέτταρα πέντε οἰόμενος καὶ ὁ χίλια. εἰ οὖν μὴ ὁμοίως,
δῆλον ὅτι ἅτερος ἧττον, ὥστε μᾶλλον ἀληθεύει. εἰ οὖν τὸ
1009ᵃ μᾶλλον ἐγγύτερον, εἴη γε ἄν τι ἀληθὲς οὗ ἐγγύτερον τὸ
μᾶλλον ἀληθές. κἂν εἰ μὴ ἔστιν, ἀλλ' ἤδη γέ τι ἔστι βε-
βαιότερον καὶ ἀληθινώτερον, καὶ τοῦ λόγου ἀπηλλαγμέ-

se estivesse convencido de que cair ali não é absolutamente coisa não-boa e boa? É claro, portanto, que ele considera a primeira coisa melhor e a outra pior. E se está convencido disso, deve também admitir, necessariamente, que algo determinado é um homem e que outra coisa não é homem, e que isso é doce e que aquilo não é doce. Com efeito, é claro que ele não admite que todas as coisas sejam iguais e é claro que não se comporta segundo esse pressuposto quando, por exemplo, ao considerar que seja melhor para ele beber água ou ver um homem, vai logo em busca dessas coisas. No entanto, aquela deveria ser sua convicção e aquele seu comportamento se homem e não-homem fossem, igualmente, a mesma coisa. Mas, como se disse, não há ninguém que não esteja claramente preocupado em evitar certas coisas e não outras. Portanto, como é evidente, todos estão convencidos de que as coisas sejam de um só e mesmo modo. E se não estão convencidos com relação a todas as coisas, estão quanto ao melhor e ao pior. E se têm essas convicções não com base na ciência, mas na pura opinião, então deveriam com maior razão se preocupar com possuir a verdade, assim como, com maior razão, deve preocupar-se com a saúde quem está enfermo e não quem é saudável; de fato, quem possui apenas opinião, comparado a quem possui ciência, certamente não está em condições de saúde relativamente à verdade[43].

(8) Além disso[44], supondo que todas as coisas sejam e não sejam de determinado modo, dever-se-á também admitir que na natureza das coisas existe o mais e o menos. De fato, certamente não poderemos dizer que são pares o dois e o três, nem poderemos dizer que erra do mesmo modo quem confunde o quatro com o mil. Se, portanto, eles não erram do mesmo modo, é evidente que um dos dois erra menos e que está mais na verdade. Ora, se estar mais na verdade quer dizer próximo da verdade, deverá também haver uma verdade <absoluta>, acerca da qual o que está mais próximo é também mais verdadeiro. E mesmo que não exista essa verdade <absoluta>, existe pelo menos algo mais seguro e mais verídico[45] e, portanto, seremos libertados dessa

νοι ἂν εἴημεν τοῦ ἀκράτου καὶ κωλύοντός τι τῇ διανοίᾳ ὁρίσαι.

5

Ἔστι δ' ἀπὸ τῆς αὐτῆς δόξης καὶ ὁ Πρωταγόρου λόγος, καὶ ἀνάγκη ὁμοίως αὐτοὺς ἄμφω ἢ εἶναι ἢ μὴ εἶναι· εἴτε γὰρ τὰ δοκοῦντα πάντα ἐστὶν ἀληθῆ καὶ τὰ φαινόμενα, ἀνάγκη εἶναι πάντα ἅμα ἀληθῆ καὶ ψευδῆ (πολλοὶ γὰρ τἀναντία ὑπολαμβάνουσιν ἀλλήλοις, καὶ τοὺς μὴ ταὐτὰ δοξάζοντας ἑαυτοῖς διεψεῦσθαι νομίζουσιν· ὥστ' ἀνάγκη τὸ αὐτὸ εἶναί τε καὶ μὴ εἶναι), καὶ εἰ τοῦτ' ἔστιν, ἀνάγκη τὰ δοκοῦντα εἶναι πάντ' ἀληθῆ (τὰ ἀντικείμενα γὰρ δοξάζουσιν ἀλλήλοις οἱ διεψευσμένοι καὶ ἀληθεύοντες· εἰ οὖν ἔχει τὰ ὄντα οὕτως, ἀληθεύσουσι πάντες). ὅτι μὲν οὖν ἀπὸ τῆς αὐτῆς εἰσὶ διανοίας ἀμφότεροι οἱ λόγοι, δῆλον· ἔστι δ' οὐχ ὁ αὐτὸς τρόπος πρὸς ἅπαντας τῆς ἐντεύξεως· οἱ μὲν γὰρ πειθοῦς δέονται οἱ δὲ βίας. ὅσοι μὲν γὰρ ἐκ τοῦ ἀπορῆσαι ὑπέλαβον οὕτως, τούτων εὐίατος ἡ ἄγνοια (οὐ γὰρ πρὸς τὸν λόγον ἀλλὰ πρὸς τὴν διάνοιαν ἡ ἀπάντησις αὐτῶν)· ὅσοι δὲ λόγου χάριν λέγουσι, τούτων δ' ἔλεγχος ἴασις τοῦ ἐν τῇ φωνῇ λόγου καὶ τοῦ ἐν τοῖς ὀνόμασιν. ἐλήλυθε δὲ τοῖς διαποροῦσιν αὕτη ἡ δόξα ἐκ τῶν αἰσθητῶν, ἡ μὲν τοῦ ἅμα τὰς ἀντιφάσεις καὶ τἀναντία ὑπάρχειν ὁρῶσιν ἐκ ταὐτοῦ γιγνόμενα τἀναντία· εἰ οὖν μὴ ἐνδέχεται γίγνεσθαι τὸ μὴ ὄν, προϋπῆρχεν ὁμοίως τὸ πρᾶγμα ἄμφω ὄν, ὥσπερ καὶ Ἀναξαγόρας μεμῖχθαι πᾶν ἐν παντί φησι καὶ Δημόκρι-

intransigente doutrina, que veta à mente determinar qualquer coisa.

5. [*Refutação do relativismo protagoriano enquanto negador do princípio de não-contradição*]¹

Da mesma convicção deriva a doutrina de Protágoras e, por isso, as duas doutrinas, necessariamente, ou se sustentam ou caem do mesmo modo. De fato, se todas as opiniões e todas as aparências sensoriais são verdadeiras, todas elas deverão, necessariamente, ser verdadeiras e falsas ao mesmo tempo. (De fato, muitos homens têm convicções opostas e todos consideram que estejam no erro os que não compartilham as próprias opiniões. E daí se segue como consequência necessária que a mesma coisa seja e também não seja.) E se é assim, segue-se também, necessariamente, que todas as opiniões são verdadeiras. (De fato, os que estão na verdade e os que estão na falsidade têm opiniões opostas entre si; mas se as próprias coisas são desse modo, todos estarão na verdade.) É evidente, portanto, que ambas as doutrinas derivam do mesmo raciocínio².

Todavia, não se deve discutir com todos do mesmo modo: alguns precisam ser persuadidos, outros devem ser forçados. De fato, os que acolheram esse modo de ver por causa das dificuldades encontradas³ têm uma ignorância facilmente sanável. Com efeito, na discussão com estes não nos defrontamos com discursos vazios, mas com verdadeiros raciocínios. Ao contrário, os que discorrem exclusivamente por amor ao discurso só podem ser corrigidos com a refutação do seu discurso, tomando-o tal como é constituído só de nomes e de palavras⁴.

(1) Os que acolheram essa convicção por causa de certas dificuldades, fizeram isso com base na observação das coisas sensíveis. E fixaram a convicção de que os contrários e os contraditórios⁵ podem existir juntos ao verem que os contrários derivam da mesma coisa. De fato, se é impossível que se gere o que não é, os dois contrários já deverão preexistir juntos na coisa⁶. Isso diz, justamente, Anaxágoras, segundo o qual tudo está

τος· καὶ γὰρ οὗτος τὸ κενὸν καὶ τὸ πλῆρες ὁμοίως καθ'
ὁτιοῦν ὑπάρχειν μέρος, καίτοι τὸ μὲν ὂν τούτων εἶναι τὸ δὲ
30 μὴ ὄν. πρὸς μὲν οὖν τοὺς ἐκ τούτων ὑπολαμβάνοντας ἐροῦμεν
ὅτι τρόπον μέν τινα ὀρθῶς λέγουσι τρόπον δέ τινα ἀγνοοῦσιν·
τὸ γὰρ ὂν λέγεται διχῶς, ὥστ' ἔστιν ὂν τρόπον ἐνδέχεται
γίγνεσθαί τι ἐκ τοῦ μὴ ὄντος, ἔστι δ' ὂν οὔ, καὶ ἅμα τὸ
αὐτὸ εἶναι καὶ ὂν καὶ μὴ ὄν, ἀλλ' οὐ κατὰ ταὐτὸ [ὄν]· δυ-
35 νάμει μὲν γὰρ ἐνδέχεται ἅμα ταὐτὸ εἶναι τὰ ἐναντία,
ἐντελεχείᾳ δ' οὔ. ἔτι δ' ἀξιώσομεν αὐτοὺς ὑπολαμβάνειν
καὶ ἄλλην τινὰ οὐσίαν εἶναι τῶν ὄντων ᾗ οὔτε κίνησις ὑπάρχει οὔτε φθορὰ οὔτε γένεσις τὸ παράπαν. — ὁμοίως δὲ καὶ
1009ᵇ ἡ περὶ τὰ φαινόμενα ἀλήθεια ἐνίοις ἐκ τῶν αἰσθητῶν ἐλήλυθεν. τὸ μὲν γὰρ ἀληθὲς οὐ πλήθει κρίνεσθαι οἴονται
προσήκειν οὐδὲ ὀλιγότητι, τὸ δ' αὐτὸ τοῖς μὲν γλυκὺ γευο-
μένοις δοκεῖν εἶναι τοῖς δὲ πικρόν, ὥστ' εἰ πάντες ἔκαμνον
5 ἢ πάντες παρεφρόνουν, δύο δ' ἢ τρεῖς ὑγίαινον ἢ νοῦν εἶχον,
δοκεῖν ἂν τούτους κάμνειν καὶ παραφρονεῖν τοὺς δ' ἄλλους οὔ·
ἔτι δὲ καὶ πολλοῖς τῶν ἄλλων ζῴων τἀναντία [περὶ τῶν αὐτῶν]
φαίνεσθαι καὶ ἡμῖν, καὶ αὐτῷ δὲ ἑκάστῳ πρὸς αὑτὸν οὐ
ταὐτὰ κατὰ τὴν αἴσθησιν ἀεὶ δοκεῖν. ποῖα οὖν τούτων ἀληθῆ
10 ἢ ψευδῆ, ἄδηλον· οὐθὲν γὰρ μᾶλλον τάδε ἢ τάδε ἀληθῆ,
ἀλλ' ὁμοίως. διὸ Δημόκριτός γέ φησιν ἤτοι οὐθὲν εἶναι
ἀληθὲς ἢ ἡμῖν γ' ἄδηλον. ὅλως δὲ διὰ τὸ ὑπολαμβάνειν
φρόνησιν μὲν τὴν αἴσθησιν, ταύτην δ' εἶναι ἀλλοίωσιν, τὸ

misturado em tudo[7]; o mesmo o diz Demócrito, segundo o qual o vazio e o pleno estão, do mesmo modo, em toda parte; com a diferença de que, para este último, o pleno é ser e o vazio é não-ser[8].

Ora, aos que extraíram suas convicções dessas considerações, diremos que, em certo sentido, raciocinam corretamente, mas erram noutro sentido.

(a) Com efeito, o ser se diz em dois sentidos; portanto, num sentido, é possível que algo derive do não-ser, enquanto noutro sentido não é possível; e também é possível que a mesma coisa seja e não seja, mas não na mesma acepção. De fato, é possível que, ao mesmo tempo, a mesma coisa seja os dois contrários em potência, mas não em ato[9].

(b) Ademais, conseguiremos que eles se convençam de que, no âmbito dos seres, existe também outra substância, que não está sujeita de modo nenhum nem ao movimento, nem à geração, nem à corrupção[10].

(2) Do mesmo modo, sempre com base na observação das coisas sensíveis, alguns filósofos foram induzidos a afirmar que tudo o que parece é verdadeiro[11].

(a) Eles consideram que a verdade não deve ser julgada nem a partir da maioria nem a partir da minoria dos pareceres, porque a mesma coisa, experimentada por alguns, parece doce, experimentada por outros parece amarga; de modo que, se todos ficassem enfermos ou delirassem e se apenas dois ou três homens permanecessem sadios e com a mente sã, considerar-se-ia que justamente estes e não os outros estariam enfermos e delirantes[12].

(b) Ademais, eles dizem que muitos dos outros seres vivos têm impressões sensoriais das mesmas coisas contrárias às nossas e que até mesmo cada indivíduo, considerado em si mesmo, nem sempre tem as mesmas impressões sensoriais da mesma coisa. Portanto, não é claro quais delas são verdadeiras e quais falsas. Na realidade, umas não são mais verdadeiras do que outras, mas ambas são equivalentes[13]. Por isso Demócrito afirma que ou não existe nada de verdadeiro ou, pelo menos, que a verdade permanece escondida para nós[14].

φαινόμενον κατὰ τὴν αἴσθησιν ἐξ ἀνάγκης ἀληθὲς εἶναί
φασιν· ἐκ τούτων γὰρ καὶ Ἐμπεδοκλῆς καὶ Δημόκριτος
καὶ τῶν ἄλλων ὡς ἔπος εἰπεῖν ἕκαστος τοιαύταις δόξαις
γεγένηνται ἔνοχοι. καὶ γὰρ Ἐμπεδοκλῆς μεταβάλλοντας
τὴν ἕξιν μεταβάλλειν φησὶ τὴν φρόνησιν· "πρὸς παρεὸν
γὰρ μῆτις ἐναύξεται ἀνθρώποισιν." καὶ ἐν ἑτέροις δὲ λέγει
ὅτι "ὅσσον ⟨δ'⟩ ἀλλοῖοι μετέφυν, τόσον ἄρ σφισιν αἰεὶ | καὶ
τὸ φρονεῖν ἀλλοῖα παρίστατο". καὶ Παρμενίδης δὲ ἀποφαίνεται
τὸν αὐτὸν τρόπον· "ὡς γὰρ ἑκάστοτ' ἔχει κρᾶσιν μελέων
πολυκάμπτων, | τὼς νόος ἀνθρώποισι παρίσταται· τὸ
γὰρ αὐτὸ | ἔστιν ὅπερ φρονέει, μελέων φύσις ἀνθρώποισιν |
καὶ πᾶσιν καὶ παντί· τὸ γὰρ πλέον ἐστὶ νόημα·" Ἀναξαγόρου
δὲ καὶ ἀπόφθεγμα μνημονεύεται πρὸς τῶν ἑταίρων
τινάς, ὅτι τοιαῦτ' αὐτοῖς ἔσται τὰ ὄντα οἷα ἂν ὑπολάβωσιν.
φασὶ δὲ καὶ τὸν Ὅμηρον ταύτην ἔχοντα φαίνεσθαι
τὴν δόξαν, ὅτι ἐποίησε τὸν Ἕκτορα, ὡς ἐξέστη ὑπὸ
τῆς πληγῆς, κεῖσθαι ἀλλοφρονέοντα, ὡς φρονοῦντας μὲν
καὶ τοὺς παραφρονοῦντας ἀλλ' οὐ ταὐτά. δῆλον οὖν ὅτι, εἰ
ἀμφότεραι φρονήσεις, καὶ τὰ ὄντα ἅμα οὕτω τε καὶ οὐχ
οὕτως ἔχει. ᾗ καὶ χαλεπώτατον τὸ συμβαῖνόν ἐστιν· εἰ
γὰρ οἱ μάλιστα τὸ ἐνδεχόμενον ἀληθὲς ἑωρακότες — οὗτοι
δ' εἰσὶν οἱ μάλιστα ζητοῦντες αὐτὸ καὶ φιλοῦντες — οὗτοι τοιαύτας
ἔχουσι τὰς· δόξας καὶ ταῦτα ἀποφαίνονται περὶ
τῆς ἀληθείας, πῶς οὐκ ἄξιον ἀθυμῆσαι τοὺς φιλοσοφεῖν
ἐγχειροῦντας; τὸ γὰρ τὰ πετόμενα διώκειν τὸ ζητεῖν ἂν
εἴη τὴν ἀλήθειαν. —αἴτιον δὲ τῆς δόξης τούτοις ὅτι περὶ τῶν
ὄντων μὲν τὴν ἀλήθειαν ἐσκόπουν, τὰ δ' ὄντα ὑπέλαβον
εἶναι τὰ αἰσθητὰ μόνον· ἐν δὲ τούτοις πολλὴ ἡ τοῦ ἀορίστου
φύσις ἐνυπάρχει καὶ ἡ τοῦ ὄντος οὕτως ὥσπερ εἴπομεν·
διὸ εἰκότως μὲν λέγουσιν, οὐκ ἀληθῆ δὲ λέγουσιν (οὕτω γὰρ
ἁρμόττει μᾶλλον εἰπεῖν ἢ ὥσπερ Ἐπίχαρμος εἰς Ξενοφά-

(c) Em geral, esses filósofos afirmam que tudo o que aparece aos nossos sentidos é necessariamente verdadeiro, porque eles consideram que a inteligência é sensação e que esta é uma alteração[15]. Por estas razões também Empédocles e Demócrito e, pode-se dizer, todos os outros aceitaram essa convicção. E, de fato, Empédocles afirma que, mudando o estado físico, muda-se também o pensamento: "Diante das coisas presentes aos sentidos, cresce nos homens o pensamento"[16], e em outro lugar ele diz que "na medida em que os homens mudam, sempre diferentes a eles se apresentam os pensamentos"[17]. Também Parmênides diz a mesma coisa: "Como ocorre sempre a mistura nos membros dos múltiplos movimentos, / assim nos homens se dispõe a mente. De fato é sempre o mesmo / o que nos homens pensa a natureza dos membros, / em todos em cada um. O pleno, com efeito, é o pensamento"[18]. E de Anaxágoras refere-se uma afirmação feita a alguns de seus discípulos, segundo a qual os seres seriam para eles tais como eles os considerassem ser[19]. E dizem também que Homero teve essa mesma opinião, pois representou Heitor, delirante por causa do ferimento, que "jazia com pensamentos mudados em sua mente"[20], como se os que deliram conhecessem, mas não as mesmas coisas de quando estão em pleno juízo. É evidente, portanto, que se ambos são conhecimentos verdadeiros, também os seres são, ao mesmo tempo, assim e não assim. Mas note-se a consequência mais desconcertante: se os que mais investigaram a verdade que podemos alcançar (e estes são os que mais a buscam e a amam), se justamente eles têm opiniões desse tipo e professam tais doutrinas sobre a verdade, como não poderão desanimar, e com razão, os que começam a filosofar? Buscar a verdade seria como correr atrás de um pássaro voando[21].

Ora, a razão pela qual esses filósofos formaram essa opinião está em que buscavam a verdade sobre os seres, mas acreditavam que só as coisas sensíveis eram seres. Ora, nas coisas sensíveis existe em grande medida o indeterminado, ou seja, o tipo de ser do qual falávamos acima[22]. Por isso, eles dizem coisas que parecem verdadeiras, mas na realidade não dizem a verdade. (E é assim que convém argumentar, e não como Epicarmo argumenta contra Xenófanes)[23].

νην). ἔτι δὲ πᾶσαν ὁρῶντες ταύτην κινουμένην τὴν φύσιν, κατὰ δὲ τοῦ μεταβάλλοντος οὐθὲν ἀληθευόμενον, περί γε τὸ πάντῃ πάντως μεταβάλλον οὐκ ἐνδέχεσθαι ἀληθεύειν.
10 ἐκ γὰρ ταύτης τῆς ὑπολήψεως ἐξήνθησεν ἡ ἀκροτάτη δόξα τῶν εἰρημένων, ἡ τῶν φασκόντων ἡρακλειτίζειν καὶ οἵαν Κρατύλος εἶχεν, ὃς τὸ τελευταῖον οὐθὲν ᾤετο δεῖν λέγειν ἀλλὰ τὸν δάκτυλον ἐκίνει μόνον, καὶ Ἡρακλείτῳ ἐπετίμα εἰπόντι ὅτι δὶς τῷ αὐτῷ ποταμῷ οὐκ ἔστιν ἐμβῆναι· αὐτὸς
15 γὰρ ᾤετο οὐδ' ἅπαξ. ἡμεῖς δὲ καὶ πρὸς τοῦτον τὸν λόγον ἐροῦμεν ὅτι τὸ μὲν μεταβάλλον ὅτε μεταβάλλει ἔχει τινὰ αὐτοῖς λόγον μὴ οἴεσθαι εἶναι, καίτοι ἔστι γε ἀμφισβητήσιμον· τό τε γὰρ ἀποβάλλον ἔχει τι τοῦ ἀποβαλλομένου, καὶ τοῦ γιγνομένου ἤδη ἀνάγκη τι εἶναι, ὅλως
20 τε εἰ φθείρεται, ὑπάρξει τι ὄν, καὶ εἰ γίγνεται, ἐξ οὗ γίγνεται καὶ ὑφ' οὗ γεννᾶται ἀναγκαῖον εἶναι, καὶ τοῦτο μὴ ἰέναι εἰς ἄπειρον. ἀλλὰ ταῦτα παρέντες ἐκεῖνα λέγωμεν, ὅτι οὐ ταὐτό ἐστι τὸ μεταβάλλειν κατὰ τὸ ποσὸν καὶ κατὰ τὸ ποιόν· κατὰ μὲν οὖν τὸ ποσὸν ἔστω μὴ μένον,
25 ἀλλὰ κατὰ τὸ εἶδος ἅπαντα γιγνώσκομεν. ἔτι δ' ἄξιον ἐπιτιμῆσαι τοῖς οὕτως ὑπολαμβάνουσιν, ὅτι καὶ αὐτῶν τῶν αἰσθητῶν ἐπὶ τῶν ἐλαττόνων τὸν ἀριθμὸν ἰδόντες οὕτως ἔχοντα περὶ ὅλου τοῦ οὐρανοῦ ὁμοίως ἀπεφήναντο· ὁ γὰρ περὶ ἡμᾶς τοῦ αἰσθητοῦ τόπος ἐν φθορᾷ καὶ γενέσει διατε-
30 λεῖ μόνος ὤν, ἀλλ' οὗτος οὐθὲν ὡς εἰπεῖν μόριον τοῦ παντός ἐστιν, ὥστε δικαιότερον ἂν δι' ἐκεῖνα τούτων ἀπεψηφίσαντο ἢ διὰ ταῦτα ἐκείνων κατεψηφίσαντο. ἔτι δὲ δῆλον ὅτι

Ademais, vendo que toda a realidade sensível está em movimento e que do que muda não se pode dizer nada de verdadeiro, eles concluíram que não é possível dizer a verdade sobre o que muda, pelo menos que não é possível dizer a verdade sobre o que muda em todos os sentidos e de todas as maneiras. Dessa convicção derivou a mais radical das doutrinas mencionadas, professada pelos que se dizem seguidores de Heráclito e aceita também por Crátilo. Este acabou por se convencer de que não deveria nem sequer falar, e limitava-se a simplesmente mover o dedo, reprovando até mesmo Heráclito por ter dito que não é possível banhar-se duas vezes no mesmo rio[24]: Crátilo pensava não ser possível nem mesmo uma vez[25].

(α) Contra esse raciocínio diremos que o que muda, quando muda, oferece a eles algum motivo para crer que não seja, mas isso é contestável. De fato, o que perde algo conserva sempre elementos do que vai perdendo e, simultaneamente, já deve ser algo daquilo em que está se transformando. E, em geral, se algo está em vias de corrupção, deverá ter uma certa realidade; e se advém, é necessário que exista também aquilo do qual advém e aquilo por obra do qual advém. E é necessário, também, que esse processo não vá ao infinito[26].

(β) Mas, passando a outras considerações, digamos o seguinte: a mudança segundo a quantidade e a mudança segundo a qualidade[27] não são a mesma coisa; ora, concedamos que, segundo a quantidade as coisas não permaneçam, mas nós conhecemos todas as coisas a partir da forma[28].

(γ) Ademais, aos que pensam assim pode-se por boas razões reprovar que, tendo observado que os seres sensíveis, na verdade um número exíguo deles, se comportam desse modo, estenderam suas observações indiscriminadamente a todo o universo. De fato, essa região do mundo sensível que nos circunda é a única que se encontra continuamente sujeita à geração e à corrupção; todavia ela é, por assim dizer, parte insignificante do todo; portanto, seria muito mais justo, em atenção às outras, absolver as coisas daqui de baixo em vez de condenar aquelas por causa destas[29].

(δ) Além disso, é evidente que também contra eles podemos fazer valer as mesmas coisas acima[30] ditas: devemos mostrar-lhes

καὶ πρὸς τούτους ταὐτὰ τοῖς πάλαι λεχθεῖσιν ἐροῦμεν· ὅτι γὰρ ἔστιν ἀκίνητός τις φύσις δεικτέον αὐτοῖς καὶ πειστέον αὐτούς. καίτοι γε συμβαίνει τοῖς ἅμα φάσκουσιν εἶναι καὶ μὴ εἶναι ἠρεμεῖν μᾶλλον φάναι πάντα ἢ κινεῖσθαι· οὐ γὰρ ἔστιν εἰς ὅ τι μεταβαλεῖ· ἅπαντα γὰρ ὑπάρχει πᾶσιν. —περὶ δὲ τῆς ἀληθείας, ὡς οὐ πᾶν τὸ φαινόμενον ἀληθές, πρῶτον μὲν ὅτι οὐδ' ⟨εἰ⟩ ἡ αἴσθησις ⟨μὴ⟩ ψευδὴς τοῦ γε ἰδίου ἐστίν, ἀλλ' ἡ φαντασία οὐ ταὐτὸν τῇ αἰσθήσει. εἶτ' ἄξιον θαυμάσαι εἰ τοῦτ' ἀποροῦσι, πότερον τηλικαῦτά ἐστι τὰ μεγέθη καὶ τὰ χρώματα τοιαῦτα οἷα τοῖς ἄπωθεν φαίνεται ἢ οἷα τοῖς ἐγγύθεν, καὶ πότερον οἷα τοῖς ὑγιαίνουσιν ἢ οἷα τοῖς κάμνουσιν, καὶ βαρύτερα πότερον ἃ τοῖς ἀσθενοῦσιν ἢ ἃ τοῖς ἰσχύουσιν, καὶ ἀληθῆ πότερον ἃ τοῖς καθεύδουσιν ἢ ἃ τοῖς ἐγρηγορόσιν. ὅτι μὲν γὰρ οὐχ οἴονταί γε, φανερόν· οὐθεὶς γοῦν, ἐὰν ὑπολάβῃ νύκτωρ Ἀθήνησιν εἶναι ὢν ἐν Λιβύῃ, πορεύεται εἰς τὸ ᾠδεῖον. ἔτι δὲ περὶ τοῦ μέλλοντος, ὥσπερ καὶ Πλάτων λέγει, οὐ δήπου ὁμοίως κυρία ἡ τοῦ ἰατροῦ δόξα καὶ ἡ τοῦ ἀγνοοῦντος, οἷον περὶ τοῦ μέλλοντος ἔσεσθαι ὑγιοῦς ἢ μὴ μέλλοντος. ἔτι δὲ ἐπ' αὐτῶν τῶν αἰσθήσεων οὐχ ὁμοίως κυρία ἡ τοῦ ἀλλοτρίου καὶ ἰδίου ἢ τοῦ πλησίον καὶ τοῦ αὐτῆς, ἀλλὰ περὶ μὲν χρώματος ὄψις, οὐ γεῦσις, περὶ δὲ χυμοῦ γεῦσις, οὐκ ὄψις· ὧν ἑκάστη ἐν τῷ αὐτῷ χρόνῳ περὶ τὸ αὐτὸ οὐδέποτε φησιν ἅμα οὕτω καὶ οὐχ οὕτως ἔχειν. ἀλλ' οὐδὲ ἐν ἑτέρῳ χρόνῳ περί γε τὸ πάθος ἠμφισβήτησεν, ἀλλὰ περὶ τὸ ᾧ

que existe uma realidade imóvel e devemos convencê-los disso[31]. Além disso, os que sustentam que o ser e o não-ser existem juntos, deveriam afirmar que tudo está em repouso e não que tudo está em movimento: de fato, segundo essa doutrina, não pode existir nada em que algo possa mudar-se, porque tudo já existe em tudo[32].

(3) No que se refere ao problema da verdade, devemos dizer que nem tudo o que aparece é verdadeiro[33].

(a) Em primeiro lugar, devemos dizer que, mesmo que a percepção sensível não seja falsa relativamente a seu objeto próprio, todavia ela não coincide com a imaginação[34].

(b) Além disso, é verdadeiramente admirável que alguns levantem dificuldades como as seguintes: se as grandezas e as cores são como aparecem aos que estão longe ou como aparecem aos que estão próximos; e se são como aparecem aos sadios ou como aparecem aos enfermos; e se são mais pesadas as coisas que assim aparecem aos fracos ou as que aparecem assim aos fortes; e se verdadeiras são as coisas que aparecem aos que dormem ou as que aparecem aos despertos. É claro que eles não têm dúvida sobre isso. E, em todo caso, não há ninguém que, se em sonho acredita estar em Atenas, estando na Líbia, ponha-se a caminho para o Odeon[35].

(c) Ademais, quando se trata de fazer previsões, como também diz Platão[36], não têm absolutamente a mesma autoridade a opinião de um médico e a do ignorante, por exemplo, quando se trata de prever se alguém se curará ou se não se curará[37].

(d) Além disso, quanto às sensações, seu testemunho não tem o mesmo valor segundo elas se refiram a um objeto que não lhes é próprio, ou a um objeto que lhes é próprio, ou segundo se refiram ao objeto de um sentido próximo ou ao objeto que lhes é peculiar[38]. Sobre a cor julga a vista e não o paladar, e sobre o sabor julga o paladar e não a vista. Ora, nenhum desses sentidos diz, ao mesmo tempo, sobre a mesma coisa, que ela é assim e, simultaneamente, não assim. E nem em momentos diferentes, pelo menos no que se refere à qualidade, um sentido pode estar em contradição consigo mesmo[39]; ele só poderá enganar-se relativamente à coisa

συμβέβηκε τὸ πάθος. λέγω δ' οἷον ὁ μὲν αὐτὸς οἶνος δόξειεν ἂν ἢ μεταβαλὼν ἢ τοῦ σώματος μεταβαλόντος ὁτὲ
μὲν εἶναι γλυκὺς ὁτὲ δὲ οὐ γλυκύς· ἀλλ' οὐ τό γε γλυκύ,
οἷόν ἐστιν ὅταν ᾖ, οὐδεπώποτε μετέβαλεν, ἀλλ' ἀεὶ ἀλη-
25 θεύει περὶ αὐτοῦ, καὶ ἔστιν ἐξ ἀνάγκης τὸ ἐσόμενον γλυκὺ
τοιοῦτον. καίτοι τοῦτο ἀναιροῦσιν οὗτοι οἱ λόγοι ἅπαντες,
ὥσπερ καὶ οὐσίαν μὴ εἶναι μηθενός, οὕτω μηδ' ἐξ ἀνάγκης
μηθέν· τὸ γὰρ ἀναγκαῖον οὐκ ἐνδέχεται ἄλλως καὶ ἄλλως
ἔχειν, ὥστ' εἴ τι ἔστιν ἐξ ἀνάγκης, οὐχ ἕξει οὕτω τε καὶ
30 οὐχ οὕτως. — ὅλως τ' εἴπερ ἔστι τὸ αἰσθητὸν μόνον, οὐθὲν ἂν
εἴη μὴ ὄντων τῶν ἐμψύχων· αἴσθησις γὰρ οὐκ ἂν εἴη. τὸ
μὲν οὖν μήτε τὰ αἰσθητὰ εἶναι μήτε τὰ αἰσθήματα ἴσως
ἀληθές (τοῦ γὰρ αἰσθανομένου πάθος τοῦτό ἐστι), τὸ δὲ τὰ
ὑποκείμενα μὴ εἶναι, ἃ ποιεῖ τὴν αἴσθησιν, καὶ ἄνευ αἰ-
35 σθήσεως, ἀδύνατον. οὐ γὰρ δὴ ἥ γ' αἴσθησις αὐτὴ ἑαυτῆς
ἐστίν, ἀλλ' ἔστι τι καὶ ἕτερον παρὰ τὴν αἴσθησιν, ὃ ἀνάγκη
πρότερον εἶναι τῆς αἰσθήσεως· τὸ γὰρ κινοῦν τοῦ κινουμένου
1011ᵃ φύσει πρότερόν ἐστι, κἂν εἰ λέγεται πρὸς ἄλληλα ταῦτα,
οὐθὲν ἧττον.

6

Εἰσὶ δέ τινες οἳ ἀποροῦσι καὶ τῶν ταῦτα πεπεισμένων
καὶ τῶν τοὺς λόγους τούτους μόνον λεγόντων· ζητοῦσι γὰρ
5 τίς ὁ κρινῶν τὸν ὑγιαίνοντα καὶ ὅλως τὸν περὶ ἕκαστα κρι-
νοῦντα ὀρθῶς. τὰ δὲ τοιαῦτα ἀπορήματα ὅμοιά ἐστι τῷ
ἀπορεῖν πότερον καθεύδομεν νῦν ἢ ἐγρηγόραμεν, δύνανται
δ' αἱ ἀπορίαι αἱ τοιαῦται πᾶσαι τὸ αὐτό· πάντων γὰρ

à qual pertence a qualidade. Por exemplo, o mesmo vinho pode parecer às vezes doce e às vezes não doce (ou porque ele mesmo mudou ou porque nosso corpo mudou); mas certamente não mudou o doce e a qualidade que o doce possui quando existe: e o sentido diz sempre a verdade sobre isso, e o que é doce deverá necessariamente possuir essa qualidade[40]. Mas é justamente essa necessidade que todas essas doutrinas pressupõem: como elas negam que exista a substância de qualquer coisa, negam que alguma coisa exista necessariamente. De fato, o que é necessário não pode ser de um modo e também de outro; assim que, se algo existe necessariamente, não poderá ser, ao mesmo tempo, de um modo e também de outro.

(e) E em geral, se só existe o que é perceptível pelos sentidos, caso não existissem seres animados nada poderia existir: de fato, nesse caso, não poderia haver sensações. Nesse caso seria verdade dizer que não existiriam nem sensíveis nem sensações (as sensações, com efeito, são afecções do sensiente); mas é impossível que os objetos que produzem as sensações não existam também independentemente da sensação. De fato, a sensação não é sensação de si mesma, mas existe algo diferente da sensação e fora da sensação necessariamente antes da própria sensação. De fato, o que move é, por natureza, anterior ao que é movido: e isso não é menos verdade, mesmo que se afirme que a sensação e o sensível são correlativos[41].

6. [Continuação da refutação das doutrinas protagorianas][1]

Há alguns — tanto entre os que estão verdadeiramente convencidos dessas coisas, quanto entre os que só sustentam essas doutrinas da boca para fora — que levantam a seguinte dificuldade: quem é capaz de julgar sobre a saúde de outro e, em geral, quem é capaz de julgar retamente sobre qualquer coisa? Levantar essas dificuldades é como se perguntar se estamos dormindo ou

λόγον ἀξιοῦσιν εἶναι οὗτοι· ἀρχὴν γὰρ ζητοῦσι, καὶ ταύτην
10 δι' ἀποδείξεως λαμβάνειν, ἐπεὶ ὅτι γε πεπεισμένοι οὐκ εἰσί,
φανεροί εἰσιν ἐν ταῖς πράξεσιν. ἀλλ' ὅπερ εἴπομεν, τοῦτο
αὐτῶν τὸ πάθος ἐστίν· λόγον γὰρ ζητοῦσιν ὧν οὐκ ἔστι λό-
γος· ἀποδείξεως γὰρ ἀρχὴ οὐκ ἀπόδειξίς ἐστιν. οὗτοι μὲν
οὖν ῥᾳδίως ἂν τοῦτο πεισθεῖεν (ἔστι γὰρ οὐ χαλεπὸν λαβεῖν)·
15 οἱ δ' ἐν τῷ λόγῳ τὴν βίαν μόνον ζητοῦντες ἀδύνατον ζη-
τοῦσιν· ἐναντία γὰρ εἰπεῖν ἀξιοῦσιν, εὐθὺς ἐναντία λέγοντες.
εἰ δὲ μὴ ἔστι πάντα πρός τι, ἀλλ' ἔνιά ἐστι καὶ αὐτὰ
καθ' αὑτά, οὐκ ἂν εἴη πᾶν τὸ φαινόμενον ἀληθές· τὸ γὰρ
φαινόμενον τινί ἐστι φαινόμενον· ὥστε ὁ λέγων ἅπαντα τὰ
20 φαινόμενα εἶναι ἀληθῆ ἅπαντα ποιεῖ τὰ ὄντα πρός τι.
διὸ καὶ φυλακτέον τοῖς τὴν βίαν ἐν τῷ λόγῳ ζητοῦσιν,
ἅμα δὲ καὶ ὑπέχειν λόγον ἀξιοῦσιν, ὅτι οὐ τὸ φαινόμενον
ἔστιν ἀλλὰ τὸ φαινόμενον ᾧ φαίνεται καὶ ὅτε φαίνεται
καὶ ᾗ καὶ ὥς. ἂν δ' ὑπέχωσι μὲν λόγον, μὴ οὕτω δ'
25 ὑπέχωσι, συμβήσεται αὐτοῖς τἀναντία ταχὺ λέγειν. ἐνδέχεται γὰρ τὸ αὐτὸ κατὰ μὲν τὴν ὄψιν μέλι φαίνεσθαι
τῇ δὲ γεύσει μή, καὶ τῶν ὀφθαλμῶν δυοῖν ὄντοιν μὴ
ταὐτὰ ἑκατέρᾳ τῇ ὄψει, ἂν ὦσιν ἀνόμοιαι· ἐπεὶ πρός γε
τοὺς διὰ τὰς πάλαι εἰρημένας αἰτίας τὸ φαινόμενον φά-
30 σκοντας ἀληθὲς εἶναι, καὶ διὰ τοῦτο πάνθ' ὁμοίως εἶναι
ψευδῆ καὶ ἀληθῆ· οὔτε γὰρ ἅπασι ταὐτὰ φαίνεσθαι οὔτε
ταὐτῷ ἀεὶ ταὐτά, ἀλλὰ πολλάκις τἀναντία κατὰ τὸν αὐτὸν χρόνον (ἡ μὲν γὰρ ἁφὴ δύο λέγει ἐν τῇ ἐπαλλάξει
τῶν δακτύλων ἡ δ' ὄψις ἕν)· —ἀλλ' οὔ τι τῇ αὐτῇ γε καὶ

despertos. Todas as aporias desse gênero abrigam a mesma pretensão: os que as levantam pretendem que haja uma razão para tudo². De fato, eles buscam um princípio, e pretendem que também deste princípio haja demonstração. Entretanto, suas ações provam claramente que eles mesmos não estão convencidos de que haja demonstração de tudo. Como já dissemos, seu erro consiste no seguinte: eles buscam uma razão das coisas para as quais não existe razão. Com efeito, o princípio de uma demonstração não pode ser objeto de demonstração³.

Os que são de boa fé podem facilmente ser persuadidos, porque isso não é difícil de compreender; mas os que exigem ser convencidos pelo rigor da demonstração buscam algo impossível, e quando são forçados a dizer coisas contraditórias, pretendem ter razão ao dizê-las⁴.

(a) Ora, se nem todas as coisas são relativas, mas há algumas que existem em si e por si, nem tudo o que aparece poderá ser verdadeiro. De fato, o que aparece só aparece para alguém. Portanto, quem afirma que tudo o que aparece é verdadeiro reduz todos os seres a relativos⁵.

(b) Por isso, os que buscam o rigor do raciocínio e, ao mesmo tempo, aceitam submeter-se aos raciocínios, devem prestar atenção ao seguinte: o que aparece não existe em geral, mas para aquele a quem aparece, quando aparece, enquanto aparece e do modo como aparece. E se aceitam raciocinar, mas não aceitam essas restrições, logo cairão em contradição. De fato, é possível que à mesma pessoa algo pareça mel à vista e não ao gosto; e também é possível, dado que os olhos são dois, que as coisas não pareçam idênticas a ambos, no caso de terem diferente capacidade visual. Todavia, aos que afirmam, pelas razões acima expostas, que o que aparece é verdadeiro e, portanto, todas as coisas são igualmente verdadeiras e falsas, porque as mesmas coisas não parecem idênticas a todos, nem parecem sempre idênticas ao mesmo indivíduo, mas frequentemente parecem contrárias ao mesmo tempo (por exemplo, cruzando os dedos, o tato atesta dois objetos, enquanto a vista atesta um só); pois bem, a estes responderemos que suas argumentações não valem se nos referirmos ao mesmo sentido, sob

κατὰ τὸ αὐτὸ αἰσθήσει καὶ ὡσαύτως καὶ ἐν τῷ αὐτῷ χρόνῳ, ὥστε τοῦτ' ἂν εἴη ἀληθές. ἀλλ' ἴσως διὰ τοῦτ' ἀνάγκη λέγειν τοῖς μὴ δι' ἀπορίαν ἀλλὰ λόγου χάριν λέγουσιν, ὅτι οὐκ ἔστιν ἀληθὲς τοῦτο ἀλλὰ τούτῳ ἀληθές. καὶ ὥσπερ δὴ πρότερον εἴρηται, ἀνάγκη πρός τι ποιεῖν ἅπαντα καὶ πρὸς δόξαν καὶ αἴσθησιν, ὥστ' οὔτε γέγονεν οὔτ' ἔσται οὐθὲν μηθενὸς προδοξάσαντος. εἰ δὲ γέγονεν ἢ ἔσται, δῆλον ὅτι οὐκ ἂν εἴη ἅπαντα πρὸς δόξαν. ἔτι εἰ ἕν, πρὸς ἓν ἢ πρὸς ὡρισμένον· καὶ εἰ τὸ αὐτὸ καὶ ἥμισυ καὶ ἴσον, ἀλλ' οὐ πρὸς τὸ διπλάσιόν γε τὸ ἴσον. πρὸς δὴ τὸ δοξάζον εἰ ταὐτὸ ἄνθρωπος καὶ τὸ δοξαζόμενον, οὐκ ἔσται ἄνθρωπος τὸ δοξάζον ἀλλὰ τὸ δοξαζόμενον. εἰ δ' ἕκαστον ἔσται πρὸς τὸ δοξάζον, πρὸς ἄπειρα ἔσται τῷ εἴδει τὸ δοξάζον.

Ὅτι μὲν οὖν βεβαιοτάτη δόξα πασῶν τὸ μὴ εἶναι ἀληθεῖς ἅμα τὰς ἀντικειμένας φάσεις, καὶ τί συμβαίνει τοῖς οὕτω λέγουσι, καὶ διὰ τί οὕτω λέγουσι, τοσαῦτα εἰρήσθω· ἐπεὶ δ' ἀδύνατον τὴν ἀντίφασιν ἅμα ἀληθεύεσθαι κατὰ τοῦ αὐτοῦ, φανερὸν ὅτι οὐδὲ τἀναντία ἅμα ὑπάρχειν ἐνδέχεται τῷ αὐτῷ· τῶν μὲν γὰρ ἐναντίων θάτερον στέρησίς ἐστιν οὐχ ἧττον, οὐσίας δὲ στέρησις· ἡ δὲ στέρησις ἀπόφασίς ἐστιν ἀπό τινος ὡρισμένου γένους· εἰ οὖν ἀδύνατον ἅμα καταφάναι καὶ ἀποφάναι ἀληθῶς, ἀδύνατον καὶ τἀναντία ὑπάρχειν ἅμα, ἀλλ' ἢ πῇ ἄμφω ἢ θάτερον μὲν πῇ θάτερον δὲ ἁπλῶς.

o mesmo aspecto, do mesmo modo e ao mesmo tempo, e que, portanto, isso deverá ser verdadeiro[6].

(c) E por esta razão, é preciso dizer aos que discutem não por estar convencidos da dificuldade, mas só por amor à discussão, que não é verdadeiro o que aparece em geral, mas o que aparece a determinado indivíduo. E, como dissemos anteriormente, eles devem necessariamente tornar relativas todas as coisas: relativas à opinião e à sensação, de modo que nada pode ter sido e nada poderá ser na ausência de um sujeito que opine a respeito. Mas se algo foi ou será <mesmo sem ser opinado>, então é evidente que nem tudo será relativo à opinião[7].

(d) Ademais, se algo é um, ele deve sê-lo relativamente a algo que seja um ou que seja numericamente determinado; e se a mesma coisa é, simultaneamente, "metade" e "igual", certamente ela não é igual relativamente ao dobro. E se, com relação ao sujeito que opina, "homem" e "objeto de opinião" são a mesma coisa, então homem não poderá ser o sujeito que opina, mas só o objeto opinado. E se todas as coisas só existem em relação ao sujeito opinante, por sua vez o sujeito opinante deverá ser relativo a uma infinidade de espécies de coisas[8].

Fica, portanto, suficientemente esclarecido que a noção mais sólida é a de que as afirmações contraditórias não podem ser verdadeiras simultaneamente, assim como ficam claras as consequências a que chegam os que afirmam o contrário, bem como as razões pelas quais sustentam isto. E como é impossível que os contraditórios, referidos à mesma coisa, sejam verdadeiros juntos, é evidente que também os contrários não podem subsistir juntos no mesmo objeto. De fato, um dos dois além de contrário é também privação. Ora, a privação é negação de determinado gênero de propriedade da substância. Se, portanto, é impossível, ao mesmo tempo, afirmar e negar com verdade, também é impossível que os contrários subsistam juntos, a não ser que existam de certo modo, ou que um subsista só de certo modo e o outro em sentido próprio[9].

7

Ἀλλὰ μὴν οὐδὲ μεταξὺ ἀντιφάσεως ἐνδέχεται εἶναι οὐθέν, ἀλλ' ἀνάγκη ἢ φάναι ἢ ἀποφάναι ἓν καθ' ἑνὸς ὁτιοῦν. δῆλον δὲ πρῶτον μὲν ὁρισαμένοις τί τὸ ἀληθὲς καὶ ψεῦδος. τὸ μὲν γὰρ λέγειν τὸ ὂν μὴ εἶναι ἢ τὸ μὴ ὂν εἶναι ψεῦδος, τὸ δὲ τὸ ὂν εἶναι καὶ τὸ μὴ ὂν μὴ εἶναι ἀληθές, ὥστε καὶ ὁ λέγων εἶναι ἢ μὴ ἀληθεύσει ἢ ψεύσεται· ἀλλ' οὔτε τὸ ὂν λέγεται μὴ εἶναι ἢ εἶναι οὔτε τὸ μὴ ὄν. ἔτι ἤτοι μεταξὺ ἔσται τῆς ἀντιφάσεως ὥσπερ τὸ φαιὸν μέλανος καὶ λευκοῦ, ἢ ὡς τὸ μηδέτερον ἀνθρώπου καὶ ἵππου. εἰ μὲν οὖν οὕτως, οὐκ ἂν μεταβάλλοι (ἐκ μὴ ἀγαθοῦ γὰρ εἰς ἀγαθὸν μεταβάλλει ἢ ἐκ τούτου εἰς μὴ ἀγαθόν), νῦν δ' ἀεὶ φαίνεται (οὐ γὰρ ἔστι μεταβολὴ ἀλλ' ἢ εἰς τὰ ἀντικείμενα καὶ μεταξύ)· εἰ δ' ἔστι μεταξύ, καὶ οὕτως εἴη ἄν τις εἰς λευκὸν οὐκ ἐκ μὴ λευκοῦ γένεσις, νῦν δ' οὐχ ὁρᾶται. ἔτι πᾶν τὸ διανοητὸν καὶ νοητὸν ἡ διάνοια ἢ κατάφησιν ἢ ἀπόφησιν — τοῦτο δ' ἐξ ὁρισμοῦ δῆλον — ὅταν ἀληθεύῃ ἢ ψεύδηται· ὅταν μὲν ὡδὶ συνθῇ φᾶσα ἢ ἀποφᾶσα, ἀληθεύει, ὅταν δὲ ὡδί, ψεύδεται. ἔτι παρὰ πάσας δεῖ εἶναι τὰς ἀντιφάσεις, εἰ μὴ λόγου ἕνεκα λέγεται· ὥστε καὶ οὔτε ἀληθεύσει τις οὔτ' οὐκ ἀληθεύσει, καὶ παρὰ τὸ ὂν καὶ τὸ μὴ ὂν ἔσται, ὥστε καὶ παρὰ γένεσιν καὶ φθορὰν μεταβολή τις ἔσται. ἔτι ἐν ὅσοις γένεσιν ἡ ἀπόφασις τὸ ἐναντίον ἐπιφέ-

7. [Demonstração do princípio do terceiro excluído por via de refutação]¹

E também não é possível que exista um termo médio entre os contraditórios, mas é necessário ou afirmar ou negar, do mesmo objeto um só dos contraditórios, qualquer que seja ele.

(1) Isso é evidente pela própria definição do verdadeiro e do falso: falso é dizer que o ser não é ou que o não-ser é; verdadeiro é dizer que o ser é e que o não-ser não é. Consequentemente, quem diz de uma coisa que é ou que não é, ou dirá o verdadeiro ou dirá o falso. Mas <se existisse um termo médio entre os dois contraditórios> nem do ser nem do não-ser poder-se-ia dizer que ou é ou não é².

(2) Ademais, o termo intermediário entre os dois contraditórios será (a) como o cinza entre o branco e o preto, ou (b) como o que não é nem homem nem cavalo entre homem e cavalo. (b) Se existisse um termo médio desse tipo, não poderia haver mudança (de fato, a mudança vai do que não é bom para o que é bom, ou do que é bom para o que não é bom); mas a mudança é continuamente constatada (e só existe mudança entre os contrários ou entre seus graus intermediários). (a) Se, ao contrário, existisse um termo médio como o cinza entre o branco e o preto, então deveria haver um processo de geração do branco que não procede do não-branco. Mas isso não é constatável³.

(3) Além disso, tudo o que é objeto de raciocínio e de intuição quando se diz o verdadeiro e o falso, ou é afirmado ou é negado pelo pensamento, como fica claro pela própria definição de verdadeiro e falso. Quando o pensamento une de certo modo, seja afirmando, seja negando, diz o verdadeiro, e quando de outro modo, diz o falso⁴.

(4) E também, deveria existir o termo médio para todos os contraditórios, a não ser que se fale só por falar. Consequentemente, algo poderia ser nem verdadeiro nem falso; e haveria algo intermediário entre ser e não-ser e, portanto, haveria também um tipo de mudança intermediária entre a geração e a corrupção⁵.

ρει, καὶ ἐν τούτοις ἔσται, οἷον ἐν ἀριθμοῖς οὔτε περιττὸς οὔτε οὐ περιττὸς ἀριθμός· ἀλλ' ἀδύνατον· ἐκ τοῦ ὁρισμοῦ δὲ δῆλον. ἔτι εἰς ἄπειρον βαδιεῖται, καὶ οὐ μόνον ἡμιόλια τὰ ὄντα ἔσται ἀλλὰ πλείω. πάλιν γὰρ ἔσται ἀποφῆσαι τοῦτο πρὸς τὴν φάσιν καὶ τὴν ἀπόφασιν, καὶ τοῦτ' ἔσται τι· ἡ γὰρ οὐσία ἐστί τις αὐτοῦ ἄλλη. ἔτι ὅταν ἐρομένου εἰ λευκόν ἐστιν εἴπῃ ὅτι οὔ, οὐθὲν ἄλλο ἀποπέφηκεν ἢ τὸ εἶναι· ἀπόφασις δὲ τὸ μὴ εἶναι. ἐλήλυθε δ' ἐνίοις αὕτη ἡ δόξα ὥσπερ καὶ ἄλλαι τῶν παραδόξων· ὅταν γὰρ λύειν μὴ δύνωνται λόγους ἐριστικούς, ἐνδόντες τῷ λόγῳ σύμφασιν ἀληθὲς εἶναι τὸ συλλογισθέν. οἱ μὲν οὖν διὰ τοιαύτην αἰτίαν λέγουσιν, οἱ δὲ διὰ τὸ πάντων ζητεῖν λόγον. ἀρχὴ δὲ πρὸς ἅπαντας τούτους ἐξ ὁρισμοῦ. ὁρισμὸς δὲ γίγνεται ἐκ τοῦ σημαίνειν τι ἀναγκαῖον εἶναι αὐτούς· ὁ γὰρ λόγος οὗ τὸ ὄνομα σημεῖον ὁρισμὸς ἔσται. ἔοικε δ' ὁ μὲν Ἡρακλείτου λόγος, λέγων πάντα εἶναι καὶ μὴ εἶναι, ἅπαντα ἀληθῆ ποιεῖν, ὁ δ' Ἀναξαγόρου, εἶναί τι μεταξὺ τῆς ἀντιφάσεως, πάντα ψευδῆ· ὅταν γὰρ μιχθῇ, οὔτε ἀγαθὸν οὔτε οὐκ ἀγαθὸν τὸ μῖγμα, ὥστ' οὐδὲν εἰπεῖν ἀληθές.

8

Διωρισμένων δὲ τούτων φανερὸν ὅτι καὶ [τὰ] μοναχῶς λεγόμενα καὶ κατὰ πάντων ἀδύνατον ὑπάρχειν ὥσπερ τινές λέγουσιν, οἱ μὲν οὐθὲν φάσκοντες ἀληθὲς εἶναι (οὐθὲν γὰρ κωλύειν φασὶν οὕτως ἅπαντα εἶναι ὥσπερ τὸ τὴν

(5) Ademais, também naqueles gêneros de coisas nos quais a negação comporta imediatamente o contrário, deveria haver um intermediário: por exemplo, entre os números pares e ímpares deveria haver um número nem par nem ímpar, o que é impossível, como fica claro pela própria definição de par e ímpar[6].

(6) Além disso, teríamos de ir ao infinito, e os seres não só seriam acrescidos da metade, mas de muito mais. De fato, sempre seria possível negar esse intermediário quanto à sua afirmação e quanto à sua negação, e este novo termo será diferente, porque sua essência é algo diferente[7].

(7) E por fim, se perguntarmos a alguém se algo é branco e ele responder que não, não terá negado nada além do ser <branco>: de fato, a negação significa não-ser[8].

Alguns filósofos aceitaram esta convicção do mesmo modo que aceitaram outros absurdos: não sabendo resolver certas argumentações erísticas, acabam cedendo às próprias argumentações e concedem que seja verdadeiro o que se concluiu[9]. Alguns formam essas opiniões por este motivo, outros por buscarem uma razão para tudo[10]. A todos eles se responde a partir da definição. E existe necessariamente definição, porque todos eles devem dar um significado ao que dizem. De fato, a definição será exatamente a noção da qual o nome é o sinal[11].

Parece que a doutrina de Heráclito, afirmando que todas as coisas são e não são, torna verdadeiras todas as coisas; enquanto a de Anaxágoras, afirmando que existe um termo médio entre os contraditórios, torna falsa todas as coisas. De fato, quando tudo está misturado, a mistura não é nem boa nem não-boa e, consequentemente, dela não se pode dizer nada de verdadeiro[12].

8. [*Refutação da opinião dos que sustentam que tudo é verdadeiro ou que tudo é falso*][1]

(1) Depois dessas explicações, fica claro que não se sustentam, seja individualmente, seja em seu conjunto[2], certas afirmações de alguns de que nada é verdadeiro (de fato, nada impede — eles dizem — que todas as

διάμετρον σύμμετρον εἶναι), οἱ δὲ πάντ' ἀληθῆ. σχεδὸν
γὰρ οὗτοι οἱ λόγοι οἱ αὐτοὶ τῷ Ἡρακλείτου· ὁ γὰρ λέγων
35 ὅτι πάντ' ἀληθῆ καὶ πάντα ψευδῆ, καὶ χωρὶς λέγει τῶν
1012ᵇ λόγων ἑκάτερον τούτων, ὥστ' εἴπερ ἀδύνατα ἐκεῖνα, καὶ
ταῦτα ἀδύνατον εἶναι. ἔτι δὲ φανερῶς ἀντιφάσεις εἰσὶν
ἃς οὐχ οἷόν τε ἅμα ἀληθεῖς εἶναι — οὐδὲ δὴ ψευδεῖς πάσας·
καίτοι δόξειέ γ' ἂν μᾶλλον ἐνδέχεσθαι ἐκ τῶν εἰρημένων.
5 ἀλλὰ πρὸς πάντας τοὺς τοιούτους λόγους αἰτεῖσθαι δεῖ, καθάπερ ἐλέχθη καὶ ἐν τοῖς ἐπάνω λόγοις, οὐχὶ εἶναί τι ἢ μὴ
εἶναι ἀλλὰ σημαίνειν τι, ὥστε ἐξ ὁρισμοῦ διαλεκτέον λα-
βόντας τί σημαίνει τὸ ψεῦδος ἢ τὸ ἀληθές. εἰ δὲ μηθὲν
ἄλλο τὸ ἀληθὲς φάναι ἢ ⟨ὃ⟩ ἀποφάναι ψεῦδός ἐστιν, ἀδύ-
10 νατον πάντα ψευδῆ εἶναι· ἀνάγκη γὰρ τῆς ἀντιφάσεως
θάτερον εἶναι μόριον ἀληθές. ἔτι εἰ πᾶν ἢ φάναι ἢ ἀποφάναι ἀναγκαῖον, ἀδύνατον ἀμφότερα ψευδῆ εἶναι· θάτερον γὰρ μόριον τῆς ἀντιφάσεως ψεῦδός ἐστιν. συμβαίνει
δὴ καὶ τὸ θρυλούμενον πᾶσι τοῖς τοιούτοις λόγοις, αὐτοὺς
15 ἑαυτοὺς ἀναιρεῖν. ὁ μὲν γὰρ πάντα ἀληθῆ λέγων καὶ τὸν
ἐναντίον αὑτοῦ λόγον ἀληθῆ ποιεῖ, ὥστε τὸν ἑαυτοῦ οὐκ ἀληθῆ
(ὁ γὰρ ἐναντίος οὔ φησιν αὐτὸν ἀληθῆ), ὁ δὲ πάντα ψευδῆ
καὶ αὐτὸς αὑτόν. ἐὰν δ' ἐξαιρῶνται ὁ μὲν τὸν ἐναντίον ὡς
οὐκ ἀληθὴς μόνος ἐστίν, ὁ δὲ τὸν αὑτοῦ ὡς οὐ ψευδής,
20 οὐδὲν ἧττον ἀπείρους συμβαίνει αὐτοῖς αἰτεῖσθαι λόγους ἀληθεῖς καὶ ψευδεῖς· ὁ γὰρ λέγων τὸν ἀληθῆ λόγον ἀληθῆ
ἀληθής, τοῦτο δ' εἰς ἄπειρον βαδιεῖται. —φανερὸν δ' ὅτι οὐδ'

afirmações sejam falsas do mesmo modo que a afirmação da comensurabilidade da diagonal)[3], e as de outros de que tudo é verdadeiro.

(a) De fato, no fundo esses raciocínios equivalem aos de Heráclito, porque quem afirma que tudo é verdadeiro e tudo é falso[4] afirma também separadamente cada uma dessas doutrinas; de modo que, se são absurdas as doutrinas <de Heráclito>, também serão absurdas estas outras[5].

(b) Ademais, existem proposições manifestamente contraditórias e que não podem ser verdadeiras juntas; e, por outro lado, existem outras que não podem ser todas falsas, mesmo que isso parecesse mais possível com base no que foi dito[6]. Mas para refutar todas essas doutrinas é preciso, como dissemos nos raciocínios precedentes[7], não pretender que o adversário diga que algo é ou não é, mas que simplesmente dê significado a suas palavras, de modo que se possa discutir partindo de uma definição, começando por estabelecer o que significa verdadeiro e falso. Ora, se a verdade afirmada não é mais que a falsidade negada, é impossível que todas as coisas sejam falsas. De fato, é necessário que um dos dois membros da contradição seja verdadeiro. Além disso, se é necessário ou afirmar ou negar, é impossível que tanto a afirmação como a negação sejam falsas: só uma das proposições contraditórias é falsa[8].

(c) Todas essas doutrinas caem no inconveniente de se destruírem a si mesmas. De fato, quem diz que tudo é verdadeiro afirma também como verdadeira a tese oposta à sua; do que se segue que a sua não é verdadeira (dado que o adversário diz que a tese dele não é verdadeira). E quem diz que tudo é falso diz que também é falsa a tese que ele mesmo afirma[9]. E mesmo que queiram admitir exceções, um dizendo que tudo é verdadeiro exceto a tese contrária à sua, o outro que tudo é falso exceto a própria tese, serão obrigados a admitir infinitas proposições verdadeiras e falsas. Com efeito, quem diz que uma proposição verdadeira é verdadeira, afirma outra proposição verdadeira, e assim ao infinito[10].

(2) Depois, é evidente (a) que não dizem a verdade nem os que afirmam que tudo está em repouso, nem os que

οἱ πάντα ἠρεμεῖν λέγοντες ἀληθῆ λέγουσιν οὐδ' οἱ πάντα κινεῖσθαι. εἰ μὲν γὰρ ἠρεμεῖ πάντα, ἀεὶ ταὐτὰ ἀληθῆ καὶ ψευδῆ ἔσται, φαίνεται δὲ τοῦτο μεταβάλλον (ὁ γὰρ λέγων ποτὲ αὐτὸς οὐκ ἦν καὶ πάλιν οὐκ ἔσται)· εἰ δὲ πάντα κινεῖται, οὐθὲν ἔσται ἀληθές· πάντα ἄρα ψευδῆ· ἀλλὰ δέδεικται ὅτι ἀδύνατον. ἔτι ἀνάγκη τὸ ὂν μεταβάλλειν· ἔκ τινος γὰρ εἴς τι ἡ μεταβολή. ἀλλὰ μὴν οὐδὲ πάντα ἠρεμεῖ ἢ κινεῖται ποτέ, ἀεὶ δ' οὐθέν· ἔστι γάρ τι ὃ ἀεὶ κινεῖ τὰ κινούμενα, καὶ τὸ πρῶτον κινοῦν ἀκίνητον αὐτό.

dizem que tudo está em movimento[11]. Com efeito, se tudo está em repouso, as mesmas coisas serão sempre verdadeiras e sempre falsas; no entanto, é evidente que as coisas mudam: a mesma pessoa que sustenta esta tese não existia em certo tempo e em seguida não existirá[12]. Se, ao contrário, tudo está em movimento, nada será verdadeiro e, portanto, tudo será falso; mas foi demonstrado que isso é impossível. Ademais, necessariamente, o que muda é um ser e a mudança ocorre a partir de alguma coisa e em direção a alguma coisa[13].

(b) E também não é verdade que tudo esteja às vezes em repouso e às vezes em movimento, e que não exista nada de eterno. De fato, existe algo que sempre move o que está em movimento, e o primeiro movente é, por si, imóvel[14].

LIVRO
Δ
(QUINTO)

1

Ἀρχὴ λέγεται ἡ μὲν ὅθεν ἄν τις τοῦ πράγματος 1
κινηθείη πρῶτον, οἷον τοῦ μήκους καὶ ὁδοῦ ἐντεῦθεν μὲν αὕτη
ἀρχή, ἐξ ἐναντίας δὲ ἑτέρα· ἡ δὲ ὅθεν ἂν κάλλιστα ἕκαστον
γένοιτο, οἷον καὶ μαθήσεως οὐκ ἀπὸ τοῦ πρώτου καὶ τῆς τοῦ
πράγματος ἀρχῆς ἐνίοτε ἀρκτέον ἀλλ' ὅθεν ῥᾷστ' ἂν μά-
θοι· ἡ δὲ ὅθεν πρῶτον γίγνεται ἐνυπάρχοντος, οἷον ὡς πλοίου
τρόπις καὶ οἰκίας θεμέλιος, καὶ τῶν ζῴων οἱ μὲν καρδίαν
οἱ δὲ ἐγκέφαλον οἱ δ' ὅ τι ἂν τύχωσι τοιοῦτον ὑπολαμβά-
νουσιν· ἡ δὲ ὅθεν γίγνεται πρῶτον μὴ ἐνυπάρχοντος καὶ
ὅθεν πρῶτον ἡ κίνησις πέφυκεν ἄρχεσθαι καὶ ἡ μεταβολή,
οἷον τὸ τέκνον ἐκ τοῦ πατρὸς καὶ τῆς μητρὸς καὶ ἡ μάχη
ἐκ τῆς λοιδορίας· ἡ δὲ οὗ κατὰ προαίρεσιν κινεῖται τὰ
κινούμενα καὶ μεταβάλλει τὰ μεταβάλλοντα, ὥσπερ αἵ
τε κατὰ πόλεις ἀρχαὶ καὶ αἱ δυναστεῖαι καὶ αἱ βασιλεῖαι
καὶ τυραννίδες ἀρχαὶ λέγονται καὶ αἱ τέχναι, καὶ τούτων
αἱ ἀρχιτεκτονικαὶ μάλιστα. ἔτι ὅθεν γνωστὸν τὸ πρᾶγμα
πρῶτον, καὶ αὕτη ἀρχὴ λέγεται τοῦ πράγματος, οἷον
τῶν ἀποδείξεων αἱ ὑποθέσεις. ἰσαχῶς δὲ καὶ τὰ αἴτια
λέγεται· πάντα γὰρ τὰ αἴτια ἀρχαί. πασῶν μὲν οὖν κοι-

1. [Os significados de princípio][1]
    (1) Princípio significa, num sentido, a parte de alguma coisa de onde se pode começar a mover-se; por exemplo, uma reta ou um caminho têm um princípio de um lado, e do lado oposto tem outro[2].
    (2) Noutro sentido, princípio significa o melhor ponto de partida para cada coisa; por exemplo, no aprendizado de uma ciência, às vezes não se deve começar do que é objetivamente primeiro e fundamento da coisa, mas do ponto a partir do qual pode-se aprender mais facilmente[3].
    (3) Princípio significa ainda a parte originária e inerente à coisa a partir da qual ela deriva[4]: por exemplo, a quilha de uma nave, os fundamentos de uma casa e, nos animais, o coração segundo alguns[5], ou o cérebro segundo outros[6], ou ainda alguma outra parte segundo outros.
    (4) Em outro sentido, princípio significa a causa primeira e não imanente da geração, ou seja, a causa primeira do movimento e da mudança; por exemplo, o filho deriva do pai e da mãe, e a rixa deriva da ofensa[7].
    (5) Noutro sentido, princípio significa aquilo por cuja vontade se movem as coisas que se movem e mudam as coisas que mudam; como são, por exemplo, as magistraturas das cidades, as oligarquias, as monarquias e as tiranias, e do mesmo modo as artes e, entre estas, sobretudo as arquitetônicas[8].
    (6) Ademais, o ponto de partida para o conhecimento de uma coisa também é dito princípio da coisa; as premissas, por exemplo, são princípios das demonstrações[9].
Em igual número de sentidos se entendem também as causas, pois todas as causas são princípios[10].

νὸν τῶν ἀρχῶν τὸ πρῶτον εἶναι ὅθεν ἢ ἔστιν ἢ γίγνεται ἢ
γιγνώσκεται· τούτων δὲ αἱ μὲν ἐνυπάρχουσαί εἰσιν αἱ δὲ
20 ἐκτός. διὸ ἥ τε φύσις ἀρχὴ καὶ τὸ στοιχεῖον καὶ ἡ διάνοια
καὶ ἡ προαίρεσις καὶ οὐσία καὶ τὸ οὗ ἕνεκα· πολλῶν γὰρ
καὶ τοῦ γνῶναι καὶ τῆς κινήσεως ἀρχὴ τἀγαθὸν καὶ τὸ
καλόν.

2

Αἴτιον λέγεται ἕνα μὲν τρόπον ἐξ οὗ γίγνεταί τι ἐνυ-
25 πάρχοντος, οἷον ὁ χαλκὸς τοῦ ἀνδριάντος καὶ ὁ ἄργυρος
τῆς φιάλης καὶ τὰ τούτων γένη· ἄλλον δὲ τὸ εἶδος καὶ
τὸ παράδειγμα, τοῦτο δ' ἐστὶν ὁ λόγος τοῦ τί ἦν εἶναι καὶ
τὰ τούτου γένη (οἷον τοῦ διὰ πασῶν τὸ δύο πρὸς ἓν καὶ
ὅλως ὁ ἀριθμός) καὶ τὰ μέρη τὰ ἐν τῷ λόγῳ. ἔτι ὅθεν ἡ
30 ἀρχὴ τῆς μεταβολῆς ἡ πρώτη ἢ τῆς ἠρεμήσεως, οἷον ὁ
βουλεύσας αἴτιος, καὶ ὁ πατὴρ τοῦ τέκνου καὶ ὅλως τὸ ποιοῦν
τοῦ ποιουμένου καὶ τὸ μεταβλητικὸν τοῦ μεταβάλλοντος. ἔτι
ὡς τὸ τέλος· τοῦτο δ' ἐστὶ τὸ οὗ ἕνεκα, οἷον τοῦ περιπατεῖν
ἡ ὑγίεια. διὰ τί γὰρ περιπατεῖ; φαμέν. ἵνα ὑγιαίνῃ. καὶ
35 εἰπόντες οὕτως οἰόμεθα ἀποδεδωκέναι τὸ αἴτιον. καὶ ὅσα
δὴ κινήσαντος ἄλλου μεταξὺ γίγνεται τοῦ τέλους, οἷον τῆς
1013ᵇ ὑγιείας ἡ ἰσχνασία ἢ ἡ κάθαρσις ἢ τὰ φάρμακα ἢ τὰ
ὄργανα· πάντα γὰρ ταῦτα τοῦ τέλους ἕνεκά ἐστι, διαφέρει
δὲ ἀλλήλων ὡς ὄντα τὰ μὲν ὄργανα τὰ δ' ἔργα. τὰ μὲν
οὖν αἴτια σχεδὸν τοσαυταχῶς λέγεται, συμβαίνει δὲ πολ-
5 λαχῶς λεγομένων τῶν αἰτίων καὶ πολλὰ τοῦ αὐτοῦ αἴτια
εἶναι οὐ κατὰ συμβεβηκός (οἷον τοῦ ἀνδριάντος καὶ ἡ ἀν-
δριαντοποιητικὴ καὶ ὁ χαλκὸς οὐ καθ' ἕτερόν τι ἀλλ' ᾗ ἀν-

Portanto, é comum a todos os significados de princípio o fato de ser o primeiro termo a partir do qual algo é ou é gerado ou é conhecido[11].

Desses princípios, alguns são inerentes à coisa, outros são externos[12]. Por isso são princípio a natureza, o elemento, o pensamento, o querer, a substância e o fim (de fato, princípio do conhecimento e do movimento de muitas coisas são o bem e o belo[13])[14].

2. [Os significados de causa][1]

(1) Causa, num sentido, significa a matéria de que são feitas as coisas: por exemplo, o bronze da estátua, a prata da taça e seus respectivos gêneros[2].

(2) Em outro sentido, causa significa a forma e o modelo[3], ou seja a noção da essência e seus gêneros; por exemplo, na oitava a causa formal é a relação de dois para um e, em geral, o número[4]. E <causa neste sentido> são também as partes que entram na noção da essência[5].

(3) Ademais, causa significa o princípio primeiro da mudança ou do repouso; por exemplo, quem tomou uma decisão é causa, o pai é causa do filho e, em geral, quem faz é a causa do que é feito e o que é capaz de produzir mudança é causa do que sofre mudança[6].

(4) Além disso, a causa significa o fim, quer dizer, o propósito da coisa: por exemplo, o propósito de caminhar é a saúde. De fato, por que motivo se caminha? Respondemos: para ser saudável. E dizendo isso consideramos ter dado a causa do caminhar. E o mesmo vale para todas as coisas que são movidas por outro e são intermediárias entre o motor e o fim; por exemplo, o emagrecimento, a purgação, os remédios, os instrumentos médicos são todos causas da saúde. Com efeito, todos estão em função do fim e diferem entre si enquanto alguns são instrumentos e outros ações[7].

Provavelmente estes são todos os significados de causa. E justamente porque a causa se entende em muitos significados, segue-se que existem muitas causas do mesmo objeto, e não

δριάς· ἀλλ' οὐ τὸν αὐτὸν τρόπον ἀλλὰ τὸ μὲν ὡς ὕλη τὸ δ' ὡς ὅθεν ἡ κίνησις), καὶ ἀλλήλων αἴτια (οἷον τὸ πονεῖν
10 τῆς εὐεξίας καὶ αὕτη τοῦ πονεῖν· ἀλλ' οὐ τὸν αὐτὸν τρόπον ἀλλὰ τὸ μὲν ὡς τέλος τὸ δ' ὡς ἀρχὴ κινήσεως). ἔτι δὲ ταὐτὸ τῶν ἐναντίων ἐστίν· ὃ γὰρ παρὸν αἴτιον τουδί, τοῦτ' ἀπὸν αἰτιώμεθα ἐνίοτε τοῦ ἐναντίου, οἷον τὴν ἀπουσίαν τοῦ κυβερνήτου τῆς ἀνατροπῆς, οὗ ἦν ἡ παρουσία αἰτία τῆς
15 σωτηρίας· ἄμφω δέ, καὶ ἡ παρουσία καὶ ἡ στέρησις, αἴτια ὡς κινοῦντα. — ἅπαντα δὲ τὰ νῦν εἰρημένα αἴτια εἰς τέτταρας τρόπους πίπτει τοὺς φανερωτάτους. τὰ μὲν γὰρ στοιχεῖα τῶν συλλαβῶν καὶ ἡ ὕλη τῶν σκευαστῶν καὶ τὸ πῦρ καὶ ἡ γῆ καὶ τὰ τοιαῦτα πάντα τῶν σωμάτων καὶ τὰ
20 μέρη τοῦ ὅλου καὶ αἱ ὑποθέσεις τοῦ συμπεράσματος ὡς τὸ ἐξ οὗ αἴτιά ἐστιν· τούτων δὲ τὰ μὲν ὡς τὸ ὑποκείμενον, οἷον τὰ μέρη, τὰ δὲ ὡς τὸ τί ἦν εἶναι, τό τε ὅλον καὶ ἡ σύνθεσις καὶ τὸ εἶδος. τὸ δὲ σπέρμα καὶ ὁ ἰατρὸς καὶ ὁ βουλεύσας καὶ ὅλως τὸ ποιοῦν, πάντα ὅθεν ἡ ἀρχὴ τῆς μετα-
25 βολῆς ἢ στάσεως. τὰ δ' ὡς τὸ τέλος καὶ τἀγαθὸν τῶν ἄλλων· τὸ γὰρ οὗ ἕνεκα βέλτιστον καὶ τέλος τῶν ἄλλων ἐθέλει εἶναι· διαφερέτω δὲ μηδὲν αὐτὸ εἰπεῖν ἀγαθὸν ἢ φαινόμενον ἀγαθόν. — τὰ μὲν οὖν αἴτια ταῦτα καὶ τοσαῦτά ἐστι τῷ εἴδει, τρόποι δὲ τῶν αἰτίων ἀριθμῷ μέν
30 εἰσι πολλοί, κεφαλαιούμενοι δὲ καὶ οὗτοι ἐλάττους. λέγονται γὰρ αἴτια πολλαχῶς, καὶ αὐτῶν τῶν ὁμοειδῶν προτέρως καὶ ὑστέρως ἄλλο ἄλλου, οἷον ὑγιείας ὁ ἰατρὸς καὶ ὁ τεχνίτης, καὶ τοῦ διὰ πασῶν τὸ διπλάσιον καὶ ἀριθμός, καὶ ἀεὶ τὰ περιέχοντα ὁτιοῦν τῶν καθ' ἕκαστα. ἔτι δ' ὡς τὸ συμ-
35 βεβηκὸς καὶ τὰ τούτων γένη, οἷον ἀνδριάντος ἄλλως Πολύ-

acidentalmente. Por exemplo, tanto a arte de esculpir como o bronze são causas da estátua, e não da estátua considerada sob diferentes aspectos, mas justamente enquanto estátua; todavia não são do mesmo modo causas, mas uma é causa como matéria e a outra como princípio do movimento[8]. Segue-se também que existem causas recíprocas: o exercício físico, por exemplo, é causa de vigor e este é causa daquele, mas não do mesmo modo: o vigor é causa enquanto fim, o outro enquanto princípio de movimento[9]. Ademais, a mesma coisa pode ser causa de contrários. De fato, aquilo que com sua presença é causa de alguma coisa, às vezes é causa do contrário com sua ausência. Por exemplo, a ausência do piloto é causa do naufrágio; a sua presença, ao contrário, é causa de salvação[10]. Tanto a presença como a ausência são causas motoras.

As causas de que falamos reduzem-se a quatro tipos. De fato, as letras das sílabas, a matéria dos artefatos, o fogo, a terra e todos os outros corpos como estes, as partes do todo e as premissas das conclusões são causas no sentido de que são aquilo de que as coisas derivam. E, em geral, destas[11] (1) algumas são causas enquanto substrato (por exemplo, as partes)[12], (2) outras enquanto essência (o todo[13], a composição[14] e a forma). (3) O sêmen, o médico, quem opera uma escolha e, em geral, o agente são princípios de mudança ou de quietude[15]. (4) Outras são causas enquanto são o fim e o bem de outras coisas: o escopo é o bem supremo e o fim das outras coisas (e aqui não importa que se trate do bem <real> ou do bem aparente)[16].

Portanto, estas são as causas e este é o número de suas espécies. O modo de ser das causas são numerosos, mas também eles são redutíveis a poucos[17].

(A) Também as causas da mesma espécie se entendem em muitos significados; entre estes, uma é causa em sentido anterior e a outra, em sentido posterior: por exemplo, tanto o médico como o prático são causas da saúde, e são causa da oitava tanto o dobro como o número, e as causas gerais que envolvem as causas particulares são causa de cada um dos efeitos particulares[18].

(B) Existem, ademais, as causas acidentais e seus gêneros: num sentido a causa da estátua é o escultor e noutro é Policleto,

κλειτος καὶ ἄλλως ἀνδριαντοποιός, ὅτι συμβέβηκε τῷ ἀν-
δριαντοποιῷ Πολυκλείτῳ εἶναι· καὶ τὰ περιέχοντα δὲ τὸ
συμβεβηκός, οἷον ἄνθρωπος αἴτιος ἀνδριάντος, ἢ καὶ ὅλως
ζῷον, ὅτι ὁ Πολύκλειτος ἄνθρωπος ὁ δὲ ἄνθρωπος ζῷον.
ἔστι δὲ καὶ τῶν συμβεβηκότων ἄλλα ἄλλων πορρώτερον καὶ
ἐγγύτερον, οἷον εἰ ὁ λευκὸς καὶ ὁ μουσικὸς αἴτιος λέγοιτο
τοῦ ἀνδριάντος, ἀλλὰ μὴ μόνον Πολύκλειτος ἢ ἄνθρωπος.
παρὰ πάντα δὲ καὶ τὰ οἰκείως λεγόμενα καὶ τὰ κατὰ
συμβεβηκός, τὰ μὲν ὡς δυνάμενα λέγεται τὰ δ' ὡς ἐνεργοῦντα, οἷον τοῦ οἰκοδομεῖσθαι οἰκοδόμος ἢ οἰκοδομῶν οἰκοδόμος. ὁμοίως δὲ λεχθήσεται καὶ ἐφ' ὧν αἴτια τὰ αἴτια
τοῖς εἰρημένοις, οἷον τοῦδε τοῦ ἀνδριάντος ἢ ἀνδριάντος ἢ ὅλως
εἰκόνος, καὶ χαλκοῦ τοῦδε ἢ χαλκοῦ ἢ ὅλως ὕλης· καὶ ἐπὶ
τῶν συμβεβηκότων ὡσαύτως. ἔτι δὲ συμπλεκόμενα καὶ
ταῦτα κἀκεῖνα λεχθήσεται, οἷον οὐ Πολύκλειτος οὐδὲ ἀν-
δριαντοποιὸς ἀλλὰ Πολύκλειτος ἀνδριαντοποιός. ἀλλ'
ὅμως ἅπαντά γε ταῦτ' ἐστὶ τὸ μὲν πλῆθος ἕξ, λεγόμενα
δὲ διχῶς· ἢ γὰρ ὡς τὸ καθ' ἕκαστον ἢ ὡς τὸ γένος, ἢ
ὡς τὸ συμβεβηκὸς ἢ ὡς τὸ γένος τοῦ συμβεβηκότος, ἢ
ὡς συμπλεκόμενα ταῦτα ἢ ὡς ἁπλῶς λεγόμενα, πάντα δὲ ἢ ὡς
ἐνεργοῦντα ἢ κατὰ δύναμιν. διαφέρει δὲ τοσοῦτον, ὅτι τὰ
μὲν ἐνεργοῦντα καὶ τὰ καθ' ἕκαστον ἅμα ἔστι καὶ οὐκ ἔστι
καὶ ὧν αἴτια, οἷον ὅδε ὁ ἰατρεύων τῷδε τῷ ὑγιαζομένῳ
καὶ ὅδε ὁ οἰκοδόμος τῷδε τῷ οἰκοδομουμένῳ, τὰ δὲ κατὰ
δύναμιν οὐκ ἀεί· φθείρεται γὰρ οὐχ ἅμα ἡ οἰκία καὶ ὁ
οἰκοδόμος.

porque acontece ser ele o escultor. E são causas também os gêneros das causas acidentais que incluem as causas acidentais particulares; por exemplo, a causa da estátua é o homem ou, em geral, o animal, porque Policleto é homem e homem é animal. Também entre as causas acidentais, algumas são mais longínquas, outras mais próximas; como, por exemplo, se alguém dissesse que a causa da estátua é o branco e o músico, e não só Policleto e o homem[19].

(C) Todas as causas — quer sejam entendidas em sentido próprio, quer em sentido acidental — são assim chamadas, (a) algumas enquanto são em potência, (b) outras enquanto são em ato: da construção de uma casa, por exemplo, a causa é um arquiteto que pode construir, ou um arquiteto que está atualmente construindo[20]. (O mesmo vale para os efeitos produzidos pelas causas; por exemplo, poder-se-á dizer que algo é causa dessa estátua particular, ou da estátua ou, em geral, da imagem[21]; e poder-se-á também dizer que é causa desse bronze particular, ou do bronze ou, em geral, da matéria[22]. E o mesmo vale para os efeitos acidentais)[23].

(D) Ademais, poder-se-á falar e combinar as causas entendidas em sentido próprio e as causas entendidas em sentido acidental; por exemplo, quando não se diz simplesmente "Policleto" ou "escultor", mas "Policleto escultor"[24].

Todas essas causas se reduzem a seis, e cada uma delas, ulteriormente, é entendida num duplo sentido[25]. Elas são causas ou (1) como particular ou (2) como gênero, ou (3) como acidente ou (4) como gênero do acidente, ou (5) como combinadas umas e outras ou (6) como tomadas cada uma por si; e todas elas são entendidas (a) ou como causas em ato ou (b) como em potência[26]. Porém, estas diferem no seguinte: as causas em ato e as causas particulares existem ou não existem contemporaneamente às coisas das quais são causas; por exemplo, este médico particular que está curando e este paciente particular que é curado, ou este arquiteto particular que está construindo e esta casa que está em construção. Ao contrário, para as causas em potência não é sempre assim: de fato, a casa e o arquiteto não perecem ao mesmo tempo[27].

3

Στοιχεῖον λέγεται ἐξ οὗ σύγκειται πρώτου ἐνυπάρχοντος ἀδιαιρέτου τῷ εἴδει εἰς ἕτερον εἶδος, οἷον φωνῆς στοιχεῖα ἐξ ὧν σύγκειται ἡ φωνὴ καὶ εἰς ἃ διαιρεῖται ἔσχατα, ἐκεῖνα δὲ μηκέτ' εἰς ἄλλας φωνὰς ἑτέρας τῷ εἴδει αὐτῶν, ἀλλὰ κἂν διαιρῆται, τὰ μόρια ὁμοειδῆ, οἷον ὕδατος τὸ μόριον ὕδωρ, ἀλλ' οὐ τῆς συλλαβῆς. ὁμοίως δὲ καὶ τὰ τῶν σωμάτων στοιχεῖα λέγουσιν οἱ λέγοντες εἰς ἃ διαιρεῖται τὰ σώματα ἔσχατα, ἐκεῖνα δὲ μηκέτ' εἰς ἄλλα εἴδει διαφέροντα· καὶ εἴτε ἓν εἴτε πλείω τὰ τοιαῦτα, ταῦτα στοιχεῖα λέγουσιν. παραπλησίως δὲ καὶ τὰ τῶν διαγραμμάτων στοιχεῖα λέγεται, καὶ ὅλως τὰ τῶν ἀποδείξεων· αἱ γὰρ πρῶται ἀποδείξεις καὶ ἐν πλείοσιν ἀποδείξεσιν ἐνυπάρχουσαι, αὗται στοιχεῖα τῶν ἀποδείξεων λέγονται· εἰσὶ δὲ τοιοῦτοι συλλογισμοὶ οἱ πρῶτοι ἐκ τῶν τριῶν δι' ἑνὸς μέσου. καὶ μεταφέροντες δὲ στοιχεῖον καλοῦσιν ἐντεῦθεν ὃ ἂν ἓν ὂν καὶ μικρὸν ἐπὶ πολλὰ ᾖ χρήσιμον, διὸ καὶ τὸ μικρὸν καὶ ἁπλοῦν καὶ ἀδιαίρετον στοιχεῖον λέγεται. ὅθεν ἐλήλυθε τὰ μάλιστα καθόλου στοιχεῖα εἶναι, ὅτι ἕκαστον αὐτῶν ἓν ὂν καὶ ἁπλοῦν ἐν πολλοῖς ὑπάρχει ἢ πᾶσιν ἢ ὅτι πλείστοις, καὶ τὸ ἓν καὶ τὴν στιγμὴν ἀρχάς τισι δοκεῖν εἶναι. ἐπεὶ οὖν τὰ καλούμενα γένη καθόλου καὶ ἀδιαίρετα (οὐ γὰρ ἔστι λόγος αὐτῶν), στοιχεῖα τὰ γένη λέγουσί τινες, καὶ μᾶλλον ἢ τὴν διαφορὰν ὅτι καθόλου μᾶλλον τὸ γένος· ᾧ μὲν γὰρ ἡ διαφορὰ ὑπάρχει, καὶ τὸ γένος ἀκολουθεῖ, ᾧ δὲ τὸ γένος, οὐ παντὶ ἡ διαφορά. ἁπάντων δὲ κοινὸν τὸ εἶναι στοιχεῖον ἑκάστου τὸ πρῶτον ἐνυπάρχον ἑκάστῳ.

3. [Os significados de elemento]¹

Elemento <tem os seguintes significados>.
(1) O primeiro componente imanente do qual é constituída uma coisa e que é indivisível em outras espécies².

(a) Por exemplo, os elementos da voz são as partes das quais a voz é composta e nas quais se dissolve; estas, com efeito, não podem mais dissolver-se em sons ulteriores, diferentes entre si pela espécie. E mesmo que fossem ulteriormente divididas, suas partes seriam sempre da mesma espécie como, por exemplo, a água é parte da água, enquanto a sílaba não é parte da sílaba. E, de modo semelhante, também os que falam dos elementos dos corpos entendem por elementos as partes últimas nas quais os corpos se dividem: partes que, ulteriormente, não são mais divisíveis em outras espécies diferentes. E quer exista destas partes um único tipo, quer existam mais de um, esses filósofos os denominam elementos³.

(b) De modo semelhante se fala de elementos das demonstrações geométricas e, em geral, de elementos das demonstrações. De fato, as demonstrações que são primeiras e que estão implícitas em muitas outras demonstrações são chamadas elementos das demonstrações: dessa natureza são os silogismos primeiros constituídos de três termos, dos quais um tem a função de médio⁴.

(2) Alguns, por transferência, (a) chamam elemento o que, sendo um e pequeno, pode servir a muitas coisas⁵. Por isso o pequeno, o simples e o indivisível são chamados elementos⁶.

(b) Daqui deriva a convicção de que as coisas que são mais universais são mais elementos, enquanto cada uma delas, sendo uma e simples, está presente em muitas coisas⁷; em todas ou na maioria delas⁸. E daqui deriva também a convicção de que o um e o ponto — segundo alguns — são elementos⁹. Ora, dado que os gêneros são universais e indivisíveis¹⁰ (de fato, deles não existe definição), alguns filósofos sustentam que eles são elementos¹¹, e com maior razão do que as diferenças, porque o gênero é mais universal. De fato, onde há diferença há também sempre o gênero, enquanto que onde há o gênero nem sempre há diferença¹².

Comum a todos esses significados é o seguinte: elemento de cada coisa é o constitutivo primeiro a ela imanente¹³.

4

Φύσις λέγεται ἕνα μὲν τρόπον ἡ τῶν φυομένων γένεσις, οἷον εἴ τις ἐπεκτείνας λέγοι τὸ υ, ἕνα δὲ ἐξ οὗ φύεται πρώτου τὸ φυόμενον ἐνυπάρχοντος· ἔτι ὅθεν ἡ κίνησις ἡ πρώτη ἐν ἑκάστῳ τῶν φύσει ὄντων ἐν αὐτῷ ᾗ αὐτὸ ὑπάρχει· φύεσθαι δὲ λέγεται ὅσα αὔξησιν ἔχει δι' ἑτέρου τῷ ἅπτεσθαι καὶ συμπεφυκέναι ἢ προσπεφυκέναι ὥσπερ τὰ ἔμβρυα· διαφέρει δὲ σύμφυσις ἁφῆς, ἔνθα μὲν γὰρ οὐδὲν παρὰ τὴν ἁφὴν ἕτερον ἀνάγκη εἶναι, ἐν δὲ τοῖς συμπεφυκόσιν ἔστι τι ἓν τὸ αὐτὸ ἐν ἀμφοῖν ὃ ποιεῖ ἀντὶ τοῦ ἅπτεσθαι συμπεφυκέναι καὶ εἶναι ἓν κατὰ τὸ συνεχὲς καὶ ποσόν, ἀλλὰ μὴ κατὰ τὸ ποιόν. ἔτι δὲ φύσις λέγεται ἐξ οὗ πρώτου ἢ ἔστιν ἢ γίγνεταί τι τῶν φύσει ὄντων, ἀρρυθμίστου ὄντος καὶ ἀμεταβλήτου ἐκ τῆς δυνάμεως τῆς αὑτοῦ, οἷον ἀνδριάντος καὶ τῶν σκευῶν τῶν χαλκῶν ὁ χαλκὸς ἡ φύσις λέγεται, τῶν δὲ ξυλίνων ξύλον· ὁμοίως δὲ καὶ ἐπὶ τῶν ἄλλων· ἐκ τούτων γάρ ἐστιν ἕκαστον διασωζομένης τῆς πρώτης ὕλης· τοῦτον γὰρ τὸν τρόπον καὶ τῶν φύσει ὄντων τὰ στοιχεῖά φασιν εἶναι φύσιν, οἱ μὲν πῦρ οἱ δὲ γῆν οἱ δ' ἀέρα οἱ δ' ὕδωρ οἱ δ' ἄλλο τι τοιοῦτον λέγοντες, οἱ δ' ἔνια τούτων οἱ δὲ πάντα ταῦτα. ἔτι δ' ἄλλον τρόπον λέγεται ἡ φύσις ἡ τῶν φύσει ὄντων οὐσία, οἷον οἱ λέγοντες τὴν φύσιν εἶναι τὴν πρώτην σύνθεσιν, ἢ ὥσπερ Ἐμπεδοκλῆς λέγει ὅτι "φύσις οὐδενὸς ἔστιν ἐόντων, | ἀλλὰ μόνον μῖξίς τε διάλλαξίς τε μιγέντων | ἔστι, φύσις δ' ἐπὶ τοῖς ὀνομάζεται

4. [Os significados de natureza]¹

Natureza significa, (1) num sentido, a geração das coisas que crescem (assim se entendermos como longa a letra "υ" da palavra φύσις²).
  (2) Noutro sentido, natureza significa o princípio originário e imanente, do qual se desenvolve o processo de crescimento da coisa que cresce³.
  (3) Ademais, natureza significa o princípio do primeiro movimento que se encontra em cada um dos seres naturais e que existe em cada um deles, justamente enquanto é ser natural⁴. E diz-se que crescem as coisas que recebem incremento por obra de algo exterior, por contato com ele e constituem uma unidade ou uma orgânica continuidade, como no caso dos embriões. (A união é diferente do contato: neste último não se exige nada além do próprio contato; na união existe algo que é uno e idêntico nas duas partes, fazendo com que, em vez de simples contato, exista uma verdadeira unidade, e fazendo com que as partes sejam uma coisa só com relação à continuidade e à quantidade, mas não segundo a qualidade)⁵.
  (4) Ademais, natureza significa o princípio material originário do qual é feito ou do qual deriva algum objeto natural, e que é privado de forma e incapaz de mudar em virtude unicamente da potência que lhe é própria⁶. Por exemplo, diz-se que a natureza de uma estátua ou de um objeto de bronze é o bronze, enquanto dos objetos de madeira é a madeira; e o mesmo vale para todos os casos. De fato, cada um desses objetos é constituído desses elementos sem que se mude a matéria prima <da qual é constituído>⁷. Nesse sentido, alguns chamam natureza os elementos dos seres naturais⁸. E alguns dizem que elemento é o fogo⁹, outros que é a terra¹⁰, outros que é o ar¹¹, outros que é a água¹² e outros que é algo semelhante¹³; outros dizem que os elementos são mais de um¹⁴ e outros, enfim, que elementos são todos¹⁵.
  (5) Além disso, noutro sentido, natureza significa a substância¹⁶ dos seres naturais. Assim a entendem, por exemplo, os que dizem que a natureza é a originária composição ou, como Empédocles, que "de nenhuma das coisas que são existe uma natureza / mas apenas

ἀνθρώποισιν". διὸ καὶ ὅσα φύσει ἔστιν ἢ γίγνεται, ἤδη
ὑπάρχοντος ἐξ οὗ πέφυκε γίγνεσθαι ἢ εἶναι, οὔπω φαμὲν
τὴν φύσιν ἔχειν ἐὰν μὴ ἔχῃ τὸ εἶδος καὶ τὴν μορφήν.
φύσει μὲν οὖν τὸ ἐξ ἀμφοτέρων τούτων ἐστίν, οἷον τὰ ζῷα
καὶ τὰ μόρια αὐτῶν· φύσις δὲ ἥ τε πρώτη ὕλη (καὶ αὕτη
διχῶς, ἢ ἡ πρὸς αὐτὸ πρώτη ἢ ἡ ὅλως πρώτη, οἷον τῶν
χαλκῶν ἔργων πρὸς αὐτὰ μὲν πρῶτος ὁ χαλκός, ὅλως δ᾽
ἴσως ὕδωρ, εἰ πάντα τὰ τηκτὰ ὕδωρ) καὶ τὸ εἶδος καὶ ἡ
οὐσία· τοῦτο δ᾽ ἐστὶ τὸ τέλος τῆς γενέσεως. μεταφορᾷ δ᾽
ἤδη καὶ ὅλως πᾶσα οὐσία φύσις λέγεται διὰ ταύτην, ὅτι
καὶ ἡ οὐσία φύσις τίς ἐστιν. ἐκ δὴ τῶν εἰρημένων ἡ πρώτη
φύσις καὶ κυρίως λεγομένη ἐστὶν ἡ οὐσία ἡ τῶν ἐχόντων
ἀρχὴν κινήσεως ἐν αὑτοῖς ᾗ αὐτά· ἡ γὰρ ὕλη τῷ ταύτης
δεκτικὴ εἶναι λέγεται φύσις, καὶ αἱ γενέσεις καὶ τὸ φύε-
σθαι τῷ ἀπὸ ταύτης εἶναι κινήσεις. καὶ ἡ ἀρχὴ τῆς κινήσεως τῶν φύσει ὄντων αὕτη ἐστίν, ἐνυπάρχουσά πως ἢ δυνάμει ἢ ἐντελεχείᾳ.

5

Ἀναγκαῖον λέγεται οὗ ἄνευ οὐκ ἐνδέχεται ζῆν ὡς
συναιτίου (οἷον τὸ ἀναπνεῖν καὶ ἡ τροφὴ τῷ ζῴῳ ἀναγκαῖον, ἀδύνατον γὰρ ἄνευ τούτων εἶναι), καὶ ὧν ἄνευ τὸ
ἀγαθὸν μὴ ἐνδέχεται ἢ εἶναι ἢ γενέσθαι, ἢ τὸ κακὸν ἀπο-
βαλεῖν ἢ στερηθῆναι (οἷον τὸ πιεῖν τὸ φάρμακον ἀναγκαῖον
ἵνα μὴ κάμνῃ, καὶ τὸ πλεῦσαι εἰς Αἴγιναν ἵνα ἀπολάβῃ
τὰ χρήματα). ἔτι τὸ βίαιον καὶ ἡ βία· τοῦτο δ᾽ ἐστὶ τὸ

mistura e separação das coisas que são misturadas / e natureza é só um nome dado a estas pelos homens". Por isso de todas as coisas que são ou que se geram naturalmente, mesmo que já esteja presente aquilo de que deriva, por natureza, seu ser ou sua geração, enquanto ainda não tenham sua forma e sua figura, dizemos que ainda não têm sua natureza. Portanto, objeto natural é o que é composto de matéria e de forma; por exemplo, os animais e suas partes[17]. E natureza não é só a matéria primeira (e esta é "primeira" em dois sentidos: ou é primeira em relação ao próprio objeto, ou é primeira em geral; por exemplo, no caso dos objetos de bronze, o bronze é matéria primeira desses objetos, enquanto matéria primeira em geral é, talvez, a água, se admitirmos que tudo que se dissolve é água[18]), mas também a forma e a substância: e esta é o fim da geração[19].

(6) Por extensão e em geral, toda substância é dita natureza em virtude da forma, porque também a forma é uma natureza[20].

Do que se disse fica claro que a natureza, em seu sentido originário e fundamental, é a substância[21] das coisas que possuem o princípio do movimento em si mesmas e por sua essência[22]: com efeito, a matéria só é dita natureza porque é capaz de receber esse princípio, e a geração e o crescimento só porque são movimentos que derivam desse mesmo princípio[23].

E esse princípio do movimento dos seres naturais, que de algum modo é imanente a eles, ou é em potência ou é em ato[24].

5. [Os significados de necessário][1]

(1) Necessário significa (a) aquilo sem cujo concurso não é possível viver: a respiração e o alimento, por exemplo, são necessários ao animal porque este não pode existir sem eles. (b) E significa também aquilo sem o que o bem não pode existir nem se produzir, ou aquilo sem o que o mal não pode ser eliminado ou evitado: tomar um remédio, por exemplo, é necessário para não ficar doente, e navegar para Egina é necessário para ganhar dinheiro[2].

παρὰ τὴν ὁρμὴν καὶ τὴν προαίρεσιν ἐμποδίζον καὶ κωλυτικόν,
τὸ γὰρ βίαιον ἀναγκαῖον λέγεται, διὸ καὶ λυπηρόν (ὥσπερ
καὶ Εὐηνός φησι "πᾶν γὰρ ἀναγκαῖον πρᾶγμ' ἀνιαρὸν
30 ἔφυ"), καὶ ἡ βία ἀνάγκη τις (ὥσπερ καὶ Σοφοκλῆς λέγει
"ἀλλ' ἡ βία με ταῦτ' ἀναγκάζει ποιεῖν"), καὶ δοκεῖ ἡ
ἀνάγκη ἀμετάπειστόν τι εἶναι, ὀρθῶς· ἐναντίον γὰρ τῇ
κατὰ τὴν προαίρεσιν κινήσει καὶ κατὰ τὸν λογισμόν. ἔτι
τὸ μὴ ἐνδεχόμενον ἄλλως ἔχειν ἀναγκαῖόν φαμεν οὕτως
35 ἔχειν· καὶ κατὰ τοῦτο τὸ ἀναγκαῖον καὶ τἆλλα λέγεταί
πως ἅπαντα ἀναγκαῖα· τό τε γὰρ βίαιον ἀναγκαῖον λέ-
1015ᵇ γεται ἢ ποιεῖν ἢ πάσχειν τότε, ὅταν μὴ ἐνδέχηται κατὰ
τὴν ὁρμὴν διὰ τὸ βιαζόμενον, ὡς ταύτην ἀνάγκην οὖσαν
δι' ἣν μὴ ἐνδέχεται ἄλλως, καὶ ἐπὶ τῶν συναιτίων τοῦ
ζῆν καὶ τοῦ ἀγαθοῦ ὡσαύτως· ὅταν γὰρ μὴ ἐνδέχηται ἔνθα
5 μὲν τὸ ἀγαθὸν ἔνθα δὲ τὸ ζῆν καὶ τὸ εἶναι ἄνευ τινῶν,
ταῦτα ἀναγκαῖα καὶ ἡ αἰτία ἀνάγκη τίς ἐστιν αὕτη. ἔτι
ἡ ἀπόδειξις τῶν ἀναγκαίων, ὅτι οὐκ ἐνδέχεται ἄλλως
ἔχειν, εἰ ἀποδέδεικται ἁπλῶς· τούτου δ' αἴτια τὰ πρῶτα,
εἰ ἀδύνατον ἄλλως ἔχειν ἐξ ὧν ὁ συλλογισμός. τῶν μὲν
10 δὴ ἕτερον αἴτιον τοῦ ἀναγκαῖα εἶναι, τῶν δὲ οὐδέν, ἀλλὰ
διὰ ταῦτα ἕτερά ἐστιν ἐξ ἀνάγκης. ὥστε τὸ πρῶτον καὶ
κυρίως ἀναγκαῖον τὸ ἁπλοῦν ἐστίν· τοῦτο γὰρ οὐκ ἐνδέχεται
πλεοναχῶς ἔχειν, ὥστ' οὐδὲ ἄλλως καὶ ἄλλως· ἤδη γὰρ
πλεοναχῶς ἂν ἔχοι. εἰ ἄρα ἔστιν ἄττα ἀΐδια καὶ ἀκί-
15 νητα, οὐδὲν ἐκείνοις ἐστὶ βίαιον οὐδὲ παρὰ φύσιν.

(2) Além disso, necessário significa o que obriga e a obrigação[3]. E isso é o que se opõe como obstáculo e como impedimento ao impulso natural e à deliberação racional. De fato, o que é obrigação se diz necessário e por isso também doloroso, como diz Eveno: "Tudo o que é necessário é natureza obrigatória"[4]. E a obrigação é uma necessidade, como também Sófocles afirma: "Mas a obrigação me constrange a fazer estas coisas"[5]. E a necessidade parece ser algo inflexível, e com razão, porque se opõe ao movimento decorrente da deliberação e do raciocínio.

(3) Ademais, dizemos que é necessário que seja assim o que não pode ser diferente do que é[6]. E desse significado de necessário derivam, de certo modo, todos os outros significados. De fato, dizemos que o que é obrigado é constrangido a fazer ou a sofrer quando, por força da obrigação, não pode seguir sua tendência, o que significa que a necessidade é aquilo por força do qual uma coisa não pode ser diferente do que é. E o mesmo vale para as coisas que são causa da vida e do bem: quando é impossível que o bem e a vida existam sem que existam determinadas coisas, estas são necessárias e esta causa é uma necessidade.

(4) Além disso, no âmbito das coisas necessárias entra também a demonstração, porque — em se tratando de uma verdadeira demonstração — não é possível que as conclusões sejam diferentes do que são. E a causa dessa necessidade são as premissas, se é verdade que as proposições das quais o silogismo deriva não podem ser diferentes do que são[7].

Algumas das coisas que são necessárias têm fora de si a causa do seu ser necessárias; outras não a têm fora de si e são elas mesmas as causas pelas quais outras são necessárias. Portanto o sentido primário e fundamental de necessário é o simples, pois este não pode ser de muitos modos e, consequentemente, não pode ser ora de um modo, ora de outro, pois nesse caso seria de muitos modos[8]. Se, portanto, existem seres eternos e imóveis[9], neles não pode haver nada que seja forçado nem contra sua natureza[10].

6

Ἓν λέγεται τὸ μὲν κατὰ συμβεβηκὸς τὸ δὲ καθ' αὑτό, κατὰ συμβεβηκὸς μὲν οἷον Κορίσκος καὶ τὸ μουσικόν, καὶ Κορίσκος μουσικός (ταὐτὸ γὰρ εἰπεῖν Κορίσκος καὶ τὸ μουσικόν, καὶ Κορίσκος μουσικός), καὶ τὸ μουσικὸν καὶ τὸ δίκαιον, καὶ μουσικὸς (Κορίσκος) καὶ δίκαιος Κορίσκος· πάντα γὰρ ταῦτα ἓν λέγεται κατὰ συμβεβηκός, τὸ μὲν δίκαιον καὶ τὸ μουσικὸν ὅτι μιᾷ οὐσίᾳ συμβέβηκεν, τὸ δὲ μουσικὸν καὶ Κορίσκος ὅτι θάτερον θατέρῳ συμβέβηκεν· ὁμοίως δὲ τρόπον τινὰ καὶ ὁ μουσικὸς Κορίσκος τῷ Κορίσκῳ ἓν ὅτι θάτερον τῶν μορίων θατέρῳ συμβέβηκε τῶν ἐν τῷ λόγῳ, οἷον τὸ μουσικὸν τῷ Κορίσκῳ· καὶ ὁ μουσικὸς Κορίσκος δικαίῳ Κορίσκῳ ὅτι ἑκατέρου μέρος τῷ αὐτῷ ἑνὶ συμβέβηκεν ἕν. ὡσαύτως δὲ κἂν ἐπὶ γένους κἂν ἐπὶ τῶν καθόλου τινὸς ὀνομάτων λέγηται τὸ συμβεβηκός, οἷον ὅτι ἄνθρωπος τὸ αὐτὸ καὶ μουσικὸς ἄνθρωπος· ἢ γὰρ ὅτι τῷ ἀνθρώπῳ μιᾷ οὔσῃ οὐσίᾳ συμβέβηκε τὸ μουσικόν, ἢ ὅτι ἄμφω τῶν καθ' ἕκαστόν τινι συμβέβηκεν, οἷον Κορίσκῳ. πλὴν οὐ τὸν αὐτὸν τρόπον ἄμφω ὑπάρχει, ἀλλὰ τὸ μὲν ἴσως ὡς γένος καὶ ἐν τῇ οὐσίᾳ τὸ δὲ ὡς ἕξις ἢ πάθος τῆς οὐσίας. —ὅσα μὲν οὖν κατὰ συμβεβηκὸς λέγεται ἕν, τοῦτον τὸν τρόπον λέγεται· τῶν δὲ καθ' ἑαυτὰ ἓν λεγομένων τὰ μὲν λέγεται τῷ συνεχῆ εἶναι, οἷον φάκελος δεσμῷ καὶ ξύλα κόλλῃ· καὶ γραμμή, κἂν κεκαμμένη ᾖ, συνεχὴς δέ, μία λέγεται, ὥσπερ καὶ τῶν μερῶν ἕκαστον, οἷον σκέλος καὶ βραχίων. αὐτῶν δὲ τούτων μᾶλλον ἓν τὰ φύσει συνεχῆ ἢ τέχνῃ. συνεχὲς δὲ λέγεται οὗ κίνησις μία καθ' αὑτὸ καὶ μὴ οἷόν τε ἄλλως· μία δ' οὗ ἀδιαίρετος, ἀδιαίρετος δὲ κατὰ χρόνον. καθ' αὑτὰ δὲ συνεχῆ ὅσα μὴ ἁφῇ ἕν· εἰ γὰρ θείης ἁπτό-

6. [*Os significados do um*]¹

Um é dito, (1) num sentido, por acidente, (2) noutro sentido, por si.

(1) Um por acidente são, por exemplo, Corisco e o músico e Corisco músico. De fato, é a mesma coisa dizer Corisco e o músico e Corisco músico. E assim são um por acidente o músico e o justo e Corisco músico e Corisco justo. Tudo isso é dito um por acidente, enquanto justo e músico são acidentes de uma única substância, na medida em que músico e Corisco são acidente um do outro. E, analogamente, de certo modo, também Corisco músico é uma coisa só com Corisco, porque um dos dois termos é acidente do outro: o músico é acidente de Corisco. E Corisco músico é um com Corisco justo, porque um dos termos de cada uma dessas expressões é acidente do mesmo e único sujeito. Isso também vale quando o acidente é afirmado dos gêneros ou dos termos tomados universalmente. Por exemplo, quando se diz que o homem é o mesmo que o homem músico; e é assim ou porque o músico é acidente de homem, que é uma substância única, ou porque homem e músico são atributos de algum indivíduo como, por exemplo, Corisco. Homem e músico, porém, não inerem a Corisco do mesmo modo, mas um se refere a Corisco indubitavelmente como gênero, e é na substância, enquanto o outro como propriedade ou como afecção da substância. Tudo o que se diz um por acidente se entende nesse sentido².

(2) Do que dizemos "um por si"³, (a) algumas coisas o são por serem contínuas; por exemplo, um feixe é dito um por aquilo que o liga, e pedaços de madeira são unidos pela cola. E uma linha é dita uma, mesmo quebrada⁴, desde que seja contínua, assim como dizemos ser una cada parte do corpo, como a perna e o braço. De todas essas coisas, as que são contínuas por natureza são unidade em maior grau do que as que são tais pela arte. E "contínuo" se diz aquilo cujo movimento é essencialmente um e não pode ser diferente do que é. E o movimento é um quando é indivisível segundo o tempo⁵. Contínuas por

μενα ἀλλήλων ξύλα, οὐ φήσεις ταῦτα εἶναι ἓν οὔτε ξύλον
οὔτε σῶμα οὔτ' ἄλλο συνεχὲς οὐδέν. τά τε δὴ ὅλως συνεχῆ
ἓν λέγεται κἂν ἔχῃ κάμψιν, καὶ ἔτι μᾶλλον τὰ μὴ ἔχοντα
κάμψιν, οἷον κνήμη ἢ μηρὸς σκέλους, ὅτι ἐνδέχεται μὴ μίαν
εἶναι τὴν κίνησιν τοῦ σκέλους. καὶ ἡ εὐθεῖα τῆς κεκαμμένης
μᾶλλον ἕν· τὴν δὲ κεκαμμένην καὶ ἔχουσαν γωνίαν καὶ
μίαν καὶ οὐ μίαν λέγομεν, ὅτι ἐνδέχεται καὶ μὴ ἅμα τὴν
κίνησιν αὐτῆς εἶναι καὶ ἅμα· τῆς δ' εὐθείας ἀεὶ ἅμα, καὶ
οὐδὲν μόριον ἔχον μέγεθος τὸ μὲν ἠρεμεῖ τὸ δὲ κινεῖται,
ὥσπερ τῆς κεκαμμένης. ἔτι ἄλλον τρόπον ἓν λέγεται τῷ
τὸ ὑποκείμενον τῷ εἴδει εἶναι ἀδιάφορον· ἀδιάφορον δ' ὧν
ἀδιαίρετον τὸ εἶδος κατὰ τὴν αἴσθησιν· τὸ δ' ὑποκείμενον
ἢ τὸ πρῶτον ἢ τὸ τελευταῖον πρὸς τὸ τέλος· καὶ γὰρ οἶνος
εἷς λέγεται καὶ ὕδωρ ἕν, ᾗ ἀδιαίρετον κατὰ τὸ εἶδος, καὶ
οἱ χυμοὶ πάντες λέγονται ἕν (οἷον ἔλαιον οἶνος) καὶ τὰ τηκτά,
ὅτι πάντων τὸ ἔσχατον ὑποκείμενον τὸ αὐτό· ὕδωρ γὰρ ἢ
ἀὴρ πάντα ταῦτα. λέγεται δ' ἓν καὶ ὧν τὸ γένος ἓν
διαφέρον ταῖς ἀντικειμέναις διαφοραῖς—καὶ ταῦτα λέγεται
πάντα ἓν ὅτι τὸ γένος ἓν τὸ ὑποκείμενον ταῖς διαφοραῖς
(οἷον ἵππος ἄνθρωπος κύων ἕν τι ὅτι πάντα ζῷα), καὶ τρόπον δὴ παραπλήσιον ὥσπερ ἡ ὕλη μία. ταῦτα δὲ ὁτὲ
μὲν οὕτως ἓν λέγεται, ὁτὲ δὲ τὸ ἄνω γένος ταὐτὸν λέγεται—ἂν ᾖ τελευταῖα τοῦ γένους εἴδη—τὸ ἀνωτέρω τούτων, οἷον
τὸ ἰσοσκελὲς καὶ τὸ ἰσόπλευρον ταὐτὸ καὶ ἓν σχῆμα ὅτι
ἄμφω τρίγωνα· τρίγωνα δ' οὐ ταὐτά. ἔτι δὲ ἓν λέγεται

si são as coisas que não formam uma unidade por puro contato: se, de fato, juntarmos pedaços de madeira, não poderemos dizer que constituem uma única peça de madeira, nem um único corpo, nem algum outro tipo de contínuo. São ditas unidade as coisas que, em geral, são contínuas, mesmo que se possam dobrar; e mais ainda as que não se podem dobrar: por exemplo, a tíbia ou a coxa são mais unidade do que a perna, porque o movimento da perna pode não ser uno[6]. E a linha reta é mais una do que a quebrada. Dizemos que a linha que tem uma quebra e um ângulo é, ao mesmo tempo, una e não-una, porque seu movimento pode ser e não ser simultâneo[7], e nenhuma de suas partes extensas pode estar parada quando as outras estão em movimento[8], como é o caso da linha quebrada[9].

(b) Além disso, noutro sentido, diz-se que uma coisa é una porque seu substrato não é diferente pela espécie[10]. Não é diferente pela espécie o substrato das coisas cuja espécie é indivisível segundo a percepção[11]. E, com relação ao estado final, o substrato ou é o primeiro ou é último[12]. De fato, diz-se que o vinho é um e que a água é una enquanto são indivisíveis pela espécie; e diz-se que todos os líquidos constituem uma unidade — como o óleo, o vinho e os corpos que podem ser fundidos — porque seu substrato último é idêntico: todos eles ou são água ou são ar[13].

(c) Também se dizem unas por si as coisas cujo gênero é um, embora dividido em diferenças específicas opostas. E dizemos que essas coisas constituem uma unidade enquanto o gênero que serve de substrato das diferenças é uno: por exemplo, "cavalo", "homem" e "cão" são uma unidade enquanto todos são "animais", aproximadamente como nas coisas das quais a matéria é uma só[14]. Às vezes diz-se que essas coisas são unidade desse modo, outras vezes que são unidade enquanto o gênero superior é idêntico, caso sejam as espécies últimas de seu gênero: o triângulo isósceles e o triângulo equilátero, por exemplo, são a mesma figura porque ambos são triângulos, mas não são um único e idêntico triângulo[15].

(d) Ademais, duas coisas constituem uma unidade se a noção[16] que exprime a essência de uma coisa é inseparável da noção que

ὅσων ὁ λόγος ὁ τὸ τί ἦν εἶναι λέγων ἀδιαίρετος πρὸς ἄλλον
τὸν δηλοῦντα [τί ἦν εἶναι] τὸ πρᾶγμα (αὐτὸς γὰρ καθ' αὑτὸν
πᾶς λόγος διαιρετός). οὕτω γὰρ καὶ τὸ ηὐξημένον καὶ φθῖ-
νον ἕν ἐστιν, ὅτι ὁ λόγος εἷς, ὥσπερ ἐπὶ τῶν ἐπιπέδων ὁ τοῦ
εἴδους. ὅλως δὲ ὧν ἡ νόησις ἀδιαίρετος ἡ νοοῦσα τὸ τί ἦν
εἶναι, καὶ μὴ δύναται χωρίσαι μήτε χρόνῳ μήτε τόπῳ
μήτε λόγῳ, μάλιστα ταῦτα ἕν, καὶ τούτων ὅσα οὐσίαι· καθόλου γὰρ ὅσα μὴ ἔχει διαίρεσιν, ᾗ μὴ ἔχει, ταύτῃ ἓν λέγεται, οἷον εἰ ᾗ ἄνθρωπος μὴ ἔχει διαίρεσιν, εἷς ἄνθρωπος,
εἰ δ' ᾗ ζῷον, ἓν ζῷον, εἰ δὲ ᾗ μέγεθος, ἓν μέγεθος. τὰ μὲν
οὖν πλεῖστα ἓν λέγεται τῷ ἕτερόν τι ἢ ποιεῖν ἢ ἔχειν ἢ
πάσχειν ἢ πρός τι εἶναι ἕν, τὰ δὲ πρώτως λεγόμενα ἓν ὧν ἡ
οὐσία μία, μία δὲ ἢ συνεχείᾳ ἢ εἴδει ἢ λόγῳ· καὶ γὰρ
ἀριθμοῦμεν ὡς πλείω ἢ τὰ μὴ συνεχῆ ἢ ὧν μὴ ἓν τὸ εἶδος
ἢ ὧν ὁ λόγος μὴ εἷς. ἔτι δ' ἔστι μὲν ὡς ὁτιοῦν ἕν φαμεν
εἶναι ἂν ᾗ ποσὸν καὶ συνεχές, ἔστι δ' ὡς οὔ, ἂν μή τι ὅλον
ᾖ, τοῦτο δὲ ἂν μὴ τὸ εἶδος ἔχῃ ἕν· οἷον οὐκ ἂν φαῖμεν
ὁμοίως ἓν ἰδόντες ὁπωσοῦν τὰ μέρη συγκείμενα τοῦ ὑποδήματος, ἐὰν μὴ διὰ τὴν συνέχειαν, ἀλλ' ἐὰν οὕτως ὥστε ὑπόδημα εἶναι καὶ εἶδός τι ἔχειν ἤδη ἕν· διὸ καὶ ἡ τοῦ κύκλου
μάλιστα μία τῶν γραμμῶν, ὅτι ὅλη καὶ τέλειός ἐστιν. — τὸ
δὲ ἑνὶ εἶναι ἀρχῇ τινί ἐστιν ἀριθμοῦ εἶναι· τὸ γὰρ πρῶτον
μέτρον ἀρχή, ᾧ γὰρ πρώτῳ γνωρίζομεν, τοῦτο πρῶτον μέτρον ἑκάστου γένους· ἀρχὴ οὖν τοῦ γνωστοῦ περὶ ἕκαστον τὸ
ἕν. οὐ ταὐτὸ δὲ ἓν πᾶσι τοῖς γένεσι τὸ ἕν. ἔνθα μὲν γὰρ

exprime a essência de outra coisa (embora toda noção seja, por si, divisível)[17]. Assim, o que cresce e o que diminui constitui uma unidade porque uma é a noção, do mesmo modo que nas superfícies uma é a noção de sua espécie[18]. Em poucas palavras, são unidade por excelência todas as coisas cuja essência é captada com um ato do intelecto indivisível e não separável nem no tempo, nem no lugar, nem na noção, e, dentre estas, especialmente as substâncias[19].

Em geral, diz-se que é unidade tudo o que é indivisível, justamente enquanto indivisível: por exemplo, se algumas coisas são indivisíveis enquanto homem, elas constituirão a unidade homem; se são indivisíveis enquanto animal, constituirão a unidade animal, e se são indivisíveis enquanto grandezas, constituirão a unidade grandeza[20].

Em sua maioria, as coisas são ditas unidade ou porque produzem, ou porque têm, ou porque sofrem, ou porque são em relação a algo que é um[21]; mas em sentido original, constituem uma unidade as coisas cuja substância é una, e una seja por continuidade, seja pela espécie, seja pela noção[22].

Com efeito, são consideradas muitas as coisas que não são contínuas, ou cuja espécie não é una ou, ainda, cuja noção não é una[23]. Ademais, sob certo aspecto, dizemos ser um tudo o que é uma quantidade e um contínuo, sob outro aspecto, não dizemos ser um se não é um todo, isto é, se não possui uma forma única: por exemplo, vendo as partes de um sapato justapostas ao acaso, não dizemos que constituem uma unidade — a não ser por pura continuidade —, mas dizemos que constituem uma unidade só se estão unidas de modo a constituírem um sapato e se já possuem uma forma determinada e única[24]. Por isso, entre as linhas, a circular é a mais una de todas, porque inteira a perfeita.

(1) A essência do um[25] consiste em ser um princípio numérico: de fato, a medida primeira é um princípio. Com efeito, o que é princípio de nosso conhecimento para cada gênero de coisas é a medida primeira desse gênero de coisa. Portanto, o um é o princípio do cognoscível para cada gênero de coisas. Porém, o um não é o mesmo em todos os gêneros. Em alguns casos é o semitom, noutros é a vogal ou a consoante; uma coisa

δίεσις ἔνθα δὲ τὸ φωνῆεν ἢ ἄφωνον· βάρους δὲ ἕτερον καὶ
κινήσεως ἄλλο. πανταχοῦ δὲ τὸ ἓν ἢ τῷ ποσῷ ἢ τῷ εἴδει ἀδιαίρετον. τὸ μὲν οὖν κατὰ τὸ ποσὸν ἀδιαίρετον,
25 τὸ μὲν πάντῃ καὶ ἄθετον λέγεται μονάς, τὸ δὲ πάντῃ
καὶ θέσιν ἔχον στιγμή, τὸ δὲ μοναχῇ γραμμή, τὸ δὲ διχῇ
ἐπίπεδον, τὸ δὲ πάντῃ καὶ τριχῇ διαιρετὸν κατὰ τὸ ποσὸν
σῶμα· καὶ ἀντιστρέφαντι δὴ τὸ μὲν διχῇ διαιρετὸν ἐπίπεδον, τὸ δὲ μοναχῇ γραμμή, τὸ δὲ μηδαμῇ διαιρετὸν κατὰ
30 τὸ ποσὸν στιγμὴ καὶ μονάς, ἡ μὲν ἄθετος μονὰς ἡ δὲ θετὸς
στιγμή. ἔτι δὲ τὰ μὲν κατ' ἀριθμόν ἐστιν ἕν, τὰ δὲ κατ'
εἶδος, τὰ δὲ κατὰ γένος, τὰ δὲ κατ' ἀναλογίαν, ἀριθμῷ
μὲν ὧν ἡ ὕλη μία, εἴδει δ' ὧν ὁ λόγος εἷς, γένει δ' ὧν τὸ
αὐτὸ σχῆμα τῆς κατηγορίας, κατ' ἀναλογίαν δὲ ὅσα ἔχει ὡς
35 ἄλλο πρὸς ἄλλο. ἀεὶ δὲ τὰ ὕστερα τοῖς ἔμπροσθεν ἀκολουθεῖ,
οἷον ὅσα ἀριθμῷ καὶ εἴδει ἕν, ὅσα δ' εἴδει οὐ πάντα ἀριθμῷ·
1017ᵃ ἀλλὰ γένει πάντα ἓν ὅσαπερ καὶ εἴδει, ὅσα δὲ γένει οὐ πάντα εἴδει ἀλλ' ἀναλογίᾳ· ὅσα δὲ ἀνολογίᾳ οὐ πάντα γένει. φανερὸν δὲ καὶ ὅτι τὰ πολλὰ ἀντικειμένως λεχθήσεται
τῷ ἑνί· τὰ μὲν γὰρ τῷ μὴ συνεχῆ εἶναι, τὰ δὲ τῷ διαιρε-
5 τὴν ἔχειν τὴν ὕλην κατὰ τὸ εἶδος, ἢ τὴν πρώτην ἢ τὴν τελευ-

é o um no âmbito dos pesos, outra coisa no âmbito dos movimentos[26]. Entretanto, em todos esses casos, o um é indivisível, seja pela quantidade seja pela espécie. Ora, chama-se unidade o que é indivisível segundo a quantidade e enquanto quantidade, o que é indivisível em todas as dimensões e não tem posição; ao contrário, o que é indivisível em todas as dimensões, mas tem uma posição chama-se ponto; o que é divisível segundo uma única dimensão chama-se linha, enquanto o que é divisível segundo duas dimensões chama-se superfície e, enfim, o que é divisível segundo a quantidade em todas as dimensões chama-se corpo. Procedendo em sentido inverso, o que é divisível segundo duas dimensões é uma superfície, o que é divisível segundo uma única dimensão é uma linha, enquanto o que não é quantitativamente divisível segundo nenhuma dimensão é um ponto ou uma unidade: se não tem posição é uma unidade, se tem posição é um ponto[27].

Além disso[28], algumas coisas são unidade quanto ao número, outras quanto à espécie, outras quanto ao gênero, outras por analogia. São unidade quanto ao número as coisas cuja matéria é uma só[29]; são unidade quanto à espécie as coisas cuja definição é uma[30]; são unidade quanto ao gênero as coisas cuja figura categorial é idêntica[31]; são unidade por analogia[32] as coisas que estão entre si numa relação semelhante à da terceira para a quarta[33]. Os modos posteriores da unidade implicam sempre os anteriores: por exemplo, as coisas que são uma unidade pelo número devem sê-lo também pela espécie, enquanto nem todas as coisas que são unidade pela espécie o são também pelo número; todas as coisas que são unidade pela espécie o são também pelo gênero, enquanto nem todas as que são por gênero o são também pela espécie, mas o são por analogia; enfim, nem todas as coisas que são unidade por analogia o são também pelo gênero[34].

Também é evidente que as coisas serão ditas muitas em todos os sentidos opostos aos significados do um[35]. Algumas serão uma multiplicidade (a) porque não são contínuas[36], (b) outras porque sua matéria — a primeira ou a última — é divisível em diferentes espécies[37], (c) outras ainda[38] porque são múltiplas as definições que exprimem a sua essência[39].

ταίαν, τὰ δὲ τῷ τοὺς λόγους πλείους τοὺς τί ἦν εἶναι λέγοντας.

7

Τὸ ὂν λέγεται τὸ μὲν κατὰ συμβεβηκὸς τὸ δὲ καθ' αὑτό, κατὰ συμβεβηκὸς μέν, οἷον τὸν δίκαιον μουσικὸν εἶναί φαμεν καὶ τὸν ἄνθρωπον μουσικὸν καὶ τὸν μουσικὸν ἄνθρωπον, παραπλησίως λέγοντες ὡσπερεὶ τὸν μουσικὸν οἰκοδομεῖν ὅτι συμβέβηκε τῷ οἰκοδόμῳ μουσικῷ εἶναι ἢ τῷ μουσικῷ οἰκοδόμῳ (τὸ γὰρ τόδε εἶναι τόδε σημαίνει τὸ συμβεβηκέναι τῷδε τόδε), — οὕτω δὲ καὶ ἐπὶ τῶν εἰρημένων· τὸν γὰρ ἄνθρωπον ὅταν μουσικὸν λέγωμεν καὶ τὸν μουσικὸν ἄνθρωπον, ἢ τὸν λευκὸν μουσικὸν ἢ τοῦτον λευκόν, τὸ μὲν ὅτι ἄμφω τῷ αὐτῷ συμβεβήκασι, τὸ δ' ὅτι τῷ ὄντι συμβέβηκε, τὸ δὲ μουσικὸν ἄνθρωπον ὅτι τούτῳ τὸ μουσικὸν συμβέβηκεν (οὕτω δὲ λέγεται καὶ τὸ μὴ λευκὸν εἶναι, ὅτι ᾧ συμβέβηκεν, ἐκεῖνο ἔστιν)· — τὰ μὲν οὖν κατὰ συμβεβηκὸς εἶναι λεγόμενα οὕτω λέγεται ἢ διότι τῷ αὐτῷ ὄντι ἄμφω ὑπάρχει, ἢ ὅτι ὄντι ἐκείνῳ ὑπάρχει, ἢ ὅτι αὐτὸ ἔστιν ᾧ ὑπάρχει οὗ αὐτὸ κατηγορεῖται· καθ' αὑτὰ δὲ εἶναι λέγεται ὅσαπερ σημαίνει τὰ σχήματα τῆς κατηγορίας· ὁσαχῶς γὰρ λέγεται, τοσαυταχῶς τὸ εἶναι σημαίνει. ἐπεὶ οὖν τῶν κατηγορουμένων τὰ μὲν τί ἐστι σημαίνει, τὰ δὲ ποιόν, τὰ δὲ ποσόν, τὰ δὲ πρός τι, τὰ δὲ ποιεῖν ἢ πάσχειν, τὰ δὲ πού, τὰ δὲ ποτέ, ἑκάστῳ τούτων τὸ εἶναι ταὐτὸ σημαίνει· οὐθὲν γὰρ διαφέρει τὸ ἄνθρωπος ὑγιαίνων ἐστὶν ἢ τὸ ἄνθρωπος ὑγιαίνει, οὐδὲ τὸ ἄνθρωπος βαδίζων ἐστὶν ἢ τέμνων τοῦ ἄνθρωπος βαδίζει ἢ τέμνει, ὁμοίως δὲ καὶ ἐπὶ τῶν ἄλλων. ἔτι τὸ εἶναι σημαίνει καὶ τὸ ἔστιν ὅτι ἀληθές, τὸ δὲ μὴ εἶναι ὅτι οὐκ ἀληθὲς ἀλλὰ ψεῦδος, ὁμοίως ἐπὶ καταφάσεως καὶ

7. [*Os significados do ser*]¹

O ser se diz (1) em sentido acidental e (2) por si.

(1) Em sentido acidental dizemos por exemplo: (a) que "o justo é músico" ou (b) que "o homem é músico" ou (c) que "o músico é homem", do mesmo modo como dizemos que "o músico constrói uma casa", porque pode ocorrer que o "músico" seja "construtor", ou que o "construtor" seja "músico". De fato, "isto é aquilo" significa que isto é acidente daquilo. Isso vale também para os exemplos acima citados: quando dizemos "o homem é músico" ou "o músico é homem", "o branco é músico" ou "o músico é branco", o fazemos porque, no último caso, os dois atributos são acidentes da mesma coisa, enquanto no primeiro caso o atributo é acidente do que verdadeiramente existe. E diz-se "o músico é homem" porque "músico" é acidente de homem; do mesmo modo diz-se também "o não-branco é", porque é aquilo de que ele é acidente. Portanto, as coisas que são ditas em sentido acidental, o são: (a) ou por serem dois atributos pertencentes a uma mesma coisa que é, (b) ou por se tratar de um atributo que pertence à coisa que é, (c) ou, ainda, porque se predica o que propriamente é daquilo que é seu acidente².

(2) Ser por si são ditas todas as acepções do ser segundo as figuras das categorias: tantas são as figuras das categorias quantos são os significados do ser. Porque algumas das categorias significam a essência, outras a qualidade, outras a quantidade, outras a relação, outras o agir ou o padecer, outras o onde e outras o quando. Segue-se que o ser tem significados correspondentes a cada uma destas. De fato, não existe diferença entre as proposições "o homem é vivente" e "o homem vive", e entre "o homem é caminhante ou cortante" e "o homem caminha ou corta"; e o mesmo vale para os outros casos³.

(3) Ademais, o ser e o é significam, ainda, que uma coisa é verdadeira, enquanto o não-ser e o não-é significam que não é verdadeira, mas falsa; e isso vale tanto para a

ἀποφάσεως, οἷον ὅτι ἔστι Σωκράτης μουσικός, ὅτι ἀληθὲς τοῦτο, ἢ ὅτι ἔστι Σωκράτης οὐ λευκός, ὅτι ἀληθές· τὸ δ' οὐκ ἔστιν ἡ διάμετρος σύμμετρος, ὅτι ψεῦδος. ἔτι τὸ εἶναι σημαίνει καὶ τὸ ὂν τὸ μὲν δυνάμει ῥητὸν τὸ δ' ἐντελεχείᾳ τῶν εἰρημένων τούτων· ὁρῶν τε γὰρ εἶναί φαμεν καὶ τὸ δυνάμει ὁρῶν καὶ τὸ ἐντελεχείᾳ, καὶ [τὸ] ἐπίστασθαι ὡσαύτως καὶ τὸ δυνάμενον χρῆσθαι τῇ ἐπιστήμῃ καὶ τὸ χρώμενον, καὶ ἠρεμοῦν καὶ ᾧ ἤδη ὑπάρχει ἠρεμία καὶ τὸ δυνάμενον ἠρεμεῖν. ὁμοίως δὲ καὶ ἐπὶ τῶν οὐσιῶν· καὶ γὰρ Ἑρμῆν ἐν τῷ λίθῳ φαμὲν εἶναι, καὶ τὸ ἥμισυ τῆς γραμμῆς, καὶ σῖτον τὸν μήπω ἁδρόν. πότε δὲ δυνατὸν καὶ πότε οὔπω, ἐν ἄλλοις διοριστέον.

8

Οὐσία λέγεται τά τε ἁπλᾶ σώματα, οἷον γῆ καὶ πῦρ καὶ ὕδωρ καὶ ὅσα τοιαῦτα, καὶ ὅλως σώματα καὶ τὰ ἐκ τούτων συνεστῶτα ζῷά τε καὶ δαιμόνια καὶ τὰ μόρια τούτων· ἅπαντα δὲ ταῦτα λέγεται οὐσία ὅτι οὐ καθ' ὑποκειμένου λέγεται ἀλλὰ κατὰ τούτων τὰ ἄλλα. ἄλλον δὲ τρόπον ὃ ἂν ᾖ αἴτιον τοῦ εἶναι, ἐνυπάρχον ἐν τοῖς τοιούτοις ὅσα μὴ λέγεται καθ' ὑποκειμένου, οἷον ἡ ψυχὴ τῷ ζῴῳ. ἔτι ὅσα μόρια ἐνυπάρχοντά ἐστιν ἐν τοῖς τοιούτοις ὁρίζοντά τε καὶ τόδε τι σημαίνοντα, ὧν ἀναιρουμένων ἀναιρεῖται τὸ ὅλον, οἷον ἐπιπέδου σῶμα, ὥς φασί τινες, καὶ ἐπίπεδον γραμμῆς· καὶ ὅλως ὁ ἀριθμὸς δοκεῖ εἶναί τισι τοιοῦτος

afirmação como para a negação. Por exemplo, dizemos "Sócrates é músico" enquanto isto é verdadeiro, ou "Sócrates é não-branco", na medida em que isso é verdadeiro; e dizemos que "a diagonal não é comensurável", na medida em que isso não é verdadeiro, mas falso[4].

(4) Além disso, o ser ou o ente significa, por um lado, o ser em potência e, por outro, o ser em ato, e isso no âmbito de cada um dos significados acima mencionados. De fato, dizemos que vê tanto quem pode ver como quem vê em ato; e de maneira semelhante dizemos que sabe, tanto quem pode fazer uso do saber como quem faz uso dele em ato; e dizemos que está em repouso tanto quem já está em repouso como quem pode estar em repouso. Isso vale também para as substâncias: de fato, dizemos que um Hermes está na pedra e que a semirreta está na reta, e dizemos que é trigo também o que ainda não está maduro[5].

A questão da determinação de quando um ser é em potência e quando ainda não é será tratada em outro lugar[6].

8. [Os significados de substância][1]

(1) Substância, em certo sentido, se diz dos corpos simples: por exemplo, o fogo, a terra, a água e todos os corpos como estes; e, em geral, todos os corpos e as coisas compostas a partir deles, como os animais[2] e os seres divinos e suas partes[3]. Todas essas coisas são ditas substâncias porque não são predicadas de um substrato, mas tudo o mais é predicado delas[4].

(2) Noutro sentido, substância é o que é imanente às coisas que não se predicam de um substrato e que é causa de seu ser[5]: por exemplo, a alma nos animais[6].

(3) Ademais, substâncias são ditas também as partes imanentes a essas coisas, que delimitam essas mesmas coisas e exprimem algo determinado, cuja eliminação comportaria a eliminação do todo. Por exemplo, se fosse eliminada a superfície — segundo alguns filósofos — seria eliminado o corpo, e se fosse eliminada a linha, seria eliminada a superfície. Em geral esse filósofos consideram que o número é uma realidade desse tipo e

(ἀναιρουμένου τε γὰρ οὐδὲν εἶναι, καὶ ὁρίζειν πάντα)· ἔτι τὸ τί ἦν εἶναι, οὗ ὁ λόγος ὁρισμός, καὶ τοῦτο οὐσία λέγεται ἑκάστου. συμβαίνει δὴ κατὰ δύο τρόπους τὴν οὐσίαν λέγεσθαι, τό θ' ὑποκείμενον ἔσχατον, ὃ μηκέτι κατ' ἄλλου λέγεται, καὶ ὃ
25 ἂν τόδε τι ὂν καὶ χωριστὸν ᾖ· τοιοῦτον δὲ ἑκάστου ἡ μορφὴ καὶ τὸ εἶδος.

9

Ταὐτὰ λέγεται τὰ μὲν κατὰ συμβεβηκός, οἷον τὸ λευκὸν καὶ τὸ μουσικὸν τὸ αὐτὸ ὅτι τῷ αὐτῷ συμβέβηκε, καὶ ἄνθρωπος καὶ μουσικὸν ὅτι θάτερον θατέρῳ συμβέβηκεν,
30 τὸ δὲ μουσικὸν ἄνθρωπος ὅτι τῷ ἀνθρώπῳ συμβέβηκεν· ἑκατέρῳ δὲ τοῦτο καὶ τούτῳ ἑκάτερον ἐκείνων, καὶ γὰρ τῷ ἀνθρώπῳ τῷ μουσικῷ καὶ ὁ ἄνθρωπος καὶ τὸ μουσικὸν ταὐτὸ λέγεται, καὶ τούτοις ἐκεῖνο (διὸ καὶ πάντα ταῦτα καθόλου οὐ λέγεται· οὐ γὰρ ἀληθὲς εἰπεῖν ὅτι πᾶς ἄνθρωπος ταὐτὸ
35 καὶ τὸ μουσικόν· τὰ γὰρ καθόλου καθ' αὑτὰ ὑπάρχει, τὰ
1018ᵃ δὲ συμβεβηκότα οὐ καθ' αὑτά· ἀλλ' ἐπὶ τῶν καθ' ἕκαστα ἁπλῶς λέγεται· ταὐτὸ γὰρ δοκεῖ Σωκράτης καὶ Σωκράτης εἶναι μουσικός· τὸ δὲ Σωκράτης οὐκ ἐπὶ πολλῶν, διὸ οὐ πᾶς Σωκράτης λέγεται ὥσπερ πᾶς ἄνθρωπος)· — καὶ τὰ μὲν οὕτως
5 λέγεται ταὐτά, τὰ δὲ καθ' αὑτὰ ὁσαχῶσπερ καὶ τὸ ἕν· καὶ γὰρ ὧν ἡ ὕλη μία ἢ εἴδει ἢ ἀριθμῷ ταὐτὰ λέγεται καὶ ὧν ἡ οὐσία μία, ὥστε φανερὸν ὅτι ἡ ταυτότης ἑνότης τίς ἐστιν ἢ πλειόνων τοῦ εἶναι ἢ ὅταν χρῆται ὡς πλείοσιν, οἷον ὅταν

que é determinante de tudo, porque se fosse eliminado
o número, não restaria mais nada[7].

(4) Além disso, chama-se substância de cada coisa também
a essência, cuja noção define a coisa[8].

Segue-se daí que a substância se entende segundo dois significados: (a) o que é substrato último, o qual não é predicado de outra
coisa[9], e (b) aquilo que, sendo algo determinado, pode também
ser separável, como a estrutura e a forma de cada coisa[10].

9. *[Os significados de idêntico, diverso, diferente,
semelhante e dessemelhante]*[1]

(1) Idêntico, em primeiro lugar, significa o que é idêntico por
acidente: por exemplo, o "branco" e o "músico" são o mesmo
enquanto são acidentes da mesma coisa; e "homem" e
"músico" são o mesmo enquanto o segundo é acidente
do primeiro, e também "músico" e "homem", porque o
primeiro é acidente do segundo. E o conjunto dos dois
termos é o mesmo com relação a cada um dos dois termos
individuais, e vice-versa, cada um destes é o mesmo em
relação àquele, porque "homem" e "músico" são o mesmo
com relação a "homem-músico", e este é o mesmo com
relação àqueles[2]. (E porque esses termos são idênticos por
acidente, não são afirmados universalmente: de fato, não se
diz verdadeiramente que todo homem é o mesmo que o
músico, porque os atributos universais pertencem às coisas
por si, enquanto os atributos acidentais não pertencem às
coisas por si, mas só nos indivíduos são predicadas sem
restrição. De fato, "Sócrates" e "Sócrates-músico" são manifestamente a mesma coisa; mas como "Sócrates" não é
predicável de muitos indivíduos, não se diz "todo Sócrates"
da mesma maneira que se diz "todo homem")[3].

(2) Portanto, em certo sentido, as coisas são ditas idênticas
desse modo; enquanto noutro sentido são ditas idênticas
por si, assim como em todos os modos segundo os quais
se diz o um por si. De fato, dizem-se idênticas por si
(a) as coisas cuja matéria é única pela espécie[4], (b) ou
as coisas cuja matéria é única pelo número[5], (c) assim
como aquelas cuja substância é única[6]. Portanto, é claro que a identidade é uma unidade do ser ou de uma

λέγῃ αὐτὸ αὑτῷ ταὐτόν· ὡς δυσὶ γὰρ χρῆται αὐτῷ. — ἕτερα
δὲ λέγεται ὧν ἢ τὰ εἴδη πλείω ἢ ἡ ὕλη ἢ ὁ λόγος τῆς
οὐσίας· καὶ ὅλως ἀντικειμένως τῷ ταὐτῷ λέγεται τὸ ἕτερον.

Διάφορα δὲ λέγεται ὅσ' ἕτερά ἐστι τὸ αὐτό τι ὄντα, μὴ
μόνον ἀριθμῷ ἀλλ' ἢ εἴδει ἢ γένει ἢ ἀναλογίᾳ· ἔτι ὧν
ἕτερον τὸ γένος, καὶ τὰ ἐναντία, καὶ ὅσα ἔχει ἐν τῇ οὐσίᾳ
τὴν ἑτερότητα. ὅμοια λέγεται τά τε πάντῃ ταὐτὸ πεπον
θότα, καὶ τὰ πλείω ταὐτὰ πεπονθότα ἢ ἕτερα, καὶ ὧν ἡ
ποιότης μία· καὶ καθ' ὅσα ἀλλοιοῦσθαι ἐνδέχεται τῶν ἐναν
τίων, τούτων τὸ πλείω ἔχον ἢ κυριώτερα ὅμοιον τούτῳ. ἀντι
κειμένως δὲ τοῖς ὁμοίοις τὰ ἀνόμοια.

10

Ἀντικείμενα λέγεται ἀντίφασις καὶ τἀναντία καὶ τὰ
πρός τι καὶ στέρησις καὶ ἕξις καὶ ἐξ ὧν καὶ εἰς ἃ ἔσχατα
αἱ γενέσεις καὶ φθοραί· καὶ ὅσα μὴ ἐνδέχεται ἅμα
παρεῖναι τῷ ἀμφοῖν δεκτικῷ, ταῦτα ἀντικεῖσθαι λέγεται
ἢ αὐτὰ ἢ ἐξ ὧν ἐστίν. φαιὸν γὰρ καὶ λευκὸν ἅμα τῷ
αὐτῷ οὐχ ὑπάρχει· διὸ ἐξ ὧν ἐστὶν ἀντίκειται. ἐναντία λέ
γεται τά τε μὴ δυνατὰ ἅμα τῷ αὐτῷ παρεῖναι τῶν δια
φερόντων κατὰ γένος, καὶ τὰ πλεῖστον διαφέροντα τῶν ἐν
τῷ αὐτῷ γένει, καὶ τὰ πλεῖστον διαφέροντα τῶν ἐν ταὐτῷ

multiplicidade de coisas, ou de uma só, mas considerada como multiplicidade: por exemplo, como quando se diz que uma coisa é idêntica a si mesma, sendo, nesse caso, considerada como duas[7].

Diversas se dizem as coisas (a) cuja espécie ou (b) cuja matéria ou (c) cuja noção da substância não são únicas. E, em geral, a diversidade se diz em todos os sentidos opostos aos da identidade[8].

Diferentes se dizem (1) as coisas que, mesmo sendo diversas, são por algum aspecto idênticas: não, porém, idênticas por número, mas (a) ou por espécie, (b) ou por gênero, (c) ou por analogia[9]. (2) Ademais, diferentes se dizem (a) as coisas cujo gênero é diverso, (b) os contrários e (c) todas as coisas que têm diversidade na substância[10].

Semelhantes se dizem (a) as coisas que têm afecções idênticas em todos os sentidos[11], (b) e as coisas que têm um número de afecções idênticas maior do que o número das afecções diversas[12], (c) e também aquelas cuja qualidade é idêntica[13]; (d) enfim, uma coisa é semelhante a outra quando tem em comum com ela ou o maior número de contrários segundo os quais as coisas podem se alterar, ou os principais desses contrários[14].

Dessemelhantes se dizem as coisas nos sentidos opostos aos de semelhante.

10. [Os significados de oposto, contrário, diverso e idêntico pela espécie][1]

Opostos se dizem (1) os contraditórios, (2) os contrários, (3) os relativos, (4) a privação e a posse, (5) os extremos dos quais se geram e nos quais se dissolvem as coisas. (6) Opostos se dizem também os atributos que não podem se encontrar juntos no mesmo sujeito, que, contudo, pode acolhê-los separadamente: e são opostos ou eles mesmos ou aquilo de que eles derivam. O cinza e o branco, com efeito, não se encontram juntos no mesmo objeto, por isso os elementos de que derivam são opostos[2].

Contrários se dizem (1) os atributos diferentes por gênero, que não podem estar presentes juntos no mesmo objeto[3], (2) as coisas que mais diferem no âmbito do mesmo gênero[4], (3) os atributos que mais diferem no âmbito do mesmo sujeito que os acolhe[5], (4) as coisas que mais diferem no âmbito da mesma faculdade cognos-

δεκτικῷ, καὶ τὰ πλεῖστον διαφέροντα τῶν ὑπὸ τὴν αὐτὴν
30 δύναμιν, καὶ ὧν ἡ διαφορὰ μεγίστη ἢ ἁπλῶς ἢ κατὰ
γένος ἢ κατ' εἶδος. τὰ δ' ἄλλα ἐναντία λέγεται τὰ μὲν
τῷ τὰ τοιαῦτα ἔχειν, τὰ δὲ τῷ δεκτικὰ εἶναι τῶν τοιούτων,
τὰ δὲ τῷ ποιητικὰ ἢ παθητικὰ εἶναι τῶν τοιούτων, ἢ ποιοῦντα ἢ πάσχοντα, ἢ ἀποβολαὶ ἢ λήψεις, ἢ ἕξεις ἢ στερή-
35 σεις εἶναι τῶν τοιούτων. ἐπεὶ δὲ τὸ ἓν καὶ τὸ ὂν πολλαχῶς
λέγεται, ἀκολουθεῖν ἀνάγκη καὶ τἆλλα ὅσα κατὰ ταῦτα
λέγεται, ὥστε καὶ τὸ ταὐτὸν καὶ τὸ ἕτερον καὶ τὸ ἐναντίον,
ὥστ' εἶναι ἕτερον καθ' ἑκάστην κατηγορίαν. — ἕτερα δὲ τῷ εἴδει
1018ᵇ λέγεται ὅσα τε ταὐτοῦ γένους ὄντα μὴ ὑπάλληλά ἐστι, καὶ
ὅσα ἐν τῷ αὐτῷ γένει ὄντα διαφορὰν ἔχει, καὶ ὅσα ἐν τῇ
οὐσίᾳ ἐναντίωσιν ἔχει· καὶ τὰ ἐναντία ἕτερα τῷ εἴδει ἀλλήλων ἢ πάντα ἢ τὰ λεγόμενα πρώτως, καὶ ὅσων ἐν τῷ
5 τελευταίῳ τοῦ γένους εἴδει οἱ λόγοι ἕτεροι (οἷον ἄνθρωπος
καὶ ἵππος ἄτομα τῷ γένει οἱ δὲ λόγοι ἕτεροι αὐτῶν), καὶ
ὅσα ἐν τῇ αὐτῇ οὐσίᾳ ὄντα ἔχει διαφοράν. ταὐτὰ δὲ τῷ
εἴδει τὰ ἀντικειμένως λεγόμενα τούτοις.

11

Πρότερα καὶ ὕστερα λέγεται ἔνια μέν, ὡς ὄντος τινὸς
10 πρώτου καὶ ἀρχῆς ἐν ἑκάστῳ γένει, τῷ ἐγγύτερον ⟨εἶναι⟩
ἀρχῆς τινὸς ὡρισμένης ἢ ἁπλῶς καὶ τῇ φύσει ἢ πρός τι ἢ ποὺ
ἢ ὑπό τινων, οἷον τὰ μὲν κατὰ τόπον τῷ εἶναι ἐγγύτερον ἢ

citiva[6], (5) e as coisas cuja diferença é máxima (a) ou absolutamente[7], (b) ou segundo o gênero[8], (c) ou segundo a espécie[9]. As outras coisas que se dizem contrárias são assim nos seguintes sentidos: algumas porque possuem essas espécies de contrariedade[10], outras porque são capazes de receber essas espécies de contrariedade[11], outras porque têm possibilidade de produzir[12] ou de suportar[13] essas espécies de contrariedade, ou porque atualmente as produzem ou as suportam[14], ou porque são perdas e aquisições[15], posses ou privações[16] dessas espécies de contrariedade.

E como o um e o ser têm múltiplos significados, necessariamente em igual número de significados se dirão também as noções que deles derivam, de modo que o idêntico e o diverso e o contrário terão significados diferentes em cada uma das diferentes categorias[17].

Diversas segundo a espécie se dizem (1) as coisas que, embora pertencendo ao mesmo gênero, não são subordinadas umas às outras[18], (2) as que, embora pertencendo ao mesmo gênero, têm uma diferença[19], (3) as que têm uma contrariedade em sua substância[20]. (4) Também os contrários são diversos entre si pela espécie: ou todos eles ou os que são assim em sentido primário[21], (5) e diversas entre si pela espécie são também todas as coisas cujas noções[22] são diversas na espécie última do gênero: por exemplo, homem e cavalo são indivisíveis quanto ao gênero, mas suas noções são diversas; (6) e são diversos pela espécie os atributos que, embora sendo da mesma substância, têm alguma diferença[23].

Idênticas segundo a espécie são as coisas que se dizem nos sentidos opostos a estes.

11. [Os significados de anterior e posterior][1]

(1) Algumas coisas são ditas anteriores e posteriores, supondo que haja um primeiro e um princípio em cada gênero, por serem mais próximas daquele princípio, seja absolutamente, seja por natureza, seja relativamente, quer pelo lugar quer, ainda, por obra de alguém[2]. (a) Por exemplo, algumas coisas se dizem anteriores pelo lugar, porque são mais próximas de determinado lugar por natureza — por exemplo, do centro ou da extremidade — ou de algum ponto; ao contrário, aquilo

φύσει τινός τόπου ὡρισμένου (οἷον τοῦ μέσου ἢ τοῦ ἐσχάτου)
ἢ πρὸς τὸ τυχόν, τὸ δὲ πορρώτερον ὕστερον· τὰ δὲ κατὰ
χρόνον (τὰ μὲν γὰρ τῷ πορρώτερον τοῦ νῦν, οἷον ἐπὶ τῶν
γενομένων, πρότερον γὰρ τὰ Τρωϊκὰ τῶν Μηδικῶν ὅτι πορρώτερον ἀπέχει τοῦ νῦν· τὰ δὲ τῷ ἐγγύτερον τοῦ νῦν, οἷον
ἐπὶ τῶν μελλόντων, πρότερον γὰρ Νέμεα Πυθίων ὅτι ἐγγύτερον τοῦ νῦν τῷ νῦν ὡς ἀρχῇ καὶ πρώτῳ χρησαμένων)· τὰ
δὲ κατὰ κίνησιν (τὸ γὰρ ἐγγύτερον τοῦ πρώτου κινήσαντος
πρότερον, οἷον παῖς ἀνδρός· ἀρχὴ δὲ καὶ αὕτη τις ἁπλῶς)·
τὰ δὲ κατὰ δύναμιν (τὸ γὰρ ὑπερέχον τῇ δυνάμει πρότερον,
καὶ τὸ δυνατώτερον· τοιοῦτον δ' ἐστὶν οὗ κατὰ τὴν προαίρεσιν
ἀνάγκη ἀκολουθεῖν θάτερον καὶ τὸ ὕστερον, ὥστε μὴ κινοῦντός
τε ἐκείνου μὴ κινεῖσθαι καὶ κινοῦντος κινεῖσθαι· ἡ δὲ προαίρεσις ἀρχή)· τὰ δὲ κατὰ τάξιν (ταῦτα δ' ἐστὶν ὅσα πρός
τι ἓν ὡρισμένον διέστηκε κατά τινα λόγον, οἷον παραστάτης
τριτοστάτου πρότερον καὶ παρανήτη νήτης· ἔνθα μὲν γὰρ ὁ
κορυφαῖος ἔνθα δὲ ἡ μέση ἀρχή). — ταῦτα μὲν οὖν πρότερα
τοῦτον λέγεται τὸν τρόπον, ἄλλον δὲ τρόπον τὸ τῇ γνώσει
πρότερον ὡς καὶ ἁπλῶς πρότερον. τούτων δὲ ἄλλως τὰ κατὰ
τὸν λόγον καὶ τὰ κατὰ τὴν αἴσθησιν. κατὰ μὲν γὰρ τὸν
λόγον τὰ καθόλου πρότερα κατὰ δὲ τὴν αἴσθησιν τὰ καθ'
ἕκαστα· καὶ κατὰ τὸν λόγον δὲ τὸ συμβεβηκὸς τοῦ ὅλου
πρότερον, οἷον τὸ μουσικὸν τοῦ μουσικοῦ ἀνθρώπου· οὐ γὰρ
ἔσται ὁ λόγος ὅλος ἄνευ τοῦ μέρους· καίτοι οὐκ ἐνδέχεται
μουσικὸν εἶναι μὴ ὄντος μουσικοῦ τινός. ἔτι πρότερα λέγε-

que é mais distante é dito posterior³. (b) Outras coisas se dizem anteriores pelo tempo: algumas por estarem mais distantes do momento presente, como, por exemplo, os acontecimentos do passado; assim as guerras de Troia se dizem anteriores às guerras persas enquanto estão mais distantes do momento presente; outras por serem mais próximas do momento presente, como, por exemplo, os acontecimentos futuros: assim os jogos neméicos se dizem anteriores aos jogos píticos, porque estão mais próximos do momento presente, que é tomado como ponto de partida originário⁴. (c) Outras coisas se dizem anteriores pelo movimento: de fato, o que é mais próximo do Primeiro Movente é anterior como, por exemplo, a criança é anterior ao homem, e aquele é um princípio em sentido próprio⁵. (d) Outras coisas se dizem anteriores pela potência: com efeito, é anterior o que é superior pela potência e o que é mais potente; e assim é aquilo de cuja vontade depende necessariamente outra coisa, que é posterior de tal modo que, se aquele não move, este não se pode mover, e se aquele move, também este se deve mover: aqui a vontade serve de princípio⁶. (e) Outras coisas se dizem anteriores pela ordem: tais são todas as coisas dispostas segundo certa relação com referência a certa unidade: por exemplo, entre os coreutas o segundo é anterior ao terceiro, e na lira a penúltima corda é anterior à última; no primeiro caso, o corifeu serve de princípio, no segundo é a corda do meio que serve de princípio⁷. Portanto, estas coisas se dizem anteriores nesta acepção.

(2) Noutro sentido, anterior se diz aquilo que é assim pelo conhecimento: este é considerado anterior em sentido absoluto. As coisas que são anteriores (a) segundo a noção são diversas das que são anteriores (b) segundo a sensação. (a) Segundo a noção são anteriores os universais, (b) segundo a sensação, ao contrário, são anteriores os particulares⁸. E segundo a noção o acidente é anterior ao todo que o inclui: o músico, por exemplo, é anterior ao homem músico, porque a noção do todo não pode existir sem a noção da parte, ainda que o músico não possa existir sem que alguém seja músico⁹.

ται τὰ τῶν προτέρων πάθη, οἷον εὐθύτης λειότητος· τὸ μὲν
1019ᵃ γὰρ γραμμῆς καθ' αὑτὴν πάθος τὸ δὲ ἐπιφανείας. τὰ
μὲν δὴ οὕτω λέγεται πρότερα καὶ ὕστερα, τὰ δὲ κατὰ φύσιν
καὶ οὐσίαν, ὅσα ἐνδέχεται εἶναι ἄνευ ἄλλων, ἐκεῖνα δὲ ἄνευ
ἐκείνων μή· ᾗ διαιρέσει ἐχρήσατο Πλάτων. (ἐπεὶ δὲ τὸ εἶναι
5 πολλαχῶς, πρῶτον μὲν τὸ ὑποκείμενον πρότερον, διὸ ἡ
οὐσία πρότερον, ἔπειτα ἄλλως τὰ κατὰ δύναμιν καὶ κατ'
ἐντελέχειαν· τὰ μὲν γὰρ κατὰ δύναμιν πρότερά ἐστι τὰ
δὲ κατὰ ἐντελέχειαν, οἷον κατὰ δύναμιν μὲν ἡ ἡμίσεια
τῆς ὅλης καὶ τὸ μόριον τοῦ ὅλου καὶ ἡ ὕλη τῆς οὐσίας, κατ'
10 ἐντελέχειαν δ' ὕστερον· διαλυθέντος γὰρ κατ' ἐντελέχειαν
ἔσται.) τρόπον δή τινα πάντα τὰ πρότερον καὶ ὕστερον λεγόμενα κατὰ ταῦτα λέγεται· τὰ μὲν γὰρ κατὰ γένεσιν ἐνδέχεται
ἄνευ τῶν ἑτέρων εἶναι, οἷον τὸ ὅλον τῶν μορίων, τὰ δὲ κατὰ
φθοράν, οἷον τὸ μόριον τοῦ ὅλου. ὁμοίως δὲ καὶ τἆλλα.

12

15 Δύναμις λέγεται ἡ μὲν ἀρχὴ κινήσεως ἢ μεταβολῆς
ἡ ἐν ἑτέρῳ ἢ ᾗ ἕτερον, οἷον ἡ οἰκοδομικὴ δύναμίς ἐστιν ἢ οὐχ
ὑπάρχει ἐν τῷ οἰκοδομουμένῳ, ἀλλ' ἡ ἰατρικὴ δύναμις οὖσα
ὑπάρχοι ἂν ἐν τῷ ἰατρευομένῳ, ἀλλ' οὐχ ᾗ ἰατρευόμενος.
ἡ μὲν οὖν ὅλως ἀρχὴ μεταβολῆς ἢ κινήσεως λέγεται δύνα-

(3) Além disso, anteriores se dizem as propriedades das coisas que são anteriores; o reto, por exemplo, é anterior ao plano: de fato, o primeiro é propriedade da linha, enquanto o segundo é propriedade da superfície[10].

(4) Ademais, algumas coisas se dizem anteriores e posteriores no sentido visto, enquanto outras se dizem anteriores e posteriores segundo a natureza e segundo a substância: são assim todas as coisas que podem existir independentemente de outras, enquanto essas outras não podem existir sem aquelas[11]: dessa distinção se valia Platão[12]. (E como o ser tem múltiplos significados, (a) em primeiro lugar, anterior é o substrato e, portanto, anterior é a substância[13]. (b) Em segundo lugar, como uma coisa é ser em potência, outra é ser em ato, algumas coisas são anteriores segundo a potência, outras o são segundo o ato: por exemplo, a semirreta é anterior à reta pela potência, assim como a parte com relação ao todo e a matéria com relação à substância; segundo o ato, ao contrário, todas são posteriores, porque só podem existir em ato quando o todo se dissolve[14]).

De certo modo, todas as coisas que se dizem anteriores e posteriores o são por referência a este último significado[15]. De fato, algumas coisas podem existir sem as outras quanto à geração: por exemplo, o todo sem as partes; outras, ao contrário, podem existir sem outras quanto à corrupção: por exemplo, as partes sem o todo. O mesmo vale para todos os outros sentidos de anterior[16].

12. [*Os significados de potência e impotência, possível e impossível*][1]

(1) Potência, em primeiro lugar, significa o princípio de movimento ou de mudança que se encontra em outra coisa ou na própria coisa enquanto outra. A arte de construir, por exemplo, é uma potência que não se encontra na coisa construída; mas a arte de curar, que também é uma potência, pode encontrar-se também no que é curado, mas não enquanto é curado[2].

(2) Potência, portanto, significa, em primeiro lugar, esse princípio de mudança ou de movimento que se encontra em

20 μις εν ετέρῳ ἢ ᾗ ἕτερον, ἡ δ' ὑφ' ἑτέρου ἢ ᾗ ἕτερον (καθ' ἣν
γὰρ τὸ πάσχον πάσχει τι, ὁτὲ μὲν ἐὰν ὁτιοῦν, δυνατὸν αὐτό
φαμεν εἶναι παθεῖν, ὁτὲ δ' οὐ κατὰ πᾶν πάθος ἀλλ' ἂν ἐπὶ
τὸ βέλτιον)· ἔτι ἡ τοῦ καλῶς τοῦτ' ἐπιτελεῖν ἢ κατὰ προαί-
ρεσιν· ἐνίοτε γὰρ τοὺς μόνον ἂν πορευθέντας ἢ εἰπόντας, μὴ
25 καλῶς δὲ ἢ μὴ ὡς προείλοντο, οὔ φαμεν δύνασθαι λέγειν
ἢ βαδίζειν· ὁμοίως δὲ καὶ ἐπὶ τοῦ πάσχειν. ἔτι ὅσαι ἕξεις
καθ' ἃς ἀπαθῆ ὅλως ἢ ἀμετάβλητα ἢ μὴ ῥᾳδίως ἐπὶ τὸ
χεῖρον εὐμετακίνητα, δυνάμεις λέγονται· κλᾶται μὲν γὰρ
καὶ συντρίβεται καὶ κάμπτεται καὶ ὅλως φθείρεται οὐ τῷ
30 δύνασθαι ἀλλὰ τῷ μὴ δύνασθαι καὶ ἐλλείπειν τινός·
ἀπαθῆ δὲ τῶν τοιούτων ἃ μόλις καὶ ἠρέμα πάσχει διὰ δύναμιν καὶ τῷ δύνασθαι καὶ τῷ ἔχειν πώς. λεγομένης δὲ
τῆς δυνάμεως τοσαυταχῶς, καὶ τὸ δυνατὸν ἕνα μὲν τρόπον
λεχθήσεται τὸ ἔχον κινήσεως ἀρχὴν ἢ μεταβολῆς (καὶ γὰρ
35 τὸ στατικὸν δυνατόν τι) ἐν ἑτέρῳ ἢ ᾗ ἕτερον, ἕνα δ' ἐὰν ἔχῃ
1019ᵇ τι αὐτοῦ ἄλλο δύναμιν τοιαύτην, ἕνα δ' ἐὰν ἔχῃ μεταβάλλειν ἐφ' ὁτιοῦν δύναμιν, εἴτ' ἐπὶ τὸ χεῖρον εἴτ' ἐπὶ τὸ βέλτιον (καὶ γὰρ τὸ φθειρόμενον δοκεῖ δυνατὸν εἶναι φθείρεσθαι, ἢ οὐκ ἂν φθαρῆναι εἰ ἦν ἀδύνατον· νῦν δὲ ἔχει τινὰ
5 διάθεσιν καὶ αἰτίαν καὶ ἀρχὴν τοῦ τοιούτου πάθους· ὁτὲ μὲν
δὴ τῷ ἔχειν τι δοκεῖ, ὁτὲ δὲ τῷ ἐστερῆσθαι τοιοῦτον εἶναι· εἰ

outra coisa ou na própria coisa enquanto outra, e, em 20
segundo lugar, significa o princípio pelo qual uma coisa é
mudada ou movida por outra ou por si mesma enquanto
outra. De fato, em virtude desse princípio pelo qual o
paciente sofre alguma modificação dizemos que o próprio
paciente tem a potência de sofrer modificações³. (E às
vezes dizemos isso se ele tem potência de sofrer qualquer
tipo de modificação; às vezes só se ele tem potência de
sofrer afecções que o fazem mudar para melhor)⁴.

(3) Ademais, chama-se potência a capacidade de realizar algo
bem ou adequadamente. De fato, às vezes dizemos dos
que caminham ou falam, mas não o fazem bem ou 25
como desejariam, que não têm potência para falar ou
para caminhar⁵.

(4) O mesmo vale para a potência passiva⁶.

(5) Além disso, chamam-se potências todos os estados em
virtude dos quais as coisas são absolutamente impassíveis
ou imutáveis ou não facilmente mutáveis para pior. De
fato, as coisas quebram-se, degeneram-se, dobram-se e,
em geral, destroem-se, não porque têm potência, mas 30
porque não têm potência e porque carecem de alguma
coisa; ao contrário, são impassíveis relativamente a todos estes
tipos de afecções as coisas que dificilmente ou pouco são
afetadas por elas por causa de sua potência e de seu poder,
e por determinadas condições em que se encontrem⁷.

Dado que potência se diz em todos estes sentidos, também
potente se dirá em sentidos equivalentes. (1) Num primeiro sentido, dir-se-á potente o que possui um princípio de movimento
ou de mudança (de fato, também o que pode produzir repouso 35
é algo potente) em outro ou em si mesmo enquanto outro⁸. (2)
Num segundo sentido, dir-se-á potente algo sobre o qual alguma
coisa pode exercitar uma potência desse tipo⁹. (3) Noutro sentido,
potente dir-se-á o que tem potência para mudar em qualquer
sentido, seja para pior seja para melhor. (Com efeito, também o
que se corrompe parece ser potente para corromper-se, pois não
se teria destruído se fosse impotente para se destruir: portanto,
ele possui certa disposição, uma causa e um princípio de tal 5
afecção. Assim, algo parece ser potente, às vezes porque possui

δ' ἡ στέρησίς ἐστιν ἕξις πως, πάντα τῷ ἔχειν ἂν εἴη τι,
[εἰ δὲ μὴ] ὥστε τῷ τε ἔχειν ἕξιν τινὰ καὶ ἀρχὴν ἐστι
δυνατὸν [ὁμωνύμως] καὶ τῷ ἔχειν τὴν τούτου στέρησιν, εἰ ἐνδέχεται ἔχειν στέρησιν· (εἰ δὲ μή, ὁμωνύμως))· ἕνα δὲ τῷ μὴ
ἔχειν αὐτοῦ δύναμιν ἢ ἀρχὴν ἄλλο ἢ ᾗ ἄλλο φθαρτικήν. ἔτι δὲ
ταῦτα πάντα ἢ τῷ μόνον ἂν συμβῆναι γενέσθαι ἢ μὴ γενέσθαι, ἢ τῷ καλῶς. καὶ γὰρ ἐν τοῖς ἀψύχοις ἔνεστιν ἡ τοιαύτη
δύναμις, οἷον ἐν τοῖς ὀργάνοις· τὴν μὲν γὰρ δύνασθαί φασι
φθέγγεσθαι λύραν, τὴν δ' οὐδέν, ἂν ᾖ μὴ εὔφωνος. ἀδυναμία δὲ ἐστὶ στέρησις δυνάμεως καὶ τῆς τοιαύτης ἀρχῆς
οἵα εἴρηται, ἢ ὅλως ἢ τῷ πεφυκότι ἔχειν, ἢ καὶ ὅτε
πέφυκεν ἤδη ἔχειν· οὐ γὰρ ὁμοίως ἂν φαῖεν ἀδύνατον εἶναι
γεννᾶν παῖδα καὶ ἄνδρα καὶ εὐνοῦχον. ἔτι δὲ καθ' ἑκατέραν
δύναμιν ἔστιν ἀδυναμία ἀντικειμένη, τῇ τε μόνον κινητικῇ
καὶ τῇ καλῶς κινητικῇ. καὶ ἀδύνατα δὴ τὰ μὲν κατὰ τὴν
ἀδυναμίαν ταύτην λέγεται, τὰ δὲ ἄλλον τρόπον, οἷον δυνατόν τε καὶ ἀδύνατον, ἀδύνατον μὲν οὗ τὸ ἐναντίον ἐξ
ἀνάγκης ἀληθές (οἷον τὸ τὴν διάμετρον σύμμετρον εἶναι
ἀδύνατον ὅτι ψεῦδος τὸ τοιοῦτον οὗ τὸ ἐναντίον οὐ μόνον ἀληθὲς ἀλλὰ καὶ ἀνάγκη [ἀσύμμετρον εἶναι]· τὸ ἄρα σύμμετρον οὐ μόνον ψεῦδος ἀλλὰ καὶ ἐξ ἀνάγκης ψεῦδος)· τὸ δ'
ἐναντίον τούτῳ, τὸ δυνατόν, ὅταν μὴ ἀναγκαῖον ᾖ τὸ ἐναντίον ψεῦδος εἶναι, οἷον τὸ καθῆσθαι ἄνθρωπον δυνατόν· οὐ
γὰρ ἐξ ἀνάγκης τὸ μὴ καθῆσθαι ψεῦδος. τὸ μὲν οὖν δυνα-

alguma coisa, outras vezes porque é privado de alguma coisa; e se a privação é, de certo modo, uma posse[10], todas as coisas serão potentes porque possuem algo. Portanto, as coisas serão potentes ou por possuírem algo e determinado princípio ou por possuírem a privação dele, se é possível possuir uma privação; se isso não é possível, as coisas se dirão potentes apenas por homonímia[11]). (4) Noutro sentido ainda, algo se diz potente porque nem outra coisa nem ele mesmo enquanto outro tem a potência ou o princípio de sua destruição[12]. (5) Enfim, todas essas coisas são ditas potentes ou porque podem simplesmente realizar-se ou não, ou porque podem realizar-se bem. Nas coisas inanimadas está presente uma potência desse tipo, por exemplo, nos instrumentos: diz-se que uma lira tem potência para soar e que outra não tem quando não possui um belo som[13].

A impotência é privação de potência — ou seja, privação do princípio acima ilustrado — (a) ou em geral, (b) ou em algo que por natureza deveria possuí-la, (c) ou ainda, num tempo em que já deveria possuí-la por natureza. De fato, não podemos dizer no mesmo sentido que uma criança, um homem e um eunuco são impotentes para gerar[14]. Ademais, a cada tipo de potência se contrapõe um tipo de impotência, tanto à que simplesmente produz movimento, como à que o produz da melhor maneira possível[15].

Algumas coisas se dizem impotentes (1) neste sentido de impotência; outras, ao contrário, se dizem impotentes (2) em outro sentido, quer dizer, no sentido de possível e impossível[16]. Impossível é aquilo cujo contrário é necessariamente verdadeiro: por exemplo, é impossível que a diagonal do quadrado seja comensurável com o lado, porque isso é falso e seu contrário não só é verdadeiro, mas é necessariamente verdadeiro: a diagonal do quadrado relativamente ao lado é necessariamente incomensurável. Portanto, a afirmação da comensurabilidade não só é falsa, mas é necessariamente falsa[17]. Tem-se o contrário do impossível, isto é, o possível quando não é necessário que o contrário seja falso: por exemplo, é possível que um homem esteja sentado, porque não é necessariamente falso que ele não esteja sentado[18]. Portanto, o possível, como dissemos, significa (a) num sentido, o que não é necessariamente falso, (b) noutro

τὸν ἕνα μὲν τρόπον, ὥσπερ εἴρηται, τὸ μὴ ἐξ ἀνάγκης ψεῦδος σημαίνει, ἕνα δὲ τὸ ἀληθές [εἶναι], ἕνα δὲ τὸ ἐνδεχόμενον ἀληθὲς εἶναι. κατὰ μεταφορὰν δὲ ἡ ἐν γεωμετρίᾳ λέγεται δύναμις. ταῦτα μὲν οὖν τὰ δυνατὰ οὐ κατὰ δύναμιν· τὰ δὲ λεγόμενα κατὰ δύναμιν πάντα λέγεται πρὸς τὴν πρώτην [μίαν]· αὕτη δ' ἐστὶν ἀρχὴ μεταβολῆς ἐν ἄλλῳ ἢ ᾗ ἄλλο. τὰ γὰρ ἄλλα λέγεται δυνατὰ τῷ τὰ μὲν ἔχειν αὐτῶν ἄλλο τι τοιαύτην δύναμιν τὰ δὲ μὴ ἔχειν τὰ δὲ ὡδὶ ἔχειν. ὁμοίως δὲ καὶ τὰ ἀδύνατα. ὥστε ὁ κύριος ὅρος τῆς πρώτης δυνάμεως ἂν εἴη ἀρχὴ μεταβλητικὴ ἐν ἄλλῳ ἢ ᾗ ἄλλο.

13

Ποσὸν λέγεται τὸ διαιρετὸν εἰς ἐνυπάρχοντα ὧν ἑκάτερον ἢ ἕκαστον ἕν τι καὶ τόδε τι πέφυκεν εἶναι. πλῆθος μὲν οὖν ποσόν τι ἐὰν ἀριθμητὸν ᾖ, μέγεθος δὲ ἂν μετρητὸν ᾖ. λέγεται δὲ πλῆθος μὲν τὸ διαιρετὸν δυνάμει εἰς μὴ συνεχῆ, μέγεθος δὲ τὸ εἰς συνεχῆ· μεγέθους δὲ τὸ μὲν ἐφ' ἓν συνεχὲς μῆκος τὸ δ' ἐπὶ δύο πλάτος τὸ δ' ἐπὶ τρία βάθος. τούτων δὲ πλῆθος μὲν τὸ πεπερασμένον ἀριθμὸς μῆκος δὲ γραμμὴ πλάτος δὲ ἐπιφάνεια βάθος δὲ σῶμα. ἔτι τὰ μὲν λέγεται καθ' αὑτὰ ποσά, τὰ δὲ κατὰ συμβεβηκός, οἷον ἡ μὲν γραμμὴ ποσόν τι καθ' ἑαυτό, τὸ δὲ μουσικὸν κατὰ συμβεβηκός. τῶν δὲ καθ' αὑτὰ τὰ μὲν κατ' οὐσίαν ἐστίν, οἷον ἡ γραμμὴ ποσόν τι (ἐν γὰρ τῷ λόγῳ τῷ τί ἐστι λέγοντι τὸ ποσόν τι ὑπάρχει), τὰ δὲ πάθη καὶ ἕξεις

sentido, o que é verdadeiro[19]; (c) num terceiro sentido, o que pode ser verdadeiro[20].

Por transferência, fala-se de potência também em geometria[21].

Estes significados do possível não se referem às noções de potência[22]. Ao contrário, todos os significados que se referem à potência implicam uma relação com o primeiro significado de potência, isto é, potência como princípio de mudança em outra coisa ou na própria coisa enquanto outra. As outras coisas são ditas potentes ou porque algo diferente tem sobre elas uma potência, ou porque não tem, ou ainda porque o tem de determinado modo[23]. O mesmo vale para as coisas que são ditas impotentes.

Concluindo, a definição principal do significado de potência será: potência é princípio de mudança em outra coisa ou na própria coisa enquanto outra[24].

13. [Os significados de quantidade][1]

Quantidade se diz do que é divisível em partes imanentes e das quais cada uma é, por sua natureza, algo uno e determinado[2].

Uma quantidade é (1) uma pluralidade quando é numerável; (2) uma grandeza quando é mensurável. (1) Chama-se pluralidade o que se pode dividir em partes não contínuas[3]; (2) chama-se grandeza o que é divisível em partes contínuas[4]. Entre as grandezas, a que é contínua numa dimensão é comprimento; a que é contínua em duas dimensões é largura e a que é contínua em três dimensões é profundidade. Uma multiplicidade delimitada é um número[5], um comprimento delimitado é uma linha, uma largura delimitada é uma superfície e uma profundidade delimitada é um corpo.

Ademais, (A) algumas coisas são ditas quantidade por si mesmas[6], (B) outras por acidente: a linha, por exemplo, é uma quantidade por si, o músico é uma quantidade por acidente[7].

(A) Entre as quantidades por si, (a) algumas são assim por sua essência: a linha, por exemplo, é uma quantidade por si, porque a quantidade está incluída na noção que exprime a própria essência da linha[8]; (b) outras, ao contrário, são afecções e estados

20 τῆς τοιαύτης ἐστὶν οὐσίας, οἷον τὸ πολὺ καὶ τὸ ὀλίγον, καὶ
μακρὸν καὶ βραχύ, καὶ πλατὺ καὶ στενόν, καὶ βαθὺ καὶ
ταπεινόν, καὶ βαρὺ καὶ κοῦφον, καὶ τὰ ἄλλα τὰ τοιαῦτα.
ἔστι δὲ καὶ τὸ μέγα καὶ τὸ μικρὸν καὶ μεῖζον καὶ
ἔλαττον, καὶ καθ' αὑτὰ καὶ πρὸς ἄλληλα λεγόμενα, τοῦ
25 ποσοῦ πάθη καθ' αὑτά· μεταφέρονται μέντοι καὶ ἐπ' ἄλλα
ταῦτα τὰ ὀνόματα. τῶν δὲ κατὰ συμβεβηκὸς λεγομένων
ποσῶν τὰ μὲν οὕτως λέγεται ὥσπερ ἐλέχθη ὅτι τὸ μουσικὸν
ποσὸν καὶ τὸ λευκὸν τῷ εἶναι ποσόν τι ᾧ ὑπάρχουσι, τὰ δὲ
ὡς κίνησις καὶ χρόνος· καὶ γὰρ ταῦτα πόσ' ἄττα λέγεται
30 καὶ συνεχῆ τῷ ἐκεῖνα διαιρετὰ εἶναι ὧν ἐστι ταῦτα πάθη.
λέγω δὲ οὐ τὸ κινούμενον ἀλλ' ὃ ἐκινήθη· τῷ γὰρ ποσὸν εἶναι
ἐκεῖνο καὶ ἡ κίνησις ποσή, ὁ δὲ χρόνος τῷ ταύτην.

[Τὸ] ποιὸν λέγεται ἕνα μὲν τρόπον ἡ διαφορὰ τῆς οὐσίας, 14
οἷον ποιόν τι ἄνθρωπος ζῷον ὅτι δίπουν, ἵππος δὲ τετράπουν,
35 καὶ κύκλος ποιόν τι σχῆμα ὅτι ἀγώνιον, ὡς τῆς διαφορᾶς
1020ᵇ τῆς κατὰ τὴν οὐσίαν ποιότητος οὔσης· — ἕνα μὲν δὴ τρόπον
τοῦτον λέγεται ἡ ποιότης διαφορὰ οὐσίας, ἕνα δὲ ὡς τὰ ἀκίνητα καὶ τὰ μαθηματικά, ὥσπερ οἱ ἀριθμοὶ ποιοί τινες,
οἷον οἱ σύνθετοι καὶ μὴ μόνον ἐφ' ἓν ὄντες ἀλλ' ὧν μίμημα
5 τὸ ἐπίπεδον καὶ τὸ στερεόν (οὗτοι δ' εἰσὶν οἱ ποσάκις ποσοὶ ἢ
ποσάκις ποσάκις ποσοί), καὶ ὅλως ὃ παρὰ τὸ ποσὸν ὑπάρχει ἐν τῇ οὐσίᾳ· οὐσία γὰρ ἑκάστου ὃ ἅπαξ, οἷον τῶν ἓξ οὐχ

desse tipo de entes: por exemplo, o muito e o pouco⁹, o longo e o
curto¹⁰, o largo e o estreito¹¹, o alto e o baixo¹², o pesado e o leve¹³
e as outras afecções desse tipo. O grande e o pequeno, o mais e o
menos — considerados em si ou em suas relações recíprocas — são
afecções por si da quantidade¹⁴; todavia, por transferência, esses
termos se estendem também a outras coisas¹⁵.

(B) As coisas que se dizem quantidade por acidente são assim chamadas (a) algumas, no sentido segundo o qual dissemos que o músico e o branco são quantidades, ou seja, pelo fato de ser quantidade aquilo a que pertencem¹⁶; (b) outras no sentido de que o movimento e o tempo são quantidades. De fato, também o tempo e o movimento são ditos quantidade, e quantidades contínuas, porque é divisível aquilo de que são afecções. Precisamente, não o que se move é divisível, mas o espaço percorrido pelo movimento do que se move¹⁷. E dado que o espaço é uma quantidade, também o é o movimento; e dado que o movimento é uma quantidade, também o é o tempo¹⁸.

14. [Os significados de qualidade]¹

(1) Qualidade significa, num sentido, a diferença da substância: o homem é um animal que tem certa qualidade, precisamente a qualidade de ser bípede, e o cavalo a de ser quadrúpede, o círculo tem certa qualidade, precisamente a de ser sem ângulos: esses exemplos demonstram que a diferença segundo a substância é uma qualidade. Portanto, este é o primeiro significado da qualidade: a diferença da substância².

(2) Um segundo significado da qualidade refere-se aos objetos imóveis da matemática. Assim se diz que os números têm determinadas qualidades: por exemplo, os números compostos, que não correspondem a uma só dimensão e que são representados pela superfície e pelo sólido: tais são os números produzidos pela multiplicação de dois fatores e pela multiplicação de três fatores³. E, em geral, é qualidade o que pertence à essência do número além da quantidade; de fato, a essência de cada número é aquilo que ele é multiplicado por um: a essência do seis, por exemplo, não é seis vezes dois ou vezes três,

ὃ δὶς ἢ τρὶς εἰσὶν ἀλλ' ὃ ἅπαξ· ἓξ γὰρ ἅπαξ ἕξ. ἔτι ὅσα πάθη τῶν κινουμένων οὐσιῶν, οἷον θερμότης καὶ ψυχρότης, καὶ λευκότης καὶ μελανία, καὶ βαρύτης καὶ κουφότης, καὶ ὅσα τοιαῦτα, καθ' ἃ λέγονται καὶ ἀλλοιοῦσθαι τὰ σώματα μεταβαλλόντων. ἔτι κατ' ἀρετὴν καὶ κακίαν καὶ ὅλως τὸ κακὸν καὶ ἀγαθόν. σχεδὸν δὴ κατὰ δύο τρόπους λέγοιτ' ἂν τὸ ποιόν, καὶ τούτων ἕνα τὸν κυριώτατον· πρώτη μὲν γὰρ ποιότης ἡ τῆς οὐσίας διαφορά (ταύτης δέ τι καὶ ἡ ἐν τοῖς ἀριθμοῖς ποιότης μέρος· διαφορὰ γάρ τις οὐσιῶν, ἀλλ' ἢ οὐ κινουμένων ἢ οὐχ ᾗ κινούμενα), τὰ δὲ πάθη τῶν κινουμένων ᾗ κινούμενα, καὶ αἱ τῶν κινήσεων διαφοραί. ἀρετὴ δὲ καὶ κακία τῶν παθημάτων μέρος τι· διαφορὰς γὰρ δηλοῦσι τῆς κινήσεως καὶ τῆς ἐνεργείας, καθ' ἃς ποιοῦσιν ἢ πάσχουσι καλῶς ἢ φαύλως τὰ ἐν κινήσει ὄντα· τὸ μὲν γὰρ ὡδὶ δυνάμενον κινεῖσθαι ἢ ἐνεργεῖν ἀγαθὸν τὸ δ' ὡδὶ καὶ ἐναντίως μοχθηρόν. μάλιστα δὲ τὸ ἀγαθὸν καὶ τὸ κακὸν σημαίνει τὸ ποιὸν ἐπὶ τῶν ἐμψύχων, καὶ τούτων μάλιστα ἐπὶ τοῖς ἔχουσι προαίρεσιν.

15

Πρός τι λέγεται τὰ μὲν ὡς διπλάσιον πρὸς ἥμισυ καὶ τριπλάσιον πρὸς τριτημόριον, καὶ ὅλως πολλαπλάσιον πρὸς πολλοστημόριον καὶ ὑπερέχον πρὸς ὑπερεχόμενον· τὰ δ' ὡς τὸ θερμαντικὸν πρὸς τὸ θερμαντὸν καὶ τὸ τμητικὸν πρὸς τὸ τμητόν, καὶ ὅλως τὸ ποιητικὸν πρὸς τὸ παθητικόν· τὰ δ'

mas o que ele é uma vez: de fato, seis é igual a seis vezes um[4].
(3) Ademais, chamam-se qualidades as afecções das substâncias em movimento: por exemplo o quente e o frio, o branco e o preto, o pesado e leve[5] e, em geral, todas as outras afecções desse tipo, segundo as quais diz-se que os corpos se alteram quando mudam[6].
(4) Além disso, qualidade se entende também no sentido de virtude e de vício e, em geral, de bem e de mal[7].

Portanto, pode-se falar de qualidade em dois sentidos, um dos quais é fundamental. (A) O significado primeiro de qualidade é a diferença da substância[8]; no âmbito desse significado entra também a qualidade dos números: de fato, também esta é uma diferença de substâncias, mas de substâncias que não são móveis ou que não são consideradas enquanto móveis[9]. (B) O outro significado refere-se às afecções das substâncias móveis consideradas, justamente, enquanto móveis e as diferenças dos movimentos[10]. A virtude e o vício[11] fazem parte dessas afecções, porque indicam as diferenças do movimento e da atividade, segundo as quais os seres em movimento agem ou padecem o bem e o mal. De fato, o que tem potência para ser movido ou para agir de determinado modo é bom; e o que tem potência para ser movido ou para agir de modo contrário ao primeiro é mau. Particularmente, o bem e o mal indicam a qualidade própria dos seres vivos e, no âmbito destes, sobretudo a qualidade própria dos seres que são dotados da faculdade de escolher[12].

15.[Os significados de relativo e relação][1]

(1) Relativas se dizem, em certo sentido, as coisas cuja relação é como a do dobro para a metade, do triplo para a terça parte e, em geral, do múltiplo para o submúltiplo e do que excede para o que é excedido[2]. (2) Em outro sentido, dizem-se relativas as coisas cuja relação é como a do que pode aquecer para o que é aquecido, do que pode cortar para o que é cortado e, em geral, do agente para com o paciente[3]. (3) Noutro sentido ainda, relativas se dizem as coisas cuja relação é como a do que é mensurável

ὡς τὸ μετρητὸν πρὸς τὸ μέτρον καὶ ἐπιστητὸν πρὸς ἐπιστήμην καὶ αἰσθητὸν πρὸς αἴσθησιν. λέγεται δὲ τὰ μὲν πρῶτα κατ' ἀριθμὸν ἢ ἁπλῶς ἢ ὡρισμένως, πρὸς αὐτοὺς ἢ πρὸς ἕν (οἷον τὸ μὲν διπλάσιον πρὸς ἓν ἀριθμὸς ὡρισμένος, τὸ δὲ πολλαπλάσιον κατ' ἀριθμὸν πρὸς ἕν, οὐχ ὡρισμένον δέ, οἷον τόνδε ἢ τόνδε· τὸ δὲ ἡμιόλιον πρὸς τὸ ὑφημιόλιον κατ' ἀριθμὸν πρὸς ἀριθμὸν ὡρισμένον· τὸ δ' ἐπιμόριον πρὸς τὸ ὑπεπιμόριον κατὰ ἀόριστον, ὥσπερ τὸ πολλαπλάσιον πρὸς τὸ ἕν· τὸ δ' ὑπερέχον πρὸς τὸ ὑπερεχόμενον ὅλως ἀόριστον κατ' ἀριθμόν· ὁ γὰρ ἀριθμὸς σύμμετρος, κατὰ μὴ συμμέτρου δὲ ἀριθμὸς οὐ λέγεται, τὸ δὲ ὑπερέχον πρὸς τὸ ὑπερεχόμενον τοσοῦτόν τέ ἐστι καὶ ἔτι, τοῦτο δ' ἀόριστον· ὁπότερον γὰρ ἔτυχέν ἐστιν, ἢ ἴσον ἢ οὐκ ἴσον)· ταῦτά τε οὖν τὰ πρός τι πάντα κατ' ἀριθμὸν λέγεται καὶ ἀριθμοῦ πάθη, καὶ ἔτι τὸ ἴσον καὶ ὅμοιον καὶ ταὐτὸ κατ' ἄλλον τρόπον (κατὰ γὰρ τὸ ἓν λέγεται πάντα, ταὐτὰ μὲν γὰρ ὧν μία ἡ οὐσία, ὅμοια δ' ὧν ἡ ποιότης μία, ἴσα δὲ ὧν τὸ ποσὸν ἕν· τὸ δ' ἓν τοῦ ἀριθμοῦ ἀρχὴ καὶ μέτρον, ὥστε ταῦτα πάντα πρός τι λέγεται κατ' ἀριθμὸν μέν, οὐ τὸν αὐτὸν δὲ τρόπον)· τὰ δὲ ποιητικὰ καὶ παθητικὰ κατὰ δύναμιν ποιητικὴν καὶ παθητικὴν καὶ ἐνεργείας τὰς τῶν δυνάμεων, οἷον τὸ θερμαντικὸν πρὸς τὸ θερμαντὸν ὅτι δύναται, καὶ πάλιν τὸ θερμαῖνον πρὸς τὸ θερμαινόμενον καὶ τὸ τέμνον πρὸς τὸ τεμνόμενον ὡς ἐνεργοῦντα. τῶν δὲ κατ' ἀριθμὸν οὐκ εἰσὶν ἐνέργειαι ἀλλ' ἢ ὃν τρόπον ἐν ἑτέροις εἴρηται· αἱ δὲ κατὰ κίνησιν ἐνέργειαι οὐχ ὑπάρχουσιν. τῶν δὲ κατὰ δύναμιν καὶ κατὰ χρόνους ἤδη

para com a medida, ou como a do cognoscível para a com a ciência e do sensível para com a sensação[4].

(1) As relações, no primeiro sentido, são numéricas e são ou indeterminadas ou determinadas quanto aos próprios números ou quanto à unidade[5]. Por exemplo, o dobro tem uma relação numérica determinada com a unidade[6], enquanto o múltiplo também tem uma relação numérica com a unidade, mas não determinada, quer dizer, não tem esta ou aquela relação[7]. E uma quantidade que contém uma vez e meia a outra, relativamente à quantidade que está contida, tem com ela uma relação numérica determinada quanto a determinado número[8], enquanto uma quantidade que contém a outra e mais um, relativamente a esta quantidade, está em relação numérica indeterminada, assim como o múltiplo está em relação indeterminada relativamente à unidade[9]. E o que excede em relação ao que é excedido está em relação numérica totalmente indeterminada: de fato, o número é comensurável e não pode se referir ao que é incomensurável; mas o que excede relativamente ao que é excedido é a mesma quantidade deste e algo mais, e este algo mais é indeterminado, porque, segundo os casos, pode ser igual ou desigual ao excedido[10]. Estas relações são numéricas e são afecções do número. Mas o igual, o semelhante e o idêntico são também relações numéricas, só que em outro sentido. Com efeito, todos eles se referem à unidade: idênticas são as coisas cuja substância é uma só; semelhantes são as coisas que têm a mesma qualidade, e iguais são as coisas cuja quantidade é igual: ora, o um é o princípio e a medida do número e, portanto, todas essas relações podem ser chamadas de relações numéricas, mas não no mesmo sentido[11].

(2) O ativo e o passivo[12] estão entre si em relação segundo a potência ativa e a potência passiva e sua atualidade: por exemplo, o que pode aquecer está em relação ao que pode ser aquecido segundo a potência, enquanto o que aquece está em relação ao que é aquecido e o que corta está em relação ao que é cortado segundo o ato. Das relações numéricas não existe ato ou só existe do modo como se disse em outro lugar[13]: delas não existe o ato no sentido do movimento. Das relações segundo

λέγονται πρός τι οἷον τὸ πεποιηκὸς πρὸς τὸ πεποιημένον
καὶ τὸ ποιῆσον πρὸς τὸ ποιησόμενον. οὕτω γὰρ καὶ πατὴρ
υἱοῦ λέγεται πατήρ· τὸ μὲν γὰρ πεποιηκὸς τὸ δὲ πεπονθός
25 τί ἐστιν. ἔτι ἔνια κατὰ στέρησιν δυνάμεως, ὥσπερ τὸ ἀδύνατον καὶ ὅσα οὕτω λέγεται, οἷον τὸ ἀόρατον. τὰ μὲν οὖν κατ'
ἀριθμὸν καὶ δύναμιν λεγόμενα πρός τι πάντα ἐστὶ πρός τι
τῷ ὅπερ ἐστὶν ἄλλου λέγεσθαι αὐτὸ ὅ ἐστιν, ἀλλὰ μὴ τῷ
ἄλλο πρὸς ἐκεῖνο· τὸ δὲ μετρητὸν καὶ τὸ ἐπιστητὸν καὶ τὸ
30 διανοητὸν τῷ ἄλλο πρὸς αὐτὸ λέγεσθαι πρός τι λέγονται.
τό τε γὰρ διανοητὸν σημαίνει ὅτι ἔστιν αὐτοῦ διάνοια, οὐκ
ἔστι δ' ἡ διάνοια πρὸς τοῦτο οὗ ἐστι διάνοια (δὶς γὰρ ταὐτὸν
εἰρημένον ἂν εἴη), ὁμοίως δὲ καὶ τινός ἐστιν ἡ ὄψις ὄψις, οὐχ
1021ᵇ οὗ ἐστὶν ὄψις (καίτοι γ' ἀληθὲς τοῦτο εἰπεῖν) ἀλλὰ πρὸς
χρῶμα ἢ πρὸς ἄλλο τι τοιοῦτον. ἐκείνως δὲ δὶς τὸ αὐτὸ
λεχθήσεται, ὅτι ἐστὶν οὗ ἐστὶν ἡ ὄψις. τὰ μὲν οὖν καθ'
ἑαυτὰ λεγόμενα πρός τι τὰ μὲν οὕτω λέγεται, τὰ δὲ ἂν τὰ
5 γένη αὐτῶν ᾖ τοιαῦτα, οἷον ἡ ἰατρικὴ τῶν πρός τι ὅτι τὸ
γένος αὐτῆς ἡ ἐπιστήμη δοκεῖ εἶναι πρός τι· ἔτι καθ'
ὅσα τὰ ἔχοντα λέγεται πρός τι, οἷον ἰσότης ὅτι τὸ ἴσον
καὶ ὁμοιότης ὅτι τὸ ὅμοιον· τὰ δὲ κατὰ συμβεβηκός, οἷον
ἄνθρωπος πρός τι ὅτι συμβέβηκεν αὐτῷ διπλασίῳ εἶναι,
10 τοῦτο δ' ἐστὶ τῶν πρός τι· ἢ τὸ λευκόν, εἰ τῷ αὐτῷ συμβέβηκε διπλασίῳ καὶ λευκῷ εἶναι.

16

Τέλειον λέγεται ἓν μὲν οὗ μὴ ἔστιν ἔξω τι λαβεῖν μηδὲ

a potência, algumas implicam uma referência ao tempo: por exemplo, a relação entre o que fez e o que foi feito, e entre o que fará e o que será feito. Nesse sentido o pai é dito pai do filho: de fato, no passado um agiu e o outro foi objeto dessa ação[14]. Ademais, existem relações segundo a privação da potência, como o impotente[15] e as outras coisas desse tipo: por exemplo, o invisível[16].

(3) Todas as relações entendidas segundo o número ou segundo a potência são chamadas relações justamente porque sua própria essência consiste numa referência a algo distinto, e não simplesmente pelo fato de algo distinto estar em relação com elas; por sua vez, o mensurável, o cognoscível e o pensável se dizem relativos enquanto algo distinto está em relação com eles. O pensável, com efeito, significa que dele existe um pensamento, mas o pensamento não é relativo àquilo de que é pensamento; se o fosse repetir-se-ia duas vezes a mesma coisa. De modo semelhante, a visão é visão de alguma coisa, e não daquilo de que é visão — ainda que, em certo sentido, isso poderia ser verdadeiro — e ela é relativa à cor ou a outra coisa desse tipo; do contrário, repetir-se-ia duas vezes a mesma coisa: que a visão é visão daquilo do que é visão[17].

(A) Das coisas que se dizem relativas por si mesmas, algumas se dizem no sentido visto acima, outras porque seus gêneros são relativos: a medicina, por exemplo, é um relativo porque o gênero no qual é compreendida é a ciência, que claramente é considerada entre as relações. Relativas por si se dizem, ademais, as propriedades pelas quais as coisas que as possuem são ditas relações: a igualdade, por exemplo, porque é relativa ao igual, e a semelhança porque é relativa ao semelhante.

(B) Outras coisas são ditas relativas por acidente: o homem, por exemplo, é relativo por acidente, porque pode ocorrer que ele seja o dobro de alguma coisa, e dobro é, justamente, uma relação; ou porque o branco é relativo por acidente, porque a mesma coisa pode ser branca e o dobro de outra[18].

16. [Os significados de perfeito][1]

(1) Perfeito se diz, num sentido, aquilo fora do qual não se pode encontrar nem sequer uma de suas partes. Por

ἓν μόριον (οἷον χρόνος τέλειος ἑκάστου οὗτος οὗ μὴ ἔστιν ἔξω
λαβεῖν χρόνον τινὰ ὃς τούτου μέρος ἐστὶ τοῦ χρόνου), καὶ τὸ
15 κατ' ἀρετὴν καὶ τὸ εὖ μὴ ἔχον ὑπερβολὴν πρὸς τὸ γένος,
οἷον τέλειος ἰατρὸς καὶ τέλειος αὐλητὴς ὅταν κατὰ τὸ εἶδος
τῆς οἰκείας ἀρετῆς μηθὲν ἐλλείπωσιν (οὕτω δὲ μεταφέροντες
καὶ ἐπὶ τῶν κακῶν λέγομεν συκοφάντην τέλειον καὶ κλέ-
20 πτην τέλειον, ἐπειδὴ καὶ ἀγαθοὺς λέγομεν αὐτούς, οἷον κλέ-
πτην ἀγαθὸν καὶ συκοφάντην ἀγαθόν· καὶ ἡ ἀρετὴ τελείω-
σίς τις· ἕκαστον γὰρ τότε τέλειον καὶ οὐσία πᾶσα τότε τελεία, ὅταν κατὰ τὸ εἶδος τῆς οἰκείας ἀρετῆς μηδὲν ἐλλείπῃ
μόριον τοῦ κατὰ φύσιν μεγέθους)· ἔτι οἷς ὑπάρχει τὸ τέλος,
σπουδαῖον ⟨ὄν⟩, ταῦτα λέγεται τέλεια· κατὰ γὰρ τὸ ἔχειν τὸ
25 τέλος τέλεια, ὥστ' ἐπεὶ τὸ τέλος τῶν ἐσχάτων τί ἐστι, καὶ
ἐπὶ τὰ φαῦλα μεταφέροντες λέγομεν τελείως ἀπολωλέναι
καὶ τελείως ἐφθάρθαι, ὅταν μηδὲν ἐλλείπῃ τῆς φθορᾶς καὶ
τοῦ κακοῦ ἀλλ' ἐπὶ τῷ ἐσχάτῳ ᾖ· διὸ καὶ ἡ τελευτὴ κατὰ
μεταφορὰν λέγεται τέλος, ὅτι ἄμφω ἔσχατα· τέλος δὲ
30 καὶ τὸ οὗ ἕνεκα ἔσχατον. τὰ μὲν οὖν καθ' αὑτὰ λεγόμενα
τέλεια τοσαυταχῶς λέγεται, τὰ μὲν τῷ κατὰ τὸ εὖ μηδὲν
ἐλλείπειν μηδ' ἔχειν ὑπερβολὴν μηδὲ ἔξω τι λαβεῖν, τὰ δ'
ὅλως κατὰ τὸ μὴ ἔχειν ὑπερβολὴν ἐν ἑκάστῳ γένει μηδ'
1022ᵃ εἶναί τι ἔξω· τὰ δὲ ἄλλα ἤδη κατὰ ταῦτα τῷ ἢ ποιεῖν τι
τοιοῦτον ἢ ἔχειν ἢ ἁρμόττειν τούτῳ ἢ ἁμῶς γέ πως λέγεσθαι πρὸς τὰ πρώτως λεγόμενα τέλεια.

exemplo, o tempo perfeito de cada coisa é aquele fora do qual não se pode encontrar nenhum tempo que seja parte dele[2].

(2) Perfeito se chama também aquilo que, relativamente à virtude ou habilidade ou ao bem que lhe são próprios, não é superado em seu gênero. Por exemplo, fala-se de médico perfeito e de flautista perfeito quando, relativamente à espécie de virtude ou de habilidade que lhes é própria, não carecem de nada[3]. E assim, por transferência, aplicamos essa qualificação também às coisas más e falamos de difamador perfeito e de ladrão perfeito; e até os chamamos "bons": por exemplo, dizemos um "bom ladrão" e um "bom difamador"[4]. A virtude que é própria de cada coisa é uma perfeição: de fato, cada coisa é perfeita e toda substância é perfeita quando, relativamente a determinada espécie de virtude que lhe é própria, não carece de nenhuma parte de sua grandeza natural[5].

(3) Ademais, perfeitas são ditas todas as coisas que alcançaram o fim que lhes convém. De fato, uma coisa é perfeita quando possui o próprio fim[6]. E como o fim é um termo extremo, por transferência aplicamos a qualificação de perfeito também às coisas más e dizemos que algo está perfeitamente arruinado e perfeitamente destruído, quando não falta nada a sua destruição e a seu mal, e quando tenha chegado ao extremo desse processo. Por isso também a morte se diz, por transferência, fim, enquanto ambos são termos extremos. Fim é também o propósito último das coisas[7].

(A) Portanto, as coisas se dizem perfeitas por si em todos esses sentidos: algumas porque, relativamente a seu bem, não carecem de nada ou não são superados por outras e não têm nenhuma de suas partes fora de si; outras, em geral, porque não são superadas por outra e não têm nenhuma parte fora de si no âmbito do seu gênero.

(B) As outras coisas se dizem perfeitas em função destes significados[8], isto é, porque produzem[9] ou possuem algo de perfeito[10], ou porque são conformes com ele[11], ou porque de um modo ou de outro têm relação com as coisas que se dizem perfeitas no sentido principal.

17

Πέρας λέγεται τό τε ἔσχατον ἑκάστου καὶ οὗ ἔξω μηδὲν ἔστι λαβεῖν πρώτου καὶ οὗ ἔσω πάντα πρώτου, καὶ ὃ ἂν ᾖ εἶδος μεγέθους ἢ ἔχοντος μέγεθος, καὶ τὸ τέλος ἑκάστου (τοιοῦτον δ' ἐφ' ὃ ἡ κίνησις καὶ ἡ πρᾶξις, καὶ οὐκ ἀφ' οὗ — ὁτὲ δὲ ἄμφω, καὶ ἀφ' οὗ καὶ ἐφ' ὃ καὶ τὸ οὗ ἕνεκα), καὶ ἡ οὐσία ἡ ἑκάστου καὶ τὸ τί ἦν εἶναι ἑκάστῳ· τῆς γνώσεως γὰρ τοῦτο πέρας· εἰ δὲ τῆς γνώσεως, καὶ τοῦ πράγματος. ὥστε φανερὸν ὅτι ὁσαχῶς τε ἡ ἀρχὴ λέγεται, τοσαυταχῶς καὶ τὸ πέρας, καὶ ἔτι πλεοναχῶς· ἡ μὲν γὰρ ἀρχὴ πέρας τι, τὸ δὲ πέρας οὐ πᾶν ἀρχή.

18

Τὸ καθ' ὃ λέγεται πολλαχῶς, ἕνα μὲν τρόπον τὸ εἶδος καὶ ἡ οὐσία ἑκάστου πράγματος, οἷον καθ' ὃ ἀγαθός, αὐτὸ ἀγαθόν, ἕνα δὲ ἐν ᾧ πρώτῳ πέφυκε γίγνεσθαι, οἷον τὸ χρῶμα ἐν τῇ ἐπιφανείᾳ. τὸ μὲν οὖν πρώτως λεγόμενον καθ' ὃ τὸ εἶδός ἐστι, δευτέρως δὲ ὡς ἡ ὕλη ἑκάστου καὶ τὸ ὑποκείμενον ἑκάστῳ πρῶτον. ὅλως δὲ τὸ καθ' ὃ ἰσαχῶς καὶ τὸ αἴτιον ὑπάρξει· κατὰ τί γὰρ ἐλήλυθεν ἢ οὗ ἕνεκα ἐλήλυθε λέγεται, καὶ κατὰ τί παραλελόγισται ἢ συλλελόγισται, ἢ τί τὸ αἴτιον τοῦ συλλογισμοῦ ἢ παραλογισμοῦ. ἔτι δὲ

17. *[Os significados de limite]*[1]

(1) Limite é chamado o termo extremo de cada coisa, ou seja, o termo primeiro além do qual não se pode mais encontrar nada da coisa e aquém do qual se encontra toda a coisa[2].
(2) Limite é chamada a forma, qualquer que seja, de uma grandeza e do que tem grandeza[3].
(3) Limite é chamado o fim de cada coisa (e tal é o ponto de chegada do movimento e das ações e não o ponto de partida; às vezes, contudo, chamam-se limite os dois: tanto o ponto de partida como o de chegada ou a meta)[4].
(4) Limite é chamada também a substância e a essência de cada coisa: esta é, com efeito, limite do conhecimento; e se é limite do conhecimento o é também da coisa[5].

Fica, portanto, evidente que limite é dito em todos os sentidos em que se diz princípio e, antes, em sentidos ainda mais numerosos: de fato, todo princípio é um limite, mas nem todo limite é um princípio[6].

18. *[Os significados das expressões "aquilo por que" e "por si"]*[1]

A expressão "aquilo por que"[2] tem múltiplos significados.
(1) Num primeiro sentido, significa a forma e a essência de cada coisa: por exemplo, aquilo por que é bom quem é bom é o bem em si[3].
(2) Noutro sentido, significa o substrato primeiro no qual alguma coisa se gera por sua própria natureza, por exemplo, a cor na superfície[4].

"Aquilo por que" entendido no primeiro significado é a forma, enquanto no segundo significado é a matéria e o substrato próximo de todas as coisas.

Em geral, o termo "aquilo por que" deve ter todos os significados do termo causa.

(3) De fato, perguntamos indiferentemente: "Que é aquilo por que veio?" e: "Qual é o propósito por que veio?"[5].
(4) Ou: "Que é aquilo por que alguém caiu num paralogismo ou fez um silogismo?" e: "Qual é causa do silogismo ou do paralogismo?"[6].

τὸ καθ' ὃ τὸ κατὰ θέσιν λέγεται, καθ' ὃ ἕστηκεν ἢ καθ' ὃ βαδίζει· πάντα γὰρ ταῦτα τόπον σημαίνει καὶ θέσιν. ὥστε καὶ
25 τὸ καθ' αὑτὸ πολλαχῶς ἀνάγκη λέγεσθαι. ἓν μὲν γὰρ καθ' αὑτὸ τὸ τί ἦν εἶναι ἑκάστῳ, οἷον ὁ Καλλίας καθ' αὑτὸν Καλλίας καὶ τὸ τί ἦν εἶναι Καλλίᾳ· ἓν δὲ ὅσα ἐν τῷ τί ἐστιν ὑπάρχει, οἷον ζῷον ὁ Καλλίας καθ' αὑτόν· ἐν γὰρ τῷ λόγῳ ἐνυπάρχει τὸ ζῷον· ζῷον γάρ τι ὁ Καλλίας. ἔτι
30 δὲ εἰ ἐν αὑτῷ δέδεκται πρώτῳ ἢ τῶν αὑτοῦ τινί, οἷον ἡ ἐπιφάνεια λευκὴ καθ' ἑαυτήν, καὶ ζῇ ὁ ἄνθρωπος καθ' αὑτόν· ἡ γὰρ ψυχὴ μέρος τι τοῦ ἀνθρώπου, ἐν ᾗ πρώτῃ τὸ ζῆν. ἔτι οὗ μὴ ἔστιν ἄλλο αἴτιον· τοῦ γὰρ ἀνθρώπου πολλὰ αἴτια, τὸ ζῷον, τὸ δίπουν, ἀλλ' ὅμως καθ' αὑτὸν ἄνθρωπος ὁ ἄνθρω-
35 πός ἐστιν. ἔτι ὅσα μόνῳ ὑπάρχει καὶ ᾗ μόνον διὰ τὸ κεχρωσμένον καθ' αὑτό.

19

Διάθεσις λέγεται τοῦ ἔχοντος μέρη τάξις ἢ κατὰ τόπον ἢ κατὰ δύναμιν ἢ κατ' εἶδος· θέσιν γὰρ δεῖ τινὰ εἶναι, ὥσπερ καὶ τοὔνομα δηλοῖ ἡ διάθεσις.

20

Ἕξις δὲ λέγεται ἕνα μὲν τρόπον οἷον ἐνέργειά τις τοῦ
5 ἔχοντος καὶ ἐχομένου, ὥσπερ πρᾶξίς τις ἢ κίνησις (ὅταν γὰρ

(5) Ademais, nossa expressão é entendida também em referência à posição: por exemplo, fala-se daquilo por que se está parado ou aquilo por que se caminha. Estes exemplos referem-se, justamente, à posição e ao lugar[7].

Consequentemente, também o termo "por si" terá múltiplos significados.

(1) Num primeiro sentido, por si significa a essência própria de cada coisa: por exemplo, Cálias é por si Cálias e a essência de Cálias[8].

(2) Noutro sentido, por si significa tudo o que se encontra na essência: por exemplo Cálias, é por si animal, porque na definição de Cálias está incluído o animal. Com efeito, Cálias é animal de determinada espécie[9].

(3) Por si se dizem também as propriedades que pertencem originariamente a uma coisa ou a alguma de suas partes: por exemplo, branco é propriedade por si da superfície e vivo é propriedade por si do homem; de fato, a alma, na qual reside originariamente a vida, é uma parte do homem[10].

(4) Por si, ademais, é o que não tem outra causa além de si mesmo: do homem, por exemplo, existem muitas causas, como o animal e o bípede, todavia o homem é homem por si[11].

(5) Por si, enfim, se dizem todos os atributos que pertencem a um único tipo de sujeito e na medida em que é único: por isso o que é colorido é atributo por si da superfície[12].

19. [O significado de disposição][1]

Disposição significa o ordenamento das partes de uma coisa: ordenamento (a) segundo o lugar[2], (b) ou segundo a potência[3], (c) ou segundo a forma[4]. Impõe-se, com efeito, que exista uma certa posição, como sugere a própria palavra disposição[5].

20. [Os significados de hábito ou posse ou estado][1]

(1) O termo hábito <ou posse ou estado>[2] significa, num sentido, certa atividade própria do que possui e do que é possuído, como uma ação ou um movimento. De fato,

τὸ μὲν ποιῇ τὸ δὲ ποιῆται, ἔστι ποίησις μεταξύ· οὕτω καὶ
τοῦ ἔχοντος ἐσθῆτα καὶ τῆς ἐχομένης ἐσθῆτος ἔστι μεταξὺ
ἕξις)· — ταύτην μὲν οὖν φανερὸν ὅτι οὐκ ἐνδέχεται ἔχειν ἕξιν
(εἰς ἄπειρον γὰρ βαδιεῖται, εἰ τοῦ ἐχομένου ἔσται ἔχειν τὴν
ἕξιν), ἄλλον δὲ τρόπον ἕξις λέγεται διάθεσις καθ' ἣν ἢ εὖ
ἢ κακῶς διάκειται τὸ διακείμενον, καὶ ἢ καθ' αὑτὸ ἢ πρὸς
ἄλλο, οἷον ἡ ὑγίεια ἕξις τις· διάθεσις γάρ ἐστι τοιαύτη.
ἔτι ἕξις λέγεται ἂν ᾖ μόριον διαθέσεως τοιαύτης· διὸ καὶ
ἡ τῶν μερῶν ἀρετὴ ἕξις τίς ἐστιν.

21

Πάθος λέγεται ἕνα μὲν τρόπον ποιότης καθ' ἣν ἀλλοιοῦσθαι ἐνδέχεται, οἷον τὸ λευκὸν καὶ τὸ μέλαν, καὶ
γλυκὺ καὶ πικρόν, καὶ βαρύτης καὶ κουφότης, καὶ ὅσα
ἄλλα τοιαῦτα· ἕνα δὲ αἱ τούτων ἐνέργειαι καὶ ἀλλοιώσεις
ἤδη. ἔτι τούτων μᾶλλον αἱ βλαβεραὶ ἀλλοιώσεις καὶ κινήσεις, καὶ μάλιστα αἱ λυπηραὶ βλάβαι. ἔτι τὰ μεγέθη τῶν
συμφορῶν καὶ λυπηρῶν πάθη λέγεται.

22

Στέρησις λέγεται ἕνα μὲν τρόπον ἂν μὴ ἔχῃ τι τῶν
πεφυκότων ἔχεσθαι, κἂν μὴ αὐτὸ ᾖ πεφυκὸς ἔχειν, οἷον
φυτὸν ὀμμάτων ἐστερῆσθαι λέγεται· ἕνα δὲ ἂν πεφυκὸς

quando algo produz e outro é produzido, entre um e outro existe a ação de produzir; assim, entre quem possui uma roupa e a roupa possuída por ele existe a ação de possuir. Ora, é evidente que da posse entendida nesse sentido não pode haver ulteriormente posse, porque, caso fosse possível ter posse da posse, iríamos ao infinito[3].

(2) Hábito <posse ou estado>, noutro sentido, significa a disposição em virtude da qual a coisa disposta[4] é disposta bem ou mal, seja por si, seja em relação a outra: por exemplo, a saúde é um hábito ou estado ou posse nesse sentido: de fato, ela é um tipo de disposição[5].

(3) Enfim, hábito <ou posse ou estado> se diz também do que é parte de uma disposição tal como dissemos acima. Por isso, também a virtude[6] própria das partes é um hábito ou posse ou estado de toda a coisa[7].

21. [Os significados de afecção][1]

(1) Afecção significa, num primeiro sentido, uma qualidade segundo a qual algo pode se alterar: por exemplo, o branco e o preto, o doce e o amargo, o peso e a leveza e todas as outras qualidades deste tipo[2].

(2) Noutro sentido, afecção significa a atuação dessas alterações, isto é, as alterações que estão em ato[3].

(3) Ademais, dizem-se afecções especialmente as alterações e as mudanças danosas e, sobretudo, os danos que produzem dor[4].

(4) Enfim, chamam-se afecções as grandes calamidades e as grandes dores[5].

22. [Os significados de privação][1]

(1) Tem-se privação, num sentido, quando alguma coisa não possui algum dos atributos que naturalmente poderia ter, mesmo que a própria coisa não possa possuir aquele atributo por natureza: por exemplo, dizemos que uma planta é privada de olhos[2].

25 ἔχειν, ἢ αὐτὸ ἢ τὸ γένος, μὴ ἔχῃ, οἷον ἄλλως ἄνθρωπος ὁ τυφλὸς ὄψεως ἐστέρηται καὶ ἀσπάλαξ, τὸ μὲν κατὰ τὸ γένος τὸ δὲ καθ' αὐτό. ἔτι ἂν πεφυκὸς καὶ ὅτε πέφυκεν ἔχειν μὴ ἔχῃ· ἡ γὰρ τυφλότης στέρησίς τις, τυφλὸς δ' οὐ κατὰ πᾶσαν ἡλικίαν, ἀλλ' ἐν ᾗ πέφυκεν ἔχειν, ἂν μὴ ἔχῃ.
30 ὁμοίως δὲ καὶ ἐν ᾧ ἂν ᾖ ⟨πεφυκὸς⟩ καὶ καθ' ὃ καὶ πρὸς ὃ καὶ ὥς, ἂν μὴ ἔχῃ [πεφυκός]. ἔτι ἡ βιαία ἑκάστου ἀφαίρεσις στέρησις λέγεται. καὶ ὁσαχῶς δὲ αἱ ἀπὸ τοῦ ᾱ ἀποφάσεις λέγονται, τοσαυταχῶς καὶ αἱ στερήσεις λέγονται· ἄνισον μὲν γὰρ τῷ μὴ ἔχειν ἰσότητα πεφυκὸς λέγεται, ἀόρατον δὲ
35 καὶ τῷ ὅλως μὴ ἔχειν χρῶμα καὶ τῷ φαύλως, καὶ ἄπουν καὶ τῷ μὴ ἔχειν ὅλως πόδας καὶ τῷ φαύλους. ἔτι καὶ τῷ
1023ᵃ μικρὸν ἔχειν, οἷον τὸ ἀπύρηνον· τοῦτο δ' ἐστὶ τὸ φαύλως πως ἔχειν. ἔτι τῷ μὴ ῥᾳδίως ἢ τῷ μὴ καλῶς, οἷον τὸ ἄτμητον οὐ μόνον τῷ μὴ τέμνεσθαι ἀλλὰ καὶ τῷ μὴ ῥᾳδίως ἢ μὴ καλῶς. ἔτι τῷ πάντῃ μὴ ἔχειν· τυφλὸς γὰρ οὐ λέγεται ὁ
5 ἑτερόφθαλμος ἀλλ' ὁ ἐν ἀμφοῖν μὴ ἔχων ὄψιν· διὸ οὐ πᾶς ἀγαθὸς ἢ κακός, ἢ δίκαιος ἢ ἄδικος, ἀλλὰ καὶ τὸ μεταξύ.

23

Τὸ ἔχειν λέγεται πολλαχῶς, ἕνα μὲν τρόπον τὸ ἄγειν

(2) Noutro sentido, tem-se privação quando uma coisa não possui algum atributo que ela mesma ou seu gênero deveriam possuir por natureza: por exemplo, o homem cego e a toupeira são privados de visão, mas de maneira diversa, pois a toupeira é privada da visão relativamente ao gênero animal enquanto o homem cego se diz privado de visão por si[3].

(3) Além disso, tem-se privação quando uma coisa não possui algo que deveria possuir por sua natureza, num determinado tempo no qual, por sua natureza, deveria possuí-lo: de fato, a cegueira é uma privação, mas não se pode chamar cego a alguém em qualquer idade, mas só se não possui a visão na idade na qual deveria possuí-la por natureza; e, de modo semelhante, se não possui a visão no ambiente, com respeito ao órgão, com relação às coisas e da maneira como deveria possuí-la por natureza[4].

(4) Ademais, privação chama-se a violenta subtração de alguma coisa[5].

(5) As privações são entendidas[6] em todos os modos nos quais se entendem as negações formadas com o "alfa privativo"[7]: diz-se, com efeito, que algo é desigual[8] porque não possui a igualdade que deveria possuir por sua natureza; uma coisa é dita invisível[9] porque não tem nenhuma cor ou por tê-la muito fraca; ápodo se diz de alguma coisa ou porque não tem pés[10] ou porque os tem de maneira inadequada.

(6) Ademais, dizemos que existe privação de algo também porque dele existe pouco: dizemos, por exemplo, que um fruto é privado de semente[11], para dizer que a que tem é muito pequena[12].

(7) E podemos falar de privação de algo também porque não é fácil fazê-lo ou fazê-lo bem: indivisível, por exemplo, se diz uma coisa não só porque não pode ser dividida, mas também porque não pode ser facilmente dividida ou porque não pode sê-lo bem[13].

(8) Privação, ainda, entende-se a falta absoluta de algo: de fato, não se diz cego quem vê com um só olho, mas só quem não vê com os dois olhos[14]. Por isso, nem todo homem é bom ou mau, justo ou injusto, mas sempre existe um estado intermediário[15].

κατὰ τὴν αὑτοῦ φύσιν ἢ κατὰ τὴν αὑτοῦ ὁρμήν, διὸ
λέγεται πυρετός τε ἔχειν τὸν ἄνθρωπον καὶ οἱ τύραννοι τὰς
πόλεις καὶ τὴν ἐσθῆτα οἱ ἀμπεχόμενοι· ἕνα δ' ἐν ᾧ ἂν
τι ὑπάρχῃ ὡς δεκτικῷ, οἷον ὁ χαλκὸς ἔχει τὸ εἶδος τοῦ
ἀνδριάντος καὶ τὴν νόσον τὸ σῶμα· ἕνα δὲ ὡς τὸ περιέχον
τὰ περιεχόμενα· ἐν ᾧ γάρ ἐστι περιέχοντι, ἔχεσθαι ὑπὸ
τούτου λέγεται, οἷον τὸ ἀγγεῖον ἔχειν τὸ ὑγρόν φαμεν
καὶ τὴν πόλιν ἀνθρώπους καὶ τὴν ναῦν ναύτας, οὕτω δὲ καὶ
τὸ ὅλον ἔχειν τὰ μέρη. ἔτι τὸ κωλῦον κατὰ τὴν αὑτοῦ
ὁρμήν τι κινεῖσθαι ἢ πράττειν ἔχειν λέγεται τοῦτο αὐτό,
οἷον καὶ οἱ κίονες τὰ ἐπικείμενα βάρη, καὶ ὡς οἱ ποιηταὶ
τὸν Ἄτλαντα ποιοῦσι τὸν οὐρανὸν ἔχειν ὡς συμπεσόντ' ἂν
ἐπὶ τὴν γῆν, ὥσπερ καὶ τῶν φυσιολόγων τινές φασιν· τοῦτον δὲ τὸν τρόπον καὶ τὸ συνέχον λέγεται ἃ συνέχει ἔχειν,
ὡς διαχωρισθέντα ἂν κατὰ τὴν αὑτοῦ ὁρμὴν ἕκαστον. καὶ
τὸ ἔν τινι δὲ εἶναι ὁμοτρόπως λέγεται καὶ ἑπομένως τῷ
ἔχειν.

24

Τὸ ἔκ τινος εἶναι λέγεται ἕνα μὲν τρόπον ἐξ οὗ ἐστὶν
ὡς ὕλης, καὶ τοῦτο διχῶς, ἢ κατὰ τὸ πρῶτον γένος ἢ κατὰ
τὸ ὕστατον εἶδος, οἷον ἔστι μὲν ὡς ἅπαντα τὰ τηκτὰ ἐξ
ὕδατος, ἔστι δ' ὡς ἐκ χαλκοῦ ὁ ἀνδριάς· ἕνα δ' ὡς ἐκ τῆς
πρώτης κινησάσης ἀρχῆς (οἷον ἐκ τίνος ἡ μάχη; ἐκ λοι-
δορίας, ὅτι αὕτη ἀρχὴ τῆς μάχης)· ἕνα δ' ἐκ τοῦ συνθέτου

23. [Os significados de ter][1]

O termo ter <ou possuir ou haver>[2] tem múltiplos significados.
(1) Em primeiro lugar, significa dominar[3] alguma coisa segundo a própria natureza ou segundo o próprio impulso. Por isso se diz que a febre tem ou possui o homem e que os tiranos têm ou possuem a cidade, e que os que estão vestidos têm ou possuem as roupas[4].
(2) Em segundo lugar, o receptáculo no qual algo se encontra diz-se que tem <em si> esse algo: o bronze, por exemplo, tem a forma da estátua e o corpo tem a enfermidade[5].
(3) Em terceiro lugar, ter se diz do continente relativamente ao conteúdo: de fato, o que contém uma coisa diz-se que tem uma coisa. Por exemplo, o vaso tem o líquido, a cidade tem os homens e o navio os marinheiros, e assim dizemos também que o todo tem as partes[6].
(4) Ademais, o que impede alguma coisa de mover-se ou de agir segundo a inclinação que lhe é própria diz-se que tem ou sustém essa coisa: dizemos, por exemplo, que as colunas têm ou sustêm os pesos a elas sobrepostos e que — para falar como os poetas[7] — Atlas tem ou sustém o céu, que de outra forma cairia sobre a terra, como dizem também alguns pensadores naturalistas[8]. Nesse sentido, diz-se também que o que une tem ou sustém as coisas que une, enquanto cada uma delas tenderia a separar-se segundo a própria inclinação[9].

A expressão estar em algo tem significados semelhantes e correspondentes ao ter[10].

24. [Os significados da expressão "derivar de algo"][1]

(1) A expressão "derivar de algo" significa, num sentido, derivar daquilo de que as coisas são materialmente constituídas; e isso em dois sentidos: (a) ou segundo o gênero primeiro ou (b) segundo a espécie última como, por exemplo, (a) todas as coisas que se podem liquefazer provêm da água, ou (b) como a estátua provém do bronze[2].
(2) Num segundo sentido, significa derivar do princípio primeiro do movimento. Por exemplo, quando se pergunta: de que

ἐκ τῆς ὕλης καὶ τῆς μορφῆς, ὥσπερ ἐκ τοῦ ὅλου τὰ μέρη καὶ ἐκ τῆς Ἰλιάδος τὸ ἔπος καὶ ἐκ τῆς οἰκίας οἱ λίθοι· τέλος μὲν γάρ ἐστιν ἡ μορφή, τέλειον δὲ τὸ ἔχον τέλος.
35 τὰ δὲ ὡς ἐκ τοῦ μέρους τὸ εἶδος, οἷον ἄνθρωπος ἐκ τοῦ δίποδος καὶ ἡ συλλαβὴ ἐκ τοῦ στοιχείου· ἄλλως γὰρ τοῦτο
1023 ᵇ καὶ ὁ ἀνδριὰς ἐκ χαλκοῦ· ἐκ τῆς αἰσθητῆς γὰρ ὕλης ἡ συνθετὴ οὐσία, ἀλλὰ καὶ τὸ εἶδος ἐκ τῆς τοῦ εἴδους ὕλης. τὰ μὲν οὖν οὕτω λέγεται, τὰ δ' ἐὰν κατὰ μέρος τι τούτων τις ὑπάρχῃ τῶν τρόπων, οἷον ἐκ πατρὸς καὶ μητρὸς τὸ τέκνον
5 καὶ ἐκ γῆς τὰ φυτά, ὅτι ἔκ τινος μέρους αὐτῶν. ἕνα δὲ μεθ' ὃ τῷ χρόνῳ, οἷον ἐξ ἡμέρας νὺξ καὶ ἐξ εὐδίας χειμών, ὅτι τοῦτο μετὰ τοῦτο· τούτων δὲ τὰ μὲν τῷ ἔχειν μεταβολὴν εἰς ἄλληλα οὕτω λέγεται, ὥσπερ καὶ τὰ νῦν εἰρημένα, τὰ δὲ τῷ κατὰ τὸν χρόνον ἐφεξῆς μόνον, οἷον ἐξ ἰσημερίας
10 ἐγένετο ὁ πλοῦς ὅτι μετ' ἰσημερίαν ἐγένετο, καὶ ἐκ Διονυσίων Θαργήλια ὅτι μετὰ τὰ Διονύσια.

25

Μέρος λέγεται ἕνα μὲν τρόπον εἰς ὃ διαιρεθείη ἂν τὸ ποσὸν ὁπωσοῦν (ἀεὶ γὰρ τὸ ἀφαιρούμενον τοῦ ποσοῦ ᾗ ποσὸν μέρος λέγεται ἐκείνου, οἷον τῶν τριῶν τὰ δύο μέρος λέγεταί
15 πως), ἄλλον δὲ τρόπον τὰ καταμετροῦντα τῶν τοιούτων μόνον· διὸ τὰ δύο τῶν τριῶν ἔστι μὲν ὡς λέγεται μέρος, ἔστι δ' ὡς οὔ. ἔτι εἰς ἃ τὸ εἶδος διαιρεθείη ἂν ἄνευ τοῦ ποσοῦ, καὶ ταῦτα μόρια λέγεται τούτου· διὸ τὰ εἴδη τοῦ γένους φασὶν εἶναι μόρια. ἔτι εἰς ἃ διαιρεῖται ἢ ἐξ ὧν σύγκειται

provém a contenda?, responde-se: de um insulto, enquanto foi este o princípio do qual a contenda derivou³.
(3) Noutro sentido entende-se derivar do composto de matéria e forma, assim como as partes derivam do todo, tal como o verso da *Ilíada* e as pedras da casa (de fato, a forma constitui o fim e o que alcançou o fim é perfeito)⁴.
(4) Ademais, entende-se no sentido de que a forma provém de suas partes: por exemplo, o homem do bípede e a sílaba das letras. Mas este é um modo diferente de derivação relativamente ao modo pelo qual a estátua provém do bronze. De fato, a substância composta provém da matéria sensível, enquanto a forma provém da matéria da forma⁵.
(5) De algumas coisas diz-se que derivam de algo nos sentidos acima indicados, enquanto de outras diz-se que derivam embora o significado de derivar se aplique apenas a uma parte da coisa: por exemplo, diz-se que o filho deriva do pai e da mãe e as plantas da terra, porque derivam de alguma parte deles⁶.
(6) Enfim, derivar de algo entende-se no sentido da sucessão temporal: por exemplo, a noite deriva do dia e a tempestade da bonança, enquanto uma vem depois da outra. Algumas coisas se dizem assim, (a) porque se transformam umas nas outras, como nos casos acima citados, (b) outras por simples sucessão cronológica⁷: por exemplo, diz-se que a partir do equinócio começou a navegação, porque ela teve início depois do equinócio. E diz-se também que as festas targélias provêm das dionisíacas, porque vêm depois das dionisíacas⁸.

25. *[Os significados de parte]*¹
(1) Parte, (a) num sentido, significa aquilo em que a quantidade pode ser dividida de qualquer maneira: aquilo que é subtraído de uma quantidade enquanto quantidade é sempre parte dela: por exemplo, o dois é dito parte do três. (b) Noutro sentido, partes se dizem somente as que são medida do todo. Por isso o dois pode ser dito parte do três num sentido e não no outro².
(2) Ademais, dizem-se partes também aquelas nas quais a forma pode ser dividida, prescindindo da quantidade. Por isso diz-se que as espécies são partes do gênero³.

το ὅλον, ἢ τὸ εἶδος ἢ τὸ ἔχον τὸ εἶδος, οἷον τῆς σφαίρας τῆς χαλκῆς ἢ τοῦ κύβου τοῦ χαλκοῦ καὶ ὁ χαλκὸς μέρος (τοῦτο δ' ἐστὶν ἡ ὕλη ἐν ᾗ τὸ εἶδος) καὶ ἡ γωνία μέρος. ἔτι τὰ ἐν τῷ λόγῳ τῷ δηλοῦντι ἕκαστον, καὶ ταῦτα μόρια τοῦ ὅλου· διὸ τὸ γένος τοῦ εἴδους καὶ μέρος λέγεται, ἄλλως δὲ τὸ εἶδος τοῦ γένους μέρος.

26

Ὅλον λέγεται οὗ τε μηθὲν ἄπεστι μέρος ἐξ ὧν λέγεται ὅλον φύσει, καὶ τὸ περιέχον τὰ περιεχόμενα ὥστε ἕν τι εἶναι ἐκεῖνα· τοῦτο δὲ διχῶς· ἢ γὰρ ὡς ἕκαστον ἓν ἢ ὡς ἐκ τούτων τὸ ἕν. τὸ μὲν γὰρ καθόλου, καὶ τὸ ὅλως λεγόμενον ὡς ὅλον τι ὄν, οὕτως ἐστὶ καθόλου ὡς πολλὰ περιέχον τῷ κατηγορεῖσθαι καθ' ἑκάστου καὶ ἓν ἅπαντα εἶναι ὡς ἕκαστον, οἷον ἄνθρωπον ἵππον θεόν, διότι ἅπαντα ζῷα· τὸ δὲ συνεχὲς καὶ πεπερασμένον, ὅταν ἕν τι ἐκ πλειόνων ᾖ, ἐνυπαρχόντων μάλιστα μὲν δυνάμει, εἰ δὲ μή, ἐνεργείᾳ. τούτων δ' αὐτῶν μᾶλλον τὰ φύσει ἢ τέχνῃ τοιαῦτα, ὥσπερ καὶ ἐπὶ τοῦ ἑνὸς ἐλέγομεν, ὡς οὔσης τῆς ὁλότητος ἑνότητός τινος. ἔτι τοῦ ποσοῦ ἔχοντος δὲ ἀρχὴν καὶ μέσον καὶ ἔσχατον, ὅσων μὲν μὴ ποιεῖ ἡ θέσις διαφοράν, πᾶν λέγεται, ὅσων δὲ ποιεῖ, ὅλον. ὅσα δὲ ἄμφω ἐνδέχεται, καὶ ὅλα καὶ πάντα· ἔστι

(3) Ainda, partes são também aquelas nas quais o todo se divide ou aquelas das quais se compõe, entendido o todo ou como forma ou como aquilo que tem forma; por exemplo, da esfera de bronze ou do cubo de bronze o bronze é uma parte (de fato, ele é a matéria na qual a forma está contida), como também o ângulo é uma parte do cubo[4].

(4) Enfim, também os elementos contidos na noção que exprime cada coisa são partes do todo. Por isso, em certo sentido, o gênero se diz parte da espécie, enquanto em outro sentido a espécie se diz parte do gênero[5].

26. [Os significados de inteiro ou todo[[1]

(1) Inteiro ou todo chama-se aquilo a que não falta nenhuma das partes das quais é naturalmente constituído[2].

(2) Inteiro ou todo chama-se, também, aquilo cujos componentes constituem uma unidade em dois sentidos: (a) ou a unidade como cada uma das partes, (b) ou a unidade resultante do conjunto delas. (a) No primeiro sentido, o universal, que se predica universalmente como um inteiro ou um todo, é universal na medida em que abraça muitas coisas, enquanto se predica de cada uma e enquanto todas elas constituem uma unidade, assim como cada uma é unidade: homem, cavalo, deus, por exemplo, constituem um inteiro ou um todo enquanto são seres vivos. (b) Inteiro ou todo no segundo sentido é o contínuo e o limitado, e ele existe quando uma unidade é constituída de uma multiplicidade de partes[3], e, particularmente, se estas partes estão presentes só em potência, e também se estão presentes em ato[4]. Entre essas coisas, as coisas naturais constituem um inteiro ou um todo com mais razão do que as coisas produzidas pela arte, como dissemos a respeito da unidade[5], na medida em que o inteiro ou o todo é um certo tipo de unidade.

(3) Ademais, dado que a quantidade tem princípio, meio e fim, então (a) as quantidades nas quais a posição das partes não faz diferença são chamadas um todo[6], enquanto (b) aquelas nas quais a posição das partes faz diferença são chamadas um inteiro ou um tudo[7]; (c) aquelas, enfim, nas quais podem ocorrer essas duas características são

δὲ ταῦτα ὅσων ἡ μὲν φύσις ἡ αὐτὴ μένει τῇ μεταθέσει, ἡ
δὲ μορφὴ οὔ, οἶον κηρὸς καὶ ἱμάτιον· καὶ γὰρ ὅλον καὶ
πᾶν λέγεται· ἔχει γὰρ ἄμφω. ὕδωρ δὲ καὶ ὅσα ὑγρὰ
καὶ ἀριθμὸς πᾶν μὲν λέγεται, ὅλος δ' ἀριθμὸς καὶ ὅλον
ὕδωρ οὐ λέγεται, ἂν μὴ μεταφορᾷ. πάντα δὲ λέγεται ἐφ'
οἷς τὸ πᾶν ὡς ἐφ' ἑνί, ἐπὶ τούτοις τὸ πάντα ὡς ἐπὶ διῃρημένοις·
πᾶς οὗτος ὁ ἀριθμός, πᾶσαι αὗται αἱ μονάδες.

27

Κολοβὸν δὲ λέγεται τῶν ποσῶν οὐ τὸ τυχόν, ἀλλὰ
μεριστόν τε δεῖ αὐτὸ εἶναι καὶ ὅλον. τά τε γὰρ δύο οὐ κολοβὰ
θατέρου ἀφαιρουμένου ἑνός (οὐ γὰρ ἴσον τὸ καλόβωμα
καὶ τὸ λοιπὸν οὐδέποτ' ἐστίν) οὐδ' ὅλως ἀριθμὸς οὐδείς· καὶ
γὰρ τὴν οὐσίαν δεῖ μένειν· εἰ κύλιξ κολοβός, ἔτι εἶναι κύλικα·
ὁ δὲ ἀριθμὸς οὐκέτι ὁ αὐτός. πρὸς δὲ τούτοις κἂν ἀνομοιομερῆ
ᾖ, οὐδὲ ταῦτα πάντα (ὁ γὰρ ἀριθμὸς ἔστιν ὡς καὶ
ἀνόμοια ἔχει μέρη, οἶον δυάδα τριάδα), ἀλλ' ὅλως ὧν
μὴ ποιεῖ ἡ θέσις διαφορὰν οὐδὲν κολοβόν, οἶον ὕδωρ ἢ πῦρ,
ἀλλὰ δεῖ τοιαῦτα εἶναι ἃ κατὰ τὴν οὐσίαν θέσιν ἔχει. ἔτι
συνεχῆ· ἡ γὰρ ἁρμονία ἐξ ἀνομοίων μὲν καὶ θέσιν
ἔχει, κολοβὸς δὲ οὐ γίγνεται. πρὸς δὲ τούτοις οὐδ' ὅσα ὅλα,
οὐδὲ ταῦτα ὁτουοῦν μορίου στερήσει κολοβά. οὐ γὰρ δεῖ οὔτε

chamadas seja um todo seja um inteiro ou um tudo. Desse último tipo são as coisas cuja natureza permanece idêntica mesmo que se desloquem suas partes e sua figura não permaneça idêntica, como, por exemplo, a cera e a veste: estas coisas são ditas tanto um todo como um tudo ou um inteiro, porque têm as duas características. A água e os líquidos, assim como o número, são ditos um todo: de fato, nem o número nem a água se dizem um tudo ou um inteiro, mas toda água e todo número só são ditos em sentido translato. E as coisas das quais se diz que são um todo quando consideradas como unidade serão ditas um todo mesmo quando consideradas como divididas: por exemplo, o todo deste número é o todo destas unidades[8].

27. [O significado de mutilado][1]

Mutilado diz-se de coisas que são quantidade, (A) não porém uma quantidade qualquer, mas só uma quantidade que, além de ser divisível, constitua um inteiro[2]. O número dois, com efeito, não será mutilado se tirarmos uma unidade, porque (a) a parte que é tirada com a mutilação não é nunca igual à parte restante. Em geral, nenhum número é mutilado, pois para que algo seja mutilado é necessário (b) que sua essência não mude: se uma taça é mutilada é necessário que continue sendo uma taça, enquanto um número não permanece o mesmo. Ademais, (c) nem todas as coisas constituídas de partes desiguais se dizem mutiladas: de fato, o número também pode ter partes desiguais, como o dois e o três[3]. E, em geral, (d) nenhuma das coisas nas quais a posição das partes não faz diferença — como a água e o fogo — pode ser mutilada: para serem mutiladas as coisas devem ser de modo que as partes tenham determinada disposição em virtude da sua própria essência[4].

(B) Ademais, devem ser contínuas[5]: a harmonia, que é constituída de tons dessemelhantes segundo sua posição, não pode ser mutilada.

(C) Além disso, nem todas as coisas que são inteiras tornam-se mutiladas pela privação de alguma de suas partes: é necessário que elas (a) não sejam as partes principais da substância (b) nem

τὰ κύρια τῆς οὐσίας οὔτε τὰ ὁπουοῦν ὄντα· οἷον ἂν τρυπηθῇ ἡ
25 κύλιξ, οὐ κολοβός, ἀλλ' ἂν τὸ οὖς ἢ ἀκρωτήριόν τι, καὶ ὁ
ἄνθρωπος οὐκ ἐὰν σάρκα ἢ τὸν σπλῆνα, ἀλλ' ἐὰν ἀκρωτήριόν τι, καὶ τοῦτο οὐ πᾶν ἀλλ' ὃ μὴ ἔχει γένεσιν ἀφαιρεθὲν
ὅλον. διὰ τοῦτο οἱ φαλακροὶ οὐ κολοβοί.

28

Γένος λέγεται τὸ μὲν ἐὰν ᾖ ἡ γένεσις συνεχὴς τῶν τὸ
30 εἶδος ἐχόντων τὸ αὐτό, οἷον λέγεται ἕως ἂν ἀνθρώπων γένος ᾖ, ὅτι ἕως ἂν ᾖ ἡ γένεσις συνεχὴς αὐτῶν· τὸ δὲ ἀφ'
οὗ ἂν ὦσι πρώτου κινήσαντος εἰς τὸ εἶναι· οὕτω γὰρ λέγονται
Ἕλληνες τὸ γένος οἱ δὲ Ἴωνες, τῷ οἱ μὲν ἀπὸ Ἕλληνος οἱ
δὲ ἀπὸ Ἴωνος εἶναι πρώτου γεννήσαντος· καὶ μᾶλλον οἱ ἀπὸ
35 τοῦ γεννήσαντος ἢ τῆς ὕλης (λέγονται γὰρ καὶ ἀπὸ τοῦ θήλεος τὸ γένος, οἷον οἱ ἀπὸ Πύρρας). ἔτι δὲ ὡς τὸ ἐπίπεδον
1024ᵇ τῶν σχημάτων γένος τῶν ἐπιπέδων καὶ τὸ στερεὸν τῶν στε-
ρεῶν· ἕκαστον γὰρ τῶν σχημάτων τὸ μὲν ἐπίπεδον τοιονδὶ
τὸ δὲ στερεόν ἐστι τοιονδί· τοῦτο δ' ἐστὶ τὸ ὑποκείμενον ταῖς
διαφοραῖς. ἔτι ὡς ἐν τοῖς λόγοις τὸ πρῶτον ἐνυπάρχον, ὃ
5 λέγεται ἐν τῷ τί ἐστι, τοῦτο γένος, οὗ διαφοραὶ λέγονται αἱ
ποιότητες. τὸ μὲν οὖν γένος τοσαυταχῶς λέγεται, τὸ μὲν
κατὰ γένεσιν συνεχῆ τοῦ αὐτοῦ εἴδους, τὸ δὲ κατὰ τὸ πρῶτον
κινῆσαν ὁμοειδές, τὸ δ' ὡς ὕλη· οὗ γὰρ ἡ διαφορὰ καὶ ἡ
ποιότης ἐστί, τοῦτ' ἔστι τὸ ὑποκείμενον, ὃ λέγομεν ὕλην. ἕτερα
10 δὲ τῷ γένει λέγεται ὧν ἕτερον τὸ πρῶτον ὑποκείμενον καὶ

partes que se encontrem em qualquer ponto da coisa. Por exemplo, se uma taça é furada, nem por isso se diz que é mutilada. Só se foi tirada a asa ou a borda. E um homem não se diz mutilado se não tem um pedaço de carne ou o baço; só se não tem uma extremidade: e não qualquer extremidade, mas (c) só uma extremidade que, retirada do todo, não pode mais se reproduzir[6]. Por isso os calvos não são mutilados[7].

28. [Os significados de gênero][1]

(1) Gênero significa, num sentido, a geração contínua de seres da mesma espécie: dizemos, por exemplo, "enquanto existir o gênero humano", querendo dizer "enquanto continuar a geração de homens"[2].

(2) Gênero significa também todos os homens derivados de uma estirpe originária: por exemplo, alguns são chamados helenos pelo gênero, outros jônios, porque uns derivam de Heleno como estirpe originária, enquanto outros derivam de Íon[3]. O nome do gênero ou da estirpe dos descendentes vem mais de seu gerador do que da matéria[4], mas pode vir também da fêmea, como o gênero dos que são descendentes de Pirra.

(3) Ademais, gênero se entende no sentido de que a superfície é gênero das figuras planas e o sólido é gênero das figuras sólidas. De fato, a figura é uma superfície determinada de certo modo e o sólido é um corpo determinado de certo modo. Superfície e sólido são o substrato das diferenças[5].

(4) Além disso, gênero significa o constitutivo primeiro das definições, contido na essência: esse é o gênero do qual as qualidades são diferenças[6].

Gênero, portanto, diz-se em todos esses sentidos: significa a geração contínua de seres da mesma espécie[7], significa a série dos seres da mesma espécie derivados de uma estirpe originária[8]; gênero significa ainda a matéria: de fato, aquilo de que existe diferença e qualidade é, justamente, o substrato que nós denominamos matéria[9].

Diversas pelo gênero se dizem (a) as coisas das quais o substrato próximo é diverso e que não se podem reduzir uma à outra

μὴ ἀναλύεται θάτερον εἰς θάτερον μηδ' ἄμφω εἰς ταὐτόν, οἷον τὸ εἶδος καὶ ἡ ὕλη ἕτερον τῷ γένει, καὶ ὅσα καθ' ἕτερον σχῆμα κατηγορίας τοῦ ὄντος λέγεται (τὰ μὲν γὰρ τί ἐστι σημαίνει τῶν ὄντων τὰ δὲ ποιόν τι τὰ δ' ὡς διῄρηται
15 πρότερον)· οὐδὲ γὰρ ταῦτα ἀναλύεται οὔτ' εἰς ἄλληλα οὔτ' εἰς ἕν τι.

29

Τὸ ψεῦδος λέγεται ἄλλον μὲν τρόπον ὡς πρᾶγμα ψεῦδος, καὶ τούτου τὸ μὲν τῷ μὴ συγκεῖσθαι ἢ ἀδύνατον εἶναι συντεθῆναι (ὥσπερ λέγεται τὸ τὴν διάμετρον εἶναι
20 σύμμετρον ἢ τὸ σὲ καθῆσθαι· τούτων γὰρ ψεῦδος τὸ μὲν ἀεὶ τὸ δὲ ποτέ· οὕτω γὰρ οὐκ ὄντα ταῦτα), τὰ δὲ ὅσα ἔστι μὲν ὄντα, πέφυκε μέντοι φαίνεσθαι ἢ μὴ οἷά ἐστιν ἢ ἃ μὴ ἔστιν (οἷον ἡ σκιαγραφία καὶ τὰ ἐνύπνια· ταῦτα γὰρ ἔστι μέν τι, ἀλλ' οὐχ ὧν ἐμποιεῖ τὴν φαντασίαν)· — πράγματα
25 μὲν οὖν ψευδῆ οὕτω λέγεται, ἢ τῷ μὴ εἶναι αὐτὰ ἢ τῷ τὴν ἀπ' αὐτῶν φαντασίαν μὴ ὄντος εἶναι· λόγος δὲ ψευδὴς ὁ τῶν μὴ ὄντων, ᾗ ψευδής, διὸ πᾶς λόγος ψευδὴς ἑτέρου ἢ οὗ ἐστὶν ἀληθής, οἷον ὁ τοῦ κύκλου ψευδὴς τριγώνου. ἑκάστου δὲ λόγος ἔστι μὲν ὡς εἷς, ὁ τοῦ τί ἦν εἶναι, ἔστι δ' ὡς
30 πολλοί, ἐπεὶ ταὐτό πως αὐτὸ καὶ αὐτὸ πεπονθός, οἷον Σωκράτης καὶ Σωκράτης μουσικός (ὁ δὲ ψευδὴς λόγος οὐθενός ἐστιν ἁπλῶς λόγος)· διὸ Ἀντισθένης ᾤετο εὐήθως μηθὲν ἀξιῶν λέγεσθαι πλὴν τῷ οἰκείῳ λόγῳ, ἓν ἐφ' ἑνός· ἐξ ὧν συνέβαινε μὴ εἶναι ἀντιλέγειν, σχεδὸν δὲ μηδὲ ψεύδεσθαι. ἔστι
35 δ' ἕκαστον λέγειν οὐ μόνον τῷ αὐτοῦ λόγῳ ἀλλὰ καὶ τῷ ἑτέρου, ψευδῶς μὲν καὶ παντελῶς, ἔστι δ' ὡς καὶ ἀληθῶς,

nem ambas a uma terceira que lhes seja comum (a forma e a matéria, por exemplo, são diversas pelo gênero)[10]; (b) todas as coisas que pertencem a diversas figuras de categorias do ser[11] (algumas significam a essência dos seres, outras a qualidade e outras as demais categorias anteriormente distinguidas[12]); também essas não se reduzem umas às outras nem todas a algo único.

29. [O significado de falso][1]

(1) Falso se diz, em primeiro lugar, de uma coisa falsa. (a) E uma coisa é falsa ou porque não é unida ou porque não é possível uni-la: por exemplo, quando se diz que a diagonal é comensurável com o lado ou que estás sentado, a primeira é sempre falsa e a segunda só algumas vezes, mas, ditas desse modo, essas coisas não existem. (b) Ou, as coisas são falsas porque existem realmente, mas por sua natureza não parecem ser o que são: por exemplo, uma pintura em perspectiva e os sonhos; estas coisas são na realidade, mas não são a imagem que elas nos dão. Portanto, as coisas se dizem falsas neste sentido: ou porque não existem, ou porque a imagem que delas deriva é de algo que não existe[2].

(2) Ao contrário, uma noção[3] falsa é aquela que, justamente enquanto falsa, é noção de coisas que não são: por isso toda noção é falsa quando referida a coisa diversa daquela acerca da qual é verdadeira: a noção do círculo, por exemplo, é falsa se referida ao triângulo[4]. Em certo sentido, de cada coisa existe uma única noção, que é a de sua essência; noutro sentido, existem muitas, porque cada coisa e a coisa com certa afecção são, de certo modo, idênticas: assim, por exemplo, "Sócrates" e "Sócrates músico"; mas a noção falsa é, absolutamente falando, noção de nada[5]. Por isso Antístenes considerava, de maneira simplista, que de cada coisa só se podia afirmar sua própria noção, uma noção única de uma coisa única[6]; do que deduziu que não é possível a contradição[7] e, até mesmo, que é praticamente impossível dizer o falso[8]. Mas é possível exprimir cada coisa não só com sua própria noção, mas também com a noção de outra coisa: a noção, nesse caso, pode ser absolutamente falsa, mas pode ser verdadeira;

1025ᵃ ὥσπερ τὰ ὀκτὼ διπλάσια τῷ τῆς δυάδος λόγῳ. τὰ μὲν οὖν
οὕτω λέγεται ψευδῆ, ἄνθρωπος δὲ ψευδὴς ὁ εὐχερὴς καὶ
προαιρετικὸς τῶν τοιούτων λόγων, μὴ δι' ἕτερόν τι ἀλλὰ
δι' αὐτό, καὶ ὁ ἄλλοις ἐμποιητικὸς τῶν τοιούτων λόγων,
5 ὥσπερ καὶ τὰ πράγματά φαμεν ψευδῆ εἶναι ὅσα ἐμποιεῖ
φαντασίαν ψευδῆ. διὸ ὁ ἐν τῷ Ἱππίᾳ λόγος παρακρούεται
ὡς ὁ αὐτὸς ψευδὴς καὶ ἀληθής. τὸν δυνάμενον γὰρ ψεύ-
σασθαι λαμβάνει ψευδῆ (οὗτος δ' ὁ εἰδὼς καὶ ὁ φρόνι-
μος)· ἔτι τὸν ἑκόντα φαῦλον βελτίω. τοῦτο δὲ ψεῦδος
10 λαμβάνει διὰ τῆς ἐπαγωγῆς—ὁ γὰρ ἑκὼν χωλαίνων τοῦ
ἄκοντος κρείττων—τὸ χωλαίνειν τὸ μιμεῖσθαι λέγων, ἐπεὶ
εἴ γε χωλὸς ἑκών, χείρων ἴσως, ὥσπερ ἐπὶ τοῦ ἤθους, καὶ
οὗτος.

30

Συμβεβηκὸς λέγεται ὃ ὑπάρχει μέν τινι καὶ ἀληθὲς
15 εἰπεῖν, οὐ μέντοι οὔτ' ἐξ ἀνάγκης οὔτε ⟨ὡς⟩ ἐπὶ τὸ πολύ, οἷον
εἴ τις ὀρύττων φυτῷ βόθρον εὗρε θησαυρόν. τοῦτο τοίνυν συμβεβηκὸς τῷ ὀρύττοντι τὸν βόθρον, τὸ εὑρεῖν θησαυρόν· οὔτε
γὰρ ἐξ ἀνάγκης τοῦτο ἐκ τούτου ἢ μετὰ τοῦτο, οὔθ' ὡς ἐπὶ τὸ
πολὺ ἄν τις φυτεύῃ θησαυρὸν εὑρίσκει. καὶ μουσικός γ'
20 ἄν τις εἴη λευκός· ἀλλ' ἐπεὶ οὔτε ἐξ ἀνάγκης οὔθ' ὡς ἐπὶ τὸ
πολὺ τοῦτο γίγνεται, συμβεβηκὸς αὐτὸ λέγομεν. ὥστ' ἐπεὶ
ἔστιν ὑπάρχον τι καὶ τινί, καὶ ἔνια τούτων καὶ ποὺ καὶ ποτέ,
ὅ τι ἂν ὑπάρχῃ μέν, ἀλλὰ μὴ διότι τοδὶ ἦν ἢ νῦν ἢ ἐνταῦθα, συμβεβηκὸς ἔσται. οὐδὲ δὴ αἴτιον ὡρισμένον οὐδὲν
25 τοῦ συμβεβηκότος ἀλλὰ τὸ τυχόν· τοῦτο δ' ἀόριστον. συνέβη

assim, por exemplo, pode-se dizer que oito é um número duplo servindo-se da noção de díade[9].
Portanto, essas coisas se dizem falsas neste sentido.
(3) Mas, diz-se falso um homem que prefere e faz discursos falsos deliberadamente, só para dizer o falso[10]; ou um homem que provoca nos outros noções falsas, assim como dizemos que são falsas as coisas que produzem uma imagem falsa[11]. Por isso é falaz a argumentação do *Hípias*[12], segundo a qual o mesmo homem é, simultaneamente, verídico e falso: ela entende como falso aquele que é capaz de dizer o falso, e este se apresenta como sábio e prudente[13]. Além disso, aquela argumentação afirma como melhor quem é voluntariamente falso; mas essa conclusão procede de uma falsa indução: quem coxeia voluntariamente é melhor do quem coxeia involuntariamente, se no primeiro caso entendermos a imitação de quem coxeia; quem fosse coxo voluntariamente certamente seria pior; e o mesmo vale para o comportamento moral[14].

30. [*Os significados de acidente*][1]

(1) Acidente significa o que pertence a uma coisa e pode ser afirmado com verdade da coisa, mas não sempre nem habitualmente: por exemplo, se alguém cava um buraco para plantar uma árvore e encontra um tesouro. Esse achado do tesouro é, portanto, um acidente para quem cava um buraco: de fato, uma coisa não deriva da outra nem se segue necessariamente à outra; e nem habitualmente se encontra um tesouro quando se planta uma árvore. E um músico pode também ser branco, mas, como isso não ocorre sempre nem habitualmente, dizemos que é um acidente[2]. Portanto, como existem atributos que pertencem a um sujeito e como alguns desses atributos só pertencem ao sujeito em certos lugares e em determinadas ocasiões, então serão acidentes todos os atributos que pertencem a um sujeito, não enquanto ele é este sujeito, não enquanto a ocasião é esta determinada e o lugar este determinado lugar[3]. Portanto, do acidente não existirá nem mesmo uma causa determinada, mas só uma causa fortuita, que é indeterminada[4].

τω εἰς Αἴγιναν ἐλθεῖν, εἰ μὴ διὰ τοῦτο ἀφίκετο ὅπως ἐκεῖ ἔλθῃ, ἀλλ' ὑπὸ χειμῶνος ἐξωσθεὶς ἢ ὑπὸ λῃστῶν ληφθείς. γέγονε μὲν δὴ ἢ ἔστι τὸ συμβεβηκός, ἀλλ' οὐχ ᾗ αὑτὸ ἀλλ' ᾗ ἕτερον· ὁ γὰρ χειμὼν αἴτιος τοῦ μὴ ὅπου ἔπλει ἐλ-
30 θεῖν, τοῦτο δ' ἦν Αἴγινα. λέγεται δὲ καὶ ἄλλως συμβεβηκός, οἷον ὅσα ὑπάρχει ἑκάστῳ καθ' αὑτὸ μὴ ἐν τῇ οὐσίᾳ ὄντα, οἷον τῷ τριγώνῳ τὸ δύο ὀρθὰς ἔχειν. καὶ ταῦτα μὲν ἐνδέχεται ἀΐδια εἶναι, ἐκείνων δὲ οὐδέν. λόγος δὲ τούτου ἐν ἑτέροις.

É por acidente que alguém chega a Egina, se não partiu com a intenção de chegar àquele lugar, mas ali chegou impulsionado pela tempestade ou capturado por piratas. Portanto, o acidente é produzido e existe não por si mesmo mas por outro: a tempestade foi a causa de que se chegasse aonde não se queria, isto é, a Egina[5].

(2) Acidente se diz também em outro sentido. São acidentes todos os atributos que pertencem a cada coisa por si mesma, mas que não entram na substância da coisa. Por exemplo, acidente neste sentido é a propriedade de um triângulo ter a soma dos ângulos igual a dois retos[6]. Os acidentes desse tipo podem ser eternos[7], enquanto os acidentes do outro tipo não podem.

Esclarecemos em outro lugar as razões disso[8].

LIVRO E
(SEXTO)

1

Αἱ ἀρχαὶ καὶ τὰ αἴτια ζητεῖται τῶν ὄντων, δῆλον δὲ ὅτι ᾗ ὄντα. ἔστι γάρ τι αἴτιον ὑγιείας καὶ εὐεξίας, καὶ τῶν μαθηματικῶν εἰσὶν ἀρχαὶ καὶ στοιχεῖα καὶ αἴτια, καὶ ὅλως δὲ πᾶσα ἐπιστήμη διανοητικὴ ἢ μετέχουσά τι διανοίας περὶ αἰτίας καὶ ἀρχάς ἐστιν ἢ ἀκριβεστέρας ἢ ἁπλουστέρας. ἀλλὰ πᾶσαι αὗται περὶ ὄν τι καὶ γένος τι περιγραφάμεναι περὶ τούτου πραγματεύονται, ἀλλ' οὐχὶ περὶ ὄντος ἁπλῶς οὐδὲ ᾗ ὄν, οὐδὲ τοῦ τί ἐστιν οὐθένα λόγον ποιοῦνται, ἀλλ' ἐκ τούτου, αἱ μὲν αἰσθήσει ποιήσασαι αὐτὸ δῆλον αἱ δ' ὑπόθεσιν λαβοῦσαι τὸ τί ἐστιν, οὕτω τὰ καθ' αὑτὰ ὑπάρχοντα τῷ γένει περὶ ὅ εἰσιν ἀποδεικνύουσιν ἢ ἀναγκαιότερον ἢ μαλακώτερον· διόπερ φανερὸν ὅτι οὐκ ἔστιν ἀπόδειξις οὐσίας οὐδὲ τοῦ τί ἐστιν ἐκ τῆς τοιαύτης ἐπαγωγῆς, ἀλλά τις ἄλλος τρόπος τῆς δηλώσεως. ὁμοίως δὲ οὐδ' εἰ ἔστιν ἢ μὴ ἔστι τὸ γένος περὶ ὃ πραγματεύονται οὐδὲν λέγουσι, διὰ τὸ τῆς αὐτῆς εἶναι διανοίας τό τε τί ἐστι δῆλον ποιεῖν καὶ εἰ ἔστιν. — ἐπεὶ δὲ καὶ ἡ φυσικὴ ἐπιστήμη τυγχάνει οὖσα περὶ γένος τι τοῦ ὄντος (περὶ γὰρ τὴν τοιαύτην ἐστὶν οὐσίαν ἐν ᾗ ἡ ἀρχὴ τῆς κινήσεως καὶ στάσεως ἐν αὐτῇ), δῆλον ὅτι οὔτε πρακτική ἐστιν οὔτε ποιητική

1. [Divisão das ciências e absoluta primazia da metafísica entendida como teologia][1]

Os princípios e as causas dos seres, entendidos enquanto seres, constituem o objeto de nossa pesquisa[2].

De fato, existe uma causa da saúde e do bem-estar; existem causas, princípios e elementos também dos objetos matemáticos e, em geral, toda ciência que se funda sobre o raciocínio e recorre de algum modo ao raciocínio trata de causas e princípios mais ou menos exatos. Todavia, essas ciências são limitadas a determinado setor ou gênero do ser e desenvolvem sua pesquisa em torno dele, mas não em torno do ser considerado em sentido absoluto e enquanto ser[3].

Ademais, elas não se ocupam da essência, mas partem dela — algumas extraindo-a da experiência, outras assumindo-a como hipótese[4] — e demonstram com maior ou menor rigor as propriedades que pertencem por si ao gênero de que se ocupam. É evidente que desse procedimento indutivo não pode derivar um conhecimento demonstrativo da substância nem da essência, mas <é evidente que destas deverá haver> outro tipo de conhecimento[5].

Do mesmo modo, essas ciências não dizem se realmente existe ou não o gênero de ser do qual tratam, porque o procedimento racional que leva ao conhecimento do ser de algo é o mesmo que leva também ao conhecimento da existência de algo[6].

Ora[7], também a ciência física trata de um gênero particular de ser, isto é, do gênero de substância que contém em si mesma o princípio do movimento e do repouso. Pois bem, é evidente que a física não é ciência prática nem produtiva: de fato, o princípio das produções está naquele que produz, seja no intelecto,

(τῶν μὲν γὰρ ποιητῶν ἐν τῷ ποιοῦντι ἡ ἀρχή, ἢ νοῦς ἢ τέχνη ἢ δύναμίς τις, τῶν δὲ πρακτῶν ἐν τῷ πράττοντι, ἡ προαίρεσις· τὸ αὐτὸ γὰρ τὸ πρακτὸν καὶ προαιρετόν), ὥστε εἰ πᾶσα διάνοια ἢ πρακτικὴ ἢ ποιητικὴ ἢ θεωρητική, ἡ φυσικὴ θεωρητική τις ἂν εἴη, ἀλλὰ θεωρητικὴ περὶ τοιοῦτον ὂν ὅ ἐστι δυνατὸν κινεῖσθαι, καὶ περὶ οὐσίαν τὴν κατὰ τὸν λόγον ὡς ἐπὶ τὸ πολὺ ὡς οὐ χωριστὴν μόνον. δεῖ δὲ τὸ τί ἦν εἶναι καὶ τὸν λόγον πῶς ἐστὶ μὴ λανθάνειν, ὡς ἄνευ γε τούτου τὸ ζητεῖν μηδέν ἐστι ποιεῖν. ἔστι δὲ τῶν ὁριζομένων καὶ τῶν τί ἐστι τὰ μὲν ὡς τὸ σιμὸν τὰ δ' ὡς τὸ κοῖλον. διαφέρει δὲ ταῦτα ὅτι τὸ μὲν σιμὸν συνειλημμένον ἐστὶ μετὰ τῆς ὕλης (ἔστι γὰρ τὸ σιμὸν κοίλη ῥίς), ἡ δὲ κοιλότης ἄνευ ὕλης αἰσθητῆς. εἰ δὴ πάντα τὰ φυσικὰ ὁμοίως τῷ σιμῷ λέγονται, οἷον ῥὶς ὀφθαλμὸς πρόσωπον σὰρξ ὀστοῦν, ὅλως ζῷον, φύλλον ῥίζα φλοιός, ὅλως φυτόν (οὐθενὸς γὰρ ἄνευ κινήσεως ὁ λόγος αὐτῶν, ἀλλ' ἀεὶ ἔχει ὕλην), δῆλον πῶς δεῖ ἐν τοῖς φυσικοῖς τὸ τί ἐστι ζητεῖν καὶ ὁρίζεσθαι, καὶ διότι καὶ περὶ ψυχῆς ἐνίας θεωρῆσαι τοῦ φυσικοῦ, ὅση μὴ ἄνευ τῆς ὕλης ἐστίν. ὅτι μὲν οὖν ἡ φυσικὴ θεωρητική ἐστι, φανερὸν ἐκ τούτων· ἀλλ' ἔστι καὶ ἡ μαθηματικὴ θεωρητική· ἀλλ' εἰ ἀκινήτων καὶ χωριστῶν ἐστί, νῦν ἄδηλον, ὅτι μέντοι ἔνια μαθήματα ᾗ ἀκίνητα καὶ μὴ χωριστὰ θεωρεῖ, δῆλον. εἰ δέ τί ἐστιν ἀΐδιον καὶ ἀκίνητον καὶ χωριστόν, φανερὸν ὅτι θεωρητικῆς τὸ γνῶναι, οὐ μέντοι φυσικῆς γε (περὶ κινητῶν γάρ τινων ἡ φυσική) οὐδὲ μαθηματικῆς, ἀλλὰ προτέρας ἀμφοῖν. ἡ μὲν γὰρ φυσικὴ περὶ χωριστὰ μὲν ἀλλ' οὐκ ἀκίνητα, τῆς δὲ μαθηματικῆς ἔνια

na arte ou noutra faculdade; e o princípio das ações práticas está no agente, isto é, na volição, enquanto coincidem o objeto da ação prática e da volição. Portanto, se todo conhecimento racional é ou prático, ou produtivo, ou teórico, a física deverá ser conhecimento teórico[8], mas conhecimento teórico daquele gênero de ser que tem potência para mover-se e da substância entendida segundo a forma, mas prioritariamente considerada como inseparável da matéria[9]. Além disso, é preciso esclarecer também o modo de ser da essência e da forma, caso contrário a pesquisa será absolutamente vã. Ora, das coisas que são objeto de definição, ou seja, das essências, algumas são como o achatado, outras como o côncavo. Estes diferem entre si pelo fato de que o achatado está sempre unido à matéria (de fato, o achatado é um nariz côncavo), enquanto a concavidade é privada de matéria sensível. Portanto, se todos os objetos da física são entendidos de modo semelhante ao achatado, como por exemplo nariz, olho, face, carne, orelha, animal em geral, folha, raiz, casca, planta em geral (de fato, não é possível definir nenhum dessas coisas sem o movimento e todas possuem matéria), então fica claro como se deve pesquisar e definir a essência no âmbito da pesquisa física[10], e também fica clara a razão pela qual a tarefa do físico consiste em especular sobre uma parte da alma, precisamente aquela que não existe sem a matéria[11]. De tudo isso fica evidente, portanto, que a física é uma ciência teórica.

Por outro lado, também a matemática é ciência teórica. Mas por enquanto não está claro se ela é uma ciência de seres imóveis e separados. Entretanto é evidente que alguns ramos da matemática consideram os seus objetos como imóveis e não separados[12].

Mas se existe algo eterno, imóvel e separado, é evidente que o conhecimento dele caberá a uma ciência teórica, não porém à física, porque a física se ocupa de seres em movimento, nem à matemática, mas a uma ciência anterior a uma e à outra. De fato, a física refere-se às realidades separadas[13] mas não imóveis; algumas das ciências matemáticas referem-se a realidades imóveis, porém não separadas, mas imanentes à matéria; ao contrário a

περὶ ἀκίνητα μὲν οὐ χωριστὰ δὲ ἴσως ἀλλ' ὡς ἐν ὕλῃ· ἡ δὲ πρώτη καὶ περὶ χωριστὰ καὶ ἀκίνητα. ἀνάγκη δὲ πάντα μὲν τὰ αἴτια ἀΐδια εἶναι, μάλιστα δὲ ταῦτα· ταῦτα γὰρ αἴτια τοῖς φανεροῖς τῶν θείων. ὥστε τρεῖς ἂν εἶεν φιλοσοφίαι θεωρητικαί, μαθηματική, φυσική, θεολογική (οὐ γὰρ ἄδηλον ὅτι εἴ που τὸ θεῖον ὑπάρχει, ἐν τῇ τοιαύτῃ φύσει ὑπάρχει), καὶ τὴν τιμιωτάτην δεῖ περὶ τὸ τιμιώτατον γένος εἶναι. αἱ μὲν οὖν θεωρητικαὶ τῶν ἄλλων ἐπιστημῶν αἱρετώταται, αὕτη δὲ τῶν θεωρητικῶν. ἀπορήσειε γὰρ ἄν τις πότερόν ποθ' ἡ πρώτη φιλοσοφία καθόλου ἐστὶν ἢ περί τι γένος καὶ φύσιν τινὰ μίαν (οὐ γὰρ ὁ αὐτὸς τρόπος οὐδ' ἐν ταῖς μαθηματικαῖς, ἀλλ' ἡ μὲν γεωμετρία καὶ ἀστρολογία περί τινα φύσιν εἰσίν, ἡ δὲ καθόλου πασῶν κοινή)· εἰ μὲν οὖν μὴ ἔστι τις ἑτέρα οὐσία παρὰ τὰς φύσει συνεστηκυίας, ἡ φυσικὴ ἂν εἴη πρώτη ἐπιστήμη· εἰ δ' ἔστι τις οὐσία ἀκίνητος, αὕτη προτέρα καὶ φιλοσοφία πρώτη, καὶ καθόλου οὕτως ὅτι πρώτη· καὶ περὶ τοῦ ὄντος ᾗ ὂν ταύτης ἂν εἴη θεωρῆσαι, καὶ τί ἐστι καὶ τὰ ὑπάρχοντα ᾗ ὄν.

2

'Αλλ' ἐπεὶ τὸ ὂν τὸ ἁπλῶς λεγόμενον λέγεται πολλαχῶς, ὧν ἓν μὲν ἦν τὸ κατὰ συμβεβηκός, ἕτερον δὲ τὸ ὡς ἀληθές, καὶ τὸ μὴ ὂν ὡς τὸ ψεῦδος, παρὰ ταῦτα δ' ἐστὶ τὰ σχήματα τῆς κατηγορίας (οἷον τὸ μὲν τί, τὸ δὲ ποιόν, τὸ δὲ ποσόν, τὸ δὲ πού, τὸ δὲ ποτέ, καὶ εἴ τι ἄλλο σημαίνει τὸν τρόπον τοῦτον), ἔτι παρὰ ταῦτα πάντα τὸ δυνάμει καὶ ἐνεργείᾳ· —ἐπεὶ δὴ πολλαχῶς λέγεται τὸ ὄν,

filosofia primeira refere-se às realidades separadas e imóveis¹⁴.
Ora, é necessário que todas as causas sejam eternas, mas estas
particularmente: de fato, estas são as causas dos seres divinos que
nos são manifestos¹⁵.

Consequentemente, são três os ramos da filosofia teorética:
a matemática, a física e a teologia. Com efeito, se existe o divino,
não há dúvida de que ele existe numa realidade daquele tipo. E
também não há dúvida de que a ciência mais elevada deve ter por
objeto o gênero mais elevado de realidade. Enquanto as ciências
teoréticas são preferíveis às outras ciências, esta, por sua vez, é
preferível às outras duas ciências teoréticas¹⁶.

Poder-se-ia agora perguntar se a filosofia primeira é universal
ou se refere-se a um gênero determinado e a uma realidade particular¹⁷. De fato, a respeito disso, no âmbito das matemáticas existe
diversidade: a geometria e a astronomia referem-se a determinada
realidade, enquanto a matemática geral é comum a todas. Ora, se
não existisse outra substância além das que constituem a natureza,
a física seria a ciência primeira; se, ao contrário, existe uma substância imóvel, a ciência desta será anterior <às outras ciências> e
será filosofia primeira, e desse modo, ou seja, enquanto primeira,
ela será universal e a ela caberá a tarefa de estudar o ser enquanto
ser, vale dizer, o que é o ser e os atributos que lhe pertencem
enquanto ser¹⁸.

2. [Os quatro significados do ser e exame do ser acidental]¹

O ser, entendido em geral², tem múltiplos significados: (1)
um destes — dissemos anteriormente³ — é o ser acidental; (2)
outro é o ser como verdadeiro e o não-ser como falso; (3) ademais,
existem as figuras das categorias (por exemplo a essência, a qualidade, a quantidade, o onde, o quando e todas as outras); e, ainda,
além destes, (4) existe o ser como potência e ato⁴.

Dado que o ser tem múltiplos significados, devemos tratar
em primeiro lugar do ser como acidente e demonstrar que dele
não existe nenhuma ciência.

πρῶτον περὶ τοῦ κατὰ συμβεβηκὸς λεκτέον, ὅτι οὐδεμία ἐστὶ
περὶ αὐτὸ θεωρία. σημεῖον δέ· οὐδεμιᾷ γὰρ ἐπιστήμη ἐπι-
μελὲς περὶ αὐτοῦ οὔτε πρακτικῇ οὔτε ποιητικῇ οὔτε θεωρητικῇ.
οὔτε γὰρ ὁ ποιῶν οἰκίαν ποιεῖ ὅσα συμβαίνει ἅμα τῇ οἰκίᾳ
γιγνομένῃ (ἄπειρα γάρ ἐστιν· τοῖς μὲν γὰρ ἡδεῖαν τοῖς δὲ
βλαβερὰν τοῖς δ' ὠφέλιμον οὐθὲν εἶναι κωλύει τὴν ποιηθεῖ-
σαν, καὶ ἑτέραν ὡς εἰπεῖν πάντων τῶν ὄντων· ὧν οὐθενός
ἐστιν ἡ οἰκοδομικὴ ποιητική), τὸν αὐτὸν δὲ τρόπον οὐδ' ὁ γεωμέτρης θεωρεῖ τὰ οὕτω συμβεβηκότα τοῖς σχήμασιν, οὐδ' εἰ
ἕτερόν ἐστι τρίγωνον καὶ τρίγωνον δύο ὀρθὰς ἔχον. καὶ τοῦτ'
εὐλόγως συμπίπτει· ὥσπερ γὰρ ὄνομά τι μόνον τὸ συμβεβηκός ἐστιν. διὸ Πλάτων τρόπον τινὰ οὐ κακῶς τὴν σοφιστι-
κὴν περὶ τὸ μὴ ὂν ἔταξεν. εἰσὶ γὰρ οἱ τῶν σοφιστῶν λόγοι
περὶ τὸ συμβεβηκὸς ὡς εἰπεῖν μάλιστα πάντων, πότερον
ἕτερον ἢ ταὐτὸν μουσικὸν καὶ γραμματικόν, καὶ μουσικὸς
Κορίσκος καὶ Κορίσκος, καὶ εἰ πᾶν ὃ ἂν ᾖ, μὴ ἀεὶ δέ, γέγονεν, ὥστ' εἰ μουσικὸς ὢν γραμματικὸς γέγονε, καὶ γραμματικὸς ὢν μουσικός, καὶ ὅσοι δὴ ἄλλοι τοιοῦτοι τῶν λόγων
εἰσίν· φαίνεται γὰρ τὸ συμβεβηκὸς ἐγγύς τι τοῦ μὴ ὄντος.
δῆλον δὲ καὶ ἐκ τῶν τοιούτων λόγων· τῶν μὲν γὰρ ἄλλον
τρόπον ὄντων ἔστι γένεσις καὶ φθορά, τῶν δὲ κατὰ συμβεβηκὸς οὐκ ἔστιν. ἀλλ' ὅμως λεκτέον ἔτι περὶ τοῦ συμβεβηκότος ἐφ' ὅσον ἐνδέχεται, τίς ἡ φύσις αὐτοῦ καὶ διὰ τίν'
αἰτίαν ἔστιν· ἅμα γὰρ δῆλον ἴσως ἔσται καὶ διὰ τί ἐπιστήμη
οὐκ ἔστιν αὐτοῦ. —ἐπεὶ οὖν ἔστιν ἐν τοῖς οὖσι τὰ μὲν ἀεὶ ὡσαύτως ἔχοντα καὶ ἐξ ἀνάγκης, οὐ τῆς κατὰ τὸ βίαιον λεγομένης ἀλλ' ἣν λέγομεν τῷ μὴ ἐνδέχεσθαι ἄλλως, τὰ δ'
ἐξ ἀνάγκης μὲν οὐκ ἔστιν οὐδ' ἀεί, ὡς δ' ἐπὶ τὸ πολύ, αὕτη

Temos uma prova disso no fato de que nenhuma ciência se
ocupa dele: nem a ciência prática, nem a ciência *poiética*, nem a
ciência teórica. De fato, quem faz uma casa não faz também tudo
o que, acidentalmente, a casa virá a ter. Com efeito, os acidentes
são infinitos; nada impede que a casa, uma vez construída, a uns
pareça agradável, a outros incômoda, a outros útil, e que seja
diferente de todas as outras coisas. Ora, a arte de construir casas
não produz nenhum desses acidentes[5]. Do mesmo modo, também o geômetra não se ocupa dos acidentes das figuras: não se
ocupa, por exemplo, da questão de se são diferentes o triângulo
e o triângulo cujos ângulos são iguais a dois ângulos retos[6]. E é
natural que assim seja porque o acidente quase se reduz a puro
nome[7]. Por isso Platão, em certo sentido com razão, considerou a
sofística como ciência do não-ser[8]: de fato, os discursos dos sofistas
giram, por assim dizer, sobretudo sobre o acidente. (Eles perguntam, por exemplo, se "músico" e "gramático" são diferentes ou
idênticos[9], e se "Corisco músico" e "Corisco" são idênticos[10]; ou
ainda: se tudo o que é, mas não é eterno, foi gerado e, portanto,
se um músico, que é gramático, tornou-se tal pela geração e, do
mesmo modo, um gramático que seja músico[11] e todos os outros
problemas desse tipo).

O acidente, de fato, revela-se como algo próximo ao não-ser[12].
Isso é evidente também com base na seguinte argumentação:
existe geração e corrupção dos seres que não são ao modo do
acidente, ao contrário, não existe geração nem corrupção dos
seres acidentais[13].

Todavia, do acidente devemos dizer, na medida do possível,
a natureza e as causas pelas quais existe. Ficará, ao mesmo tempo,
clara a razão pela qual dele não há ciência.

Dado que há seres que existem sempre e necessariamente
do mesmo modo (a necessidade entendida não no sentido da
violência, mas — como já estabelecemos[14] — no sentido de não
poderem ser diferentes do que são), enquanto outros não são
nem necessariamente nem sempre, mas só na maioria das vezes,
segue-se que este é o princípio e esta é a causa do ser do acidente:
de fato, chamamos acidente o que não existe nem sempre nem na
maioria das vezes[15]. Por exemplo, dizemos ser acidental que no

ἀρχὴ καὶ αὕτη αἰτία ἐστὶ τοῦ εἶναι τὸ συμβεβηκός· ὃ γὰρ
ἂν ᾖ μήτ' ἀεὶ μήθ' ὡς ἐπὶ τὸ πολύ, τοῦτό φαμεν συμβεβηκὸς εἶναι. οἷον ἐπὶ κυνὶ ἂν χειμὼν γένηται καὶ ψῦχος,
τοῦτο συμβῆναί φαμεν, ἀλλ' οὐκ ἂν πνῖγος καὶ ἀλέα, ὅτι
35 τὸ μὲν ἀεὶ ἢ ὡς ἐπὶ τὸ πολὺ τὸ δ' οὔ. καὶ τὸν ἄνθρωπον
λευκὸν εἶναι συμβέβηκεν (οὔτε γὰρ ἀεὶ οὔθ' ὡς ἐπὶ τὸ πολύ),
ζῷον δ' οὐ κατὰ συμβεβηκός. καὶ τὸ ὑγιάζειν δὲ τὸν οἰκο-
1027ᵃ δόμον συμβεβηκός, ὅτι οὐ πέφυκε τοῦτο ποιεῖν οἰκοδόμος ἀλλὰ ἰατρός, ἀλλὰ συνέβη ἰατρὸν εἶναι τὸν οἰκοδόμον.
καὶ ὀψοποιὸς ἡδονῆς στοχαζόμενος ποιήσειεν ἄν τι ὑγιεινόν,
ἀλλ' οὐ κατὰ τὴν ὀψοποιητικήν· διὸ συνέβη, φαμέν, καὶ
5 ἔστιν ὡς ποιεῖ, ἁπλῶς δ' οὔ. τῶν μὲν γὰρ ἄλλων [ἐνίοτε] δυνάμεις εἰσὶν αἱ ποιητικαί, τῶν δ' οὐδεμία τέχνη οὐδὲ δύναμις
ὡρισμένη· τῶν γὰρ κατὰ συμβεβηκὸς ὄντων ἢ γιγνομένων
καὶ τὸ αἴτιόν ἐστι κατὰ συμβεβηκός. ὥστ' ἐπεὶ οὐ πάντα
ἐστὶν ἐξ ἀνάγκης καὶ ἀεὶ ἢ ὄντα ἢ γιγνόμενα, ἀλλὰ τὰ
10 πλεῖστα ὡς ἐπὶ τὸ πολύ, ἀνάγκη εἶναι τὸ κατὰ συμβεβηκὸς ὄν· οἷον οὔτ' ἀεὶ οὔθ' ὡς ἐπὶ τὸ πολὺ ὁ λευκὸς μουσικός
ἐστιν, ἐπεὶ δὲ γίγνεταί ποτε, κατὰ συμβεβηκὸς ἔσται (εἰ δὲ
μή, πάντ' ἔσται ἐξ ἀνάγκης)· ὥστε ἡ ὕλη ἔσται αἰτία ἡ ἐν-
δεχομένη παρὰ τὸ ὡς ἐπὶ τὸ πολὺ ἄλλως τοῦ συμβεβηκό-
15 τος. ἀρχὴν δὲ τηνδὶ ληπτέον, πότερον οὐδέν ἐστιν οὔτ' αἰεὶ
οὔθ' ὡς ἐπὶ τὸ πολύ. ἢ τοῦτο ἀδύνατον; ἔστιν ἄρα τι παρὰ
ταῦτα τὸ ὁπότερ' ἔτυχε καὶ κατὰ συμβεβηκός. ἀλλὰ πότερον τὸ ὡς ἐπὶ τὸ πολύ, τὸ δ' ἀεὶ οὐθενὶ ὑπάρχει, ἢ ἔστιν
ἄττα ἀίδια; περὶ μὲν οὖν τούτων ὕστερον σκεπτέον, ὅτι δ'
20 ἐπιστήμη οὐκ ἔστι τοῦ συμβεβηκότος φανερόν· ἐπιστήμη μὲν
γὰρ πᾶσα ἢ τοῦ ἀεὶ ἢ τοῦ ὡς ἐπὶ τὸ πολύ — πῶς γὰρ ἢ
μαθήσεται ἢ διδάξει ἄλλον; δεῖ γὰρ ὡρίσθαι ἢ τῷ ἀεὶ ἢ

tempo da canícula faça frio, mas não o dizemos se faz um calor
sufocante, porque isso ocorre na maioria das vezes, enquanto
aquilo não. E também que o homem seja branco é acidente: de
fato, o homem não é sempre nem na maioria das vezes branco;
ao contrário, o homem não é animal por acidente. É também
acidental que o construtor de casas cure alguém, quanto por
natureza essa função não pertence ao construtor, mas ao médico.
Então, que o construtor seja médico ocorre acidentalmente. E o
cozinheiro, porquanto vise a proporcionar prazer, poderá curar
alguém, mas não pela arte culinária; por isso dizemos que isso é
acidente, e o cozinheiro faz isso em certo sentido, mas não em
sentido absoluto[16]. E enquanto de todas as outras coisas existem
potências produtivas, dos acidentes não existe nenhuma arte,
nem uma potência produtiva determinada. De fato, das coisas
que são ou que se produzem por acidente também a causa é
acidental[17].

Consequentemente, dado que nem tudo se gera necessariamente e sempre, mas a maior parte é ou advém na maioria das
vezes, é necessário que exista o ser por acidente[18]. Por exemplo,
nem sempre nem na maioria das vezes o branco é músico; mas,
posto que às vezes ocorre, então será por acidente. Se não fosse
assim, tudo seria necessariamente. Por consequência, a matéria
deverá ser a causa do acidente, porque ela pode ser de modo diferente do que é na maioria das vezes[19].

Este é o ponto de partida que devemos assumir[20]: perguntar
se não exista nada que não seja nem sempre nem na maioria das
vezes. Ora isso é impossível. Portanto, além do que é sempre ou
na maioria das vezes, há o que ocorre por acaso e por acidente[21].
Se, depois, só existe o que é na maioria das vezes e se a eternidade
não pertence a nenhum ser, ou se existem também seres eternos,
é questão que trataremos em seguida[22].

Fica esclarecido, por ora, que não existe ciência do acidente.
Toda ciência refere-se ao que é sempre ou na maioria das vezes:
se não fosse assim, como seria possível aprender ou ensinar a
outros? De fato, o que é objeto de ciência deve existir sempre ou
na maioria das vezes: por exemplo, que o hidromel é na maioria

τῷ ὡς ἐπὶ τὸ πολύ, οἷον ὅτι ὠφέλιμον τὸ μελίκρατον τῷ
πυρέττοντι ὡς ἐπὶ τὸ πολύ — τὸ δὲ παρὰ τοῦτο οὐχ ἕξει λέ-
25 γειν, πότε οὔ, οἷον νουμηνίᾳ· ἢ γὰρ ἀεὶ ἢ ὡς ἐπὶ τὸ πολὺ καὶ
τὸ τῇ νουμηνίᾳ· τὸ δὲ συμβεβηκός ἐστι παρὰ ταῦτα. τί μὲν
οὖν ἐστὶ τὸ συμβεβηκὸς καὶ διὰ τίν' αἰτίαν καὶ ὅτι ἐπιστήμη
οὐκ ἔστιν αὐτοῦ, εἴρηται.

3

Ὅτι δ' εἰσὶν ἀρχαὶ καὶ αἴτια γενητὰ καὶ φθαρτὰ
30 ἄνευ τοῦ γίγνεσθαι καὶ φθείρεσθαι, φανερόν. εἰ γὰρ μὴ
τοῦτ', ἐξ ἀνάγκης πάντ' ἔσται, εἰ τοῦ γιγνομένου καὶ φθειρομένου μὴ κατὰ συμβεβηκὸς αἴτιόν τι ἀνάγκη εἶναι. πότερον
γὰρ ἔσται τοδὶ ἢ οὔ; ἐάν γε τοδὶ γένηται· εἰ δὲ μή, οὔ.
τοῦτο δὲ ἐὰν ἄλλο. καὶ οὕτω δῆλον ὅτι ἀεὶ χρόνου ἀφαιρουμέ-
1027ᵇ νου ἀπὸ πεπερασμένου χρόνου ἥξει ἐπὶ τὸ νῦν, ὥστε ὁδὶ ἀποθανεῖται [νόσῳ ἢ] βίᾳ, ἐάν γε ἐξέλθῃ· τοῦτο δὲ ἐὰν διψήσῃ·
τοῦτο δὲ ἐὰν ἄλλο· καὶ οὕτως ἥξει εἰς ὃ νῦν ὑπάρχει, ἢ εἰς
τῶν γεγονότων τι. οἷον ἐὰν διψήσῃ· τοῦτο δὲ εἰ ἐσθίει δρι-
5 μέα· τοῦτο δ' ἤτοι ὑπάρχει ἢ οὔ· ὥστ' ἐξ ἀνάγκης ἀποθανεῖται ἢ οὐκ ἀποθανεῖται. ὁμοίως δὲ κἂν ὑπερπηδήσῃ τις εἰς
τὰ γενόμενα, ὁ αὐτὸς λόγος· ἤδη γὰρ ὑπάρχει τοῦτο ἔν
τινι, λέγω δὲ τὸ γεγονός· ἐξ ἀνάγκης ἄρα πάντα ἔσται τὰ
ἐσόμενα, οἷον τὸ ἀποθανεῖν τὸν ζῶντα· ἤδη γάρ τι γέγονεν,
10 οἷον τὰ ἐναντία ἐν τῷ αὐτῷ. ἀλλ' εἰ νόσῳ ἢ βίᾳ,
οὔπω, ἀλλ' ἐὰν τοδὶ γένηται. δῆλον ἄρα ὅτι μέχρι τινὸς

das vezes benéfico a quem tem febre; e não será possível enumerar os casos em que isso não ocorre dizendo, por exemplo, na lua nova, porque isso também ocorre sempre ou na maioria das vezes, enquanto o acidente está fora do sempre e da maioria das vezes²³.

Fica, portanto, dito o que é o acidente e a causa pela qual existe, e que dele não existe nenhuma ciência²⁴.

3. [Natureza e causa do acidente e do ser acidental]¹

É evidente que existem princípios e causas gerais e corruptíveis, sem que exista processo de geração e de corrupção dos mesmos. De fato, se não fosse assim, tudo existiria necessariamente, pois do que se gera e se corrompe deve haver uma causa não acidental².

Por exemplo: esta coisa determinada será ou não? Se se produzir tal coisa, sim, caso contrário, não. E esta outra produzir-se-á se uma terceira se produzir. Assim é evidente que subtraindo continuamente uma porção de tempo de um tempo limitado, chegar-se-á ao momento atual. Do mesmo modo, este homem morrerá de enfermidade ou de morte violenta se sair ou não de casa; e sairá de casa se tiver sede; e terá sede se ocorrer alguma outra coisa; de modo que se chegará a um fato presente ou a um fato já ocorrido. Por exemplo: aquele homem sairá de casa se tiver sede; e terá sede se tiver comido algo muito salgado. Este fato, enfim, ou ocorre ou não ocorre: por consequência, necessariamente aquele homem morrerá ou não morrerá.

De modo semelhante o mesmo raciocínio vale para os acontecimentos passados. Com efeito, o fato ocorrido existe em alguma coisa; portanto, necessariamente ocorrerão todas as coisas futuras que dele dependem: o animal, por exemplo, morrerá necessariamente porque já existe nele o que produzirá isso, a saber, a presença dos contrários. Mas se deverá morrer de enfermidade ou de morte violenta, ainda não está determinado, mas depende de que, eventualmente, se verifique ou não determinada condição. É claro, portanto, que se chega a certo princípio e que este, por

βαδίζει ἀρχῆς, αὕτη δ' οὐκέτι εἰς ἄλλο. ἔσται οὖν ἡ τοῦ
ὁπότερ' ἔτυχεν αὕτη, καὶ αἴτιον τῆς γενέσεως αὐτῆς ἄλλο
οὐθέν. ἀλλ' εἰς ἀρχὴν ποίαν καὶ αἴτιον ποῖον ἡ ἀναγωγὴ ἡ
15 τοιαύτη, πότερον ὡς εἰς ὕλην ἢ ὡς εἰς τὸ οὗ ἕνεκα ἢ ὡς εἰς
τὸ κινῆσαν, μάλιστα σκεπτέον.

4

Περὶ μὲν οὖν τοῦ κατὰ συμβεβηκὸς ὄντος ἀφείσθω
(διώρισται γὰρ ἱκανῶς)· τὸ δὲ ὡς ἀληθὲς ὄν, καὶ μὴ ὂν ὡς
ψεῦδος, ἐπειδὴ παρὰ σύνθεσίν ἐστι καὶ διαίρεσιν, τὸ δὲ σύν-
20 ολον περὶ μερισμὸν ἀντιφάσεως (τὸ μὲν γὰρ ἀληθὲς τὴν
κατάφασιν ἐπὶ τῷ συγκειμένῳ ἔχει τὴν δ' ἀπόφασιν ἐπὶ
τῷ διῃρημένῳ, τὸ δὲ ψεῦδος τούτου τοῦ μερισμοῦ τὴν ἀντίφα-
σιν· πῶς δὲ τὸ ἅμα ἢ τὸ χωρὶς νοεῖν συμβαίνει, ἄλλος
λόγος, λέγω δὲ τὸ ἅμα καὶ τὸ χωρὶς ὥστε μὴ τὸ ἐφεξῆς
25 ἀλλ' ἕν τι γίγνεσθαι)· οὐ γάρ ἐστι τὸ ψεῦδος καὶ τὸ ἀληθὲς
ἐν τοῖς πράγμασιν, οἷον τὸ μὲν ἀγαθὸν ἀληθὲς τὸ δὲ κακὸν εὐθὺς ψεῦδος, ἀλλ' ἐν διανοίᾳ, περὶ δὲ τὰ ἁπλᾶ καὶ
τὰ τί ἐστιν οὐδ' ἐν διανοίᾳ· —ὅσα μὲν οὖν δεῖ θεωρῆσαι περὶ
τὸ οὕτως ὂν καὶ μὴ ὄν, ὕστερον ἐπισκεπτέον· ἐπεὶ δὲ ἡ συμ-
30 πλοκή ἐστιν καὶ ἡ διαίρεσις ἐν διανοίᾳ ἀλλ' οὐκ ἐν τοῖς
πράγμασι, τὸ δ' οὕτως ὂν ἕτερον ὂν τῶν κυρίως (ἢ γὰρ τὸ
τί ἐστιν ἢ ὅτι ποιὸν ἢ ὅτι ποσὸν ἤ τι ἄλλο συνάπτει ἢ
ἀφαιρεῖ ἡ διάνοια), τὸ μὲν ὡς συμβεβηκὸς καὶ τὸ ὡς ἀληθὲς ὂν ἀφετέον—τὸ γὰρ αἴτιον τοῦ μὲν ἀόριστον τοῦ δὲ τῆς
1028ᵃ διανοίας τι πάθος, καὶ ἀμφότερα περὶ τὸ λοιπὸν γένος τοῦ

sua vez, não é redutível a outro. Este será, então, o princípio do que ocorre por acaso e não haverá nenhuma outra causa do seu produzir-se[3].

Mas a que causa e a que princípio este é redutível? Devemos examinar a fundo se à causa material, à final ou à eficiente[4].

4. *[Exame do ser no significado de verdadeiro e conclusões sobre os dois primeiros significados do ser analisados]*[1]

Deixemos por agora o tratamento do ser como acidente, pois já falamos suficientemente dele. Quanto ao ser como verdadeiro e ao não-ser como falso, devemos dizer que se referem à conjunção e à divisão de noções e ambos envolvem as duas partes da contradição. O verdadeiro é a afirmação do que é realmente unido e a negação do que é realmente separado; o falso é a contradição dessa afirmação e dessa negação[2]. O modo pelo qual pensamos coisas unidas ou separadas, e unidas de modo a formar não uma simples sequência, mas algo verdadeiramente unitário, é uma questão decorrente da que estamos tratando[3]. De fato, o verdadeiro e o falso não se encontram nas coisas (como se o bem fosse o verdadeiro e o mal fosse o falso), mas só no pensamento[4]; antes, referidos aos seres simples e às essências, eles não se encontram nem no pensamento[5].

Todas as considerações que é preciso fazer sobre o ser e o não-ser entendidos desse modo deverão ser feitas adiante[6]. Posto que a união e a separação estão na mente e não nas coisas, o ser entendido nesse sentido é um ser diferente daquele dos significados eminentes do ser, a saber, a essência, a qualidade, a quantidade ou as outras categorias que o pensamento separa ou reúne; e assim como o ser por acidente, também o ser como verdadeiro deve ser deixado de lado: a causa do primeiro é indeterminada, enquanto o segundo consiste numa afecção da mente[7], e ambos se apoiam no restante gênero do ser[8] e não indicam uma realidade objetiva subsistente fora da mente[9].

ὄντος, καὶ οὐκ ἔξω δηλοῦσιν οὖσάν τινα φύσιν τοῦ ὄντος — διὸ ταῦτα μὲν ἀφείσθω, σκεπτέον δὲ τοῦ ὄντος αὐτοῦ τὰ αἴτια καὶ τὰς ἀρχὰς ᾗ ὄν. [φανερὸν δ' ἐν οἷς διωρισάμεθα περὶ τοῦ ποσαχῶς λέγεται ἕκαστον, ὅτι πολλαχῶς λέγεται τὸ ὄν.]

Portanto, devemos deixar de lado esses modos de ser e devemos indagar as causas e os princípios do ser enquanto ser[10]. E também é claro — como já emergiu do livro dedicado aos diversos significados dos vários termos — que o ser tem muitos significados[11].   5

LIVRO
Z
(SÉTIMO)

1

1028ᵃ Τὸ ὂν λέγεται πολλαχῶς, καθάπερ διειλόμεθα πρότερον ἐν τοῖς περὶ τοῦ ποσαχῶς· σημαίνει γὰρ τὸ μὲν τί ἐστι καὶ τόδε τι, τὸ δὲ ποιὸν ἢ ποσὸν ἢ τῶν ἄλλων ἕκαστον τῶν οὕτω κατηγορουμένων. τοσαυταχῶς δὲ λεγομένου τοῦ ὄντος φανερὸν ὅτι τούτων πρῶτον ὂν τὸ τί ἐστιν, ὅπερ σημαί-
15 νει τὴν οὐσίαν (ὅταν μὲν γὰρ εἴπωμεν ποῖόν τι τόδε, ἢ ἀγαθὸν λέγομεν ἢ κακόν, ἀλλ᾽ οὐ τρίπηχυ ἢ ἄνθρωπον· ὅταν δὲ τί ἐστιν, οὐ λευκὸν οὐδὲ θερμὸν οὐδὲ τρίπηχυ, ἀλλὰ ἄνθρωπον ἢ θεόν), τὰ δ᾽ ἄλλα λέγεται ὄντα τῷ τοῦ οὕτως ὄντος τὰ μὲν ποσότητες εἶναι, τὰ δὲ ποιότητες, τὰ δὲ πάθη, τὰ δὲ
20 ἄλλο τι. διὸ κἂν ἀπορήσειέ τις πότερον τὸ βαδίζειν καὶ τὸ ὑγιαίνειν καὶ τὸ καθῆσθαι ἕκαστον αὐτῶν ὂν σημαίνει, ὁμοίως δὲ καὶ ἐπὶ τῶν ἄλλων ὁτουοῦν τῶν τοιούτων· οὐδὲν γὰρ αὐτῶν ἐστιν οὔτε καθ᾽ αὑτὸ πεφυκὸς οὔτε χωρίζεσθαι δυνατὸν τῆς οὐσίας, ἀλλὰ μᾶλλον, εἴπερ, τὸ βαδίζον
25 τῶν ὄντων καὶ τὸ καθήμενον καὶ τὸ ὑγιαῖνον. ταῦτα δὲ μᾶλλον φαίνεται ὄντα, διότι ἔστι τι τὸ ὑποκείμενον αὐτοῖς ὡρισμένον (τοῦτο δ᾽ ἐστὶν ἡ οὐσία καὶ τὸ καθ᾽ ἕκαστον), ὅπερ ἐμφαίνεται ἐν τῇ κατηγορίᾳ τῇ τοιαύτῃ· τὸ ἀγαθὸν γὰρ ἢ τὸ καθήμενον οὐκ ἄνευ τούτου λέγεται. δῆλον οὖν ὅτι διὰ
30 ταύτην κἀκείνων ἕκαστον ἔστιν, ὥστε τὸ πρώτως ὂν καὶ οὐ τὶ

1. [*O ser nos significados das categorias e a absoluta prioridade da categoria da substância*]¹

O ser tem muitos significados, como estabelecemos anterior- 1028ª
mente, no livro dedicado aos diversos significados dos termos². De fato, o ser significa, de um lado, essência e algo determinado, de outro, qualidade ou quantidade e cada uma das outras categorias³.

Mesmo sendo dito em tantos significados, é evidente que o primeiro dos significados do ser é a essência, que indica a substância (De fato, quando perguntamos a qualidade de alguma 15
coisa, dizemos que é boa ou má, mas não que tem três côvados⁴ ou que é homem⁵; ao contrário, quando perguntamos qual é sua essência, não dizemos que é branca ou quente ou que tem três côvados, mas que é um homem ou que é um deus). Todas as outras coisas são ditas ser, enquanto algumas são quantidade do ser no primeiro significado, outras são qualidades dele, outras são afecções dele, outras, enfim, alguma outra determinação desse tipo⁶. 20

Por isso poderia também surgir a dúvida se o caminhar, o ser sadio e o estar sentado são, cada um deles, um ser ou um não-ser e, de modo semelhante, poder-se-ia levantar a dúvida para qualquer outro caso deste tipo: de fato, nenhum deles existe por si nem pode ser separado da substância; antes — no máximo — é ser quem caminha, quem está sentado e quem é 25
sadio. E estes, com maior razão, são seres porque seu sujeito é algo determinado (e justamente isso é a substância e o indivíduo), o qual está sempre contido nas predicações do tipo acima referido: de fato, o bom ou o sentado não se dizem sem ele. Por-

ὂν ἀλλ' ὂν ἁπλῶς ἡ οὐσία ἂν εἴη. πολλαχῶς μὲν οὖν λέγεται τὸ πρῶτον· ὅμως δὲ πάντως ἡ οὐσία πρῶτον, καὶ λόγῳ καὶ γνώσει καὶ χρόνῳ. τῶν μὲν γὰρ ἄλλων κατηγορημάτων οὐθὲν χωριστόν, αὕτη δὲ μόνη· καὶ τῷ λόγῳ δὲ τοῦτο
35 πρῶτον (ἀνάγκη γὰρ ἐν τῷ ἑκάστου λόγῳ τὸν τῆς οὐσίας ἐνυπάρχειν)· καὶ εἰδέναι δὲ τότ' οἰόμεθα ἕκαστον μάλιστα, ὅταν τί ἐστιν ὁ ἄνθρωπος γνῶμεν ἢ τὸ πῦρ, μᾶλλον ἢ τὸ ποιὸν ἢ τὸ
1028ᵇ ποσὸν ἢ τὸ πού, ἐπεὶ καὶ αὐτῶν τούτων τότε ἕκαστον ἴσμεν, ὅταν τί ἐστι τὸ ποσὸν ἢ τὸ ποιὸν γνῶμεν. καὶ δὴ καὶ τὸ πάλαι τε καὶ νῦν καὶ ἀεὶ ζητούμενον καὶ ἀεὶ ἀπορούμενον, τί τὸ ὄν, τοῦτό ἐστι τίς ἡ οὐσία (τοῦτο γὰρ οἱ μὲν ἓν εἶναί
5 φασιν οἱ δὲ πλείω ἢ ἕν, καὶ οἱ μὲν πεπερασμένα οἱ δὲ ἄπειρα), διὸ καὶ ἡμῖν καὶ μάλιστα καὶ πρῶτον καὶ μόνον ὡς εἰπεῖν περὶ τοῦ οὕτως ὄντος θεωρητέον τί ἐστιν.

2

Δοκεῖ δ' ἡ οὐσία ὑπάρχειν φανερώτατα μὲν τοῖς σώμασιν (διὸ τά τε ζῷα καὶ τὰ φυτὰ καὶ τὰ μόρια αὐτῶν
10 οὐσίας εἶναί φαμεν, καὶ τὰ φυσικὰ σώματα, οἷον πῦρ καὶ ὕδωρ καὶ γῆν καὶ τῶν τοιούτων ἕκαστον, καὶ ὅσα ἢ μόρια τούτων ἢ ἐκ τούτων ἐστίν, ἢ μορίων ἢ πάντων, οἷον ὅ τε οὐρανὸς καὶ τὰ μόρια αὐτοῦ, ἄστρα καὶ σελήνη καὶ ἥλιος)· πό-

tanto, é evidente que cada um daqueles predicados é ser em virtu- 30
de da categoria da substância. Assim, o ser primeiro, ou seja, não
um ser particular, mas o ser por excelência é a substância[7].

Ora, o termo "primeiro" entende-se em múltiplos significados, mas a substância é primeira em todos os significados do termo:
(a) pela noção, (b) pelo conhecimento e (c) pelo tempo.

(c) De fato, nenhuma das outras categorias pode ser separada,
mas só a substância[8].

(a) Ademais, ela é primeira pela noção, porque na noção de cada 35
categoria está necessariamente incluída a noção da substância[9].

(b) Enfim, consideramos conhecer algo sobretudo quando
conhecemos, por exemplo, a essência do homem ou a essência do
fogo, mais do que quando conhecemos a qualidade ou a quantidade
ou o lugar; de fato, conhecemos essas mesmas categorias quando 1028^b
conhecemos a essência da quantidade ou da qualidade[10].

E na verdade, o que desde os tempos antigos, assim como
agora e sempre, constitui o eterno objeto de pesquisa e o eterno
problema: "que é o ser", equivale a este: "que é a substância" (e
alguns dizem que a substância é única[11], outros, ao contrário, que
são muitas e, dentre estes, alguns sustentam que são em número fi- 5
nito[12], outros em número infinito[13]); por isso também nós devemos
examinar principalmente, fundamentalmente e, por assim dizer,
exclusivamente, o que é o ser entendido neste significado[14].

2. [*As opiniões sobre o número e a natureza das substância existentes e o problema de fundo da existência de uma substância suprassensível*][1]

(1) É opinião comum que a prerrogativa de ser substância
pertence do modo mais evidente aos corpos. Por isso
dizemos que são substâncias os animais, as plantas e
suas partes, e que também são substâncias os elementos
físicos, como o fogo, a água, a terra e todos os outros, 10
bem como todas as coisas que são partes desses elementos ou que são compostas por alguns desses elementos,
ou por todos, como o universo e suas partes, os astros,
a lua e o sol. Agora é preciso examinar se são substâncias só essas coisas ou também outras[2], ou só algumas

τερον δὲ αὗται μόναι οὐσίαι εἰσὶν ἢ καὶ ἄλλαι, ἢ τούτων τινὲς
ἢ καὶ ἄλλαι, ἢ τούτων μὲν οὐθὲν ἕτεραι δέ τινες, σκεπτέον.
δοκεῖ δέ τισι τὰ τοῦ σώματος πέρατα, οἷον ἐπιφάνεια καὶ γραμμὴ
καὶ στιγμὴ καὶ μονάς, εἶναι οὐσίαι, καὶ μᾶλλον ἢ τὸ σῶμα καὶ
τὸ στερεόν. ἔτι παρὰ τὰ αἰσθητὰ οἱ μὲν οὐκ οἴονται εἶναι οὐδὲν
τοιοῦτον, οἱ δὲ πλείω καὶ μᾶλλον ὄντα ἀΐδια, ὥσπερ Πλάτων τά τε εἴδη καὶ τὰ μαθηματικὰ δύο οὐσίας, τρίτην δὲ
τὴν τῶν αἰσθητῶν σωμάτων οὐσίαν, Σπεύσιππος δὲ καὶ
πλείους οὐσίας ἀπὸ τοῦ ἑνὸς ἀρξάμενος, καὶ ἀρχὰς ἑκάστης
οὐσίας, ἄλλην μὲν ἀριθμῶν ἄλλην δὲ μεγεθῶν, ἔπειτα ψυ-
χῆς· καὶ τοῦτον δὴ τὸν τρόπον ἐπεκτείνει τὰς οὐσίας. ἔνιοι δὲ
τὰ μὲν εἴδη καὶ τοὺς ἀριθμοὺς τὴν αὐτὴν ἔχειν φασὶ φύσιν,
τὰ δὲ ἄλλα ἐχόμενα, γραμμὰς καὶ ἐπίπεδα, μέχρι πρὸς
τὴν τοῦ οὐρανοῦ οὐσίαν καὶ τὰ αἰσθητά. περὶ δὴ τούτων τί
λέγεται καλῶς ἢ μὴ καλῶς, καὶ τίνες εἰσὶν οὐσίαι, καὶ πότερον εἰσί τινες παρὰ τὰς αἰσθητὰς ἢ οὐκ εἰσί, καὶ αὗται πῶς
εἰσί, καὶ πότερον ἔστι τις χωριστὴ οὐσία, καὶ διὰ τί καὶ πῶς,
ἢ οὐδεμία, παρὰ τὰς αἰσθητάς, σκεπτέον, ὑποτυπωσαμένοις
τὴν οὐσίαν πρῶτον τί ἐστιν.

3

Λέγεται δ' ἡ οὐσία, εἰ μὴ πλεοναχῶς, ἀλλ' ἐν τέτ-
ταρσί γε μάλιστα· καὶ γὰρ τὸ τί ἦν εἶναι καὶ τὸ καθόλου
καὶ τὸ γένος οὐσία δοκεῖ εἶναι ἑκάστου, καὶ τέταρτον τούτων
τὸ ὑποκείμενον. τὸ δ' ὑποκείμενόν ἐστι καθ' οὗ τὰ ἄλλα λέγεται, ἐκεῖνο δὲ αὐτὸ μηκέτι κατ' ἄλλου· διὸ πρῶτον περὶ τού-

destas ou também outras, ou ainda se nenhuma destas é substância, mas só algumas outras³.
(2) Alguns filósofos consideram que são substâncias os limites dos corpos: por exemplo, superfície, linha, ponto e unidade; e que são mais substâncias do que o corpo e o sólido⁴.
(3) Ademais, alguns filósofos creem que não existem substâncias fora das coisas sensíveis⁵; outros, ao contrário, creem que existem substâncias eternas mais numerosas do que as sensíveis e com maior grau de ser⁶. Assim Platão considera que as Formas e os Entes matemáticos são duas classes de substâncias e que uma terceira é a substância dos corpos sensíveis⁷. Espeusipo põe um número de substâncias ainda maior: ele parte do Um, mas admite princípios diferentes para cada tipo de substância: um é o princípio dos números, outro o das grandezas, e outro ainda o da alma, e desse modo ele amplia o número das substâncias⁸. Alguns filósofos, enfim, sustentam que as Formas e os Números têm a mesma natureza e que todas as coisas restantes — linhas, superfícies e assim por diante, até a substância do céu ou das coisas sensíveis — derivam deles⁹.

Portanto, é preciso examinar o que é certo e o que não é em todas essas afirmações, e se existem ou não algumas substâncias ao lado das sensíveis e qual é seu modo de existência, e se existe alguma substância separada das sensíveis, por que existe e de que modo existe, ou se, além das sensíveis, não existe nenhuma substância¹⁰.

Mas procederemos a esse exame depois de ter dito, em resumo¹¹, que é a substância em geral¹².

3. [Início do tratado da substância em geral e exame da substância no significado de substrato]¹

A substância é entendida, se não em mais, pelo menos em quatro significados principais: considera-se que substância de alguma coisa seja a essência, o universal, o gênero e, em quarto lugar, o substrato².

O substrato é aquilo de que são predicadas todas as outras coisas, enquanto ele não é predicado de nenhuma outra. Por isso

1029ᵃ του διοριστέον· μάλιστα γὰρ δοκεῖ εἶναι οὐσία τὸ ὑποκείμενον πρῶτον. τοιοῦτον δὲ τρόπον μέν τινα ἡ ὕλη λέγεται, ἄλλον δὲ τρόπον ἡ μορφή, τρίτον δὲ τὸ ἐκ τούτων (λέγω δὲ τὴν μὲν ὕλην οἷον τὸν χαλκόν, τὴν δὲ μορφὴν τὸ σχῆμα τῆς
5 ἰδέας, τὸ δ' ἐκ τούτων τὸν ἀνδριάντα τὸ σύνολον), ὥστε εἰ τὸ εἶδος τῆς ὕλης πρότερον καὶ μᾶλλον ὄν, καὶ τοῦ ἐξ ἀμφοῖν πρότερον ἔσται διὰ τὸν αὐτὸν λόγον. νῦν μὲν οὖν τύπῳ εἴρηται τί ποτ' ἐστὶν ἡ οὐσία, ὅτι τὸ μὴ καθ' ὑποκειμένου ἀλλὰ καθ' οὗ τὰ ἄλλα· δεῖ δὲ μὴ μόνον οὕτως· οὐ γὰρ ἱκανόν·
10 αὐτὸ γὰρ τοῦτο ἄδηλον, καὶ ἔτι ἡ ὕλη οὐσία γίγνεται. εἰ γὰρ μὴ αὕτη οὐσία, τίς ἐστιν ἄλλη διαφεύγει· περιαιρουμένων γὰρ τῶν ἄλλων οὐ φαίνεται οὐδὲν ὑπομένον· τὰ μὲν γὰρ ἄλλα τῶν σωμάτων πάθη καὶ ποιήματα καὶ δυνάμεις, τὸ δὲ μῆκος καὶ πλάτος καὶ βάθος ποσότητές τινες ἀλλ'
15 οὐκ οὐσίαι (τὸ γὰρ ποσὸν οὐκ οὐσία), ἀλλὰ μᾶλλον ᾧ ὑπάρχει ταῦτα πρώτῳ, ἐκεῖνό ἐστιν οὐσία. ἀλλὰ μὴν ἀφαιρουμένου μήκους καὶ πλάτους καὶ βάθους οὐδὲν ὁρῶμεν ὑπολειπόμενον, πλὴν εἴ τί ἐστι τὸ ὁριζόμενον ὑπὸ τούτων, ὥστε τὴν ὕλην ἀνάγκη φαίνεσθαι μόνην οὐσίαν οὕτω σκοπουμένοις.
20 λέγω δ' ὕλην ἣ καθ' αὑτὴν μήτε τὶ μήτε ποσὸν μήτε ἄλλο μηδὲν λέγεται οἷς ὥρισται τὸ ὄν. ἔστι γάρ τι καθ' οὗ κατηγορεῖται τούτων ἕκαστον, ᾧ τὸ εἶναι ἕτερον καὶ τῶν κατηγοριῶν ἑκάστῃ (τὰ μὲν γὰρ ἄλλα τῆς οὐσίας κατηγορεῖται, αὕτη δὲ τῆς ὕλης), ὥστε τὸ ἔσχατον καθ' αὑτὸ οὔτε τὶ οὔτε ποσὸν
25 οὔτε ἄλλο οὐδέν ἐστιν· οὐδὲ δὴ αἱ ἀποφάσεις, καὶ γὰρ αὗται ὑπάρξουσι κατὰ συμβεβηκός. ἐκ μὲν οὖν τούτων θεωροῦσι

devemos tratar dele em primeiro lugar, pois sobretudo o substrato primeiro parece ser substância. E chama-se substrato primeiro, em certo sentido, a matéria, noutro sentido a forma e num terceiro sentido o que resulta do conjunto de matéria e forma³.

Chamo matéria, por exemplo, o bronze; forma a estrutura e a configuração formal; sínolo o que resulta deles, isto é, a estátua. De modo que, se a forma é anterior e mais ser do que a matéria, pela mesma razão ela também será anterior ao composto⁴.

Dissemos em síntese o que é a substância: ela é o que não se predica de algum substrato, mas aquilo de que todo o resto se predica. Todavia, não se deve caracterizar a substância só deste modo, porque isso não basta⁵. De fato, esta caracterização não é clara. Ademais, em seus termos a matéria seria substância. Com efeito, se a matéria não é substância, escapa-nos o que mais poderia ser substância, porque, uma vez excluídas todas as outras determinações, parece que não resta nada além dela: as outras determinações, com efeito, são afecções, ações e potências dos corpos. E comprimento, largura e profundidade são quantidade, não substâncias: a quantidade não é substância, mas é substância o substrato primeiro ao qual inerem todas essas determinações. Mas se excluímos comprimento, largura e profundidade, vemos que não resta nada, a não ser aquele algo que é determinado por eles. Consequentemente, para quem considera o problema desse ponto de vista, necessariamente a matéria aparece como a única substância.

Chamo matéria aquilo que, por si, não é nem algo determinado, nem uma quantidade nem qualquer outra das determinações do ser⁶. Existe, de fato, alguma coisa da qual cada uma dessas determinações é predicada: alguma coisa cujo ser é diferente⁷ do ser de cada uma das categorias. Todas as outras categorias, com efeito, são predicadas da substância e esta⁸, por sua vez, é predicada da matéria. Assim, este termo, por si, não é nem algo determinado, nem quantidade nem qualquer outra categoria: e não é nem sequer as negações destas, porque as negações só existem de modo acidental⁹.

Portanto, para quem considera o problema desse ponto de vista, segue-se que substância é a matéria. Mas isso é impossível;

συμβαίνει οὐσίαν εἶναι τὴν ὕλην· ἀδύνατον δέ· καὶ γὰρ τὸ
χωριστὸν καὶ τὸ τόδε τι ὑπάρχειν δοκεῖ μάλιστα τῇ οὐσίᾳ,
διὸ τὸ εἶδος καὶ τὸ ἐξ ἀμφοῖν οὐσία δόξειεν ἂν εἶναι μᾶλ-
30 λον τῆς ὕλης. τὴν μὲν τοίνυν ἐξ ἀμφοῖν οὐσίαν, λέγω δὲ
τὴν ἔκ τε τῆς ὕλης καὶ τῆς μορφῆς, ἀφετέον, ὑστέρα γὰρ
καὶ δήλη· φανερὰ δέ πως καὶ ἡ ὕλη· περὶ δὲ τῆς τρίτης
σκεπτέον, αὕτη γὰρ ἀπορωτάτη. ὁμολογοῦνται δ' οὐσίαι
εἶναι τῶν αἰσθητῶν τινές, ὥστε ἐν ταύταις ζητητέον πρῶτον.
1029ᵇ 3 πρὸ ἔργου γὰρ τὸ μεταβαίνειν εἰς τὸ γνωριμώτερον. ἡ γὰρ
μάθησις οὕτω γίγνεται πᾶσι διὰ τῶν ἧττον γνωρίμων φύσει
5 εἰς τὰ γνώριμα μᾶλλον· καὶ τοῦτο ἔργον ἐστίν, ὥσπερ ἐν
ταῖς πράξεσι τὸ ποιῆσαι ἐκ τῶν ἑκάστῳ ἀγαθῶν τὰ ὅλως
ἀγαθὰ ἑκάστῳ ἀγαθά, οὕτως ἐκ τῶν αὐτῷ γνωριμωτέρων τὰ
τῇ φύσει γνώριμα αὐτῷ γνώριμα. τὰ δ' ἑκάστοις γνώριμα
καὶ πρῶτα πολλάκις ἠρέμα ἐστὶ γνώριμα, καὶ μικρὸν ἢ
10 οὐθὲν ἔχει τοῦ ὄντος· ἀλλ' ὅμως ἐκ τῶν φαύλως μὲν γνωστῶν αὑτῷ δὲ γνωστῶν τὰ ὅλως γνωστὰ γνῶναι πειρατέον,
μεταβαίνοντας, ὥσπερ εἴρηται, διὰ τούτων αὐτῶν.

4

1 Ἐπεὶ δ' ἐν ἀρχῇ διειλόμεθα πόσοις ὁρίζομεν τὴν οὐσίαν,
καὶ τούτων ἕν τι ἐδόκει εἶναι τὸ τί ἦν εἶναι, θεωρητέον περὶ
13 αὐτοῦ. καὶ πρῶτον εἴπωμεν ἔνια περὶ αὐτοῦ λογικῶς, ὅτι ἐστὶ
τὸ τί ἦν εἶναι ἑκάστου ὃ λέγεται καθ' αὑτό. οὐ γάρ ἐστι τὸ σοὶ

pois as características da substância são, sobretudo, o fato de ser separável e de ser algo determinado: por isso a forma e o composto de matéria e forma parecem ser mais substância do que a matéria[10].

Ora, convém deixar de lado a substância entendida como composto de matéria e forma, porque esta é posterior e seu significado é claro[11]. E também é claro, de certo modo, o significado de matéria. Ao contrário, devemos concentrar nossa investigação sobre o terceiro significado de substância, porque este apresenta as maiores dificuldades.

Todos admitem que algumas das coisas sensíveis são substâncias; portanto deveremos desenvolver nossa pesquisa partindo delas[12]. De fato[13], é muito útil proceder por graus na direção do que é mais cognoscível. Com efeito, todos adquirem o saber desse modo: procedendo por meio de coisas naturalmente menos cognoscíveis na direção das que são por natureza mais cognoscíveis. E como nas ações devemos partir daquelas que são bens para o indivíduo e fazer com que o bem universal se torne bem para o indivíduo, assim também no saber devemos partir das coisas que são mais cognoscíveis para o indivíduo e fazer com que o que é cognoscível por natureza torne-se cognoscível também para o indivíduo. As coisas que são cognoscíveis e primeiras para o indivíduo são, amiúde, pouco cognoscíveis por natureza e captam pouco ou nada do ser. Todavia, é preciso partir dessas coisas que são por natureza pouco cognoscíveis ao indivíduo, para chegar a conhecer as coisas que são cognoscíveis em sentido absoluto, procedendo, como dissemos, justamente por meio das primeiras[14].

4. [*A substância no significado de essência e considerações sobre a essência*][1]

Dado que no início[2] distinguimos os diversos significados da substância e, destes, um nos pareceu ser a essência, devemos agora tratar dela.

E, para começar, façamos algumas considerações de caráter puramente racional[3] a respeito dela. A essência de cada coisa é o

εἶναι τὸ μουσικῷ εἶναι· οὐ γὰρ κατὰ σαυτὸν εἶ μουσικός. ὃ ἄρα κατὰ σαυτόν. οὐδὲ δὴ τοῦτο πᾶν· οὐ γὰρ τὸ οὕτως καθ' αὑτὸ ὡς ἐπιφανείᾳ λευκόν, ὅτι οὐκ ἔστι τὸ ἐπιφανείᾳ εἶναι τὸ λευκῷ εἶναι. ἀλλὰ μὴν οὐδὲ τὸ ἐξ ἀμφοῖν, τὸ ἐπιφανείᾳ λευκῇ, ὅτι πρόσεστιν αὐτό. ἐν ᾧ ἄρα μὴ ἐνέσται λόγῳ αὐτό, λέγοντι αὐτό, οὗτος ὁ λόγος τοῦ τί ἦν εἶναι ἑκάστῳ, ὥστ' εἰ τὸ ἐπιφανείᾳ λευκῇ εἶναί ἐστι τὸ ἐπιφανείᾳ εἶναι λείᾳ, τὸ λευκῷ καὶ λείῳ εἶναι τὸ αὐτὸ καὶ ἕν. ἐπεὶ δ' ἔστι καὶ κατὰ τὰς ἄλλας κατηγορίας σύνθετα (ἔστι γάρ τι ὑποκείμενον ἑκάστῳ, οἷον τῷ ποιῷ καὶ τῷ ποσῷ καὶ τῷ ποτὲ καὶ τῷ ποῦ καὶ τῇ κινήσει), σκεπτέον ἆρ' ἔστι λόγος τοῦ τί ἦν εἶναι ἑκάστῳ αὐτῶν, καὶ ὑπάρχει καὶ τούτοις τὸ τί ἦν εἶναι, οἷον λευκῷ ἀνθρώπῳ [τί ἦν λευκῷ ἀνθρώπῳ]. ἔστω δὴ ὄνομα αὐτῷ ἱμάτιον. τί ἐστι τὸ ἱματίῳ εἶναι; ἀλλὰ μὴν οὐδὲ τῶν καθ' αὑτὸ λεγομένων οὐδὲ τοῦτο. ἢ τὸ οὐ καθ' αὑτὸ λέγεται διχῶς, καὶ τούτου ἐστὶ τὸ μὲν ἐκ προσθέσεως τὸ δὲ οὔ. τὸ μὲν γὰρ τῷ αὐτὸ ἄλλῳ προσκεῖσθαι λέγεται ὃ ὁρίζεται, οἷον εἰ τὸ λευκῷ εἶναι ὁριζόμενος λέγοι λευκοῦ ἀνθρώπου λόγον· τὸ δὲ τῷ ἄλλο αὐτῷ, οἷον εἰ σημαίνοι τὸ ἱμάτιον λευκὸν ἄνθρωπον, ὁ δὲ ὁρίζοιτο ἱμάτιον ὡς λευκόν. τὸ δὴ λευκὸς ἄνθρωπος ἔστι μὲν λευκόν, οὐ μέντοι ⟨τὸ⟩ τί ἦν εἶναι λευκῷ εἶναι. —ἀλλὰ τὸ ἱματίῳ εἶναι ἆρά ἐστι τί ἦν εἶναί τι [ἢ] ὅλως; ἢ οὔ; ὅπερ γάρ τί ἐστι τὸ τί ἦν εἶναι· ὅταν

que ela é por si mesma. Tua essência, de fato, não é a essência do músico, porque não és músico por ti mesmo. Tua essência, portanto, é só aquilo que és por ti mesmo[4].

Mas nem tudo o que uma coisa é por si mesma é essência: por exemplo, não é essência aquilo que algo é por si do modo como uma superfície é por si branca: de fato, a essência da superfície não é a essência do branco[5]. Ademais, a essência da superfície também não consiste na união dos dois termos, isto é, no fato de ser superfície-branca. Por quê? Porque neste caso a essência da superfície é pressuposta. A definição da essência de uma coisa é só a que exprime a coisa sem incluí-la na própria definição. Portanto, se alguém dissesse que a essência da superfície branca é a essência da superfície lisa estaria dizendo que a essência do branco e a essência do liso são uma só e mesma coisa[6].

Mas, como também há compostos segundo todas as outras categorias[7] (de fato, há um substrato para cada uma delas: para a qualidade, como para a quantidade, para o quando, para o onde e para o movimento[8]), é preciso examinar se também existe uma definição da essência de cada um deles e se existe uma essência deles: por exemplo, se existe uma essência do composto homem-branco. Digamos que o termo "veste" designe o composto homem-branco. Qual é a essência de veste? Mas, na verdade, isso também não pertence às coisas que se dizem por si[9]. Pode-se, contudo, objetar que o que não é por si entende-se de dois modos: (a) um deles consiste num acréscimo, (b) o outro na omissão. (a) No primeiro caso, a coisa que se quer definir é acrescentada a outra como predicado: isso ocorreria quando, por exemplo, alguém querendo definir a essência do branco, desse a definição de homem branco. (b) No segundo caso, ao contrário, omite-se algo que pertence à própria coisa que se quer definir: isso ocorreria quando, por exemplo, se o significado de veste fosse homem branco, alguém definisse veste como o que é branco: de fato, é verdade que homem-branco é também de cor branca, mas sua essência não é certamente a essência do branco[10]. Mas a essência de "veste" é uma essência em sentido e próprio? Ou devemos dizer que não é? Na realidade, só o que é determinado é essência; mas quando algo é predicado de outro

δ' ἄλλο κατ' ἄλλου λέγηται, οὐκ ἔστιν ὅπερ τόδε τι, οἷον ὁ
5 λευκὸς ἄνθρωπος οὐκ ἔστιν ὅπερ τόδε τι, εἴπερ τὸ τόδε
ταῖς οὐσίαις ὑπάρχει μόνον· ὥστε τὸ τί ἦν εἶναί ἐστιν ὅσων ὁ
λόγος ἐστὶν ὁρισμός. ὁρισμὸς δ' ἐστὶν οὐκ ἂν ὄνομα λόγῳ
ταὐτὸ σημαίνῃ (πάντες γὰρ ἂν εἶεν οἱ λόγοι ὅροι· ἔσται
γὰρ ὄνομα ὁτῳοῦν λόγῳ, ὥστε καὶ ἡ Ἰλιὰς ὁρισμὸς ἔσται),
10 ἀλλ' ἐὰν πρώτου τινὸς ᾖ· τοιαῦτα δ' ἐστὶν ὅσα λέγεται
μὴ τῷ ἄλλο κατ' ἄλλου λέγεσθαι. οὐκ ἔσται ἄρα οὐδενὶ
τῶν μὴ γένους εἰδῶν ὑπάρχον τὸ τί ἦν εἶναι, ἀλλὰ τούτοις
μόνον (ταῦτα γὰρ δοκεῖ οὐ κατὰ μετοχὴν λέγεσθαι καὶ
πάθος οὐδ' ὡς συμβεβηκός)· ἀλλὰ λόγος μὲν ἔσται ἑκάστου
15 καὶ τῶν ἄλλων τί σημαίνει, ἐὰν ᾖ ὄνομα, ὅτι τόδε τῷδε
ὑπάρχει, ἢ ἀντὶ λόγου ἁπλοῦ ἀκριβέστερος· ὁρισμὸς δ' οὐκ
ἔσται οὐδὲ τὸ τί ἦν εἶναι. ἢ καὶ ὁ ὁρισμὸς ὥσπερ καὶ τὸ τί
ἐστι πλεοναχῶς λέγεται; καὶ γὰρ τὸ τί ἐστιν ἕνα μὲν τρόπον σημαίνει τὴν οὐσίαν καὶ τὸ τόδε τι, ἄλλον δὲ ἕκαστον
20 τῶν κατηγορουμένων, ποσὸν ποιὸν καὶ ὅσα ἄλλα τοιαῦτα.
ὥσπερ γὰρ καὶ τὸ ἔστιν ὑπάρχει πᾶσιν, ἀλλ' οὐχ ὁμοίως
ἀλλὰ τῷ μὲν πρώτως τοῖς δ' ἑπομένως, οὕτω καὶ τὸ τί ἐστιν
ἁπλῶς μὲν τῇ οὐσίᾳ πὼς δὲ τοῖς ἄλλοις· καὶ γὰρ τὸ ποιὸν
ἐροίμεθ' ἂν τί ἐστιν, ὥστε καὶ τὸ ποιὸν τῶν τί ἐστιν, ἀλλ'
25 οὐχ ἁπλῶς, ἀλλ' ὥσπερ ἐπὶ τοῦ μὴ ὄντος λογικῶς φασί

não se tem algo determinado, dado que a característica de ser algo determinado só pertence às substâncias[11]. Portanto só existe essência das coisas cuja noção é uma definição[12]. E simplesmente não existe definição quando há um nome único para designar a mesma coisa designada por uma <qualquer> noção (do contrário todas as noções seriam definições; de fato, poder-se-ia sempre pôr um nome único para indicar qualquer noção, de modo que até o nome *Ilíada* seria uma definição), mas só existe definição quando uma noção exprime algo que é primeiro; e só é primeiro aquilo que não implica a predicação de alguma coisa a outra coisa. Portanto, não poderá haver essência de nenhuma das coisas que não sejam espécies últimas de um gênero, mas só daquelas: com efeito, é claro que só estas não se predicam de outras por participação, nem por afecção nem como acidente[13]. Entretanto, para todas as outras coisas, desde que tenham um nome, haverá uma noção que exprima o seu significado: uma noção que indique como algo determinado refere-se a algo determinado; ou, em vez de uma noção genérica, haverá uma mais precisa. Destas coisas, porém, não haverá nem definição nem essência[14].

Ou, antes, deveremos dizer que tanto a definição como o que é das coisas podem ser ditos segundo múltiplos significados[15]. De fato, o "que é" significa, num sentido, a substância e algo determinado, noutro sentido significa cada uma das outras categorias: quantidade, qualidade e todas as restantes. E assim como o "é" se predica de todas as categorias, não, porém, do mesmo modo, mas da substância de modo primário e das outras categorias de modo derivado, assim também o que é se diz em sentido absoluto da substância, e de certo modo também das outras categorias. Com efeito, podemos perguntar que é a qualidade e, por conseguinte, considerar também a qualidade como algo que é, não em sentido absoluto, mas do mesmo modo que também do não-ser alguns afirmam, dialeticamente, que é não-ser: evidentemente, não em sentido absoluto, mas enquanto é não-ser; o mesmo vale para a qualidade[16]. E na verdade deve-se examinar o modo de falar da essência em cada caso, porém não

τινες εἶναι τὸ μὴ ὄν, οὐχ ἁπλῶς ἀλλὰ μὴ ὄν, οὕτω καὶ τὸ
ποιόν. — δεῖ μὲν οὖν σκοπεῖν καὶ τὸ πῶς δεῖ λέγειν περὶ ἕκαστον, οὐ μὴν μᾶλλόν γε ἢ τὸ πῶς ἔχει· διὸ καὶ νῦν ἐπεὶ τὸ
λεγόμενον φανερόν, καὶ τὸ τί ἦν εἶναι ὁμοίως ὑπάρξει πρώ-
30 τως μὲν καὶ ἁπλῶς τῇ οὐσίᾳ, εἶτα καὶ τοῖς ἄλλοις, ὥσπερ
καὶ τὸ τί ἐστιν, οὐχ ἁπλῶς τί ἦν εἶναι ἀλλὰ ποιῷ ἢ ποσῷ
τί ἦν εἶναι. δεῖ γὰρ ἢ ὁμωνύμως ταῦτα φάναι εἶναι ὄντα,
ἢ προστιθέντας καὶ ἀφαιροῦντας, ὥσπερ καὶ τὸ μὴ ἐπιστητὸν
ἐπιστητόν, ἐπεὶ τό γε ὀρθόν ἐστι μήτε ὁμωνύμως φάναι
35 μήτε ὡσαύτως ἀλλ' ὥσπερ τὸ ἰατρικὸν τῷ πρὸς τὸ αὐτὸ
1030ᵇ μὲν καὶ ἕν, οὐ τὸ αὐτὸ δὲ καὶ ἕν, οὐ μέντοι οὐδὲ ὁμωνύμως·
οὐδὲ γὰρ ἰατρικὸν σῶμα καὶ ἔργον καὶ σκεῦος λέγεται οὔτε
ὁμωνύμως οὔτε καθ' ἕν ἀλλὰ πρὸς ἕν. ἀλλὰ ταῦτα μὲν
ὁποτέρως τις ἐθέλει λέγειν διαφέρει οὐδέν· ἐκεῖνο δὲ φανερὸν
5 ὅτι ὁ πρώτως καὶ ἁπλῶς ὁρισμὸς καὶ τὸ τί ἦν εἶναι τῶν
οὐσιῶν ἐστίν. οὐ μὴν ἀλλὰ καὶ τῶν ἄλλων ὁμοίως ἐστί, πλὴν
οὐ πρώτως. οὐ γὰρ ἀνάγκη, ἂν τοῦτο τιθῶμεν, τούτου ὁρισμὸν
εἶναι ὃ ἂν λόγῳ τὸ αὐτὸ σημαίνῃ, ἀλλὰ τινὶ λόγῳ· τοῦτο
δὲ ἐὰν ἑνὸς ᾖ, μὴ τῷ συνεχεῖ ὥσπερ ἡ Ἰλιὰς ἢ ὅσα συν-
10 δέσμῳ, ἀλλ' ἐὰν ὁσαχῶς λέγεται τὸ ἕν· τὸ δ' ἓν λέγεται
ὥσπερ τὸ ὄν· τὸ δὲ ὂν τὸ μὲν τόδε τι τὸ δὲ ποσὸν τὸ δὲ
ποιόν τι σημαίνει. διὸ καὶ λευκοῦ ἀνθρώπου ἔσται λόγος καὶ

mais do que se deve examinar a realidade efetiva das coisas[17]; por isso, dado que a primeira questão está esclarecida, diremos agora que, do mesmo modo, a essência deve pertencer, em primeiro lugar e absolutamente, à substância e, secundariamente, também às outras categorias, assim como o que é: não como essência em sentido absoluto mas como essência da qualidade ou da quantidade[18]. De fato, é preciso dizer ou que as categorias só são seres por homonímia ou que só são seres se acrescentarmos ou tirarmos de "ser" uma determinada qualificação, como, por exemplo, quando se diz que também o não-cognoscível é cognoscível.

Com efeito, o correto é afirmar que ser é dito das categorias não em sentido equívoco nem em sentido unívoco, mas do mesmo modo que se usa o termo "médico", não obstante todos os seus diferentes significados refiram-se à mesma coisa, mas sem significar a mesma coisa, eles não são puros homônimos: médico, de fato, designa um corpo, uma operação ou um instrumento, não por homonímia nem por sinonímia, mas pela referência a uma única coisa[19].

E pouco importa se alguém quer exprimir-se diferentemente sobre este ponto. De qualquer modo é evidente o seguinte: (a) que, em primeiro lugar e absolutamente, a definição e a essência pertencem às substâncias. (b) Todavia, existe também definição e essência das outras categorias, mas não em sentido primário. (c) Por outro lado, mesmo aceitando isso, daí não deriva que exista definição quando "uma única palavra" exprime a mesma coisa expressa por "qualquer" noção, mas só quando exprime a mesma coisa expressa por certa noção; tal só é a noção que se refere a algo uno, não por pura contiguidade como a *Ilíada*, nem por mera coligação, mas por ser uno em todos os sentidos segundo os quais se diz propriamente a unidade. O um se diz nos mesmos sentidos segundo os quais se diz o ser; e o ser significa, num sentido, algo determinado, noutro, uma quantidade, noutro ainda, uma qualidade. Por isso inclusive haverá noção e definição de homem-branco, mas de modo diferente do branco e da substância[20].

ὁρισμός, ἄλλον δὲ τρόπον καὶ τοῦ λευκοῦ καὶ οὐσίας.

5

Ἔχει δ' ἀπορίαν, ἐάν τις μὴ φῇ ὁρισμὸν εἶναι τὸν ἐκ προσθέσεως λόγον, τίνος ἔσται ὁρισμὸς τῶν οὐχ ἁπλῶν ἀλλὰ συνδεδυασμένων· ἐκ προσθέσεως γὰρ ἀνάγκη δηλοῦν. λέγω δὲ οἷον ἔστι ῥὶς καὶ κοιλότης, καὶ σιμότης τὸ ἐκ τῶν δυοῖν λεγόμενον τῷ τόδε ἐν τῷδε, καὶ οὐ κατὰ συμβεβηκός γε οὔθ' ἡ κοιλότης οὔθ' ἡ σιμότης πάθος τῆς ῥινός, ἀλλὰ καθ' αὑτήν· οὐδ' ὡς τὸ λευκὸν Καλλίᾳ, ἢ ἀνθρώπῳ, ὅτι Καλλίας λευκὸς ᾧ συμβέβηκεν ἀνθρώπῳ εἶναι, ἀλλ' ὡς τὸ ἄρρεν τῷ ζῴῳ καὶ τὸ ἴσον τῷ ποσῷ καὶ πάντα ὅσα λέγεται καθ' αὑτὰ ὑπάρχειν. ταῦτα δ' ἐστὶν ἐν ὅσοις ὑπάρχει ἢ ὁ λόγος ἢ τοὔνομα οὗ ἐστὶ τοῦτο τὸ πάθος, καὶ μὴ ἐνδέχεται δηλῶσαι χωρίς, ὥσπερ τὸ λευκὸν ἄνευ τοῦ ἀνθρώπου ἐνδέχεται ἀλλ' οὐ τὸ θῆλυ ἄνευ τοῦ ζῴου· ὥστε τούτων τὸ τί ἦν εἶναι καὶ ὁρισμὸς ἢ οὐκ ἔστιν οὐδενὸς ἤ, εἰ ἔστιν, ἄλλως, καθάπερ εἰρήκαμεν. ἔστι δὲ ἀπορία καὶ ἑτέρα περὶ αὐτῶν. εἰ μὲν γὰρ τὸ αὐτό ἐστι σιμὴ ῥὶς καὶ κοίλη ῥίς, τὸ αὐτὸ ἔσται τὸ σιμὸν καὶ τὸ κοῖλον· εἰ δὲ μή, διὰ τὸ ἀδύνατον εἶναι εἰπεῖν τὸ σιμὸν ἄνευ τοῦ πράγματος οὗ ἐστὶ πάθος καθ' αὑτό (ἔστι γὰρ τὸ σιμὸν κοιλότης ἐν ῥινί), τὸ ῥῖνα σιμὴν εἰπεῖν ἢ οὐκ ἔστιν ἢ δὶς τὸ αὐτὸ ἔσται εἰρημένον, ῥὶς ῥὶς κοίλη (ἡ γὰρ ῥὶς ἡ σιμὴ ῥὶς ῥὶς κοίλη ἔσται), διὸ ἄτοπον τὸ ὑπάρχειν τοῖς τοιούτοις τὸ τί ἦν εἶναι· εἰ δὲ μή, εἰς ἄπειρον εἶσιν· ῥινὶ γὰρ ῥινὶ σιμῇ ἔτι ἄλλο ἐνέσται. δῆλον τοίνυν ὅτι μόνης τῆς οὐσίας ἐστὶν ὁ

5. [Continuação do tratado da essência][1]

Se não se admite que a noção resultante de acréscimo seja uma definição, então surge o seguinte problema: dentre as coisas que não são simples, mas compostas pela união de dois termos, de quais haverá definição? De fato, é necessário exprimir essas coisas com uma noção resultante de adjunção[2]. Dou um exemplo: há nariz e há concavidade, e há também nariz achatado, que resulta da união de concavidade e nariz, enquanto uma se encontra no outro[3]. O côncavo e o achatado não são propriedades do nariz achatado por acidente, mas por si: não como o branco é propriedade de Cálias ou do homem (por ser branco Cálias, que também é homem), mas como o macho é propriedade do animal, como o igual é propriedade da quantidade, e como todas as outras propriedades que se dizem por si de um sujeito. E tais são todas as propriedades em cuja noção está presente a noção ou o nome da coisa da qual são propriedades, e que, portanto, não se podem explicar independentemente da própria coisa: assim, por exemplo, é possível explicar o branco independentemente do homem, mas não a fêmea independentemente do animal. Portanto, ou não existe essência e definição de nenhuma dessas coisas[4], ou se existe, existe em sentido diferente, como já dissemos acima[5].

A respeito dessas mesmas coisas há ainda um segundo problema. De fato, se são a mesma coisa nariz achatado e nariz côncavo, serão a mesma coisa também o achatado e o côncavo; e se não é assim, por não ser possível falar do achatado sem o objeto do qual ele constitui uma propriedade por si, posto que o achatado é a concavidade que se encontra num nariz, então ou não é possível dizer "nariz achatado", ou se repetirá duas vezes a mesma coisa, como se disséssemos "nariz nariz côncavo", porque nariz achatado quer dizer nariz que é nariz côncavo. Por isso é absurdo que dessas coisas exista uma essência; do contrário ir-se-ia ao infinito: de fato, num nariz que é achatado se incluiria outro nariz[6].

Portanto, é evidente que só da substância existe definição. E se existe definição também das categorias[7], será necessariamente

ὁρισμός. εἰ γὰρ καὶ τῶν ἄλλων κατηγοριῶν, ἀνάγκη ἐκ προσθέσεως εἶναι, οἷον τοῦ †ποιοῦ† καὶ περιττοῦ· οὐ γὰρ ἄνευ ἀριθμοῦ, οὐδὲ τὸ θῆλυ ἄνευ ζῴου (τὸ δὲ ἐκ προσθέσεως λέγω ἐν οἷς
συμβαίνει δὶς τὸ αὐτὸ λέγειν ὥσπερ ἐν τούτοις). εἰ δὲ τοῦτο
ἀληθές, οὐδὲ συνδυαζομένων ἔσται, οἷον ἀριθμοῦ περιττοῦ·
ἀλλὰ λανθάνει ὅτι οὐκ ἀκριβῶς λέγονται οἱ λόγοι. εἰ δ'
εἰσὶ καὶ τούτων ὅροι, ἤτοι ἄλλον τρόπον εἰσὶν ἢ καθάπερ
ἐλέχθη πολλαχῶς λεκτέον εἶναι τὸν ὁρισμὸν καὶ τὸ τί ἦν
εἶναι, ὥστε ὡδὶ μὲν οὐδενὸς ἔσται ὁρισμὸς οὐδὲ τὸ τί ἦν εἶναι
οὐδενὶ ὑπάρξει πλὴν ταῖς οὐσίαις, ὡδὶ δ' ἔσται. ὅτι μὲν οὖν
ἐστὶν ὁ ὁρισμὸς ὁ τοῦ τί ἦν εἶναι λόγος, καὶ τὸ τί ἦν εἶναι ἢ
μόνων τῶν οὐσιῶν ἐστὶν ἢ μάλιστα καὶ πρώτως καὶ ἁπλῶς,
δῆλον.

6

Πότερον δὲ ταὐτόν ἐστιν ἢ ἕτερον τὸ τί ἦν εἶναι καὶ
ἕκαστον, σκεπτέον. ἔστι γάρ τι πρὸ ἔργου πρὸς τὴν περὶ τῆς
οὐσίας σκέψιν· ἕκαστόν τε γὰρ οὐκ ἄλλο δοκεῖ εἶναι τῆς
ἑαυτοῦ οὐσίας, καὶ τὸ τί ἦν εἶναι λέγεται εἶναι ἡ ἑκάστου οὐσία.
ἐπὶ μὲν δὴ τῶν λεγομένων κατὰ συμβεβηκὸς δόξειεν ἂν
ἕτερον εἶναι, οἷον λευκὸς ἄνθρωπος ἕτερον καὶ τὸ λευκῷ ἀνθρώπῳ εἶναι (εἰ γὰρ τὸ αὐτό, καὶ τὸ ἀνθρώπῳ εἶναι καὶ τὸ
λευκῷ ἀνθρώπῳ τὸ αὐτό· τὸ αὐτὸ γὰρ ἄνθρωπος καὶ λευκὸς ἄνθρωπος, ὡς φασίν, ὥστε καὶ τὸ λευκῷ ἀνθρώπῳ καὶ
τὸ ἀνθρώπῳ· ἢ οὐκ ἀνάγκη ὅσα κατὰ συμβεβηκὸς εἶναι

por via de adjunção como, por exemplo, no caso da qualidade[8] e do ímpar: de fato, não existe o ímpar sem o número, como não existe a fêmea sem o animal[9]. E chamo definição por via de adjunção aquela pela qual se diz duas vezes a mesma coisa, como nos exemplos acima citados. Se isso é verdade, também não haverá definição das coisas que implicam uma união de dois termos, como por exemplo "número ímpar". Mas isso nos escapa, porque não formulamos nossas noções rigorosamente[10]. Se, depois, existem definições também das coisas compostas pela união de dois termos, ou elas são de outro tipo ou, como se explicou acima, deve-se dizer que essência e definição têm múltiplos significados[11]; de modo que, num sentido[12], só haverá definição e essência da substância, enquanto noutro sentido[13] haverá essência e definição também de outras coisas.

É claro, portanto, que a definição é a noção da essência e que só existe essência das substâncias, ou que das substâncias existe em sentido fundamental, primeiro e absoluto.

6. [*O problema da identidade da essência com a coisa individual da qual é essência*][1]

Também é preciso examinar se a coisa individual e sua essência coincidem ou se são duas realidades diferentes. De fato, isso importa à nossa investigação sobre a substância. Com efeito, a coisa individual não parece ser diferente da própria substância, e dizemos que a essência é, justamente, a substância da coisa individual[2].

(A) No caso das coisas que se dizem por acidente, essência e coisa individual parecem ser diferentes: por exemplo, homem branco parece ser diferente da essência de homem branco. (Se fossem a mesma coisa, então também a essência de homem e a essência de homem-branco deveriam ser a mesma coisa; de fato, como dizem alguns[3], homem e homem-branco são a mesma coisa e, por conseguinte, também a essência de homem e a essência de homem branco[4]. Mas não decorre necessariamente que as coisas ditas por acidente se identifiquem com sua essência, porque, nas premissas,

ταὐτά, οὐ γὰρ ὡσαύτως τὰ ἄκρα γίγνεται ταὐτά· ἀλλ' ἴσως γε ἐκεῖνο δόξειεν ἂν συμβαίνειν, τὰ ἄκρα γίγνεσθαι ταὐτὰ τὰ κατὰ συμβεβηκός, οἷον τὸ λευκῷ εἶναι καὶ τὸ μουσικῷ· δοκεῖ δὲ οὔ)· ἐπὶ δὲ τῶν καθ' αὑτὰ λεγομένων ἆρ' ἀνάγκη ταὐτὸ εἶναι, οἷον εἴ τινες εἰσὶν οὐσίαι ὧν ἕτεραι μὴ εἰσὶν οὐσίαι μηδὲ φύσεις ἕτεραι πρότεραι, οἵας φασὶ τὰς ἰδέας εἶναί τινες; εἰ γὰρ ἔσται ἕτερον αὐτὸ τὸ ἀγαθὸν καὶ τὸ ἀγαθῷ εἶναι, καὶ ζῷον καὶ τὸ ζῴῳ, καὶ τὸ ὄντι καὶ τὸ ὄν, ἔσονται ἄλλαι τε οὐσίαι καὶ φύσεις καὶ ἰδέαι παρὰ τὰς λεγομένας, καὶ πρότεραι οὐσίαι ἐκεῖναι, εἰ τὸ τί ἦν εἶναι οὐσία ἐστίν. καὶ εἰ μὲν ἀπολελυμέναι ἀλλήλων, τῶν μὲν οὐκ ἔσται ἐπιστήμη τὰ δ' οὐκ ἔσται ὄντα (λέγω δὲ τὸ ἀπολελύσθαι εἰ μήτε τῷ ἀγαθῷ αὐτῷ ὑπάρχει τὸ εἶναι ἀγαθῷ μήτε τούτῳ τὸ εἶναι ἀγαθόν)· ἐπιστήμη τε γὰρ ἑκάστου ἔστιν ὅταν τὸ τί ἦν ἐκείνῳ εἶναι γνῶμεν, καὶ ἐπὶ ἀγαθοῦ καὶ τῶν ἄλλων ὁμοίως ἔχει, ὥστε εἰ μηδὲ τὸ ἀγαθῷ εἶναι ἀγαθόν, οὐδὲ τὸ ὄντι ὂν οὐδὲ τὸ ἑνὶ ἕν· ὁμοίως δὲ πάντα ἔστιν ἢ οὐθὲν τὰ τί ἦν εἶναι, ὥστ' εἰ μηδὲ τὸ ὄντι ὄν, οὐδὲ τῶν ἄλλων οὐδέν. ἔτι ᾧ μὴ ὑπάρχει ἀγαθῷ εἶναι, οὐκ ἀγαθόν. ἀνάγκη ἄρα ἓν εἶναι τὸ ἀγαθὸν καὶ ἀγαθῷ εἶναι καὶ καλὸν καὶ καλῷ εἶναι, (καὶ) ὅσα μὴ κατ' ἄλλο λέγεται, ἀλλὰ καθ' αὑτὰ καὶ πρῶτα· καὶ γὰρ τοῦτο ἱκανὸν ἂν ὑπάρχῃ, κἂν μὴ ᾖ εἴδη, μᾶλλον δ' ἴσως κἂν ᾖ εἴδη (ἅμα δὲ δῆλον καὶ ὅτι εἴπερ

os predicados não se identificam com o sujeito da mesma maneira⁵. Todavia poder-se-ia pensar que pelo menos os predicados sejam idênticos entre si, quando um e outro são, nas premissas, acidentes do sujeito: por exemplo, que a essência do branco seja idêntica à essência do músico; mas é evidente que não é assim⁶).

(B) Então, será preciso dizer que nas coisas que são por si ocorre necessariamente identidade entre o que é e a sua essência?⁷

(1) Por exemplo, deveremos dizer que a identidade entre o que é e sua essência é necessária no caso de existirem certas substâncias relativamente às quais não existem outras substâncias nem outras realidades anteriores: substâncias tais como alguns filósofos⁸ dizem ser as Ideias? Com efeito, se fossem diferentes o bem e a essência do bem, o animal e a essência do animal, o ser e a essência do ser, então deveriam existir outras substâncias, outras realidades e outras Ideias além das que são admitidas; e estas, ademais, seriam substâncias mais originárias, se é verdade que a essência é substância⁹.

(2) Se, depois, as substâncias e suas essências são separadas umas das outras, (a) das primeiras não haverá mais ciência e (b) as segundas não terão mais nenhum ser (por "ser separado" entendo, por exemplo, o caso em que ao bem não pertença a essência do bem, nem à essência do bem o ser bem).
(a) De fato, temos ciência da coisa individual quando conhecemos sua essência. (b) Por outro lado, o que vale para o bem vale, analogamente, para todos os casos: assim, se a essência do bem não é bem, tampouco a essência do ser será ser, nem a essência do um será um. Ademais, ou todas as essências existem da mesma maneira, ou nenhuma existe; de modo que, se nem sequer a essência do ser existe, também não existirá nenhuma das outras essências¹⁰.

(3) Ainda mais, aquilo a que não pertence a essência do bem não é bem. Portanto, é necessário que sejam uma única coisa o bem e a essência do bem, o belo e a essência do belo, e, assim, todas as coisas que não se predicam de outro, mas subsistem por si e são realidades primeiras. E este argumento seria válido mesmo que não existissem Ideias, e, talvez, ainda mais válido se existissem Ideias. (Ao mesmo tempo, é evidente que, se existissem as Ideias, como alguns

εἰσὶν αἱ ἰδέαι οἵας τινές φασιν, οὐκ ἔσται τὸ ὑποκείμενον
οὐσία· ταύτας γὰρ οὐσίας μὲν ἀναγκαῖον εἶναι, μὴ καθ᾽
ὑποκειμένου δέ· ἔσονται γὰρ κατὰ μέθεξιν). — ἔκ τε δὴ τούτων
τῶν λόγων ἓν καὶ ταὐτὸ οὐ κατὰ συμβεβηκὸς αὐτὸ ἕκαστον
20 καὶ τὸ τί ἦν εἶναι, καὶ ὅτι γε τὸ ἐπίστασθαι ἕκαστον τοῦτό
ἐστι, τὸ τί ἦν εἶναι ἐπίστασθαι, ὥστε καὶ κατὰ τὴν ἔκθεσιν
ἀνάγκη ἕν τι εἶναι ἄμφω (τὸ δὲ κατὰ συμβεβηκὸς λεγόμενον, οἷον τὸ μουσικὸν ἢ λευκόν, διὰ τὸ διττὸν σημαίνειν
οὐκ ἀληθὲς εἰπεῖν ὡς ταὐτὸ τὸ τί ἦν εἶναι καὶ αὐτό· καὶ
25 γὰρ ᾧ συμβέβηκε λευκὸν καὶ τὸ συμβεβηκός, ὥστ᾽ ἔστι
μὲν ὡς ταὐτόν, ἔστι δὲ ὡς οὐ ταὐτὸ τὸ τί ἦν εἶναι καὶ αὐτό·
τῷ μὲν γὰρ ἀνθρώπῳ καὶ τῷ λευκῷ ἀνθρώπῳ οὐ ταὐτό, τῷ
πάθει δὲ ταὐτό). ἄτοπον δ᾽ ἂν φανείη κἂν εἴ τις ἑκάστῳ
ὄνομα θεῖτο τῶν τί ἦν εἶναι· ἔσται γὰρ καὶ παρ᾽ ἐκεῖνο
30 ἄλλο, οἷον τῷ τί ἦν εἶναι ἵππῳ τί ἦν εἶναι [ἵππῳ] ἕτερον.
καίτοι τί κωλύει καὶ νῦν εἶναι ἔνια εὐθὺς τί ἦν εἶναι, εἴπερ
οὐσία τὸ τί ἦν εἶναι; ἀλλὰ μὴν οὐ μόνον ἕν, ἀλλὰ καὶ ὁ
1032ᵃ λόγος ὁ αὐτὸς αὐτῶν, ὡς δῆλον καὶ ἐκ τῶν εἰρημένων· οὐ
γὰρ κατὰ συμβεβηκὸς ἓν τὸ ἑνὶ εἶναι καὶ ἕν. ἔτι εἰ ἄλλο
ἔσται, εἰς ἄπειρον εἶσιν· τὸ μὲν γὰρ ἔσται τί ἦν εἶναι τοῦ ἑνὸς
τὸ δὲ τὸ ἕν, ὥστε καὶ ἐπ᾽ ἐκείνων ὁ αὐτὸς ἔσται λόγος. ὅτι
5 μὲν οὖν ἐπὶ τῶν πρώτων καὶ καθ᾽ αὑτὰ λεγομένων τὸ ἑκάστῳ
εἶναι καὶ ἕκαστον τὸ αὐτὸ καὶ ἕν ἐστι, δῆλον· οἱ δὲ σοφιστι-
κοὶ ἔλεγχοι πρὸς τὴν θέσιν ταύτην φανερὸν ὅτι τῇ αὐτῇ

afirmam, o substrato não seria substância; as Ideias, de fato, são necessariamente substâncias e não se predicam de um substrato: nesse caso existiriam por participação[11].)

(4) O resultado dessas argumentações é que são uma única e mesma coisa, e não por acidente, a coisa individual e sua essência, e isso se vê também porque conhecer a coisa individual significa precisamente conhecer a essência, de modo que, mesmo partindo do ponto de vista da separação platônica entre as Ideias e os sensíveis, é necessário que a essência e a coisa individual constituam uma unidade[12]. (Ao contrário, das coisas que se dizem por acidente, como músico e branco, por causa do duplo significado de acidente, não é verdadeira a afirmação de que a essência e a coisa individual coincidem: branco, por exemplo, é aquilo a que ocorre ser branco e, também, o próprio acidente[13]; de modo que, nesses casos, num sentido existe identidade entre essência e coisa, enquanto noutro sentido não existe: a essência do branco não é idêntica ao homem ou ao homem branco, mas é idêntica à propriedade do branco[14].)

(5) A separação entre a essência e a coisa individual também seria absurda se déssemos um nome a cada essência. De fato, viria a existir outra essência além daquela; por exemplo, para a essência de cavalo haveria uma essência ulterior. Mas, então, o que impede que algumas coisas coincidam imediatamente com sua essência, desde que se admita que a essência é substância? Antes, não só a essência e a coisa coincidem, mas também suas noções coincidem, como fica evidente a partir do que dissemos: não é por acidente que a essência do um e o um coincidem[15].

(6) Ademais, se a essência fosse diferente da coisa, ir-se-ia ao infinito: de um lado, haveria a essência do um, de outro, haveria o um, de modo que, ulteriormente, dever-se-ia repetir o mesmo raciocínio para a essência do um, e assim por diante[16].

É claro, portanto, que tratando-se de realidades primeiras e que se dizem por si, a essência da coisa individual e a coisa individual são uma única e mesma realidade.

λύονται λύσει καὶ εἰ ταὐτὸ Σωκράτης καὶ Σωκράτει εἶναι·
οὐδὲν γὰρ διαφέρει οὔτε ἐξ ὧν ἐρωτήσειεν ἄν τις οὔτε ἐξ ὧν
λύων ἐπιτύχοι. πῶς μὲν οὖν τὸ τί ἦν εἶναι ταὐτὸν καὶ πῶς
οὐ ταὐτὸν ἑκάστῳ, εἴρηται.

7

Τῶν δὲ γιγνομένων τὰ μὲν φύσει γίγνεται τὰ δὲ
τέχνῃ τὰ δὲ ἀπὸ ταὐτομάτου, πάντα δὲ τὰ γιγνόμενα ὑπό
τέ τινος γίγνεται καὶ ἔκ τινος καὶ τί· τὸ δὲ τὶ λέγω καθ'
ἑκάστην κατηγορίαν· ἢ γὰρ τόδε ἢ ποσὸν ἢ ποιὸν ἢ πού. αἱ
δὲ γενέσεις αἱ μὲν φυσικαὶ αὗταί εἰσιν ὧν ἡ γένεσις ἐκ
φύσεώς ἐστιν, τὸ δ' ἐξ οὗ γίγνεται, ἣν λέγομεν ὕλην, τὸ δὲ
ὑφ' οὗ τῶν φύσει τι ὄντων, τὸ δὲ τὶ ἄνθρωπος ἢ φυτὸν
ἢ ἄλλο τι τῶν τοιούτων, ἃ δὴ μάλιστα λέγομεν οὐσίας εἶναι
—ἅπαντα δὲ τὰ γιγνόμενα ἢ φύσει ἢ τέχνῃ ἔχει ὕλην· δυνατὸν γὰρ καὶ εἶναι καὶ μὴ εἶναι ἕκαστον αὐτῶν, τοῦτο δ'
ἐστὶν ἡ ἐν ἑκάστῳ ὕλη—καθόλου δὲ καὶ ἐξ οὗ φύσις καὶ καθ'
ὃ φύσις (τὸ γὰρ γιγνόμενον ἔχει φύσιν, οἷον φυτὸν ἢ ζῷον)
καὶ ὑφ' οὗ ἡ κατὰ τὸ εἶδος λεγομένη φύσις ἡ ὁμοειδής
(αὕτη δὲ ἐν ἄλλῳ)· ἄνθρωπος γὰρ ἄνθρωπον γεννᾷ· —οὕτω μὲν
οὖν γίγνεται τὰ γιγνόμενα διὰ τὴν φύσιν, αἱ δ' ἄλλαι γενέσεις λέγονται ποιήσεις. πᾶσαι δὲ εἰσὶν αἱ ποιήσεις ἢ ἀπὸ
τέχνης ἢ ἀπὸ δυνάμεως ἢ ἀπὸ διανοίας. τούτων δέ τινες
γίγνονται καὶ ἀπὸ ταὐτομάτου καὶ ἀπὸ τύχης παραπλησίως ὥσπερ ἐν τοῖς ἀπὸ φύσεως γιγνομένοις· ἔνια γὰρ

As objeções sofísticas contra esta tese se resolvem com a mesma solução e assim também o problema de se Sócrates e a essência de Sócrates são a mesma coisa[17]. De fato, não fazem diferença nem os exemplos a partir dos quais pode-se levantar os problemas, nem aqueles a partir dos quais se pode resolvê-los[18].

Fica, portanto, claro de que modo a essência e a coisa individual coincidem e de que modo não coincidem.

7. [Análise do devir e de seus modos][1]

Tudo o que se gera[2] gera-se ou (1) por natureza ou (2) por arte ou (3) por acaso. E tudo o que é gerado por algo[3] deriva de algo[4] e torna-se algo[5]: e entendo algo segundo cada uma das categorias[6]: substância, ou quantidade, ou qualidade, ou lugar.

(1) As gerações naturais são as das coisas cuja geração provém da natureza. Aquilo de que tudo se gera é o que chamamos matéria; aquilo por obra de que se gera é algum dos seres naturais; o que é gerado, enfim, é um homem ou uma planta ou alguma outra coisa como estas[7], que dizemos ser substâncias. Todas as coisas geradas, seja por obra da natureza, seja por obra da arte, têm matéria[8]: cada uma delas, de fato, tem potencialidade de ser e de não ser e essa potencialidade, em cada uma delas é a matéria. Em geral, aquilo de que tudo se gera é natureza[9], e também aquilo segundo o que[10] tudo se gera é natureza (de fato, o que se gera tem uma natureza: por exemplo, a natureza de planta ou de animal); e, ainda, aquilo por obra do que tudo se gera é natureza: natureza entendida no sentido de forma, da mesma espécie do gerado (embora presente num indivíduo diferente): de fato, é sempre um homem que gera outro homem[11].

(2) Desse modo, portanto, ocorre o processo de geração das coisas geradas segundo a natureza; os outros processos de geração, ao contrário, chamam-se produções[12]. E todas as produções ocorrem ou por obra de uma arte ou por obra de uma faculdade ou por obra do pensamento[13]. (Algumas destas, porém, se produzem também espontaneamente e por obra do acaso[14], como também ocorre às vezes nas gerações naturais. De fato, também na natureza certos seres

κἀκεῖ ταῦτα καὶ ἐκ σπέρματος γίγνεται καὶ ἄνευ σπέρματος. περὶ μὲν οὖν τούτων ὕστερον ἐπισκεπτέον, ἀπὸ τέχνης
1032ᵇ δὲ γίγνεται ὅσων τὸ εἶδος ἐν τῇ ψυχῇ (εἶδος δὲ λέγω τὸ
τί ἦν εἶναι ἑκάστου καὶ τὴν πρώτην οὐσίαν)· καὶ γὰρ τῶν ἐναντίων τρόπον τινὰ τὸ αὐτὸ εἶδος· τῆς γὰρ στερήσεως οὐσία ἡ
οὐσία ἡ ἀντικειμένη, οἷον ὑγίεια νόσου, ἐκείνης γὰρ ἀπουσία
5 ἡ νόσος, ἡ δὲ ὑγίεια ὁ ἐν τῇ ψυχῇ λόγος καὶ ἡ ἐπιστήμη. γίγνεται δὲ τὸ ὑγιὲς νοήσαντος οὕτως· ἐπειδὴ τοδὶ
ὑγίεια, ἀνάγκη εἰ ὑγιὲς ἔσται τοδὶ ὑπάρξαι, οἷον ὁμαλότητα, εἰ δὲ τοῦτο, θερμότητα· καὶ οὕτως ἀεὶ νοεῖ, ἕως ἂν
ἀγάγῃ εἰς τοῦτο ὃ αὐτὸς δύναται ἔσχατον ποιεῖν. εἶτα ἤδη
10 ἡ ἀπὸ τούτου κίνησις ποίησις καλεῖται, ἡ ἐπὶ τὸ ὑγιαίνειν.
ὥστε συμβαίνει τρόπον τινὰ τὴν ὑγίειαν ἐξ ὑγιείας γίγνεσθαι
καὶ τὴν οἰκίαν ἐξ οἰκίας, τῆς ἄνευ ὕλης τὴν ἔχουσαν ὕλην·
ἡ γὰρ ἰατρική ἐστι καὶ ἡ οἰκοδομικὴ τὸ εἶδος τῆς ὑγιείας
καὶ τῆς οἰκίας, λέγω δὲ οὐσίαν ἄνευ ὕλης τὸ τί ἦν εἶναι.

Τῶν δὴ γενέσεων καὶ κινήσεων ἡ μὲν νόησις καλεῖται ἡ δὲ
15 ποίησις, ἡ μὲν ἀπὸ τῆς ἀρχῆς καὶ τοῦ εἴδους νόησις ἡ δ᾽
ἀπὸ τοῦ τελευταίου τῆς νοήσεως ποίησις. ὁμοίως δὲ καὶ τῶν
ἄλλων τῶν μεταξὺ ἕκαστον γίγνεται. λέγω δ᾽ οἷον εἰ ὑγιανεῖ, δέοι ἂν ὁμαλυνθῆναι. τί οὖν ἐστὶ τὸ ὁμαλυνθῆναι; τοδί,
20 τοῦτο δ᾽ ἔσται εἰ θερμανθήσεται. τοῦτο δὲ τί ἐστι; τοδί. ὑπάρχει δὲ τοδὶ δυνάμει· τοῦτο δὲ ἤδη ἐπ᾽ αὐτῷ. τὸ δὴ ποιοῦν

são gerados tanto pelo sêmen como sem ele[15]; mas desses casos trataremos em seguida[16]). Por obra da arte são produzidas todas as coisas cuja forma está presente no pensamento do artífice[17]. Por forma entendo a essência de cada coisa e sua substância primeira[18]. E, de certo modo, até dos contrários a forma é a mesma: de fato, a substância da privação é a substância oposta[19]. A substância da enfermidade, por exemplo, é a saúde, porque a enfermidade se deve à ausência de saúde; ao contrário, a saúde é a forma presente na alma <do médico> e <portanto é> a ciência[20]. Ora, o sadio se produz de acordo com o seguinte raciocínio: posto que a saúde consiste em algo determinado, para se obter a cura é necessário que se realize algo determinado, por exemplo, certo equilíbrio <das funções do corpo> e, ulteriormente, para realizar esse equilíbrio é preciso certo calor; e o médico continua a raciocinar desse modo até chegar, finalmente, ao que está em seu poder produzir. O movimento realizado pelo médico, isto é, o movimento que tende a curar chama-se produção. Segue-se daí que, em certo sentido, a saúde gera-se da saúde e a casa gera-se da casa; entenda-se: a material da imaterial. De fato, a arte médica e a arte de construir são, respectivamente, a forma da saúde e da casa. E por substância imaterial entendo a essência[21].

Nas gerações e nos movimentos existem dois momentos: o primeiro é dado pelo pensamento, o segundo pela produção; o pensamento parte do princípio da forma, enquanto a produção parte do último termo ao qual chega o pensamento[22]. E o mesmo é o processo de geração de cada um dos termos intermédios. Vejamos um exemplo. Para curar-se alguém deve readquirir o equilíbrio das funções do corpo. Que é, então, esse equilíbrio? É algo determinado. E esse algo determinado realizar-se-á se for produzido calor. E que quer dizer produzir calor? Alguma outra coisa determinada. Mas essa última coisa está potencialmente presente e, como tal, depende imediatamente do médico.

(3) Portanto, quando a cura ocorre por obra da arte, a causa eficiente e o princípio do qual parte o processo é a forma

καὶ ὅθεν ἄρχεται ἡ κίνησις τοῦ ὑγιαίνειν, ἂν μὲν ἀπὸ τέχνης, τὸ εἶδός ἐστι τὸ ἐν τῇ ψυχῇ, ἐὰν δ' ἀπὸ ταὐτομάτου, ἀπὸ τούτου ὅ ποτε τοῦ ποιεῖν ἄρχει τῷ ποιοῦντι ἀπὸ
25 τέχνης, ὥσπερ καὶ ἐν τῷ ἰατρεύειν ἴσως ἀπὸ τοῦ θερμαίνειν ἡ ἀρχή (τοῦτο δὲ ποιεῖ τῇ τρίψει)· ἡ θερμότης τοίνυν ἡ ἐν τῷ σώματι ἢ μέρος τῆς ὑγιείας ἢ ἕπεταί τι αὐτῇ τοιοῦτον ὅ ἐστι μέρος τῆς ὑγιείας, ἢ διὰ πλειόνων· τοῦτο δ' ἔσχατόν ἐστι, τὸ ποιοῦν τὸ μέρος τῆς ὑγιείας, —καὶ τῆς οἰκίας
30 (οἷον οἱ λίθοι) καὶ τῶν ἄλλων· ὥστε, καθάπερ λέγεται, ἀδύνατον γενέσθαι εἰ μηδὲν προϋπάρχοι. ὅτι μὲν οὖν τι μέρος ἐξ ἀνάγκης ὑπάρξει φανερόν· ἡ γὰρ ὕλη μέρος (ἐνυπάρ-
1033ᵃ χει γὰρ καὶ γίγνεται αὕτη). ἀλλ' ἆρα καὶ τῶν ἐν τῷ λόγῳ; ἀμφοτέρως δὴ λέγομεν τοὺς χαλκοῦς κύκλους τί εἰσι, καὶ τὴν ὕλην λέγοντες ὅτι χαλκός, καὶ τὸ εἶδος ὅτι σχῆμα τοιόνδε, καὶ τοῦτό ἐστι τὸ γένος εἰς ὃ πρῶτον τίθεται. ὁ δὴ
5 χαλκοῦς κύκλος ἔχει ἐν τῷ λόγῳ τὴν ὕλην. —ἐξ οὗ δὲ ὡς ὕλης γίγνεται ἔνια λέγεται, ὅταν γένηται, οὐκ ἐκεῖνο ἀλλ' ἐκείνινον, οἷον ὁ ἀνδριὰς οὐ λίθος ἀλλὰ λίθινος, ὁ δὲ ἄνθρωπος ὁ ὑγιαίνων οὐ λέγεται ἐκεῖνο ἐξ οὗ· αἴτιον δὲ ὅτι γίγνεται ἐκ τῆς στερήσεως καὶ τοῦ ὑποκειμένου, ὃ λέγομεν τὴν
10 ὕλην (οἷον καὶ ὁ ἄνθρωπος καὶ ὁ κάμνων γίγνεται ὑγιής), μᾶλλον μέντοι λέγεται γίγνεσθαι ἐκ τῆς στερήσεως, οἷον ἐκ κάμνοντος ὑγιὴς ἢ ἐξ ἀνθρώπου, διὸ κάμνων μὲν ὁ ὑγιὴς οὐ

que está presente na alma <do médico>; quando, ao
contrário, a cura ocorre espontaneamente, o princípio
do qual começa o processo é o mesmo a partir do qual
começa a agir quem age pela arte[23]. No caso da cura 25
o princípio consiste na produção de calor; e o médico
o produz com uma fricção. Portanto, o calor que está
no corpo ou é parte constitutiva da saúde ou a ele se
segue — imediatamente ou por meio de outros termos
— algo da mesma natureza como parte constitutiva da
saúde. E esse termo último é o que produz uma parte
da saúde e, nesse sentido, ele é parte da saúde, como
por exemplo as pedras são parte da casa, e o mesmo se
diga para as outras coisas[24]. Assim, como dissemos, seria 30
impossível que algo se gerasse se nada preexistisse[25].

É evidente, portanto, que uma parte do que é produzido
deve necessariamente preexistir; de fato, a matéria é uma parte,
porque ínsita na própria coisa que devém e também ela devém. 1033ª
Mas, então, a matéria também será uma das partes da noção? Na
verdade, dizemos o que são os círculos de bronze de dois modos:
(a) dizendo sua matéria, isto é, o bronze, (b) dizendo a sua forma,
isto é, que é uma figura de determinada natureza (e a figura é o
gênero próximo no qual entra o círculo). Portanto, o círculo de 5
bronze contém na sua noção a matéria[26].

Algumas coisas, depois de serem geradas, são denominadas
por aquilo de que se geram, isto é, por sua matéria, não com o
mesmo nome da matéria, mas com o adjetivo extraído dele[27]: a
estátua, por exemplo, não é dita mármore, mas marmórea; e[28]
o homem que readquire a saúde não é designado pelo nome da
enfermidade da qual se curou. Isso ocorre porque algo provém
seja da privação seja do substrato que chamamos matéria (assim,
por exemplo, torna-se sadio o homem e torna-se sadio também
o enfermo); todavia, na maioria dos casos diz-se que o processo 10
de geração parte da privação (por exemplo, diz-se que alguém
passa de enfermo a sadio e não, ao contrário, que de homem passa
a sadio). Por isso, de quem é curado não se diz que é enfermo,
mas que é homem e homem sadio. E quando a privação não é
evidente e não tem um nome — por exemplo, a privação de algu-

λέγεται, ἄνθρωπος δέ, καὶ ὁ ἄνθρωπος ὑγιής· ὧν δ' ἡ στέρησις
ἄδηλος καὶ ἀνώνυμος, οἷον ἐν χαλκῷ σχήματος ὁποιουοῦν ἢ
15 ἐν πλίνθοις καὶ ξύλοις οἰκίας, ἐκ τούτων δοκεῖ γίγνεσθαι ὡς
ἐκεῖ ἐκ κάμνοντος· διὸ ὥσπερ οὐδ' ἐκεῖ ἐξ οὗ τοῦτο, ἐκεῖνο οὐ
λέγεται, οὐδ' ἐνταῦθα ὁ ἀνδριὰς ξύλον, ἀλλὰ παράγεται
ξύλινος, [οὐ ξύλον,] καὶ χαλκοῦς ἀλλ' οὐ χαλκός, καὶ λίθινος
ἀλλ' οὐ λίθος, καὶ ἡ οἰκία πλινθίνη ἀλλ' οὐ πλίνθοι, ἐπεὶ οὐδὲ
20 ὡς ἐκ ξύλου γίγνεται ἀνδριὰς ἢ ἐκ πλίνθων οἰκία, ἐάν τις
ἐπιβλέπῃ σφόδρα, οὐκ ἂν ἁπλῶς εἴπειεν, διὰ τὸ δεῖν μεταβάλλοντος γίγνεσθαι ἐξ οὗ, ἀλλ' οὐχ ὑπομένοντος. διὰ μὲν
οὖν τοῦτο οὕτως λέγεται.

8

Ἐπεὶ δὲ ὑπό τινός τε γίγνεται τὸ γιγνόμενον (τοῦτο δὲ
25 λέγω ὅθεν ἡ ἀρχὴ τῆς γενέσεώς ἐστι) καὶ ἔκ τινος (ἔστω δὲ
μὴ ἡ στέρησις τοῦτο ἀλλ' ἡ ὕλη· ἤδη γὰρ διώρισται ὃν τρόπον τοῦτο λέγομεν) καὶ τὶ γίγνεται (τοῦτο δ' ἐστὶν ἢ σφαῖρα
ἢ κύκλος ἢ ὅ τι ἔτυχε τῶν ἄλλων), ὥσπερ οὐδὲ τὸ ὑποκείμενον ποιεῖ, τὸν χαλκόν, οὕτως οὐδὲ τὴν σφαῖραν, εἰ μὴ
30 κατὰ συμβεβηκὸς ὅτι ἡ χαλκῆ σφαῖρα σφαῖρά ἐστιν
ἐκείνην δὲ ποιεῖ. τὸ γὰρ τόδε τι ποιεῖν ἐκ τοῦ ὅλως ὑποκειμένου τόδε τι ποιεῖν ἐστίν (λέγω δ' ὅτι τὸν χαλκὸν στρογγύλον ποιεῖν ἐστὶν οὐ τὸ στρογγύλον ἢ τὴν σφαῖραν ποιεῖν ἀλλ'
ἕτερόν τι, οἷον τὸ εἶδος τοῦτο ἐν ἄλλῳ· εἰ γὰρ ποιεῖ, ἔκ
τινος ἂν ποιοίη ἄλλου, τοῦτο γὰρ ὑπέκειτο· οἷον ποιεῖ χαλκῆν σφαῖραν, τοῦτο δὲ οὕτως ὅτι ἐκ τουδί, ὅ ἐστι χαλκός,

ma figura no bronze ou a privação da forma de casa no mármore e na madeira —, parece que o processo de geração parte dessas matérias, assim como, no exemplo dado acima, o sadio gera-se do enfermo. Por isso, como naquele caso o objeto não é denominado por aquilo de que provém, também nesse caso a estátua não é chamada madeira, mas designada com o adjetivo derivado: isto é, lenhosa e não lenho ou, ainda, brônzea e não bronze, marmórea e não mármore, e a casa será dita marmórea, não mármore. De fato, considerando tudo isso mais profundamente, não se pode dizer em sentido absoluto nem que a estátua derive da madeira, nem que a casa derive do mármore, porque a matéria da qual algo deriva deve transformar-se e não permanecer como era. Por isso nos exprimimos desse modo[29].

8. *[Caráter ingênito da matéria e da forma como condições estruturais do devir]*[1]

O que se gera gera-se por obra de algo (e com isso entendo o princípio agente da geração), e provém de algo (que não é a privação, mas a matéria; de fato, já explicamos acima de que modo deve-se entender isso)[2] e torna-se algo (ou uma esfera, ou um círculo ou qualquer outra coisa). Ora, como não se produz o substrato, por exemplo, o bronze, também não se produz a esfera[3], a não ser acidentalmente: porquanto se produz a esfera de bronze e a esfera de bronze é uma esfera. Produzir algo determinado significa extrair algo determinado do que é substrato no sentido exato do termo[4]. Por exemplo, tornar o bronze redondo não significa produzir o redondo nem a esfera, mas significa algo diverso: ou seja, realizar esta forma em outro[5]; de fato, se também a forma se produzisse, produzir-se-ia a partir de alguma outra coisa (como, efetivamente, estabelecemos acima)[6]. Vejamos, por exemplo, o caso da produção de uma esfera de bronze; pois bem, isso ocorre do seguinte modo: de algo que é bronze produz-se outra coisa que é uma esfera. E se também se produzisse a própria

τοδὶ ποιεῖ, ὅ ἐστι σφαῖρα)· εἰ οὖν καὶ τοῦτο ποιεῖ αὐτό, δῆλον ὅτι ὡσαύτως ποιήσει, καὶ βαδιοῦνται αἱ γενέσεις εἰς ἄπει-
5 ρον. φανερὸν ἄρα ὅτι [οὐδὲ] τὸ εἶδος, ἢ ὁτιδήποτε χρὴ καλεῖν τὴν ἐν τῷ αἰσθητῷ μορφήν, οὐ γίγνεται, οὐδ' ἔστιν αὐτοῦ γένεσις, οὐδὲ τὸ τί ἦν εἶναι (τοῦτο γάρ ἐστιν ὃ ἐν ἄλλῳ γίγνεται ἢ ὑπὸ τέχνης ἢ ὑπὸ φύσεως ἢ δυνάμεως). τὸ δὲ χαλκῆν σφαῖραν εἶναι ποιεῖ· ποιεῖ γὰρ ἐκ χαλκοῦ καὶ σφαίρας·
10 εἰς τοδὶ γὰρ τὸ εἶδος ποιεῖ, καὶ ἔστι τοῦτο σφαῖρα χαλκῆ. τοῦ δὲ σφαίρᾳ εἶναι ὅλως εἰ ἔσται γένεσις, ἔκ τινος τὶ ἔσται. δεήσει γὰρ διαιρετὸν εἶναι ἀεὶ τὸ γιγνόμενον, καὶ εἶναι τὸ μὲν τόδε τὸ δὲ τόδε, λέγω δ' ὅτι τὸ μὲν ὕλην τὸ δὲ εἶδος. εἰ δή ἐστι σφαῖρα τὸ ἐκ τοῦ μέσου σχῆμα ἴσον, τούτου τὸ μὲν
15 ἐν ᾧ ἔσται ὃ ποιεῖ, τὸ δ' ἐν ἐκείνῳ, τὸ δὲ ἅπαν τὸ γεγονός, οἷον ἡ χαλκῆ σφαῖρα. φανερὸν δὴ ἐκ τῶν εἰρημένων ὅτι τὸ μὲν ὡς εἶδος ἢ οὐσία λεγόμενον οὐ γίγνεται, ἡ δὲ σύνολος ἡ κατὰ ταύτην λεγομένη γίγνεται, καὶ ὅτι ἐν παντὶ τῷ γεννωμένῳ ὕλη ἔνεστι, καὶ ἔστι τὸ μὲν τόδε τὸ δὲ τόδε. —πότε-
20 ρον οὖν ἔστι τις σφαῖρα παρὰ τάσδε ἢ οἰκία παρὰ τὰς πλίνθους; ἢ οὐδ' ἄν ποτε ἐγίγνετο, εἰ οὕτως ἦν, τόδε τι, ἀλλὰ τὸ τοιόνδε σημαίνει, τόδε δὲ καὶ ὡρισμένον οὐκ ἔστιν, ἀλλὰ ποιεῖ καὶ γεννᾷ ἐκ τοῦδε τοιόνδε, καὶ ὅταν γεννηθῇ, ἔστι τόδε τοιόνδε; τὸ δὲ ἅπαν τόδε, Καλλίας ἢ Σωκράτης, ἐστὶν ὥσπερ
25 ἡ σφαῖρα ἡ χαλκῆ ἡδί, ὁ δ' ἄνθρωπος καὶ τὸ ζῷον ὥσπερ σφαῖρα χαλκῆ ὅλως. φανερὸν ἄρα ὅτι ἡ τῶν εἰδῶν αἰτία,

forma⁷, é evidente que se deveria produzir da mesma maneira⁸, e
os processos de geração iriam ao infinito. Portanto, é claro que a
forma — ou qualquer que seja a denominação dada à forma imanente ao sensível — não advém, e que dela não existe geração, e
o mesmo se diga da essência⁹; de fato, esta é o que se realiza em
outro ou por obra da arte ou por obra da natureza ou por obra de
alguma faculdade. O que se pode produzir é a esfera de bronze:
e ela é produzida a partir do bronze e da forma de esfera; mais
precisamente: a forma realiza-se nesse bronze e o que daí resulta
é a esfera de bronze. Se, ao contrário, houvesse geração também
da essência da esfera em geral, ela deveria derivar de alguma
outra coisa; de fato, o que se gera deve sempre ser divisível: deve
ser em parte isso e em parte aquilo, ou seja: em parte matéria e
em parte forma. E se a esfera é a figura que tem todos os pontos
equidistantes do centro, então é preciso distinguir nela, por um
lado, aquilo em que se encontra o que se produz, por outro lado,
aquilo que nele se produz, e o todo será aquilo que se produziu,
como no caso da esfera de bronze¹⁰. Portanto o que se chama forma
ou substância não se gera¹¹; o que se gera é o sínolo, denominado a
partir da forma; e também fica claro que em tudo o que é gerado
está presente a matéria, sendo que, por um aspecto, o que é gerado
é matéria, por outro, é forma.

Mas, então, deve-se talvez admitir que existe uma Esfera
além das sensíveis, ou uma Casa além das de tijolos?¹² Não, (a)
porque, se fosse assim, essas Formas nunca se teriam tornado
algo determinado¹³. (b) Elas indicam, sobretudo, a espécie de
algo e não são algo particular e determinado¹⁴; mas quem produz
extrai de algo particular uma outra coisa de determinada espécie,
e, uma vez produzida, é algo particular de determinada espécie, de modo que todo ser particular, por exemplo Cálias ou
Sócrates, é como esta esfera de bronze particular (na medida
em que "homem" ou "animal" é como "esfera de bronze" tomado universalmente). Então é evidente que a causalidade
que alguns filósofos costumam atribuir a essas Formas, se tais
realidades subsistem fora dos indivíduos, não terá nenhuma
utilidade para explicar os processos de geração e para explicar
as substâncias; e também é evidente que, por essas razões, elas

ὡς εἰώθασί τινες λέγειν τὰ εἴδη, εἰ ἔστιν ἄττα παρὰ τὰ καθ'
ἕκαστα, πρός γε τὰς γενέσεις καὶ τὰς οὐσίας οὐθὲν χρησίμη·
οὐδ' ἂν εἶεν διά γε ταῦτα οὐσίαι καθ' αὑτάς. ἐπὶ μὲν δὴ
30 τινῶν καὶ φανερὸν ὅτι τὸ γεννῶν τοιοῦτον μὲν οἷον τὸ γεννώ-
μενον, οὐ μέντοι τὸ αὐτό γε, οὐδὲ ἓν τῷ ἀριθμῷ ἀλλὰ τῷ
εἴδει, οἷον ἐν τοῖς φυσικοῖς — ἄνθρωπος γὰρ ἄνθρωπον γεννᾷ —
ἂν μή τι παρὰ φύσιν γένηται, οἷον ἵππος ἡμίονον (καὶ
ταῦτα δὲ ὁμοίως· ὃ γὰρ ἂν κοινὸν εἴη ἐφ' ἵππου καὶ ὄνου
1034ᵃ οὐκ ὠνόμασται, τὸ ἐγγύτατα γένος, εἴη δ' ἂν ἄμφω ἴσως,
οἷον ἡμίονος)· ὥστε φανερὸν ὅτι οὐθὲν δεῖ ὡς παράδειγμα εἶδος
κατασκευάζειν (μάλιστα γὰρ ἂν ἐν τούτοις ἐπεζητοῦντο·
οὐσίαι γὰρ αἱ μάλιστα αὗται) ἀλλὰ ἱκανὸν τὸ γεννῶν ποιῆ-
5 σαι καὶ τοῦ εἴδους αἴτιον εἶναι ἐν τῇ ὕλῃ. τὸ δ' ἅπαν ἤδη,
τὸ τοιόνδε εἶδος ἐν ταῖσδε ταῖς σαρξὶ καὶ ὀστοῖς, Καλλίας
καὶ Σωκράτης· καὶ ἕτερον μὲν διὰ τὴν ὕλην (ἑτέρα γάρ),
ταὐτὸ δὲ τῷ εἴδει (ἄτομον γὰρ τὸ εἶδος).

9

Ἀπορήσειε δ' ἄν τις διὰ τί τὰ μὲν γίγνεται καὶ τέχνῃ
10 καὶ ἀπὸ ταὐτομάτου, οἷον ὑγίεια, τὰ δ' οὔ, οἷον οἰκία. αἴτιον
δὲ ὅτι τῶν μὲν ἡ ὕλη ἡ ἄρχουσα τῆς γενέσεως ἐν τῷ ποιεῖν
καὶ γίγνεσθαί τι τῶν ἀπὸ τέχνης, ἐν ᾗ ὑπάρχει τι μέρος
τοῦ πράγματος, — ἡ μὲν τοιαύτη ἐστὶν οἵα κινεῖσθαι ὑφ' αὑτῆς

também não poderão ser substâncias por si subsistentes[15]. (c) Ademais, em alguns casos também é evidente que o gerador tem a mesma forma do gerado, porém nem é idêntico e nem o mesmo numericamente, mas só especificamente; assim ocorre, por exemplo, nas realidades naturais: é sempre um homem que gera um homem. (Constitui uma exceção a geração contra a natureza: por exemplo, o caso do cavalo que gera o mulo. Mas também aqui o processo é semelhante: a geração poderia ocorrer por obra de algo comum entre o cavalo e o asno, ou seja, um gênero próximo a ambos, que não tem nome, intermediário entre os dois e, talvez, semelhante ao mulo.) Por consequência, é evidente que não se deve pôr as formas como paradigma (de fato, sobretudo nos seres naturais seriam exigidas, porque os seres naturais são substância por excelência), mas é suficiente que o ser gerador aja e que seja causa da realização da forma na matéria[16]. O que resulta, enfim, é uma forma de determinada espécie realizada nessas carnes e ossos: por exemplo Cálias e Sócrates; e eles são diferentes pela matéria (ela é diversa nos diversos indivíduos)[17], mas são idênticos pela forma (a forma, de fato, é indivisível)[18].

9. *[Conclusão da análise do devir e das relações entre a essência e o devir]*[1]

Poder-se-ia perguntar por que algumas coisas se geram seja por arte seja espontaneamente, como por exemplo a saúde, enquanto outras só pela arte, como a casa. Isso ocorre porque, no primeiro caso, a matéria que está na base para a geração e para a produção do que se gera pela arte e que já constitui uma parte da coisa produzida, pode mover-se por si mesma[2], enquanto no segundo caso não. E ainda, no primeiro caso, existe matéria que pode mover-se a si mesma de determinado modo, e existe outra incapaz disso: muitas coisas são capazes de mover-se por si, mas não de determinado modo: por exemplo, não são capazes de

ἡ δ' οὔ, καὶ ταύτης ἡ μὲν ὡδὶ οἷά τε ἡ δὲ ἀδύνατος· πολλὰ
15 γὰρ δυνατὰ μὲν ὑφ' αὑτῶν κινεῖσθαι ἀλλ' οὐχ ὡδί, οἷον
ὀρχήσασθαι. ὅσων οὖν τοιαύτη ἡ ὕλη, οἷον οἱ λίθοι, ἀδύνατον ὡδὶ κινηθῆναι εἰ μὴ ὑπ' ἄλλου, ὡδὶ μέντοι ναί—καὶ τὸ
πῦρ. διὰ τοῦτο τὰ μὲν οὐκ ἔσται ἄνευ τοῦ ἔχοντος τὴν τέχνην
τὰ δὲ ἔσται· ὑπὸ γὰρ τούτων κινηθήσεται τῶν οὐκ ἐχόντων
20 τὴν τέχνην, κινεῖσθαι δὲ δυναμένων αὐτῶν ὑπ' ἄλλων
οὐκ ἐχόντων τὴν τέχνην ἢ ἐκ μέρους. δῆλον δ' ἐκ τῶν
εἰρημένων καὶ ὅτι τρόπον τινὰ πάντα γίγνεται ἐξ ὁμωνύμου,
ὥσπερ τὰ φύσει, ἢ ἐκ μέρους ὁμωνύμου (οἷον ἡ οἰκία ἐξ
οἰκίας, ᾗ ὑπὸ νοῦ· ἡ γὰρ τέχνη τὸ εἶδος) [ἢ ἐκ μέρους] ἢ
25 ἔχοντός τι μέρος, —ἐὰν μὴ κατὰ συμβεβηκὸς γίγνηται· τὸ
γὰρ αἴτιον τοῦ ποιεῖν πρῶτον καθ' αὑτὸ μέρος. θερμότης γὰρ
ἡ ἐν τῇ κινήσει θερμότητα ἐν τῷ σώματι ἐποίησεν· αὕτη
δὲ ἐστιν ἢ ὑγίεια ἢ μέρος, ἢ ἀκολουθεῖ αὐτῇ μέρος τι τῆς
ὑγιείας ἢ αὐτὴ ἡ ὑγίεια· διὸ καὶ λέγεται ποιεῖν, ὅτι ἐκεῖνο
30 ποιεῖ [τὴν ὑγίειαν] ᾧ ἀκολουθεῖ καὶ συμβέβηκε [θερμότης]. ὥστε,
ὥσπερ ἐν τοῖς συλλογισμοῖς, πάντων ἀρχὴ ἡ οὐσία· ἐκ γὰρ
τοῦ τί ἐστιν οἱ συλλογισμοί εἰσιν, ἐνταῦθα δὲ αἱ γενέσεις.
ὁμοίως δὲ καὶ τὰ φύσει συνιστάμενα τούτοις ἔχει. τὸ μὲν
γὰρ σπέρμα ποιεῖ ὥσπερ τὰ ἀπὸ τέχνης (ἔχει γὰρ δυνά-
1034ᵇ μει τὸ εἶδος, καὶ ἀφ' οὗ τὸ σπέρμα, ἐστί πως ὁμώνυμον—οὐ
γὰρ πάντα οὕτω δεῖ ζητεῖν ὡς ἐξ ἀνθρώπου ἄνθρωπος· καὶ

dançar. Portanto, todas as coisas que têm uma matéria desse tipo, como as pedras, não podem mover-se de determinado modo; e assim também o fogo[3]. Por essa razão, algumas coisas não poderão existir sem a intervenção do artista[4], enquanto outras poderão existir inclusive sem essa intervenção[5]. Estas últimas poderão ser movidas por agentes que não possuem arte, mas podem eles mesmos ser movidos por outros agentes que não possuem a arte, ou por um movimento causado por uma parte já existente na coisa produzida[6].

A partir do que dissemos fica claro que, em certo sentido, tudo o que é produzido pela arte é produzido por outra coisa que tem o mesmo nome, assim como são produzidas as coisas que se geram por natureza: ou por uma parte dessa coisa que tem o mesmo nome (por exemplo, a casa provém da casa que está na mente do artífice: de fato, a arte de construir é a forma), ou de alguma coisa que contém uma parte dela[7] (a não ser que se trate de geração por acidente)[8]. De fato, a causa da produção é parte primeira e essencial[9]. Com efeito, o calor existente no movimento produz calor no corpo; e o calor existente no corpo ou é saúde ou parte dela, ou do calor decorre imediatamente uma parte da saúde ou a própria saúde. Também por isso diz-se que o calor produz a saúde, enquanto o que produz a saúde traz consigo ou se segue ao calor. Assim como nos silogismos, o princípio de todos os processos de geração é a substância[10]; de fato, os silogismos derivam da essência e dessa derivam também as gerações[11].

E as coisas constituídas pela natureza comportam-se de modo semelhante às produzidas pela arte. A semente opera de modo semelhante ao artífice: de fato, ele possui a forma em potência, e aquilo de que provém a semente possui, de algum modo, o mesmo nome do gerado; com efeito, não é preciso para todas as coisas buscar uma perfeita identidade de nome, como no caso do homem que se gera de outro homem; pois do homem deriva também a mulher. Constitui uma exceção o caso em que o gerado seja um ser de forma incompleta e, por isso, o mulo não deriva do mulo. As coisas naturais produzidas espontaneamente, de modo semelhante às coisas produzidas pela arte, são aquelas

γὰρ γυνὴ ἐξ ἀνδρός—ἐὰν μὴ πήρωμα ᾖ· διὸ ἡμίονος οὐκ
ἐξ ἡμιόνου)· ὅσα δὲ ἀπὸ ταὐτομάτου ὥσπερ ἐκεῖ γίγνεται, ὅσων ἡ ὕλη δύναται καὶ ὑφ' αὑτῆς κινεῖσθαι ταύτην
τὴν κίνησιν ἣν τὸ σπέρμα κινεῖ· ὅσων δὲ μή, ταῦτα ἀδύνατα γίγνεσθαι ἄλλως πως ἢ ἐξ αὐτῶν. — οὐ μόνον δὲ περὶ
τῆς οὐσίας ὁ λόγος δηλοῖ τὸ μὴ γίγνεσθαι τὸ εἶδος, ἀλλὰ
περὶ πάντων ὁμοίως τῶν πρώτων κοινὸς ὁ λόγος, οἷον ποσοῦ
ποιοῦ καὶ τῶν ἄλλων κατηγοριῶν. γίγνεται γὰρ ὥσπερ ἡ
χαλκῆ σφαῖρα ἀλλ' οὐ σφαῖρα οὐδὲ χαλκός, καὶ ἐπὶ
χαλκοῦ, εἰ γίγνεται (ἀεὶ γὰρ δεῖ προϋπάρχειν τὴν ὕλην
καὶ τὸ εἶδος), οὕτως καὶ ἐπὶ τοῦ τί ἐστι καὶ ἐπὶ τοῦ ποιοῦ καὶ
ποσοῦ καὶ τῶν ἄλλων ὁμοίως κατηγοριῶν· οὐ γὰρ γίγνεται
τὸ ποιὸν ἀλλὰ τὸ ποιὸν ξύλον, οὐδὲ τὸ ποσὸν ἀλλὰ τὸ ποσὸν ξύλον ἢ ζῷον. ἀλλ' ἴδιον τῆς οὐσίας ἐκ τούτων λαβεῖν
ἔστιν ὅτι ἀναγκαῖον προϋπάρχειν ἑτέραν οὐσίαν ἐντελεχείᾳ
οὖσαν ἣ ποιεῖ, οἷον ζῷον εἰ γίγνεται ζῷον· ποιὸν δ' ἢ ποσὸν
οὐκ ἀνάγκη ἀλλ' ἢ δυνάμει μόνον.

10

Ἐπεὶ δὲ ὁ ὁρισμὸς λόγος ἐστί, πᾶς δὲ λόγος μέρη ἔχει,
ὡς δὲ ὁ λόγος πρὸς τὸ πρᾶγμα, καὶ τὸ μέρος τοῦ λόγου πρὸς
τὸ μέρος τοῦ πράγματος ὁμοίως ἔχει, ἀπορεῖται ἤδη πότερον
δεῖ τὸν τῶν μερῶν λόγον ἐνυπάρχειν ἐν τῷ τοῦ ὅλου λόγῳ
ἢ οὔ. ἐπ' ἐνίων μὲν γὰρ φαίνονται ἐνόντες ἐνίων δ' οὔ. τοῦ μὲν
γὰρ κύκλου ὁ λόγος οὐκ ἔχει τὸν τῶν τμημάτων, ὁ δὲ τῆς

cuja matéria pode se dar também por si mesma o movimento desencadeado pela semente[12]. Os seres desprovidos de uma matéria capaz disso, não podem ser gerados de outro modo a não ser pelas suas causas naturais[13].

Mas não só a propósito da substância o raciocínio mostra que a forma não se gera, mas o mesmo raciocínio vale também para as coisas que são primeiras, ou seja, para a quantidade, a qualidade e todas as outras categorias[14]. De fato, como se gera a esfera de bronze, e não a esfera e nem o bronze (e o mesmo vale do bronze, caso ele seja gerado: a matéria e a forma devem sempre preexistir), o mesmo se deve dizer da essência, da qualidade, da quantidade e de todas as outras categorias de maneira semelhante. Com efeito, não se gera a qualidade, mas a madeira provida de determinada qualidade, nem se gera a quantidade, mas a madeira ou um animal que tem certa quantidade. E a partir dessas considerações pode-se compreender uma peculiaridade da substância: na geração da substância é necessário que preexista sempre outra substância já em ato; por exemplo, quando se gera um animal é necessário que exista outro animal em ato, enquanto para a qualidade e para a quantidade isso não é necessário; basta que elas preexistam só em potência[15].

10. [*A definição e as partes da definição e suas relações com a forma e as partes da forma*][1]

(1) Dado que a definição é uma noção[2] e que toda noção tem partes e, por outro lado, dado que a noção, relativamente à coisa, tem as mesmas relações que suas partes têm com relação às partes da coisa, põe-se o problema de saber se é necessário que a noção das partes esteja presente na noção do todo ou não. Em alguns casos parece que as noções das partes estão presentes, em outros casos não: de fato, a noção do círculo não contém a dos segmentos, enquanto a da sílaba contém a dos elementos; por outro lado, o círculo se divide nos segmentos, assim como a sílaba se divide nos elementos[3].

συλλαβῆς ἔχει τὸν τῶν στοιχείων· καίτοι διαιρεῖται καὶ ὁ κύκλος εἰς τὰ τμήματα ὥσπερ καὶ ἡ συλλαβὴ εἰς τὰ στοιχεῖα. ἔτι δὲ εἰ πρότερα τὰ μέρη τοῦ ὅλου, τῆς δὲ ὀρθῆς ἡ ὀξεῖα μέρος καὶ ὁ δάκτυλος τοῦ ζῴου, πρότερον ἂν εἴη ἡ ὀξεῖα
30 τῆς ὀρθῆς καὶ ὁ δάκτυλος τοῦ ἀνθρώπου. δοκεῖ δ' ἐκεῖνα εἶναι πρότερα· τῷ λόγῳ γὰρ λέγονται ἐξ ἐκείνων, καὶ τῷ εἶναι δὲ ἄνευ ἀλλήλων πρότερα. —ἢ πολλαχῶς λέγεται τὸ μέρος, ὧν εἷς μὲν τρόπος τὸ μετροῦν κατὰ τὸ ποσόν—ἀλλὰ τοῦτο μὲν ἀφείσθω· ἐξ ὧν δὲ ἡ οὐσία ὡς μερῶν, τοῦτο σκεπτέον.
1035ᵃ εἰ οὖν ἐστὶ τὸ μὲν ὕλη τὸ δὲ εἶδος τὸ δ' ἐκ τούτων, καὶ οὐσία ἥ τε ὕλη καὶ τὸ εἶδος καὶ τὸ ἐκ τούτων, ἔστι μὲν ὡς καὶ ἡ ὕλη μέρος τινὸς λέγεται, ἔστι δ' ὡς οὔ, ἀλλ' ἐξ ὧν ὁ τοῦ εἴδους λόγος. οἷον τῆς μὲν κοιλότητος οὐκ ἔστι μέρος
5 ἡ σάρξ (αὕτη γὰρ ἡ ὕλη ἐφ' ἧς γίγνεται), τῆς δὲ σιμότητος μέρος· καὶ τοῦ μὲν συνόλου ἀνδριάντος μέρος ὁ χαλκὸς τοῦ δ' ὡς εἴδους λεγομένου ἀνδριάντος οὔ (λεκτέον γὰρ τὸ εἶδος καὶ ᾗ εἶδος ἔχει ἕκαστον, τὸ δ' ὑλικὸν οὐδέποτε καθ' αὑτὸ λεκτέον)· διὸ ὁ μὲν τοῦ κύκλου λόγος οὐκ ἔχει
10 τὸν τῶν τμημάτων, ὁ δὲ τῆς συλλαβῆς ἔχει τὸν τῶν στοιχείων· τὰ μὲν γὰρ στοιχεῖα τοῦ λόγου μέρη τοῦ εἴδους καὶ οὐχ ὕλη, τὰ δὲ τμήματα οὕτως μέρη ὡς ὕλη ἐφ' ἧς ἐπιγίγνεται· ἐγγυτέρω μέντοι τοῦ εἴδους ἢ ὁ χαλκὸς ὅταν ἐν χαλκῷ ἡ στρογγυλότης ἐγγένηται. ἔστι δ' ὡς οὐδὲ τὰ στοιχεῖα πάντα
15 τῆς συλλαβῆς ἐν τῷ λόγῳ ἐνέσται, οἷον ταδὶ τὰ κήρινα ἢ τὰ ἐν τῷ ἀέρι· ἤδη γὰρ καὶ ταῦτα μέρος τῆς συλλα-

(2) Ademais, se as partes são anteriores ao todo, dado que o ângulo agudo é uma parte do ângulo reto e o dedo é uma parte do animal, o ângulo agudo deveria ser anterior ao reto e o dedo anterior ao homem. Ao contrário, parece que o ângulo reto e o homem são anteriores relativamente a suas partes: anteriores pela noção, porque estas são definidas em função daqueles, e anteriores também pelo fato de subsistirem independentemente de suas partes[4].

(3) Mas o termo parte tem diversos significados e um deles indica a unidade de medida segundo a quantidade[5]: esse significado, porém, deve ser deixado de lado[6], e devemos tratar das partes constitutivas da substância. Então, se existe a matéria, a forma e o conjunto de matéria e forma, e se substância é a matéria e a forma e o conjunto de matéria e forma, deve haver casos em que também a matéria deve ser considerada parte das coisas e outros casos em que não pode ser considerada desse modo, nos quais só os elementos constitutivos da noção da forma[7] são partes. Por exemplo, a carne não é parte do côncavo, porque ela é a matéria na qual a concavidade se produz, mas é parte do nariz achatado. Assim a matéria é parte também da estátua, considerada como composto concreto de bronze; mas não é parte da estátua considerada como pura forma. De fato, deve-se designar a forma e cada coisa naquilo que tem de forma e não se deve nunca exprimir o aspecto material da coisa em si e por si[8]. É por isso que a noção do círculo não contém a noção das partes, enquanto a noção da sílaba contém a das letras: de fato, estas são partes constitutivas da noção da forma e não são matéria, enquanto os segmentos de reta são partes materiais nos quais se realiza a forma; e isso é verdade mesmo que estes sejam mais próximos da forma do que o bronze, quando, por exemplo, o círculo se realiza no bronze[9]. E em certo sentido nem mesmo as letras da sílaba estão presentes na noção: por exemplo, estas letras particulares escritas na cera ou estes sons emitidos no ar: também estes, na verdade, são partes da sílaba, mas como matéria sensível[10]. E de fato, se a reta, dividida, se reduz à semirreta, ou se o homem, dividido, se reduz a ossos e nervos e carne, daí não se segue que estes sejam

βῆς ὡς ὕλη αἰσθητή. καὶ γὰρ ἡ γραμμὴ οὐκ εἰ διαιρου-
μένη εἰς τὰ ἡμίση φθείρεται, ἢ ὁ ἄνθρωπος εἰς τὰ ὀστᾶ
καὶ νεῦρα καὶ σάρκας, διὰ τοῦτο καὶ εἰσὶν ἐκ τούτων οὕτως
20 ὡς ὄντων τῆς οὐσίας μερῶν, ἀλλ' ὡς ἐξ ὕλης, καὶ τοῦ μὲν
συνόλου μέρη, τοῦ εἴδους δὲ καὶ οὗ ὁ λόγος οὐκέτι· διόπερ οὐδ'
ἐν τοῖς λόγοις. τῷ μὲν οὖν ἐνέσται ὁ τῶν τοιούτων μερῶν
λόγος, τῷ δ' οὐ δεῖ ἐνεῖναι, ἂν μὴ ᾖ τοῦ συνειλημμένου·
διὰ γὰρ τοῦτο ἔνια μὲν ἐκ τούτων ὡς ἀρχῶν ἐστὶν εἰς ἃ
25 φθείρονται, ἔνια δὲ οὐκ ἔστιν. ὅσα μὲν οὖν συνειλημμένα τὸ
εἶδος καὶ ἡ ὕλη ἐστίν, οἷον τὸ σιμὸν ἢ ὁ χαλκοῦς κύκλος,
ταῦτα μὲν φθείρεται εἰς ταῦτα καὶ μέρος αὐτῶν ἡ ὕλη·
ὅσα δὲ μὴ συνείληπται τῇ ὕλῃ ἀλλὰ ἄνευ ὕλης, ὧν οἱ
λόγοι τοῦ εἴδους μόνον, ταῦτα δ' οὐ φθείρεται, ἢ ὅλως ἢ
30 οὔτοι οὕτω γε· ὥστ' ἐκείνων μὲν ἀρχαὶ καὶ μέρη ταῦτα
τοῦ δὲ εἴδους οὔτε μέρη οὔτε ἀρχαί. καὶ διὰ τοῦτο
φθείρεται ὁ πήλινος ἀνδριὰς εἰς πηλὸν καὶ ἡ σφαῖρα
εἰς χαλκὸν καὶ ὁ Καλλίας εἰς σάρκα καὶ ὀστᾶ, ἔτι δὲ
ὁ κύκλος εἰς τὰ τμήματα· ἔστι γάρ τις ὃς συνείληπται τῇ
1035ᵇ ὕλῃ· ὁμωνύμως γὰρ λέγεται κύκλος ὅ τε ἁπλῶς λεγόμενος καὶ ὁ καθ' ἕκαστα διὰ τὸ μὴ εἶναι ἴδιον ὄνομα τοῖς
καθ' ἕκαστον. — εἴρηται μὲν οὖν καὶ νῦν τὸ ἀληθές, ὅμως δ' ἔτι
σαφέστερον εἴπωμεν ἐπαναλαβόντες. ὅσα μὲν γὰρ τοῦ λόγου
5 μέρη καὶ εἰς ἃ διαιρεῖται ὁ λόγος, ταῦτα πρότερα ἢ
πάντα ἢ ἔνια· ὁ δὲ τῆς ὀρθῆς λόγος οὐ διαιρεῖται εἰς
ὀξείας λόγον, ἀλλ' ⟨ὁ⟩ τῆς ὀξείας εἰς ὀρθήν· χρῆται γὰρ ὁ
ὁριζόμενος τὴν ὀξεῖαν τῇ ὀρθῇ. "ἐλάττων" γὰρ "ὀρθῆς" ἡ ὀξεῖα.
ὁμοίως δὲ καὶ ὁ κύκλος καὶ τὸ ἡμικύκλιον ἔχουσιν· τὸ
10 γὰρ ἡμικύκλιον τῷ κύκλῳ ὁρίζεται καὶ ὁ δάκτυλος τῷ
ὅλῳ· "τὸ" γὰρ "τοιόνδε μέρος ἀνθρώπου" δάκτυλος. ὥσθ' ὅσα
μὲν μέρη ὡς ὕλη καὶ εἰς ἃ διαιρεῖται ὡς ὕλην, ὕστερα·

partes da substância[11], mas só partes materiais; eles são partes do sínolo[12], mas não da forma e daquilo a que se refere a noção; por isso, elas não entram na noção. Em alguns casos, portanto, a noção dessas partes estará presente na noção do todo, noutros casos — quando não se trate do composto — não deverá estar presente. E é por essa razão que algumas coisas têm como princípios esses elementos nos quais se reduzem, outras, ao contrário, não. Precisamente, todas as coisas que são compostas de matéria e de forma, como o nariz achatado e o círculo de bronze, se reduzem a esses componentes e a matéria é uma parte deles. Ao contrário, todas as coisas que não são compostas de matéria, mas são privadas de matéria, e cuja noção é só noção da forma, não se reduzem a elas, ou pelo menos não como aquelas. De modo que estes só são princípios e partes dos compostos de matéria e forma; da forma, ao invés, não existem nem partes nem princípios. E é por isso que a estátua de argila se reduz à argila e a esfera de bronze ao bronze e Cálias a carne e ossos, e o círculo aos segmentos, porque existe um círculo que é composto de matéria; de fato, o termo círculo é equívoco: significa tanto o círculo em sentido absoluto como os círculos particulares, porque não existe um nome próprio para cada um dos círculos particulares[13].

(4) Com isso já se disse a verdade; todavia, queremos voltar à questão para esclarecê-la de vez[14]. As partes que constituem a noção e às quais se reduz a própria noção, ou são todas anteriores ou apenas algumas; a noção do ângulo reto não se reduz à noção do ângulo agudo, ao contrário, a do ângulo agudo se reduz à do reto. De fato, quem define o ângulo agudo deve recorrer à noção do ângulo reto: agudo é, justamente, o ângulo menor do que o reto. Idêntica é a relação em que estão o círculo e o semicírculo: o semicírculo se define em função do círculo; e assim o dedo se define em função do todo: o dedo é determinada parte do homem. Consequentemente, as que são partes materiais, e nas quais a coisa se divide materialmente, são posteriores; ao contrário, as que são partes da forma e da substância considerada como forma são anteriores ou todas ou algu-

ὅσα δὲ ὡς τοῦ λόγου καὶ τῆς οὐσίας τῆς κατὰ τὸν λόγον, πρότερα ἢ πάντα ἢ ἔνια. ἐπεὶ δὲ ἡ τῶν ζῴων ψυχή (τοῦτο γὰρ οὐσία τοῦ ἐμψύχου) ἡ κατὰ τὸν λόγον οὐσία καὶ τὸ εἶδος καὶ τὸ τί ἦν εἶναι τῷ τοιῷδε σώματι (ἕκαστον γοῦν τὸ μέρος ἐὰν ὁρίζηται καλῶς, οὐκ ἄνευ τοῦ ἔργου ὁριεῖται, ὃ οὐχ ὑπάρξει ἄνευ αἰσθήσεως), ὥστε τὰ ταύτης μέρη πρότερα ἢ πάντα ἢ ἔνια τοῦ συνόλου ζῴου, καὶ καθ' ἕκαστον δὴ ὁμοίως, τὸ δὲ σῶμα καὶ τὰ τούτου μόρια ὕστερα ταύτης τῆς οὐσίας, καὶ διαιρεῖται εἰς ταῦτα ὡς εἰς ὕλην οὐχ ἡ οὐσία ἀλλὰ τὸ σύνολον, — τοῦ μὲν οὖν συνόλου πρότερα ταῦτ' ἔστιν ὥς, ἔστι δ' ὡς οὔ (οὐδὲ γὰρ εἶναι δύναται χωριζόμενα· οὐ γὰρ ὁ πάντως ἔχων δάκτυλος ζῴου, ἀλλ' ὁμώνυμος ὁ τεθνεώς)· ἔνια δὲ ἅμα, ὅσα κύρια καὶ ἐν ᾧ πρώτῳ ὁ λόγος καὶ ἡ οὐσία, οἷον εἰ τοῦτο καρδία ἢ ἐγκέφαλος· διαφέρει γὰρ οὐθὲν πότερον τοιοῦτον. ὁ δ' ἄνθρωπος καὶ ὁ ἵππος καὶ τὰ οὕτως ἐπὶ τῶν καθ' ἕκαστα, καθόλου δέ, οὐκ ἔστιν οὐσία ἀλλὰ σύνολόν τι ἐκ τουδὶ τοῦ λόγου καὶ τησδὶ τῆς ὕλης ὡς καθόλου· καθ' ἕκαστον δ' ἐκ τῆς ἐσχάτης ὕλης ὁ Σωκράτης ἤδη ἐστίν, καὶ ἐπὶ τῶν ἄλλων ὁμοίως. — μέρος μὲν οὖν ἐστι καὶ τοῦ εἴδους (εἶδος δὲ λέγω τὸ τί ἦν εἶναι) καὶ τοῦ συνόλου τοῦ ἐκ τοῦ εἴδους καὶ τῆς ὕλης (καὶ τῆς ὕλης) αὐτῆς. ἀλλὰ τοῦ λόγου μέρη τὰ τοῦ εἴδους μόνον ἐστίν, ὁ δὲ λόγος ἐστὶ τοῦ καθόλου· τὸ γὰρ κύκλῳ εἶναι καὶ κύκλος καὶ ψυχῇ εἶναι καὶ ψυχὴ ταὐτό. τοῦ δὲ συνόλου ἤδη, οἷον κύκλου τουδὶ καὶ τῶν καθ' ἕκαστά τινος ἢ αἰσθητοῦ ἢ νοητοῦ — λέγω δὲ νοητοὺς μὲν οἷον τοὺς μαθηματικούς, αἰσθητοὺς δὲ οἷον τοὺς χαλκοῦς καὶ τοὺς ξυλίνους — τούτων δὲ οὐκ ἔστιν ὁρισμός, ἀλλὰ μετὰ

mas[15]. E dado que a alma do animal (que é a substância do ser vivo) é substância formal, isto é, forma e essência de determinado corpo[16] (de fato, se quisermos bem definir cada membro do animal, não poderemos defini-lo sem sua função, e essa função não ocorre sem a sensação)[17], consequentemente, ou todas ou algumas das partes dela serão anteriores relativamente ao sínolo animal, e o mesmo vale para cada animal em particular. Ao contrário, o corpo e suas partes são posteriores com relação à substância formal, e nessas partes materiais se divide não a substância formal, mas o sínolo. Portanto, em certo sentido, as partes do corpo são anteriores ao composto[18], enquanto noutro sentido, não o são, porque não podem existir separadas do corpo: por exemplo, o dedo do animal não é tal em qualquer estado que se encontre, mas se está morto só é tal por homonímia[19]. Algumas partes do corpo, ao contrário, são simultâneas ao composto: tais são as partes principais e as que constituem o suporte fundamental da forma e da substância, como, talvez, o coração e o cérebro: e pouco importa qual das duas seja efetivamente tal[20]. O homem e o cavalo considerados em geral, e outras noções como estas predicadas universalmente das coisas individuais, não são substâncias, mas compostos de determinada forma e de determinada matéria consideradas universalmente; ao contrário o homem, considerado como indivíduo particular, por exemplo, Sócrates, já deve incluir em si a matéria próxima: o mesmo vale para todos os outros indivíduos[21].

(5) Existem, portanto, partes da forma (e por forma entendo a essência), existem partes do sínolo de matéria e forma e existem também partes da própria matéria. Todavia, só as partes da forma são partes da noção, e a noção é do universal: de fato a essência do círculo e o círculo, a essência da alma e a alma são a mesma coisa. Mas não existe definição do composto como, por exemplo, deste círculo ou de um círculo particular, seja ele sensível ou inteligível (por círculo inteligível entendo, por exemplo, os círculos matemáticos[22], e por círculo sensível entendo, por exemplo, os círculos de bronze ou de madeira). Estes só são conhecidos mediante intuição ou percepção; e

νοήσεως ἢ αἰσθήσεως γνωρίζονται, ἀπελθόντες δὲ ἐκ τῆς
ἐντελεχείας οὐ δῆλον πότερον εἰσὶν ἢ οὐκ εἰσίν· ἀλλ᾽
ἀεὶ λέγονται καὶ γνωρίζονται τῷ καθόλου λόγῳ. ἡ δ᾽ ὕλη
ἄγνωστος καθ᾽ αὑτήν. ὕλη δὲ ἡ μὲν αἰσθητή ἐστιν ἡ δὲ
10 νοητή, αἰσθητὴ μὲν οἷον χαλκὸς καὶ ξύλον καὶ ὅση κινητὴ
ὕλη, νοητὴ δὲ ἡ ἐν τοῖς αἰσθητοῖς ὑπάρχουσα μὴ ᾗ αἰσθητά,
οἷον τὰ μαθηματικά. πῶς μὲν οὖν ἔχει περὶ ὅλου καὶ μέρους καὶ περὶ τοῦ προτέρου καὶ ὑστέρου, εἴρηται· πρὸς δὲ τὴν
ἐρώτησιν ἀνάγκη ἀπαντᾶν, ὅταν τις ἔρηται πότερον ἡ ὀρθὴ
15 καὶ ὁ κύκλος καὶ τὸ ζῷον πρότερον ἢ εἰς ἃ διαιροῦνται
καὶ ἐξ ὧν εἰσί, τὰ μέρη, ὅτι οὐχ ἁπλῶς. εἰ μὲν γάρ ἐστι
καὶ ἡ ψυχὴ ζῷον ἢ ἔμψυχον, ἢ ἕκαστον ἡ ἑκάστου, καὶ
κύκλος τὸ κύκλῳ εἶναι, καὶ ὀρθὴ τὸ ὀρθῇ εἶναι καὶ ἡ
οὐσία ἡ τῆς ὀρθῆς, τὶ μὲν καὶ τινὸς φατέον ὕστερον, οἷον
20 τῶν ἐν τῷ λόγῳ καὶ τινὸς ὀρθῆς (καὶ γὰρ ἡ μετὰ τῆς
ὕλης, ἡ χαλκῆ ὀρθή, καὶ ἡ ἐν ταῖς γραμμαῖς ταῖς καθ᾽
ἕκαστα), ἡ δ᾽ ἄνευ ὕλης τῶν μὲν ἐν τῷ λόγῳ ὑστέρα τῶν
δ᾽ ἐν τῷ καθ᾽ ἕκαστα μορίων προτέρα, ἁπλῶς δ᾽ οὐ φατέον·
εἰ δ᾽ ἑτέρα καὶ μὴ ἔστιν ἡ ψυχὴ ζῷον, καὶ οὕτω τὰ μὲν
25 φατέον τὰ δ᾽ οὐ φατέον, ὥσπερ εἴρηται.

11

Ἀπορεῖται δὲ εἰκότως καὶ ποῖα τοῦ εἴδους μέρη καὶ 11
ποῖα οὔ, ἀλλὰ τοῦ συνειλημμένου. καίτοι τούτου μὴ δήλου

quando não estão mais atualmente presentes à nossa intuição ou percepção, não podemos saber se existem ou não; todavia eles sempre podem ser constituídos e definidos em sua noção universal[23]. A matéria por si é incognoscível. E existe uma matéria sensível e uma inteligível[24]; a sensível é, por exemplo, o bronze ou a madeira ou tudo o que é suscetível de movimento; a inteligível é, ao contrário, a que está presente nos seres sensíveis mas não enquanto sensíveis, como os entes matemáticos[25].

(6) Dissemos, portanto, o estado da questão a respeito do todo e a respeito das partes e acerca de sua anterioridade e posterioridade[26]. Se agora alguém perguntar se é anterior o ângulo reto, o círculo ou o animal, ou as partes às quais eles se reduzem e das quais são constituídos, devemos responder que a questão não tem uma solução simples[27]. Se, de fato, a alma é o animal ou o ser vivente, e se a alma de todo indivíduo é o próprio indivíduo e, ainda, se a essência do círculo é o próprio círculo, e a essência e a substância do ângulo reto é o ângulo reto, então, em certo sentido e sob certo aspecto, o conjunto deve ser dito posterior às partes. Por exemplo, <o ângulo reto particular é posterior> às partes da noção e às partes do ângulo reto particular: de fato, um particular ângulo reto de bronze é posterior às suas partes materiais e assim também um particular ângulo reto inteligível, que é formado de linhas particulares. O ângulo reto imaterial, ao contrário, é posterior às partes da noção, mas anterior às partes pertencentes a um ângulo reto particular; a questão não pode, portanto, resolver-se de modo simples. Se, depois, a alma é diferente do animal e não é o animal, também nesse caso será preciso dizer que, em certo sentido, as partes são anteriores e que, noutro sentido, não o são, como já dissemos[28].

11. *[Quais são as partes da forma e quais são as partes do composto]*[1]

Poder-se-ia levantar, e com fundamento, também a seguinte dificuldade: quais são as partes da forma e que partes não per-

ὄντος οὐκ ἔστιν ὁρίσασθαι ἕκαστον· τοῦ γὰρ καθόλου καὶ τοῦ
εἴδους ὁ ὁρισμός· ποῖα οὖν ἐστὶ τῶν μερῶν ὡς ὕλη καὶ ποῖα
30 οὔ, ἐὰν μὴ ᾖ φανερά, οὐδὲ ὁ λόγος ἔσται φανερὸς ὁ τοῦ
πράγματος. ὅσα μὲν οὖν φαίνεται ἐπιγιγνόμενα ἐφ' ἑτέρων τῷ εἴδει, οἷον κύκλος ἐν χαλκῷ καὶ λίθῳ καὶ ξύλῳ,
ταῦτα μὲν δῆλα εἶναι δοκεῖ ὅτι οὐδὲν τῆς τοῦ κύκλου οὐσίας
ὁ χαλκὸς οὐδ' ὁ λίθος διὰ τὸ χωρίζεσθαι αὐτῶν· ὅσα δὲ
35 μὴ ὁρᾶται χωριζόμενα, οὐδὲν μὲν κωλύει ὁμοίως ἔχειν
1036ᵇ τούτοις, ὥσπερ κἂν εἰ οἱ κύκλοι πάντες ἑωρῶντο χαλκοῖ·
οὐδὲν γὰρ ἂν ἧττον ἦν ὁ χαλκὸς οὐδὲν τοῦ εἴδους· χαλεπὸν
δὲ ἀφελεῖν τοῦτον τῇ διανοίᾳ. οἷον τὸ τοῦ ἀνθρώπου εἶδος
ἀεὶ ἐν σαρξὶ φαίνεται καὶ ὀστοῖς καὶ τοῖς τοιούτοις μέρεσιν·
5 ἆρ' οὖν καὶ ἐστὶ ταῦτα μέρη τοῦ εἴδους καὶ τοῦ λόγου; ἢ οὔ,
ἀλλ' ὕλη, ἀλλὰ διὰ τὸ μὴ καὶ ἐπ' ἄλλων ἐπιγίγνεσθαι
ἀδυνατοῦμεν χωρίσαι; ἐπεὶ δὲ τοῦτο δοκεῖ μὲν ἐνδέχεσθαι
ἄδηλον δὲ πότε, ἀποροῦσί τινες ἤδη καὶ ἐπὶ τοῦ κύκλου καὶ
τοῦ τριγώνου ὡς οὐ προσῆκον γραμμαῖς ὁρίζεσθαι καὶ τῷ
10 συνεχεῖ, ἀλλὰ πάντα καὶ ταῦτα ὁμοίως λέγεσθαι ὡσανεὶ
σάρκες καὶ ὀστᾶ τοῦ ἀνθρώπου καὶ χαλκὸς καὶ λίθος τοῦ ἀν-
δριάντος· καὶ ἀνάγουσι πάντα εἰς τοὺς ἀριθμούς, καὶ γραμμῆς τὸν λόγον τὸν τῶν δύο εἶναί φασιν. καὶ τῶν τὰς
ἰδέας λεγόντων οἱ μὲν αὐτογραμμὴν τὴν δυάδα, οἱ δὲ τὸ
15 εἶδος τῆς γραμμῆς, ἔνια μὲν γὰρ εἶναι τὸ αὐτὸ τὸ εἶδος
καὶ οὗ τὸ εἶδος (οἷον δυάδα καὶ τὸ εἶδος δυάδος), ἐπὶ
γραμμῆς δὲ οὐκέτι. συμβαίνει δὴ ἕν τε πολλῶν εἶδος
εἶναι ὧν τὸ εἶδος φαίνεται ἕτερον (ὅπερ καὶ τοῖς Πυθα-

tencem à forma, mas ao composto. E enquanto isso não estiver claro, não será possível definir as coisas individuais: com efeito, a definição é do universal e da forma; se, portanto, não ficar bem claro quais são as partes materiais e quais não, também não ficará claro qual é a noção da coisa².

No caso das coisas que vemos realizarem-se em diversos tipos de matéria como, por exemplo, no caso do círculo que se realiza tanto no bronze como na pedra ou na madeira, fica claro que nem o bronze nem a pedra fazem parte da substância do círculo, porque o círculo pode subsistir independentemente deles. Mas nada impede que também as coisas que não se veem subsistir independentemente <da matéria> se comportem de modo semelhante às precedentes; assim, digamos, mesmo que todos os círculos vistos fossem de bronze, o bronze não seria absolutamente uma parte da forma; seria, porém, difícil para nosso pensamento prescindir dele. Assim, por exemplo, a forma do homem aparece sempre em carne e ossos e em partes materiais desse tipo: então, essas partes também são partes da forma e da noção? Ou não o são e, sim, ao contrário, matéria, e como a forma do homem não se realiza em outros tipos de matéria, não somos capazes de considerar a própria forma independentemente da matéria³?

Ora, dado que a separação da matéria parece possível, mas não é claro quando é possível, alguns filósofos⁴ levantaram o problema também a propósito do círculo e do triângulo, considerando errado definir essas figuras por meio de linhas e do contínuo, e sustentando que também elas devem ser consideradas do mesmo modo que a carne e os ossos do homem, o bronze e a pedra da estátua. Por isso eles reduzem tudo aos números, e dizem que a noção de linha se reduz à da díade⁵. Alguns dos filósofos defensores das Ideias⁶ afirmam que a díade é a linha em si: outros, ao contrário, afirmam que a díade é a Forma da linha, porque em alguns casos existe identidade entre Forma e aquilo de que a Forma é forma como, por exemplo, no caso da díade e da Forma de díade, enquanto, no caso da linha não existe⁷. Mas, então, segue-se daí que a Forma de muitas coisas, que parecem claramente ter formas diversas, é única (nessa consequência já tinham incorrido os pitagóricos). E

γορείοις συνέβαινεν), καὶ ἐνδέχεται ἓν πάντων ποιεῖν αὐτὸ
20 εἶδος, τὰ δ' ἄλλα μὴ εἴδη· καίτοι οὕτως ἓν πάντα ἔσται.

Ὅτι μὲν οὖν ἔχει τινὰ ἀπορίαν τὰ περὶ τοὺς ὁρισμούς, καὶ
διὰ τίν' αἰτίαν, εἴρηται· διὸ καὶ τὸ πάντα ἀνάγειν οὕτω καὶ
ἀφαιρεῖν τὴν ὕλην περίεργον· ἔνια γὰρ ἴσως τόδ' ἐν τῷδ'
ἐστὶν ἢ ὡδὶ ταδὶ ἔχοντα. καὶ ἡ παραβολὴ ἡ ἐπὶ τοῦ ζῴου,
25 ἣν εἰώθει λέγειν Σωκράτης ὁ νεώτερος, οὐ καλῶς ἔχει·
ἀπάγει γὰρ ἀπὸ τοῦ ἀληθοῦς, καὶ ποιεῖ ὑπολαμβάνειν ὡς
ἐνδεχόμενον εἶναι τὸν ἄνθρωπον ἄνευ τῶν μερῶν, ὥσπερ
ἄνευ τοῦ χαλκοῦ τὸν κύκλον. τὸ δ' οὐχ ὅμοιον· αἰσθητὸν
γάρ τι τὸ ζῷον, καὶ ἄνευ κινήσεως οὐκ ἔστιν ὁρίσασθαι, διὸ
30 οὐδ' ἄνευ τῶν μερῶν ἐχόντων πώς. οὐ γὰρ πάντως τοῦ ἀνθρώπου μέρος ἡ χείρ, ἀλλ' ἢ δυναμένη τὸ ἔργον ἀποτελεῖν,
ὥστε ἔμψυχος οὖσα· μὴ ἔμψυχος δὲ οὐ μέρος. περὶ δὲ τὰ
μαθηματικὰ διὰ τί οὐκ εἰσὶ μέρη οἱ λόγοι τῶν λόγων,
οἷον τοῦ κύκλου τὰ ἡμικύκλια; οὐ γάρ ἐστιν αἰσθητὰ ταῦτα.
35 ἢ οὐθὲν διαφέρει; ἔσται γὰρ ὕλη ἐνίων καὶ μὴ αἰσθητῶν·
1037ᵃ καὶ παντὸς γὰρ ὕλη τις ἔστιν ὃ μὴ ἔστι τί ἦν εἶναι καὶ
εἶδος αὐτὸ καθ' αὑτὸ ἀλλὰ τόδε τι. κύκλου μὲν οὖν οὐκ
ἔσται τοῦ καθόλου, τῶν δὲ καθ' ἕκαστα ἔσται μέρη ταῦτα,
ὥσπερ εἴρηται πρότερον· ἔστι γὰρ ὕλη ἡ μὲν αἰσθητὴ ἡ
5 δὲ νοητή. δῆλον δὲ καὶ ὅτι ἡ μὲν ψυχὴ οὐσία ἡ πρώτη,
τὸ δὲ σῶμα ὕλη, ὁ δ' ἄνθρωπος ἢ τὸ ζῷον τὸ ἐξ ἀμφοῖν
ὡς καθόλου· Σωκράτης δὲ καὶ Κορίσκος, εἰ μὲν καὶ ἡ ψυχὴ
Σωκράτης, διττόν (οἱ μὲν γὰρ ὡς ψυχὴν οἱ δ' ὡς τὸ σύνολον),

segue-se também que se pode afirmar uma única Forma como a
Forma de todas as formas, e negar que as outras sejam Formas; 20
mas, desse modo, todas as coisas se reduziriam à unidade[8].

Ora, já dissemos que os problemas relativos às definições apresentam certa dificuldade e já apontamos as razões[9]. Portanto, reduzir desse modo tudo à forma e prescindir da matéria é esforço inútil; algumas coisas, de fato, são simplesmente uma determinada forma numa determinada matéria, ou são uma determinada matéria de um determinado modo. E a comparação que Sócrates o Jovem[10] costuma apresentar, referindo-se ao animal, não é correta: de fato, 25 ela afasta da verdade enquanto induz a supor ser possível que o homem exista sem suas partes materiais, assim como o círculo sem o bronze. Mas não é a mesma coisa: o animal é um ser sensível e não é possível defini-lo sem o movimento, portanto, também não é possível defini-lo sem partes organizadas de determinado modo[11]. 30 A mão não é uma parte do homem independente do estado em que se encontre, mas só se for capaz de desempenhar sua ação, portanto, quando é animada; se, ao contrário, não é animada, não é mais parte do homem[12].

(E quanto aos Entes matemáticos, por que as noções das partes não são partes da noção do todo? Por que, por exemplo, as noções dos semicírculos não são partes da noção de círculo? Os semicírculos, de fato, não são partes materiais. Ou isso não 35 tem importância? Com efeito, pode haver matéria também de algumas coisas que não são sensíveis: existe matéria de tudo o 1037ª que não é essência e forma considerada em si e por si, mas é algo determinado. Portanto, esses semicírculos não serão partes do círculo considerado universalmente, mas serão partes dos círculos particulares, como dissemos acima[13]; existe, de fato, uma matéria sensível e uma matéria inteligível[14].)

Ademais, também é evidente que a alma é a substância primeira, o corpo é matéria, e o homem e o animal são o conjunto de 5 ambos tomados universalmente. Ao contrário, os nomes Sócrates e Corisco, dado que Sócrates é também a alma de Sócrates, têm dois significados: indicam seja a alma seja o conjunto de alma e corpo; e se com aqueles nomes entende-se simplesmente esta alma

εἰ δ' ἁπλῶς ἡ ψυχὴ ἥδε καὶ ⟨τὸ⟩ σῶμα τόδε, ὥσπερ τὸ
καθόλου [τε] καὶ τὸ καθ' ἕκαστον. πότερον δὲ ἔστι παρὰ
τὴν ὕλην τῶν τοιούτων οὐσιῶν τις ἄλλη, καὶ δεῖ ζητεῖν
οὐσίαν ἑτέραν τινὰ οἷον ἀριθμοὺς ἤ τι τοιοῦτον, σκεπτέον
ὕστερον. τούτου γὰρ χάριν καὶ περὶ τῶν αἰσθητῶν οὐσιῶν
πειρώμεθα διορίζειν, ἐπεὶ τρόπον τινὰ τῆς φυσικῆς καὶ
δευτέρας φιλοσοφίας ἔργον ἡ περὶ τὰς αἰσθητὰς οὐσίας
θεωρία· οὐ γὰρ μόνον περὶ τῆς ὕλης δεῖ γνωρίζειν τὸν φυ-
σικὸν ἀλλὰ καὶ τῆς κατὰ τὸν λόγον, καὶ μᾶλλον. ἐπὶ
δὲ τῶν ὁρισμῶν πῶς μέρη τὰ ἐν τῷ λόγῳ, καὶ διὰ τί εἷς
λόγος ὁ ὁρισμός (δῆλον γὰρ ὅτι τὸ πρᾶγμα ἕν, τὸ δὲ
πρᾶγμα τίνι ἕν, μέρη γε ἔχον;), σκεπτέον ὕστερον.

Τί μὲν οὖν ἐστὶ τὸ τί ἦν εἶναι καὶ πῶς αὐτὸ καθ'
αὑτό, καθόλου περὶ παντὸς εἴρηται, καὶ διὰ τί τῶν μὲν ὁ
λόγος ὁ τοῦ τί ἦν εἶναι ἔχει τὰ μόρια τοῦ ὁριζομένου τῶν
δ' οὔ, καὶ ὅτι ἐν μὲν τῷ τῆς οὐσίας λόγῳ τὰ οὕτω μόρια
ὡς ὕλη οὐκ ἐνέσται — οὐδὲ γὰρ ἔστιν ἐκείνης μόρια τῆς οὐσίας
ἀλλὰ τῆς συνόλου, ταύτης δέ γ' ἔστι πως λόγος καὶ οὐκ
ἔστιν· μετὰ μὲν γὰρ τῆς ὕλης οὐκ ἔστιν (ἀόριστον γάρ),
κατὰ τὴν πρώτην δ' οὐσίαν ἔστιν, οἷον ἀνθρώπου ὁ τῆς ψυχῆς
λόγος· ἡ γὰρ οὐσία ἐστὶ τὸ εἶδος τὸ ἐνόν, ἐξ οὗ καὶ τῆς
ὕλης ἡ σύνολος λέγεται οὐσία, οἷον ἡ κοιλότης (ἐκ γὰρ
ταύτης καὶ τῆς ῥινὸς σιμὴ ῥὶς καὶ ἡ σιμότης ἐστί [δὶς γὰρ
ἐν τούτοις ὑπάρξει ἡ ῥίς]) — ἐν δὲ τῇ συνόλῳ οὐσίᾳ, οἷον ῥινὶ
σιμῇ ἢ Καλλίᾳ, ἐνέσται καὶ ἡ ὕλη· καὶ ὅτι τὸ τί ἦν
εἶναι καὶ ἕκαστον ἐπὶ τινῶν μὲν ταὐτό, ὥσπερ ἐπὶ τῶν πρώτων οὐσιῶν, [οἷον καμπυλότης καὶ καμπυλότητι εἶναι, εἰ
πρώτη ἐστίν] (λέγω δὲ πρώτην ἣ μὴ λέγεται τῷ ἄλλο ἐν
ἄλλῳ εἶναι καὶ ὑποκειμένῳ ὡς ὕλῃ), ὅσα δὲ ὡς ὕλη ἢ

que possui este corpo, valerá também para o particular aquilo que se disse do universal[15].

Se depois, além da matéria das substâncias desse tipo existe também alguma outra[16], e se além dessas substâncias deve-se buscar alguma outra substância como, por exemplo, os números ou algo do gênero, examinaremos adiante[17]. Com efeito, é em vista disso que tentamos determinar as características das substâncias sensíveis: de fato, em certo sentido, a pesquisa sobre as substâncias sensíveis pertence à física e à filosofia segunda; o físico não deve limitar sua investigação ao aspecto material da substância, mas deve estendê-la também à forma: antes, deve investigar sobretudo esta[18].

Examinaremos adiante o seguinte problema, que concerne à definição: como as partes entram na noção e por que a definição é uma noção que constitui uma unidade[19]. (É evidente que o objeto é uma unidade; mas por que o objeto é um, mesmo tendo partes?).

Dissemos[20] o que é a essência e em que sentido ela é por si, em geral, para todas as coisas[21]; e dissemos, também, por que em alguns casos a noção da essência contém as partes do definido, enquanto noutros casos não contém; e, ainda, por que na noção da substância não entram as partes materiais. Da substância entendida como forma não existem partes materiais; mas existem no sínolo; deste, em certo sentido, existe noção e, noutro, não existe. Não existe enquanto ele é unido à matéria, porque a matéria é indeterminável; ao invés, existe noção se o considerarmos segundo a substância primeira: por exemplo, a noção do homem é a de sua alma. A substância é a forma imanente, cuja união com a matéria constitui a substância-sínolo (pensemos, por exemplo, na concavidade: da união desta com o nariz deriva o nariz achatado e o achatado); na substância entendida no sentido do sínolo (como, por exemplo, no nariz achatado e em Cálias) está presente também a matéria[22]. Mostramos também que a essência e a coisa individual, nalguns casos, coincidem, como nas substâncias primeiras[23] (chamo substância primeira a que não é constituída pela referência de uma coisa a outra que seja seu substrato material). Todas as coisas consideradas como matéria

ὡς συνειλημμένα τῇ ὕλῃ, οὐ ταὐτό, οὐδ' ⟨εἰ⟩ κατὰ συμβεβηκὸς ἕν, οἷον Σωκράτης καὶ τὸ μουσικόν· ταῦτα γὰρ ταὐτὰ κατὰ συμβεβηκός.

12

Νῦν δὲ λέγωμεν πρῶτον ἐφ' ὅσον ἐν τοῖς ἀναλυτικοῖς περὶ ὁρισμοῦ μὴ εἴρηται· ἡ γὰρ ἐν ἐκείνοις ἀπορία λεχθεῖσα πρὸ ἔργου τοῖς περὶ τῆς οὐσίας ἐστὶ λόγοις. λέγω δὲ ταύτην τὴν ἀπορίαν, διὰ τί ποτε ἕν ἐστιν οὗ τὸν λόγον ὁρισμὸν εἶναί φαμεν, οἷον τοῦ ἀνθρώπου τὸ ζῷον δίπουν· ἔστω γὰρ οὗτος αὐτοῦ λόγος. διὰ τί δὴ τοῦτο ἕν ἐστιν ἀλλ' οὐ πολλά, ζῷον καὶ δίπουν; ἐπὶ μὲν γὰρ τοῦ ἄνθρωπος καὶ λευκὸν πολλὰ μέν ἐστιν ὅταν μὴ ὑπάρχῃ θατέρῳ θάτερον, ἓν δὲ ὅταν ὑπάρχῃ καὶ πάθῃ τι τὸ ὑποκείμενον, ὁ ἄνθρωπος (τότε γὰρ ἓν γίγνεται καὶ ἔστιν ὁ λευκὸς ἄνθρωπος)· ἐνταῦθα δ' οὐ μετέχει θατέρου θάτερον· τὸ γὰρ γένος οὐ δοκεῖ μετέχειν τῶν διαφορῶν (ἅμα γὰρ ἂν τῶν ἐναντίων τὸ αὐτὸ μετεῖχεν· αἱ γὰρ διαφοραὶ ἐναντίαι αἷς διαφέρει τὸ γένος). εἰ δὲ καὶ μετέχει, ὁ αὐτὸς λόγος, εἴπερ εἰσὶν αἱ διαφοραὶ πλείους, οἷον πεζὸν δίπουν ἄπτερον. διὰ τί γὰρ ταῦθ' ἓν ἀλλ' οὐ πολλά; οὐ γὰρ ὅτι ἐνυπάρχει· οὕτω μὲν γὰρ ἐξ ἁπάντων ἔσται ἕν. δεῖ δέ γε ἓν εἶναι ὅσα ἐν τῷ ὁρισμῷ· ὁ γὰρ ὁρισμὸς λόγος τίς ἐστιν εἷς καὶ οὐσίας, ὥστε ἑνός τινος δεῖ αὐτὸν εἶναι λόγον· καὶ γὰρ ἡ οὐσία ἕν τι καὶ τόδε τι σημαίνει, ὡς φαμέν. —δεῖ

ou em união com a matéria não coincidem com a essência, e
também não coincidem as coisas que constituem uma unidade acidental, como Sócrates e músico. Essas coisas coincidem só
acidentalmente[24].

12. [A razão da unidade do objeto da definição][1]

Queremos falar, antes de tudo, da definição e do que não
foi dito dela nos *Analíticos*[2]. Um problema posto naquela obra[3]
pode servir para nosso trato da substância. Refiro-me ao seguinte
problema: por que razão é uma unidade aquilo cuja noção dizemos ser uma definição, por exemplo, no caso do homem, animal
bípede (digamos que seja esta a definição de homem). Por que
razão, portanto, isso — animal bípede — constitui uma unidade
e não uma multiplicidade[4]?

No caso de homem e branco tem-se uma multiplicidade quando
um não pertence ao outro, enquanto tem-se unidade quando um
é atributo do outro, isto é, quando o sujeito — o homem — tem
aquela afecção: de fato, nesse caso forma-se uma unidade que é
homem-branco[5]. No nosso caso, ao contrário, um termo não participa do outro: é claro que o gênero não participa das diferenças,
porque, não fosse assim, a mesma coisa participaria, ao mesmo
tempo, dos contrários: de fato, as diferenças específicas nas quais
os gêneros se dividem são contrárias[6]. E mesmo que o gênero
participasse das diferenças, ocorreria o mesmo raciocínio, pois as
diferenças que definem o homem são múltiplas como, precisamente: munido de pés, bípede, sem asas; pois bem, por que essas
diferenças constituem uma unidade e não uma multiplicidade?
Certamente não por estarem presentes no mesmo gênero; desse
modo todas as diferenças constituiriam uma unidade[7]. Entretanto,
tudo o que está contido na definição deve constituir uma unidade.
De fato, a definição é uma noção que tem caráter de unidade e
que se refere à substância; portanto, ela deve ser enunciação de
algo uno: a substância, efetivamente, significa algo uno e algo
determinado[8].

δὲ ἐπισκοπεῖν πρῶτον περὶ τῶν κατὰ τὰς διαιρέσεις ὁρισμῶν. οὐδὲν γὰρ ἕτερόν ἐστιν ἐν τῷ ὁρισμῷ πλὴν τὸ πρῶτον λεγόμενον γένος καὶ αἱ διαφοραί· τὰ δ' ἄλλα γένη ἐστὶ τό τε πρῶτον καὶ μετὰ τούτου αἱ συλλαμβανόμεναι διαφοραί, οἷον τὸ πρῶτον ζῷον, τὸ δὲ ἐχόμενον ζῷον δίπουν, καὶ πάλιν ζῷον δίπουν ἄπτερον· ὁμοίως δὲ κἂν διὰ πλειόνων λέγηται. ὅλως δ' οὐδὲν διαφέρει διὰ πολλῶν ἢ δι' ὀλίγων λέγεσθαι, ὥστ' οὐδὲ δι' ὀλίγων ἢ διὰ δυοῖν· τοῖν δυοῖν δὲ τὸ μὲν διαφορὰ τὸ δὲ γένος, οἷον τοῦ ζῷον δίπουν τὸ μὲν ζῷον γένος διαφορὰ δὲ θάτερον. εἰ οὖν τὸ γένος ἁπλῶς μὴ ἔστι παρὰ τὰ ὡς γένους εἴδη, ἢ εἰ ἔστι μὲν ὡς ὕλη δ' ἐστίν (ἡ μὲν γὰρ φωνὴ γένος καὶ ὕλη, αἱ δὲ διαφοραὶ τὰ εἴδη καὶ τὰ στοιχεῖα ἐκ ταύτης ποιοῦσιν), φανερὸν ὅτι ὁ ὁρισμός ἐστιν ὁ ἐκ τῶν διαφορῶν λόγος. ἀλλὰ μὴν καὶ δεῖ γε διαιρεῖσθαι τῇ τῆς διαφορᾶς διαφορᾷ, οἷον ζῴου διαφορὰ τὸ ὑπόπουν· πάλιν τοῦ ζῴου τοῦ ὑπόποδος τὴν διαφορὰν δεῖ εἶναι ᾗ ὑπόπουν, ὥστ' οὐ λεκτέον τοῦ ὑπόποδος τὸ μὲν πτερωτὸν τὸ δὲ ἄπτερον, ἐάνπερ λέγῃ καλῶς (ἀλλὰ διὰ τὸ ἀδυνατεῖν ποιήσει τοῦτο), ἀλλ' ἢ τὸ μὲν σχιζόπουν τὸ δ' ἄσχιστον· αὗται γὰρ διαφοραὶ ποδός· ἡ γὰρ σχιζοποδία ποδότης τις. καὶ οὕτως ἀεὶ βούλεται βαδίζειν ἕως ἂν ἔλθῃ εἰς τὰ ἀδιάφορα· τότε δ' ἔσονται τοσαῦτα εἴδη ποδὸς ὅσαιπερ αἱ διαφοραί, καὶ τὰ ὑπόποδα ζῷα ἴσα ταῖς διαφοραῖς. εἰ δὴ ταῦτα οὕτως ἔχει, φανερὸν ὅτι ἡ τελευταία διαφορὰ ἡ οὐσία τοῦ πράγματος ἔσται καὶ ὁ ὁρισμός, εἴπερ μὴ δεῖ πολλάκις

Ora, é preciso examinar, principalmente, as definições que se obtêm por via de divisão. E nas definições não está contido nada além do gênero primeiro e das diferenças. Todos os outros termos são gêneros: tanto o gênero primeiro, como as sucessivas diferenças consideradas junto com ele[9]: por exemplo, gênero primeiro é o animal, o que se segue é animal-bípede e o que vem depois é animal-bípede-sem-asas; e de modo semelhante proceder-se-ia mesmo quando houvesse um número maior de termos. E, em geral, não importa o número maior ou menor de termos, nem que se trate de poucos ou de apenas dois; se os termos são só dois, um é a diferença e o outro é o gênero: no exemplo de animal bípede, o animal é o gênero, bípede é a diferença.

Pois bem, se o gênero não pode absolutamente existir fora de suas espécies ou se, caso exista, existe como matéria das espécies (de fato, a voz é gênero e matéria, as diferenças formam, a partir dela, as espécies e as letras), então é claro que a definição é a noção constituída pelas diferenças[10].

Mas também é necessário prosseguir a divisão com a diferença da diferença: por exemplo, uma diferença do gênero animal consiste em ser dotado de pés. Depois, será preciso conhecer a diferença do animal dotado de pés enquanto é dotado de pés. Assim, não se deverá dizer, caso se queira falar corretamente, que existem essas duas diferenças de animal dotado de pés: com asas e sem asas (só faria isso quem é incapaz de dividir corretamente); mas a correta divisão é: com pés divididos em dedos e com pés não divididos em dedos. De fato, estas são as diferenças relativas aos pés; pois a diferença de ser dividido em dedos é um modo de ser dos pés. E dessa maneira deve-se prosseguir até que se chegue às espécies não mais divisíveis em diferenças. Então existirão tantas espécies de pés quantas são as diferenças, e as espécies de animais dotados de pés serão tantas quantas são aquelas diferenças. Sendo assim, é evidente que a diferença última deverá ser a substância e a definição da cosia. De fato, não é preciso dizer mais de uma vez as mesmas coisas nas definições, pois é supérfluo. Todavia, isso ocorre quando, por exemplo, se diz animal bípede dotado de pés; o que quer dizer simplesmente

ταὐτὰ λέγειν ἐν τοῖς ὅροις· περίεργον γάρ. συμβαίνει δέ
γε τοῦτο· ὅταν γὰρ εἴπῃ ζῷον ὑπόπουν δίπουν, οὐδὲν ἄλλο
εἴρηκεν ἢ ζῷον πόδας ἔχον, δύο πόδας ἔχον· κἂν τοῦτο
διαιρῇ τῇ οἰκείᾳ διαιρέσει, πλεονάκις ἐρεῖ καὶ ἰσάκις ταῖς
25 διαφοραῖς. ἐὰν μὲν δὴ διαφορᾶς διαφορὰ γίγνηται, μία
ἔσται ἡ τελευταία τὸ εἶδος καὶ ἡ οὐσία· ἐὰν δὲ κατὰ συμβεβηκός, οἷον εἰ διαιροῖ τοῦ ὑπόποδος τὸ μὲν λευκὸν τὸ δὲ
μέλαν, τοσαῦται ὅσαι ἂν αἱ τομαὶ ὦσιν. ὥστε φανερὸν ὅτι
ὁ ὁρισμὸς λόγος ἐστὶν ὁ ἐκ τῶν διαφορῶν, καὶ τούτων τῆς τε-
30 λευταίας κατά γε τὸ ὀρθόν. δῆλον δ' ἂν εἴη, εἴ τις μετατά-
ξειε τοὺς τοιούτους ὁρισμούς, οἷον τὸν τοῦ ἀνθρώπου, λέγων ζῷον
δίπουν ὑπόπουν· περίεργον γὰρ τὸ ὑπόπουν εἰρημένου τοῦ δίποδος. τάξις δ' οὐκ ἔστιν ἐν τῇ οὐσίᾳ· πῶς γὰρ δεῖ νοῆσαι τὸ
μὲν ὕστερον τὸ δὲ πρότερον; περὶ μὲν οὖν τῶν κατὰ τὰς διαιρέ-
35 σεις ὁρισμῶν τοσαῦτα εἰρήσθω τὴν πρώτην, ποῖοί τινές εἰσιν.

13

Ἐπεὶ δὲ περὶ τῆς οὐσίας ἡ σκέψις ἐστί, πάλιν ἐπανέλθωμεν. λέγεται δ' ὥσπερ τὸ ὑποκείμενον οὐσία εἶναι καὶ
τὸ τί ἦν εἶναι καὶ τὸ ἐκ τούτων, καὶ τὸ καθόλου. περὶ μὲν
οὖν τοῖν δυοῖν εἴρηται (καὶ γὰρ περὶ τοῦ τί ἦν εἶναι καὶ τοῦ
5 ὑποκειμένου, ὅτι διχῶς ὑπόκειται, ἢ τόδε τι ὄν, ὥσπερ τὸ
ζῷον τοῖς πάθεσιν, ἢ ὡς ἡ ὕλη τῇ ἐντελεχείᾳ), δοκεῖ δὲ
καὶ τὸ καθόλου αἴτιόν τισιν εἶναι μάλιστα, καὶ εἶναι ἀρχὴ
τὸ καθόλου· διὸ ἐπέλθωμεν καὶ περὶ τούτου. ἔοικε γὰρ ἀδύ-

o seguinte: "animal que tem pés, que tem dois pés", e caso se divida também este com a divisão que lhe é própria, voltaremos a dizer outra vez a mesma coisa: tantas vezes quantas forem as diferenças[11].

Portanto, se existe uma diferença da diferença, só a diferença última será a forma e a substância. (Se, ao contrário, prossegue-se na divisão segundo as qualidades acidentais, por exemplo se alguém divide os animais dotados de pés em brancos e pretos, haverá tantas diferenças quantas divisões). Então, fica claro que a definição é a noção constituída pelas diferenças, e, precisamente, quando se divide corretamente, pela diferença última. E isso ficaria claro se se transpusesse a sucessão dos termos da definição de homem, dizendo que o homem é um animal bípede que tem pés: uma vez que se disse bípede, torna-se supérfluo acrescentar que tem pés. (Na verdade, na substância não existe uma ordem dos termos: como se poderia pensar que na substância há um elemento anterior e um posterior?[12]).

Sobre as definições por divisão e suas características, baste o que acabamos de dizer.

13. [O universal não pode ser substância][1]

Como nossa pesquisa versa sobre a substância, devemos novamente voltar sobre ela. Diz-se que substância tem significado (1) de substrato, (2) de essência, (3) do conjunto de ambos e (4) de universal[2].

Sobre dois desses significados já falamos. Falamos tanto sobre a essência[3] como sobre o substrato[4]; e dissemos que o substrato entende-se em dois significados: ou como algo determinado como, por exemplo, o animal relativamente às suas afecções, ou como a matéria relativamente ao ato[5].

Ora, alguns[6] consideram que também o universal é, em máximo grau, causa e princípio de algumas coisas. Por isso devemos discutir também este ponto.

(a) Na realidade, parece impossível que algumas das coisas predicadas no universal sejam substâncias. Com efeito, a substân-

νατον εἶναι οὐσίαν εἶναι ὁτιοῦν τῶν καθόλου λεγομένων. πρώτη
10 μὲν γὰρ οὐσία ἑκάστου ἡ ἴδιος ἑκάστῳ, ἣ οὐχ ὑπάρχει ἄλλῳ,
τὸ δὲ καθόλου κοινόν· τοῦτο γὰρ λέγεται καθόλου ὃ πλείοσιν
ὑπάρχειν πέφυκεν. τίνος οὖν οὐσία τοῦτ' ἔσται; ἢ γὰρ πάντων ἢ οὐδενός, πάντων δ' οὐχ οἷόν τε· ἑνὸς δ' εἰ ἔσται, καὶ
τἆλλα τοῦτ' ἔσται· ὧν γὰρ μία ἡ οὐσία καὶ τὸ τί ἦν εἶναι
15 ἕν, καὶ αὐτὰ ἕν. ἔτι οὐσία λέγεται τὸ μὴ καθ' ὑποκειμένου,
τὸ δὲ καθόλου καθ' ὑποκειμένου τινὸς λέγεται ἀεί. ἀλλ'
ἆρα οὕτω μὲν οὐκ ἐνδέχεται ὡς τὸ τί ἦν εἶναι, ἐν τούτῳ δὲ
ἐνυπάρχειν, οἷον τὸ ζῷον ἐν τῷ ἀνθρώπῳ καὶ ἵππῳ; οὐκοῦν
δῆλον ὅτι ἔστι τις αὐτοῦ λόγος. διαφέρει δ' οὐθὲν οὐδ' εἰ μὴ
20 πάντων λόγος ἔστι τῶν ἐν τῇ οὐσίᾳ· οὐδὲν γὰρ ἧττον οὐσία
τοῦτ' ἔσται τινός, ὡς ὁ ἄνθρωπος τοῦ ἀνθρώπου ἐν ᾧ
ὑπάρχει, ὥστε τὸ αὐτὸ συμβήσεται πάλιν· ἔσται γὰρ ἐκείνου
οὐσία, οἷον τὸ ζῷον, ἐν ᾧ ὡς ἴδιον ὑπάρχει. ἔτι δὲ καὶ
ἀδύνατον καὶ ἄτοπον τὸ τόδε καὶ οὐσίαν, εἰ ἔστιν ἔκ τινων,
25 μὴ ἐξ οὐσιῶν εἶναι μηδ' ἐκ τοῦ τόδε τι ἀλλ' ἐκ ποιοῦ·
πρότερον γὰρ ἔσται μὴ οὐσία τε καὶ τὸ ποιὸν οὐσίας τε καὶ
τοῦ τόδε. ὅπερ ἀδύνατον· οὔτε λόγῳ γὰρ οὔτε χρόνῳ οὔτε
γενέσει οἷόν τε τὰ πάθη τῆς οὐσίας εἶναι πρότερα· ἔσται
γὰρ καὶ χωριστά. ἔτι τῷ Σωκράτει ἐνυπάρξει οὐσία οὐσίᾳ,
30 ὥστε δυοῖν ἔσται οὐσία. ὅλως δὲ συμβαίνει, εἰ ἔστιν οὐσία
ὁ ἄνθρωπος καὶ ὅσα οὕτω λέγεται, μηθὲν τῶν ἐν τῷ λόγῳ

cia primeira[7] de cada indivíduo é própria de cada um e não pertence a outros; o universal, ao contrário, é comum: de fato, diz-se universal aquilo que, por natureza, pertence a uma multiplicidade de coisas. De que, portanto, o universal será substância? Ou de todas ou de nenhuma. Mas não é possível que seja de todas. E se for substância de uma única coisa, também as outras reduzir-se-ão a esta: de fato, as coisas cuja substância é uma só e a essência é única são uma coisa só[8].

(b) Ademais, chama-se substância o que não é referido a um substrato; o universal, ao contrário, sempre se predica de um substrato[9].

(c) Mas o universal, mesmo não podendo ser substância no sentido de essência, não poderia encontrar-se na essência como, por exemplo, o animal encontra-se no homem e no cavalo? Mas então é evidente que dele haverá uma definição. E a situação não muda se não existe uma definição de todas as partes contidas na substância: o universal será, não obstante isso, substância de alguma coisa, assim como homem é substância do homem particular no qual se encontra, e assim a mesma consequência anteriormente apontada se reapresentará: o universal, por exemplo, o animal <no universal>, será substância daquilo em que se encontra de modo próprio como numa de suas espécies[10].

(d) E depois, é impossível e também absurdo que um ser determinado ou uma substância, caso derive de alguma coisa, não derive de outra substância e de outros seres determinados, mas de uma qualidade. Se fosse assim, o que não é substância mas pura qualidade seria anterior à substância e àquele ser determinado. Mas isso é impossível: as afecções não podem ser anteriores à substância nem pela noção, nem pelo tempo, nem pela geração: se o fossem, elas deveriam também ser separáveis dela[11].

(e) Além disso, em Sócrates, que é uma substância, deveria haver outra substância, de modo que teríamos uma substância constituída de duas substâncias[12].

(f) E, em geral, se o homem é substância e se são substâncias todas as coisas que se entendem nesse sentido[13], segue-se que

εἶναι μηδενὸς οὐσίαν μηδὲ χωρὶς ὑπάρχειν αὐτῶν μηδ' ἐν
ἄλλῳ, λέγω δ' οἷον οὐκ εἶναί τι ζῷον παρὰ τὰ τινά, οὐδ'
ἄλλο τῶν ἐν τοῖς λόγοις οὐδέν. ἔκ τε δὴ τούτων θεωροῦσι
35 φανερὸν ὅτι οὐδὲν τῶν καθόλου ὑπαρχόντων οὐσία ἐστί, καὶ
1039ᵃ ὅτι οὐδὲν σημαίνει τῶν κοινῇ κατηγορουμένων τόδε τι, ἀλλὰ
τοιόνδε. εἰ δὲ μή, ἄλλα τε πολλὰ συμβαίνει καὶ ὁ τρίτος ἄνθρωπος. ἔτι δὲ καὶ ὧδε δῆλον. ἀδύνατον γὰρ οὐσίαν
ἐξ οὐσιῶν εἶναι ἐνυπαρχουσῶν ὡς ἐντελεχείᾳ· τὰ γὰρ δύο
5 οὕτως ἐντελεχείᾳ οὐδέποτε ἓν ἐντελεχείᾳ, ἀλλ' ἐὰν δυνάμει
δύο ᾖ, ἔσται ἕν (οἷον ἡ διπλασία ἐκ δύο ἡμίσεων δυνάμει
γε· ἡ γὰρ ἐντελέχεια χωρίζει), ὥστ' εἰ ἡ οὐσία ἕν, οὐκ
ἔσται ἐξ οὐσιῶν ἐνυπαρχουσῶν καὶ κατὰ τοῦτον τὸν τρόπον,
ὃν λέγει Δημόκριτος ὀρθῶς· ἀδύνατον γὰρ εἶναί φησιν ἐκ
10 δύο ἓν ἢ ἐξ ἑνὸς δύο γενέσθαι· τὰ γὰρ μεγέθη τὰ ἄτομα
τὰς οὐσίας ποιεῖ. ὁμοίως τοίνυν δῆλον ὅτι καὶ ἐπ' ἀριθμοῦ
ἕξει, εἴπερ ἐστὶν ὁ ἀριθμὸς σύνθεσις μονάδων, ὥσπερ λέγεται ὑπό τινων· ἢ γὰρ οὐχ ἓν ἡ δυὰς ἢ οὐκ ἔστι μονὰς ἐν
αὐτῇ ἐντελεχείᾳ. —ἔχει δὲ τὸ συμβαῖνον ἀπορίαν. εἰ γὰρ
15 μήτε ἐκ τῶν καθόλου οἷόν τ' εἶναι μηδεμίαν οὐσίαν διὰ τὸ
τοιόνδε ἀλλὰ μὴ τόδε τι σημαίνειν, μήτ' ἐξ οὐσιῶν ἐνδέχεται ἐντελεχείᾳ εἶναι μηδεμίαν οὐσίαν σύνθετον, ἀσύνθε-
τον ἂν εἴη οὐσία πᾶσα, ὥστ' οὐδὲ λόγος ἂν εἴη οὐδεμιᾶς
οὐσίας. ἀλλὰ μὴν δοκεῖ γε πᾶσι καὶ ἐλέχθη πάλαι ἢ
20 μόνον οὐσίας εἶναι ὅρον ἢ μάλιστα· νῦν δ' οὐδὲ ταύτης.
οὐδενὸς ἄρ' ἔσται ὁρισμός· ἢ τρόπον μέν τινα ἔσται τρόπον

nenhuma das partes compreendidas na noção delas pode ser substância de alguma coisa, nem pode existir separada delas, em outra coisa; quero dizer o seguinte: não pode haver um <gênero> animal além das espécies animais particulares, e o mesmo vale para todas as partes contidas nas definições[14].

(g) Dessas reflexões fica evidente que nada do que é universal é substância e nada do que se predica em comum exprime algo determinado, mas só exprime de que espécie é a coisa. Se não fosse assim, além de muitas outras dificuldades, surgiria também a do "terceiro homem"[15].

(h) Isso fica claro também do seguinte modo. É impossível que uma substância seja composta de substâncias presentes nela em ato. De fato, duas coisas que são em ato não podem constituir uma unidade em ato; só poderão constituir uma unidade em ato se forem duas em potência: por exemplo, a reta dupla é constituída por duas semirretas, mas essas só são duas em potência, pois o ato separa. Portanto, se a substância é uma unidade, não poderá ser constituída por substâncias presentes nela, e presentes desse modo[16]. E com razão Demócrito diz ser impossível que de duas coisas se forme uma só, ou que de uma se formem duas: ele afirma como substâncias as grandezas indivisíveis[17]. Então, é evidente que será assim também o número, se o número é uma composição de unidades, como se diz de alguns: de fato, ou a díade não é uma unidade, ou a unidade não se encontra em ato na díade[18].

Mas essa conclusão contém uma dificuldade. Com efeito, se é impossível que alguma substância seja constituída por universais (porque o universal indica só de que espécie é uma coisa e não indica algo determinado) e se não é possível que alguma substância seja um composto de substâncias em ato, toda substância deverá ser incomposta; consequentemente, também não poderá haver definição da substância[19]. Mas é evidente, e já falamos acima[20], que só da substância ou principalmente dela existe definição. Então não haverá definição de nada. Ou, antes, em certo sentido há e em outro não. Mas o que acabamos de dizer ficará mais claro a partir das proposições que faremos em seguida[21].

δέ τινα οὔ. δῆλον δ' ἔσται τὸ λεγόμενον ἐκ τῶν ὕστερον μᾶλλον.

14

Φανερὸν δ' ἐξ αὐτῶν τούτων τὸ συμβαῖνον καὶ τοῖς 14
25 τὰς ἰδέας λέγουσιν οὐσίας τε χωριστὰς εἶναι καὶ ἅμα τὸ εἶδος ἐκ τοῦ γένους ποιοῦσι καὶ τῶν διαφορῶν. εἰ γὰρ ἔστι τὰ εἴδη, καὶ τὸ ζῷον ἐν τῷ ἀνθρώπῳ καὶ ἵππῳ, ἤτοι ἓν καὶ ταὐτὸν τῷ ἀριθμῷ ἐστὶν ἢ ἕτερον· τῷ μὲν γὰρ λόγῳ δῆλον ὅτι ἕν· τὸν γὰρ αὐτὸν διέξεισι λόγον ὁ λέγων
30 ἐν ἑκατέρῳ. εἰ οὖν ἐστί τις ἄνθρωπος αὐτὸς καθ' αὑτὸν τόδε τι καὶ κεχωρισμένον, ἀνάγκη καὶ ἐξ ὧν, οἷον τὸ ζῷον καὶ τὸ δίπουν, τόδε τι σημαίνειν καὶ εἶναι χωριστὰ καὶ οὐσίας· ὥστε καὶ τὸ ζῷον. εἰ μὲν οὖν τὸ αὐτὸ καὶ ἓν τὸ ἐν τῷ ἵππῳ καὶ τῷ ἀνθρώπῳ, ὥσπερ σὺ σαυτῷ, πῶς τὸ ἓν
1039ᵇ ἐν τοῖς οὖσι χωρὶς ἓν ἔσται, καὶ διὰ τί οὐ καὶ χωρὶς αὑτοῦ ἔσται τὸ ζῷον τοῦτο; ἔπειτα εἰ μὲν μεθέξει τοῦ δίποδος καὶ τοῦ πολύποδος, ἀδύνατόν τι συμβαίνει, τἀναντία γὰρ ἅμα ὑπάρξει αὐτῷ ἑνὶ καὶ τῷδέ τινι ὄντι· εἰ δὲ μή, τίς ὁ τρό-
5 πος ὅταν εἴπῃ τις τὸ ζῷον εἶναι δίπουν ἢ πεζόν; ἀλλ' ἴσως σύγκειται καὶ ἅπτεται ἢ μέμικται· ἀλλὰ πάντα ἄτοπα. ἀλλ' ἕτερον ἐν ἑκάστῳ· οὐκοῦν ἄπειρα ὡς ἔπος εἰπεῖν ἔσται ὧν ἡ οὐσία ζῷον· οὐ γὰρ κατὰ συμβεβηκὸς ἐκ ζῴου ἄνθρωπος. ἔτι πολλὰ ἔσται αὐτὸ τὸ ζῷον· οὐσία τε γὰρ τὸ
10 ἐν ἑκάστῳ ζῷον (οὐ γὰρ κατ' ἄλλο λέγεται· εἰ δὲ μή, ἐξ

14. *[As Ideias dos platônicos não são substâncias]*[1]

Desses mesmos argumentos[2] decorem com evidência as consequências contra as quais se chocam os que sustentam que as Ideias são substâncias, e são separadas, ao mesmo tempo que fazem a Forma derivar do gênero e das diferenças[3]. Se as Formas existem, e se o Animal encontra-se no homem e no cavalo, então ele (a) será um só e o mesmo quanto ao número, ou (b) será diferente num e noutro[4]; de fato, quanto à definição, fica claro que é uma coisa só, porque quem define dá a mesma definição de animal num caso e no outro[5]. (Se, portanto, existe um homem em si e por si e é algo determinado e separado, é necessário que também aquilo de que é composto, isto é, o animal e o bípede, exprimam algo determinado, sejam realidades separadas e sejam substâncias; de modo que o animal será algo determinado, uma realidade separada e uma substância[6]).

(a) Suponhamos, portanto, que o animal seja um só e idêntico tanto no cavalo como no homem, como tu és idêntico contigo. Pois bem, como ele poderá permanecer um em entes separados, e por que esse animal não será também separado de si mesmo[7]? Ademais, se o animal deve participar tanto do bípede como do polípede, segue-se uma consequência absurda: a um mesmo ente, que é uno e determinado, convirão atributos contrários. E se excluirmos que o animal participe do bípede e do polípede, de que modo dever-se-á entender a afirmação de que o animal é bípede ou dotado de pés? Será o animal bípede ou polípede por justaposição, ou por contato ou por mistura? Tudo isso é absurdo[8]!

(b) Suponhamos, ao contrário, que o animal seja diferente em cada caso. Nesse caso haverá, por assim dizer, inumeráveis entes cuja substância é o animal: de fato, não é acidentalmente que o homem é constituído do animal[9]. Além disso, o próprio Animal será uma multiplicidade, porque o animal que se encontra em cada espécie de animal é substância dessa espécie: de fato, cada espécie é denominada de acordo com ele e não com outro (se fosse denominada de acordo com outro, então o homem derivaria desse outro, e esse outro seria o gênero do

ἐκείνου ἔσται ὁ ἄνθρωπος καὶ γένος αὐτοῦ ἐκεῖνο), καὶ ἔτι
ἰδέαι ἅπαντα ἐξ ὧν ὁ ἄνθρωπος· οὐκοῦν οὐκ ἄλλου μὲν ἰδέα
ἔσται ἄλλου δ' οὐσία (ἀδύνατον γάρ)· αὐτὸ ἄρα ζῷον ἓν
ἕκαστον ἔσται τῶν ἐν τοῖς ζῴοις. ἔτι ἐκ τίνος τοῦτο, καὶ
πῶς ἐξ αὐτοῦ ζῴου; ἢ πῶς οἷόν τε εἶναι τὸ ζῷον, ᾧ οὐσία
τοῦτο αὐτό, παρ' αὐτὸ τὸ ζῷον; ἔτι δ' ἐπὶ τῶν αἰσθητῶν
ταῦτά τε συμβαίνει καὶ τούτων ἀτοπώτερα. εἰ δὴ ἀδύνατον οὕτως ἔχειν, δῆλον ὅτι οὐκ ἔστιν εἴδη αὐτῶν οὕτως ὥς
τινές φασιν.

15

Ἐπεὶ δ' ἡ οὐσία ἑτέρα, τό τε σύνολον καὶ ὁ λόγος
(λέγω δ' ὅτι ἡ μὲν οὕτως ἐστὶν οὐσία, σὺν τῇ ὕλῃ συνειλημ-
μένος ὁ λόγος, ἡ δ' ὁ λόγος ὅλως), ὅσαι μὲν οὖν οὕτω λέγονται, τούτων μὲν ἔστι φθορά (καὶ γὰρ γένεσις), τοῦ δὲ
λόγου οὐκ ἔστιν οὕτως ὥστε φθείρεσθαι (οὐδὲ γὰρ γένεσις, οὐ
γὰρ γίγνεται τὸ οἰκίᾳ εἶναι ἀλλὰ τὸ τῇδε τῇ οἰκίᾳ), ἀλλ'
ἄνευ γενέσεως καὶ φθορᾶς εἰσὶ καὶ οὐκ εἰσίν· δέδεικται γὰρ
ὅτι οὐδεὶς ταῦτα γεννᾷ οὐδὲ ποιεῖ. διὰ τοῦτο δὲ καὶ τῶν
οὐσιῶν τῶν αἰσθητῶν τῶν καθ' ἕκαστα οὔτε ὁρισμὸς οὔτε ἀπόδειξις ἔστιν, ὅτι ἔχουσιν ὕλην ἧς ἡ φύσις τοιαύτη ὥστ' ἐνδέχεσθαι καὶ εἶναι καὶ μή· διὸ φθαρτὰ πάντα τὰ καθ'
ἕκαστα αὐτῶν. εἰ οὖν ἥ τ' ἀπόδειξις τῶν ἀναγκαίων καὶ ὁ
ὁρισμὸς ἐπιστημονικόν, καὶ οὐκ ἐνδέχεται, ὥσπερ οὐδ' ἐπιστήμην ὁτὲ μὲν ἐπιστήμην ὁτὲ δ' ἄγνοιαν εἶναι, ἀλλὰ δόξα τὸ

homem)[10]. Ademais, todos os elementos de que é constituído o homem seriam Ideias. Mas é impossível que o que é Ideia de uma coisa seja substância de outra. Então, o animal que está presente em cada espécie de animais será o animal em si[11]. E mais, de que derivará esse animal presente nas diversas espécies e como derivará do animal em si? Ou, como é possível que esse animal, cuja essência é a própria animalidade, exista além do animal em si[12]?

Enfim, também quanto à relação das Ideias com as coisas sensíveis teremos estas e outras consequências ainda mais absurdas. Se, portanto, é impossível que as coisas sejam assim, fica claro que não existem Ideias das coisas sensíveis no sentido sustentado por alguns[13].

15. *[Não é possível uma definição do indivíduo e não é possível nem uma definição da Ideia dos platônicos]*[1]

O sínolo e a forma são dois diferentes significados da substância: o sínolo é a substância constituída da união da forma[2] com a matéria, a outra é a substância no sentido de forma enquanto tal. Todas as substâncias entendidas no primeiro significado são sujeitas à corrupção, bem como à geração. Mas a forma não está sujeita à corrupção nem à geração: não se gera a essência de casa, mas só o ser desta casa concreta; as formas existem ou não existem sem que delas exista processo de geração e corrupção: ninguém as gera ou as produz[3].

Por esta razão, das substâncias sensíveis particulares não existe nem definição nem demonstração, enquanto têm matéria, cuja natureza implica possibilidade de ser e de não-ser: por isso todas essas substâncias sensíveis individuais são corruptíveis[4]. Ora, se só existe demonstração do que é necessário e se a definição é um procedimento científico, e se, por outro lado, não sendo possível que a ciência seja em certo momento ciência e noutro ignorância (porque essa é a natureza da opinião), assim como também não é possível que haja demonstração nem defi-

τοιοῦτόν ἐστιν, οὕτως οὐδ' ἀπόδειξιν οὐδ' ὁρισμόν, ἀλλὰ δόξα ἐστὶ τοῦ ἐνδεχομένου ἄλλως ἔχειν, δῆλον ὅτι οὐκ ἂν εἴη αὐτῶν οὔτε ὁρισμὸς οὔτε ἀπόδειξις. ἄδηλά τε γὰρ τὰ φθειρόμενα τοῖς ἔχουσι τὴν ἐπιστήμην, ὅταν ἐκ τῆς αἰσθήσεως ἀπέλθῃ, καὶ σωζομένων τῶν λόγων ἐν τῇ ψυχῇ τῶν αὐτῶν οὐκ ἔσται οὔτε ὁρισμὸς ἔτι οὔτε ἀπόδειξις. διὸ δεῖ, τῶν πρὸς ὅρον ὅταν τις ὁρίζηταί τι τῶν καθ' ἕκαστον, μὴ ἀγνοεῖν ὅτι ἀεὶ ἀναιρεῖν ἔστιν· οὐ γὰρ ἐνδέχεται ὁρίσασθαι.

Οὐδὲ δὴ ἰδέαν οὐδεμίαν ἔστιν ὁρίσασθαι. τῶν γὰρ καθ' ἕκαστον ἡ ἰδέα, ὥς φασί, καὶ χωριστή· ἀναγκαῖον δὲ ἐξ ὀνομάτων εἶναι τὸν λόγον, ὄνομα δ' οὐ ποιήσει ὁ ὁριζόμενος (ἄγνωστον γὰρ ἔσται), τὰ δὲ κείμενα κοινὰ πᾶσιν· ἀνάγκη ἄρα ὑπάρχειν καὶ ἄλλῳ ταῦτα· οἷον εἴ τις σὲ ὁρίσαιτο, ζῷον ἐρεῖ ἰσχνὸν ἢ λευκὸν ἢ ἕτερόν τι ὃ καὶ ἄλλῳ ὑπάρξει. εἰ δέ τις φαίη μηδὲν κωλύειν χωρὶς μὲν πάντα πολλοῖς ἅμα δὲ μόνῳ τούτῳ ὑπάρχειν, λεκτέον πρῶτον μὲν ὅτι καὶ ἀμφοῖν, οἷον τὸ ζῷον δίπουν τῷ ζῴῳ καὶ τῷ δίποδι (καὶ τοῦτο ἐπὶ μὲν τῶν ἀϊδίων καὶ ἀνάγκη εἶναι, πρότερά γ' ὄντα καὶ μέρη τοῦ συνθέτου· ἀλλὰ μὴν καὶ χωριστά, εἴπερ τὸ ἄνθρωπος χωριστόν· ἢ γὰρ οὐθὲν ἢ ἄμφω· εἰ μὲν οὖν μηθέν, οὐκ ἔσται τὸ γένος παρὰ τὰ εἴδη, εἰ δ' ἔσται, καὶ ἡ διαφορά)· εἶθ' ὅτι πρότερα τῷ εἶναι· ταῦτα δὲ οὐκ ἀνταναιρεῖται. ἔπειτα εἰ ἐξ ἰδεῶν αἱ ἰδέαι (ἀσυνθετώτερα γὰρ τὰ ἐξ ὧν), ἔτι ἐπὶ πολλῶν δεήσει

nição do que pode ser diferente do que é (porque desse tipo de
coisas só existe opinião): pois bem, então é evidente que dessas
substâncias não haverá nem definição nem demonstração. As
substâncias corruptíveis, quando fora do alcance das sensações,
são incognoscíveis mesmo para quem possui a ciência; e mesmo
que delas se conserve na alma as noções, delas não poderá haver
nem definição nem demonstração. Por isso, no que se refere à
definição, é necessário que, quando se define algo das substâncias individuais, não se ignore que ele sempre pode faltar, pois
não é possível defini-lo[5].

Mas também não é possível definir qualquer Ideia, porque
a Ideia, como sustentam alguns, é uma realidade individual e
separada. De fato, é necessário que a definição conste de nomes,
e quem define não poderá cunhar novos nomes, porque, nesse
caso, a definição ficaria incompreensível; mas os termos corretos
são comuns a todas as coisas e, portanto, é necessário que esses
se apliquem também a outro <além da coisa definida>. Se, por
exemplo, alguém quisesse definir-te, deveria dizer que és um animal magro ou branco ou alguma outra coisa, que sempre poderá
convir também a outro[6]. E se alguém objetasse que nada impede
que, tomados separadamente, todos os nomes da definição se
apliquem a muitas coisas, mas que, ao contrário, tomados em
seu conjunto, só se apliquem a esta coisa, dever-se-ia responder
o seguinte. (a) Em primeiro lugar, eles se referem a pelo menos
duas coisas: por exemplo, animal bípede refere-se ao animal e
ao bípede. (E é necessário que isso valha principalmente para
os entes eternos, porque estes são anteriores e são partes do
composto; e também são entes separados, se a Ideia de homem
é ente separado; de fato, ou não são separados nem homem nem
bípede, ou ambos o são; se nem um nem outro são separados, o
gênero não poderá existir separado da Ideia, e se o são, existirá
à parte também a diferença). E isso é assim mesmo que animal
e bípede sejam, por sua essência, anteriores ao composto e não
se destruam quando o composto se destrói. (b) Em segundo
lugar, se as Ideias são formadas de Ideias (e é assim porque os
elementos são mais simples do que os compostos), também essas
Ideias-elementos das quais são formadas as Ideias deverão ser

κἀκεῖνα κατηγορεῖσθαι ἐξ ὧν ἡ ἰδέα, οἷον τὸ ζῷον καὶ τὸ δίπουν. εἰ δὲ μή, πῶς γνωρισθήσεται; ἔσται γὰρ ἰδέα τις ἣν ἀδύνατον ἐπὶ πλειόνων κατηγορῆσαι ἢ ἑνός. οὐ δοκεῖ δέ, ἀλλὰ πᾶσα ἰδέα εἶναι μεθεκτή. ὥσπερ οὖν εἴρηται, λανθάνει ὅτι ἀδύνατον ὁρίσασθαι ἐν τοῖς ἀϊδίοις, μάλιστα δὲ ὅσα μοναχά, οἷον ἥλιος ἢ σελήνη. οὐ μόνον γὰρ διαμαρτάνουσι τῷ προστιθέναι τοιαῦτα ὧν ἀφαιρουμένων ἔτι ἔσται ἥλιος, ὥσπερ τὸ περὶ γῆν ἰὸν ἢ νυκτικρυφές (ἂν γὰρ στῇ ἢ φανῇ, οὐκέτι ἔσται ἥλιος· ἀλλ' ἄτοπον εἰ μή· ὁ γὰρ ἥλιος οὐσίαν τινὰ σημαίνει)· ἔτι ὅσα ἐπ' ἄλλου ἐνδέχεται, οἷον ἐὰν ἕτερος γένηται τοιοῦτος, δῆλον ὅτι ἥλιος ἔσται· κοινὸς ἄρα ὁ λόγος· ἀλλ' ἦν τῶν καθ' ἕκαστα ὁ ἥλιος, ὥσπερ Κλέων ἢ Σωκράτης· ἐπεὶ διὰ τί οὐδεὶς ὅρον ἐκφέρει αὐτῶν ἰδέας; γένοιτο γὰρ ἂν δῆλον πειρωμένων ὅτι ἀληθὲς τὸ νῦν εἰρημένον.

16

Φανερὸν δὲ ὅτι καὶ τῶν δοκουσῶν εἶναι οὐσιῶν αἱ πλεῖσται δυνάμεις εἰσί, τά τε μόρια τῶν ζῴων (οὐθὲν γὰρ κεχωρισμένον αὐτῶν ἐστίν· ὅταν δὲ χωρισθῇ, καὶ τότε ὄντα ὡς ὕλη πάντα) καὶ γῆ καὶ πῦρ καὶ ἀήρ· οὐδὲν γὰρ αὐτῶν ἕν ἐστιν, ἀλλ' οἷον σωρός, πρὶν ἢ πεφθῇ καὶ γένηταί τι ἐξ αὐτῶν ἕν. μάλιστα δ' ἄν τις τὰ τῶν ἐμψύχων ὑπολάβοι μόρια καὶ τὰ τῆς ψυχῆς πάρεγγυς ἄμφω γίγνεσθαι, ὄντα καὶ ἐντελεχείᾳ καὶ δυνάμει, τῷ ἀρχὰς ἔχειν

predicadas de muitos: assim, por exemplo, o animal e o bípede. Se não fosse assim, como se poderia conhecer? Haveria, de fato, uma Ideia que não poderia ser predicada de mais de um indivíduo, o que não parece possível, porque todas as Ideias são participáveis[7].

Como dissemos[8], portanto, não nos damos conta de que é impossível definir os entes eternos, especialmente os que são únicos, como o sol e a lua. De fato, não só se erra (a) acrescentando à definição aquelas características em cuja ausência o sol continuaria sendo tal, como, por exemplo, o fato de girar em torno da terra, ou o fato de esconder-se de noite (como se ele, se ficasse parado ou se brilhasse continuamente, deixasse de ser sol; mas, evidentemente, seria absurdo que não continuasse a sê-lo, porque o sol significa determinada substância). Também se erra (b) quando se introduz na definição aqueles atributos que podem ser predicados também de outro: se, por exemplo, surgisse outra coisa com aqueles atributos, evidentemente seria sol, e então a definição seria comum a ambos; mas dissemos que o sol é uma substância individual, como Cleonte ou Sócrates[9].

E depois, por que nenhum desses filósofos fornece uma definição de Ideia? Se tentassem fazê-lo ficaria então manifesta a verdade do que dissemos[10].

16. *[As partes de que são constituídas as coisas sensíveis não são substâncias e também não são substâncias o Uno e o Ser dos Platônicos]*[1]

É evidente que, mesmo a maioria das coisas que comumente são consideradas substâncias, na realidade são só potências[2]. Tais são as partes dos animais: de fato, nenhuma delas é uma realidade separada, e, quando se separam, só existem como matéria[3]. E assim também são a terra, o fogo e o ar: de fato, estes não são uma unidade, mas são como uma massa, antes que sejam informados e que algo se gere deles[4]. Particularmente, poderíamos ser induzidos a crer que as partes dos seres animados e as partes da alma subsistam em ambos os modos, tanto em ato

κινήσεως ἀπό τινος ἐν ταῖς καμπαῖς· διὸ ἔνια ζῷα διαιρούμενα ζῇ. ἀλλ' ὅμως δυνάμει πάντ' ἔσται, ὅταν ᾖ ἓν καὶ συνεχὲς φύσει, ἀλλὰ μὴ βίᾳ ἢ συμφύσει· τὸ γὰρ τοιοῦτον πήρωσις. ἐπεὶ δὲ τὸ ἓν λέγεται ὥσπερ καὶ τὸ ὄν, καὶ ἡ οὐσία ἡ τοῦ ἑνὸς μία, καὶ ὧν μία ἀριθμῷ ἓν ἀριθμῷ, φανερὸν ὅτι οὔτε τὸ ἓν οὔτε τὸ ὂν ἐνδέχεται οὐσίαν εἶναι τῶν πραγμάτων, ὥσπερ οὐδὲ τὸ στοιχείῳ εἶναι ἢ ἀρχῇ· ἀλλὰ ζητοῦμεν τίς οὖν ἡ ἀρχή, ἵνα εἰς γνωριμώτερον ἀναγάγωμεν. μᾶλλον μὲν οὖν τούτων οὐσία τὸ ὂν καὶ ἓν ἢ ἥ τε ἀρχὴ καὶ τὸ στοιχεῖον καὶ τὸ αἴτιον, οὔπω δὲ οὐδὲ ταῦτα, εἴπερ μηδ' ἄλλο κοινὸν μηδὲν οὐσία· οὐδενὶ γὰρ ὑπάρχει ἡ οὐσία ἀλλ' ἢ αὑτῇ τε καὶ τῷ ἔχοντι αὐτήν, οὗ ἐστὶν οὐσία. ἔτι τὸ ἓν πολλαχῇ οὐκ ἂν εἴη ἅμα, τὸ δὲ κοινὸν ἅμα πολλαχῇ ὑπάρχει· ὥστε δῆλον ὅτι οὐδὲν τῶν καθόλου ὑπάρχει παρὰ τὰ καθ' ἕκαστα χωρίς. ἀλλ' οἱ τὰ εἴδη λέγοντες τῇ μὲν ὀρθῶς λέγουσι χωρίζοντες αὐτά, εἴπερ οὐσίαι εἰσί, τῇ δ' οὐκ ὀρθῶς, ὅτι τὸ ἓν ἐπὶ πολλῶν εἶδος λέγουσιν. αἴτιον δ' ὅτι οὐκ ἔχουσιν ἀποδοῦναι τίνες αἱ τοιαῦται οὐσίαι αἱ ἄφθαρτοι παρὰ τὰς καθ' ἕκαστα καὶ αἰσθητάς· ποιοῦσιν οὖν τὰς αὐτὰς τῷ εἴδει τοῖς φθαρτοῖς (ταύτας γὰρ ἴσμεν), αὐτοάνθρωπον καὶ αὐτόϊππον, προστιθέντες τοῖς αἰσθητοῖς τὸ ῥῆμα τὸ "αὐτό". καίτοι κἂν εἰ μὴ ἑωράκειμεν τὰ ἄστρα, οὐδὲν ἂν ἧττον, οἶμαι, ἦσαν οὐσίαι ἀΐδιοι παρ' ἃς ἡμεῖς ᾔδειμεν· ὥστε καὶ νῦν εἰ μὴ ἔχομεν

como em potência, pelo fato de possuírem o princípio do movimento num certo ponto das articulações (por isso alguns animais vivem mesmo depois de terem sido cortados)[5]. Todavia, todas essas partes só existirão em potência, e só quando forem uma unidade e uma continuidade natural e não uma unidade obtida pela força ou pela conjunção natural (um fenômeno desse tipo se revela uma anomalia)[6].

Dado que o um tem os mesmos significados do ser[7] e que a sustância do um é única, e dado que as coisas cuja substância é numericamente uma constituem uma unidade numérica, fica claro que o Ser e o Um não podem ser substância das coisas[8]. E não podem ser substância das coisas, assim como a essência de elemento e a essência de princípio não pode ser substância[9], mas nós estamos justamente buscando qual é o princípio, para reduzi-lo a algo mais conhecido. Ora, o Ser e o Um deveriam ser substância com mais razão do que o princípio, o elemento e a causa; mas, na realidade, também estes não são substâncias, dado que nada do que é comum é substância. Com efeito, a substância não pertence a nada mais além de si mesma ou ao sujeito que a possui e do qual é substância[10]. Ademais, o que é no não pode estar ao mesmo tempo numa multiplicidade de lugares; enquanto o que é comum encontra-se ao mesmo tempo em muitos lugares[11]. Portanto, é evidente que nenhum dos universais existe ao lado das coisas sensíveis e separadamente delas. Mas os que afirmam a existência das Formas, sob certo aspecto, têm razão de apresentá-las como separadas, se as formas são substâncias; mas, sob outro aspecto, não têm razão, porque chamam Forma a unidade que se refere a uma multiplicidade. E a raiz do erro deles está na incapacidade de explicar o que sejam essas substâncias incorruptíveis existentes à parte das coisas individuais e sensíveis. Eles afirmam as Ideias como especificamente iguais às coisas corruptíveis (de fato, não conhecemos essas substâncias corruptíveis): e falam de homem-em-si e de cavalo-em-si, simplesmente acrescentando às coisas sensíveis a expressão "em si"[12].

Mesmo que nunca tivéssemos visto os astros, não obstante isso, penso, eles seriam substâncias eternas, além das sensíveis

τίνες εἰσίν, ἀλλ' εἶναί γέ τινας ἴσως ἀναγκαῖον. ὅτι μὲν οὖν οὔτε τῶν καθόλου λεγομένων οὐδὲν οὐσία οὔτ' ἐστὶν οὐσία οὐδεμία ἐξ οὐσιῶν, δῆλον.

17

Τί δὲ χρὴ λέγειν καὶ ὁποῖόν τι τὴν οὐσίαν, πάλιν ἄλλην οἷον ἀρχὴν ποιησάμενοι λέγωμεν· ἴσως γὰρ ἐκ τούτων ἔσται δῆλον καὶ περὶ ἐκείνης τῆς οὐσίας ἥτις ἐστὶ κεχωρισμένη τῶν αἰσθητῶν οὐσιῶν. ἐπεὶ οὖν ἡ οὐσία ἀρχὴ καὶ αἰτία τις ἐστίν, ἐντεῦθεν μετιτέον. ζητεῖται δὲ τὸ διὰ τί ἀεὶ οὕτως, διὰ τί ἄλλο ἄλλῳ τινὶ ὑπάρχει. τὸ γὰρ ζητεῖν διὰ τί ὁ μουσικὸς ἄνθρωπος μουσικὸς ἄνθρωπός ἐστιν, ἤτοι ἐστὶ τὸ εἰρημένον ζητεῖν, διὰ τί ὁ ἄνθρωπος μουσικός ἐστιν, ἢ ἄλλο. τὸ μὲν οὖν διὰ τί αὐτό ἐστιν αὐτό, οὐδέν ἐστι ζητεῖν (δεῖ γὰρ τὸ ὅτι καὶ τὸ εἶναι ὑπάρχειν δῆλα ὄντα —λέγω δ' οἷον ὅτι ἡ σελήνη ἐκλείπει—, αὐτὸ δὲ ὅτι αὐτό, εἷς λόγος καὶ μία αἰτία ἐπὶ πάντων, διὰ τί ὁ ἄνθρωπος ἄνθρωπος ἢ ὁ μουσικὸς μουσικός, πλὴν εἴ τις λέγοι ὅτι ἀδιαίρετον πρὸς αὑτὸ ἕκαστον, τοῦτο δ' ἦν τὸ ἑνὶ εἶναι· ἀλλὰ τοῦτο κοινόν γε κατὰ πάντων καὶ σύντομον)· ζητήσειε δ' ἄν τις διὰ τί ἄνθρωπός ἐστι ζῷον τοιονδί. τοῦτο μὲν τοίνυν δῆλον, ὅτι οὐ ζητεῖ διὰ τί ὅς ἐστιν ἄνθρωπος ἄνθρωπός ἐστιν· τὶ ἄρα κατά τινος ζητεῖ διὰ τί ὑπάρχει (ὅτι δ' ὑπάρχει, δεῖ δῆλον εἶναι· εἰ γὰρ μὴ οὕτως, οὐδὲν ζητεῖ), οἷον διὰ τί βροντᾷ; διὰ τί ψόφος γίγνεται ἐν τοῖς νέφεσιν; ἄλλο γὰρ οὕτω κατ' ἄλλου ἐστὶ τὸ ζητούμενον. καὶ διὰ τί ταδί, οἷον

que conhecemos. De modo que, se no momento não sabemos que substâncias não-sensíveis existem, todavia é necessário que pelo menos algumas existam[13].

Portanto, é claro que nada do que se diz no universal é substância e que nenhuma substância é composta de outras substâncias[14].

17. [Conclusões sobre a questão da substância: a substância é principalmente a forma][1]

E agora digamos, mais uma vez, o que se deve chamar de substância e qual é sua natureza, partindo, contudo, de outro ponto[2]. Talvez essas novas considerações tragam esclarecimentos também sobre a substância separada das sensíveis[3].

Dado que a substância é um princípio e uma causa, daqui devemos partir[4].

Quando se busca o porquê das coisas, busca-se sempre a razão pela qual alguma coisa pertence a outra. De fato, buscar por que o homem músico é homem músico, ou significa buscar o que agora se disse, ou seja, por que o homem é músico, ou significa outra coisa. Ora, investigar a razão pela qual uma coisa é ela mesma não é investigar nada; com efeito, é necessário que o dado e a existência da coisa sejam previamente conhecidos: por exemplo, o fato de a lua ter eclipses. Por isso, o fato de toda coisa ser si mesma é o único argumento e a única razão a aduzir em resposta a todas as questões como estas: por que o homem é homem ou por que o músico é músico. A menos que se prefira responder: porque cada coisa não pode ser dividida de si mesma, e isso significa, exatamente, dizer que a coisa é una; mas essa resposta serve para qualquer caso e é genérica. Pode-se, ao contrário, investigar por que o homem é um animal dessa determinada natureza. Nesse caso é evidente que não se investiga por que aquele que é homem é homem; antes, investiga-se por que alguma coisa convém a outra (o fato de uma coisa convir a outra já deve ser conhecido, já que se não for não se investiga nada). Por exemplo, investigar por que troveja equivale a investigar por que se produz um ruído entre as nuvens. Desse modo, o que se investiga é justamente o seguinte: por que alguma coisa pertence a outra? E,

πλίνθοι καὶ λίθοι, οἰκία ἐστίν; φανερὸν τοίνυν ὅτι ζητεῖ τὸ
αἴτιον· [τοῦτο δ' ἐστὶ τὸ τί ἦν εἶναι, ὡς εἰπεῖν λογικῶς], ὃ
ἐπ' ἐνίων μέν ἐστι τίνος ἕνεκα, οἷον ἴσως ἐπ' οἰκίας ἢ κλί-
30 νης, ἐπ' ἐνίων δὲ τί ἐκίνησε πρῶτον· αἴτιον γὰρ καὶ τοῦτο.
ἀλλὰ τὸ μὲν τοιοῦτον αἴτιον ἐπὶ τοῦ γίγνεσθαι ζητεῖται καὶ
φθείρεσθαι, θάτερον δὲ καὶ ἐπὶ τοῦ εἶναι. λανθάνει δὲ μάλιστα τὸ ζητούμενον ἐν τοῖς μὴ κατ' ἀλλήλων λεγομένοις,
1041ᵇ οἷον ἄνθρωπος τί ἐστι ζητεῖται διὰ τὸ ἁπλῶς λέγεσθαι
ἀλλὰ μὴ διορίζειν ὅτι τάδε τόδε. ἀλλὰ δεῖ διαρθρώ-
σαντας ζητεῖν· εἰ δὲ μή, κοινὸν τοῦ μηθὲν ζητεῖν καὶ τοῦ
ζητεῖν τι γίγνεται. ἐπεὶ δὲ δεῖ ἔχειν τε καὶ ὑπάρχειν τὸ
5 εἶναι, δῆλον δὴ ὅτι τὴν ὕλην ζητεῖ διὰ τί ⟨τί⟩ ἐστιν· οἷον
οἰκία ταδὶ διὰ τί; ὅτι ὑπάρχει ὃ ἦν οἰκίᾳ εἶναι. καὶ ἄνθρωπος τοδί, ἢ τὸ σῶμα τοῦτο τοδὶ ἔχον. ὥστε τὸ αἴτιον
ζητεῖται τῆς ὕλης (τοῦτο δ' ἐστὶ τὸ εἶδος) ᾧ τί ἐστιν· τοῦτο
δ' ἡ οὐσία. φανερὸν τοίνυν ὅτι ἐπὶ τῶν ἁπλῶν οὐκ ἔστι ζήτη-
10 σις οὐδὲ δίδαξις, ἀλλ' ἕτερος τρόπος τῆς ζητήσεως τῶν τοιούτων. — ἐπεὶ δὲ τὸ ἔκ τινος σύνθετον οὕτως ὥστε ἓν εἶναι τὸ πᾶν,
[ἂν] μὴ ὡς σωρὸς ἀλλ' ὡς ἡ συλλαβή — ἡ δὲ συλλαβὴ
οὐκ ἔστι τὰ στοιχεῖα, οὐδὲ τῷ βα ταὐτὸ τὸ β καὶ α, οὐδ'
ἡ σὰρξ πῦρ καὶ γῆ (διαλυθέντων γὰρ τὰ μὲν οὐκέτι ἔστιν,
15 οἷον ἡ σὰρξ καὶ ἡ συλλαβή, τὰ δὲ στοιχεῖα ἔστι, καὶ τὸ
πῦρ καὶ ἡ γῆ)· ἔστιν ἄρα τι ἡ συλλαβή, οὐ μόνον τὰ στοιχεῖα τὸ φωνῆεν καὶ ἄφωνον ἀλλὰ καὶ ἕτερόν τι, καὶ ἡ
σὰρξ οὐ μόνον πῦρ καὶ γῆ ἢ τὸ θερμὸν καὶ ψυχρὸν

assim, se perguntamos: por que esse material, por exemplo, tijolos e pedra, constitui uma casa[5].

Portanto, é evidente que se busca a causa[6]; e esta é, em alguns casos, causa final (assim, por exemplo, no caso da casa ou do leito); noutros casos, ao contrário, é a causa motora próxima. Também esta, com efeito, é uma causa. Busca-se a causa motora quando se trata de explicar a geração e a corrupção das coisas, enquanto a outra causa se busca quando se trata de explicar o ser das coisas[7].

O objeto da pesquisa não é claro sobretudo nos casos em que não há referência de um termo a outro: por exemplo, quando perguntamos que é o homem, o objeto da pesquisa não é claro, porque usamos uma expressão simples e não especificamos a pergunta do seguinte modo: por que isso é isso e aquilo? Portanto, é preciso desenvolver a pesquisa depois de ter articulado bem a pergunta, caso contrário será o mesmo investigar alguma coisa e não investigar nada[8]. E dado que a coisa deve ser dada e existir previamente, é evidente que se investiga por que a matéria é uma coisa determinada. Por exemplo, este material é uma casa: por quê? Porque está presente nele a essência da casa. E se pesquisará do seguinte modo: por que esta coisa determinada é homem? Ou: por que este corpo tem estas características? Portanto, na pesquisa do porquê busca-se a causa da matéria, isto é, a forma pela qual a matéria é algo determinado: e esta é, justamente, a substância[9].

É evidente, então, que das coisas simples não é possível investigação nem ensinamento e que, destas, deverá haver outro tipo de pesquisa[10].

O que é composto de alguma coisa, de modo que o todo constitua uma unidade, não é semelhante a um amontoado, mas a uma sílaba. E a sílaba não é só as letras das quais é formada, nem BA é idêntico a B e A, nem a carne é simplesmente fogo mais terra: de fato, uma vez que os compostos, isto é, carne e sílaba, se tenham dissolvido, não existem mais, enquanto as letras, o fogo e a terra continuam existindo. Portanto, a sílaba é algo irredutível só às letras, ou seja, às vogais e às consoantes, mas é algo diferente delas. E assim a carne não é só fogo e terra, ou quente e frio, mas

ἀλλὰ καὶ ἕτερόν τι — εἰ τοίνυν ἀνάγκη κἀκεῖνο ἢ στοιχεῖον
20 ἢ ἐκ στοιχείων εἶναι, εἰ μὲν στοιχεῖον, πάλιν ὁ αὐτὸς ἔσται
λόγος (ἐκ τούτου γὰρ καὶ πυρὸς καὶ γῆς ἔσται ἡ σὰρξ καὶ
ἔτι ἄλλου, ὥστ' εἰς ἄπειρον βαδιεῖται)· εἰ δὲ ἐκ στοιχείου,
δῆλον ὅτι οὐχ ἑνὸς ἀλλὰ πλειόνων, ἢ ἐκεῖνο αὐτὸ ἔσται,
ὥστε πάλιν ἐπὶ τούτου τὸν αὐτὸν ἐροῦμεν λόγον καὶ ἐπὶ τῆς
25 σαρκὸς ἢ συλλαβῆς. δόξειε δ' ἂν εἶναι τὶ τοῦτο καὶ οὐ
στοιχεῖον, καὶ αἴτιόν γε τοῦ εἶναι τοδὶ μὲν σάρκα τοδὶ δὲ
συλλαβήν· ὁμοίως δὲ καὶ ἐπὶ τῶν ἄλλων. οὐσία δὲ ἑκάστου
μὲν τοῦτο (τοῦτο γὰρ αἴτιον πρῶτον τοῦ εἶναι) — ἐπεὶ δ' ἔνια
οὐκ οὐσίαι τῶν πραγμάτων, ἀλλ' ὅσαι οὐσίαι, κατὰ φύσιν
30 καὶ φύσει συνεστήκασι, φανείη ἂν [καὶ] αὕτη ἡ φύσις οὐσία,
ἥ ἐστιν οὐ στοιχεῖον ἀλλ' ἀρχή —· στοιχεῖον δ' ἐστὶν εἰς ὃ
διαιρεῖται ἐνυπάρχον ὡς ὕλην, οἷον τῆς συλλαβῆς τὸ ā
καὶ τὸ b̄.

também algo diferente deles[11]. Ora, se também esse algo devesse ser (a) um elemento ou (b) um composto de elementos, ter-se-ia o seguinte: (a) se fosse um elemento, valeria para ele o que dissemos antes (a carne seria constituída desse elemento com fogo e terra e de algo diverso, de modo que iríamos ao infinito); (b) se fosse, ao invés, um composto de elementos, seria, evidentemente, composto não só de um único elemento, mas de mais elementos (do contrário, estaríamos ainda no primeiro caso), de modo que deveríamos repetir também a respeito disso o que dissemos a respeito da carne e da sílaba. Por isso, pode-se considerar que esse algo não é um elemento, mas a causa pela qual determinada coisa é carne, esta outra é sílaba, e assim para todo o resto. E isso é a substância de cada coisa: de fato, ela é a causa primeira do ser[12.] E dado que algumas coisas não são substâncias, e todas as que são substâncias são constituídas segundo a natureza e pela natureza, parece que a substância é a própria natureza, a qual não é elemento material mas princípio; elemento é, ao contrário, aquilo em que uma coisa se divide e que está presente na coisa como matéria, como por exemplo, na sílaba BA as letras B e A[13].

LIVRO
H
(OITAVO)

1

1042ᵃ Ἐκ δὴ τῶν εἰρημένων συλλογίσασθαι δεῖ καὶ συναγαγόντας τὸ κεφάλαιον τέλος ἐπιθεῖναι. εἴρηται δὴ ὅτι τῶν οὐσιῶν ζητεῖται τὰ αἴτια καὶ αἱ ἀρχαὶ καὶ τὰ στοιχεῖα. οὐσίαι δὲ αἱ μὲν ὁμολογούμεναί εἰσιν ὑπὸ πάντων, περὶ δὲ ἐνίων ἰδίᾳ τινὲς ἀπεφήναντο· ὁμολογούμεναι μὲν αἱ φυσικαί, οἷον πῦρ γῆ ὕδωρ ἀὴρ καὶ τἆλλα τὰ ἁπλᾶ σώματα, ἔπειτα τὰ φυτὰ καὶ τὰ μόρια αὐτῶν, καὶ τὰ ζῷα καὶ τὰ μόρια τῶν ζῴων, καὶ τέλος ὁ οὐρανὸς καὶ τὰ μόρια τοῦ οὐρανοῦ· ἰδίᾳ δέ τινες οὐσίας λέγουσιν εἶναι τά τ' εἴδη καὶ τὰ μαθηματικά. ἄλλας δὲ δὴ συμβαίνει ἐκ τῶν λόγων οὐσίας εἶναι, τὸ τί ἦν εἶναι καὶ τὸ ὑποκείμενον· ἔτι ἄλλως τὸ γένος μᾶλλον τῶν εἰδῶν καὶ τὸ καθόλου τῶν καθ' ἕκαστα· τῷ δὲ καθόλου καὶ τῷ γένει καὶ αἱ ἰδέαι συνάπτουσιν (κατὰ τὸν αὐτὸν γὰρ λόγον οὐσίαι δοκοῦσιν εἶναι). ἐπεὶ δὲ τὸ τί ἦν εἶναι οὐσία, τούτου δὲ λόγος ὁ ὁρισμός, διὰ τοῦτο περὶ ὁρισμοῦ καὶ περὶ τοῦ καθ' αὑτὸ διώρισται· ἐπεὶ δὲ ὁ ὁρισμὸς λόγος, ὁ δὲ λόγος μέρη ἔχει, ἀναγκαῖον καὶ περὶ μέρους ἦν ἰδεῖν, ποῖα τῆς οὐσίας μέρη καὶ ποῖα οὔ, καὶ εἰ ταῦτα καὶ τοῦ ὁρισμοῦ. ἔτι τοίνυν οὔτε τὸ καθόλου οὐσία οὔτε τὸ γένος· περὶ δὲ τῶν ἰδεῶν καὶ τῶν μαθηματικῶν

1. *[Recapitulação do livro VII e consideração da substância das coisas sensíveis como matéria e potência]*[1]

1042ª

Convém agora tirar as conclusões do que dissemos, resumir os principais resultados e terminar a discussão.

Dissemos que objeto de nossa investigação são as causas, os princípios e os elementos da substância. Ora, algumas substâncias são concordemente admitidas por todos; sobre outras substâncias, porém, alguns filósofos expressaram opiniões totalmente particulares. Substâncias admitidas por todos são as físicas como: fogo, terra, água, ar e os outros corpos simples[2]; ademais: as plantas e suas partes, os animais e as suas partes, e, enfim, o céu e as partes do céu. Alguns filósofos, ao contrário, em função de suas opiniões particulares, afirmaram que substâncias são as Formas e os Entes matemáticos[3].

Por outro lado, dos raciocínios feitos, fica claro que são substâncias a essência e o substrato.

Ademais, por outro lado, o gênero é considerado substância com maior razão do que a espécie, e o universal mais do que os indivíduos particulares. E ao universal e ao gênero são redutíveis as Ideias, porque elas são consideradas substâncias em função desse mesmo raciocínio[4]. E porque a essência é substância, e sua noção é a definição, por esta razão tratamos da definição e do que é dito por si[5]. E porque a definição é uma noção, e a noção tem partes, foi necessário considerar também as partes e ver quais são as partes da substância e quais não, e se estas também são partes da definição[6].

Além disso, demonstrou-se que nem o universal nem o gênero são substâncias[7]. Ao contrário, acerca das Ideias e dos Entes ma-

ὕστερον σκεπτέον· παρὰ γὰρ τὰς αἰσθητὰς οὐσίας ταύτας
λέγουσί τινες εἶναι. —νῦν δὲ περὶ τῶν ὁμολογουμένων οὐσιῶν
25 ἐπέλθωμεν. αὗται δ' εἰσὶν αἱ αἰσθηταί· αἱ δ' αἰσθηταὶ
οὐσίαι πᾶσαι ὕλην ἔχουσιν. ἔστι δ' οὐσία τὸ ὑποκείμενον,
ἄλλως μὲν ἡ ὕλη (ὕλην δὲ λέγω ἣ μὴ τόδε τι οὖσα
ἐνεργείᾳ δυνάμει ἐστὶ τόδε τι), ἄλλως δ' ὁ λόγος καὶ ἡ
μορφή, ὃ τόδε τι ὂν τῷ λόγῳ χωριστόν ἐστιν· τρίτον δὲ τὸ
30 ἐκ τούτων, οὗ γένεσις μόνου καὶ φθορά ἐστι, καὶ χωριστὸν
ἁπλῶς· τῶν γὰρ κατὰ τὸν λόγον οὐσιῶν αἱ μὲν αἱ δ' οὔ.
ὅτι δ' ἐστὶν οὐσία καὶ ἡ ὕλη, δῆλον· ἐν πάσαις γὰρ ταῖς
ἀντικειμέναις μεταβολαῖς ἐστί τι τὸ ὑποκείμενον ταῖς μεταβολαῖς, οἷον κατὰ τόπον τὸ νῦν μὲν ἐνταῦθα πάλιν δ'
35 ἄλλοθι, καὶ κατ' αὔξησιν ὃ νῦν μὲν τηλικόνδε πάλιν δ'
ἔλαττον ἢ μεῖζον, καὶ κατ' ἀλλοίωσιν ὃ νῦν μὲν ὑγιὲς
1042ᵇ πάλιν δὲ κάμνον· ὁμοίως δὲ καὶ κατ' οὐσίαν ὃ νῦν μὲν ἐν
γενέσει πάλιν δ' ἐν φθορᾷ, καὶ νῦν μὲν ὑποκείμενον ὡς
τόδε τι πάλιν δ' ὑποκείμενον ὡς κατὰ στέρησιν. καὶ ἀκο-
λουθοῦσι δὴ ταύτῃ αἱ ἄλλαι μεταβολαί, τῶν δ' ἄλλων ἢ
5 μιᾷ ἢ δυοῖν αὕτη οὐκ ἀκολουθεῖ· οὐ γὰρ ἀνάγκη, εἴ τι
ὕλην ἔχει τοπικήν, τοῦτο καὶ γεννητὴν καὶ φθαρτὴν ἔχειν.
τίς μὲν οὖν διαφορὰ τοῦ ἁπλῶς γίγνεσθαι καὶ μὴ ἁπλῶς,
ἐν τοῖς φυσικοῖς εἴρηται.

2

Ἐπεὶ δ' ἡ μὲν ὡς ὑποκειμένη καὶ ὡς ὕλη οὐσία ὁμο-
10 λογεῖται, αὕτη δ' ἐστὶν ἡ δυνάμει, λοιπὸν τὴν ὡς ἐνέργειαν

temáticos deveremos discutir em seguida: alguns filósofos dizem
que eles existem separados das substâncias sensíveis[8].

E agora devemos reexaminar as substâncias que são admitidas
por todos. E essas são as substâncias sensíveis. Todas as substân- 25
cias sensíveis têm matéria[9]. E substância é o substrato, o qual, em
certo sentido, significa a matéria (chamo matéria o que não é algo
determinado em ato, mas algo determinado só em potência)[10],
num segundo sentido significa a essência e a forma (a qual, sendo
algo determinado, pode ser separada pelo pensamento)[11], e, num
terceiro sentido, significa o composto de matéria e de forma (e
só este está submetido à geração e à corrupção[12] e é separado em 30
sentido próprio[13], enquanto das substâncias entendidas segundo
a forma algumas são separadas, outras não são[14]).

É evidente que também a matéria é substância. De fato, em
todas as mudanças que ocorrem entre os opostos há algo que serve
de substrato às mudanças[15]. Por exemplo, nas mudanças de lugar
há algo que agora está aqui e depois alhures; nas mudanças por
crescimento há algo que agora tem determinada grandeza e depois
se torna menor ou maior; nas mudanças por alteração há algo que 35
agora é sadio e em seguida enfermo. E de modo semelhante nas
mudanças da substância, há algo que ora se encontra no momento 1042[b]
da geração e em seguida no da corrupção, e ora é substrato no
sentido de algo determinado e que depois é substrato no sentido
de sujeito da privação. A mudança substancial implica todas as
outras mudanças, enquanto, vice-versa, as outras mudanças, nem
tomadas individualmente nem aos pares, implicam a mudança 5
substancial. De fato, se alguma substância tem alguma matéria
suscetível de mudança local, não é necessário que tenha também
uma suscetível de geração e de corrupção[16].

A diferença entre a geração absoluta e a não-absoluta foi
explicada nos livros de *Física*[17].

2. [*A substância das coisas sensíveis como forma e ato*][1]

Como a substância no significado de substrato e de matéria
é admitida por todos, e essa é a substância que existe em potên- 10

οὐσίαν τῶν αἰσθητῶν εἰπεῖν τίς ἐστιν. Δημόκριτος μὲν οὖν τρεῖς διαφορὰς ἔοικεν οἰομένῳ εἶναι (τὸ μὲν γὰρ ὑποκείμενον σῶμα, τὴν ὕλην, ἓν καὶ ταὐτόν, διαφέρειν δὲ ἢ ῥυσμῷ, ὅ ἐστι σχῆμα, ἢ τροπῇ, ὅ ἐστι θέσις, ἢ διαθιγῇ, ὅ
15 ἐστι τάξις)· φαίνονται δὲ πολλαὶ διαφοραὶ οὖσαι, οἷον τὰ μὲν συνθέσει λέγεται τῆς ὕλης, ὥσπερ ὅσα κράσει καθάπερ μελίκρατον, τὰ δὲ δεσμῷ οἷον φάκελος, τὰ δὲ κόλλῃ οἷον βιβλίον, τὰ δὲ γόμφῳ οἷον κιβώτιον, τὰ δὲ πλείοσι τούτων, τὰ δὲ θέσει οἷον οὐδὸς καὶ ὑπέρθυρον (ταῦτα γὰρ
20 τῷ κεῖσθαί πως διαφέρει), τὰ δὲ χρόνῳ οἷον δεῖπνον καὶ ἄριστον, τὰ δὲ τόπῳ οἷον τὰ πνεύματα· τὰ δὲ τοῖς τῶν αἰσθητῶν πάθεσιν οἷον σκληρότητι καὶ μαλακότητι, καὶ πυκνότητι καὶ ἀραιότητι, καὶ ξηρότητι καὶ ὑγρότητι, καὶ τὰ μὲν ἐνίοις τούτων τὰ δὲ πᾶσι τούτοις, καὶ ὅλως τὰ
25 μὲν ὑπεροχῇ τὰ δὲ ἐλλείψει. ὥστε δῆλον ὅτι καὶ τὸ ἔστι τοσαυταχῶς λέγεται· οὐδὸς γὰρ ἔστιν ὅτι οὕτως κεῖται, καὶ τὸ εἶναι τὸ οὕτως αὐτὸ κεῖσθαι σημαίνει, καὶ τὸ κρύσταλλον εἶναι τὸ οὕτω πεπυκνῶσθαι. ἐνίων δὲ τὸ εἶναι καὶ πᾶσι τούτοις ὁρισθήσεται, τῷ τὰ μὲν μεμῖχθαι, τὰ δὲ κε-
30 κρᾶσθαι, τὰ δὲ δεδέσθαι, τὰ δὲ πεπυκνῶσθαι, τὰ δὲ ταῖς ἄλλαις διαφοραῖς κεχρῆσθαι, ὥσπερ χεὶρ ἢ πούς. ληπτέα οὖν τὰ γένη τῶν διαφορῶν (αὗται γὰρ ἀρχαὶ ἔσονται τοῦ εἶναι), οἷον τὰ τῷ μᾶλλον καὶ ἧττον ἢ πυκνῷ καὶ μανῷ καὶ τοῖς ἄλλοις τοῖς τοιούτοις· πάντα γὰρ ταῦτα
35 ὑπεροχὴ καὶ ἔλλειψίς ἐστιν. εἰ δέ τι σχήματι ἢ λειότητι

cia, resta determinar o que é a substância das coisas sensíveis como ato².

Parece que Demócrito só admitia a existência de três diferenças: ele considerava que o corpo que serve de substrato — a matéria — era uno e idêntico, e que diferia ou por proporção — ou seja, a figura³ — ou pela direção — ou seja, a posição⁴ — ou pelo contato — ou seja, a ordem⁵. Na verdade as diferenças parecem ser múltiplas⁶: algumas coisas, por exemplo, são ditas diferentes pela composição da matéria — como as que se obtêm por mistura⁷, como o hidromel —, outras por liga⁸ — por exemplo um feixe —, outras por colagem⁹ — por exemplo, um livro —, e outras por junção¹⁰ — por exemplo uma cesta —; outras coisas por mais de uma dessas diferenças¹¹, outras pela posição — por exemplo a soleira e o batente (de fato, uma é diferente da outra só pelo modo como são situadas)¹² —, outras pelo tempo — por exemplo a ceia diferente do almoço —, outras pelo lugar, como, por exemplo, os ventos¹⁴. Outras coisas ainda diferem pelas afecções sensíveis: por exemplo, pela dureza e pela maciez, pela densidade e pela rarefação, pela secura e pela umidade; e certas coisas diferem por algumas dessas afecções, outras por todas elas, e, em geral, ou porque têm essas afecções em excesso ou em falta.

Daí segue-se, evidentemente, que também o ser¹⁵ assume igual número de significados: determinada coisa é uma soleira por estar situada de determinado modo, e a essência dessa soleira significa precisamente estar situada desse modo determinado, e a essência de gelo significa estar condensado desse modo determinado; o ser de algumas coisas também poderá ser determinado por todas essas diferenças juntas: enquanto algumas partes dessas podem ser misturadas, outras fundidas, outras ligadas, outras condensadas, ou enquanto outras partes ainda podem implicar também outras diferenças: assim, por exemplo, a mão ou o pé¹⁶.

Dever-se-á encontrar, portanto, quais são os gêneros das diferenças, porque justamente estes serão os princípios do ser: por exemplo, todas as diferenças dadas pelo mais e pelo menos ou pelo denso e pelo ralo ou por outras características desse tipo entram no gênero do excesso e da falta; ao contrário, as diferenças dadas

καὶ τραχύτητι, πάντα εὐθεῖ καὶ καμπύλῳ. τοῖς δὲ τὸ
1043ᵃ εἶναι τὸ μεμῖχθαι ἔσται, ἀντικειμένως δὲ τὸ μὴ εἶναι.
φανερὸν δὴ ἐκ τούτων ὅτι εἴπερ ἡ οὐσία αἰτία τοῦ εἶναι
ἕκαστον, [ὅτι] ἐν τούτοις ζητητέον τί τὸ αἴτιον τοῦ εἶναι τούτων
ἕκαστον. οὐσία μὲν οὖν οὐδὲν τούτων οὐδὲ συνδυαζόμενον, ὅμως
5 δὲ τὸ ἀνάλογον ἐν ἑκάστῳ· καὶ ὡς ἐν ταῖς οὐσίαις τὸ τῆς
ὕλης κατηγορούμενον αὐτὴ ἡ ἐνέργεια, καὶ ἐν τοῖς ἄλλοις
ὁρισμοῖς μάλιστα. οἷον εἰ οὐδὸν δέοι ὁρίσασθαι, ξύλον ἢ
λίθον ὡδὶ κείμενον ἐροῦμεν, καὶ οἰκίαν πλίνθους καὶ ξύλα ὡδὶ
κείμενα (ἢ ἔτι καὶ τὸ οὗ ἕνεκα ἐπ' ἐνίων ἔστιν), εἰ δὲ κρύσταλ-
10 λον, ὕδωρ πεπηγὸς ἢ πεπυκνωμένον ὡδί· συμφωνία δὲ ὀξέος
καὶ βαρέος μῖξις τοιαδί· τὸν αὐτὸν δὲ τρόπον καὶ ἐπὶ τῶν
ἄλλων. φανερὸν δὴ ἐκ τούτων ὅτι ἡ ἐνέργεια ἄλλη ἄλλης
ὕλης καὶ ὁ λόγος· τῶν μὲν γὰρ ἡ σύνθεσις τῶν δ' ἡ μῖξις
τῶν δὲ ἄλλο τι τῶν εἰρημένων. διὸ τῶν ὁριζομένων οἱ μὲν
15 λέγοντες τί ἐστιν οἰκία, ὅτι λίθοι πλίνθοι ξύλα, τὴν δυνάμει
οἰκίαν λέγουσιν, ὕλη γὰρ ταῦτα· οἱ δὲ ἀγγεῖον σκεπαστικὸν
χρημάτων καὶ σωμάτων ἤ τι ἄλλο τοιοῦτον προτιθέντες, τὴν
ἐνέργειαν λέγουσιν· οἱ δ' ἄμφω ταῦτα συντιθέντες τὴν τρίτην καὶ τὴν ἐκ τούτων οὐσίαν (ἔοικε γὰρ ὁ μὲν διὰ τῶν δια-
20 φορῶν λόγος τοῦ εἴδους καὶ τῆς ἐνεργείας εἶναι, ὁ δ' ἐκ τῶν
ἐνυπαρχόντων τῆς ὕλης μᾶλλον)· ὁμοίως δὲ καὶ οἵους Ἀρχύ-
τας ἀπεδέχετο ὅρους· τοῦ συνάμφω γάρ εἰσιν. οἷον τί ἐστι νη-

pela figura, pela lisura ou pela rugosidade entram no gênero do reto e do curvo[17]. E daquelas coisas cujo ser é dado pela mistura, o oposto será o não-ser[18].

De tudo isso fica claro que se a substância é causa do ser de tudo, nessas diferenças será preciso buscar qual é a causa do ser de cada uma das coisas. Na verdade, substância não é nenhuma dessas diferenças[19], nem quando consideradas em união com a matéria; todavia elas são, em cada uma dessas coisas, o correlativo analógico da substância[20]. E como nas definições da substância o que se predica da matéria é o próprio ato[21], do mesmo modo, nas outras definições[22] as diferenças são o que mais corresponde ao ato[23]. Por exemplo, se devemos definir a soleira, diremos que é madeira ou pedra colocada de determinado modo, e diremos que a casa é pedras e madeira dispostas de um modo determinado (mas em alguns casos deveremos acrescentar também o fim[24]); se devemos definir o gelo, diremos que é água solidificada e condensada de determinado modo; diremos que a melodia é uma determinada combinação de sons agudos e graves; e procederemos de modo semelhante nos outros casos.

Dessas considerações fica evidente que o ato e a forma são diferentes para as diferentes matérias[25]; de fato, o ato e a forma de algumas coisas é a composição[26], de outras é alguma das outras diferenças de que falamos[27]. Por isso, (a) os que definem a casa dizendo que ela é pedra, tijolos e madeira, dizem o que é a casa em potência, porque todas essas coisas são matéria; (b) ao contrário, os que a definem dizendo que é um refúgio para proteger coisas e corpos ou alguma outra coisa desse tipo dizem o que é a casa em ato; (c) enfim, os que unem ambas as definições exprimem a substância no terceiro significado, como composto de matéria e forma[28]. É claro que a definição dada pelas diferenças refere-se à forma e ao ato, enquanto a definição dada a partir dos elementos refere-se prioritariamente à matéria. Semelhantes a estas eram as definições que Arquita aprovava: elas referiam-se ao conjunto de matéria e forma. Eis alguns exemplos: que é o tempo bom? O repouso de uma massa de ar; de fato, o ar é matéria, enquanto o repouso é substância e ato. Que é a bonança? É a tranquilidade

νεμία; ἠρεμία ἐν πλήθει ἀέρος· ὕλη μὲν γὰρ ὁ ἀήρ, ἐνέργεια δὲ καὶ οὐσία ἡ ἠρεμία. τί ἐστι γαλήνη; ὁμαλότης θαλάττης· τὸ μὲν ὑποκείμενον ὡς ὕλη ἡ θάλαττα, ἡ δὲ ἐνέργεια καὶ ἡ μορφὴ ἡ ὁμαλότης. φανερὸν δὴ ἐκ τῶν εἰρημένων τίς ἡ αἰσθητὴ οὐσία ἐστὶ καὶ πῶς· ἡ μὲν γὰρ ὡς ὕλη, ἡ δ' ὡς μορφὴ καὶ ἐνέργεια, ἡ δὲ τρίτη ἡ ἐκ τούτων.

3

Δεῖ δὲ μὴ ἀγνοεῖν ὅτι ἐνίοτε λανθάνει πότερον σημαίνει τὸ ὄνομα τὴν σύνθετον οὐσίαν ἢ τὴν ἐνέργειαν καὶ τὴν μορφήν, οἷον ἡ οἰκία πότερον σημεῖον τοῦ κοινοῦ ὅτι σκέπασμα ἐκ πλίνθων καὶ λίθων ὡδὶ κειμένων, ἢ τῆς ἐνεργείας καὶ τοῦ εἴδους ὅτι σκέπασμα, καὶ γραμμὴ πότερον δυὰς ἐν μήκει ἢ [ὅτι] δυάς, καὶ ζῷον πότερον ψυχὴ ἐν σώματι ἢ ψυχή· αὕτη γὰρ οὐσία καὶ ἐνέργεια σώματός τινος. εἴη δ' ἂν καὶ ἐπ' ἀμφοτέροις τὸ ζῷον, οὐχ ὡς ἑνὶ λόγῳ λεγόμενον ἀλλ' ὡς πρὸς ἕν. ἀλλὰ ταῦτα πρὸς μέν τι ἄλλο διαφέρει, πρὸς δὲ τὴν ζήτησιν τῆς οὐσίας τῆς αἰσθητῆς οὐδέν· τὸ γὰρ τί ἦν εἶναι τῷ εἴδει καὶ τῇ ἐνεργείᾳ ὑπάρχει. ψυχὴ μὲν γὰρ καὶ ψυχῇ εἶναι ταὐτόν, ἀνθρώπῳ δὲ καὶ ἄνθρωπος οὐ ταὐτόν, εἰ μὴ καὶ ἡ ψυχὴ ἄνθρωπος λεχθήσεται· οὕτω δὲ τινὶ μὲν τινὶ δ' οὔ. —οὐ φαίνεται δὴ ζητοῦσιν ἡ συλλαβὴ ἐκ τῶν στοιχείων οὖσα καὶ συνθέσεως, οὐδ' ἡ οἰκία πλίνθοι τε καὶ σύνθεσις. καὶ τοῦτο ὀρθῶς· οὐ γάρ ἐστιν ἡ σύνθεσις οὐδ' ἡ μῖξις ἐκ τούτων ὧν ἐστὶ σύνθεσις ἢ μῖξις. ὁμοίως δὲ οὐδὲ τῶν ἄλλων οὐθέν, οἷον εἰ ὁ οὐδὸς θέσει, οὐχ ἐκ τοῦ οὐδοῦ ἡ θέσις ἀλλὰ μᾶλλον οὗτος ἐξ ἐκείνης. οὐδὲ δὴ ὁ ἄνθρωπός ἐστι τὸ ζῷον καὶ δί-

do mar; o mar é substrato e matéria e a tranquilidade é ato e forma²⁹.

Do que foi dito fica claro o que é a substância sensível e qual é seu modo de ser: ela é, por um lado, matéria, por outro, forma e ato, e, num terceiro sentido, o conjunto de matéria e de forma.

3. *[Ulteriores explicações sobre a substância das coisas sensíveis como forma e ato]*¹

Não se pode ignorar que às vezes não é claro se o nome indica a substância como composto ou o ato e a forma². Por exemplo, não é claro se casa indica o composto de matéria e forma, ou seja, um abrigo feito de tijolos e de pedras dispostos de determinado modo, ou se significa o ato e a forma, ou seja, um abrigo; e, do mesmo modo, se linha exprime a díade no comprimento ou só a díade³; e, ainda, se animal significa uma alma num corpo ou só uma alma: a alma, com efeito, é substância e ato de um corpo. Ora, o termo animal pode referir-se a ambos, não em sentido unívoco, mas enquanto nos dois casos há uma referência à mesma realidade⁴. Mas isso, que tem enorme relevância por outras razões, relativamente à pesquisa sobre a substância sensível não tem nenhuma: de fato, a essência pertence à forma e ao ato⁵. Com efeito, alma e essência da alma são a mesma coisa⁶, ao contrário, essência de homem e homem não são a mesma coisa, a não ser que a própria alma seja chamada de homem: assim essência de homem e homem, em certo sentido, coincidem, noutro sentido não coincidem⁷.

Um exame cuidadoso revela que a sílaba não resulta só das letras e da composição, nem a casa é só tijolos e a composição⁸. E dizemos isso corretamente: de fato, nem a composição nem a mistura <como tais> são constituídas pelos elementos que constituem a composição e a mistura. O mesmo vale para todas as outras coisas. Por exemplo, se a soleira é o que é pela posição, a posição não decorre da soleira, antes, esta decorre

πουν, ἀλλά τι δεῖ εἶναι ὃ παρὰ ταῦτά ἐστιν, εἰ ταῦθ' ὕλη, οὔτε δὲ στοιχεῖον οὔτ' ἐκ στοιχείου, ἀλλ' ἡ οὐσία· ὃ ἐξαιροῦντες τὴν ὕλην λέγουσιν. εἰ οὖν τοῦτ' αἴτιον τοῦ εἶναι, καὶ οὐσία τοῦτο, αὐτὴν ἂν τὴν οὐσίαν οὐ λέγοιεν. (ἀνάγκη δὴ ταύτην ἢ
15 ἀΐδιον εἶναι ἢ φθαρτὴν ἄνευ τοῦ φθείρεσθαι καὶ γεγονέναι ἄνευ τοῦ γίγνεσθαι. δέδεικται δὲ καὶ δεδήλωται ἐν ἄλλοις ὅτι τὸ εἶδος οὐθεὶς ποιεῖ οὐδὲ γεννᾷ, ἀλλὰ ποιεῖται τόδε, γίγνεται δὲ τὸ ἐκ τούτων. εἰ δ' εἰσὶ τῶν φθαρτῶν αἱ οὐσίαι χωρισταί, οὐδέν πω δῆλον· πλὴν ὅτι γ' ἐνίων οὐκ ἐνδέχεται
20 δῆλον, ὅσα μὴ οἷόν τε παρὰ τὰ τινὰ εἶναι, οἷον οἰκίαν ἢ σκεῦος. ἴσως μὲν οὖν οὐδ' οὐσίαι εἰσὶν οὔτ' αὐτὰ ταῦτα οὔτε τι τῶν ἄλλων ὅσα μὴ φύσει συνέστηκεν· τὴν γὰρ φύσιν μόνην ἄν τις θείη τὴν ἐν τοῖς φθαρτοῖς οὐσίαν.) ὥστε ἡ ἀπορία ἣν οἱ Ἀντισθένειοι καὶ οἱ οὕτως ἀπαίδευτοι ἠπόρουν
25 ἔχει τινὰ καιρόν, ὅτι οὐκ ἔστι τὸ τί ἔστιν ὁρίσασθαι (τὸν γὰρ ὅρον λόγον εἶναι μακρόν), ἀλλὰ ποῖον μέν τί ἐστιν ἐνδέχεται καὶ διδάξαι, ὥσπερ ἄργυρον, τί μέν ἐστιν οὔ, ὅτι δ' οἷον καττίτερος· ὥστ' οὐσίας ἔστι μὲν ἧς ἐνδέχεται εἶναι ὅρον καὶ λόγον, οἷον τῆς συνθέτου, ἐάν τε αἰσθητὴ
30 ἐάν τε νοητὴ ᾖ· ἐξ ὧν δ' αὕτη πρώτων, οὐκέτι, εἴπερ τι κατὰ τινὸς σημαίνει ὁ λόγος ὁ ὁριστικὸς καὶ δεῖ τὸ μὲν ὥσπερ ὕλην εἶναι τὸ δὲ ὡς μορφήν. —φανερὸν δὲ καὶ διότι, εἴπερ εἰσί πως ἀριθμοὶ αἱ οὐσίαι, οὕτως εἰσὶ καὶ οὐχ ὥς τινες λέγουσι μονάδων· ὅ τε γὰρ ὁρισμὸς ἀριθμός τις·

daquela[9]. E tampouco o homem é simplesmente o animal e o bípede, mas, dado que estes são matéria[10], deve haver algo além deles, algo que não é elemento nem deriva de elemento, na ausência do qual eles se reduzem à matéria[11]. Se, portanto, esse algo é causa do ser, e se a causa do ser é a substância, na ausência dele aqueles elementos não indicam propriamente a substância.

(É necessário que essa substância seja eterna, ou que seja corruptível, mas isenta de processo de corrupção, e que possa ser gerada sem processo de geração[13]. Demonstramos e esclarecemos em outro livro que ninguém produz ou gera a forma; o que é produzido é o indivíduo e o que é gerado é o conjunto de matéria e forma[14]. Se as substâncias das coisas corruptíveis são ou não separáveis, é uma questão ainda não esclarecida, exceto para alguns casos nos quais é evidente que isso não é possível: assim são todas as substâncias que não podem subsistir separadas dos indivíduos particulares, como uma casa ou um móvel[15]. Mas talvez estas nem sejam substâncias e, como elas, também algumas das outras coisas que não são produzidas pela natureza[16]. De fato, poder-se-ia considerar só a natureza como substância nas coisas corruptíveis[17].

Assim a dificuldade levantada pelos seguidores de Antístenes e outros pensadores desse gênero tem certa pertinência[18]. Eles sustentam que não é possível definir a essência, por ser a definição constituída por uma longa série de palavras, mas só é possível ensinar a qualidade da coisa; assim, por exemplo, não é possível definir o que é a prata, mas pode-se dizer que é semelhante ao chumbo. De modo que existe uma substância da qual é possível uma definição e uma noção, e essa substância é composta (seja ela sensível ou inteligível); mas, dos elementos primeiros dos quais é composta não é possível uma definição, dado que a noção definidora implica sempre a referência a outra coisa (da qual o primeiro termo deve servir de matéria e o segundo de forma)[19].

E também fica claro que se as substâncias são em certo sentido números, o são no sentido acima afirmado, e não do modo como alguns sustentam[20], isto é, um conjunto de unidades[21]. De

διαιρετός τε γὰρ καὶ εἰς ἀδιαίρετα (οὐ γὰρ ἄπειροι οἱ λόγοι), καὶ ὁ ἀριθμὸς δὲ τοιοῦτον. καὶ ὥσπερ οὐδ' ἀπ' ἀριθμοῦ ἀφαιρεθέντος τινὸς ἢ προστεθέντος ἐξ ὧν ὁ ἀριθμός ἐστιν, οὐκέτι ὁ αὐτὸς ἀριθμός ἐστιν ἀλλ' ἕτερος, κἂν τοὐλάχιστον ἀφαιρεθῇ ἢ προστεθῇ, οὕτως οὐδὲ ὁ ὁρισμὸς οὐδὲ τὸ τί ἦν εἶναι οὐκέτι ἔσται ἀφαιρεθέντος τινὸς ἢ προστεθέντος. καὶ τὸν ἀριθμὸν δεῖ εἶναί τι ᾧ εἷς, ὃ νῦν οὐκ ἔχουσι λέγειν τίνι εἷς, εἴπερ ἐστὶν εἷς (ἢ γὰρ οὐκ ἔστιν ἀλλ' οἷον σωρός, ἢ εἴπερ ἐστί, λεκτέον τί τὸ ποιοῦν ἓν ἐκ πολλῶν)· καὶ ὁ ὁρισμὸς εἷς ἐστίν, ὁμοίως δὲ οὐδὲ τοῦτον ἔχουσι λέγειν. καὶ τοῦτο εἰκότως συμβαίνει· τοῦ αὐτοῦ γὰρ λόγου, καὶ ἡ οὐσία ἓν οὕτως, ἀλλ' οὐχ ὡς λέγουσί τινες οἷον μονάς τις οὖσα ἢ στιγμή, ἀλλ' ἐντελέχεια καὶ φύσις τις ἑκάστη. καὶ ὥσπερ οὐδὲ ὁ ἀριθμὸς ἔχει τὸ μᾶλλον καὶ ἧττον, οὐδ' ἡ κατὰ τὸ εἶδος οὐσία, ἀλλ' εἴπερ, ἡ μετὰ τῆς ὕλης. περὶ μὲν οὖν γενέσεως καὶ φθορᾶς τῶν λεγομένων οὐσιῶν, πῶς τ' ἐνδέχεται καὶ πῶς ἀδύνατον, καὶ περὶ τῆς εἰς τὸν ἀριθμὸν ἀναγωγῆς, ἔστω μέχρι τούτων διωρισμένον.

4

Περὶ δὲ τῆς ὑλικῆς οὐσίας δεῖ μὴ λανθάνειν ὅτι εἰ καὶ ἐκ τοῦ αὐτοῦ πάντα πρώτου ἢ τῶν αὐτῶν ὡς πρώτων καὶ ἡ αὐτὴ ὕλη ὡς ἀρχὴ τοῖς γιγνομένοις, ὅμως ἔστι τις οἰκεία ἑκάστου, οἷον φλέγματος [ἐστι πρώτη ὕλη] τὰ γλυκέα

fato, também a definição é um certo número, já que é divisível em partes não ulteriormente divisíveis (as definições não são constituídas por infinitas partes), e também o número é desse modo[22]. Ademais, assim como, se tirarmos ou acrescentarmos uma das partes das quais o número é constituído, o número não será mais o mesmo mas será diferente, mesmo que tiremos ou acrescentemos a menor parte possível, assim também a definição e a essência não será mais a mesma se tirarmos ou acrescentarmos alguma coisa[23]. E também para o número é necessário que haja algo pelo qual ele é uma unidade; mas aqueles pensadores não são capazes de indicar aquilo pelo que o número é uma unidade: de fato, ou o número não é uma unidade, mas é como um amontoado, ou, se é uma unidade, é preciso explicar o que faz de uma multiplicidade uma unidade. Também a definição é uma unidade mas, de modo semelhante, eles não sabem explicar isso. E é lógico que isso aconteça, pois a razão é a mesma em ambos os casos e a substância é uma unidade do modo como vimos acima, e não como dizem alguns, como se ela fosse uma espécie de mônada ou um ponto; na verdade, cada substância é uma unidade enquanto é em ato e uma natureza determinada[24]. E como o número não tem o mais e o menos, também a substância entendida como forma; no máximo tem o mais e o menos a substância entendida em união com a matéria[25].

Quanto à geração e à corrupção das coisas que são ditas substâncias, em que sentido geração e corrupção são possíveis e em que sentido impossíveis, e acerca da redução das substâncias ao número, é suficiente o que foi explicado até aqui.

4. [Algumas explicações sobre a matéria e sobre a substância material das coisas][1]

Acerca da substância material, ainda que todas as coisas derivem do mesmo elemento originário ou dos mesmos elementos originários[2], e ainda que a mesma matéria sirva de ponto de partida para sua geração, não se pode ignorar que existe uma matéria própria[3] de cada coisa. Por exemplo: próprio da fleuma são

ἢ λιπαρά, χολῆς δὲ τὰ πικρὰ ἢ ἄλλ' ἄττα· ἴσως δὲ
20 ταῦτα ἐκ τοῦ αὐτοῦ. γίγνονται δὲ πλείους ὗλαι τοῦ αὐτοῦ
ὅταν θατέρου ἡ ἑτέρα ᾖ, οἷον φλέγμα ἐκ λιπαροῦ καὶ γλυκέος εἰ τὸ λιπαρὸν ἐκ τοῦ γλυκέος, ἐκ δὲ χολῆς τῷ ἀνα-
λύεσθαι εἰς τὴν πρώτην ὕλην τὴν χολήν. διχῶς γὰρ τόδ'
ἐκ τοῦδε, ἢ ὅτι πρὸ ὁδοῦ ἔσται ἢ ὅτι ἀναλυθέντος εἰς τὴν
25 ἀρχήν. ἐνδέχεται δὲ μιᾶς τῆς ὕλης οὔσης ἕτερα γίγνεσθαι
διὰ τὴν κινοῦσαν αἰτίαν, οἷον ἐκ ξύλου καὶ κιβωτὸς καὶ
κλίνη. ἐνίων δ' ἑτέρα ἡ ὕλη ἐξ ἀνάγκης ἑτέρων ὄντων,
οἷον πρίων οὐκ ἂν γένοιτο ἐκ ξύλου, οὐδ' ἐπὶ τῇ κινούσῃ αἰτίᾳ
τοῦτο· οὐ γὰρ ποιήσει πρίονα ἐξ ἐρίου ἢ ξύλου. εἰ δ' ἄρα
30 τὸ αὐτὸ ἐνδέχεται ἐξ ἄλλης ὕλης ποιῆσαι, δῆλον ὅτι ἡ
τέχνη καὶ ἡ ἀρχὴ ἡ ὡς κινοῦσα ἡ αὐτή· εἰ γὰρ καὶ ἡ ὕλη
ἑτέρα καὶ τὸ κινοῦν, καὶ τὸ γεγονός. —ὅταν δή τις ζητῇ
τὸ αἴτιον, ἐπεὶ πλεοναχῶς τὰ αἴτια λέγεται, πάσας δεῖ
λέγειν τὰς ἐνδεχομένας αἰτίας. οἷον ἀνθρώπου τίς αἰτία ὡς
35 ὕλη; ἆρα τὰ καταμήνια; τί δ' ὡς κινοῦν; ἆρα τὸ σπέρμα;
τί δ' ὡς τὸ εἶδος; τὸ τί ἦν εἶναι. τί δ' ὡς οὗ ἕνεκα; τὸ
1044b τέλος. ἴσως δὲ ταῦτα ἄμφω τὸ αὐτό. δεῖ δὲ τὰ ἐγγύτατα αἴτια λέγειν. τίς ἡ ὕλη; μὴ πῦρ ἢ γῆν ἀλλὰ
τὴν ἰδίον. περὶ μὲν οὖν τὰς φυσικὰς οὐσίας καὶ γενητὰς
ἀνάγκη οὕτω μετιέναι εἴ τις μέτεισιν ὀρθῶς, εἴπερ ἄρα
5 αἴτιά τε ταῦτα καὶ τοσαῦτα καὶ δεῖ τὰ αἴτια γνωρίζειν·
ἐπὶ δὲ τῶν φυσικῶν μὲν ἀϊδίων δὲ οὐσιῶν ἄλλος λόγος.
ἴσως γὰρ ἔνια οὐκ ἔχει ὕλην, ἢ οὐ τοιαύτην ἀλλὰ μόνον

os elementos doces e graxos, enquanto matéria próxima da bílis são elementos amargos ou outros afins. E estes, certamente, derivam de um mesmo elemento. Portanto, do mesmo objeto existem várias matérias, quando uma matéria é, ao mesmo tempo, matéria de outro: por exemplo, a fleuma deriva do graxo e do doce, se deste provém aquele; mas também pode-se dizer que deriva da bílis, enquanto esta pode ser considerada como dissolvida na matéria prima. Com efeito, uma coisa deriva de outra em dois sentidos: ou enquanto uma deriva imediatamente da outra, ou enquanto deriva dos elementos nos quais se dissolveu a outra[4].

Por outro lado, é possível que da mesma matéria derivem coisas diversas, por obra de uma causa motora diferente: por exemplo, da madeira pode derivar um armário e um leito[5]. Noutros casos, ao contrário, coisas diversas exigem necessariamente matéria diversa: por exemplo, não pode haver uma serra de madeira, e isso não depende da causa motora, porque esta jamais poderá fazer uma serra de lã ou de madeira. Ao contrário, quando é possível fazer a mesma coisa com matéria diferente é evidente que a arte e o princípio motor devem ser os mesmos: de fato, se fossem diferentes a matéria e a causa motora também o produto seria diferente[6].

Quando se busca a causa, dado que as causas são entendidas em diversos sentidos[7], devem-se indicar todas as causas possíveis. Por exemplo: qual é a causa material do homem? Não é o mênstruo[8]? E qual é a causa motora? Não é o esperma? E qual é a causa formal[9]? A essência do homem. E qual é a causa final? O fim do homem. Essas duas últimas talvez coincidam[10]. Depois, é preciso indicar as causas que são próximas. Por exemplo, quando se pergunta qual é a matéria desta coisa determinada, não se deve responder que é o fogo ou a terra, mas deve-se indicar a matéria própria daquela coisa[11].

Quanto às substâncias físicas e sujeitas à geração, será preciso seguir esse procedimento se quisermos acertar, dado que tantas e tais são as causas e dado que devemos conhecê-las. O procedimento é diferente quando se trata de substâncias físicas, porém eternas[12]. Provavelmente, algumas não têm matéria ou, pelo menos, não têm uma matéria como a das outras substâncias

κατὰ τόπον κινητήν. οὐδ' ὅσα δὴ φύσει μέν, μὴ οὐσίαι δέ,
οὐκ ἔστι τούτοις ὕλη, ἀλλὰ τὸ ὑποκείμενον ἡ οὐσία. οἷον τί
αἴτιον ἐκλείψεως, τίς ὕλη; οὐ γὰρ ἔστιν, ἀλλ' ἡ σελήνη τὸ
πάσχον. τί δ' αἴτιον ὡς κινῆσαν καὶ φθεῖραν τὸ φῶς; ἡ
γῆ. τὸ δ' οὗ ἕνεκα ἴσως οὐκ ἔστιν. τὸ δ' ὡς εἶδος ὁ λόγος,
ἀλλὰ ἄδηλος ἐὰν μὴ μετὰ τῆς αἰτίας ᾖ ὁ λόγος. οἷον τί
ἔκλειψις; στέρησις φωτός. ἐὰν δὲ προστεθῇ τὸ ὑπὸ γῆς ἐν
μέσῳ γιγνομένης, ὁ σὺν τῷ αἰτίῳ λόγος οὗτος. ὕπνου δ'
ἄδηλον τί τὸ πρῶτον πάσχον. ἀλλ' ὅτι τὸ ζῷον; ναί,
ἀλλὰ τοῦτο κατὰ τί, καὶ τί πρῶτον; καρδία ἢ ἄλλο τι.
εἶτα ὑπὸ τίνος; εἶτα τί τὸ πάθος, τὸ ἐκείνου καὶ μὴ τοῦ
ὅλου; ὅτι ἀκινησία τοιαδί; ναί, ἀλλ' αὕτη τῷ τί πάσχειν
τὸ πρῶτον;

5

Ἐπεὶ δ' ἔνια ἄνευ γενέσεως καὶ φθορᾶς ἔστι καὶ οὐκ
ἔστιν, οἷον αἱ στιγμαί, εἴπερ εἰσί, καὶ ὅλως τὰ εἴδη
(οὐ γὰρ τὸ λευκὸν γίγνεται ἀλλὰ τὸ ξύλον λευκόν, εἰ
ἔκ τινος καὶ τί πᾶν τὸ γιγνόμενον γίγνεται), οὐ πάντα
ἂν τἀναντία γίγνοιτο ἐξ ἀλλήλων, ἀλλ' ἑτέρως λευκὸς
ἄνθρωπος ἐκ μέλανος ἀνθρώπου καὶ λευκὸν ἐκ μέλανος·
οὐδὲ παντὸς ὕλη ἔστιν ἀλλ' ὅσων γένεσις ἔστι καὶ μεταβολὴ
εἰς ἄλληλα· ὅσα δ' ἄνευ τοῦ μεταβάλλειν ἔστιν ἢ μή, οὐκ
ἔστι τούτων ὕλη. —ἔχει δ' ἀπορίαν πῶς πρὸς τἀναντία ἡ

sensíveis, mas têm uma matéria suscetível apenas de movimento local[13]. E também as coisas que são naturais, mas não são substâncias, possuem matéria: o que nelas serve de substrato é a substância[14]. Por exemplo: qual é a causa dos eclipses e qual é a matéria deles? Na realidade, não existe matéria mas existe a lua, que sofre uma modificação. Qual é a causa motora que faz desaparecer a luz? A terra. A causa final provavelmente não existe. A causa formal é a noção de eclipse; mas essa não fica clara se não é acompanhada da causa eficiente. Por exemplo: o que é o eclipse? É privação de luz. Ora, se se acrescenta que a privação é produzida pela interposição da terra, obtém-se então a noção do eclipse acompanhada da causa eficiente. Ainda: não é claro qual seja o sujeito próximo do sono. Será o animal? Certamente, mas em que parte? Que órgão é o sujeito imediato do sono? O coração ou algum outro órgão. E, ademais, qual é sua causa? E em que consiste a afecção, isto é, a afecção do órgão em questão, e não a do organismo inteiro? Dir-se-á que é certa imobilidade. Certamente, mas que tipo de afecção daquele órgão produz essa imobilidade?[15]

5. [*A matéria considerada relativamente aos contrários e ao devir das coisas*][1]

Dado que algumas coisas existem ou não existem sem que delas haja processo de geração e corrupção, como por exemplo os pontos (se é que se pode dizer que eles existem[2]) e, em geral, as formas[3] (de fato, não se gera o branco mas a madeira branca, se tudo o que se gera deriva de algo e torna-se algo), nem todos os contrários geram-se uns dos outros, mas é de um modo diferente que o homem branco deriva do homem negro, e o branco do preto[4]. E não existe uma matéria para todas as coisas, mas só para aquelas das quais existe geração e mutação de umas nas outras, enquanto das coisas que existem ou deixam de existir sem processo de transmutação não existe matéria[5].

Põe-se então o problema de como a matéria de cada coisa se comporta relativamente aos contrários. Por exemplo, se o corpo

ὕλη ἡ ἑκάστου ἔχει. οἷον εἰ τὸ σῶμα δυνάμει ὑγιεινόν, ἐναντίον δὲ νόσος ὑγιείᾳ, ἆρα ἄμφω δυνάμει; καὶ τὸ ὕδωρ δυνάμει οἶνος καὶ ὄξος; ἢ τοῦ μὲν καθ' ἕξιν καὶ κατὰ τὸ εἶδος ὕλη, τοῦ δὲ κατὰ στέρησιν καὶ φθορὰν τὴν παρὰ φύσιν; ἀπορία δέ τις ἔστι καὶ διὰ τί ὁ οἶνος οὐχ ὕλη τοῦ ὄξους οὐδὲ δυνάμει ὄξος (καίτοι γίγνεται ἐξ αὐτοῦ ὄξος) καὶ ὁ ζῶν δυνάμει νεκρός. ἢ οὔ, ἀλλὰ κατὰ συμβεβηκὸς αἱ φθοραί, ἡ δὲ τοῦ ζῴου ὕλη αὐτὴ κατὰ φθορὰν νεκροῦ δύναμις καὶ ὕλη, καὶ τὸ ὕδωρ ὄξους· γίγνεται γὰρ ἐκ τούτων ὥσπερ ἐξ ἡμέρας νύξ. καὶ ὅσα δὴ οὕτω μεταβάλλει εἰς ἄλληλα, εἰς τὴν ὕλην δεῖ ἐπανελθεῖν, οἷον εἰ ἐκ νεκροῦ ζῷον, εἰς τὴν ὕλην πρῶτον, εἶθ' οὕτω ζῷον· καὶ τὸ ὄξος εἰς ὕδωρ, εἶθ' οὕτως οἶνος.

6

Περὶ δὲ τῆς ἀπορίας τῆς εἰρημένης περί τε τοὺς ὁρισμοὺς καὶ περὶ τοὺς ἀριθμούς, τί αἴτιον τοῦ ἓν εἶναι; πάντων γὰρ ὅσα πλείω μέρη ἔχει καὶ μὴ ἔστιν οἷον σωρὸς τὸ πᾶν ἀλλ' ἔστι τι τὸ ὅλον παρὰ τὰ μόρια, ἔστι τι αἴτιον, ἐπεὶ καὶ ἐν τοῖς σώμασι τοῖς μὲν ἁφὴ αἰτία τοῦ ἓν εἶναι τοῖς δὲ γλισχρότης ἤ τι πάθος ἕτερον τοιοῦτον. ὁ δ' ὁρισμὸς λόγος ἐστὶν εἷς οὐ συνδέσμῳ καθάπερ ἡ Ἰλιὰς ἀλλὰ τῷ ἑνὸς εἶναι. τί οὖν ἐστιν ὃ ποιεῖ ἓν τὸν ἄνθρωπον, καὶ διὰ τί ἓν ἀλλ' οὐ πολλά, οἷον τό τε ζῷον καὶ τὸ δίπουν, ἄλλως τε δὴ καὶ εἰ ἔστιν, ὥσπερ φασί τινες, αὐτό τι ζῷον καὶ

é sadio em potência, e se a enfermidade é contrária à saúde, o corpo seria em potência saúde e enfermidade? E a água é em potência vinho e vinagre? Deve-se, talvez, dizer que a matéria é potência do lado positivo dos dois contrários enquanto é um estado e uma forma, e que é potência do seu contrário enquanto é privação e corrupção da natureza[6]?

Surge ainda este outro problema: por que o vinho não é matéria do vinagre nem é vinagre em potência, mesmo que dele derive o vinagre? E por que o animal não é cadáver em potência?[7] Deve-se responder que não é assim porque se trata de corrupções acidentais: é a matéria do animal que, em função de sua corrupção, é potência e matéria do cadáver, assim como a água relativamente ao vinagre. O cadáver e o vinagre derivam do animal e do vinho do mesmo modo que do dia deriva a noite. E todas as coisas que se transformam umas nas outras desse modo devem antes retornar à matéria originária; por exemplo, para que do cadáver derive o animal é necessário que ele se transforme antes em matéria, e assim poderá posteriormente tornar-se animal. E também o vinagre deve primeiro transformar-se em água para depois tornar-se vinho[8].

6. *[Qual é a causa da unidade da definição e da substância]*[1]

Voltemos ao problema formulado acima[2], relativo às definições e aos números: qual é a causa de sua unidade? De todas as coisas compostas de partes, cujo conjunto não é como um montão, mas algo além das partes, existe uma causa <da unidade>; de fato, também nos corpos a causa da unidade é, às vezes, o contato, outras uma viscosidade ou alguma afecção desse tipo. Ora a definição é um discurso que constitui uma unidade, não pela extrínseca ligação das várias partes como a *Ilíada*, mas porque se refere a um objeto essencialmente uno. Que é, então, que torna o homem uma unidade, e qual é a razão pela qual ele é uma unidade e não uma multiplicidade, por exemplo, animal bípede, sobretudo se existem, como afirmam alguns[4], um Animal-em-si e

αὐτὸ δίπουν; διὰ τί γὰρ οὐκ ἐκεῖνα αὐτὰ ὁ ἄνθρωπός ἐστι, καὶ ἔσονται κατὰ μέθεξιν οἱ ἄνθρωποι οὐκ ἀνθρώπου οὐδ' ἑνὸς ἀλλὰ δυοῖν, ζῴου καὶ δίποδος, καὶ ὅλως δὴ οὐκ ἂν εἴη ὁ ἄνθρωπος ἓν ἀλλὰ πλείω, ζῷον καὶ δίπουν; φανερὸν δὴ ὅτι οὕτω μὲν μετιοῦσιν ὡς εἰώθασιν ὁρίζεσθαι καὶ λέγειν, οὐκ ἐνδέχεται ἀποδοῦναι καὶ λῦσαι τὴν ἀπορίαν· εἰ δ' ἐστίν, ὥσπερ λέγομεν, τὸ μὲν ὕλη τὸ δὲ μορφή, καὶ τὸ μὲν δυνάμει τὸ δὲ ἐνεργείᾳ, οὐκέτι ἀπορία δόξειεν ἂν εἶναι τὸ ζητούμενον. ἔστι γὰρ αὕτη ἡ ἀπορία ἡ αὐτὴ κἂν εἰ ὁ ὅρος εἴη ἱματίου στρογγύλος χαλκός· εἴη γὰρ ἂν σημεῖον τοὔνομα τοῦτο τοῦ λόγου, ὥστε τὸ ζητούμενόν ἐστι τί αἴτιον τοῦ ἓν εἶναι τὸ στρογγύλον καὶ τὸν χαλκόν. οὐκέτι δὴ ἀπορία φαίνεται, ὅτι τὸ μὲν ὕλη τὸ δὲ μορφή. τί οὖν τούτου αἴτιον, τοῦ τὸ δυνάμει ὂν ἐνεργείᾳ εἶναι, παρὰ τὸ ποιῆσαν, ἐν ὅσοις ἔστι γένεσις; οὐθὲν γάρ ἐστιν αἴτιον ἕτερον τοῦ τὴν δυνάμει σφαῖραν ἐνεργείᾳ εἶναι σφαῖραν, ἀλλὰ τοῦτ' ἦν τὸ τί ἦν εἶναι ἑκατέρῳ. ἔστι δὲ τῆς ὕλης ἡ μὲν νοητὴ ἡ δ' αἰσθητή, καὶ ἀεὶ τοῦ λόγου τὸ μὲν ὕλη τὸ δὲ ἐνέργειά ἐστιν, οἷον ὁ κύκλος σχῆμα ἐπίπεδον. ὅσα δὲ μὴ ἔχει ὕλην μήτε νοητὴν μήτε αἰσθητήν, εὐθὺς ὅπερ ἕν τί [εἶναί] ἐστιν ἕκαστον, ὥσπερ καὶ ὅπερ ὄν τι, τὸ τόδε, τὸ ποιόν, τὸ ποσόν — διὸ καὶ οὐκ ἔνεστιν ἐν τοῖς ὁρισμοῖς οὔτε τὸ ὂν οὔτε τὸ ἕν —, καὶ τὸ τί ἦν εἶναι εὐθὺς ἕν τί ἐστιν ὥσπερ καὶ ὄν τι — διὸ καὶ οὐκ ἔστιν ἕτερόν τι αἴτιον τοῦ ἓν εἶναι οὐθενὶ τούτων οὐδὲ τοῦ ὄν τι εἶναι· εὐθὺς γὰρ ἕκαστόν ἐστιν ὄν τι καὶ ἕν τι, οὐχ ὡς ἐν γένει τῷ ὄντι καὶ τῷ ἑνί,

um Bípede-em-si? Por que, portanto, o homem não é essas duas coisas? E por que os homens devem existir pela participação não na Ideia de homem nem numa Ideia única, mas em duas Ideias, ou seja, na de Animal e na de Bípede? E, em geral, não deveríamos dizer que o homem será, desse modo, não uma unidade mas uma multiplicidade, ou seja, animal e bípede?[5]

É evidente que, procedendo nas definições e nos raciocínios do modo como procedem esses filósofos, não é possível explicar nem resolver o problema. Se, ao contrário, como sustentamos, a coisa é, de um lado, matéria e, de outro, forma, e uma é potência enquanto a outra é ato, então a questão não apresenta mais nenhuma dificuldade[6]. E essa mesma dificuldade se apresentaria se a definição de "veste" fosse, digamos, "esfera de bronze". De fato, esse nome seria o sinal indicador da noção, de modo que faltaria buscar qual é a causa pela qual a esfera e o bronze constituem uma unidade. Mas é claro que não resta mais nenhuma dificuldade se dizemos que um é a matéria e o outro a forma[7].

E então, qual poderia ser a causa disso, isto é, de ser em ato o que é em potência, no âmbito das coisas sujeitas à geração, a não ser a causa eficiente? Na verdade não existe nenhuma outra causa que faça com que a esfera em potência seja esfera em ato, a não ser a essência própria de cada uma delas[8]. E existem dois tipos de matéria: uma inteligível e a outra sensível, e uma parte da definição é sempre matéria e a outra ato: por exemplo, o círculo é definido como figura plana[9].

As coisas que não têm matéria nem inteligível nem sensível são imediatamente uma unidade, assim como são imediatamente determinada categoria de ser: substância, quantidade ou qualidade (e é por isso que em suas definições não entram nem o ser nem o um); e a essência de cada uma delas é imediatamente uma unidade, assim como é imediatamente determinada categoria do ser. Por isso não existe dessas coisas outra causa pela qual cada uma é una e um ser determinado: de fato, cada uma delas é imediatamente um ser determinado e uma determinada unidade, e não enquanto participa dos gêneros do Ser e do Um,

οὐδ' ὡς χωριστῶν ὄντων παρὰ τὰ καθ' ἕκαστα. διὰ ταύτην δὲ τὴν ἀπορίαν οἱ μὲν μέθεξιν λέγουσι, καὶ αἴτιον τί τῆς μεθέξεως καὶ τί τὸ μετέχειν ἀποροῦσιν· οἱ δὲ συνουσίαν
10 [ψυχῆς], ὥσπερ Λυκόφρων φησὶν εἶναι τὴν ἐπιστήμην τοῦ ἐπίστασθαι καὶ ψυχῆς· οἱ δὲ σύνθεσιν ἢ σύνδεσμον ψυχῆς σώματι τὸ ζῆν. καίτοι ὁ αὐτὸς λόγος ἐπὶ πάντων· καὶ γὰρ τὸ ὑγιαίνειν ἔσται ἢ συνουσία ἢ σύνδεσμος ἢ σύνθεσις ψυχῆς καὶ ὑγιείας, καὶ τὸ τὸν χαλκὸν εἶναι τρίγωνον
15 σύνθεσις χαλκοῦ καὶ τριγώνου, καὶ τὸ λευκὸν εἶναι σύνθεσις ἐπιφανείας καὶ λευκότητος. αἴτιον δ' ὅτι δυνάμεως καὶ ἐντελεχείας ζητοῦσι λόγον ἑνοποιὸν καὶ διαφοράν. ἔστι δ', ὥσπερ εἴρηται, ἡ ἐσχάτη ὕλη καὶ ἡ μορφὴ ταὐτὸ καὶ ἕν, δυνάμει, τὸ δὲ ἐνεργείᾳ, ὥστε ὅμοιον τὸ ζητεῖν τοῦ
20 ἑνὸς τί αἴτιον καὶ τοῦ ἓν εἶναι· ἓν γάρ τι ἕκαστον, καὶ τὸ δυνάμει καὶ τὸ ἐνεργείᾳ ἕν πώς ἐστιν, ὥστε αἴτιον οὐθὲν ἄλλο πλὴν εἴ τι ὡς κινῆσαν ἐκ δυνάμεως εἰς ἐνέργειαν. ὅσα δὲ μὴ ἔχει ὕλην, πάντα ἁπλῶς ὅπερ ἕν τι.

nem enquanto estes podem subsistir separadamente de cada uma das categorias[10].

Para resolver essa dificuldade alguns falam de participação, mas ficam depois em dificuldade quando se trata de apresentar a causa da participação e de explicar o que significa participar[11]. Outros, ao contrário, falam de comunhão: por exemplo, Licofronte afirma que a ciência é comunhão do saber e da alma[12]. Outros ainda falam que a vida é composição e conexão da alma com o corpo[13]. E, então, o mesmo raciocínio deve estender-se a todas as coisas: o bem-estar será comunhão ou conexão ou composição da alma e da saúde; e o triângulo de bronze será composição de bronze e de triângulo, e o ser branco será uma composição de superfície e de branco[14].

A raiz desses erros está em que eles buscam a razão unificadora da potência e do ato e a diferença que existe entre uma e o outro. Ao contrário, como dissemos, a matéria próxima e a forma são a mesma realidade; uma é a coisa em potência e outra é a coisa em ato. Portanto, buscar a causa de sua unidade é o mesmo que buscar a causa pela qual o que é um é um: de fato, cada ser é unidade, e o que é em potência e o que é em ato, sob certo aspecto, é uma unidade. Portanto, não existe outra causa que faça passar a coisa da potência ao ato a não ser a causa eficiente. Ao contrário, as coisas que não têm matéria são absoluta e essencialmente unidade[15].

LIVRO
Θ
(NONO)

1

Περὶ μὲν οὖν τοῦ πρώτως ὄντος καὶ πρὸς ὃ πᾶσαι αἱ ἄλλαι κατηγορίαι τοῦ ὄντος ἀναφέρονται εἴρηται, περὶ τῆς οὐσίας (κατὰ γὰρ τὸν τῆς οὐσίας λόγον λέγεται τἆλλα ὄντα, τό τε ποσὸν καὶ τὸ ποιὸν καὶ τἆλλα τὰ οὕτω λεγόμενα· πάντα γὰρ ἕξει τὸν τῆς οὐσίας λόγον, ὥσπερ εἴπομεν ἐν τοῖς πρώτοις λόγοις)· ἐπεὶ δὲ λέγεται τὸ ὂν τὸ μὲν τὸ τὶ ἢ ποιὸν ἢ ποσόν, τὸ δὲ κατὰ δύναμιν καὶ ἐντελέχειαν καὶ κατὰ τὸ ἔργον, διορίσωμεν καὶ περὶ δυνάμεως καὶ ἐντελεχείας, καὶ πρῶτον περὶ δυνάμεως ᾗ λέγεται μὲν μάλιστα κυρίως, οὐ μὴν χρησιμωτάτη γέ ἐστι πρὸς ὃ βουλόμεθα νῦν· ἐπὶ πλέον γάρ ἐστιν ἡ δύναμις καὶ ἡ ἐνέργεια τῶν μόνον λεγομένων κατὰ κίνησιν. ἀλλ' εἰπόντες περὶ ταύτης, ἐν τοῖς περὶ τῆς ἐνεργείας διορισμοῖς δηλώσομεν καὶ περὶ τῶν ἄλλων. ὅτι μὲν οὖν λέγεται πολλαχῶς ἡ δύναμις καὶ τὸ δύνασθαι, διώρισται ἡμῖν ἐν ἄλλοις· τούτων δ' ὅσαι μὲν ὁμωνύμως λέγονται δυνάμεις ἀφείσθωσαν (ἔνιαι γὰρ ὁμοιότητί τινι λέγονται, καθάπερ ἐν γεωμετρίᾳ καὶ δυνατὰ καὶ ἀδύνατα λέγομεν τῷ εἶναί πως ἢ μὴ εἶναι), ὅσαι δὲ πρὸς τὸ αὐτὸ εἶδος, πᾶσαι ἀρχαί τινές εἰσι, καὶ πρὸς πρώτην μίαν λέγονται, ἥ ἐστιν ἀρχὴ μεταβολῆς ἐν ἄλλῳ ἢ ᾗ ἄλλο. ἡ μὲν γὰρ τοῦ παθεῖν ἐστὶ δύναμις, ἡ ἐν αὐτῷ τῷ πάσχοντι ἀρχὴ μεταβολῆς παθητικῆς ὑπ' ἄλλου ἢ ᾗ ἄλλο· ἡ δ' ἕξις ἀπαθείας τῆς ἐπὶ

1. [A potência como princípio de movimento]¹

Tratamos do ser que é primeiro e ao qual se referem todas as outras categorias de ser, ou seja, a substância². Em relação com a substância são chamados ser também a quantidade, a qualidade e as outras categorias; todas elas, com efeito, devem ter uma relação com a substância, como dissemos nos raciocínios precedentes³. E dado que o ser é entendido no significado de essência, ou de qualidade, ou de quantidade e, noutro sentido, o ser é entendido segundo a potência e o ato e segundo a atividade, também devemos tratar da potência e do ato. E, em primeiro lugar, devemos tratar da potência em seu significado mais próprio, embora não seja o que mais serve ao fim que pretendemos alcançar agora; de fato, as noções de potência e de ato ultrapassam os significados relativos unicamente ao movimento⁴. Mas, depois de ter exposto estes significados, esclareceremos também os outros, quando tratarmos do ato⁵.

Explicamos em outro livro que a potência e o poder são palavras que exprimem muitos significados⁶. Desses múltiplos significados podemos deixar de lado os que se exprimem por mera homonímia: algumas coisas só são chamadas potência por força de certa similitude, assim como em geometria dizemos que são em potência algumas coisas ou não são em potência outras, caso sejam ou não de determinado modo⁷. Ao contrário, todas as potências conformes à mesma espécie são em certo sentido princípios, e são ditas potência em relação àquela que é potência em sentido primário e que é princípio de mudança em outra coisa ou na mesma coisa enquanto outra. De fato, (1) existe uma potência de padecer a ação, que é, no próprio paciente, o princípio de mudança passiva

τὸ χεῖρον καὶ φθορᾶς τῆς ὑπ' ἄλλου ἢ ᾗ ἄλλο ὑπ' ἀρχῆς
μεταβλητικῆς. ἐν γὰρ τούτοις ἔνεστι πᾶσι τοῖς ὅροις ὁ τῆς
πρώτης δυνάμεως λόγος. πάλιν δ' αὗται δυνάμεις λέγονται ἢ τοῦ μόνον ποιῆσαι ἢ [τοῦ] παθεῖν ἢ τοῦ καλῶς, ὥστε
καὶ ἐν τοῖς τούτων λόγοις ἐνυπάρχουσί πως οἱ τῶν προτέρων δυνάμεων λόγοι. — φανερὸν οὖν ὅτι ἔστι μὲν ὡς μία δύναμις τοῦ ποιεῖν καὶ πάσχειν (δυνατὸν γάρ ἐστι καὶ τῷ
ἔχειν αὐτὸ δύναμιν τοῦ παθεῖν καὶ τῷ ἄλλο ὑπ' αὐτοῦ),
ἔστι δὲ ὡς ἄλλη. ἡ μὲν γὰρ ἐν τῷ πάσχοντι (διὰ γὰρ
τὸ ἔχειν τινὰ ἀρχήν, καὶ εἶναι καὶ τὴν ὕλην ἀρχήν τινα,
πάσχει τὸ πάσχον, καὶ ἄλλο ὑπ' ἄλλου· τὸ λιπαρὸν μὲν
γὰρ καυστὸν τὸ δ' ὑπεῖκον ὡδὶ θλαστόν, ὁμοίως δὲ καὶ
ἐπὶ τῶν ἄλλων), ἡ δ' ἐν τῷ ποιοῦντι, οἷον τὸ θερμὸν καὶ
ἡ οἰκοδομική, ἡ μὲν ἐν τῷ θερμαντικῷ ἡ δ' ἐν τῷ οἰκο-
δομικῷ· διὸ ᾗ συμπέφυκεν, οὐθὲν πάσχει αὐτὸ ὑφ' ἑαυτοῦ·
ἓν γὰρ καὶ οὐκ ἄλλο. καὶ ἡ ἀδυναμία καὶ τὸ ἀδύνατον
ἡ τῇ τοιαύτῃ δυνάμει ἐναντία στέρησίς ἐστιν, ὥστε τοῦ
αὐτοῦ καὶ κατὰ τὸ αὐτὸ πᾶσα δύναμις ἀδυναμίᾳ. ἡ δὲ
στέρησις λέγεται πολλαχῶς· καὶ γὰρ τὸ μὴ ἔχον καὶ τὸ
πεφυκὸς ἂν μὴ ἔχῃ, ἢ ὅλως ἢ ὅτε πέφυκεν, καὶ ᾗ ὡδί,
οἷον παντελῶς, ἢ κἂν ὁπωσοῦν. ἐπ' ἐνίων δέ, ἂν πεφυκότα
ἔχειν μὴ ἔχῃ βίᾳ, ἐστερῆσθαι ταῦτα λέγομεν.

por obra de outro ou de si mesmo enquanto outro; e (2) existe uma potência que é capacidade de não sofrer mudanças para pior, nem destruição pela ação de outro ou de si enquanto outro por obra de um princípio de mudança. Em todas essas definições está contida a noção de potência em sentido originário. Ulteriormente, elas são ditas potências (a) ou porque são potências de agir ou padecer simplesmente, ou (b) de agir e padecer de determinado modo: portanto, mesmo nas definições destas está presente o conceito da potência no sentido originário[8].

Portanto, é evidente que, em certo sentido, a potência de fazer e padecer é única: uma coisa tem potência seja porque ela mesma possui a capacidade de padecer por obra de outra, seja porque outra coisa pode padecer por obra dela[9]. Mas em outro sentido, as potências de fazer e de padecer são diferentes. De fato, uma se encontra no paciente (é em virtude da posse de certo princípio e é porque a própria matéria é esse princípio, que o paciente sofre[10], nos diversos casos, por obra de agentes diversos: assim, o oleoso pode ser queimado e o que cede à pressão de determinado modo pode ser comprimido desse modo, e analogamente nos outros casos); a outra, ao contrário, encontra-se no agente como, por exemplo, o quente e a arte de construir: o primeiro encontra-se no que é capaz de aquecer e a segunda em quem é capaz de construir. Por isso, na medida em que algo é uma unidade natural, não pode padecer nada por obra de si mesmo, por ser um e não diferente de si[11].

Impotência ou impotente é privação contrária a essa potência[12]. Portanto, para a mesma coisa e segundo a mesma relação toda potência se contrapõe a uma impotência.

E a privação tem múltiplos significados: indica (1) o que não possui algo, (2) o que por sua natureza deveria possuir algo e não possui, (a) absolutamente ou (b) no momento em que por sua natureza já deveria possuí-la, ou (α) em determinado modo (por exemplo, completamente), ou (β) só em certa medida. (3) Enfim, dizemos que padecem privação as coisas que não possuem por violência o que por sua natureza deveriam possuir[13].

2

Ἐπεὶ δ' αἱ μὲν ἐν τοῖς ἀψύχοις ἐνυπάρχουσιν ἀρχαὶ τοιαῦται, αἱ δ' ἐν τοῖς ἐμψύχοις καὶ ἐν ψυχῇ καὶ τῆς ψυχῆς ἐν τῷ λόγον ἔχοντι, δῆλον ὅτι καὶ τῶν δυνάμεων αἱ μὲν ἔσονται ἄλογοι αἱ δὲ μετὰ λόγου· διὸ πᾶσαι αἱ τέχναι καὶ αἱ ποιητικαὶ ἐπιστῆμαι δυνάμεις εἰσίν· ἀρχαὶ γὰρ μεταβλητικαί εἰσιν ἐν ἄλλῳ ἢ ᾗ ἄλλο. καὶ αἱ μὲν μετὰ λόγου πᾶσαι τῶν ἐναντίων αἱ αὐταί, αἱ δὲ ἄλογοι μία ἑνός, οἷον τὸ θερμὸν τοῦ θερμαίνειν μόνον· ἡ δὲ ἰατρικὴ νόσου καὶ ὑγιείας. αἴτιον δὲ ὅτι λόγος ἐστὶν ἡ ἐπιστήμη, ὁ δὲ λόγος ὁ αὐτὸς δηλοῖ τὸ πρᾶγμα καὶ τὴν στέρησιν, πλὴν οὐχ ὡσαύτως, καὶ ἔστιν ὡς ἀμφοῖν ἔστι δ' ὡς τοῦ ὑπάρχοντος μᾶλλον, ὥστ' ἀνάγκη καὶ τὰς τοιαύτας ἐπιστήμας εἶναι μὲν τῶν ἐναντίων, εἶναι δὲ τοῦ μὲν καθ' αὑτὰς τοῦ δὲ μὴ καθ' αὑτάς· καὶ γὰρ ὁ λόγος τοῦ μὲν καθ' αὑτὸ τοῦ δὲ τρόπον τινὰ κατὰ συμβεβηκός· ἀποφάσει γὰρ καὶ ἀποφορᾷ δηλοῖ τὸ ἐναντίον· ἡ γὰρ στέρησις ἡ πρώτη τὸ ἐναντίον, αὕτη δὲ ἀποφορὰ θατέρου. ἐπεὶ δὲ τὰ ἐναντία οὐκ ἐγγίγνεται ἐν τῷ αὐτῷ, ἡ δ' ἐπιστήμη δύναμις τῷ λόγον ἔχειν, καὶ ἡ ψυχὴ κινήσεως ἔχει ἀρχήν, τὸ μὲν ὑγιεινὸν ὑγίειαν μόνον ποιεῖ καὶ τὸ θερμαντικὸν θερμότητα καὶ τὸ ψυκτικὸν ψυχρότητα, ὁ δ' ἐπιστήμων ἄμφω. λόγος γάρ ἐστιν ἀμφοῖν μέν, οὐχ ὁμοίως δέ, καὶ ἐν ψυχῇ ἢ ἔχει κινήσεως ἀρχήν· ὥστε ἄμφω ἀπὸ τῆς αὐτῆς ἀρχῆς κινήσει πρὸς ταὐτὸ συνάψασα· διὸ τὰ κατὰ λόγον δυνατὰ τοῖς ἄνευ λόγου δυνατοῖς ποιεῖ τἀναντία·

2. [Potências racionais e potências irracionais]¹

Como esses princípios² encontram-se, (1) alguns nos seres inanimados, (2) outros nos seres animados, (a) na alma e (b) na parte racional da alma, é evidente que também algumas potências serão irracionais e outras racionais; por isso todas as artes e as ciências produtivas são potências: e fato, são princípios de mudança em outro ou na própria coisa enquanto outra³.

E enquanto as potências racionais são as mesmas para ambos os contrários, cada uma das irracionais é potência de um único contrário: o quente, por exemplo, só é potência de aquecer, enquanto a arte médica é potência da enfermidade e da saúde. Isso é assim porque a ciência funda-se sobre noções⁴ e a mesma noção manifesta tanto a essência da coisa como a sua privação, embora não do mesmo modo: de fato, a ciência é ciência de ambos os contrários, mas prioritariamente do positivo. Portanto, é necessário que também essas potências racionais sejam de ambos os contrários, e que de um dos contrários o sejam por sua própria natureza, enquanto do outro não o sejam por sua própria natureza. De fato, também a noção se refere a um dos contrários por sua própria natureza, enquanto ao outro só se refere por acidente. Com efeito, a noção manifesta o contrário negativo com a negação e com a privação do positivo, porque a privação em sentido primário constitui o contrário, e ela é, justamente, a privação do termo positivo. E dado que os contrários não se encontram juntos na mesma coisa, enquanto a ciência é potência dos contrários porque possui a noção deles, e a alma possui o princípio de movimento, daí deriva que, enquanto o que é saúde só produz saúde, o que tem capacidade de aquecer só produz calor e o que tem capacidade de esfriar só produz frio, quem possui a ciência produz ambos os contrários. De fato, a noção refere-se a ambos os contrários, embora não do mesmo modo, e encontra-se na alma, que possui o princípio do movimento: portanto, a alma com o mesmo princípio pode mover a ambos os contrários, já que os unificou na mesma noção. Por isso as potências racionais agem de maneira contrária às potências irracionais, porque

μιᾷ γὰρ ἀρχῇ περιέχεται, τῷ λόγῳ. φανερὸν δὲ καὶ ὅτι τῇ μὲν τοῦ εὖ δυνάμει ἀκολουθεῖ ἡ τοῦ μόνον ποιῆσαι ἢ παθεῖν δύναμις, ταύτῃ δ' ἐκείνη οὐκ ἀεί· ἀνάγκη γὰρ τὸν εὖ ποιοῦντα καὶ ποιεῖν, τὸν δὲ μόνον ποιοῦντα οὐκ ἀνάγκη καὶ εὖ ποιεῖν.

3

Εἰσὶ δέ τινες οἵ φασιν, οἷον οἱ Μεγαρικοί, ὅταν ἐνεργῇ μόνον δύνασθαι, ὅταν δὲ μὴ ἐνεργῇ οὐ δύνασθαι, οἷον τὸν μὴ οἰκοδομοῦντα οὐ δύνασθαι οἰκοδομεῖν, ἀλλὰ τὸν οἰκοδομοῦντα ὅταν οἰκοδομῇ· ὁμοίως δὲ καὶ ἐπὶ τῶν ἄλλων. οἷς τὰ συμβαίνοντα ἄτοπα οὐ χαλεπὸν ἰδεῖν. δῆλον γὰρ ὅτι οὔτ' οἰκοδόμος ἔσται ἐὰν μὴ οἰκοδομῇ (τὸ γὰρ οἰκοδόμῳ εἶναι τὸ δυνατῷ εἶναί ἐστιν οἰκοδομεῖν), ὁμοίως δὲ καὶ ἐπὶ τῶν ἄλλων τεχνῶν. εἰ οὖν ἀδύνατον τὰς τοιαύτας ἔχειν τέχνας μὴ μαθόντα ποτὲ καὶ λαβόντα, καὶ μὴ ἔχειν μὴ ἀποβαλόντα ποτέ (ἢ γὰρ λήθῃ ἢ πάθει τινὶ ἢ χρόνῳ· οὐ γὰρ δὴ τοῦ γε πράγματος φθαρέντος, ἀεὶ γὰρ ἔστιν), ὅταν παύσηται, οὐχ ἕξει τὴν τέχνην, πάλιν δ' εὐθὺς οἰκοδομήσει πῶς λαβών; καὶ τὰ ἄψυχα δὴ ὁμοίως· οὔτε γὰρ ψυχρὸν οὔτε θερμὸν οὔτε γλυκὺ οὔτε ὅλως αἰσθητὸν οὐθὲν ἔσται μὴ αἰσθανομένων· ὥστε τὸν Πρωταγόρου λόγον συμβήσεται λέγειν αὐτοῖς. ἀλλὰ μὴν οὐδ' αἴσθησιν ἕξει οὐδὲν

com um único princípio, isto é, com a razão, envolvem ambos os contrários[5].

E também é evidente que a potência de agir e de padecer de modo adequado implica sempre a potência de agir e de padecer simplesmente, enquanto esta não implica sempre aquela. De fato, o que age de modo adequado deve necessariamente agir, enquanto o que age simplesmente não age necessariamente de modo adequado[6].

3. *[Necessidade da distinção entre potência e ato demonstrada pela discussão com a doutrina oposta dos megáricos e a refutação desta]*[1]

Alguns pensadores como, por exemplo, os megáricos[2], sustentam que só existe potência quando existe ato, e que quando não existe o ato também não existe a potência. Por exemplo, quem não está construindo — segundo eles — não tem potência de construir, mas só quem constrói e no momento em que constrói; e o mesmo vale para todos os casos. Os absurdos que derivam dessas afirmações são facilmente compreensíveis.

(a) De fato, é claro que alguém não poderia ser construtor senão no ato de construir, na medida em que, na realidade, o ser construtor consiste em ter a capacidade de construir. O mesmo vale para as outras artes. Ora, se é impossível possuir essas artes sem tê-las aprendido e dominado em dado momento, e se é impossível não possuí-las mais sem tê-las perdido (ou por tê-las esquecido, ou por causa de uma enfermidade, ou pelo tempo transcorrido; mas não pelo fato de ter-se destruído o objeto da arte, porque este existe perenemente), então <conforme dizem os megáricos> quando alguém tiver terminado de construir não possuirá mais a arte e, entretanto, depois poderá imediatamente recomeçar a construir: mas como pode readquirir a arte?[3]

(b) O mesmo vale para as coisas inanimadas: nem o frio, nem o calor, nem o doce, nem, em geral, qualquer sensível poderá existir se não for percebido atualmente. Assim sendo, os megáricos deverão sustentar a mesma doutrina de Protágoras[4].

ἂν μὴ αἰσθάνηται μηδ' ἐνεργῇ. εἰ οὖν τυφλὸν τὸ μὴ ἔχον
ὄψιν, πεφυκὸς δὲ καὶ ὅτε πέφυκε καὶ ἔτι ὄν, οἱ αὐτοὶ
10 τυφλοὶ ἔσονται πολλάκις τῆς ἡμέρας, καὶ κωφοί. ἔτι εἰ
ἀδύνατον τὸ ἐστερημένον δυνάμεως, τὸ μὴ γιγνόμενον ἀδύνατον ἔσται γενέσθαι· τὸ δ' ἀδύνατον γενέσθαι ὁ λέγων ἢ
εἶναι ἢ ἔσεσθαι ψεύσεται (τὸ γὰρ ἀδύνατον τοῦτο ἐσήμαινεν), ὥστε οὗτοι οἱ λόγοι ἐξαιροῦσι καὶ κίνησιν καὶ γένεσιν.
15 ἀεὶ γὰρ τό τε ἑστηκὸς ἑστήξεται καὶ τὸ καθήμενον καθε-
δεῖται· οὐ γὰρ ἀναστήσεται ἂν καθέζηται· ἀδύνατον γὰρ
ἔσται ἀναστῆναι ὅ γε μὴ δύναται ἀναστῆναι. εἰ οὖν μὴ ἐνδέχεται ταῦτα λέγειν, φανερὸν ὅτι δύναμις καὶ ἐνέργεια
ἕτερόν ἐστιν (ἐκεῖνοι δ' οἱ λόγοι δύναμιν καὶ ἐνέργειαν ταὐτὸ
20 ποιοῦσιν, διὸ καὶ οὐ μικρόν τι ζητοῦσιν ἀναιρεῖν), ὥστε ἐνδέχεται δυνατὸν μέν τι εἶναι μὴ εἶναι δέ, καὶ δυνατὸν μὴ
εἶναι εἶναι δέ, ὁμοίως δὲ καὶ ἐπὶ τῶν ἄλλων κατηγοριῶν
δυνατὸν βαδίζειν ὂν μὴ βαδίζειν, καὶ μὴ βαδίζειν δυνατὸν ὂν βαδίζειν. ἔστι δὲ δυνατὸν τοῦτο ᾧ ἐὰν ὑπάρξῃ
25 ἡ ἐνέργεια οὗ λέγεται ἔχειν τὴν δύναμιν, οὐθὲν ἔσται ἀδύνατον. λέγω δὲ οἷον, εἰ δυνατὸν καθῆσθαι καὶ ἐνδέχεται
καθῆσθαι, τούτῳ ἐὰν ὑπάρξῃ τὸ καθῆσθαι, οὐδὲν ἔσται ἀδύ-
νατον· καὶ εἰ κινηθῆναι ἢ κινῆσαι ἢ στῆναι ἢ στῆσαι ἢ
εἶναι ἢ γίγνεσθαι ἢ μὴ εἶναι ἢ μὴ γίγνεσθαι, ὁμοίως.
30 ἐλήλυθε δ' ἡ ἐνέργεια τοὔνομα, ἡ πρὸς τὴν ἐντελέχειαν
συντιθεμένη, καὶ ἐπὶ τὰ ἄλλα ἐκ τῶν κινήσεων μάλιστα·
δοκεῖ γὰρ ἡ ἐνέργεια μάλιστα ἡ κίνησις εἶναι, διὸ καὶ
τοῖς μὴ οὖσιν οὐκ ἀποδιδόασι τὸ κινεῖσθαι, ἄλλας δέ τινας
κατηγορίας, οἷον διανοητὰ καὶ ἐπιθυμητὰ εἶναι τὰ μὴ ὄντα,

(c) Antes, ninguém poderá ter a faculdade de sentir se não estiver sentindo e exercitando em ato essa faculdade. Então, se é cego quem não tem a visão — enquanto por sua natureza deveria tê-la, no momento em que por natureza deveria tê-la e do modo como por natureza deveria tê-la —, segue-se que os mesmos animais serão cegos muitas vezes ao dia, e assim também surdos[5].

(d) Ademais, se impotente é o que é privado de potência, o que não se produziu será impotente para se produzir; e mente quem afirma que o impotente para se produzir é ou será: de fato, como dissemos, este é o significado de impotente. Portanto, essas doutrinas megáricas suprimem o movimento e o devir: quem está de pé deverá ficar sempre de pé e quem está sentado deverá ficar sempre sentado; e, se está sentado, não poderá mais levantar-se, pois quem não possui a potência para se levantar não poderá levantar-se[6].

Se, portanto, essas afirmações são absurdas, é evidente que a potência e o ato são diferentes um do outro; ao contrário, esses raciocínios reduzem a potência e o ato à mesma coisa e, por isso, tentam eliminar uma diferença que não é de pouca importância. Portanto, pode ocorrer que uma substância seja em potência para ser e que, todavia, não exista, e, também, que uma substância seja em potência para não ser e que, todavia, exista. O mesmo vale para as outras categorias: pode ocorrer que quem tem a capacidade de caminhar não caminhe, e que seja capaz de caminhar quem não está caminhando. Algo é em potência se o traduzir-se em ato daquilo de que se diz ser ele em potência não implica nenhuma impossibilidade. Dou um exemplo: se alguém tem potência para sentar-se e pode sentar-se, não terá nenhuma impossibilidade de fazê-lo quando tiver de se sentar. E de modo semelhante quando se tratar da potência de ser movido ou de mover, de estar parado ou de parar, de ser ou de vir a ser, de não ser ou de não advir[7].

O termo ato, que se liga estreitamente ao termo *enteléquia*[8], mesmo que se estenda a outros casos, deriva sobretudo dos movimentos: parece que o ato é, principalmente, o movimento. Por essa razão não se atribui o movimento às coisas que não existem, mas se lhes atribui os outros predicados: por exemplo, pode-se dizer que as coisas que não existem são pensáveis e desejáveis,

κινούμενα δὲ οὔ, τοῦτο δὲ ὅτι οὐκ ὄντα ἐνεργείᾳ ἔσονται ἐνεργείᾳ. τῶν γὰρ μὴ ὄντων ἔνια δυνάμει ἐστίν· οὐκ ἔστι δέ, ὅτι οὐκ ἐντελεχείᾳ ἐστίν.

4

Εἰ δέ ἐστι τὸ εἰρημένον τὸ δυνατὸν ᾗ ἀκολουθεῖ, φανερὸν ὅτι οὐκ ἐνδέχεται ἀληθὲς εἶναι τὸ εἰπεῖν ὅτι δυνατὸν μὲν τοδί, οὐκ ἔσται δέ, ὥστε τὰ ἀδύνατα εἶναι ταύτῃ διαφεύγειν· λέγω δὲ οἷον εἴ τις φαίη δυνατὸν τὴν διάμετρον μετρηθῆναι οὐ μέντοι μετρηθήσεσθαι – ὁ μὴ λογιζόμενος τὸ ἀδύνατον εἶναι – ὅτι οὐθὲν κωλύει δυνατόν τι ὂν εἶναι ἢ γενέσθαι μὴ εἶναι μηδ' ἔσεσθαι. ἀλλ' ἐκεῖνο ἀνάγκη ἐκ τῶν κειμένων, εἰ καὶ ὑποθοίμεθα εἶναι ἢ γεγονέναι ὃ οὐκ ἔστι μὲν δυνατὸν δέ, ὅτι οὐθὲν ἔσται ἀδύνατον· συμβήσεται δέ γε, τὸ γὰρ μετρεῖσθαι ἀδύνατον. οὐ γὰρ δή ἐστι ταὐτὸ τὸ ψεῦδος καὶ τὸ ἀδύνατον· τὸ γάρ σε ἑστάναι νῦν ψεῦδος μέν, οὐκ ἀδύνατον δέ. ἅμα δὲ δῆλον καὶ ὅτι, εἰ τοῦ Α ὄντος ἀνάγκη τὸ Β εἶναι, καὶ δυνατοῦ ὄντος εἶναι τοῦ Α καὶ τὸ Β ἀνάγκη εἶναι δυνατόν· εἰ γὰρ μὴ ἀνάγκη δυνατὸν εἶναι, οὐθὲν κωλύει μὴ εἶναι δυνατὸν εἶναι. ἔστω δὴ τὸ Α δυνατόν. οὐκοῦν ὅτε τὸ Α δυνατὸν εἴη εἶναι, εἰ τεθείη τὸ Α, οὐθὲν ἀδύνατον εἶναι συνέβαινεν· τὸ δέ γε Β ἀνάγκη εἶναι. ἀλλ' ἦν ἀδύνατον. ἔστω δὴ ἀδύνατον. εἰ δὴ ἀδύνατον [ἀνάγκη] εἶναι τὸ Β, ἀνάγκη καὶ τὸ Α εἶναι. ἀλλ' ἦν ἄρα τὸ πρῶτον ἀδύνατον· καὶ τὸ δεύτερον ἄρα. ἂν ἄρα ᾖ τὸ Α δυνατόν, καὶ τὸ Β ἔσται δυνατόν, εἴπερ οὕτως εἶχον ὥστε τοῦ Α ὄντος ἀνάγκη εἶναι τὸ Β. ἐὰν δὴ οὕτως ἐχόντων τῶν Α Β μὴ ᾖ δυνατὸν τὸ Β οὕτως, οὐδὲ τὰ Α Β ἕξει ὡς ἐτέθη· καὶ εἰ τοῦ Α δυνατοῦ ὄντος ἀνάγκη τὸ Β δυνα-

mas não que são em movimento. E isso porque, mesmo não sendo em ato, deveriam ser em ato. De fato, entre as coisas que não são, algumas são em potência, mas não existem de fato, justamente porque não são em ato.

4. [O possível e o impossível][1]

Se, como dissemos, algo é em potência enquanto se lhe segue o ato[2], é evidente que não pode ser verdade quando se diz que determinada coisa pode ser, mas não existirá nunca, porque nesse caso não se poderia falar de coisas que não podem ser[3]. Por exemplo, não diria a verdade quem, não levando em conta a existência do impossível, dissesse que é possível comensurar a diago-nal com o lado, mas que ela jamais será comensurada, porque nada impede que algo que pode ser ou devir não exista nem agora nem no futuro. Mas do estabelecido segue-se necessariamente que, caso exista ou tenha existido algo que não existe em ato e que, todavia, pode existir, isso não deve implicar nenhuma impossibilidade; do contrário, ocorreria justamente isso, pois é impossível afirmar a comensurabilidade. Portanto, falso e impossível não são a mesma coisa: que tu agora estejas de pé é falso, mas não impossível[4].

E, ao mesmo tempo, é claro também que se a existência de A implica necessariamente a existência de B, então, sendo possível A, é necessário que seja possível também B: de fato, se não fosse necessariamente possível, nada impediria que também fosse possível sua não-existência. Pois bem, suponhamos que A é possível. Sendo possível a existência de A, não haveria nenhuma impossibilidade de afirmarmos a existência de A; então também B deveria necessariamente existir. Mas também tínhamos suposto que B fosse impossível. Suponhamos então que seja impossível. Mas se B é impossível, é necessário que também A seja impossível. Mas, afirmamos que o primeiro era possível, portanto, deve sê-lo também o segundo. Portanto, quando A é possível, também B deve ser possível, desde que exista entre A e B uma relação tal que a existência de A comporte necessariamente a existência de B. Entretanto, estando A e B nessa relação, se B não fosse possível,

τὸν εἶναι, εἰ ἔστι τὸ Α ἀνάγκη εἶναι καὶ τὸ Β. τὸ γὰρ
δυνατὸν εἶναι ἐξ ἀνάγκης τὸ Β εἶναι, εἰ τὸ Α δυνατόν,
τοῦτο σημαίνει, ἐὰν ᾖ τὸ Α καὶ ὅτε καὶ ὡς ἦν δυνατὸν
30 εἶναι, κἀκεῖνο τότε καὶ οὕτως εἶναι ἀναγκαῖον.

5

Ἁπασῶν δὲ τῶν δυνάμεων οὐσῶν τῶν μὲν συγγενῶν
οἷον τῶν αἰσθήσεων, τῶν δὲ ἔθει οἷον τῆς τοῦ αὐλεῖν, τῶν
δὲ μαθήσει οἷον τῆς τῶν τεχνῶν, τὰς μὲν ἀνάγκη προενερ-
γήσαντας ἔχειν, ὅσαι ἔθει καὶ λόγῳ, τὰς δὲ μὴ τοιαύ-
35 τας καὶ τὰς ἐπὶ τοῦ πάσχειν οὐκ ἀνάγκη. ἐπεὶ δὲ τὸ δυ-
1048ᵃ νατὸν τὶ δυνατὸν καὶ ποτὲ καὶ πῶς καὶ ὅσα ἄλλα ἀνάγκη
προσεῖναι ἐν τῷ διορισμῷ, καὶ τὰ μὲν κατὰ λόγον δύναται κινεῖν καὶ αἱ δυνάμεις αὐτῶν μετὰ λόγου, τὰ δὲ ἄλογα
καὶ αἱ δυνάμεις ἄλογοι, κἀκείνας μὲν ἀνάγκη ἐν ἐμψύχῳ
5 εἶναι ταύτας δὲ ἐν ἀμφοῖν, τὰς μὲν τοιαύτας δυνάμεις
ἀνάγκη, ὅταν ὡς δύνανται τὸ ποιητικὸν καὶ τὸ παθητικὸν
πλησιάζωσι, τὸ μὲν ποιεῖν τὸ δὲ πάσχειν, ἐκείνας δ' οὐκ
ἀνάγκη· αὗται μὲν γὰρ πᾶσαι μία ἑνὸς ποιητική, ἐκεῖναι
δὲ τῶν ἐναντίων, ὥστε ἅμα ποιήσει τὰ ἐναντία· τοῦτο δὲ
10 ἀδύνατον. ἀνάγκη ἄρα ἕτερόν τι εἶναι τὸ κύριον· λέγω
δὲ τοῦτο ὄρεξιν ἢ προαίρεσιν. ὁποτέρου γὰρ ἂν ὀρέγηται
κυρίως, τοῦτο ποιήσει ὅταν ὡς δύναται ὑπάρχῃ καὶ πλη-
σιάζῃ τῷ παθητικῷ· ὥστε τὸ δυνατὸν κατὰ λόγον ἅπαν

também a relação entre A e B seria tal como a afirmamos. E se, sendo possível A, é necessariamente possível B, quando A existe, necessariamente existe B. De fato, que B seja necessariamente possível se A é possível significa o seguinte: posto que A é possível em determinado tempo e de determinado modo, também B é possível necessariamente no mesmo tempo e do mesmo modo[5].

5. [O modo de atuar-se das potências][1]

De todas as potências existentes, algumas são congênitas — por exemplo, os sentidos —, outras são adquiridas pelo exercício — por exemplo, a de tocar flauta —, outras ainda são adquiridas pela instrução — por exemplo as artes. Para possuir as potências que se adquirem pelo exercício e pela instrução é necessária uma atividade precedente; ao contrário, para as outras, e também para as passivas, isso não é necessário[2].

Ora, dado que o que é em potência é, potencialmente, algo determinado, num tempo determinado e de modo determinado (e com todas as outras circunstâncias que entram necessariamente na sua definição)[3], e dado que alguns seres são capazes de mover-se segundo a razão e suas potências são racionais, enquanto outros seres são privados de razão e suas potências são irracionais (as primeiras devem necessariamente encontrar-se em seres animados, as segundas podem encontrar-se seja nos seres animados, seja nos inanimados), pois bem, no caso dessas últimas potências, quando agente e paciente se encontrem em conformidade com seu poder, necessariamente um age e o outro sofre; ao contrário, as primeiras não comportam essa necessidade[4]. De fato, todas as potências irracionais tomadas individualmente podem produzir só um dos contrários, enquanto as outras podem produzir ambos os contrários; portanto, se elas implicassem a necessidade de que falamos acima, produziriam ao mesmo tempo os dois contrários, o que é absurdo[5]. Nesse caso é necessário que haja algo que decida: o que decide é o desejo, ou a escolha racional[6]. De fato, dos dois contrários, o agente racional realizará aquilo que desejar preferentemente, quando, conforme sua potência, estiver diante e em contato com o paciente. Portanto, todo ser dotado de

ἀνάγκη, ὅταν ὀρέγηται οὗ ἔχει τὴν δύναμιν καὶ ὡς ἔχει,
15 τοῦτο ποιεῖν· ἔχει δὲ παρόντος τοῦ παθητικοῦ καὶ ὡδὶ ἔχοντος [ποιεῖν]· εἰ δὲ μή, ποιεῖν οὐ δυνήσεται (τὸ γὰρ μηθενὸς
τῶν ἔξω κωλύοντος προσδιορίζεσθαι οὐθὲν ἔτι δεῖ· τὴν γὰρ
δύναμιν ἔχει ὡς ἔστι δύναμις τοῦ ποιεῖν, ἔστι δ' οὐ πάντως
ἀλλ' ἐχόντων πῶς, ἐν οἷς ἀφορισθήσεται καὶ τὰ ἔξω κω-
20 λύοντα· ἀφαιρεῖται γὰρ ταῦτα τῶν ἐν τῷ διορισμῷ προσόν-
των ἔνια)· διὸ οὐδ' ἐὰν ἅμα βούληται ἢ ἐπιθυμῇ ποιεῖν
δύο ἢ τὰ ἐναντία, οὐ ποιήσει· οὐ γὰρ οὕτως ἔχει αὐτῶν τὴν
δύναμιν οὐδ' ἔστι τοῦ ἅμα ποιεῖν ἡ δύναμις, ἐπεὶ ὧν ἐστὶν
οὕτως ποιήσει.

6

Ἐπεὶ δὲ περὶ τῆς κατὰ κίνησιν λεγομένης δυνάμεως
εἴρηται, περὶ ἐνεργείας διορίσωμεν τί τέ ἐστιν ἡ ἐνέργεια
καὶ ποῖόν τι. καὶ γὰρ τὸ δυνατὸν ἅμα δῆλον ἔσται διαι-
ροῦσιν, ὅτι οὐ μόνον τοῦτο λέγομεν δυνατὸν ὃ πέφυκε κινεῖν
ἄλλο ἢ κινεῖσθαι ὑπ' ἄλλου ἢ ἁπλῶς ἢ τρόπον τινά, ἀλλὰ
30 καὶ ἑτέρως, διὸ ζητοῦντες καὶ περὶ τούτων διήλθομεν. ἔστι
δὴ ἐνέργεια τὸ ὑπάρχειν τὸ πρᾶγμα μὴ οὕτως ὥσπερ
λέγομεν δυνάμει· λέγομεν δὲ δυνάμει οἷον ἐν τῷ ξύλῳ
Ἑρμῆν καὶ ἐν τῇ ὅλῃ τὴν ἡμίσειαν, ὅτι ἀφαιρεθείη ἄν,
καὶ ἐπιστήμονα καὶ τὸν μὴ θεωροῦντα, ἂν δυνατὸς ᾖ θεω-
35 ρῆσαι· τὸ δὲ ἐνεργείᾳ. δῆλον δ' ἐπὶ τῶν καθ' ἕκαστα τῇ
ἐπαγωγῇ ὃ βουλόμεθα λέγειν, καὶ οὐ δεῖ παντὸς ὅρον ζη-

potência racional necessariamente agirá quando desejar aquilo
de que tem potência e do modo como tem potência. Porém, ele
tem essa potência quando o paciente está presente e quando ele
se encontre em determinadas condições. Se não se dão essas condições ele não poderá agir. E é desnecessário acrescentar: desde
que nada o impeça exteriormente. De fato, ele tem a potência
na medida em que esta é potência de fazer; e esta não é potência em sentido absoluto, mas só em determinadas condições, e
dentre estas está a exclusão de impedimentos externos; de fato,
a exclusão de tais obstáculos está implícita em algumas das determinações contidas na definição. Por isso, se alguém quisesse
ou desejasse fazer, ao mesmo tempo, duas coisas diferentes, ou
duas coisas contrárias, não poderia fazê-las; de fato, não é desse
modo que ele possui a potência para fazer aquelas coisas, e não
existe potência de fazer coisas opostas ao mesmo tempo: por
isso ele fará as coisas das quais tem potência do modo como
tem a potência[7].

6. [*O ato e a potência considerados em seu significado propriamente metafísico*][1]

Depois de ter tratado da potência com relação ao movimento, devemos agora definir o ato e determinar sua essência e suas
propriedades. Procedendo nessas análises, ficará mais claro, ao
mesmo tempo, também o ser em potência, enquanto dizemos
que é em potência não só o que por natureza pode mover outro
ou que pode ser movido por outro (seja simplesmente, seja de
determinado modo), mas dizemos que uma coisa é em potência
também em outro significado: e é justamente para buscar esse
significado que tratamos também dos outros[2].

O ato é o existir de algo, não porém no sentido em que
dizemos ser em potência: e dizemos em potência, por exemplo,
um Hermes na madeira, a semirreta na reta, porque eles poderiam ser extraídos, e dizemos pensador também aquele que não
está especulando, se tem capacidade de especular; mas dizemos
em ato o outro modo de ser da coisa. O que queremos dizer fica claro por indução a partir dos casos particulares, pois não é

τεῖν ἀλλὰ καὶ τὸ ἀνάλογον συνορᾶν, ὅτι ὡς τὸ οἰκοδο-
μοῦν πρὸς τὸ οἰκοδομικόν, καὶ τὸ ἐγρηγορὸς πρὸς τὸ κα-
θεῦδον, καὶ τὸ ὁρῶν πρὸς τὸ μῦον μὲν ὄψιν δὲ ἔχον, καὶ
τὸ ἀποκεκριμένον ἐκ τῆς ὕλης πρὸς τὴν ὕλην, καὶ τὸ
ἀπειργασμένον πρὸς τὸ ἀνέργαστον. ταύτης δὲ τῆς διαφορᾶς θατέρῳ μορίῳ ἔστω ἡ ἐνέργεια ἀφωρισμένη θατέρῳ
δὲ τὸ δυνατόν. λέγεται δὲ ἐνεργείᾳ οὐ πάντα ὁμοίως ἀλλ᾽
ἢ τῷ ἀνάλογον, ὡς τοῦτο ἐν τούτῳ ἢ πρὸς τοῦτο, τόδ᾽ ἐν
τῷδε ἢ πρὸς τόδε· τὰ μὲν γὰρ ὡς κίνησις πρὸς δύναμιν
τὰ δ᾽ ὡς οὐσία πρός τινα ὕλην. ἄλλως δὲ καὶ τὸ ἄπειρον
καὶ τὸ κενόν, καὶ ὅσα τοιαῦτα, λέγεται δυνάμει καὶ ἐνεργείᾳ ⟨ἢ⟩ πολλοῖς τῶν ὄντων, οἷον τῷ ὁρῶντι καὶ βαδίζοντι καὶ
ὁρωμένῳ. ταῦτα μὲν γὰρ ἐνδέχεται καὶ ἁπλῶς ἀληθεύε-
σθαί ποτε (τὸ μὲν γὰρ ὁρώμενον ὅτι ὁρᾶται, τὸ δὲ ὅτι
ὁρᾶσθαι δυνατόν)· τὸ δ᾽ ἄπειρον οὐχ οὕτω δυνάμει ἔστιν ὡς
ἐνεργείᾳ ἐσόμενον χωριστόν, ἀλλὰ γνώσει. τὸ γὰρ μὴ
ὑπολείπειν τὴν διαίρεσιν ἀποδίδωσι τὸ εἶναι δυνάμει ταύτην τὴν ἐνέργειαν, τὸ δὲ χωρίζεσθαι οὔ.

Ἐπεὶ δὲ τῶν πράξεων ὧν ἔστι πέρας οὐδεμία τέλος
ἀλλὰ τῶν περὶ τὸ τέλος, οἷον τὸ ἰσχναίνειν ἢ ἰσχνασία
[αὐτό], αὐτὰ δὲ ὅταν ἰσχναίνῃ οὕτως ἐστὶν ἐν κινήσει, μὴ
ὑπάρχοντα ὧν ἕνεκα ἡ κίνησις, οὐκ ἔστι ταῦτα πρᾶξις ἢ
οὐ τελεία γε (οὐ γὰρ τέλος)· ἀλλ᾽ ἐκείνη ⟨ᾗ⟩ ἐνυπάρχει τὸ
τέλος καὶ [ἡ] πρᾶξις. οἷον ὁρᾷ ἅμα ⟨καὶ ἑώρακε,⟩ καὶ φρονεῖ
⟨καὶ πεφρόνηκε,⟩ καὶ νοεῖ καὶ νενόηκεν, ἀλλ᾽ οὐ μανθάνει καὶ
μεμάθηκεν οὐδ᾽ ὑγιάζεται καὶ ὑγίασται· εὖ ζῇ καὶ εὖ ἔζηκεν ἅμα,

necessário buscar definição de tudo³, mas é preciso contentar-se com compreender intuitivamente certas coisas mediante a analogia⁴. E o ato está para a potência como, por exemplo, quem constrói está para quem pode construir, quem está desperto para quem está dormindo, quem vê para quem está de olhos fechados mas tem a visão, e o que é extraído da matéria para a matéria e o que é elaborado para o que não é elaborado. Ao primeiro membro dessas diferentes relações atribui-se a qualificação de ato e ao segundo a de potência.

Nem todas as coisas se dizem em ato do mesmo modo, mas só por analogia: como isso está para isso ou relativamente a isso, assim como aquilo está para aquilo ou relativamente àquilo. Algumas coisas, de fato, são ditas em ato como movimento relativamente à potência, outras como substância relativamente a alguma matéria⁵.

O infinito, o vazio e as outras coisas desse gênero são ditas em potência e em ato de modo diferente relativamente à maioria das outras coisas: por exemplo, o que vê, o que caminha e o que é visível. Essas coisas podem ser ditas às vezes em potência ou em ato em sentido próprio: uma coisa se diz visível ou porque efetivamente é vista ou porque pode ser vista; ao contrário, o infinito não é em potência no sentido que possa tornar-se uma realidade por si subsistente em ato, mas é em potência só em ordem ao conhecimento, pois o fato de que o processo de divisão não tenha nunca um termo garante que essa atividade exista como potência, mas não que exista como realidade separada⁶.

Dado que das ações⁷ que têm um termo nenhuma é um fim por si, mas todas tendem a alcançar o fim como, por exemplo, o emagrecimento tem por fim a magreza; e, dado que os corpos, quando emagrecem, estão em movimento em direção ao fim, ou seja, não são aquilo em vista do que ocorre o movimento, segue-se que estas não são ações, pelo menos não são ações perfeitas, justamente porque não são fins. Ao contrário, o movimento no qual já está contido o fim é uma ação. Por exemplo, ao mesmo tempo alguém vê e viu, conhece e conheceu, pensa e pensou, enquanto não pode estar aprendendo e ter aprendido, nem estar se curando e ter-se curado. Alguém vive bem quando já tenha vivido bem, é

καὶ εὐδαιμονεῖ καὶ εὐδαιμόνηκεν. εἰ δὲ μή, ἔδει ἄν ποτε παύε-
σθαι ὥσπερ ὅταν ἰσχναίνῃ, νῦν δ' οὔ, ἀλλὰ ζῇ καὶ ἔζηκεν.
τούτων δὴ ⟨δεῖ⟩ τὰς μὲν κινήσεις λέγειν, τὰς δ' ἐνεργείας.
πᾶσα γὰρ κίνησις ἀτελής, ἰσχνασία μάθησις βάδισις οἰκοδό-
30 μησις· αὗται δὴ κινήσεις, καὶ ἀτελεῖς γε. οὐ γὰρ ἅμα
βαδίζει καὶ βεβάδικεν, οὐδ' οἰκοδομεῖ καὶ ᾠκοδόμηκεν, οὐδὲ
γίγνεται καὶ γέγονεν ἢ κινεῖται καὶ κεκίνηται, ἀλλ' ἕτερον, καὶ κινεῖ καὶ κεκίνηκεν· ἑώρακε δὲ καὶ ὁρᾷ ἅμα τὸ
αὐτό, καὶ νοεῖ καὶ νενόηκεν. τὴν μὲν οὖν τοιαύτην ἐνέργειαν
35 λέγω, ἐκείνην δὲ κίνησιν. τὸ μὲν οὖν ἐνεργείᾳ τί τέ ἐστι
καὶ ποῖον, ἐκ τούτων καὶ τῶν τοιούτων δῆλον ἡμῖν ἔστω.

7

Πότε δὲ δυνάμει ἔστιν ἕκαστον καὶ πότε οὔ, διοριστέον·
1049ᵃ οὐ γὰρ ὁποτεοῦν. οἷον ἡ γῆ ἆρ' ἐστὶ δυνάμει ἄνθρωπος; ἢ οὔ,
ἀλλὰ μᾶλλον ὅταν ἤδη γένηται σπέρμα, καὶ οὐδὲ τότε
ἴσως; ὥσπερ οὖν οὐδ' ὑπὸ ἰατρικῆς ἅπαν ἂν ὑγιασθείη οὐδ'
ἀπὸ τύχης, ἀλλ' ἔστι τι ὃ δυνατόν ἐστι, καὶ τοῦτ' ἔστιν
5 ὑγιαῖνον δυνάμει. ὅρος δὲ τοῦ μὲν ἀπὸ διανοίας ἐντελεχείᾳ γιγνομένου ἐκ τοῦ δυνάμει ὄντος, ὅταν βουληθέντος γίγνηται μηθενὸς κωλύοντος τῶν ἐκτός, ἐκεῖ δ' ἐν τῷ ὑγιαζομένῳ, ὅταν μηθὲν κωλύῃ τῶν ἐν αὐτῷ· ὁμοίως δὲ δυνάμει καὶ οἰκία· εἰ μηθὲν κωλύει τῶν ἐν τούτῳ καὶ τῇ
10 ὕλῃ τοῦ γίγνεσθαι οἰκίαν, οὐδ' ἔστιν ὃ δεῖ προσγενέσθαι ἢ

feliz quando já tenha sido feliz. Se não fosse assim, seria preciso existir um termo final, como ocorre quando alguém emagrece: nos casos citados, ao contrário, não existe termo final: ao mesmo tempo se vive e se viveu. Dentre esses processos, os primeiros serão chamados movimentos, enquanto os segundos serão chamados atividades. De fato, todo movimento é imperfeito: por exemplo, o processo de emagrecer, de aprender, de caminhar, de construir. Esses processos são movimentos e são claramente imperfeitos: não é possível que alguém caminhe e já tenha caminhado no mesmo momento, nem que, no mesmo momento, construa e já tenha construído, advenha e já tenha advindo, receba movimento e já o tenha recebido, pois essas coisas são diferentes. Ao contrário, alguém viu e vê ao mesmo tempo, e, também, pensa e pensou. Chamamos, portanto, atividade esse último tipo de processo e movimento o outro[8].

Dessas e de semelhantes considerações deve ficar claro o que é o ato e quais as suas propriedades.

7. [Quando as coisas são em potência e quando em ato][1]

Além disso, devemos definir quando algo é em potência e quando não; de fato, não é em qualquer tempo que as coisas são em potência. Por exemplo, a terra já é em potência o homem? Ou não é, mas só quando já tenha se transformado em esperma e, talvez, nem mesmo nesse caso?[2] Temos aqui o mesmo caso da cura: nem tudo pode ser curado pela arte médica ou pelo acaso[3], mas só pode ser curado o que é capaz de ser curado, e, por isso, tem a saúde em potência[4].

(1) Quanto às coisas que dependem da razão, a questão pode ser definida assim: elas passam do ser em potência ao ser em ato quando são queridas e quando não intervêm obstáculos exteriores; no caso de quem deve ser curado, quando não existam impedimentos internos. E podemos dizer que uma casa também é em potência do mesmo modo: teremos uma casa em potência quando nos elementos materiais não houver nada que os impeça de se tornar casa, e quando não houver mais

ἀπογενέσθαι ἢ μεταβαλεῖν, τοῦτο δυνάμει οἰκία· καὶ ἐπὶ
τῶν ἄλλων ὡσαύτως ὅσων ἔξωθεν ἡ ἀρχὴ τῆς γενέσεως.
καὶ ὅσων δὴ ἐν αὐτῷ τῷ ἔχοντι, ὅσα μηθενὸς τῶν ἔξωθεν
ἐμποδίζοντος ἔσται δι' αὐτοῦ· οἷον τὸ σπέρμα οὔπω (δεῖ γὰρ
15 ἐν ἄλλῳ ⟨πεσεῖν⟩ καὶ μεταβάλλειν), ὅταν δ' ἤδη διὰ τῆς
αὑτοῦ ἀρχῆς ᾖ τοιοῦτον, ἤδη τοῦτο δυνάμει· ἐκεῖνο δὲ ἑτέρας ἀρχῆς δεῖται, ὥσπερ ἡ γῆ οὔπω ἀνδριὰς δυνάμει (μετα-
βαλοῦσα γὰρ ἔσται χαλκός). ἔοικε δὲ ὃ λέγομεν εἶναι οὐ
τόδε ἀλλ' ἐκείνινον — οἷον τὸ κιβώτιον οὐ ξύλον ἀλλὰ ξύλι-
20 νον, οὐδὲ τὸ ξύλον γῆ ἀλλὰ γήϊνον, πάλιν ἡ γῆ εἰ οὕτως
μὴ ἄλλο ἀλλὰ ἐκείνινον — ἀεὶ ἐκεῖνο δυνάμει ἁπλῶς τὸ ὕστερόν ἐστιν. οἷον τὸ κιβώτιον οὐ γήϊνον οὐδὲ γῆ ἀλλὰ ξύλινον·
τοῦτο γὰρ δυνάμει κιβώτιον καὶ ὕλη κιβωτίου αὕτη, ἁπλῶς
μὲν τοῦ ἁπλῶς τουδὶ δὲ τοδὶ τὸ ξύλον. εἰ δέ τί ἐστι πρῶ-
25 τον ὃ μηκέτι κατ' ἄλλο λέγεται ἐκείνινον, τοῦτο πρώτη
ὕλη· οἷον εἰ ἡ γῆ ἀερίνη, ὁ δ' ἀὴρ μὴ πῦρ ἀλλὰ πύρινος,
τὸ πῦρ ὕλη πρώτη οὐ τόδε τι οὖσα. τούτῳ γὰρ διαφέρει τὸ καθ' οὗ καὶ τὸ ὑποκείμενον, τῷ εἶναι τόδε τι ἢ
μὴ εἶναι· οἷον τοῖς πάθεσι τὸ ὑποκείμενον ἄνθρωπος καὶ
30 σῶμα καὶ ψυχή, πάθος δὲ τὸ μουσικὸν καὶ λευκόν (λέγεται δὲ τῆς μουσικῆς ἐγγενομένης ἐκεῖνο οὐ μουσικὴ ἀλλὰ
μουσικόν, καὶ οὐ λευκότης ὁ ἄνθρωπος ἀλλὰ λευκόν, οὐδὲ
βάδισις ἢ κίνησις ἀλλὰ βαδίζον ἢ κινούμενον, ὡς τὸ ἐκεί-

nada que a eles se deva acrescentar ou tirar ou mudar. O mesmo diremos em todos os outros casos nos quais o princípio da geração provém de fora[5].

(2) As coisas que têm em si o princípio da geração serão em potência por virtude própria, quando não houver impedimentos exteriores. O esperma, por exemplo, ainda não é o homem em potência, porque deve ser depositado em outro ser e sofrer uma mudança; ao contrário, quando em virtude de seu próprio princípio já tiver passado tal estágio, então será o homem em potência: no presente estágio ele precisa de outro princípio. Assim, por exemplo, a terra ainda não é a estátua em potência, mas deve, antes, transformar-se em bronze[6].

Quando dizemos que um ser não é algo determinado, mas que é feito de algo[7] (por exemplo, o armário não é madeira, mas é feito de madeira, nem a madeira é terra, mas feita de terra e, por sua vez, a terra, se deriva de outro, não é esse outro mas feita dele), fica evidente que, propriamente falando, esse último termo sempre é em potência aquilo que se lhe segue imediatamente. Por exemplo, o armário não é feito de terra, nem é terra, mas é de madeira; a madeira é o armário em potência, e como tal é matéria do armário, e a madeira em geral é matéria do armário em geral, enquanto deste determinado armário a matéria é esta madeira determinada. E se existe algo originário que não possa mais referir-se a outro como se fosse feito dele, então esse algo será a matéria prima. Por exemplo, se a terra é feita de ar e se o ar não é fogo, mas feito de fogo, o fogo será a matéria prima, que não é alguma coisa determinada[8].

O substrato[9] ou sujeito do qual se predica uma casa (a) em certo sentido significa algo determinado, (b) noutro sentido, ao contrário, não significa. (a) Por exemplo, o sujeito das afecções é um homem, seja como corpo seja como alma; a afecção, por sua vez, é o músico e o branco. (E o sujeito que aprende a música não é chamado música mas músico, e o homem não é dito brancura mas branco; e também não se diz passeio ou caminho mas que está passeando ou que é caminhante, como vimos acima para o que é feito de certa matéria). Em todos os casos como estes o substrato

νινον)· —ὅσα μὲν οὖν οὕτω, τὸ ἔσχατον οὐσία· ὅσα δὲ μὴ
35 οὕτως ἀλλ' εἶδός τι καὶ τόδε τι τὸ κατηγορούμενον, τὸ
ἔσχατον ὕλη καὶ οὐσία ὑλική. καὶ ὀρθῶς δὴ συμβαίνει τὸ
1049ᵇ ἐκείνινον λέγεσθαι κατὰ τὴν ὕλην καὶ τὰ πάθη· ἄμφω
γὰρ ἀόριστα. πότε μὲν οὖν λεκτέον δυνάμει καὶ πότε οὔ,
εἴρηται.

8

Ἐπεὶ δὲ τὸ πρότερον διώρισται ποσαχῶς λέγεται,
5 φανερὸν ὅτι πρότερον ἐνέργεια δυνάμεώς ἐστιν. λέγω δὲ
δυνάμεως οὐ μόνον τῆς ὡρισμένης ἣ λέγεται ἀρχὴ μεταβλητικὴ ἐν ἄλλῳ ἢ ᾗ ἄλλο, ἀλλ' ὅλως πάσης ἀρχῆς κινη-
τικῆς ἢ στατικῆς. καὶ γὰρ ἡ φύσις ἐν ταὐτῷ [γίγνεται·
ἐν ταὐτῷ γὰρ] γένει τῇ δυνάμει· ἀρχὴ γὰρ κινητική, ἀλλ'
10 οὐκ ἐν ἄλλῳ ἀλλ' ἐν αὐτῷ ᾗ αὐτό. —πάσης δὴ τῆς τοιαύτης προτέρα ἐστὶν ἡ ἐνέργεια καὶ λόγῳ καὶ τῇ οὐσίᾳ· χρόνῳ
δ' ἔστι μὲν ὥς, ἔστι δὲ ὡς οὔ. τῷ λόγῳ μὲν οὖν ὅτι προτέρα,
δῆλον (τῷ γὰρ ἐνδέχεσθαι ἐνεργῆσαι δυνατόν ἐστι τὸ πρώτως δυνατόν, οἷον λέγω οἰκοδομικὸν τὸ δυνάμενον οἰκοδο-
15 μεῖν, καὶ ὁρατικὸν τὸ ὁρᾶν, καὶ ὁρατὸν τὸ δυνατὸν ὁρᾶ-
σθαι· ὁ δ' αὐτὸς λόγος καὶ ἐπὶ τῶν ἄλλων, ὥστ' ἀνάγκη
τὸν λόγον προϋπάρχειν καὶ τὴν γνῶσιν τῆς γνώσεως)· τῷ
δὲ χρόνῳ πρότερον ὧδε· τὸ τῷ εἴδει τὸ αὐτὸ ἐνεργοῦν πρότερον,

ou sujeito último é a substância. (b) Em todos aqueles casos nos quais o que é predicado é uma forma e algo determinado, o substrato último é a matéria ou a substância no sentido de matéria. E ocorre justamente que um objeto seja denominado em referência à matéria e em referência às afecções, não com o respectivo substantivo, mas com o adjetivo derivado: de fato, tanto a matéria como as afecções são igualmente indeterminadas[10].

Explicitamos, portanto, quando algo deve ser dito em potência e quando não.

8. [A prioridade do ato sobre a potência][1]

Com base na distinção dos significados de "anterior" feita precedentemente[2], fica evidente que o ato é anterior à potência. Refiro-me não só à potência no significado acima explicado de princípio de mudança em outro ou na mesma coisa enquanto outra, mas, em geral, de todo princípio de movimento ou de inércia. De fato, a natureza pertence ao mesmo gênero ao qual pertence a potência, porque também ela é princípio de movimento, mas não em outro, e sim na mesma coisa enquanto tal[3].

Ora, a toda potência entendida desse modo o ato é anterior (1) segundo a noção[4] e (2) segundo a substância[5]; (3) ao contrário, segundo o tempo, o ato (a) em certo sentido é anterior e (b) noutro sentido não é anterior[6].

(1) É evidente que o ato é anterior segundo a noção. De fato, em potência (no sentido primário do termo)[7] é aquilo que tem capacidade de passar ao ato: chamo, por exemplo, construtor quem tem a capacidade de construir, vidente quem tem a capacidade de ver, e visível o que pode ser visto. O mesmo vale para tudo o mais. De modo que a noção de ato, necessariamente, precede o conceito de potência e o conhecimento do ato precede o conhecimento da potência[8].

(3) O ato, depois, é anterior quanto ao tempo, no seguinte sentido: (a) se o ser em ato é considerado especificamente idêntico a outro ser em potência da mesma espécie, então é anterior a este; se, ao contrário, o ser em ato e o ser em potência são considerados no mesmo indivíduo, o ser em ato não é anterior. Dou alguns

ἀριθμῷ δ' οὔ. λέγω δὲ τοῦτο ὅτι τοῦδε μὲν τοῦ ἀνθρώπου τοῦ
20 ἤδη ὄντος κατ' ἐνέργειαν καὶ τοῦ σίτου καὶ τοῦ ὁρῶντος πρότερον τῷ χρόνῳ ἡ ὕλη καὶ τὸ σπέρμα καὶ τὸ ὁρατικόν, ἃ
δυνάμει μέν ἐστιν ἄνθρωπος καὶ σῖτος καὶ ὁρῶν, ἐνεργείᾳ
δ' οὔπω· ἀλλὰ τούτων πρότερα τῷ χρόνῳ ἕτερα ὄντα ἐνεργείᾳ ἐξ ὧν ταῦτα ἐγένετο· ἀεὶ γὰρ ἐκ τοῦ δυνάμει ὄντος
25 γίγνεται τὸ ἐνεργείᾳ ὂν ὑπὸ ἐνεργείᾳ ὄντος, οἷον ἄνθρωπος ἐξ
ἀνθρώπου, μουσικὸς ὑπὸ μουσικοῦ, ἀεὶ κινοῦντός τινος πρώτου·
τὸ δὲ κινοῦν ἐνεργείᾳ ἤδη ἔστιν. εἴρηται δὲ ἐν τοῖς περὶ τῆς
οὐσίας λόγοις ὅτι πᾶν τὸ γιγνόμενον γίγνεται ἔκ τινός τι
καὶ ὑπό τινος, καὶ τοῦτο τῷ εἴδει τὸ αὐτό. διὸ καὶ δοκεῖ
30 ἀδύνατον εἶναι οἰκοδόμον εἶναι μὴ οἰκοδομήσαντα μηθὲν ἢ
κιθαριστὴν μηθὲν κιθαρίσαντα· ὁ γὰρ μανθάνων κιθαρίζειν
κιθαρίζων μανθάνει κιθαρίζειν, ὁμοίως δὲ καὶ οἱ ἄλλοι.
ὅθεν ὁ σοφιστικὸς ἔλεγχος ἐγίγνετο ὅτι οὐκ ἔχων τις τὴν
ἐπιστήμην ποιήσει οὗ ἡ ἐπιστήμη· ὁ γὰρ μανθάνων οὐκ ἔχει.
35 ἀλλὰ διὰ τὸ τοῦ γιγνομένου γεγενῆσθαί τι καὶ τοῦ ὅλως
κινουμένου κεκινῆσθαί τι (δῆλον δ' ἐν τοῖς περὶ κινήσεως
1050ᵃ τοῦτο) καὶ τὸν μανθάνοντα ἀνάγκη ἔχειν τι τῆς ἐπιστήμης
ἴσως. ἀλλ' οὖν καὶ ταύτῃ γε δῆλον ὅτι ἡ ἐνέργεια καὶ
οὕτω προτέρα τῆς δυνάμεως κατὰ γένεσιν καὶ χρόνον.

Ἀλλὰ μὴν καὶ οὐσίᾳ γε, πρῶτον μὲν ὅτι τὰ τῇ γενέσει
5 ὕστερα τῷ εἴδει καὶ τῇ οὐσίᾳ πρότερα (οἷον ἀνὴρ παιδὸς
καὶ ἄνθρωπος σπέρματος· τὸ μὲν γὰρ ἤδη ἔχει τὸ εἶδος
τὸ δ' οὔ), καὶ ὅτι ἅπαν ἐπ' ἀρχὴν βαδίζει τὸ γιγνόμενον

exemplos: deste homem particular que já existe em ato, 20
e deste trigo e deste olho particular que está vendo,
na ordem temporal é anterior a matéria, a semente e
a possibilidade de ver, que são o homem, o trigo e o
vidente em potência e não ainda em ato. Mas anteriores a estes, sempre na ordem temporal, existem outros
seres já em ato, dos quais eles são derivados: de fato, o
ser em ato deriva do ser em potência sempre por obra 25
de outro ser já em ato. Por exemplo, o homem deriva
de um homem em ato, e o músico de um músico em
ato; em suma, existe sempre um movente que precede, e o movente já deve ser em ato. De fato, dissemos
anteriormente ao tratar da substância[9] que tudo o que
vem a ser algo deriva de algo, torna-se algo por obra
de algo, e que o agente é especificamente idêntico ao
que é produzido[10]. (b) Por isso também revela-se manifestamente impossível que alguém seja construtor sem 30
que jamais tenha construído nada ou que seja citarista
sem jamais ter tocado a cítara: de fato, quem aprende
a tocar a cítara, aprende a tocar justamente tocando-a,
e o mesmo vale para os outros casos. E daqui nasceu
a argumentação sofística, segundo a qual, mesmo sem
possuir a ciência, seria possível fazer o que é objeto de
determinada ciência, porque quem aprende ainda não
possui a ciência. Mas dado que — como demonstramos 35
nos livros sobre o movimento — do que advém algo já
adveio, e, em geral, do que se move algo já se moveu,
é necessário que também quem aprende uma ciência,
de algum modo já a possua em parte. Então, com isso
fica evidente que o ato, também nesse sentido, ou seja, 1050ª
segundo a geração e o tempo é anterior à potência[11].
(2) Mas o ato também é anterior pela substância[12]. (A) (a)
Em primeiro lugar, porque as coisas que na ordem da
geração são últimas, na ordem da forma e da substância
são primeiras: por exemplo, o adulto é antes da criança 5
e o homem é antes do esperma: de fato, um já possui a
forma em ato, enquanto o outro não[13]. (b) Em segundo
lugar, é anterior porque tudo o que advém procede na

καὶ τέλος (ἀρχὴ γὰρ τὸ οὗ ἕνεκα, τοῦ τέλους δὲ ἕνεκα ἡ γένεσις), τέλος δ' ἡ ἐνέργεια, καὶ τούτου χάριν ἡ δύναμις
10 λαμβάνεται. οὐ γὰρ ἵνα ὄψιν ἔχωσιν ὁρῶσι τὰ ζῷα ἀλλ' ὅπως ὁρῶσιν ὄψιν ἔχουσιν, ὁμοίως δὲ καὶ οἰκοδομικὴν ἵνα οἰκοδομῶσι καὶ τὴν θεωρητικὴν ἵνα θεωρῶσιν· ἀλλ' οὐ θεωροῦσιν ἵνα θεωρητικὴν ἔχωσιν, εἰ μὴ οἱ μελετῶντες· οὗτοι δὲ οὐχὶ θεωροῦσιν ἀλλ' ἢ ὡδί, †ἢ ὅτι οὐδὲν δέονται θεωρεῖν†.
15 ἔτι ἡ ὕλη ἔστι δυνάμει ὅτι ἔλθοι ἂν εἰς τὸ εἶδος· ὅταν δέ γε ἐνεργείᾳ ᾖ, τότε ἐν τῷ εἴδει ἐστίν. ὁμοίως δὲ καὶ ἐπὶ τῶν ἄλλων, καὶ ὧν κίνησις τὸ τέλος, διὸ ὥσπερ οἱ διδάσκοντες ἐνεργοῦντα ἐπιδείξαντες οἴονται τὸ τέλος ἀποδεδωκέναι, καὶ ἡ φύσις ὁμοίως. εἰ γὰρ μὴ οὕτω γίγνεται, ὁ
20 Παύσωνος ἔσται Ἑρμῆς· ἄδηλος γὰρ καὶ ἡ ἐπιστήμη εἰ ἔσω ἢ ἔξω, ὥσπερ κἀκεῖνος. τὸ γὰρ ἔργον τέλος, ἡ δὲ ἐνέργεια τὸ ἔργον, διὸ καὶ τοὔνομα ἐνέργεια λέγεται κατὰ τὸ ἔργον καὶ συντείνει πρὸς τὴν ἐντελέχειαν. ἐπεὶ δ' ἐστὶ τῶν μὲν ἔσχατον ἡ χρῆσις (οἷον ὄψεως ἡ ὅρασις, καὶ οὐθὲν
25 γίγνεται παρὰ ταύτην ἕτερον ἀπὸ τῆς ὄψεως), ἀπ' ἐνίων δὲ γίγνεταί τι (οἷον ἀπὸ τῆς οἰκοδομικῆς οἰκία παρὰ τὴν οἰκοδόμησιν), ὅμως οὐθὲν ἧττον ἔνθα μὲν τέλος, ἔνθα δὲ μᾶλλον τέλος τῆς δυνάμεώς ἐστιν· ἡ γὰρ οἰκοδόμησις ἐν τῷ οἰκοδομουμένῳ, καὶ ἅμα γίγνεται καὶ ἔστι τῇ οἰκίᾳ.
30 ὅσων μὲν οὖν ἕτερόν τί ἐστι παρὰ τὴν χρῆσιν τὸ γιγνόμενον, τούτων μὲν ἡ ἐνέργεια ἐν τῷ ποιουμένῳ ἐστίν (οἷον ἥ τε οἰκοδόμησις ἐν τῷ οἰκοδομουμένῳ καὶ ἡ ὕφανσις ἐν τῷ ὑφαινομένῳ, ὁμοίως δὲ καὶ ἐπὶ τῶν ἄλλων, καὶ ὅλως ἡ κίνησις ἐν τῷ κινουμένῳ)· ὅσων δὲ μὴ ἔστιν ἄλλο τι ἔργον
35 παρὰ τὴν ἐνέργειαν, ἐν αὐτοῖς ὑπάρχει ἡ ἐνέργεια (οἷον ἡ

direção de um princípio, ou seja, na direção de um fim. De fato, o fim constitui um princípio e o devir ocorre em função do fim. E o fim é o ato e graças a ele se adquire também a potência. Com efeito, os animais não veem para possuir a vista, mas possuem a vista para ver; e de modo semelhante possui-se a arte de construir para construir e a faculdade especulativa para especular, e não se especula para possuir a faculdade especulativa (a não ser que consideremos os que especulam por puro exercício; mas estes não especulam em sentido próprio, mas só para exercitar-se e porque não têm necessidade de especular)[14]. (c) Ademais, a matéria é em potência porque pode chegar à forma; e quando vier a ser em ato, ela se encontrará em sua forma[15]. Isso vale para todas as outras coisas, mesmo para as que têm como fim o movimento. Por isso, como os mestres consideram ter alcançado seu fim quando mostram o aluno em ação, assim também ocorre com a natureza[16]. (De fato, se não fosse assim, ocorreria o mesmo caso do "Hermes de Pauson": seria difícil dizer se a ciência do aluno, como a figura de Hermes, está dentro ou fora do aluno)[17]. A operação é fim e o ato é operação, por isso também o ato é dito em relação com a operação e tende ao mesmo significado de enteléquia[18]. Em alguns casos, o fim último é o próprio exercício da faculdade (por exemplo, o fim da vista é a visão, e não se produz nenhuma obra diferente da vista); ao contrário, em outros casos se produz algo (por exemplo, da arte de construir deriva, além da ação de construir, a casa). Não obstante isso, no primeiro caso o ato não é fim da potência em grau menor e, no segundo caso, em maior grau: de fato, nesse segundo caso, a ação de construir realiza-se no que é construído e se desenvolve e existe ao mesmo tempo que a casa. Portanto, nos casos em que se tem a produção de algo diferente do próprio exercício da faculdade, o ato se desdobra no objeto que é produzido: por exemplo o ato de construir no que é construído e a ação de tecer no que é tecido, e o mesmo vale também para todo o resto e, em geral, o ato do movimento naquilo que é movido.

ὅρασις ἐν τῷ ὁρῶντι καὶ ἡ θεωρία ἐν τῷ θεωροῦντι καὶ ἡ
1050ᵇ ζωὴ ἐν τῇ ψυχῇ, διὸ καὶ ἡ εὐδαιμονία· ζωὴ γὰρ ποιά
τίς ἐστιν). ὥστε φανερὸν ὅτι ἡ οὐσία καὶ τὸ εἶδος ἐνέργειά
ἐστιν. κατά τε δὴ τοῦτον τὸν λόγον φανερὸν ὅτι πρότερον
τῇ οὐσίᾳ ἐνέργεια δυνάμεως, καὶ ὥσπερ εἴπομεν, τοῦ χρόνου
5 ἀεὶ προλαμβάνει ἐνέργεια ἑτέρα πρὸ ἑτέρας ἕως τῆς τοῦ
ἀεὶ κινοῦντος πρώτως. — ἀλλὰ μὴν καὶ κυριωτέρως· τὰ μὲν
γὰρ ἀΐδια πρότερα τῇ οὐσίᾳ τῶν φθαρτῶν, ἔστι δ᾽ οὐθὲν
δυνάμει ἀΐδιον. λόγος δὲ ὅδε· πᾶσα δύναμις ἅμα τῆς
ἀντιφάσεώς ἐστιν· τὸ μὲν γὰρ μὴ δυνατὸν ὑπάρχειν οὐκ
10 ἂν ὑπάρξειεν οὐθενί, τὸ δυνατὸν δὲ πᾶν ἐνδέχεται μὴ ἐνεργεῖν. τὸ ἄρα δυνατὸν εἶναι ἐνδέχεται καὶ εἶναι καὶ μὴ
εἶναι· τὸ αὐτὸ ἄρα δυνατὸν καὶ εἶναι καὶ μὴ εἶναι. τὸ
δὲ δυνατὸν μὴ εἶναι ἐνδέχεται μὴ εἶναι· τὸ δὲ ἐνδεχόμενον μὴ εἶναι φθαρτόν, ἢ ἁπλῶς ἢ τοῦτο αὐτὸ ὃ λέγεται
15 ἐνδέχεσθαι μὴ εἶναι, ἢ κατὰ τόπον ἢ κατὰ τὸ ποσὸν ἢ ποιόν·
ἁπλῶς δὲ τὸ κατ᾽ οὐσίαν. οὐθὲν ἄρα τῶν ἀφθάρτων ἁπλῶς
δυνάμει ἔστιν ἁπλῶς (κατά τι δὲ οὐδὲν κωλύει, οἷον ποιὸν
ἢ πού)· ἐνεργείᾳ ἄρα πάντα· οὐδὲ τῶν ἐξ ἀνάγκης ὄντων
(καίτοι ταῦτα πρῶτα· εἰ γὰρ ταῦτα μὴ ἦν, οὐθὲν ἂν ἦν)·
20 οὐδὲ δὴ κίνησις, εἴ τίς ἐστιν ἀΐδιος· οὐδ᾽ εἴ τι κινούμενον ἀΐδιον,
οὐκ ἔστι κατὰ δύναμιν κινούμενον ἀλλ᾽ ἢ ποθὲν ποί (τούτου
δ᾽ ὕλην οὐδὲν κωλύει ὑπάρχειν), διὸ ἀεὶ ἐνεργεῖ ἥλιος καὶ
ἄστρα καὶ ὅλος ὁ οὐρανός, καὶ οὐ φοβερὸν μή ποτε στῇ, ὃ
φοβοῦνται οἱ περὶ φύσεως. οὐδὲ κάμνει τοῦτο δρῶντα· οὐ
25 γὰρ περὶ τὴν δύναμιν τῆς ἀντιφάσεως αὐτοῖς, οἷον τοῖς
φθαρτοῖς, ἡ κίνησις, ὥστε ἐπίπονον εἶναι τὴν συνέχειαν τῆς

Ao contrário, nos casos em que não ocorre nada além da atividade, a atividade está nos próprios agentes: por exemplo, a visão está em quem vê, o pensamento em quem pensa, a vida na alma, e por isso na alma também está a felicidade, que é um certo modo de viver. É evidente, portanto, que a substância e a forma são ato[19]. E com base nesse raciocínio, é evidente que o ato é anterior à potência pela substância. Também pelo tempo, como dissemos, há sempre um ato anterior a outro, até que se alcance o Movente primeiro eterno.

(B) Mas o ato é anterior à potência segundo a substância também noutro sentido[20]. (a) De fato, os seres eternos são anteriores aos corruptíveis quanto à substância, e nada do que é em potência é eterno. A razão disso é a seguinte. Toda potência é, ao mesmo tempo, potência de ambos os contrários. De fato, o que não tem potência de ser não pode existir em parte alguma, enquanto tudo o que tem potência pode também não existir em ato. Portanto, o que tem potência para ser pode ser e também pode não ser: a mesma coisa tem possibilidade de ser e de não ser. Mas pode ocorrer que o que tem a possibilidade de não ser, não seja. Ora, o que pode não ser é corruptível, ou absolutamente, ou relativamente ao aspecto pelo qual se diz que pode não ser, ou segundo o lugar, ou segundo a quantidade ou ainda segundo a qualidade. Corruptível em sentido absoluto é o que é corruptível segundo a substância. Portanto, nenhuma das coisas absolutamente incorruptíveis é em potência em sentido absoluto (nada impede, contudo, que elas o sejam em sentido relativo: por exemplo no que se refere à qualidade e ao lugar); portanto, todas são em ato[21]. (b) E tampouco os entes necessários podem existir em potência; os seres necessários são seres primeiros: de fato, se eles não existissem, nada existiria[22]. (c) E nem mesmo o movimento eterno, se existe movimento eterno, é em potência. E se existe algo eternamente movido, nem mesmo este pode ser movido segundo a potência, mas só de um lugar ao outro. E nada impede que exista uma matéria própria desse tipo de movimento. Por isso, o sol, os astros e todo o céu são sempre em ato: e não se deve temer que eles em certo momento se detenham, como temem os físicos[23]. Eles também não se cansam de cumprir seu curso, porque seu movimento não

κινήσεως· ἡ γὰρ οὐσία ὕλη καὶ δύναμις οὖσα, οὐκ ἐνέργεια, αἰτία τούτου. μιμεῖται δὲ τὰ ἄφθαρτα καὶ τὰ ἐν μεταβολῇ ὄντα, οἷον γῆ καὶ πῦρ. καὶ γὰρ ταῦτα ἀεὶ ἐνεργεῖ·
30 καθ' αὑτὰ γὰρ καὶ ἐν αὑτοῖς ἔχει τὴν κίνησιν. αἱ δὲ ἄλλαι δυνάμεις, ἐξ ὧν διώρισται, πᾶσαι τῆς ἀντιφάσεώς εἰσιν· τὸ γὰρ δυνάμενον ὡδὶ κινεῖν δύναται καὶ μὴ ὡδί, ὅσα γε κατὰ λόγον· αἱ δ' ἄλογοι τῷ παρεῖναι καὶ μὴ τῆς ἀντιφάσεως ἔσονται αἱ αὐταί. εἰ ἄρα τινές εἰσι φύ-
35 σεις τοιαῦται ἢ οὐσίαι οἵας λέγουσιν οἱ ἐν τοῖς λόγοις τὰς ἰδέας, πολὺ μᾶλλον ἐπιστῆμον ἄν τι εἴη ἢ αὐτὸ ἐπιστήμη
1051ᵃ καὶ κινούμενον ἢ κίνησις· ταῦτα γὰρ ἐνέργειαι μᾶλλον, ἐκεῖναι δὲ δυνάμεις τούτων. ὅτι μὲν οὖν πρότερον ἡ ἐνέργεια καὶ δυνάμεως καὶ πάσης ἀρχῆς μεταβλητικῆς, φανερόν.

9

Ὅτι δὲ καὶ βελτίων καὶ τιμιωτέρα τῆς σπουδαίας
5 δυνάμεως ἡ ἐνέργεια, ἐκ τῶνδε δῆλον. ὅσα γὰρ κατὰ τὸ δύνασθαι λέγεται, ταὐτόν ἐστι δυνατὸν τἀναντία, οἷον τὸ δύνασθαι λεγόμενον ὑγιαίνειν ταὐτόν ἐστι καὶ τὸ νοσεῖν, καὶ ἅμα· ἡ αὐτὴ γὰρ δύναμις τοῦ ὑγιαίνειν καὶ κάμνειν, καὶ ἠρεμεῖν καὶ κινεῖσθαι, καὶ οἰκοδομεῖν καὶ καταβάλ-
10 λειν, καὶ οἰκοδομεῖσθαι καὶ καταπίπτειν. τὸ μὲν οὖν δύνασθαι τἀναντία ἅμα ὑπάρχει· τὰ δ' ἐναντία ἅμα ἀδύνατον, καὶ τὰς ἐνεργείας δὲ ἅμα ἀδύνατον ὑπάρχειν (οἷον

é, como o das coisas corruptíveis, ligado com a potência dos contrários, o que tornaria fatigante a continuidade do movimento. E a causa dessa fadiga está no fato de que a substância das coisas corruptíveis é matéria e potência e não ato. Todavia, mesmo as coisas que são em movimento, como a terra e o fogo, tendem a imitar os seres incorruptíveis: de fato, também estes são sempre em ato, porque têm o movimento em si e por si. Mas as outras potências, com base no que foi determinado acima, são todas potências de ambos os contrários: o que tem potência de mover alguma outra coisa de determinado modo pode também mover de outro modo: assim são, pelo menos, todas as potências racionais; e as próprias potências irracionais produzirão os dois contrários, respectivamente, com a sua presença ou com a sua ausência[24].

E se existem algumas realidades ou substâncias do tipo das que os dialéticos chamam Ideias, então deverá haver algo que é mais ciência do que a própria ciência-em-si, e haverá algo muito mais móvel do que o movimento-em-si; de fato, aquelas realidades seriam muito mais ato, enquanto as Ideias seriam as potências delas[25]!

Portanto, é evidente que o ato é anterior à potência e a todo princípio de mudança.

9. [*A propósito do ato e da potência em relação ao bem e ao mal e às demonstrações geométricas*][1]

Do que se segue fica evidente que o ato de uma potência boa é melhor e mais valioso do que aquela potência. Tudo o que é dito em potência é potencialmente ambos os contrários: por exemplo, aquele de quem se diz que pode ser sadio é o mesmo sujeito que também pode ser enfermo, e ele tem potência de ser sadio e enfermo ao mesmo tempo. De fato, a potência de ser sadio e de ser enfermo é a mesma, e, do mesmo modo, a de estar em repouso ou em movimento, e a de construir e de destruir, a de ser construído e de ser destruído. A potência dos contrários, portanto, existe ao mesmo tempo na mesma coisa, enquanto não é possível que os próprios contrários existam juntos. E também é impossível

ὑγιαίνειν καὶ κάμνειν), ὥστ' ἀνάγκη τούτων θάτερον εἶναι τἀγαθόν, τὸ δὲ δύνασθαι ὁμοίως ἀμφότερον ἢ οὐδέτερον·
15 ἡ ἄρα ἐνέργεια βελτίων. ἀνάγκη δὲ καὶ ἐπὶ τῶν κακῶν τὸ τέλος καὶ τὴν ἐνέργειαν εἶναι χεῖρον τῆς δυνάμεως· τὸ γὰρ δυνάμενον ταὐτὸ ἄμφω τἀναντία. δῆλον ἄρα ὅτι οὐκ ἔστι τὸ κακὸν παρὰ τὰ πράγματα· ὕστερον γὰρ τῇ φύσει τὸ κακὸν τῆς δυνάμεως. οὐκ ἄρα οὐδ' ἐν τοῖς ἐξ ἀρχῆς
20 καὶ τοῖς ἀϊδίοις οὐθὲν ἔστιν οὔτε κακὸν οὔτε ἁμάρτημα οὔτε διεφθαρμένον (καὶ γὰρ ἡ διαφθορὰ τῶν κακῶν ἐστίν). εὑρίσκεται δὲ καὶ τὰ διαγράμματα ἐνεργείᾳ· διαιροῦντες γὰρ εὑρίσκουσιν. εἰ δ' ἦν διῃρημένα, φανερὰ ἂν ἦν· νῦν δ' ἐνυπάρχει δυνάμει. διὰ τί δύο ὀρθαὶ τὸ τρίγωνον; ὅτι αἱ
25 περὶ μίαν στιγμὴν γωνίαι ἴσαι δύο ὀρθαῖς. εἰ οὖν ἀνῆκτο ἡ παρὰ τὴν πλευράν, ἰδόντι ἂν ἦν εὐθὺς δῆλον διὰ τί. ἐν ἡμικυκλίῳ ὀρθὴ καθόλου διὰ τί; ἐὰν ἴσαι τρεῖς, ἥ τε βάσις δύο καὶ ἡ ἐκ μέσου ἐπισταθεῖσα ὀρθή, ἰδόντι δῆλον τῷ ἐκεῖνο εἰδότι. ὥστε φανερὸν ὅτι τὰ δυνάμει ὄντα εἰς
30 ἐνέργειαν ἀγόμενα εὑρίσκεται· αἴτιον δὲ ὅτι ἡ νόησις ἐνέργεια· ὥστ' ἐξ ἐνεργείας ἡ δύναμις, καὶ διὰ τοῦτο ποιοῦντες γιγνώσκουσιν (ὕστερον γὰρ γενέσει ἡ ἐνέργεια ἡ κατ' ἀριθμόν).

10

Ἐπεὶ δὲ τὸ ὂν λέγεται καὶ τὸ μὴ ὂν τὸ μὲν κατὰ
35 τὰ σχήματα τῶν κατηγοριῶν, τὸ δὲ κατὰ δύναμιν ἢ ἐνέρ-
1051ᵇ γειαν τούτων ἢ τἀναντία, τὸ δὲ [κυριώτατα ὂν] ἀληθὲς ἢ ψεῦδος, τοῦτο δ' ἐπὶ τῶν πραγμάτων ἐστὶ τῷ συγκεῖσθαι ἢ

que atos opostos existam juntos: por exemplo, o ser sadio e o ser enfermo. Portanto, é necessário que o bem seja um dos dois contrários, enquanto a potência é igualmente potência de ambos os contrários, ou de nenhum dos dois. O ato, portanto, é melhor. Em se tratando de males, é necessário que o fim e o ato sejam piores que a potência, porque a potência é a mesma em ambos os contrários[2]. É, portanto, evidente que o mal não existe fora das coisas, porque por sua natureza o mal é posterior à potência; portanto, nos seres primordiais e eternos não pode haver mal, nem falta e nem corrupção: a corrupção se conta entre os males[3].

Também os teoremas[4] de geometria se demonstram por meio do ato, pois se demonstram operando divisões nas figuras[5]. Se essas divisões já estivessem feitas, os teoremas seriam imediatamente evidentes; ao contrário, estão contidas nas figuras apenas em potência. Por que os ângulos do triângulo somam dois retos? Porque os ângulos em torno de um ponto sobre uma reta são iguais a dois ângulos retos. De fato, se já estivesse traçada a paralela a um dos lados do triângulo, à simples visão da figura a questão ficaria imediatamente evidente[6]. Mais ainda: por que o ângulo inscrito num semicírculo é sempre reto? Porque se traçarmos três linhas iguais — ou seja, duas que constituem a base e a perpendicular que parte do centro — a questão fica evidente pela simples visão da figura, para quem conhece a proposição acima enunciada[7]. Portanto, é claro que os teoremas geométricos, que são em potência, demonstram-se levando-os ao ato. A razão disso está no fato de que o pensamento é ato[8]. E do ato deriva a potência, e é por isso que os homens conhecem as coisas fazendo-as[9]. (Na ordem da geração, o ato particular é posterior à potência[10].)

10. [*O ser como verdadeiro e o não-ser como falso*][1]

O ser e o não-ser se dizem, num sentido, segundo as figuras das categorias, noutro sentido, segundo a potência e o ato dessas categorias ou segundo seus contrários, e, noutro sentido ainda[2], segundo o verdadeiro e o falso[3].

διῃρῆσθαι, ὥστε ἀληθεύει μὲν ὁ τὸ διῃρημένον οἰόμενος διῃρῆσθαι καὶ τὸ συγκείμενον συγκεῖσθαι, ἔψευσται δὲ ὁ ἐναντίως ἔχων ἢ τὰ πράγματα, πότ' ἔστιν ἢ οὐκ ἔστι τὸ ἀληθὲς
λεγόμενον ἢ ψεῦδος; τοῦτο γὰρ σκεπτέον τί λέγομεν. οὐ
γὰρ διὰ τὸ ἡμᾶς οἴεσθαι ἀληθῶς σε λευκὸν εἶναι εἶ σὺ
λευκός, ἀλλὰ διὰ τὸ σὲ εἶναι λευκὸν ἡμεῖς οἱ φάντες τοῦτο
ἀληθεύομεν. εἰ δὴ τὰ μὲν ἀεὶ σύγκειται καὶ ἀδύνατα διαιρεθῆναι, τὰ δ' ἀεὶ διῄρηται καὶ ἀδύνατα συντεθῆναι, τὰ
δ' ἐνδέχεται τἀναντία, τὸ μὲν εἶναί ἐστι τὸ συγκεῖσθαι καὶ
ἓν εἶναι, τὸ δὲ μὴ εἶναι τὸ μὴ συγκεῖσθαι ἀλλὰ πλείω
εἶναι· περὶ μὲν οὖν τὰ ἐνδεχόμενα ἡ αὐτὴ γίγνεται ψευδὴς
καὶ ἀληθὴς δόξα καὶ ὁ λόγος ὁ αὐτός, καὶ ἐνδέχεται ὁτὲ
μὲν ἀληθεύειν ὁτὲ δὲ ψεύδεσθαι· περὶ δὲ τὰ ἀδύνατα ἄλλως ἔχειν οὐ γίγνεται ὁτὲ μὲν ἀληθὲς ὁτὲ δὲ ψεῦδος, ἀλλ'
ἀεὶ ταὐτὰ ἀληθῆ καὶ ψευδῆ. —περὶ δὲ δὴ τὰ ἀσύνθετα τί
τὸ εἶναι ἢ μὴ εἶναι καὶ τὸ ἀληθὲς καὶ τὸ ψεῦδος; οὐ γὰρ
ἔστι σύνθετον, ὥστε εἶναι μὲν ὅταν συγκέηται, μὴ εἶναι δὲ
ἐὰν διῃρημένον ᾖ, ὥσπερ τὸ λευκὸν ⟨τὸ⟩ ξύλον ἢ τὸ ἀσύμμε-
τρον τὴν διάμετρον· οὐδὲ τὸ ἀληθὲς καὶ τὸ ψεῦδος ὁμοίως ἔτι
ὑπάρξει καὶ ἐπ' ἐκείνων. ἢ ὥσπερ οὐδὲ τὸ ἀληθὲς ἐπὶ τούτων τὸ
αὐτό, οὕτως οὐδὲ τὸ εἶναι, ἀλλ' ἔστι τὸ μὲν ἀληθὲς ἢ ψεῦδος,
τὸ μὲν θιγεῖν καὶ φάναι ἀληθές (οὐ γὰρ ταὐτὸ κατάφασις
καὶ φάσις), τὸ δ' ἀγνοεῖν μὴ θιγγάνειν (ἀπατηθῆναι γὰρ
περὶ τὸ τί ἐστιν οὐκ ἔστιν ἀλλ' ἢ κατὰ συμβεβηκός· ὁμοίως
δὲ καὶ περὶ τὰς μὴ συνθετὰς οὐσίας, οὐ γὰρ ἔστιν ἀπατηθῆ-
ναι· καὶ πᾶσαι εἰσὶν ἐνεργείᾳ, οὐ δυνάμει, ἐγίγνοντο γὰρ
ἂν καὶ ἐφθείροντο, νῦν δὲ τὸ ὂν αὐτὸ οὐ γίγνεται οὐδὲ φθεί-

O ser verdadeiro e falso das coisas consiste na sua união ou na sua separação, de modo que estará na verdade quem considera separadas as coisas que, efetivamente, são separadas e unidas as que coisas que, efetivamente, são unidas; ao contrário, estará no erro quem considera que as coisas são contrárias a como efetivamente são. Então, quando temos e quando não temos uma afirmação verdadeira ou uma falsa? É preciso examinar o que entendemos por isso. De fato, não és branco por pensarmos que és branco, mas porque és branco, nós, que afirmamos isso, estamos na verdade[4].

Ora, se algumas coisas são sempre unidas e é impossível separá-las[5], e outras são sempre separadas e é impossível uni-las[6], enquanto outras ainda podem se encontrar nos dois modos opostos[7], e se o ser consiste em ser unido e em ser um, enquanto o não-ser consiste em não ser unido e em ser uma multiplicidade, então, a respeito das coisas que podem ser dos dois modos opostos, a mesma opinião e o mesmo raciocínio podem se tornar verdadeiros e falsos, e pode ocorrer que, às vezes se afirme o verdadeiro e, às vezes, o falso. Ao contrário, a respeito das coisas que nunca podem ser diferentes do que são, a mesma opinião e o mesmo raciocínio não podem se tornar ora verdadeiros, ora falsos, mas são sempre verdadeiros ou sempre falsos[8]. E no caso dos entes incompostos[9], em quê consiste o ser e o não-ser e o verdadeiro e o falso? De fato, não se trata de algo composto, no qual se teria o ser quando este fosse composto e o não-ser quando fosse dividido, como quando se diz que a madeira é branca e a diagonal é incomensurável. E assim, o verdadeiro e o falso não poderão ocorrer do mesmo modo que ocorre para aqueles seres. Na verdade, como o verdadeiro não é o mesmo nos seres incompostos e nos seres compostos, também o ser não é o mesmo nos dois casos. Verdadeiro e falso relativamente aos seres incompostos são o seguinte: o verdadeiro é o fato de intuir e de enunciar (enunciação e afirmação, de fato, não são a mesma coisa), e o fato de não captá-los significa não conhecê-los. No que se refere à essência, só é possível errar acidentalmente; assim como não é possível errar acerca das substâncias não-compostas[10]. E todas são em ato e não em potência; de fato, se não fosse assim, gerar-se-iam e corromper-se-iam. Ao contrário, o que é ser por si[11] não se gera e não se corrompe, porque, caso

ρεται, ἔκ τινος γὰρ ἂν ἐγίγνετο· — ὅσα δή ἐστιν ὅπερ εἶναί τι καὶ ἐνέργειαι, περὶ ταῦτα οὐκ ἔστιν ἀπατηθῆναι ἀλλ' ἢ νοεῖν ἢ μή· ἀλλὰ τὸ τί ἐστι ζητεῖται περὶ αὐτῶν, εἰ τοιαῦτά ἐστιν ἢ μή)· τὸ δὲ εἶναι ὡς τὸ ἀληθές, καὶ τὸ μὴ εἶναι τὸ ὡς τὸ ψεῦδος, ἓν μέν ἐστιν, εἰ σύγκειται, ἀληθές, τὸ δ' εἰ μὴ σύγκειται, ψεῦδος· τὸ δὲ ἕν, εἴπερ ὄν, οὕτως ἐστίν, εἰ δὲ μὴ οὕτως, οὐκ ἔστιν· τὸ δὲ ἀληθὲς τὸ νοεῖν ταῦτα· τὸ δὲ ψεῦδος οὐκ ἔστιν, οὐδὲ ἀπάτη, ἀλλὰ ἄγνοια, οὐχ οἵα ἡ τυφλότης· ἡ μὲν γὰρ τυφλότης ἐστὶν ὡς ἂν εἰ τὸ νοητικὸν ὅλως μὴ ἔχοι τις. φανερὸν δὲ καὶ ὅτι περὶ τῶν ἀκινήτων οὐκ ἔστιν ἀπάτη κατὰ τὸ ποτέ, εἴ τις ὑπολαμβάνει ἀκίνητα. οἷον τὸ τρίγωνον εἰ μὴ μεταβάλλειν οἴεται, οὐκ οἰήσεται ποτὲ μὲν δύο ὀρθὰς ἔχειν ποτὲ δὲ οὔ (μεταβάλλοι γὰρ ἄν), ἀλλὰ τὶ μὲν τὶ δ' οὔ, οἷον ἄρτιον ἀριθμὸν πρῶτον εἶναι μηθένα, ἢ τινὰς μὲν τινὰς δ' οὔ· ἀριθμῷ δὲ περὶ ἕνα οὐδὲ τοῦτο· οὐ γὰρ ἔτι τινὰ μὲν τινὰ δὲ οὔ οἰήσεται, ἀλλ' ἀληθεύσει ἢ ψεύσεται ὡς ἀεὶ οὕτως ἔχοντος.

se gerasse, deveria gerar-se de algo. Portanto, acerca de tudo o que é essência e ato não é possível errar mas só é possível pensar e não pensar: dessas coisas se pesquisa o que são e se são ou não de determinada natureza[12].

No que se refere ao ser no sentido de verdadeiro e ao não-ser no sentido de falso é preciso dizer que, num caso, tem-se o verdadeiro quando realmente existe união e tem-se o falso quando não existe. No outro caso, se o objeto existe, é de determinado modo que existe e se não existe desse modo, não existe de modo nenhum. E o verdadeiro consistirá simplesmente em pensar esses seres; enquanto, a respeito deles, não existe falso e nem engano, mas apenas ignorância; e ignorância não semelhante à cegueira, porque a cegueira corresponderia ao não ter absolutamente a faculdade de pensar[13].

Também é evidente que, quanto aos seres imóveis, não é possível errar com respeito ao tempo, se admitimos que são imóveis. Por exemplo, se alguém considera que o triângulo não muda, não poderá pensar que ora seus ângulos são iguais a dois retos, ora não: nesse caso o triângulo mudaria[14]. Pode ocorrer, ao contrário, que alguém considere que, no âmbito do mesmo gênero de coisas, uma tenha certa propriedade e outra não: por exemplo, no âmbito dos números, que nenhum número par seja primo, ou que alguns o sejam e outros não. Mas, isso não é possível acerca de um número considerado individualmente; nesse caso, de fato, não se poderá considerá-lo em certo sentido par e, noutro sentido, não: e o nosso juízo será ou verdadeiro ou falso, já que a coisa existe sempre do mesmo modo[15].

LIVRO
I
(DÉCIMO)

1

Τὸ ἓν ὅτι μὲν λέγεται πολλαχῶς, ἐν τοῖς περὶ τοῦ ποσαχῶς διῃρημένοις εἴρηται πρότερον· πλεοναχῶς δὲ λεγομένου οἱ συγκεφαλαιούμενοι τρόποι εἰσὶ τέτταρες τῶν πρώτως καὶ καθ' αὑτὰ λεγομένων ἓν ἀλλὰ μὴ κατὰ συμβεβηκός. τό τε γὰρ συνεχὲς ἢ ἁπλῶς ἢ μάλιστά γε τὸ φύσει καὶ μὴ ἁφῇ μηδὲ δεσμῷ (καὶ τούτων μᾶλλον ἓν καὶ πρότερον οὗ ἀδιαιρετωτέρα ἡ κίνησις καὶ μᾶλλον ἁπλῆ)· ἔτι τοιοῦτον καὶ μᾶλλον τὸ ὅλον καὶ ἔχον τινὰ μορφὴν καὶ εἶδος, μάλιστα δ' εἴ τι φύσει τοιοῦτον καὶ μὴ βίᾳ, ὥσπερ ὅσα κόλλῃ ἢ γόμφῳ ἢ συνδέσμῳ, ἀλλὰ ἔχει ἐν αὑτῷ τὸ αἴτιον αὑτῷ τοῦ συνεχὲς εἶναι. τοιοῦτον δὲ τῷ μίαν τὴν κίνησιν εἶναι καὶ ἀδιαίρετον τόπῳ καὶ χρόνῳ, ὥστε φανερόν, εἴ τι φύσει κινήσεως ἀρχὴν ἔχει τῆς πρώτης τὴν πρώτην, οἷον λέγω φορᾶς κυκλοφορίαν, ὅτι τοῦτο πρῶτον μέγεθος ἕν. τὰ μὲν δὴ οὕτως ἓν ᾗ συνεχὲς ἢ ὅλον, τὰ δὲ ὧν ἂν ὁ λόγος εἷς ᾖ, τοιαῦτα δὲ ὧν ἡ νόησις μία, τοιαῦτα δὲ ὧν ἀδιαίρετος, ἀδιαίρετος δὲ τοῦ ἀδιαιρέτου εἴδει ἢ ἀριθμῷ· ἀριθμῷ μὲν οὖν τὸ καθ' ἕκαστον ἀδιαίρετον, εἴδει δὲ τὸ τῷ γνωστῷ καὶ τῇ ἐπιστήμῃ, ὥσθ' ἓν ἂν εἴη πρῶτον τὸ ταῖς οὐσίαις

1. [*O um e seus múltiplos significados*][1]

Já dissemos acima[2], no livro dedicado à distinção dos diferentes significados[3] dos termos, que o um tem múltiplos significados. Embora numerosos, os significados que indicam as coisas das quais afirmamos a unidade em sentido primário[4] e por si, e não por acidente[5], reduzem-se a quatro principais.

(1) Um é, em primeiro lugar, o contínuo: seja o contínuo em geral, seja, sobretudo, o que é contínuo por natureza e não pelo simples contato ou pela vinculação[6]. E entre as coisas que são contínuas, aquilo cujo movimento é mais indivisível e mais simples tem mais unidade e é anterior[7].

(2) Um é, além disso e em maior grau, o que é inteiro[8] e o que tem certa figura e certa forma, sobretudo se ele é assim por natureza e não de maneira forçada — como as coisas que são unidas com cola, pregos e cordas — quer dizer, se tem em si a causa da própria continuidade[9]. E algo é assim enquanto seu movimento é um e indivisível no espaço e no tempo[10]. Consequentemente, é claro que se algo possui por natureza o princípio do movimento, e o princípio primeiro do primeiro movimento — e este é, entre os movimentos espaciais, o circular —, dentre as coisas extensas, esse algo é um em sentido primeiro[11].

Algumas coisas, portanto, são unidade ou enquanto contínuas ou enquanto são um todo, outras são unidade se sua noção é uma unidade: e assim são as coisas cuja intelecção[12] é única, ou seja, indivisível. E indivisível é a intelecção do que é indivisível (3) por número ou (4) por forma[13]. (3) Indivisível por número é o indivíduo[14]. (4) Indivisível por forma é, ao contrário, o que é indivisível pelo conhecimento e pela ciência[15], de modo que

αἴτιον τοῦ ἑνός. λέγεται μὲν οὖν τὸ ἓν τοσαυταχῶς, τό τε συνεχὲς φύσει καὶ τὸ ὅλον, καὶ τὸ καθ' ἕκαστον καὶ τὸ καθόλου, πάντα δὲ ταῦτα ἓν τῷ ἀδιαίρετον εἶναι τῶν μὲν τὴν κίνησιν τῶν δὲ τὴν νόησιν ἢ τὸν λόγον. — δεῖ δὲ κατανοεῖν ὅτι οὐχ ὡσαύτως ληπτέον λέγεσθαι ποῖά τε ἓν λέγεται, καὶ τί ἐστι τὸ ἑνὶ εἶναι καὶ τίς αὐτοῦ λόγος. λέγεται μὲν γὰρ τὸ ἓν τοσαυταχῶς, καὶ ἕκαστον ἔσται ἓν [τούτων], ᾧ ἂν ὑπάρχῃ τις τούτων τῶν τρόπων· τὸ δὲ ἑνὶ εἶναι ὁτὲ μὲν τούτων τινὶ ἔσται, ὁτὲ δὲ ἄλλῳ ὃ καὶ μᾶλλον ἐγγὺς τῷ ὀνόματί ἐστι, τῇ δυνάμει δ' ἐκεῖνα, ὥσπερ καὶ περὶ στοιχείου καὶ αἰτίου εἰ δέοι λέγειν ἐπί τε τοῖς πράγμασι διορίζοντα καὶ τοῦ ὀνόματος ὅρον ἀποδιδόντα. ἔστι μὲν γὰρ ὡς στοιχεῖον τὸ πῦρ (ἔστι δ' ἴσως καθ' αὑτὸ καὶ τὸ ἄπειρον ἢ τι ἄλλο τοιοῦτον), ἔστι δ' ὡς οὔ· οὐ γὰρ τὸ αὐτὸ πυρὶ καὶ στοιχείῳ εἶναι, ἀλλ' ὡς μὲν πρᾶγμά τι καὶ φύσις τὸ πῦρ στοιχεῖον, τὸ δὲ ὄνομα σημαίνει τὸ τοδὶ συμβεβηκέναι αὐτῷ, ὅτι ἐστί τι ἐκ τούτου ὡς πρώτου ἐνυπάρχοντος. οὕτω καὶ ἐπὶ αἰτίου καὶ ἑνὸς καὶ τῶν τοιούτων ἁπάντων, διὸ καὶ τὸ ἑνὶ εἶναι τὸ ἀδιαιρέτῳ ἐστὶν εἶναι, ὅπερ τόδε ὄντι καὶ ἰδίᾳ χωριστῷ ἢ τόπῳ ἢ εἴδει ἢ διανοίᾳ, ἢ καὶ τὸ ὅλῳ καὶ ἀδιαιρέτῳ, μάλιστα δὲ τὸ μέτρῳ εἶναι πρώτῳ ἑκάστου γένους καὶ κυριώτατα τοῦ ποσοῦ· ἐντεῦθεν γὰρ ἐπὶ τὰ ἄλλα ἐλήλυθεν. μέτρον γάρ ἐστιν ᾧ τὸ ποσὸν γιγνώσκεται· γιγνώσκεται δὲ ἢ ἑνὶ ἢ ἀριθμῷ τὸ ποσὸν ᾗ ποσόν, ὁ δὲ ἀριθμὸς

deverá ser um em sentido primário o que é causa da unidade das substâncias[16].

O um tem todos esses significados: o contínuo natural, o inteiro, o indivíduo e o universal[17]; o contínuo e o inteiro são um porque seu movimento é indivisível, o indivíduo e o universal são um porque sua intelecção e sua noção são indivisíveis[18].

Depois é preciso considerar o seguinte: a questão (a) "que coisas são unidade" não pode se identificar com esta (b) "qual é a essência e qual é a noção do um". De fato, (a) o um se diz em tantos significados quantos foram estabelecidos acima; portanto, qualquer coisa à qual convenha um desses significados será una. Ao contrário, (b) a essência do um poderá referir-se alguma vez a qualquer um desses significados, outra vez a qualquer outra coisa cujo significado é mais próximo da palavra "um", enquanto aqueles significados só virtualmente são a essência do um[19]. Ocorre aqui o mesmo que com o elemento e a causa: determinar que realidades são ditas elemento e causa é uma coisa, fornecer a definição da palavra elemento e da palavra causa é outra coisa. De fato, em certo sentido, o fogo é elemento (e, talvez, também o indefinido[20] ou algo do gênero); mas noutro sentido não o é, porque a essência do fogo e a essência do elemento não são a mesma coisa: o fogo é elemento no sentido de que é algo determinado e uma realidade natural, ao contrário a palavra "elemento" indica esta particular característica que também o fogo tem, quer dizer, o fato de ser um constitutivo intrínseco das coisas. E o que dissemos vale também para a causa, para o um e para todos os outros termos como estes. Por isso a essência do um consiste em ser indivisível, à guisa de algo determinado e particular, separável ou pelo lugar ou pela forma ou pelo pensamento; ou consiste em ser um inteiro e indivisível[21]. Mas consiste sobretudo em ser medida, primeiro em cada gênero e, principalmente, no gênero da quantidade: de fato, do gênero da quantidade o um foi estendido a todos os outros gêneros.

Depois, medida é aquilo mediante o qual se conhece a quantidade. E a quantidade enquanto tal se conhece ou mediante o um ou mediante o número; mas todo número é conhecido mediante o

ἅπας ἑνί, ὥστε πᾶν τὸ ποσὸν γιγνώσκεται ᾗ ποσὸν τῷ ἑνί, καὶ ᾧ πρώτῳ ποσὰ γιγνώσκεται, τοῦτο αὐτὸ ἕν· διὸ τὸ ἓν ἀριθμοῦ ἀρχὴ ᾗ ἀριθμός. ἐντεῦθεν δὲ καὶ ἐν τοῖς ἄλλοις
25 λέγεται μέτρον τε ᾧ ἕκαστον πρώτῳ γιγνώσκεται, καὶ τὸ μέτρον ἑκάστου ἕν, ἐν μήκει, ἐν πλάτει, ἐν βάθει, ἐν βάρει, ἐν τάχει (τὸ γὰρ βάρος καὶ τάχος κοινὸν ἐν τοῖς ἐναντίοις· διττὸν γὰρ ἑκάτερον αὐτῶν, οἷον βάρος τό τε ὁποσηνοῦν ἔχον ῥοπὴν καὶ τὸ ἔχον ὑπεροχὴν ῥοπῆς, καὶ τάχος τό τε ὁπο-
30 σηνοῦν κίνησιν ἔχον καὶ τὸ ὑπεροχὴν κινήσεως· ἔστι γάρ τι τάχος καὶ τοῦ βραδέος καὶ βάρος τοῦ κουφοτέρου). ἐν πᾶσι δὴ τούτοις μέτρον καὶ ἀρχὴ ἕν τι καὶ ἀδιαίρετον, ἐπεὶ καὶ ἐν ταῖς γραμμαῖς χρῶνται ὡς ἀτόμῳ τῇ ποδιαίᾳ. πανταχοῦ γὰρ τὸ μέτρον ἕν τι ζητοῦσι καὶ ἀδιαίρετον· τοῦτο δὲ
35 τὸ ἁπλοῦν ἢ τῷ ποιῷ ἢ τῷ ποσῷ. ὅπου μὲν οὖν δοκεῖ μὴ εἶναι ἀφελεῖν ἢ προσθεῖναι, τοῦτο ἀκριβὲς τὸ μέτρον (διὸ
1053ᵃ τὸ τοῦ ἀριθμοῦ ἀκριβέστατον· τὴν γὰρ μονάδα τιθέασι πάντῃ ἀδιαίρετον)· ἐν δὲ τοῖς ἄλλοις μιμοῦνται τὸ τοιοῦτον· ἀπὸ γὰρ σταδίου καὶ ταλάντου καὶ ἀεὶ τοῦ μείζονος λάθοι ἂν καὶ προστεθέν τι καὶ ἀφαιρεθὲν μᾶλλον ἢ ἀπὸ ἐλάττονος·
5 ὥστε ἀφ' οὗ πρώτου κατὰ τὴν αἴσθησιν μὴ ἐνδέχεται, τοῦτο πάντες ποιοῦνται μέτρον καὶ ὑγρῶν καὶ ξηρῶν καὶ βάρους καὶ μεγέθους· καὶ τότ' οἴονται εἰδέναι τὸ ποσόν, ὅταν εἰδῶσι διὰ τούτου τοῦ μέτρου. καὶ δὴ καὶ κίνησιν τῇ ἁπλῇ κινήσει καὶ τῇ ταχίστῃ (ὀλίγιστον γὰρ αὕτη ἔχει χρόνον)·
10 διὸ ἐν τῇ ἀστρολογίᾳ τὸ τοιοῦτον ἓν ἀρχὴ καὶ μέτρον (τὴν κίνησιν γὰρ ὁμαλὴν ὑποτίθενται καὶ ταχίστην τὴν τοῦ οὐρανοῦ,

um, portanto, toda quantidade enquanto tal se conhece mediante o um, e o termo primeiro mediante o qual as quantidades se conhecem é, portanto, o um. Por isso o um é princípio do número enquanto tal[22].

Daqui, por transposição, também nos outros gêneros se chama medida o termo primeiro mediante o qual se conhece cada gênero, e a medida de cada gênero é uma: ou pelo comprimento ou pela largura ou pela profundidade ou pelo peso ou pela velocidade. (Peso e velocidade indicam ao mesmo tempo os dois contrários: de fato, tanto o peso como a velocidade têm dois significados. Por exemplo, é peso tanto o que tem qualquer peso, como o que tem um excesso de peso; e tem velocidade tanto o que tem algum movimento, como o que tem excesso de movimento: de fato, também o que é lento tem uma velocidade e o que é mais leve tem um peso)[23].

Ora, em todos esses casos é medida e princípio algo que é um e indivisível, dado que até na medida das linhas usa-se a linha de um pé, considerando-a como indivisível. De fato, em todos os casos busca-se como medida algo uno e indivisível, e isso é o que é simples ou segundo a qualidade ou segundo a quantidade. Portanto, a medida da qual é impossível tirar ou acrescentar algo é medida perfeita[24]. Por isso a medida mais perfeita de todas é a medida do número: de fato, põe-se a unidade como indivisível em todos os sentidos; e também em todos os outros casos tenta-se imitar essa medida. Se ao estádio e ao talento, e igualmente a medidas sempre maiores, fosse acrescentado ou extraído alguma coisa, isso passaria despercebido muito mais facilmente do que se algo fosse acrescentado ou extraído de medidas menores[25]. Consequentemente, todos assumem como unidade de medida a primeira medida da qual não é possível tirar e à qual não é possível acrescentar nada sem que disso nos demos conta: e isso vale tanto em se tratando de líquidos como de sólidos, de peso e de grandezas[26]. E afirmamos conhecer a quantidade de algo quando a conhecemos por meio daquela medida. E assim também o movimento se mede mediante o movimento simples e mais veloz, porque esse movimento emprega um tempo mínimo; por isso na astronomia o princípio e a medida é uma unidade desse tipo: de fato, considera-se que o movimento do céu é uniforme e rapidíssimo, e a esse movimento nos referimos para

πρὸς ἣν κρίνουσι τὰς ἄλλας), καὶ ἐν μουσικῇ δίεσις, ὅτι
ἐλάχιστον, καὶ ἐν φωνῇ στοιχεῖον. καὶ ταῦτα πάντα ἕν τι
οὕτως, οὐχ ὡς κοινόν τι τὸ ἓν ἀλλ' ὥσπερ εἴρηται. — οὐκ ἀεὶ
15 δὲ τῷ ἀριθμῷ ἓν τὸ μέτρον ἀλλ' ἐνίοτε πλείω, οἷον αἱ διέ-
σεις δύο, αἱ μὴ κατὰ τὴν ἀκοὴν ἀλλ' ἐν τοῖς λόγοις, καὶ
αἱ φωναὶ πλείους αἷς μετροῦμεν, καὶ ἡ διάμετρος δυσὶ μετρεῖται καὶ ἡ πλευρά, καὶ τὰ μεγέθη πάντα. οὕτω δὴ πάντων μέτρον τὸ ἕν, ὅτι γνωρίζομεν ἐξ ὧν ἐστὶν ἡ οὐσία διαι-
20 ροῦντες ἢ κατὰ τὸ ποσὸν ἢ κατὰ τὸ εἶδος. καὶ διὰ τοῦτο τὸ
ἓν ἀδιαίρετον, ὅτι τὸ πρῶτον ἑκάστων ἀδιαίρετον. οὐχ ὁμοίως
δὲ πᾶν ἀδιαίρετον, οἷον ποὺς καὶ μονάς, ἀλλὰ τὸ μὲν
πάντῃ, τὸ δ' εἰς ἀδιαίρετα πρὸς τὴν αἴσθησιν θετέον, ὥσπερ
εἴρηται ἤδη· ἴσως γὰρ πᾶν συνεχὲς διαιρετόν. ἀεὶ δὲ συγ-
25 γενὲς τὸ μέτρον· μεγεθῶν μὲν γὰρ μέγεθος, καὶ καθ' ἕκαστον μήκους μῆκος, πλάτους πλάτος, φωνῆς φωνή, βάρους
βάρος, μονάδων μονάς. οὕτω γὰρ δεῖ λαμβάνειν, ἀλλ' οὐχ
ὅτι ἀριθμῶν ἀριθμός· καίτοι ἔδει, εἰ ὁμοίως· ἀλλ' οὐχ
ὁμοίως ἀξιοῖ ἀλλ' ὥσπερ εἰ μονάδων μονάδας ἀξιώσειε
30 μέτρον ἀλλὰ μὴ μονάδα· ὁ δ' ἀριθμὸς πλῆθος μονάδων.
καὶ τὴν ἐπιστήμην δὲ μέτρον τῶν πραγμάτων λέγομεν καὶ
τὴν αἴσθησιν διὰ τὸ αὐτό, ὅτι γνωρίζομέν τι αὐταῖς, ἐπεὶ
μετροῦνται μᾶλλον ἢ μετροῦσιν. ἀλλὰ συμβαίνει ἡμῖν ὥσπερ ἂν εἰ ἄλλου ἡμᾶς μετροῦντος ἐγνωρίσαμεν πηλίκοι ἐσμὲν
35 τῷ τὸν πῆχυν ἐπὶ τοσοῦτον ἡμῶν ἐπιβάλλειν. Πρωταγόρας
δ' ἄνθρωπόν φησι πάντων εἶναι μέτρον, ὥσπερ ἂν εἰ τὸν

julgar também os outros movimentos²⁷. E na música a unidade de medida é a díese, porque é o menor intervalo²⁸. Na palavra a unidade de medida é a letra²⁹. Cada uma dessas é uma unidade não já no sentido que o um seja algo comum³⁰, mas no sentido explicado acima³¹.

A medida não é sempre uma em número mas, às vezes, é também mais de uma³²: por exemplo, as díeses são duas, não pelo ouvido mas pela teoria³³; numerosos são os sons com os quais medimos as palavras³⁴; e com duas medidas mede-se a diagonal, assim como o lado e todas as grandezas³⁵.

Portanto, o um é medida de todas as coisas, porque conhecemos os constitutivos de uma coisa quando a dividimos ou segundo a quantidade ou segundo a forma³⁶. E o um é indivisível por esta razão: porque em todo gênero de coisas o que é primeiro é indivisível. Mas nem tudo o que é um é indivisível do mesmo modo como, por exemplo, o pé e a unidade: esta é indivisível em todos os sentidos, aquele deve ser posto³⁷ entre as coisas que são indivisíveis, como já dissemos, só relativamente à percepção sensível: de fato, tudo o que é contínuo é, certamente, divisível³⁸.

Ademais, a medida é sempre do mesmo gênero da coisa medida: de fato, a medida das grandezas é uma grandeza; dito mais particularmente: a medida do comprimento é um comprimento, da largura é uma largura, dos sons é um som, dos pesos é um peso, das unidades uma unidade. E devemos entender isso não no sentido de que a medida dos números seja um número, o que ocorreria se o caso dos números fosse semelhante aos precedentes; mas ele não é semelhante aos precedentes, pois se fosse seria como crer que a medida das unidades é uma pluralidade de unidades e não uma unidade, já que o número é, justamente, uma pluralidade de unidades³⁹.

E dizemos também que a ciência e a sensação são medida das coisas pela mesma razão, isto é, porque com elas conhecemos as coisas, embora, na realidade, ciência e sensação, mais do que medida, tenham uma medida. Esse caso é semelhante ao que aconteceria se alguém nos medisse e se nós conhecêssemos nossa altura pelo fato de o côvado ser aplicado sobre nós certo número de vezes⁴⁰. E Protágoras diz que o homem é medida de todas as

1053ᵇ ἐπιστήμονα εἰπὼν ἢ τὸν αἰσθανόμενον· τούτους δ' ὅτι ἔχουσιν ὁ μὲν αἴσθησιν ὁ δὲ ἐπιστήμην, ἅ φαμεν εἶναι μέτρα τῶν ὑποκειμένων. οὐθὲν δὴ λέγοντες περιττὸν φαίνονταί τι λέγειν. ὅτι μὲν οὖν τὸ ἑνὶ εἶναι μάλιστά ἐστι κατὰ τὸ ὄνομα ἀφορί-
5 ζοντι μέτρον τι, καὶ κυριώτατα τοῦ ποσοῦ, εἶτα τοῦ ποιοῦ, φανερόν· ἔσται δὲ τοιοῦτον τὸ μὲν ἂν ᾖ ἀδιαίρετον κατὰ τὸ ποσόν, τὸ δὲ ἂν κατὰ τὸ ποιόν· διόπερ ἀδιαίρετον τὸ ἓν ἢ ἁπλῶς ἢ ᾗ ἕν.

2

Κατὰ δὲ τὴν οὐσίαν καὶ τὴν φύσιν ζητητέον ποτέρως
10 ἔχει, καθάπερ ἐν τοῖς διαπορήμασιν ἐπήλθομεν τί τὸ ἕν ἐστι καὶ πῶς δεῖ περὶ αὐτοῦ λαβεῖν, πότερον ὡς οὐσίας τινὸς οὔσης αὐτοῦ τοῦ ἑνός, καθάπερ οἵ τε Πυθαγόρειοί φασι πρότερον καὶ Πλάτων ὕστερον, ἢ μᾶλλον ὑπόκειταί τις φύσις καὶ [πῶς] δεῖ γνωριμωτέρως λεχθῆναι καὶ μᾶλλον ὥσπερ οἱ
15 περὶ φύσεως· ἐκείνων γὰρ ὁ μέν τις φιλίαν εἶναί φησι τὸ ἓν ὁ δ' ἀέρα ὁ δὲ τὸ ἄπειρον. εἰ δὴ μηδὲν τῶν καθόλου δυνατὸν οὐσίαν εἶναι, καθάπερ ἐν τοῖς περὶ οὐσίας καὶ περὶ τοῦ ὄντος εἴρηται λόγοις, οὐδ' αὐτὸ τοῦτο οὐσίαν ὡς ἕν τι παρὰ τὰ πολλὰ δυνατὸν εἶναι (κοινὸν γάρ) ἀλλ' ἢ κατηγόρημα
20 μόνον, δῆλον ὡς οὐδὲ τὸ ἕν· τὸ γὰρ ὂν καὶ τὸ ἓν καθόλου κατηγορεῖται μάλιστα πάντων. ὥστε οὔτε τὰ γένη φύσεις τινὲς καὶ οὐσίαι χωρισταὶ τῶν ἄλλων εἰσίν, οὔτε τὸ ἓν γένος ἐνδέχεται εἶναι διὰ τὰς αὐτὰς αἰτίας δι' ἅσπερ οὐδὲ τὸ ὂν οὐδὲ τὴν οὐσίαν. ἔτι δ' ὁμοίως ἐπὶ πάντων ἀναγκαῖον ἔχειν·

coisas, e com isso pretende indicar o homem que sabe e o homem que sente; e estes são medida de todas as coisas justamente porque um tem a sensação e o outro a ciência, que dizemos serem as medidas dos objetos. A doutrina protagoriana parece dizer algo inusitado, no entanto, só aparentemente[41].

Portanto, é evidente que a essência do um, se a definimos segundo o sentido preciso da palavra, consiste em certa medida: em primeiro lugar na medida da quantidade e, em segundo lugar, na medida da qualidade. E algo será um quando for indivisível segundo a quantidade e segundo a qualidade. Por isso o um é indivisível seja absolutamente seja enquanto um.

2. [*O um não é substância, mas predicado*][1]

Devemos agora retomar um problema já discutido no livro das aporias[2], isto é, de que modo existe o um, considerado quanto à substância e quanto à realidade[3]. Devemos investigar o que é o um e como devemos entendê-lo, e precisamente: (a) o um é substância por si como por primeiro entenderam os pitagóricos e, depois, também Platão, (b) ou existe alguma realidade que serve de substrato ao um e o um deve ser definido de modo mais compreensível, como o fazem os filósofos naturalistas? Entre estes, de fato, há quem diga que o um é a amizade[4], outros que é o ar[5] e, ainda, outros que é o indefinido[6].

Ora, se nenhum dos universais pode ser substância — como dissemos ao tratar da substância e do ser[7] — e se o próprio ser não pode ser uma substância no sentido de algo uno e determinado, existindo separado da multiplicidade das coisas, enquanto ele é comum a todas e é apenas um predicado[8]: então é evidente que tampouco o um pode ser substância, justamente porque o ser e o um são os predicados mais universais. Portanto, os gêneros não são realidades e substâncias separáveis das outras coisas; antes, o um nem sequer pode ser um gênero, pelas mesmas razões pelas quais nem o ser nem a substância podem ser um gênero[9].

Ademais, deve ser necessariamente assim para o um considerado no âmbito de todas as categorias. O um tem os mesmos

λέγεται δ' ἰσαχῶς τὸ ὂν καὶ τὸ ἕν· ὥστ' ἐπείπερ ἐν τοῖς ποιοῖς ἐστί τι τὸ ἓν καί τις φύσις, ὁμοίως δὲ καὶ ἐν τοῖς ποσοῖς, δῆλον ὅτι καὶ ὅλως ζητητέον τί τὸ ἕν, ὥσπερ καὶ τί τὸ ὄν, ὡς οὐχ ἱκανὸν ὅτι τοῦτο αὐτὸ ἡ φύσις αὐτοῦ. ἀλλὰ μὴν ἕν γε χρώμασίν ἐστι τὸ ἓν χρῶμα, οἷον τὸ λευκόν, εἶτα τὰ ἄλλα ἐκ τούτου καὶ τοῦ μέλανος φαίνεται γιγνόμενα, τὸ δὲ μέλαν στέρησις λευκοῦ ὥσπερ καὶ φωτὸς σκότος [τοῦτο δ' ἐστὶ στέρησις φωτός]· ὥστε εἰ τὰ ὄντα ἦν χρώματα, ἦν ἂν ἀριθμός τις τὰ ὄντα, ἀλλὰ τίνων; δῆλον δὴ ὅτι χρωμάτων, καὶ τὸ ἓν ἦν ἄν τι ἕν, οἷον τὸ λευκόν. ὁμοίως δὲ καὶ εἰ μέλη τὰ ὄντα ἦν, ἀριθμὸς ἂν ἦν, διέσεων μέντοι, ἀλλ' οὐκ ἀριθμὸς ἡ οὐσία αὐτῶν· καὶ τὸ ἓν ἦν ἄν τι οὗ ἡ οὐσία οὐ τὸ ἓν ἀλλὰ δίεσις. ὁμοίως δὲ καὶ ἐπὶ τῶν φθόγγων στοιχείων ἂν ἦν τὰ ὄντα ἀριθμός, καὶ τὸ ἓν στοιχεῖον φωνῆεν. καὶ εἰ σχήματα εὐθύγραμμα, σχημάτων ἂν ἦν ἀριθμός, καὶ τὸ ἓν τὸ τρίγωνον. ὁ δ' αὐτὸς λόγος καὶ ἐπὶ τῶν ἄλλων γενῶν, ὥστ' εἴπερ καὶ ἐν τοῖς πάθεσι καὶ ἐν τοῖς ποιοῖς καὶ ἐν τοῖς ποσοῖς καὶ ἐν κινήσει ἀριθμῶν ὄντων καὶ ἑνός τινος ἐν ἅπασιν ὅ τε ἀριθμὸς τινῶν καὶ τὸ ἓν τὶ ἕν, ἀλλ' οὐχὶ τοῦτο αὐτὸ ἡ οὐσία, καὶ ἐπὶ τῶν οὐσιῶν ἀνάγκη ὡσαύτως ἔχειν· ὁμοίως γὰρ ἔχει ἐπὶ πάντων. — ὅτι μὲν οὖν τὸ ἓν ἐν ἅπαντι γένει ἐστί τις φύσις, καὶ οὐδενὸς τοῦτό γ' αὐτὸ ἡ φύσις τὸ ἕν, φανερόν, ἀλλ' ὥσπερ ἐν χρώμασι χρῶμα ἓν ζητητέον αὐτὸ τὸ ἕν, οὕτω καὶ ἐν οὐσίᾳ οὐσίαν μίαν αὐτὸ τὸ ἕν· ὅτι δὲ ταὐτὸ σημαίνει πως τὸ ἓν καὶ τὸ ὄν, δῆλον τῷ τε παρακολουθεῖν ἰσαχῶς ταῖς κατηγορίαις καὶ μὴ εἶναι ἐν

significados que tem o ser; portanto, dado que na esfera das qualidades o um é algo determinado, e do mesmo modo no âmbito da quantidade, é evidente que se deve investigar o que é o um na esfera de todas as categorias, assim como se investiga o que é o ser, porque não é suficiente dizer que a natureza do ser e do um consiste justamente em ser o ser e o um[10]. E nas cores o um é dado por uma cor, isto é, pelo branco, e dele e do preto derivam as outras cores; sendo que o preto é privação do branco, assim como as trevas são privação da luz. De modo que, se os seres fossem cores, então eles seriam um certo número. Mas um número de quê? Evidentemente um número de cores. E o um seria uma determinada cor, por exemplo, o branco[11]. De modo semelhante, se os seres fossem acordes musicais seriam certamente um número, mas um número de díeses, e sua substância certamente não seria o número; e o um seria algo determinado, cuja substância certamente não seria o um, mas a díese[12]. E o mesmo deveríamos dizer se os seres fossem sons articulados: os seres seriam, então, um número de letras e o um seria uma vogal[13]. E se os seres fossem figuras retilíneas, então seriam um número de figuras e o um seria o triângulo[14]. E o mesmo raciocínio poderia ser estendido a todos os outros gêneros de coisas. Portanto, se existem números e se existe o um tanto no âmbito das afecções como no das qualidades, da quantidade e dos movimentos, e, em todos os casos, o número é sempre um número determinado de coisas e o um é algo determinado, cuja substância não consiste simplesmente em ser um; pois bem, se assim é, então isso deve valer também para as substâncias, porque vale para todos os casos. Portanto, é evidente que em todos os gêneros o um é uma determinada realidade e que, em nenhum caso, a natureza do um é o próprio um. E do mesmo modo que no âmbito das cores o um a ser buscado é uma cor, assim no âmbito da substância, o um a ser buscado será uma substância particular[15].

Que o um tenha, em certo sentido, os mesmos significados do ser, fica claro pelo fato de que, assim como o ser, o um é estreitamente conexo com cada uma das categorias e não se esgota

μηδεμιᾷ (οἷον οὔτ᾽ ἐν τῇ τί ἐστιν οὔτ᾽ ἐν τῇ ποῖον, ἀλλ᾽ ὁμοίως ἔχει ὥσπερ τὸ ὄν) καὶ τῷ μὴ προσκατηγορεῖσθαι ἕτερόν τι τὸ εἷς ἄνθρωπος τοῦ ἄνθρωπος (ὥσπερ οὐδὲ τὸ εἶναι παρὰ τὸ τί ἢ ποῖον ἢ πόσον) καὶ ⟨τῷ εἶναι⟩ τὸ ἑνὶ εἶναι τὸ ἑκάστῳ εἶναι.

3

Ἀντίκειται δὲ τὸ ἓν καὶ τὰ πολλὰ κατὰ πλείους τρόπους, ὧν ἕνα τὸ ἓν καὶ τὸ πλῆθος ὡς ἀδιαίρετον καὶ διαιρετόν· τὸ μὲν γὰρ ᾗ διῃρημένον ἢ διαιρετὸν πλῆθός τι λέγεται, τὸ δὲ ἀδιαίρετον ἢ μὴ διῃρημένον ἕν. ἐπεὶ οὖν αἱ ἀντιθέσεις τετραχῶς, καὶ τούτων κατὰ στέρησιν λέγεται θάτερον [ἐναντία ἂν εἴη καὶ] οὔτε ὡς ἀντίφασις οὔτε ὡς τὰ πρός τι λεγόμενα, ⟨ἐναντία ἂν εἴη⟩. λέγεται δὲ ἐκ τοῦ ἐναντίου καὶ δηλοῦται τὸ ἕν, ἐκ τοῦ διαιρετοῦ τὸ ἀδιαίρετον, διὰ τὸ μᾶλλον αἰσθητὸν τὸ πλῆθος εἶναι καὶ τὸ διαιρετὸν ἢ τὸ ἀδιαίρετον, ὥστε τῷ λόγῳ πρότερον τὸ πλῆθος τοῦ ἀδιαιρέτου διὰ τὴν αἴσθησιν. ἔστι δὲ τοῦ μὲν ἑνός, ὥσπερ καὶ ἐν τῇ διαιρέσει τῶν ἐναντίων διεγράψαμεν, τὸ ταὐτὸ καὶ ὅμοιον καὶ ἴσον, τοῦ δὲ πλήθους τὸ ἕτερον καὶ ἀνόμοιον καὶ ἄνισον. λεγομένου δὲ τοῦ ταὐτοῦ πολλαχῶς, ἕνα μὲν τρόπον κατ᾽ ἀριθμὸν λέγομεν ἐνίοτε αὐτό, τὸ δ᾽ ἐὰν καὶ λόγῳ καὶ ἀριθμῷ ἓν ᾖ, οἷον σὺ σαυτῷ καὶ τῷ εἴδει καὶ τῇ ὕλῃ ἕν· ἔτι δ᾽ ἐὰν ὁ λόγος ὁ τῆς πρώτης οὐσίας εἷς ᾖ, οἷον αἱ ἴσαι γραμμαὶ εὐθεῖαι αἱ αὐταί, καὶ τὰ ἴσα καὶ ἰσογώνια τετράγωνα, καίτοι πλείω· ἀλλ᾽ ἐν τούτοις ἡ ἰσότης ἑνότης. ὅμοια δὲ ἐὰν μὴ

em nenhuma delas (por exemplo, não se esgota na essência, nem na qualidade, mas se comporta do mesmo modo que o ser). E também fica evidente pelo fato de que quando se diz "um homem" não se diz nada mais do que quando se diz simplesmente "homem", assim como o ser não acrescenta nada à essência, ou à qualidade, ou à quantidade. E, enfim, fica evidente porque o ser um equivale a ser uma coisa particular[16].

3. *[O um e os muitos e as noções a eles conexas]*[1]

O um e o múltiplo são opostos em muitos sentidos; num deles são opostos como o indivisível é oposto ao divisível: o que é dividido ou divisível é dito múltiplo, o que é indivisível ou indiviso é dito uno. Ora, dado que existem quatro diferentes tipos de oposição[2], e dado que <no tipo de oposição um-muitos no sentido de indivisível-divisível> o um não é dito nem como privação do outro nem como negação do outro nem em relação ao outro, só resta que seja oposição pela contrariedade[3]. E o um se diz e se esclarece em função do seu contrário e o indivisível em função de divisível, porque o múltiplo e o divisível são mais acessíveis à percepção sensível do que o indivisível; portanto, por causa da percepção sensível, na ordem da noção o múltiplo é anterior ao indivisível[4].

Ao um pertencem — como explicamos na nossa *Divisão dos contrários*[5], — o idêntico, o semelhante e o igual; ao múltiplo pertencem o diverso, o dessemelhante e o desigual.

O idêntico tem muitos significados. (1) Num primeiro significado dizemos às vezes idêntico o que é um pelo número; (2) num segundo sentido dizemos idêntico o que é um tanto pela forma como pelo número: por exemplo, tu és idêntico a ti mesmo tanto pela forma como pela matéria; (3) ademais, idênticas são as coisas cuja noção da substância primeira é única: por exemplo, as linhas retas iguais são idênticas, e assim os quadriláteros que têm lados e ângulos iguais, mesmo que sejam numerosos. Mas nesses casos a igualdade é a unidade[6].

ταὐτὰ ἁπλῶς ὄντα, μηδὲ κατὰ τὴν οὐσίαν ἀδιάφορα τὴν
συγκειμένην, κατὰ τὸ εἶδος ταὐτὰ ᾖ, ὥσπερ τὸ μεῖζον τετράγωνον τῷ μικρῷ ὅμοιον, καὶ αἱ ἄνισοι εὐθεῖαι· αὗται γὰρ
ὅμοιαι μέν, αἱ αὐταὶ δὲ ἁπλῶς οὔ. τὰ δὲ ἐὰν τὸ αὐτὸ
εἶδος ἔχοντα, ἐν οἷς τὸ μᾶλλον καὶ ἧττον ἐγγίγνεται, μήτε
μᾶλλον ᾖ μήτε ἧττον. τὰ δὲ ἐὰν ᾖ τὸ αὐτὸ πάθος καὶ ἓν
τῷ εἴδει, οἷον τὸ λευκόν, σφόδρα καὶ ἧττον, ὅμοιά φασιν
εἶναι ὅτι ἓν τὸ εἶδος αὐτῶν. τὰ δὲ ἐὰν πλείω ἔχῃ ταὐτὰ
ἢ ἕτερα, ἢ ἁπλῶς ἢ τὰ πρόχειρα, οἷον καττίτερος ἀργύρῳ
ᾗ λευκόν, χρυσὸς δὲ πυρὶ ᾗ ξανθὸν καὶ πυρρόν. ὥστε δῆλον
ὅτι καὶ τὸ ἕτερον καὶ τὸ ἀνόμοιον πολλαχῶς λέγεται. καὶ
τὸ μὲν ἄλλο ἀντικειμένως καὶ τὸ ταὐτό, διὸ ἅπαν πρὸς
ἅπαν ἢ ταὐτὸ ἢ ἄλλο· τὸ δ' ἐὰν μὴ καὶ ἡ ὕλη καὶ ὁ
λόγος εἷς, διὸ σὺ καὶ ὁ πλησίον ἕτερος· τὸ δὲ τρίτον ὡς
τὰ ἐν τοῖς μαθηματικοῖς. τὸ μὲν οὖν ἕτερον ἢ ταὐτὸ διὰ τοῦτο
πᾶν πρὸς πᾶν λέγεται, ὅσα λέγεται ἓν καὶ ὄν· οὐ γὰρ
ἀντίφασίς ἐστι τοῦ ταὐτοῦ, διὸ οὐ λέγεται ἐπὶ τῶν μὴ ὄντων
(τὸ δὲ μὴ ταὐτὸ λέγεται), ἐπὶ δὲ τῶν ὄντων πάντων· ἢ
γὰρ ἓν ἢ οὐχ ἓν πέφυχ' ὅσα ὂν καὶ ἕν. τὸ μὲν οὖν ἕτερον
καὶ ταὐτὸν οὕτως ἀντίκειται, διαφορὰ δὲ καὶ ἑτερότης ἄλλο.
τὸ μὲν γὰρ ἕτερον καὶ οὗ ἕτερον οὐκ ἀνάγκη εἶναί τινι ἕτερον·
πᾶν γὰρ ἢ ἕτερον ἢ ταὐτὸ ὅ τι ἂν ᾖ ὄν· τὸ δὲ διάφορον
τινὸς τινὶ διάφορον, ὥστε ἀνάγκη ταὐτό τι εἶναι ᾧ διαφέ-

Semelhantes são as coisas (1) se, mesmo não sendo idênticas em sentido absoluto e mesmo não sendo sem diferença em sua substância concreta, são idênticas pela forma: por exemplo um quadrado maior é semelhante a um menor, e semelhantes são as linhas retas de diferentes comprimentos: elas são semelhantes mas não idênticas. (2) Outras coisas são semelhantes se, tendo uma <afecção da> mesma espécie, suscetível de diferença de grau, não apresentam essa diferença. (3) Outras coisas ainda se dizem semelhantes se têm uma afecção que é idêntica pela espécie — por exemplo a cor branca —, mas a têm em grau maior ou menor: e tais coisas são ditas semelhantes justamente porque é a mesma a espécie de sua afecção. (4) Outras coisas, enfim, são semelhantes se têm mais características idênticas do que características diferentes, quer se trate de características essenciais, quer se trate de características exteriores: por exemplo o estanho é semelhante à prata enquanto é branco, e o ouro é semelhante ao fogo enquanto é amarelo e vermelho[7].

É evidente, portanto, que também o diferente e o dessemelhante têm múltiplos significados[8]. (1) Num primeiro significado, o diferente é o oposto do idêntico: por isso qualquer coisa, em confronto com qualquer coisa, ou é idêntica ou é diferente. (2) Num segundo significado, diferente é o que não tem uma única matéria e uma única forma: por isso tu és diferente do teu vizinho. (3) O terceiro significado é o do diferente no âmbito das matemáticas. Por conseguinte, diferente ou idêntico se dizem de todas as coisas em relação a todas as coisas, desde que cada uma delas exista e seja uma; de fato, o diferente não é a negação do idêntico e, portanto, não se predica das coisas que não são (destas, ao contrário, se predica o não-idêntico), mas de todas as que são, porque tudo o que existe e que é um, naturalmente é um ou não-um relativamente a algo diferente. Estes são, portanto, os sentidos nos quais se opõem o diferente e o idêntico[9].

A diferença e a diversidade não são a mesma coisa. O que é diferente e aquilo de que é diferente não são necessariamente diferentes por algo determinado, porque basta que cada coisa exista para que seja idêntica ou diferente. Ao contrário, o diferente é assim por algo determinado, de modo que deve haver algo

ρουσιν. τοῦτο δὲ τὸ ταὐτὸ γένος ἢ εἶδος· πᾶν γὰρ τὸ διαφέρον διαφέρει ἢ γένει ἢ εἴδει, γένει μὲν ὧν μὴ ἔστι κοινὴ ἡ ὕλη μηδὲ γένεσις εἰς ἄλληλα, οἷον ὅσων ἄλλο σχῆμα τῆς κατη-
30 γορίας, εἴδει δὲ ὧν τὸ αὐτὸ γένος (λέγεται δὲ γένος ὃ ἄμφω τὸ αὐτὸ λέγονται κατὰ τὴν οὐσίαν τὰ διάφορα). τὰ δ' ἐναντία διάφορα, καὶ ἡ ἐναντίωσις διαφορά τις. ὅτι δὲ καλῶς τοῦτο ὑποτιθέμεθα, δῆλον ἐκ τῆς ἐπαγωγῆς· πάντα γὰρ τὰ διαφέροντα φαίνεται καὶ ταὐτά, οὐ μόνον ἕτερα
35 ὄντα ἀλλὰ τὰ μὲν τὸ γένος ἕτερα τὰ δ' ἐν τῇ αὐτῇ συ-
1055ᵃ στοιχίᾳ τῆς κατηγορίας, ὥστ' ἐν ταὐτῷ γένει καὶ ταὐτὰ τῷ γένει. διώρισται δ' ἐν ἄλλοις ποῖα τῷ γένει ταὐτὰ ἢ ἕτερα.

4

Ἐπεὶ δὲ διαφέρειν ἐνδέχεται ἀλλήλων τὰ διαφέροντα πλεῖον καὶ ἔλαττον, ἔστι τις καὶ μεγίστη διαφορά, καὶ ταύ-
5 την λέγω ἐναντίωσιν. ὅτι δ' ἡ μεγίστη ἐστὶ διαφορά, δῆλον ἐκ τῆς ἐπαγωγῆς. τὰ μὲν γὰρ γένει διαφέροντα οὐκ ἔχει ὁδὸν εἰς ἄλληλα, ἀλλ' ἀπέχει πλέον καὶ ἀσύμβλητα· τοῖς δ' εἴδει διαφέρουσιν αἱ γενέσεις ἐκ τῶν ἐναντίων εἰσὶν ὡς ἐσχάτων, τὸ δὲ τῶν ἐσχάτων διάστημα μέγιστον, ὥστε
10 καὶ τὸ τῶν ἐναντίων. ἀλλὰ μὴν τό γε μέγιστον ἐν ἑκάστῳ γένει τέλειον. μέγιστόν τε γὰρ οὗ μὴ ἔστιν ὑπερβολή, καὶ τέλειον οὗ μὴ ἔστιν ἔξω λαβεῖν τι δυνατόν· τέλος γὰρ ἔχει ἡ τελεία διαφορά (ὥσπερ καὶ τἆλλα τῷ τέλος ἔχειν λέγεται τέλεια), τοῦ δὲ τέλους οὐθὲν ἔξω· ἔσχατον γὰρ ἐν παντὶ
15 καὶ περιέχει, διὸ οὐδὲν ἔξω τοῦ τέλους, οὐδὲ προσδεῖται οὐδενὸς τὸ τέλειον. ὅτι μὲν οὖν ἡ ἐναντιότης ἐστὶ διαφορὰ τέλειος, ἐκ

idêntico pelo qual diferem. E esse algo idêntico é (a) ou o gênero (b) ou a espécie: de fato, tudo o que difere, ou difere por gênero ou por espécie. (a) Diferem por gênero as coisas que não têm em comum a matéria e que não se geram umas das outras como, por exemplo, as coisas que pertencem a figuras categoriais diferentes; (b) diferem, ao contrário, pela espécie, as coisas cujo gênero é idêntico (de fato, o gênero é aquilo pelo qual coisas diferentes são ditas essencialmente uma mesma coisa)[10]. [Os contrários são diferentes, e a contrariedade é uma certa diferença.] Que nossa suposição seja exata, é evidente por indução. Com efeito, todas as coisas diferentes são também idênticas, pois não são simplesmente diferentes, mas algumas são diferentes por gênero, outras diferem na mesma série de uma categoria e, portanto, pertencem ao mesmo gênero e são idênticas pelo gênero[11]. Em outro lugar distinguimos as coisas que são idênticas por gênero e as que são diferentes por gênero[12].

4. [*A contrariedade como diferença máxima*][1]

Como as coisas que diferem entre si podem diferir em grau maior ou menor, deve haver uma diferença máxima à qual chamo contrariedade. E que a contrariedade seja a diferença máxima fica evidente por indução. De fato, as coisas que são diferentes por gênero não admitem entre si nenhuma passagem, mas são distantes entre si e incomparáveis[2]. Mas as coisas que diferem por espécie geram-se dos contrários tomados como extremos. Ora, a distância entre os extremos e, portanto, entre os contrários, é máxima[3].

Mas o máximo em cada gênero é também perfeito: máximo, com efeito, é o que não pode ser superado, e perfeito é aquilo além do qual não se pode encontrar outro. E a diferença perfeita é a que alcançou seu fim, assim como perfeitas, em geral, são as coisas quando alcançam seu fim. E além do fim não existe nada, porque de todas as coisas o fim é o termo extremo que envolve tudo: por isso não há nada fora do fim e o que é perfeito não precisa de nada. De tudo isso fica claro, portanto, que a contrariedade é uma diferença perfeita[4]. Mas dado que os contrários se dizem em muitos

τούτων δῆλον· πολλαχῶς δὲ λεγομένων τῶν ἐναντίων, ἀκολουθήσει τὸ τελείως οὕτως ὡς ἂν καὶ τὸ ἐναντίοις εἶναι ὑπάρχῃ αὐτοῖς. τούτων δὲ ὄντων φανερὸν ὅτι οὐκ ἐνδέχεται
20 ἑνὶ πλείω ἐναντία εἶναι (οὔτε γὰρ τοῦ ἐσχάτου ἐσχατώτερον εἴη ἄν τι, οὔτε τοῦ ἑνὸς διαστήματος πλείω δυοῖν ἔσχατα), ὅλως τε εἰ ἔστιν ἡ ἐναντιότης διαφορά, ἡ δὲ διαφορὰ δυοῖν, ὥστε καὶ ἡ τέλειος. ἀνάγκη δὲ καὶ τοὺς ἄλλους ὅρους ἀληθεῖς εἶναι τῶν ἐναντίων. καὶ γὰρ πλεῖστον διαφέρει ἡ τέλειος
25 διαφορά (τῶν τε γὰρ γένει διαφερόντων οὐκ ἔστιν ἐξωτέρω λαβεῖν καὶ τῶν εἴδει· δέδεικται γὰρ ὅτι πρὸς τὰ ἔξω τοῦ γένους οὐκ ἔστι διαφορά, τούτων δ' αὕτη μεγίστη), καὶ τὰ ἐν ταὐτῷ γένει πλεῖστον διαφέροντα ἐναντία (μεγίστη γὰρ διαφορὰ τούτων ἡ τέλειος), καὶ τὰ ἐν τῷ αὐτῷ δεκτικῷ πλεῖ-
30 στον διαφέροντα ἐναντία (ἡ γὰρ ὕλη ἡ αὐτὴ τοῖς ἐναντίοις) καὶ τὰ ὑπὸ τὴν αὐτὴν δύναμιν πλεῖστον διαφέροντα (καὶ γὰρ ἡ ἐπιστήμη περὶ ἓν γένος ἡ μία)· ἐν οἷς ἡ τελεία διαφορὰ μεγίστη. —πρώτη δὲ ἐναντίωσις ἕξις καὶ στέρησίς ἐστιν· οὐ πᾶσα δὲ στέρησις (πολλαχῶς γὰρ λέγεται ἡ στέρησις)
35 ἀλλ' ἥτις ἂν τελεία ᾖ. τὰ δ' ἄλλα ἐναντία κατὰ ταῦτα λεχθήσεται, τὰ μὲν τῷ ἔχειν τὰ δὲ τῷ ποιεῖν ἢ ποιητικὰ εἶναι τὰ δὲ τῷ λήψεις εἶναι καὶ ἀποβολαὶ τούτων ἢ ἄλλων ἐναντίων. εἰ δὴ ἀντίκειται μὲν ἀντίφασις καὶ στέρησις καὶ
1055ᵇ ἐναντιότης καὶ τὰ πρός τι, τούτων δὲ πρῶτον ἀντίφασις, ἀντιφάσεως δὲ μηδέν ἐστι μεταξύ, τῶν δὲ ἐναντίων ἐνδέχεται,

significados, a perfeição caberá a cada um deles do modo como lhes cabe a contrariedade[5].

Sendo assim, é evidente que de uma única coisa não pode haver mais de um contrário, porque não pode haver um termo mais extremo do que o termo extremo, e para uma mesma distância não pode haver mais de dois extremos; e isso é em geral evidente se a contrariedade é uma diferença, e se a diferença, portanto, também a diferença perfeita, ocorre entre dois termos[6].

E é necessário que também as outras definições dos contrários sejam verdadeiras. (a) De fato, a diferença perfeita é a diferença maior (porque, como para as coisas que diferem por gênero não é possível pensar nada que esteja além delas, assim para as coisas que diferem pela espécie não se pode pensar nada que esteja além do próprio gênero: foi demonstrado que entre as coisas que se encontram fora do gênero não existe diferença, e que a diferença máxima é a que ocorre entre coisas do mesmo gênero); (b) e também as coisas que diferem em máximo grau no âmbito do mesmo gênero são contrárias (de fato, a diferença perfeita é a diferença maior entre as espécies do mesmo gênero); (c) e, ainda, as coisas que diferem em máximo grau no mesmo substrato que as acolhe são contrárias (de fato, a matéria dos contrários é a mesma); (d) enfim, entre as coisas que são objeto da mesma faculdade cognoscitiva, as que mais diferem são contrárias. (Com efeito, do mesmo gênero de coisas existe uma única ciência e nessas coisas a diferença perfeita é a maior)[7].

A contrariedade primeira é dada pela posse e pela privação, mas não por qualquer privação, visto que privação se entende em diversos sentidos, mas só pela privação perfeita.

Todos os outros contrários se dirão em função destes: alguns porque os possuem, outros porque os produzem ou podem produzi-los, outros, enfim, porque são aquisições ou perdas deles ou de outros contrários. Ora, se a contradição, a privação, a contrariedade e a relação são dos opostos, e se a primeira entre estas é a contradição, e se não existem termos intermediários da contradição, sendo que podem existir termos intermediários

ὅτι μὲν οὐ ταὐτὸν ἀντίφασις καὶ τἀναντία δῆλον· ἡ δὲ στέρησις ἀντίφασίς τίς ἐστιν· ἢ γὰρ τὸ ἀδύνατον ὅλως ἔχειν,
ἢ ὃ ἂν πεφυκὸς ἔχειν μὴ ἔχῃ, ἐστέρηται ἢ ὅλως ἢ πὼς
ἀφορισθέν (πολλαχῶς γὰρ ἤδη τοῦτο λέγομεν, ὥσπερ διῄρηται ἡμῖν ἐν ἄλλοις), ὥστ' ἐστὶν ἡ στέρησις ἀντίφασίς τις ἢ
ἀδυναμία διορισθεῖσα ἢ συνειλημμένη τῷ δεκτικῷ· διὸ ἀντιφάσεως μὲν οὐκ ἔστι μεταξύ, στερήσεως δέ τινος ἔστιν· ἴσον
μὲν γὰρ ἢ οὐκ ἴσον πᾶν, ἴσον δ' ἢ ἄνισον οὐ πᾶν, ἀλλ' εἴπερ,
μόνον ἐν τῷ δεκτικῷ τοῦ ἴσου. εἰ δὴ αἱ γενέσεις τῇ ὕλῃ ἐκ
τῶν ἐναντίων, γίγνονται δὲ ἢ ἐκ τοῦ εἴδους καὶ τῆς τοῦ εἴδους
ἕξεως ἢ ἐκ στερήσεώς τινος τοῦ εἴδους καὶ τῆς μορφῆς, δῆλον
ὅτι ἡ μὲν ἐναντίωσις στέρησις ἂν εἴη πᾶσα, ἡ δὲ στέρησις
ἴσως οὐ πᾶσα ἐναντιότης (αἴτιον δ' ὅτι πολλαχῶς ἐνδέχεται
ἐστερῆσθαι τὸ ἐστερημένον)· ἐξ ὧν γὰρ αἱ μεταβολαὶ ἐσχάτων, ἐναντία ταῦτα. φανερὸν δὲ καὶ διὰ τῆς ἐπαγωγῆς.
πᾶσα γὰρ ἐναντίωσις ἔχει στέρησιν θάτερον τῶν ἐναντίων,
ἀλλ' οὐχ ὁμοίως πάντα· ἀνισότης μὲν γὰρ ἰσότητος ἀνομοιότης δὲ ὁμοιότητος κακία δὲ ἀρετῆς, διαφέρει δὲ ὥσπερ
εἴρηται· τὸ μὲν γὰρ ἐὰν μόνον ᾖ ἐστερημένον, τὸ δ' ἐὰν ἢ
ποτὲ ἢ ἔν τινι, οἷον ἂν ἐν ἡλικίᾳ τινὶ ἢ τῷ κυρίῳ, ἢ πάντῃ.
διὸ τῶν μὲν ἔστι μεταξύ, καὶ ἔστιν οὔτε ἀγαθὸς ἄνθρωπος οὔτε
κακός, τῶν δὲ οὐκ ἔστιν, ἀλλ' ἀνάγκη εἶναι ἢ περιττὸν ἢ
ἄρτιον, ὅτι τὰ μὲν ἔχει τὸ ὑποκείμενον ὡρισμένον, τὰ δ'
οὔ. ὥστε φανερὸν ὅτι ἀεὶ θάτερον τῶν ἐναντίων λέγεται

entre contrários, então, é evidente que contradição e contrariedade não são a mesma coisa. Ao contrário, a privação é uma contradição: de fato, do que não pode em absoluto ter algo, ou do que não tem aquilo que deveria ter por natureza, respectivamente, diz-se que é absolutamente privado ou que tem uma privação sob determinado aspecto. (Com efeito, a privação se entende em muitos sentidos, já distinguidos por nós em outro livro[8]). Portanto, a privação é uma espécie de contradição, precisamente: ou uma impotência determinada ou considerada junto com o substrato que a recebe. Por isso não pode haver termos intermediários da contradição, mas pode haver termos intermediários de certo tipo de privação: de fato, tudo é ou igual ou não-igual, mas nem tudo é igual ou desigual, ou só o é no sujeito que recebe a igualdade[9].

Ora, se os processos de geração, na matéria, ocorrem entre os contrários, e se partem seja da forma e da posse da forma, seja de uma privação da forma e da estrutura formal, então é evidente que toda contrariedade será uma privação, mas nem toda privação será uma contrariedade, porque algo que sofre uma privação pode sofrê-la de diversos modos: por isso só os extremos entre os quais ocorrem as mudanças são contrários[10].

Isso é evidente também por indução. De fato, em toda contrariedade está implicado que um dos contrários seja privação, mas não de modo semelhante em todos os casos: a desigualdade é privação da igualdade, a dessemelhança é privação da semelhança, o vício é privação da virtude. E, como dissemos[11], existem diferentes tipos de privação: nalguns casos fala-se de privação simplesmente quando ela ocorreu, noutros casos quando ela ocorreu em certo tempo ou em certa parte — por exemplo, em certa idade ou no órgão principal —, ou então inteiramente. Essa diversidade de significados explica a razão pela qual, para certos tipos de privação, pode haver intermediários (pode haver, por exemplo, um homem nem bom nem mau), e para outros tipos não (por exemplo, é necessário que todos os números sejam ou pares ou ímpares), enquanto[12] as primeiras têm um substrato determinado, e as outras não. Portanto, é evidente que um dos dois contrários indica privação. E é suficiente que isso seja verdade para os primeiros

κατὰ στέρησιν· ἀπόχρη δὲ κἂν τὰ πρῶτα καὶ τὰ γένη τῶν
ἐναντίων, οἷον τὸ ἓν καὶ τὰ πολλά· τὰ γὰρ ἄλλα εἰς ταῦτα
ἀνάγεται.

5

30 Ἐπεὶ δὲ ἓν ἑνὶ ἐναντίον, ἀπορήσειεν ἄν τις πῶς
ἀντίκειται τὸ ἓν καὶ τὰ πολλά, καὶ τὸ ἴσον τῷ μεγάλῳ
καὶ τῷ μικρῷ. εἰ γὰρ τὸ πότερον ἀεὶ ἐν ἀντιθέσει λέγομεν,
οἷον πότερον λευκὸν ἢ μέλαν, καὶ πότερον λευκὸν ἢ οὐ λευκόν (πότερον δὲ ἄνθρωπος ἢ λευκὸν οὐ λέγομεν, ἐὰν μὴ ἐξ
35 ὑποθέσεως καὶ ζητοῦντες οἷον πότερον ἦλθε Κλέων ἢ Σωκράτης — ἀλλ᾽ οὐκ ἀνάγκη ἐν οὐδενὶ γένει τοῦτο· ἀλλὰ καὶ τοῦτο
ἐκεῖθεν ἐλήλυθεν· τὰ γὰρ ἀντικείμενα μόνα οὐκ ἐνδέχεται
ἅμα ὑπάρχειν, ᾧ καὶ ἐνταῦθα χρῆται ἐν τῷ πότερος ἦλ-
1056ᵃ θεν· εἰ γὰρ ἅμα ἐνεδέχετο, γελοῖον τὸ ἐρώτημα· εἰ δέ, καὶ
οὕτως ὁμοίως ἐμπίπτει εἰς ἀντίθεσιν, εἰς τὸ ἓν ἢ πολλά,
οἷον πότερον ἀμφότεροι ἦλθον ἢ ἅτερος)· — εἰ δὴ ἐν τοῖς ἀντικειμένοις ἀεὶ τοῦ ποτέρου ἡ ζήτησις, λέγεται δὲ πότερον μεῖ-
5 ζον ἢ ἔλαττον ἢ ἴσον, τίς ἐστιν ἡ ἀντίθεσις πρὸς ταῦτα τοῦ
ἴσου; οὔτε γὰρ θατέρῳ μόνῳ ἐναντίον οὔτ᾽ ἀμφοῖν· τί γὰρ
μᾶλλον τῷ μείζονι ἢ τῷ ἐλάττονι; ἔτι τῷ ἀνίσῳ ἐναντίον
τὸ ἴσον, ὥστε πλείοσιν ἔσται ἢ ἑνί. εἰ δὲ τὸ ἄνισον σημαίνει τὸ αὐτὸ ἅμα ἀμφοῖν, εἴη μὲν ἂν ἀντικείμενον ἀμ-
10 φοῖν (καὶ ἡ ἀπορία βοηθεῖ τοῖς φάσκουσι τὸ ἄνισον δυάδα
εἶναι), ἀλλὰ συμβαίνει ἓν δυοῖν ἐναντίον· ὅπερ ἀδύνατον.

contrários, isto é, para o um e para o múltiplo, porque todos os outros se reduzem a estes.

5. [A oposição do igual ao grande e ao pequeno][1]

Como cada coisa tem um único contrário, pode-se perguntar em que sentido o um se opõe ao múltiplo e o igual se opõe ao grande e ao pequeno[2]. Sempre que fazemos uma interrogação disjuntiva indicamos a oposição de dois termos, por exemplo, quando perguntamos: "é branco ou preto?", ou "é branco ou não-branco?" (Não perguntamos: "é homem ou branco?", a não ser que se estabeleça determinada oposição e se pergunte, por exemplo: "veio Cleonte ou Sócrates?"; mas essa oposição não se apresenta como necessária para nenhum gênero de coisas, e além disso ela também deriva da oposição verdadeira; de fato, só os opostos não podem existir juntos, e recorremos a essa impossibilidade mesmo quando perguntamos: "qual dos dois veio?": com efeito, se ambos pudessem vir juntos a pergunta seria ridícula; mas mesmo no caso em que pudessem vir juntos, a pergunta também poderia ser reduzida a uma oposição, isto é, à oposição do um e dos muitos, podendo ser formulada assim: "vieram os dois ou só um deles?"); se, portanto, a interrogação alternativa é sempre usada no caso dos opostos e se, por outro lado, pode-se perguntar: "qual é maior ou menor ou igual?", então, nesse caso, em que sentido o igual se opõe aos outros dois termos[3]?

O igual não pode ser contrário de um só deles e nem de ambos: (a) por que deveria ser contrário do grande e não do pequeno? (b) Ademais, o igual é contrário do desigual e, consequentemente, ele deveria ser contrário de mais de uma coisa. Mas se o desigual significa o mesmo que grande e pequeno tomados juntos, então ele deveria ser oposto a ambos (esta dificuldade favorece os que sustentam que o desigual é uma díade): mas, desse modo, uma única coisa seria o contrário de duas, o que é impossível. (c) Ademais, o

ἔτι τὸ μὲν ἴσον μεταξὺ φαίνεται μεγάλου καὶ μικροῦ, ἐναντίωσις δὲ μεταξὺ οὐδεμία οὔτε φαίνεται οὔτε ἐκ τοῦ ὁρισμοῦ δυνατόν· οὐ γὰρ ἂν εἴη τελεία μεταξύ τινος οὖσα, ἀλλὰ μᾶλλον
15 ἔχει ἀεὶ ἑαυτῆς τι μεταξύ. λείπεται δὴ ἢ ὡς ἀπόφασιν ἀντικεῖσθαι ἢ ὡς στέρησιν. θατέρου μὲν δὴ οὐκ ἐνδέχεται (τί γὰρ μᾶλλον τοῦ μεγάλου ἢ μικροῦ;)· ἀμφοῖν ἄρα ἀπόφασις στερητική, διὸ καὶ πρὸς ἀμφότερα τὸ πότερον λέγεται, πρὸς δὲ θάτερον οὔ (οἷον πότερον μεῖζον ἢ ἴσον, ἢ πότερον ἴσον ἢ
20 ἔλαττον), ἀλλ' ἀεὶ τρία. οὐ στέρησις δὲ ἐξ ἀνάγκης· οὐ γὰρ πᾶν ἴσον ὃ μὴ μεῖζον ἢ ἔλαττον, ἀλλ' ἐν οἷς πέφυκεν ἐκεῖνα. — ἔστι δὴ τὸ ἴσον τὸ μήτε μέγα μήτε μικρόν, πεφυκὸς δὲ ἢ μέγα ἢ μικρὸν εἶναι· καὶ ἀντίκειται ἀμφοῖν ὡς ἀπόφασις στερητική, διὸ καὶ μεταξύ ἐστιν. καὶ τὸ μήτε
25 ἀγαθὸν μήτε κακὸν ἀντίκειται ἀμφοῖν, ἀλλ' ἀνώνυμον· πολλαχῶς γὰρ λέγεται ἑκάτερον καὶ οὐκ ἔστιν ἓν τὸ δεκτικόν, ἀλλὰ μᾶλλον τὸ μήτε λευκὸν μήτε μέλαν. ἓν δὲ οὐδὲ τοῦτο λέγεται, ἀλλ' ὡρισμένα πως ἐφ' ὧν λέγεται στερητικῶς ἡ ἀπόφασις αὕτη· ἀνάγκη γὰρ ἢ φαιὸν ἢ
30 ὠχρὸν εἶναι ἢ τοιοῦτόν τι ἄλλο. ὥστε οὐκ ὀρθῶς ἐπιτιμῶσιν οἱ νομίζοντες ὁμοίως λέγεσθαι πάντα, ὥστε ἔσεσθαι ὑποδήματος καὶ χειρὸς μεταξὺ τὸ μήτε ὑπόδημα μήτε

igual é seguramente um termo intermediário entre o grande e o
pequeno, enquanto não se vê que alguma contrariedade seja um
termo intermediário: de fato, se a contrariedade fosse um termo
intermediário, não poderia ser perfeita; antes, é ela que inclui
sempre algum termo intermediário no seu âmbito[4].

Resta, então, que o igual se oponha ao grande e ao pequeno ou como negação ou como privação. Mas não pode ser negação ou privação de só um dos termos; de fato, de qual dos dois seria negação? Do grande ou do pequeno? Portanto o igual é negação privativa de ambos os termos. Por essa razão a interrogação disjuntiva refere-se a ambos os termos e não a um só deles. Por exemplo, não se poderá formular uma pergunta do seguinte modo: "é maior ou igual?". E tampouco deste: "é igual ou menor?". Ao contrário, os termos devem ser sempre três. Além disso, não se trata de uma privação necessária: de fato, nem tudo o que não é nem maior nem menor é igual, mas só podem ser iguais as coisas que por sua natureza podem ter aqueles atributos[5].

Ora, o igual é o que não é nem grande nem pequeno, mas que, por sua natureza, pode ser grande e pequeno: ele se opõe ao grande e ao pequeno como negação privativa, e por isso é também um termo intermediário entre eles. Também aquilo que não é nem bom nem mau se opõe do mesmo modo ao bom e ao mau, mas sem ter um nome, porque bom e mau têm múltiplos significados, e não é único o sujeito que os recebe. Mas o que não é nem branco nem preto pode ter um nome. Mas nem mesmo este tem um único nome; pois as cores relativamente às quais essa privação é dita em sentido privativo, são de certo modo limitadas em número: o que não é nem branco nem preto deverá ser, necessariamente, ou cinza ou pardo ou algo semelhante[6].

Portanto, não é exato objetar que o que vale nesses casos vale para todos os casos, e que, portanto, deveria haver um termo intermediário entre o sapato e a mão, que não seria nem sapato nem mão, dado que o que não é nem bom nem mau é intermediário entre o bom e o mau, como se devesse existir um termo intermediário em todas as coisas! Mas esta não é

χεῖρα, ἔπειπερ καὶ τὸ μήτε ἀγαθὸν μήτε κακὸν τοῦ ἀγαθοῦ
καὶ τοῦ κακοῦ, ὡς πάντων ἐσομένου τινὸς μεταξύ. οὐκ ἀνάγ-
35 κη δὲ τοῦτο συμβαίνειν. ἡ μὲν γὰρ ἀντικειμένων συναπό-
φασίς ἐστιν ὧν ἔστι μεταξύ τι καὶ διάστημά τι πέφυκεν
1056ᵇ εἶναι· τῶν δ' οὐκ ἔστι διαφορά· ἐν ἄλλῳ γὰρ γένει ὧν αἱ
συναποφάσεις, ὥστ' οὐχ ἓν τὸ ὑποκείμενον.

6

Ὁμοίως δὲ καὶ περὶ τοῦ ἑνὸς καὶ τῶν πολλῶν ἀπορήσειεν ἄν τις. εἰ γὰρ τὰ πολλὰ τῷ ἑνὶ ἁπλῶς ἀντίκειται,
5 συμβαίνει ἔνια ἀδύνατα. τὸ γὰρ ἓν ὀλίγον ἢ ὀλίγα ἔσται·
τὰ γὰρ πολλὰ καὶ τοῖς ὀλίγοις ἀντίκειται. ἔτι τὰ δύο
πολλά, εἴπερ τὸ διπλάσιον πολλαπλάσιον λέγεται δὲ κατὰ
τὰ δύο· ὥστε τὸ ἓν ὀλίγον· πρὸς τί γὰρ πολλὰ τὰ δύο
εἰ μὴ πρὸς ἕν τε καὶ τὸ ὀλίγον; οὐθὲν γάρ ἐστιν ἔλαττον.
10 ἔτι εἰ ὡς ἐν μήκει τὸ μακρὸν καὶ βραχύ, οὕτως ἐν πλήθει
τὸ πολὺ καὶ ὀλίγον, καὶ ὃ ἂν ᾖ πολὺ καὶ πολλά, καὶ
τὰ πολλὰ πολύ (εἰ μή τι ἄρα διαφέρει ἐν συνεχεῖ εὐορί-
στῳ), τὸ ὀλίγον πλῆθός τι ἔσται. ὥστε τὸ ἓν πλῆθός τι,
εἴπερ καὶ ὀλίγον· τοῦτο δ' ἀνάγκη, εἰ τὰ δύο πολλά. ἀλλ'
15 ἴσως τὰ πολλὰ λέγεται μέν πως καὶ [τὸ] πολύ, ἀλλ' ὡς
διαφέρον, οἷον ὕδωρ πολύ, πολλὰ δ' οὔ. ἀλλ' ὅσα διαιρετά,
ἐν τούτοις λέγεται, ἕνα μὲν τρόπον ἐὰν ᾖ πλῆθος ἔχον ὑπεροχὴν ἢ ἁπλῶς ἢ πρός τι (καὶ τὸ ὀλίγον ὡσαύτως πλῆθος
ἔχον ἔλλειψιν), τὸ δὲ ὡς ἀριθμός, ὃ καὶ ἀντίκειται τῷ ἑνὶ
20 μόνον. οὕτως γὰρ λέγομεν ἓν ἢ πολλά, ὥσπερ εἴ τις εἴποι

uma consequência necessária, porque a negação conjunta dos dois opostos só é própria das coisas entre as quais existe um termo intermediário, e que por natureza têm determinada distância; ao contrário, entre as outras coisas não existe diferença, porque as duas coisas que seriam objeto de negação conjunta pertencem a gêneros diferentes, de modo que falta a unidade do substrato[7].

6. [A oposição do um aos muitos][1]

O mesmo problema pode-se pôr também para a oposição do um e dos muitos[2]. De fato, se os muitos se opõem ao um em sentido absoluto[3], seguem-se algumas consequências absurdas. (a) De fato, o um deverá ser pouco ou poucos, porque os muitos se opõem também aos poucos. (b) Ademais, o dois será muitos, dado que o dobro é um múltiplo e que o dobro se diz com base no dois. Consequentemente, o um será pouco: com efeito, relativamente a que o dois seria muito se não ao um e ao pouco? De fato, não há nada que seja pouco mais do que o um. (c) Além disso, se na multiplicidade existe o muito e o pouco assim como no comprimento existe o longo e o curto, e se o que é muito é também muitos e, vice-versa, o que é muitos é muito (exceto alguma diferença facilmente delimitável subsistente no contínuo), então o pouco deverá ser um múltiplo. Portanto, o um deverá ser um múltiplo, dado que é também pouco, e necessariamente, se o dois é muitos[4].

Embora se diga, em certo sentido, que os muitos são muito, entretanto têm uma diferença de significado: por exemplo, a água se diz muita, mas não muitas[5]. Muitas se dizem, ao contrário, as coisas que são divisíveis em dois sentidos diferentes[6]: (a) num sentido, se constituem uma multiplicidade que excede seja absolutamente seja relativamente (e o pouco será, por sua vez, uma multiplicidade deficiente); (b) noutro sentido, se constituem um número e, só nesse sentido, muitos se opõe a um: de fato, diz-se um ou muitos como se disséssemos um ou uns, ou

ἓν καὶ ἕνα ἢ λευκὸν καὶ λευκά, καὶ τὰ μεμετρημένα πρὸς
τὸ μέτρον [καὶ τὸ μετρητόν]· οὕτως καὶ τὰ πολλαπλάσια
λέγεται· πολλὰ γὰρ ἕκαστος ὁ ἀριθμὸς ὅτι ἕνα καὶ ὅτι με-
τρητὸς ἑνὶ ἕκαστος, καὶ ὡς τὸ ἀντικείμενον τῷ ἑνί, οὐ τῷ
25 ὀλίγῳ. οὕτω μὲν οὖν ἐστὶ πολλὰ καὶ τὰ δύο, ὡς δὲ πλῆθος
ἔχον ὑπεροχὴν ἢ πρός τι ἢ ἁπλῶς οὐκ ἔστιν, ἀλλὰ πρῶτον. ὀλίγα δ' ἁπλῶς τὰ δύο· πλῆθος γάρ ἐστιν ἔλλειψιν
ἔχον πρῶτον (διὸ καὶ οὐκ ὀρθῶς ἀπέστη Ἀναξαγόρας εἰπὼν
ὅτι ὁμοῦ πάντα χρήματα ἦν ἄπειρα καὶ πλήθει καὶ μικρό-
30 τητι, ἔδει δ' εἰπεῖν ἀντὶ τοῦ "καὶ μικρότητι" "καὶ ὀλιγότητι"·
οὐ γὰρ ἄπειρα), ἐπεὶ τὸ ὀλίγον οὐ διὰ τὸ ἕν, ὥσπερ τινές
φασιν, ἀλλὰ διὰ τὰ δύο. —ἀντίκειται δὴ τὸ ἓν καὶ τὰ
πολλὰ τὰ ἐν ἀριθμοῖς ὡς μέτρον μετρητῷ· ταῦτα δὲ ὡς
τὰ πρός τι, ὅσα μὴ καθ' αὑτὰ τῶν πρός τι. διῄρηται δ'
35 ἡμῖν ἐν ἄλλοις ὅτι διχῶς λέγεται τὰ πρός τι, τὰ μὲν ὡς
ἐναντία, τὰ δ' ὡς ἐπιστήμη πρὸς ἐπιστητόν, τῷ λέγεσθαί τι
1057ᵃ ἄλλο πρὸς αὐτό. τὸ δὲ ἓν ἔλαττον εἶναι τινός, οἷον τοῖν
δυοῖν, οὐδὲν κωλύει· οὐ γάρ, εἰ ἔλαττον, καὶ ὀλίγον. τὸ δὲ
πλῆθος οἷον γένος ἐστὶ τοῦ ἀριθμοῦ· ἔστι γὰρ ἀριθμὸς πλῆθος
ἑνὶ μετρητόν, καὶ ἀντίκειταί πως τὸ ἓν καὶ ἀριθμός, οὐχ ὡς
5 ἐναντίον ἀλλ' ὥσπερ εἴρηται τῶν πρός τι ἔνια· ᾗ γὰρ μέτρον τὸ δὲ μετρητόν, ταύτῃ ἀντίκειται, διὸ οὐ πᾶν ὃ ἂν ᾖ
ἓν ἀριθμός ἐστιν, οἷον εἴ τι ἀδιαίρετόν ἐστιν. ὁμοίως δὲ λεγομένη ἡ ἐπιστήμη πρὸς τὸ ἐπιστητὸν οὐχ ὁμοίως ἀποδίδωσιν.
δόξειε μὲν γὰρ ἂν μέτρον ἡ ἐπιστήμη εἶναι τὸ δὲ ἐπιστητὸν
10 τὸ μετρούμενον, συμβαίνει δὲ ἐπιστήμην μὲν πᾶσαν ἐπιστητὸν
εἶναι τὸ δὲ ἐπιστητὸν μὴ πᾶν ἐπιστήμην, ὅτι τρόπον τινὰ ἡ
ἐπιστήμη μετρεῖται τῷ ἐπιστητῷ. τὸ δὲ πλῆθος οὔτε τῷ

branco ou brancos, ou como se pusessem em relação as coisas medidas com a medida. Neste segundo sentido se entendem também os múltiplos: cada número é muitos porque é constituído de muitas unidades e é mensurável ao um, e porque é oposto ao um e não ao pouco. E, nesse sentido, também o dois é muitos, não no sentido de multiplicidade que excede, seja relativamente, seja absolutamente alguma coisa, mas no sentido de primeira multiplicidade. Ao contrário, em sentido absoluto o dois é pouco, porque é a primeira multiplicidade, e multiplicidade por deficiência (é por isso que Anaxágoras errou ao dizer que todas as coisas juntas eram infinitas em multiplicidade e em pequenez; em vez de dizer "e em pequenez" deveria ter dito "e em escassez"; de fato as coisas não podiam ser infinitas como ele diz[7]): e de fato o pouco não é assim por ser um, como sustentam alguns, mas por ser dois.

O um e os muitos, nos números, se opõem como medida e mensurável. E estes se opõem como relativos, mas não como relativos por si. Já distinguimos em outro livro[8] os dois significados de relativo: (1) algumas coisas são relativas como contrárias, (2) outras são relativas como a ciência em relação a seu objeto, e, neste sentido, algo se diz relativo enquanto há algo que está em relação com ele[9].

E nada impede que o um seja menor do que qualquer coisa: por exemplo, menor do que o dois; mas não por ser menor deverá também ser pouco. O múltiplo é como o gênero do número; de fato, o número é um múltiplo mensurável com o um. E, em certo sentido, um e número são opostos entre si, não como contrários, mas como dissemos serem certos relativos: o um e o número se contrapõem, enquanto o um é medida e o número mensurável. Por isso nem tudo o que é um é também número: por exemplo, não é um número algo indivisível[10].

E ainda que a ciência se diga em relação a seu objeto, a relação não é a mesma que existe entre o um e os muitos: poderia parecer que a ciência seja medida e o seu objeto mensurado; entretanto toda ciência é cognoscível, enquanto nem todo cognoscível é ciência, porquanto, em certo sentido, a ciência é mensurada pelo cognoscível[11].

ὀλίγῳ ἐναντίον — ἀλλὰ τούτῳ μὲν τὸ πολὺ ὡς ὑπερέχον πλῆθος ὑπερεχομένῳ πλήθει — οὔτε τῷ ἑνὶ πάντως· ἀλλὰ τὸ μὲν
15 ὥσπερ εἴρηται, ὅτι διαιρετὸν τὸ δ' ἀδιαίρετον, τὸ δ' ὡς πρός τι ὥσπερ ἡ ἐπιστήμη ἐπιστητῷ, ἐὰν ᾖ ἀριθμὸς τὸ δ' ἓν μέτρον.

7

Ἐπεὶ δὲ τῶν ἐναντίων ἐνδέχεται εἶναί τι μεταξὺ καὶ ἐνίων ἔστιν, ἀνάγκη ἐκ τῶν ἐναντίων εἶναι τὰ μεταξύ. πάντα
20 γὰρ τὰ μεταξὺ ἐν τῷ αὐτῷ γένει ἐστὶ καὶ ὧν ἐστὶ μεταξύ. μεταξὺ μὲν γὰρ ταῦτα λέγομεν εἰς ὅσα μεταβάλλειν ἀνάγκη πρότερον τὸ μεταβάλλον (οἷον ἀπὸ τῆς ὑπάτης ἐπὶ τὴν νήτην εἰ μεταβαίνοι τῷ ὀλιγίστῳ, ἥξει πρότερον εἰς τοὺς μεταξὺ φθόγγους, καὶ ἐν χρώμασιν εἰ [ἥξει] ἐκ τοῦ λευκοῦ
25 εἰς τὸ μέλαν, πρότερον ἥξει εἰς τὸ φοινικοῦν καὶ φαιὸν ἢ εἰς τὸ μέλαν· ὁμοίως δὲ καὶ ἐπὶ τῶν ἄλλων)· μεταβάλλειν δ' ἐξ ἄλλου γένους εἰς ἄλλο γένος οὐκ ἔστιν ἀλλ' ἢ κατὰ συμβεβηκός, οἷον ἐκ χρώματος εἰς σχῆμα. ἀνάγκη ἄρα τὰ μεταξὺ καὶ αὐτοῖς καὶ ὧν μεταξύ εἰσιν ἐν τῷ αὐτῷ γένει
30 εἶναι. ἀλλὰ μὴν πάντα γε τὰ μεταξύ ἐστιν ἀντικειμένων τινῶν· ἐκ τούτων γὰρ μόνων καθ' αὑτὰ ἔστι μεταβάλλειν (διὸ ἀδύνατον εἶναι μεταξὺ μὴ ἀντικειμένων· εἴη γὰρ ἂν μεταβολὴ καὶ μὴ ἐξ ἀντικειμένων). τῶν δ' ἀντικειμένων ἀντιφάσεως μὲν οὐκ ἔστι μεταξύ (τοῦτο γάρ ἐστιν ἀντίφασις,
35 ἀντίθεσις ἧς ὁτῳοῦν θάτερον μόριον πάρεστιν, οὐκ ἐχούσης οὐθὲν μεταξύ), τῶν δὲ λοιπῶν τὰ μὲν πρός τι τὰ δὲ στέρησις τὰ δὲ ἐναντία ἐστίν. τῶν δὲ πρός τι ὅσα μὴ ἐναντία, οὐκ ἔχει

O múltiplo não é contrário ao pouco (ao pouco é contrário o muito como múltiplo por excesso relativamente ao múltiplo por deficiência), e tampouco é contrário ao um em todos os sentidos. Mas, como dissemos[12], múltiplo e um, (a) num sentido, são contrários enquanto o primeiro é divisível e o segundo indivisível; (b) noutro sentido, são contrários como relativos — assim como a ciência é relativa ao seu objeto — quando o múltiplo for um número e o um a medida.

7. [Os termos intermediários][1]

Como entre os contrários pode haver um termo intermediário, e, nalguns casos, efetivamente há, é necessário que esses termos intermediários sejam compostos dos contrários.

(a) De fato, todos os termos intermediários pertencem ao mesmo gênero das coisas das quais são intermediários. Chamamos intermediários justamente os termos pelos quais deve antes passar qualquer coisa que se transforme em seu contrário: por exemplo, se queremos passar gradativamente da corda da lira que tem o som mais baixo para a que tem o som mais alto, devemos primeiro passar pelos sons intermediários; se queremos passar nas cores do branco ao preto, devemos passar pelo marrom e pelo cinza antes de alcançar o preto; e assim para todos os outros casos. Mas não é possível que haja uma passagem de um gênero a outro, a não ser por acidente: por exemplo, da cor à figura. Portanto, é necessário que tanto os intermediários entre si, como os contrários dos quais são intermediários, pertençam ao mesmo gênero[2].

(b) Por outro lado, todos os intermediários são intermediários entre dois determinados opostos, porque só a partir dos opostos enquanto tais ocorre mudança (e é justamente por isso que é impossível que haja um intermediário entre coisas que não são opostas). Ora, entre os dois opostos da contradição não existe um termo intermediário: de fato, a contradição consiste numa oposição na qual um e outro dos dois membros deve necessariamente estar presente em qualquer coisa, sem que haja algum termo intermediário. Os outros tipos de oposição são: a relação, a privação e a contrariedade. Ora, dos termos relativos, todos os que não são

μεταξύ· αἴτιον δ' ὅτι οὐκ ἐν τῷ αὐτῷ γένει ἐστίν. τί γὰρ
1057ᵇ ἐπιστήμης καὶ ἐπιστητοῦ μεταξύ; ἀλλὰ μεγάλου καὶ μικροῦ.
εἰ δ' ἐστὶν ἐν ταὐτῷ γένει τὰ μεταξύ, ὥσπερ δέδεικται, καὶ
μεταξὺ ἐναντίων, ἀνάγκη αὐτὰ συγκεῖσθαι ἐκ τούτων τῶν
ἐναντίων. ἢ γὰρ ἔσται τι γένος αὐτῶν ἢ οὐθέν. καὶ εἰ μὲν
5 γένος ἔσται οὕτως ὥστ' εἶναι πρότερόν τι τῶν ἐναντίων, αἱ διαφοραὶ πρότεραι ἐναντίαι ἔσονται αἱ ποιήσουσαι τὰ ἐναντία
εἴδη ὡς γένους· ἐκ γὰρ τοῦ γένους καὶ τῶν διαφορῶν τὰ εἴδη
(οἷον εἰ τὸ λευκὸν καὶ μέλαν ἐναντία, ἔστι δὲ τὸ μὲν διακριτικὸν χρῶμα τὸ δὲ συγκριτικὸν χρῶμα, αὗται αἱ διαφοραί,
10 τὸ διακριτικὸν καὶ συγκριτικόν, πρότεραι· ὥστε ταῦτα ἐναντία ἀλλήλοις πρότερα. ἀλλὰ μὴν τά γε ἐναντίως διαφέροντα μᾶλλον ἐναντία)· καὶ τὰ λοιπὰ καὶ τὰ μεταξὺ ἐκ
τοῦ γένους ἔσται καὶ τῶν διαφορῶν (οἷον ὅσα χρώματα τοῦ
λευκοῦ καὶ μέλανός ἐστι μεταξύ, ταῦτα δεῖ ἔκ τε τοῦ γένους λέ-
15 γεσθαι — ἔστι δὲ γένος τὸ χρῶμα — καὶ ἐκ διαφορῶν τινῶν·
αὗται δὲ οὐκ ἔσονται τὰ πρῶτα ἐναντία· εἰ δὲ μή, ἔσται
ἕκαστον ἢ λευκὸν ἢ μέλαν· ἕτεραι ἄρα· μεταξὺ ἄρα τῶν
πρώτων ἐναντίων αὗται ἔσονται, αἱ πρῶται δὲ διαφοραὶ τὸ
διακριτικὸν καὶ συγκριτικόν)· ὥστε ταῦτα πρῶτα ζητητέον
20 ὅσα ἐναντία μὴ ἐν γένει, ἐκ τίνος τὰ μεταξὺ αὐτῶν (ἀνάγκη
γὰρ τὰ ἐν τῷ αὐτῷ γένει ἐκ τῶν ἀσυνθέτων τῷ γένει συγκεῖσθαι ἢ ἀσύνθετα εἶναι). τὰ μὲν οὖν ἐναντία ἀσύνθετα ἐξ
ἀλλήλων, ὥστε ἀρχαί· τὰ δὲ μεταξὺ ἢ πάντα ἢ οὐθέν. ἐκ
δὲ τῶν ἐναντίων γίγνεταί τι, ὥστ' ἔσται μεταβολὴ εἰς τοῦτο
25 πρὶν ἢ εἰς αὐτά· ἑκατέρου γὰρ καὶ ἧττον ἔσται καὶ μᾶλλον.
μεταξὺ ἄρα ἔσται καὶ τοῦτο τῶν ἐναντίων. καὶ τἆλλα ἄρα

contrários não têm um termo intermediário; e a razão disso está em que eles não pertencem ao mesmo gênero: de fato, que intermediário poderia haver entre a ciência e seu objeto? Ao contrário, existe um termo intermediário entre o grande e o pequeno³.   1057ᵇ

(c) Se, depois, como explicamos, os termos intermediários pertencem ao mesmo gênero dos contrários e são intermediários entre os contrários, é necessário que eles sejam compostos desses contrários⁴. De fato, ou haverá um gênero para os contrários ou não haverá⁵. Se houver esse gênero e se for de modo a constituir 5
algo anterior aos contrários, então as diferenças que constituem as espécies contrárias do gênero também serão contrárias anteriores às espécies, porque as espécies são compostas pelo gênero e pelas diferenças (por exemplo se o branco e o preto são contrários, e se o primeiro é uma cor dilatante e o segundo uma cor constringente, essas duas diferenças deverão ser anteriores), e portanto existirão 10
contrários anteriores uns aos outros e, além disso, as diferenças contrárias serão ainda mais contrárias do que as espécies contrárias⁶. E as outras espécies, isto é, as espécies intermediárias, deverão ser compostas de seu gênero e de suas diferenças. (Por exemplo, deveremos dizer que todas as cores intermediárias entre o branco e o preto são compostas do gênero — e o gênero é a cor — e de certas diferenças; todavia, essas diferenças não poderão ser os 15
primeiros contrários, pois se fossem toda cor seria ou branco ou preto; portanto, deverão ser diferentes dos primeiros contrários, e serão, precisamente, intermediárias entre os primeiros contrários; e as primeiras diferenças da cor são "dilatante" e "constringente")⁷. Portanto, são exatamente esses primeiros contrários não perten- 20
centes a um gênero que se deve buscar quando se quer saber de que são compostos seus intermediários: de fato, é necessário que os contrários pertencentes ao mesmo gênero sejam ou compostos de termos não compostos com o gênero ou eles mesmos incompostos. Os contrários não se compõem uns dos outros e, portanto, são princípios; mas os intermediários ou são todos compostos de seus contrários ou não o é nenhum deles. Ora, certamente existe algo composto de contrários, e de tal modo que a mudança de um no 25
outro deverá primeiro passar por ele; de fato, ele deverá ser mais do que um dos contrários e menos do que o outro; e será, justa-

πάντα σύνθετα τὰ μεταξύ· τὸ γὰρ τοῦ μὲν μᾶλλον τοῦ δ'
ἧττον σύνθετόν πως ἐξ ἐκείνων ὧν λέγεται εἶναι τοῦ μὲν
μᾶλλον τοῦ δ' ἧττον. ἐπεὶ δ' οὐκ ἔστιν ἕτερα πρότερα ὁμογενῆ
30 τῶν ἐναντίων, ἅπαντ' ἂν ἐκ τῶν ἐναντίων εἴη τὰ μεταξύ,
ὥστε καὶ τὰ κάτω πάντα, καὶ τἀναντία καὶ τὰ μεταξύ,
ἐκ τῶν πρώτων ἐναντίων ἔσονται. ὅτι μὲν οὖν τὰ μεταξὺ ἔν
τε ταὐτῷ γένει πάντα καὶ μεταξὺ ἐναντίων καὶ σύγκειται
ἐκ τῶν ἐναντίων πάντα, δῆλον.

8

35 Τὸ δ' ἕτερον τῷ εἴδει τινὸς τὶ ἕτερόν ἐστι, καὶ δεῖ τοῦτο
ἀμφοῖν ὑπάρχειν· οἷον εἰ ζῷον ἕτερον τῷ εἴδει, ἄμφω ζῷα.
ἀνάγκη ἄρα ἐν γένει τῷ αὐτῷ εἶναι τὰ ἕτερα τῷ εἴδει· τὸ
γὰρ τοιοῦτο γένος καλῶ ὃ ἄμφω ἓν ταὐτὸ λέγεται, μὴ
1058ᵃ κατὰ συμβεβηκὸς ἔχον διαφοράν, εἴτε ὡς ὕλη ὂν εἴτε ἄλλως. οὐ μόνον γὰρ δεῖ τὸ κοινὸν ὑπάρχειν, οἷον ἄμφω ζῷα,
ἀλλὰ καὶ ἕτερον ἑκατέρῳ τοῦτο αὐτὸ τὸ ζῷον, οἷον τὸ μὲν
ἵππον τὸ δὲ ἄνθρωπον, διὸ τοῦτο τὸ κοινὸν ἕτερον ἀλλήλων
5 ἐστὶ τῷ εἴδει. ἔσται δὴ καθ' αὑτὰ τὸ μὲν τοιονδὶ ζῷον τὸ δὲ
τοιονδί, οἷον τὸ μὲν ἵππος τὸ δ' ἄνθρωπος. ἀνάγκη ἄρα τὴν
διαφορὰν ταύτην ἑτερότητα τοῦ γένους εἶναι. λέγω γὰρ γένους
διαφορὰν ἑτερότητα ἣ ἕτερον ποιεῖ τοῦτο αὐτό. ἐναντίωσις
τοίνυν ἔσται αὕτη (δῆλον δὲ καὶ ἐκ τῆς ἐπαγωγῆς)· πάντα
10 γὰρ διαιρεῖται τοῖς ἀντικειμένοις, καὶ ὅτι τὰ ἐναντία ἐν ταὐτῷ
γένει, δέδεικται· ἡ γὰρ ἐναντιότης ἦν διαφορὰ τελεία, ἡ

mente, intermediário entre os contrários. Então, também todos os outros intermediários serão compostos de contrários, porque o que é menos do que um deles e mais do que o outro é, de algum modo, composto de ambos os termos em confronto com os quais é dito mais ou menos. E dado que não existem outras coisas do mesmo gênero que sejam anteriores aos contrários, todos os intermediários deverão ser compostos de contrários. E assim também todos os termos subordinados, sejam contrários, sejam intermediários, serão compostos dos primeiros contrários[8].

Em conclusão, é evidente que os intermediários pertencem ao mesmo gênero, que são intermediários entre contrários e que todos são compostos de contrários.

8. [A *diferença específica e a pressuposta identidade de gênero*][1]

(a) O que é diferente por espécie é diferente por algo em alguma coisa, e isso deve ser comum a ambos; por exemplo se um animal é diferente de outro pela espécie, ambos são animais, portanto é necessário que as coisas que são diferentes pela espécie pertençam ao mesmo gênero. Chamo gênero aquilo por que uma e outra coisa são consideradas a mesma coisa, diferenciando-se uma da outra não de modo acidental[2] (quer se o considere como matéria[3], quer de outro modo). De fato, não só deve haver algo comum entre as duas coisas — por exemplo, que sejam ambas animais —, mas isso mesmo — isto é, o animal — deve ser diferente em cada uma das duas — por exemplo, uma sendo cavalo e a outra homem —, e, portanto, esse termo comum é, em ambas, diferente pela espécie. E uma delas será, por si, determinada espécie de animal e a outra será outra espécie de animal — por exemplo, uma será cavalo e a outra homem. Portanto, é necessário que essa diferença seja uma diversidade do gênero. E chamo diversidade do gênero aquela que modifica o próprio gênero[4].

(b) Essa diversidade deverá ser uma contrariedade. Isso se mostra evidente também pela via indutiva. De fato, todas as divisões são feitas por opostos, e demonstramos que os contrários pertencem ao mesmo gênero[5]; com efeito, vimos que a contra-

δὲ διαφορὰ ἢ εἴδει πᾶσα τινὸς τί, ὥστε τοῦτο τὸ αὐτό τε
καὶ γένος ἐπ' ἀμφοῖν (διὸ καὶ ἐν τῇ αὐτῇ συστοιχίᾳ πάντα
τὰ ἐναντία τῆς κατηγορίας ὅσα εἴδει διάφορα καὶ μὴ γένει,
15 ἕτερά τε ἀλλήλων μάλιστα—τελεία γὰρ ἡ διαφορά—καὶ
ἅμα ἀλλήλοις οὐ γίγνεται). ἡ ἄρα διαφορὰ ἐναντίωσίς ἐστιν.
τοῦτο ἄρα ἐστὶ τὸ ἑτέροις εἶναι τῷ εἴδει, τὸ ἐν ταὐτῷ γένει
ὄντα ἐναντίωσιν ἔχειν ἄτομα ὄντα (ταὐτὰ δὲ τῷ εἴδει ὅσα
μὴ ἔχει ἐναντίωσιν ἄτομα ὄντα)· ἐν γὰρ τῇ διαιρέσει καὶ
20 ἐν τοῖς μεταξὺ γίγνονται ἐναντιώσεις πρὶν εἰς τὰ ἄτομα
ἐλθεῖν· ὥστε φανερὸν ὅτι πρὸς τὸ καλούμενον γένος οὔτε
ταὐτὸν οὔτε ἕτερον τῷ εἴδει οὐθέν ἐστι τῶν ὡς γένους εἰδῶν
(προσηκόντως· ἡ γὰρ ὕλη ἀποφάσει δηλοῦται, τὸ δὲ γένος
ὕλη οὗ λέγεται γένος—μὴ ὡς τὸ τῶν Ἡρακλειδῶν ἀλλ' ὡς τὸ
25 ἐν τῇ φύσει), οὐδὲ πρὸς τὰ μὴ ἐν ταὐτῷ γένει, ἀλλὰ διοίσει
τῷ γένει ἐκείνων, εἴδει δὲ τῶν ἐν ταὐτῷ γένει. ἐναντίωσιν
γὰρ ἀνάγκη εἶναι τὴν διαφορὰν οὗ διαφέρει εἴδει· αὕτη δὲ
ὑπάρχει τοῖς ἐν ταὐτῷ γένει οὖσι μόνοις.

9

Ἀπορήσειε δ' ἄν τις διὰ τί γυνὴ ἀνδρὸς οὐκ εἴδει δια-
30 φέρει, ἐναντίου τοῦ θήλεος καὶ τοῦ ἄρρενος ὄντος τῆς δὲ διαφορᾶς ἐναντιώσεως, οὐδὲ ζῷον θῆλυ καὶ ἄρρεν ἕτερον τῷ

riedade é uma diferença perfeita[6], e toda diferença de espécie é diferença de alguma coisa relativamente a outra em alguma coisa, e isso é o que é idêntico entre as duas e é, justamente, o gênero que compreende a ambas. E é por isso que todos os contrários diferentes pela espécie e não pelo gênero encontram-se na mesma série categorial, são diferentes entre si em máximo grau — e não podem estar presentes juntos. Portanto, a sua diferença é uma contrariedade[7].

(c) Ser diferentes pela espécie significa o seguinte: ser no mesmo gênero[8], possuir uma contrariedade[9] e ser indivisíveis[10] (são idênticas pela espécie as coisas que não possuem contrariedade e são indivisíveis)[11]. E é preciso especificar "indivisíveis", porque no processo de divisão a contrariedade se encontra também nos intermediários, antes de se chegar aos indivisíveis[12].

(d) Portanto, é evidente que nenhuma das espécies de um gênero pode ser nem idêntica nem diferente especificamente com relação ao que chamamos gênero (e com razão: de fato, a matéria se indica mediante a negação da forma, e o gênero é matéria daquilo de que ele é dito gênero, evidentemente não o gênero no sentido de estirpe como, por exemplo, se diz o gênero ou a estirpe dos Heráclidas[13], mas no sentido em que se fala de gênero nas realidades naturais); e tampouco com relação a outras coisas não pertencentes ao mesmo gênero: destas diferirão pelo gênero e, ao contrário, diferirão pela espécie daquelas que se encontram no mesmo gênero; de fato, a diferença de uma coisa relativamente àquilo de que difere pela espécie deve, necessariamente, ser uma contrariedade e a contrariedade só ocorre entre coisas que pertencem ao mesmo gênero[14].

9. [*A diferença específica é dada por uma contrariedade na essência*][1]

Poder-se-ia levantar também o seguinte problema: qual a razão pela qual a mulher não é diferente do homem pela espécie, embora fêmea e macho sejam contrários, e essa diferença seja uma contrariedade; e qual a razão pela qual o animal fêmea e o animal macho não são diferentes pela espécie, embora esta seja

εἴδει· καίτοι καθ' αὑτὸ τοῦ ζῴου αὕτη ἡ διαφορὰ καὶ οὐχ ὡς λευκότης ἢ μελανία ἀλλ' ᾗ ζῷον καὶ τὸ θῆλυ καὶ τὸ ἄρρεν ὑπάρχει. ἔστι δ' ἡ ἀπορία αὕτη σχεδὸν ἡ αὐτὴ καὶ διὰ τί ἡ μὲν ποιεῖ τῷ εἴδει ἕτερα ἐναντίωσις ἡ δ' οὔ, οἷον τὸ πεζὸν καὶ τὸ πτερωτόν, λευκότης δὲ καὶ μελανία οὔ. ἢ ὅτι τὰ μὲν οἰκεῖα πάθη τοῦ γένους τὰ δ' ἧττον; καὶ ἐπειδή ἐστι τὸ μὲν λόγος τὸ δ' ὕλη, ὅσαι μὲν ἐν τῷ λόγῳ εἰσὶν ἐναντιότητες εἴδει ποιοῦσι διαφοράν, ὅσαι δ' ἐν τῷ συνειλημμένῳ τῇ ὕλῃ οὐ ποιοῦσιν. διὸ ἀνθρώπου λευκότης οὐ ποιεῖ οὐδὲ μελανία, οὐδὲ τοῦ λευκοῦ ἀνθρώπου ἔστι διαφορὰ κατ' εἶδος πρὸς μέλανα ἄνθρωπον, οὐδ' ἂν ὄνομα ἓν τεθῇ. ὡς ὕλη γὰρ ὁ ἄνθρωπος, οὐ ποιεῖ δὲ διαφορὰν ἡ ὕλη· οὐδ' ἀνθρώπου γὰρ εἴδη εἰσὶν οἱ ἄνθρωποι διὰ τοῦτο, καίτοι ἕτεραι αἱ σάρκες καὶ τὰ ὀστᾶ ἐξ ὧν ὅδε καὶ ὅδε· ἀλλὰ τὸ σύνολον ἕτερον μέν, εἴδει δ' οὐχ ἕτερον, ὅτι ἐν τῷ λόγῳ οὐκ ἔστιν ἐναντίωσις. τοῦτο δ' ἐστὶ τὸ ἔσχατον ἄτομον· ὁ δὲ Καλλίας ἐστὶν ὁ λόγος μετὰ τῆς ὕλης· καὶ ὁ λευκὸς δὴ ἄνθρωπος, ὅτι Καλλίας λευκός· κατὰ συμβεβηκὸς οὖν ὁ ἄνθρωπος. οὐδὲ χαλκοῦς δὴ κύκλος καὶ ξύλινος· οὐδὲ τρίγωνον χαλκοῦν καὶ κύκλος ξύλινος, οὐ διὰ τὴν ὕλην εἴδει διαφέρουσιν ἀλλ' ὅτι ἐν τῷ λόγῳ ἔνεστιν ἐναντίωσις. πότερον δ' ἡ ὕλη οὐ ποιεῖ ἕτερα τῷ εἴδει, οὖσά πως ἑτέρα, ἢ ἔστιν ὡς ποιεῖ; διὰ τί γὰρ ὁδὶ ὁ ἵππος τουδὶ ⟨τοῦ⟩ ἀνθρώπου ἕτερος τῷ εἴδει; καίτοι σὺν τῇ ὕλῃ

uma diferença essencial do animal (e não como, por exemplo, a cor branca e a cor preta) e macho e fêmea pertençam ao animal enquanto animal². Em certo sentido este problema se reduz ao seguinte: por que uma contrariedade faz umas coisas serem diferentes pela espécie e outras não? Por exemplo, por que o fato de ter pés e de ter asas torna as coisas diferentes pela espécie, enquanto a cor branca e a cor preta não³? A razão é certamente a seguinte: as primeiras são modificações do gênero e as segundas não. E, dado que as coisas são em parte forma e em parte matéria, as contrariedades relativas à forma produzem diferença de espécie, enquanto as que existem só no composto material não a produzem⁴. Por isso nem a cor branca nem a cor preta no homem produzem uma diferença de espécie e entre o homem branco e o homem preto não existe diferença de espécie; e não haveria diferença de espécie nem mesmo se déssemos um nome diferente a cada um⁵. De fato, branco ou preto só é o homem entendido como matéria, e a matéria não produz diferença: e por isso os homens individuais não são espécies do homem, ainda que a carne e os ossos dos quais é composto este homem particular sejam diferentes daquelas das quais é composto aquele outro homem particular: o composto concreto é diferente, mas não pela espécie, porque em sua forma não existe contrariedade, e a forma constitui o termo último indivisível. Cálias é forma unida à matéria⁶; e também o homem branco é forma e matéria, enquanto é Cálias, que é branco; por isso só acidentalmente o homem é branco. E também o círculo de bronze e o triângulo de madeira, ou o triângulo de bronze e o círculo de madeira não são diferentes pela espécie em virtude da matéria, mas porque a contrariedade está na forma⁷.

E então — perguntar-se-á — a matéria não poderá fazer com que as coisas sejam diferentes pela espécie quando ela é de algum modo diversa, ou em certo sentido poderá? Qual a razão pela qual este cavalo é diferente pela espécie deste homem determinado, sendo que as suas formas estão unidas às suas matérias? A resposta é a seguinte: porque existe uma contrariedade em sua forma. De fato, também existe contrariedade entre homem branco e cavalo preto, mas esta é uma contrariedade de espécie, e não uma contrariedade que ocorre enquanto um é branco e o

οἱ λόγοι αὐτῶν. ἢ ὅτι ἔνεστιν ἐν τῷ λόγῳ ἐναντίωσις; καὶ γὰρ τοῦ λευκοῦ ἀνθρώπου καὶ μέλανος ἵππου, καὶ ἔστι γε εἴδει, ἀλλ' οὐχ ᾗ ὁ μὲν λευκὸς ὁ δὲ μέλας, ἐπεὶ καὶ εἰ ἄμφω λευκὰ ἦν, ὅμως ἂν ἦν εἴδει ἕτερα. τὸ δὲ ἄρρεν καὶ θῆλυ τοῦ ζῴου οἰκεῖα μὲν πάθη, ἀλλ' οὐ κατὰ τὴν οὐσίαν ἀλλ' ἐν τῇ ὕλῃ καὶ τῷ σώματι, διὸ τὸ αὐτὸ σπέρμα θῆλυ ἢ ἄρρεν γίγνεται παθόν τι πάθος. τί μὲν οὖν ἐστὶ τὸ τῷ εἴδει ἕτερον εἶναι, καὶ διὰ τί τὰ μὲν διαφέρει εἴδει τὰ δ' οὔ, εἴρηται.

10

Ἐπειδὴ δὲ τὰ ἐναντία ἕτερα τῷ εἴδει, τὸ δὲ φθαρτὸν καὶ τὸ ἄφθαρτον ἐναντία (στέρησις γὰρ ἀδυναμία διωρισμένη), ἀνάγκη ἕτερον εἶναι τῷ γένει τὸ φθαρτὸν καὶ τὸ ἄφθαρτον. νῦν μὲν οὖν ἐπ' αὐτῶν εἰρήκαμεν τῶν καθόλου ὀνομάτων, ὥστε δόξειεν ἂν οὐκ ἀναγκαῖον εἶναι ὁτιοῦν ἄφθαρτον καὶ φθαρτὸν ἕτερα εἶναι τῷ εἴδει, ὥσπερ οὐδὲ λευκὸν καὶ μέλαν (τὸ γὰρ αὐτὸ ἐνδέχεται εἶναι, καὶ ἅμα, ἐὰν ᾖ τῶν καθόλου, ὥσπερ ὁ ἄνθρωπος εἴη ἂν καὶ λευκὸς καὶ μέλας, καὶ τῶν καθ' ἕκαστον· εἴη γὰρ ἄν, μὴ ἅμα, ὁ αὐτὸς λευκὸς καὶ μέλας· καίτοι ἐναντίον τὸ λευκὸν τῷ μέλανι)· ἀλλὰ τῶν ἐναντίων τὰ μὲν κατὰ συμβεβηκὸς ὑπάρχει ἐνίοις, οἷον καὶ τὰ νῦν εἰρημένα καὶ ἄλλα πολλά, τὰ δὲ ἀδύνατον, ὧν ἐστι καὶ τὸ φθαρτὸν καὶ τὸ ἄφθαρτον· οὐδὲν γάρ ἐστι φθαρτὸν κατὰ συμβεβηκός· τὸ μὲν γὰρ συμβεβηκὸς ἐνδέχεται μὴ ὑπάρχειν, τὸ δὲ φθαρτὸν τῶν ἐξ ἀνάγκης ὑπαρχόντων ἐστὶν οἷς ὑπάρχει· ἢ ἔσται τὸ αὐτὸ καὶ ἓν φθαρτὸν καὶ ἄφθαρτον, εἰ ἐνδέχεται μὴ ὑπάρχειν αὐτῷ τὸ

outro preto, pois mesmo que ambos fossem brancos, continuariam
sendo diferentes pela espécie[8]. Ao contrário, macho e fêmea são
afecções próprias do animal, e não se referem à substância mas
só à matéria e ao corpo[9]. E é por isso que do mesmo esperma, de
acordo com a modificação que venha a sofrer, deriva o macho
ou a fêmea.

Portanto, esclarecemos o que é ser diferente pela espécie e
porque algumas coisas diferem pelas espécie e outras não.

10. [A diferença subsistente entre o corruptível e o incorruptível][1]

Dado que os contrários são diferentes pela espécie e dado que
o corruptível e o incorruptível são contrários (de fato, a privação
é determinada impotência), o corruptível e o incorruptível são
necessariamente diferentes pelo gênero[2].

Ora, falamos dos termos corruptíveis e incorruptíveis só em
geral, e poder-se-ia pensar que não é necessário existir uma diferença de espécie entre qualquer ser corruptível e qualquer outro
ser incorruptível, assim como, por exemplo, não é necessário que
exista diferença de espécie entre qualquer coisa branca e qualquer
coisa preta. De fato, a mesma coisa, tomada universalmente, pode
ser ao mesmo tempo os dois contrários: por exemplo, entendido
universalmente, homem pode ser branco e preto[3]; e mesmo tomada particularmente, a coisa pode conter juntos os dois contrários:
por exemplo, um homem pode ser banco e preto, mas nesse caso
não ao mesmo tempo. No entanto, branco é contrário de preto.
Mas, embora alguns dos contrários pertençam a algumas coisas
por acidente como, por exemplo, os mencionados acima e muitos
outros; outros contrários não podem pertencer às coisas desse
modo, e entre estes encontram-se, justamente, o corruptível e o
incorruptível, porque nada é corruptível por acidente. De fato, o
acidente pode não existir, enquanto o ser corruptível é uma propriedade que pertence necessariamente às coisas; do contrário a
mesma coisa seria corruptível e incorruptível, se a propriedade de
ser corruptível pudesse não lhe pertencer. Portanto, o corruptível

φθαρτόν. ἢ τὴν οὐσίαν ἄρα ἢ ἐν τῇ οὐσίᾳ ἀνάγκη ὑπάρχειν τὸ φθαρτὸν ἑκάστῳ τῶν φθαρτῶν. ὁ δ' αὐτὸς λόγος καὶ περὶ τοῦ ἀφθάρτου· τῶν γὰρ ἐξ ἀνάγκης ὑπαρχόντων ἄμφω. ᾗ ἄρα καὶ καθ' ὃ πρῶτον τὸ μὲν φθαρτὸν τὸ δ' ἄφθαρτον, 10 ἔχει ἀντίθεσιν, ὥστε ἀνάγκη γένει ἕτερα εἶναι. φανερὸν τοίνυν ὅτι οὐκ ἐνδέχεται εἶναι εἴδη τοιαῦτα οἷα λέγουσί τινες· ἔσται γὰρ καὶ ἄνθρωπος ὁ μὲν φθαρτὸς ὁ δ' ἄφθαρτος. καίτοι τῷ εἴδει ταὐτὰ λέγεται εἶναι τὰ εἴδη τοῖς τισὶ καὶ οὐχ ὁμώνυμα· τὰ δὲ γένει ἕτερα πλεῖον διέστηκεν ἢ τὰ εἴδει.

necessariamente ou é a substância ou é na substância de cada uma das coisas corruptíveis⁴.

O mesmo raciocínio vale para as coisas incorruptíveis, porque tanto o corruptível como o incorruptível situam-se entre as características que pertencem necessariamente às coisas. Então, aquilo pelo quê e em virtude do quê uma coisa é corruptível e o princípio pelo qual outra é incorruptível são opostos e, portanto, é necessário que as coisas corruptíveis e as coisas incorruptíveis sejam diferentes pelo gênero⁵.

Portanto, é evidente que não podem existir Formas tais como alguns filósofos pretendem: nesse caso deveria existir um homem corruptível e um incorruptível. No entanto, eles afirmam que as Formas são idênticas aos indivíduos pela espécie e não só pelo nome. Mas as coisas que são diferentes pelo gênero distam entre si muito mais do que as coisas que são diferentes pela espécie⁶.

LIVRO
K
(DÉCIMO PRIMEIRO)

1

Ὅτι μὲν ἡ σοφία περὶ ἀρχὰς ἐπιστήμη τίς ἐστι, δῆλον ἐκ τῶν πρώτων ἐν οἷς διηπόρηται πρὸς τὰ ὑπὸ τῶν ἄλλων εἰρημένα περὶ τῶν ἀρχῶν· ἀπορήσειε δ' ἄν τις πότερον μίαν ὑπολαβεῖν εἶναι δεῖ τὴν σοφίαν ἐπιστήμην ἢ πολλάς· εἰ μὲν γὰρ μίαν, μία γ' ἐστὶν ἀεὶ τῶν ἐναντίων, αἱ δ' ἀρχαὶ οὐκ ἐναντίαι· εἰ δὲ μὴ μία, ποίας δεῖ θεῖναι ταύτας; ἔτι τὰς ἀποδεικτικὰς ἀρχὰς θεωρῆσαι μιᾶς ἢ πλειόνων; εἰ μὲν γὰρ μιᾶς, τί μᾶλλον ταύτης ἢ ὁποιασοῦν; εἰ δὲ πλειόνων, ποίας δεῖ ταύτας τιθέναι; ἔτι πότερον πασῶν τῶν οὐσιῶν ἢ οὔ; εἰ μὲν γὰρ μὴ πασῶν, ποίων χαλεπὸν ἀποδοῦναι· εἰ δὲ πασῶν μία, ἄδηλον πῶς ἐνδέχεται πλειόνων τὴν αὐτὴν ἐπι-

1. [Recapitulação das aporias][1]

Que a sapiência seja uma ciência cujo objeto são os princípios fica evidente pelas considerações feitas inicialmente, nas quais foram examinadas as doutrinas sobre os princípios sustentadas pelos outros pensadores[2].

[Primeira aporia]

Agora poder-se-ia perguntar se deve ser considerada sapiência uma única ciência ou muitas. De fato, se é uma só, surge a seguinte dificuldade: uma ciência trata sempre dos contrários, mas os princípios não são contrários. E se não é uma só, qual delas deve ser considerada sapiência?[3]

[Segunda aporia]

Ademais, o estudo dos princípios da demonstração compete a uma única ciência[4] ou a mais de uma? De fato, se compete a uma única ciência, por que caberá a uma delas mais do que a qualquer outra? E se, ao contrário, o estudo dos princípios compete a mais de uma ciência, quais serão elas[5]?

[Terceira aporia]

Além disso, a sapiência é ciência de todas as substâncias ou não? De fato, se ela não é ciência de todas as substâncias, fica difícil determinar de que substâncias ela é ciência. Se, ao contrário, ela é única para todas as substâncias, então a dificuldade está em compreender como a mesma ciência pode ter por objeto diversas substâncias[6].

στήμην εἶναι. ἔτι πότερον περὶ τὰς οὐσίας μόνον ἢ καὶ τὰ
30 συμβεβηκότα [ἀπόδειξίς ἐστιν]; εἰ γὰρ περί γε τὰ συμβεβηκότα ἀπόδειξίς ἐστιν, περὶ τὰς οὐσίας οὐκ ἔστιν· εἰ δ' ἑτέρα,
τίς ἑκατέρα καὶ ποτέρα σοφία; ᾗ μὲν γὰρ ἀποδεικτική, σοφία ἡ περὶ τὰ συμβεβηκότα· ᾗ δὲ περὶ τὰ πρῶτα, ἡ τῶν
οὐσιῶν. ἀλλ' οὐδὲ περὶ τὰς ἐν τοῖς φυσικοῖς εἰρημένας αἰτίας
35 τὴν ἐπιζητουμένην ἐπιστήμην θετέον· οὔτε γὰρ περὶ τὸ οὗ ἕνεκεν
(τοιοῦτον γὰρ τὸ ἀγαθόν, τοῦτο δ' ἐν τοῖς πρακτοῖς ὑπάρχει καὶ
τοῖς οὖσιν ἐν κινήσει· καὶ τοῦτο πρῶτον κινεῖ — τοιοῦτον γὰρ τὸ
τέλος — τὸ δὲ πρῶτον κινῆσαν οὐκ ἔστιν ἐν τοῖς ἀκινήτοις)· ὅλως
δ' ἀπορίαν ἔχει πότερόν ποτε περὶ τὰς αἰσθητὰς οὐσίας ἐστὶν
1059ᵇ ἡ ζητουμένη νῦν ἐπιστήμη ἢ οὔ, περὶ δέ τινας ἑτέρας. εἰ γὰρ
περὶ ἄλλας, ἢ περὶ τὰ εἴδη εἴη ἂν ἢ περὶ τὰ μαθηματικά.
τὰ μὲν οὖν εἴδη ὅτι οὐκ ἔστι, δῆλον (ὅμως δὲ ἀπορίαν ἔχει,
κἂν εἶναί τις αὐτὰ θῇ, διὰ τί ποτ' οὐχ ὥσπερ ἐπὶ τῶν μαθη-
5 ματικῶν, οὕτως ἔχει καὶ ἐπὶ τῶν ἄλλων ὧν ἔστιν εἴδη·
λέγω δ' ὅτι τὰ μαθηματικὰ μὲν μεταξύ τε τῶν εἰδῶν τιθέασι καὶ τῶν αἰσθητῶν οἷον τρίτα τινὰ παρὰ τὰ εἴδη τε
καὶ τὰ δεῦρο, τρίτος δ' ἄνθρωπος οὐκ ἔστιν οὐδ' ἵππος παρ'
αὐτόν τε καὶ τοὺς καθ' ἕκαστον· εἰ δ' αὖ μὴ ἔστιν ὡς λέγουσι,

[Quarta aporia]

E mais: a sapiência refere-se somente às substâncias ou também aos acidentes? De fato, existe demonstração dos acidentes mas não das substâncias. E se a ciência das substâncias é diferente da dos acidentes, qual será primeira e qual será segunda? E com qual das duas deverá identificar-se a sapiência? Enquanto ciência demonstrativa, a sapiência deveria coincidir com a ciência dos acidentes; ao contrário, enquanto ciência das realidades primeiras, ela deveria coincidir com a ciência das substâncias[7].

[Apêndice à primeira aporia]

Mas não se deve crer que esta ciência, objeto de nossa pesquisa, se ocupe das causas das quais falamos nos livros da *Física*[8]. Com efeito, ela não se ocupa da causa final, porque a causa final coincide com o bem, e o bem só se encontra no âmbito das ações e das coisas em movimento; ademais, a causa final serve de primeiro motor — de fato, esta é a natureza do fim — e o primeiro motor não se pode encontrar no âmbito das coisas imóveis[9].

[Quinta aporia]

Em geral, pergunta-se também se a ciência que é objeto de nossa investigação versa sobre as substâncias sensíveis ou se ela não versa sobre essas mas sobre outras substâncias[10].

Se, com efeito, versa sobre outras substâncias, essas deveriam ser ou as Formas ou os Entes matemáticos. Ora, é evidente que as Formas não existem. E mesmo admitindo que existam, restaria ainda a seguinte dificuldade: por que razão o que vale para os Entes matemáticos não vale também para todas as outras coisas das quais existem Formas? Noutros termos: os platônicos afirmam os Entes matemáticos como intermediários entre as formas e as coisas sensíveis e como uma terceira ordem de realidade além das Formas e das coisas deste mundo, mas não admitem a existência de um terceiro homem[11], nem de um terceiro cavalo além do homem-em-si e do cavalo-em-si e do homem e do cavalo individuais.

περὶ ποῖα θετέον πραγματεύεσθαι τὸν μαθηματικόν; οὐ γὰρ
δὴ περὶ τὰ δεῦρο· τούτων γὰρ οὐθέν ἐστιν οἷον αἱ μαθηματικαὶ ζητοῦσι τῶν ἐπιστημῶν)· οὐδὲ μὴν περὶ τὰ μαθηματικὰ
ἡ ζητουμένη νῦν ἐστὶν ἐπιστήμη (χωριστὸν γὰρ αὐτῶν οὐθέν)·
ἀλλ' οὐδὲ τῶν αἰσθητῶν οὐσιῶν· φθαρταὶ γάρ. ὅλως δ' ἀπορήσειέ τις ἂν ποίας ἐστὶν ἐπιστήμης τὸ διαπορῆσαι περὶ τῆς
τῶν μαθηματικῶν ὕλης. οὔτε γὰρ τῆς φυσικῆς, διὰ τὸ περὶ
τὰ ἔχοντα ἐν αὑτοῖς ἀρχὴν κινήσεως καὶ στάσεως τὴν τοῦ
φυσικοῦ πᾶσαν εἶναι πραγματείαν, οὐδὲ μὴν τῆς σκοπούσης
περὶ ἀποδείξεώς τε καὶ ἐπιστήμης· περὶ γὰρ αὐτὸ τοῦτο τὸ
γένος τὴν ζήτησιν ποιεῖται. λείπεται τοίνυν τὴν προκειμένην
φιλοσοφίαν περὶ αὐτῶν τὴν σκέψιν ποιεῖσθαι. διαπορήσειε
δ' ἄν τις εἰ δεῖ θεῖναι τὴν ζητουμένην ἐπιστήμην περὶ τὰς
ἀρχάς, τὰ καλούμενα ὑπό τινων στοιχεῖα· ταῦτα δὲ πάντες
ἐνυπάρχοντα τοῖς συνθέτοις τιθέασιν. μᾶλλον δ' ἂν δόξειε
τῶν καθόλου δεῖν εἶναι τὴν ζητουμένην ἐπιστήμην· πᾶς γὰρ
λόγος καὶ πᾶσα ἐπιστήμη τῶν καθόλου καὶ οὐ τῶν ἐσχάτων,
ὥστ' εἴη ἂν οὕτω τῶν πρώτων γενῶν. ταῦτα δὲ γίγνοιτ' ἂν
τό τε ὂν καὶ τὸ ἕν· ταῦτα γὰρ μάλιστ' ἂν ὑποληφθείη
περιέχειν τὰ ὄντα πάντα καὶ μάλιστα ἀρχαῖς ἐοικέναι διὰ
τὸ εἶναι πρῶτα τῇ φύσει· φθαρέντων γὰρ αὐτῶν συναναιρεῖται καὶ τὰ λοιπά· πᾶν γὰρ ὂν καὶ ἕν. ᾗ δὲ τὰς διαφορὰς αὐτῶν ἀνάγκη μετέχειν εἰ θήσει τις αὐτὰ γένη,

Por outro lado, se não é verdade o que eles dizem, que coisas deveremos pôr como objeto de investigação do matemático? Certamente não as coisas sensíveis deste mundo: de fato, nenhuma dessas coisas possui os requisitos exigidos pelas ciências matemáticas. Mas a ciência da qual nos ocupamos não se refere nem aos Entes matemáticos, porque nenhum deles é ente separado; e nem às substâncias sensíveis, porque estas são corruptíveis[12].

[*Aporia ausente no terceiro livro*]

E, em geral, poder-se-ia ainda levantar o seguinte problema: a que ciência compete ocupar-se da matéria dos Entes matemáticos? Certamente não à física, porque a pesquisa do físico versa inteiramente sobre as coisas que têm em si mesmas o princípio do movimento e do repouso[13]; e nem à ciência que estuda a demonstração e a ciência, porque esta investiga justamente esse gênero particular de objetos[14]. Resta, portanto, que daquela questão deva se ocupar a filosofia que é objeto desse nosso raciocínio[15].

[*Sexta aporia*]

Poder-se-ia ainda pôr o problema se devemos entender a ciência da qual nos ocupamos como ciência dos princípios que alguns filósofos[16] denominam elementos, ou seja, dos elementos que todos consideram como imanentes aos compostos[17]. Entretanto, parece que a ciência que buscamos deva ser ciência dos universais: de fato, a definição e a ciência referem-se sempre aos universais e não aos particulares[18]: portanto, a ciência que buscamos deverá ser ciência dos gêneros supremos[19].

[*Sétima aporia*]

Esses gêneros, então, deverão ser o Ser e o Um porque sobretudo o ser e o um parecem incluir todas as realidades e parecem ser princípios por excelência, enquanto são primeiros por natureza. De fato, se o Ser e o Um fossem destruídos, ao mesmo tempo seriam destruídas todas as outras realidades, porque tudo o que é, é ser e é um. Mas, caso se admitisse que eles são gêneros, seria

διαφορά δ' ουδεμία του γένους μετέχει, ταύτη δ' ουκ αν δόξειε δεῖν αυτά τιθέναι γένη ουδ' αρχάς. έτι δ' εἰ μᾶλλον
ἀρχὴ τὸ ἁπλούστερον τοῦ ἧττον τοιούτου, τὰ δ' ἔσχατα τῶν
ἐκ τοῦ γένους ἁπλούστερα τῶν γενῶν (ἄτομα γάρ, τὰ γένη
δ' εἰς εἴδη πλείω καὶ διαφέροντα διαιρεῖται), μᾶλλον ἂν
ἀρχὴ δόξειεν εἶναι τὰ εἴδη τῶν γενῶν. ᾗ δὲ συναναιρεῖται
τοῖς γένεσι τὰ εἴδη, τὰ γένη ταῖς ἀρχαῖς ἔοικε μᾶλλον·
ἀρχὴ γὰρ τὸ συναναιροῦν. τὰ μὲν οὖν τὴν ἀπορίαν ἔχοντα
ταῦτα καὶ τοιαῦτ' ἐστὶν ἕτερα.

2

Ἔτι πότερον δεῖ τιθέναι τι παρὰ τὰ καθ' ἕκαστα ἢ οὔ,
ἀλλὰ τούτων ἡ ζητουμένη ἐπιστήμη; ἀλλὰ ταῦτα ἄπειρα·
τά γε μὴν παρὰ τὰ καθ' ἕκαστα γένη ἢ εἴδη ἐστίν, ἀλλ'
οὐδετέρου τούτων ἡ ζητουμένη νῦν ἐπιστήμη. διότι γὰρ ἀδύνατον τοῦτο, εἴρηται. καὶ γὰρ ὅλως ἀπορίαν ἔχει πότερον
δεῖ τινὰ ὑπολαβεῖν οὐσίαν εἶναι χωριστὴν παρὰ τὰς αἰσθητὰς
οὐσίας καὶ τὰς δεῦρο, ἢ οὔ, ἀλλὰ ταῦτ' εἶναι τὰ ὄντα καὶ
περὶ ταῦτα τὴν σοφίαν ὑπάρχειν. ζητεῖν μὲν γὰρ ἐοίκαμεν
ἄλλην τινά, καὶ τὸ προκείμενον τοῦτ' ἔστιν ἡμῖν, λέγω δὲ
τὸ ἰδεῖν εἴ τι χωριστὸν καθ' αὑτὸ καὶ μηδενὶ τῶν αἰσθητῶν
ὑπάρχον. ἔτι δ' εἰ παρὰ τὰς αἰσθητὰς οὐσίας ἔστι τις ἑτέρα
οὐσία, παρὰ ποίας τῶν αἰσθητῶν δεῖ τιθέναι ταύτην εἶναι;

necessário que as diferenças participassem deles, enquanto na realidade nenhuma diferença participa do gênero: portanto, não parece que o Ser e o Um devam ser considerados como gêneros nem como princípios. Ademais, se o que é mais simples é mais princípio do que o que é menos simples, dado que as espécies últimas[20] de um gênero são mais simples do que os gêneros — de fato, elas são indivisíveis, enquanto os gêneros se dividem em espécies múltiplas e diferentes —, então, as espécies parecem ser mais princípio do que os gêneros. Por outro lado, se considerarmos o fato de que a supressão dos gêneros comporta a supressão das espécies, então os gêneros parecem ter mais caráter de princípio. De fato, o princípio é justamente aquilo cuja supressão comporta a supressão simultânea de todo o resto[21].

Estes e outros semelhantes são os problemas que apresentam dificuldade.

2. [Continuação da recapitulação das aporias][1]

[Oitava aporia]

Ademais, dever-se-á admitir alguma coisa além das realidades particulares ou não, e a ciência que buscamos terá por objeto as realidades particulares? Mas estas são infinitas em número. Por outro lado, além das realidades particulares existem os gêneros e as espécies. Mas a ciência que buscamos não tem por objeto nem uns nem outros: e já dissemos as razões pelas quais isso é impossível[3]. Em termos gerais, o problema é o seguinte: deve-se admitir a existência de uma substância separada, além das substâncias deste mundo, ou não, e deve-se admitir que estas são a totalidade da realidade e que em torno delas versa a sapiência? De fato, nós buscamos manifestamente outra substância, e o objetivo de nossa pesquisa consiste em ver se existe algo separado por si e não existente em nenhuma das coisas sensíveis. Ademais, se além das substâncias sensíveis existe outra substância, surgirá o seguinte problema: além de quais substâncias sensíveis dever-se-á admitir a existência dessas substâncias? E por que admitir essas substâncias

τί γὰρ μᾶλλον παρὰ τοὺς ἀνθρώπους ἢ τοὺς ἵππους ἢ τῶν ἄλλων ζῴων θήσει τις αὐτὴν ἢ καὶ τῶν ἀψύχων ὅλως; τό γε μὴν ἴσας ταῖς αἰσθηταῖς καὶ φθαρταῖς οὐσίαις ἀϊδίους ἑτέρας κατασκευάζειν ἐκτὸς τῶν εὐλόγων δόξειεν ἂν πίπτειν. εἰ δὲ μὴ χωριστὴ τῶν σωμάτων ἡ ζητουμένη νῦν ἀρχή, τίνα ἄν τις ἄλλην θείη μᾶλλον τῆς ὕλης; αὕτη γε μὴν ἐνεργείᾳ μὲν οὐκ ἔστι, δυνάμει δ' ἔστιν. μᾶλλόν τ' ἂν ἀρχὴ κυριωτέρα ταύτης δόξειεν εἶναι τὸ εἶδος καὶ ἡ μορφή· τοῦτο δὲ φθαρτόν, ὥσθ' ὅλως οὐκ ἔστιν ἀΐδιος οὐσία χωριστὴ καὶ καθ' αὑτήν. ἀλλ' ἄτοπον· ἔοικε γὰρ καὶ ζητεῖται σχεδὸν ὑπὸ τῶν χαριεστάτων ὡς οὖσά τις ἀρχὴ καὶ οὐσία τοιαύτη· πῶς γὰρ ἔσται τάξις μή τινος ὄντος ἀϊδίου καὶ χωριστοῦ καὶ μένοντος; ἔτι δ' εἴπερ ἔστι τις οὐσία καὶ ἀρχὴ τοιαύτη τὴν φύσιν οἵαν νῦν ζητοῦμεν, καὶ αὕτη μία πάντων καὶ ἡ αὐτὴ τῶν ἀϊδίων τε καὶ φθαρτῶν, ἀπορίαν ἔχει διὰ τί ποτε τῆς αὐτῆς ἀρχῆς οὔσης τὰ μέν ἐστιν ἀΐδια τῶν ὑπὸ τὴν ἀρχὴν τὰ δ' οὐκ ἀΐδια (τοῦτο γὰρ ἄτοπον)· εἰ δ' ἄλλη μέν ἐστιν ἀρχὴ τῶν φθαρτῶν ἄλλη δὲ τῶν ἀϊδίων, εἰ μὲν ἀΐδιος καὶ ἡ τῶν φθαρτῶν, ὁμοίως ἀπορήσομεν (διὰ τί γὰρ οὐκ ἀϊδίου τῆς ἀρχῆς οὔσης καὶ τὰ ὑπὸ τὴν ἀρχὴν ἀΐδια;)· φθαρτῆς δ' οὔσης ἄλλη τις ἀρχὴ γίγνεται ταύτης κἀκείνης ἑτέρα, καὶ τοῦτ' εἰς ἄπειρον πρόεισιν. εἰ δ' αὖ τις τὰς δοκούσας μάλιστ' ἀρχὰς ἀκινήτους εἶναι, τό τε ὂν καὶ τὸ ἕν, θήσει, πρῶτον μὲν εἰ μὴ τόδε τι καὶ οὐσίαν ἑκάτερον αὐτῶν σημαίνει, πῶς

separadas para os homens e para os cavalos, e não para os outros animais e, em geral, para as coisas inanimadas? Por outro lado, introduzir substâncias eternas diferentes das sensíveis e corruptíveis, mas em número igual a estas, parece superar os limites do verossímil. Ao contrário, se o princípio que agora estamos buscando não é separado dos corpos, com que ele poderá identificar-se senão com a matéria? Mas a matéria não existe em ato e sim em potência. Portanto, a espécie e a forma parecem ser princípio, muito mais do que a matéria. Mas a forma é corruptível[4], de modo que, em geral, não existe uma substância separada e por si. Ora, isso é absurdo, porque parece claro que existe algum princípio ou alguma substância separada, e quase todos os espíritos mais inteligentes[5] a buscam, convencidos da existência de tal princípio e tal substância. E, com efeito, como poderia haver uma ordem se não existisse um ser eterno, separado e imutável[6]?

[*Décima aporia*]

Além disso, se existe uma substância e um princípio que, por sua natureza, é tal como o que agora buscamos, e se ele é o mesmo para todas as coisas, ou seja, se é o mesmo tanto para as coisas eternas como para as coisas corruptíveis, então surge o seguinte problema: por que razão, sendo o mesmo princípio, algumas coisas que dele dependem são eternas enquanto outras não são eternas? De fato, isso é absurdo. Por outro lado, se um é o princípio das coisas corruptíveis e outro é o princípio das coisas eternas, caso fosse eterno também o princípio das coisas corruptíveis, voltaria a mesma dificuldade: por que razão, sendo eterno o princípio, não são eternas também as coisas que dele dependem? E se é corruptível o princípio, dele deverá haver um princípio ulterior, e deste último outro princípio ainda, e assim ao infinito[7].

[*Décima primeira aporia*]

Se, ao contrário, pusermos como princípio o ser e o um, que são considerados princípios imóveis por excelência, eis as dificuldades contra as quais nos chocamos. Em primeiro lugar, se nenhum dos dois significa algo determinado e uma substância, como po-

ἔσονται χωρισταὶ καὶ καθ' αὑτάς; τοιαύτας δὲ ζητοῦμεν τὰς ἀϊδίους τε καὶ πρώτας ἀρχάς. εἴ γε μὴν τόδε τι καὶ οὐσίαν ἑκάτερον αὐτῶν δηλοῖ, πάντ' ἐστὶν οὐσίαι τὰ ὄντα· κατὰ πάντων γὰρ τὸ ὂν κατηγορεῖται (κατ' ἐνίων δὲ καὶ τὸ ἕν)· οὐσίαν δ' εἶναι πάντα τὰ ὄντα ψεῦδος. ἔτι δὲ τοῖς τὴν πρώτην ἀρχὴν τὸ ἓν λέγουσι καὶ τοῦτ' οὐσίαν, ἐκ δὲ τοῦ ἑνὸς καὶ τῆς ὕλης τὸν ἀριθμὸν γεννῶσι πρῶτον καὶ τοῦτον οὐσίαν φάσκουσιν εἶναι, πῶς ἐνδέχεται τὸ λεγόμενον ἀληθὲς εἶναι; τὴν γὰρ δυάδα καὶ τῶν λοιπῶν ἕκαστον ἀριθμῶν τῶν συνθέτων πῶς ἓν δεῖ νοῆσαι; περὶ τούτου γὰρ οὔτε λέγουσιν οὐδὲν οὔτε ῥᾴδιον εἰπεῖν. εἴ γε μὴν γραμμὰς ἢ τὰ τούτων ἐχόμενα (λέγω δὲ ἐπιφανείας τὰς πρώτας) θήσει τις ἀρχάς, ταῦτά γ' οὐκ εἰσὶν οὐσίαι χωρισταί, τομαὶ δὲ καὶ διαιρέσεις αἱ μὲν ἐπιφανειῶν αἱ δὲ σωμάτων (αἱ δὲ στιγμαὶ γραμμῶν), ἔτι δὲ πέρατα τῶν αὐτῶν τούτων· πάντα δὲ ταῦτα ἐν ἄλλοις ὑπάρχει καὶ χωριστὸν οὐδέν ἐστιν. ἔτι πῶς οὐσίαν ὑπολαβεῖν εἶναι δεῖ τοῦ ἑνὸς καὶ στιγμῆς; οὐσίας μὲν γὰρ πάσης γένεσις ἔστι, στιγμῆς δ' οὐκ ἔστιν· διαίρεσις γὰρ ἡ στιγμή. παρέχει δ' ἀπορίαν καὶ τὸ πᾶσαν μὲν ἐπιστήμην εἶναι τῶν καθόλου καὶ τοῦ τοιουδί, τὴν δ' οὐσίαν μὴ τῶν καθόλου εἶναι, μᾶλλον δὲ τόδε τι καὶ χωριστόν, ὥστ' εἰ περὶ τὰς ἀρχάς ἐστιν ἐπιστήμη, πῶς δεῖ τὴν ἀρχὴν ὑπολαβεῖν οὐσίαν εἶναι; ἔτι πότερον ἔστι τι παρὰ τὸ σύνολον ἢ οὔ (λέγω δὲ τὴν ὕλην καὶ τὸ μετὰ ταύτης); εἰ μὲν γὰρ μή, τά γε ἐν ὕλῃ φθαρτὰ πάντα· εἰ δ' ἔστι τι, τὸ εἶδος ἂν εἴη καὶ ἡ μορφή· τοῦτ'

derão existir separadamente e por si? Mas os princípios eternos e primeiros, que buscamos, têm precisamente essas características. Ao contrário, se o ser e o um exprimem algo determinado e uma substância, então todos os seres[8] deverão ser substâncias: o ser, com efeito, se predica de tudo (e de algumas coisas também o um)[9]. Mas é falso que todos os seres sejam substâncias[10].

[*Décima segunda aporia*]

E mais, como pode ser verdadeira a doutrina dos filósofos que afirmam que o princípio primeiro é o Um e que o Um é substância[11], e fazem derivar do Um e da matéria o número primeiro[12], sustentando que também este é substância? E como é possível pensar a díade como unidade e também cada um dos outros números compostos[13]? Sobre esse problema eles não dizem nada e não é fácil dizer alguma coisa. Se, depois, se quiser pôr como princípios as linhas e o que das linhas deriva, isto é, as superfícies primeiras[14], então é preciso observar que estas não são substâncias separadas, mas seções e divisões: as linhas das superfícies, as superfícies dos corpos, os pontos das linhas; além disso, essas coisas são limites dos corpos. Todos esses entes só existem em outro e nenhum deles é separado[15]. E mais, como se pode pensar que exista uma substância do um e do ponto? De fato, de toda substância existe um processo de geração; mas do ponto não existe[16], porque ele é uma simples divisão[17].

[*Décima quinta aporia*]

E também esta é uma dificuldade: toda ciência refere-se aos universais e às características gerais das coisas, enquanto a substância não é um universal[18], mas algo determinado e uma realidade separada[19]. Portanto, se a ciência refere-se aos princípios[20], como se pode pensar que o princípio seja substância[21]?

[*Décima terceira aporia*]

Ademais, existe ou não existe algo além do sínolo? Entendo por sínolo a matéria e o que é unido a ela. Se não existe, então tudo o que é na matéria é corruptível. Se, ao contrário, existe, deverá

οὖν ἐπὶ τίνων ἔστι καὶ ἐπὶ τίνων οὔ, χαλεπὸν ἀφορίσαι· ἐπ'
ἐνίων γὰρ δῆλον οὐκ ὂν χωριστὸν τὸ εἶδος, οἷον οἰκίας. ἔτι
πότερον αἱ ἀρχαὶ εἴδει ἢ ἀριθμῷ αἱ αὐταί; εἰ γὰρ ἀριθμῷ
ἕν, πάντ' ἔσται ταὐτά.

3

Ἐπεὶ δ' ἐστὶν ἡ τοῦ φιλοσόφου ἐπιστήμη τοῦ ὄντος ᾗ ὂν
καθόλου καὶ οὐ κατὰ μέρος, τὸ δ' ὂν πολλαχῶς καὶ οὐ
καθ' ἕνα λέγεται τρόπον· εἰ μὲν οὖν ὁμωνύμως κατὰ δὲ
κοινὸν μηδέν, οὐκ ἔστιν ὑπὸ μίαν ἐπιστήμην (οὐ γὰρ ἓν γένος
τῶν τοιούτων), εἰ δὲ κατά τι κοινόν, εἴη ἂν ὑπὸ μίαν ἐπιστήμην. ἔοικε δὴ τὸν εἰρημένον λέγεσθαι τρόπον καθάπερ τό
τε ἰατρικὸν καὶ ὑγιεινόν· καὶ γὰρ τούτων ἑκάτερον πολλαχῶς λέγομεν. λέγεται δὲ τοῦτον τὸν τρόπον ἕκαστον τῷ τὸ
μὲν πρὸς τὴν ἰατρικὴν ἐπιστήμην ἀνάγεσθαί πως τὸ δὲ πρὸς
ὑγίειαν τὸ δ' ἄλλως, πρὸς ταὐτὸ δ' ἕκαστον. ἰατρικὸς γὰρ
λόγος καὶ μαχαίριον λέγεται τῷ τὸ μὲν ἀπὸ τῆς ἰατρικῆς
ἐπιστήμης εἶναι τὸ δὲ ταύτῃ χρήσιμον. ὁμοίως δὲ καὶ
ὑγιεινόν· τὸ μὲν γὰρ ὅτι σημαντικὸν ὑγιείας τὸ δ' ὅτι ποιητικόν. ὁ δ' αὐτὸς τρόπος καὶ ἐπὶ τῶν λοιπῶν. τὸν αὐτὸν
δὴ τρόπον καὶ τὸ ὂν ἅπαν λέγεται· τῷ γὰρ τοῦ ὄντος ᾗ ὂν

ser a espécie e a forma. Ora, a forma separada existe para algumas coisas e para outras não existe, e é difícil estabelecer para que coisas existe: de fato, é evidente que para algumas coisas não pode existir uma forma separada: por exemplo, não pode existir a forma da casa separada da casa[22].

[*Nona aporia*]

Além disso, os princípios são idênticos especificamente ou numericamente[23]? De fato, se os princípios constituíssem uma unidade numérica, todas as coisas se identificariam[24].

3. [A *metafísica como ciência do ser e os múltiplos significados do ser*][1]

(1) Dado que a ciência do filósofo tem por objeto o ser enquanto ser, considerado universalmente e não só em suas partes[2], e dado que o ser se entende em múltiplos significados e não num só[3], então, se esses diferentes significados são puros homônimos e se não há entre eles nada de comum, eles não podem entrar no âmbito de uma única ciência, porque não existe um gênero único que inclua os homônimos; se, ao contrário, os diferentes significados do ser se entendem em virtude de algo comum, então entram no âmbito de uma única ciência. Mas é evidente que o ser se diz da maneira já explicada, isto é, do mesmo modo em que se diz "médico" e "saudável": de fato, dizemos em múltiplos significados "médico" e "saudável". Ora, cada um desses termos se diz desse modo, porque no primeiro caso refere-se à ciência médica, no outro refere-se à saúde, e nos outros casos refere-se a outra coisa: pois bem, em todos esses casos sempre há referência a algo idêntico. De fato, médico se diz seja de uma noção, seja de um bisturi, enquanto a primeira deriva da ciência médica e o segundo serve à mesma. O mesmo se diz de salutar: de fato, algo é dito salutar porque é sintoma de saúde, outra coisa, ao contrário, é dita salutar porque produz saúde[4]. E o mesmo vale para todos os outros casos. Desse mesmo modo se diz ser todas as coisas: de fato, tudo é ser, justamente porque ou é uma afecção, ou

πάθος ἢ ἕξις ἢ διάθεσις ἢ κίνησις ἢ τῶν ἄλλων τι τῶν τοιού-
10 των εἶναι λέγεται ἕκαστον αὐτῶν ὄν. ἐπεὶ δὲ παντὸς τοῦ
ὄντος πρὸς ἕν τι καὶ κοινὸν ἡ ἀναγωγὴ γίγνεται, καὶ τῶν
ἐναντιώσεων ἑκάστη πρὸς τὰς πρώτας διαφορὰς καὶ ἐναντιώσεις ἀναχθήσεται τοῦ ὄντος, εἴτε πλῆθος καὶ ἕν εἴθ' ὁμοιότης καὶ ἀνομοιότης αἱ πρῶται τοῦ ὄντος εἰσὶ διαφοραί, εἴτ'
15 ἄλλαι τινές· ἔστωσαν γὰρ αὗται τεθεωρημέναι. διαφέρει
δ' οὐδὲν τὴν τοῦ ὄντος ἀναγωγὴν πρὸς τὸ ὂν ἢ πρὸς τὸ ἕν γίγνεσθαι. καὶ γὰρ εἰ μὴ ταὐτὸν ἄλλο δ' ἐστίν, ἀντιστρέφει
γε· τό τε γὰρ ἕν καὶ ὂν πως, τό τε ὂν ἕν. — ἐπεὶ δ' ἐστὶ τὰ
ἐναντία πάντα τῆς αὐτῆς καὶ μιᾶς ἐπιστήμης θεωρῆσαι, λέ-
20 γεται δ' ἕκαστον αὐτῶν κατὰ στέρησιν — καίτοι γ' ἔνια ἀπορήσειέ τις ἂν πῶς λέγεται κατὰ στέρησιν, ὧν ἔστιν ἀνὰ μέσον τι, καθάπερ ἀδίκου καὶ δικαίου — περὶ πάντα δὴ τὰ
τοιαῦτα τὴν στέρησιν δεῖ τιθέναι μὴ τοῦ ὅλου λόγου, τοῦ
τελευταίου δὲ εἴδους· οἷον εἰ ἔστιν ὁ δίκαιος καθ' ἕξιν τινὰ
25 πειθαρχικὸς τοῖς νόμοις, οὐ πάντως ὁ ἄδικος ἔσται τοῦ ὅλου
στερούμενος λόγου, περὶ δὲ τὸ πείθεσθαι τοῖς νόμοις ἐκλείπων
πῃ, καὶ ταύτῃ ἡ στέρησις ὑπάρξει αὐτῷ· τὸν αὐτὸν δὲ τρόπον καὶ ἐπὶ τῶν ἄλλων. — καθάπερ δ' ὁ μαθηματικὸς περὶ
τὰ ἐξ ἀφαιρέσεως τὴν θεωρίαν ποιεῖται (περιελὼν γὰρ πάντα
30 τὰ αἰσθητὰ θεωρεῖ, οἷον βάρος καὶ κουφότητα καὶ σκλη-
ρότητα καὶ τοὐναντίον, ἔτι δὲ καὶ θερμότητα καὶ ψυχρότητα
καὶ τὰς ἄλλας αἰσθητὰς ἐναντιώσεις, μόνον δὲ κατα-
λείπει τὸ ποσὸν καὶ συνεχές, τῶν μὲν ἐφ' ἕν τῶν δ' ἐπὶ
δύο τῶν δ' ἐπὶ τρία, καὶ τὰ πάθη τὰ τούτων ᾗ ποσά ἐστι
35 καὶ συνεχῆ, καὶ οὐ καθ' ἕτερόν τι θεωρεῖ, καὶ τῶν μὲν τὰς
πρὸς ἄλληλα θέσεις σκοπεῖ καὶ τὰ ταύταις ὑπάρχοντα,
1061ᵇ τῶν δὲ τὰς συμμετρίας καὶ ἀσυμμετρίας, τῶν δὲ τοὺς λό-

uma propriedade, ou uma disposição, ou um movimento ou alguma outra coisa do ser enquanto ser[5].

(2) E dado que tudo o que é ser refere-se a algo uno e comum, também cada uma das contrariedades poderá reportar-se às diferenças primeiras e às contrariedades primeiras do ser, quer essas diferenças primeiras sejam o um e o múltiplo, ou a semelhança e a dessemelhança, ou ainda outras[6]. Sobre isto baste o que já dissemos em outro lugar[7]. E não importa se a redução das diferenças e contrariedades do ser é operada com relação ao ser ou com relação ao um: de fato, embora o ser e o um não sejam idênticos mas diversos, todavia são convertíveis: tudo o que é um é, em certo sentido, também ser, e o que é ser é também um[8]. O estudo dos contrários compete sempre a uma só e mesma ciência, e em cada par de contrários cada um se diz por privação do outro. Todavia, pode-se perguntar como se pode falar de privação nos casos de contrários nos quais existe um termo intermediário, como entre o justo e o injusto. Pois bem, em todos esses casos é preciso entender a privação não como privação de tudo o que está contido na definição, mas só da espécie última: por exemplo, se justo é quem obedece às leis em virtude de um hábito adquirido, o não-justo não será, em todo caso, quem é privado de tudo o que está contido nessa definição, mas poderá ser aquele que, sob certo aspecto, desobedece às leis e só sob esse aspecto haverá nele a privação da justiça. O mesmo vale para todos os outros casos[9].

(3) O matemático desenvolve sua investigação acerca das noções obtidas por abstração. Ele estuda as coisas prescindindo de todas as características sensíveis: por exemplo, do peso e da leveza, da dureza e de seu contrário e, ainda, do quente e do frio e de todos os outros pares de contrários que exprimem características sensíveis. O matemático só conserva a quantidade e a continuidade, a uma, a duas ou a três dimensões[10], e estuda os atributos que lhes competem enquanto são quantidade e continuidade, e não os considera sob nenhum outro aspecto. De alguns objetos o matemático estuda as posições recíprocas e as características que lhes competem; de outros as relações de comensurabilidade e de incomen-

γους, ἀλλ' ὅμως μίαν πάντων καὶ τὴν αὐτὴν τίθεμεν ἐπιστήμην τὴν γεωμετρικήν), τὸν αὐτὸν δὴ τρόπον ἔχει καὶ περὶ τὸ ὄν. τὰ γὰρ τούτῳ συμβεβηκότα καθ' ὅσον ἐστὶν ὄν, καὶ
5 τὰς ἐναντιώσεις αὐτοῦ ᾗ ὄν, οὐκ ἄλλης ἐπιστήμης ἢ φιλοσοφίας θεωρῆσαι. τῇ φυσικῇ μὲν γὰρ οὐχ ᾗ ὄντα, μᾶλλον δ' ᾗ κινήσεως μετέχει, τὴν θεωρίαν τις ἀπονείμειεν ἄν· ἡ γε μὴν διαλεκτικὴ καὶ ἡ σοφιστικὴ τῶν συμβεβηκότων μέν εἰσι τοῖς οὖσιν, οὐχ ᾗ δ' ὄντα οὐδὲ περὶ τὸ ὂν αὐτὸ καθ' ὅσον
10 ὄν ἐστιν· ὥστε λείπεται τὸν φιλόσοφον, καθ' ὅσον ὄντ' ἐστίν, εἶναι περὶ τὰ λεχθέντα θεωρητικόν. ἐπεὶ δὲ τό τε ὂν ἅπαν καθ' ἕν τι καὶ κοινὸν λέγεται πολλαχῶς λεγόμενον, καὶ τἀναντία τὸν αὐτὸν τρόπον (εἰς τὰς πρώτας γὰρ ἐναντιώσεις καὶ διαφορὰς τοῦ ὄντος ἀνάγεται), τὰ δὲ τοιαῦτα δυνατὸν
15 ὑπὸ μίαν ἐπιστήμην εἶναι, διαλύοιτ' ἂν ἡ κατ' ἀρχὰς ἀπορία λεχθεῖσα, λέγω δ' ἐν ᾗ διηπορεῖτο πῶς ἔσται πολλῶν καὶ διαφόρων ὄντων τῷ γένει μία τις ἐπιστήμη.

4

— ἐπεὶ δὲ καὶ ὁ μαθηματικὸς χρῆται τοῖς κοινοῖς ἰδίως, καὶ τὰς τούτων ἀρχὰς ἂν εἴη θεωρῆσαι τῆς πρώτης φιλοσοφίας. ὅτι γὰρ
20 ἀπὸ τῶν ἴσων ἴσων ἀφαιρεθέντων ἴσα τὰ λειπόμενα, κοινὸν μέν ἐστιν ἐπὶ πάντων τῶν ποσῶν, ἡ μαθηματικὴ δ' ἀπολαβοῦσα περί τι μέρος τῆς οἰκείας ὕλης ποιεῖται τὴν θεωρίαν, οἷον περὶ γραμμὰς ἢ γωνίας ἢ ἀριθμοὺς ἢ τῶν λοιπῶν τι ποσῶν, οὐχ ᾗ δ' ὄντα ἀλλ' ᾗ συνεχὲς αὐτῶν ἕκαστον ἐφ'
25 ἓν ἢ δύο ἢ τρία· ἡ δὲ φιλοσοφία περὶ τῶν ἐν μέρει μέν, ᾗ

surabilidade, de outros ainda as proporções: contudo, de todos esses objetos existe uma única ciência, a geometria. Pois bem, o mesmo vale para o estudo do ser: todas as propriedades que se referem ao ser enquanto ser e os contrários do ser enquanto ser não são objeto de investigação de nenhuma outra ciência além da filosofia[11]. À física compete o estudo dos seres, não enquanto seres, mas enquanto possuem movimento[12]. A dialética e a sofística indagam os acidentes dos seres, mas não enquanto seres, e não indagam o que é o ser em si e enquanto ser[13]. Consequentemente, só resta o filósofo como aquele que tem a tarefa de estudar as coisas das quais falamos, considerando-as, justamente, enquanto seres. Ora, dado que tudo o que é ser, mesmo entendendo-se em diversos significados, tem relação com algo uno e comum[14], e dado que o mesmo vale para os contrários — porque eles se remetem à contrariedade e às diferenças primeiras do ser —, e dado que é possível que esses objetos pertençam a uma mesma ciência, então pode-se resolver o problema posto no início[15], a saber, o problema de como é possível que objetos múltiplos e diferentes pelo gênero pertençam à mesma ciência.

4. [*À ciência do ser cabe também o estudo dos axiomas*][1]

Como também o matemático se serve dos axiomas comuns[2], mas de maneira particular[3], será tarefa da filosofia primeira estudar também esses princípios utilizados pelo matemático. De fato, o axioma "se de quantidades iguais subtraímos quantidades iguais os restos serão iguais" é comum a todas as quantidades, mas a matemática o toma e o aplica a uma parte do objeto de investigação que lhe é próprio: por exemplo, às linhas, aos ângulos, aos números ou a qualquer outro tipo determinado de quantidade, considerando estes não enquanto seres, mas enquanto contínuos a uma, a duas ou a três dimensões[4]; ao contrário, a filosofia não desenvolve sua investigação acerca de objetos particulares e enquanto dotados de

τούτων εκάστω τι συμβέβηκεν, ου σκοπεί, περί το ον δέ, ή ον
των τοιούτων έκαστον, θεωρεί, τον αυτόν δ' έχει τρόπον και
περί την φυσικήν επιστήμην τη μαθηματική· τα συμβεβηκότα γαρ η φυσική και τας αρχάς θεωρεί τας των όντων
30 ή κινούμενα και ουχ ή όντα (την δε πρώτην ειρήκαμεν επιστήμην τούτων είναι καθ' όσον όντα τα υποκείμενά εστιν,
αλλ' ουχ ή έτερόν τι)· διό και ταύτην και την μαθηματικήν
επιστήμην μέρη της σοφίας είναι θετέον.

5

Έστι δέ τις εν τοις ούσιν αρχή περί ην ουκ έστι διεφεύ-
35 σθαι, τουναντίον δε αναγκαίον αεί ποιείν, λέγω δε αληθεύειν,
οίον ότι ουκ ενδέχεται το αυτό καθ' ένα και τον αυτόν χρό-
1062ᵃ νον είναι και μη είναι, και τάλλα τα τούτον αυτοίς αντι-
κείμενα τον τρόπον. και περί των τοιούτων απλώς μεν ουκ
έστιν απόδειξις, προς τόνδε δε έστιν· ου γαρ έστιν εκ πιστοτέρας
αρχής αυτού τούτου ποιήσασθαι συλλογισμόν, δει δέ γ'
5 είπερ έσται το απλώς αποδεδείχθαι. προς δε τον λέγοντα
τας αντικειμένας φάσεις τω δεικνύντι διότι ψεύδος ληπτέον
τι τοιούτον ο ταυτό μεν έσται τω μη ενδέχεσθαι ταυτό είναι
και μη είναι καθ' ένα και τον αυτόν χρόνον, μη δόξει δ'
είναι ταυτόν· ούτω γαρ μόνως αν αποδειχθείη προς τον
10 φάσκοντα ενδέχεσθαι τας αντικειμένας φάσεις αληθεύεσθαι
κατά του αυτού. τους δη μέλλοντας αλλήλοις λόγου κοινω-
νήσειν δει τι συνιέναι αυτών· μη γιγνομένου γαρ τούτου πως
έσται κοινωνία τούτοις προς αλλήλους λόγου; δει τοίνυν των
ονομάτων έκαστον είναι γνώριμον και δηλούν τι, και μη

características particulares, mas desenvolve sua pesquisa sobre o ser e sobre cada coisa enquanto é ser[5].

A relação da filosofia com a física é idêntica à relação que tem com a matemática. De fato, a física estuda as propriedades e os princípios dos seres enquanto estão em movimento e não enquanto seres, ao passo que — como dissemos — a filosofia primeira ocupa-se desses objetos na medida em que eles são seres e não enquanto são outra coisa[6]. Por isso, tanto a física como a matemática devem ser consideradas só como partes da sapiência[7].

5. [Demonstração do princípio de não-contradição por via de refutação][1]

Existe nos seres um princípio relativamente ao qual não é possível que alguém se engane mas, ao contrário, está sempre e necessariamente na verdade: é o princípio que afirma não ser possível que a mesma coisa ao mesmo tempo seja e não seja, e o mesmo vale também para os outros atributos opostos entre si[2].

De princípios desse tipo não há uma demonstração propriamente dita, mas somente uma demonstração *ad hominem*. De fato, não é possível deduzir esse princípio de um princípio ulterior mais seguro; isso seria necessário se houvesse demonstração propriamente dita[3]. Ora, contra quem afirma proposições contraditórias, quem quiser demonstrar sua falsidade deverá assumir como ponto de partida uma afirmação idêntica ao princípio segundo o qual não é possível que a mesma coisa seja e não seja ao mesmo tempo, mas deverá fazê-lo de modo que sua afirmação não pareça idêntica ao princípio[4]. De fato, essa é a única demonstração que se pode apresentar contra quem afirma a possibilidade de que sejam verdadeiras afirmações contraditórias referidas ao mesmo sujeito.

(1) Ora, os que pretendem discutir devem entender-se sobre algum ponto; de fato, se isso não ocorresse, como poderia haver discussão entre eles? Portanto, é preciso que cada um dos termos que eles usam seja-lhes compreensível e signifique algo e não muitas coisas, mas uma só; e se o termo signi-

15 πολλά, μόνον δὲ ἕν· ἂν δὲ πλείονα σημαίνῃ, φανερὸν ποιεῖν
ἐφ' ὃ φέρει τοὔνομα τούτων. ὁ δὴ λέγων εἶναι τοῦτο καὶ μὴ
εἶναι, τοῦτο ὅ φησιν οὔ φησιν, ὥσθ' ὃ σημαίνει τοὔνομα τοῦτ'
οὔ φησι σημαίνειν· τοῦτο δ' ἀδύνατον. ὥστ' εἴπερ σημαίνει τι
τὸ εἶναι τόδε, τὴν ἀντίφασιν ἀδύνατον ἀληθεύειν. ἔτι δ' εἰ
20 τι σημαίνει τοὔνομα καὶ τοῦτ' ἀληθεύεται, δεῖ τοῦτ' ἐξ ἀνάγκης
εἶναι· τὸ δ' ἐξ ἀνάγκης ὂν οὐκ ἐνδέχεταί ποτε μὴ εἶναι·
τὰς ἀντικειμένας ἄρα οὐκ ἐνδέχεται φάσεις καὶ ἀποφάσεις
ἀληθεύειν κατὰ τοῦ αὐτοῦ. ἔτι δ' εἰ μηθὲν μᾶλλον ἡ
φάσις ἢ ἡ ἀπόφασις ἀληθεύεται, ὁ λέγων ἄνθρωπον ἢ
25 οὐκ ἄνθρωπον οὐθὲν μᾶλλον ἀληθεύσει· δόξειε δὲ κἂν οὐχ
ἵππον εἶναι φάσκων τὸν ἄνθρωπον ἢ μᾶλλον ἢ οὐχ ἧττον
ἀληθεύειν ἢ οὐκ ἄνθρωπον, ὥστε καὶ ἵππον φάσκων εἶναι
τὸν αὐτὸν ἀληθεύσει (τὰς γὰρ ἀντικειμένας ὁμοίως ἦν ἀληθεύειν)· συμβαίνει τοίνυν τὸν αὐτὸν ἄνθρωπον εἶναι καὶ ἵππον
30 ἢ τῶν ἄλλων τι ζῴων. —ἀπόδειξις μὲν οὖν οὐδεμία τούτων ἐστὶν
ἁπλῶς, πρὸς μέντοι τὸν ταῦτα τιθέμενον ἀπόδειξις. ταχέως
δ' ἄν τις καὶ αὐτὸν τὸν Ἡράκλειτον τοῦτον ἐρωτῶν τὸν
τρόπον ἠνάγκασεν ὁμολογεῖν μηδέποτε τὰς ἀντικειμένας
φάσεις δυνατὸν εἶναι κατὰ τῶν αὐτῶν ἀληθεύεσθαι· νῦν δ'
35 οὐ συνιεὶς ἑαυτοῦ τί ποτε λέγει, ταύτην ἔλαβε τὴν δόξαν.
ὅλως δ' εἰ τὸ λεγόμενον ὑπ' αὐτοῦ ἐστιν ἀληθές, οὐδ' ἂν αὐτὸ
1062ᵇ τοῦτο εἴη ἀληθές, λέγω δὲ τὸ ἐνδέχεσθαι τὸ αὐτὸ καθ' ἕνα
καὶ τὸν αὐτὸν χρόνον εἶναί τε καὶ μὴ εἶναι· καθάπερ γὰρ
καὶ διῃρημένων αὐτῶν οὐδὲν μᾶλλον ἡ κατάφασις ἢ ἡ ἀπόφασις ἀληθεύεται, τὸν αὐτὸν τρόπον καὶ τοῦ συναμφοτέρου
5 καὶ τοῦ συμπεπλεγμένου καθάπερ μιᾶς τινος καταφάσεως
οὔσης οὐθὲν μᾶλλον ⟨ἢ⟩ ἡ ἀπόφασις [ἢ] τὸ ὅλον ὡς ἐν καταφάσει

fica muitas coisas, é preciso esclarecer bem a quais deles se está referindo. Ora, quem diz: "isto é e não é", nega exatamente o que afirma e, consequentemente, nega que a palavra⁵ signifique o que significa. Mas isso é impossível. De modo que se a expressão "tal coisa é" significa algo, é impossível que seja verdadeira a afirmação contraditória⁶.

(2) Ademais, se uma palavra significa algo e se o que significa é verdadeiro, deve ser necessariamente assim; mas o que é necessariamente não pode deixar de ser. Portanto, não é possível que as asserções contraditórias, isto é, as afirmações e as negações, possam ser verdadeiras de um mesmo sujeito ao mesmo tempo⁷.

(3) Além disso, se a afirmação não é mais verdadeira que a negação, quem diz de alguma coisa que "é um homem" não estará mais na verdade do que quem diz "é não-homem". Mas pode parecer que quem diz "o homem é não-cavalo" esteja mais na verdade ou, em todo caso, não esteja menos na verdade do que quem diz "o homem é não-homem"⁸. Consequentemente, estará na verdade também aquele que diz "o homem é um cavalo", dado que se tinha afirmado que os contraditórios são igualmente verdadeiros. Resultaria, então, que a mesma coisa seria homem e cavalo e qualquer outro animal⁹.

(4) Portanto, desses princípios não há demonstração propriamente dita; ao contrário, há uma demonstração que refuta quem sustenta aquelas teorias. E é provável que se o próprio Heráclito fosse interrogado desse modo, ele seria obrigado a admitir que nunca é possível que as proposições contraditórias sejam verdadeiras juntas quando referidas às mesmas coisas. Ele abraçou essa doutrina sem dar-se conta do que dizia¹⁰. E, em geral, se fosse verdade o que ele diz, então não poderia ser verdadeira nem aquela sua afirmação, isto é, que a mesma coisa ao mesmo tempo pode ser e não ser. De fato, assim como a afirmação e a negação, tomadas separadamente, não são uma mais verdadeira que a outra, o mesmo ocorre se tomadas juntas e se consideradas como uma única afirmação: a conjunção delas como afirmação não será mais verdadeira que a conjunção delas como negação¹¹.

τιθέμενον ἀληθεύσεται. ἔτι δ' εἰ μηθὲν ἔστιν ἀληθῶς καταφῆσαι, κἂν αὐτὸ τοῦτο ψεῦδος εἴη τὸ φάναι μηδεμίαν
ἀληθῆ κατάφασιν ὑπάρχειν. εἰ δ' ἔστι τι, λύοιτ' ἂν τὸ
10 λεγόμενον ὑπὸ τῶν τὰ τοιαῦτα ἐνισταμένων καὶ παντελῶς
ἀναιρούντων τὸ διαλέγεσθαι.

6

Παραπλήσιον δὲ τοῖς εἰρημένοις ἐστὶ καὶ τὸ λεχθὲν ὑπὸ
τοῦ Πρωταγόρου· καὶ γὰρ ἐκεῖνος ἔφη πάντων εἶναι χρημάτων μέτρον ἄνθρωπον, οὐδὲν ἕτερον λέγων ἢ τὸ δοκοῦν ἑκάστῳ
15 τοῦτο καὶ εἶναι παγίως· τούτου δὲ γιγνομένου τὸ αὐτὸ συμβαίνει καὶ εἶναι καὶ μὴ εἶναι, καὶ κακὸν καὶ ἀγαθὸν εἶναι,
καὶ τἆλλα τὰ κατὰ τὰς ἀντικειμένας λεγόμενα φάσεις,
διὰ τὸ πολλάκις τοισδὶ μὲν φαίνεσθαι τόδε εἶναι καλὸν
τοισδὶ δὲ τοὐναντίον, μέτρον δ' εἶναι τὸ φαινόμενον ἑκάστῳ.
20 λύοιτο δ' ἂν αὕτη ἡ ἀπορία θεωρήσασι πόθεν ἐλήλυθεν ἡ ἀρχὴ
τῆς ὑπολήψεως ταύτης· ἔοικε γὰρ ἐνίοις μὲν ἐκ τῆς τῶν
φυσιολόγων δόξης γεγενῆσθαι, τοῖς δ' ἐκ τοῦ μὴ ταὐτὰ περὶ
τῶν αὐτῶν ἅπαντας γιγνώσκειν ἀλλὰ τοῖσδε μὲν ἡδὺ τόδε
φαίνεσθαι τοῖσδε δὲ τοὐναντίον. τὸ γὰρ μηδὲν ἐκ μὴ ὄντος
25 γίγνεσθαι, πᾶν δ' ἐξ ὄντος, σχεδὸν ἁπάντων ἐστὶ κοινὸν δόγμα τῶν περὶ φύσεως· ἐπεὶ οὖν οὐ(δὲν) λευκὸν γίγνεται ⟨ἐκ⟩
λευκοῦ τελέως ὄντος καὶ οὐδαμῇ μὴ λευκοῦ [νῦν δὲ γεγενημένον
μὴ λευκόν], γίγνοιτ' ἂν ἐκ μὴ ὄντος λευκοῦ τὸ γιγνόμενον [μὴ]
λευκόν· ὥστε ἐκ μὴ ὄντος γίγνοιτ' ἂν κατ' ἐκείνους, εἰ μὴ
30 ὑπῆρχε λευκὸν τὸ αὐτὸ καὶ μὴ λευκόν. οὐ χαλεπὸν δὲ
διαλύειν τὴν ἀπορίαν ταύτην· εἴρηται γὰρ ἐν τοῖς φυσικοῖς
πῶς ἐκ τοῦ μὴ ὄντος γίγνεται τὰ γιγνόμενα καὶ πῶς ἐξ
ὄντος. τό γε μὴν ὁμοίως προσέχειν ταῖς δόξαις καὶ ταῖς
φαντασίαις τῶν πρὸς αὐτοὺς διαμφισβητούντων εὔηθες· δῆ-

(5) Enfim, se não é possível afirmar nada de verdadeiro, então também esta afirmação será falsa, isto é, será falso dizer que não existe nenhuma afirmação verdadeira[12]. Se, ao contrário, existe uma afirmação verdadeira, então poder-se-á refutar a doutrina dos que levantam objeções desse tipo e destroem inteiramente a possibilidade do raciocínio[13].

6. *[Continuação da defesa do princípio de não-contradição por via de refutação]*[1]

Semelhante à que ilustramos acima é a doutrina sustentada por Protágoras. De fato, ele afirma que o homem é a medida de todas as coisas, querendo dizer com isso o seguinte: o que parece a alguém existe seguramente. Mas se é assim, segue-se que a mesma coisa é e não é, que é boa e má, e que é também todos os outros pares de contrários: e isso porque muito amiúde a mesma coisa para alguns parece bela, enquanto para outros parece exatamente o contrário, e a medida das coisas é aquilo que parece a cada um. Tal dificuldade pode ser resolvida examinando de onde deriva essa convicção. Parece que (a) em alguns pensadores ela deriva da doutrina dos filósofos naturalistas; ao contrário (b) em outros pensadores parece que ela é derivada da constatação de que nem todos têm os mesmos conhecimentos a respeito das mesmas coisas, mas que uma coisa parece doce a alguns e a outros o contrário[2].

(1) É doutrina comum a quase todos os filósofos naturalistas que nada deriva do que não é e que tudo deriva do que é. Ora, dado que nada se torna branco a partir do que é perfeitamente branco e não é em algum ponto não-branco, o que se torna branco deverá derivar do que não é branco, de modo que, segundo aqueles pensadores, se o branco não fosse o mesmo que o não-branco, o branco deveria derivar do que não é. Mas não é difícil resolver esta aporia. De fato, já dissemos, nos livros da *Física*[3], em que sentido as coisas que advêm derivam do não-ser e em que sentido derivam do ser[4].

(2) Por outro lado, seria ingênuo atribuir o mesmo valor às opiniões e às imaginações[5] das partes discordantes

λον γὰρ ὅτι τοὺς ἑτέρους αὐτῶν ἀνάγκη διεφεῦσθαι. φανερὸν δὲ τοῦτ' ἐκ τῶν γιγνομένων κατὰ τὴν αἴσθησιν· οὐδέποτε γὰρ τὸ αὐτὸ φαίνεται τοῖς μὲν γλυκὺ τοῖς δὲ τοὐναντίον, μὴ διεφθαρμένων καὶ λελωβημένων τῶν ἑτέρων τὸ αἰσθητήριον καὶ κριτήριον τῶν λεχθέντων χυμῶν. τούτου δ' ὄντος τοιούτου τοὺς ἑτέρους μὲν ὑποληπτέον μέτρον εἶναι τοὺς δ' ἄλλους οὐχ ὑποληπτέον. ὁμοίως δὲ τοῦτο λέγω καὶ ἐπὶ ἀγαθοῦ καὶ κακοῦ, καὶ καλοῦ καὶ αἰσχροῦ, καὶ τῶν ἄλλων τῶν τοιούτων. οὐδὲν γὰρ διαφέρει τοῦτ' ἀξιοῦν ἢ τὰ φαινόμενα τοῖς ὑπὸ τὴν ὄψιν ὑποβάλλουσι τὸν δάκτυλον καὶ ποιοῦσιν ἐκ τοῦ ἑνὸς φαίνεσθαι δύο, δύο δεῖν εἶναι διὰ τὸ φαίνεσθαι τοσαῦτα, καὶ πάλιν ἕν· τοῖς γὰρ μὴ κινοῦσι τὴν ὄψιν ἓν φαίνεται τὸ ἕν. ὅλως δὲ ἄτοπον ἐκ τοῦ φαίνεσθαι τὰ δεῦρο μεταβάλλοντα καὶ μηδέποτε διαμένοντα ἐν τοῖς αὐτοῖς, ἐκ τούτου περὶ τῆς ἀληθείας τὴν κρίσιν ποιεῖσθαι· δεῖ γὰρ ἐκ τῶν ἀεὶ κατὰ ταὐτὰ ἐχόντων καὶ μηδεμίαν μεταβολὴν ποιουμένων τἀληθὲς θηρεύειν, τοιαῦτα δ' ἐστὶ τὰ κατὰ τὸν κόσμον· ταῦτα γὰρ οὐχ ὁτὲ μὲν τοιαδὶ πάλιν δ' ἀλλοῖα φαίνεται, ταὐτὰ δ' ἀεὶ καὶ μεταβολῆς οὐδεμιᾶς κοινωνοῦντα. ἔτι δ' εἰ κίνησις ἔστι, καὶ κινούμενόν τι, κινεῖται δὲ πᾶν ἔκ τινος καὶ εἴς τι· δεῖ ἄρα τὸ κινούμενον εἶναι ἐν ἐκείνῳ ἐξ οὗ κινήσεται καὶ οὐκ εἶναι ἐν αὐτῷ, καὶ εἰς τοδὶ κινεῖσθαι καὶ γίγνεσθαι ἐν τούτῳ, τὸ δὲ κατὰ τὴν ἀντίφασιν μὴ συναληθεύεσθαι κατ' αὐτούς. καὶ εἰ κατὰ τὸ ποσὸν συνεχῶς τὰ δεῦρο ῥεῖ καὶ κινεῖται, καί τις τοῦτο θείη καίπερ οὐκ ἀληθὲς ὄν, διὰ τί κατὰ τὸ ποιὸν

nessas disputas, pois é claro que uma delas está errada. E
isso fica evidente pelos dados que podemos extrair das
sensações: de fato, o mesmo objeto não parece nunca,
para alguns, doce e, para outros, o contrário, a menos que
tenham uma lesão ou um defeito no órgão que sente e
distingue os sabores em questão. E se é assim, uns devem
ser considerados medida de todas as coisas e outros não.
E o mesmo vale para o bem e para o mal, para o belo
e para o feio e para todas as coisas desse gênero. Crer
que sejam verdadeiras as opiniões opostas significa crer
que sejam verdadeiras as coisas como aparecem aos que
apertam o olho com o dedo, fazendo que o objeto que
se olha pareça duplo, isto é, significa crer que os objetos
sejam verdadeiramente dois, porque assim aparecem, e
que, ao mesmo tempo, o objeto seja um, porque aos que
não apertam o olho o que é um aparece como um[6].

(3) Em geral, é absurdo querer julgar a verdade partindo do
fato de que as coisas deste mundo são sujeitas à mudança
e não permanecem nunca nas mesmas condições: de fato, é
preciso buscar a verdade partindo dos seres que se encontram
sempre nas mesmas condições e que não são passíveis
de mudança, tais como, por exemplo, os corpos celestes.
Estes, com efeito, não parecem às vezes com determinadas
características e outras vezes com outras, mas são sempre
idênticos e não suscetíveis de alguma mudança[7].

(4) Ademais, se existe movimento, também existe algo
que é movido. Ora, tudo o que se move parte de algo
e tende para algo. Impõe-se, portanto, que o que é
movido antes se encontre naquilo a partir do qual será
movido, e, posteriormente, não se encontre mais nele
e se mova na direção de outro e venha a encontrar-se
neste. Portanto, as afirmações contraditórias sobre as
coisas em movimento não poderão ser verdadeiras ao
mesmo tempo, como pretendem aqueles pensadores[8].

(5) E mesmo que se admitisse[9], embora não seja verdade,
que as coisas deste mundo, relativamente à quantidade,
mudem e se movam continuamente, por que razão
não poderiam permanecer idênticas relativamente à

οὐ μενεῖ; φαίνονται γὰρ οὐχ ἥκιστα τὰ κατὰ τὰς ἀντιφάσεις ταὐτοῦ κατηγορεῖν ἐκ τοῦ τὸ ποσὸν ὑπειληφέναι μὴ μένειν ἐπὶ τῶν σωμάτων, διὸ καὶ εἶναι τετράπηχυ τὸ αὐτὸ
καὶ οὐκ εἶναι. ἡ δ' οὐσία κατὰ τὸ ποιόν, τοῦτο δὲ τῆς ὡρισμένης φύσεως, τὸ δὲ ποσὸν τῆς ἀορίστου. ἔτι διὰ τί προσ-
τάττοντος τοῦ ἰατροῦ τοδὶ τὸ σιτίον προσενέγκασθαι προσφέ-
ρονται; τί γὰρ μᾶλλον τοῦτο ἄρτος ἐστὶν ἢ οὐκ ἔστιν; ὥστ'
οὐθὲν ἂν διέχοι φαγεῖν ἢ μὴ φαγεῖν· νῦν δ' ὡς ἀληθεύοντες
περὶ αὐτὸ καὶ ὄντος τοῦ προσταχθέντος σιτίου τούτου προσ-
φέρονται τοῦτο· καίτοι γ' οὐκ ἔδει μὴ διαμενούσης παγίως
μηδεμιᾶς φύσεως ἐν τοῖς αἰσθητοῖς ἀλλ' ἀεὶ πασῶν κινουμένων καὶ ῥεουσῶν. ἔτι δ' εἰ μὲν ἀλλοιούμεθα ἀεὶ καὶ μηδέποτε διαμένομεν οἱ αὐτοί, τί καὶ θαυμαστὸν εἰ μηδέποθ'
ἡμῖν ταὐτὰ φαίνεται καθάπερ τοῖς κάμνουσιν (καὶ γὰρ τούτοις διὰ τὸ μὴ ὁμοίως διακεῖσθαι τὴν ἕξιν καὶ ὅθ' ὑγίαινον,
οὐχ ὅμοια φαίνεται τὰ κατὰ τὰς αἰσθήσεις, αὐτὰ μὲν οὐδεμιᾶς διά γε τοῦτο μεταβολῆς κοινωνοῦντα τὰ αἰσθητά,
αἰσθήματα δ' ἕτερα ποιοῦντα τοῖς κάμνουσι καὶ μὴ τὰ αὐτά·
τὸν αὐτὸν δὴ τρόπον ἔχειν καὶ τῆς εἰρημένης μεταβολῆς
γιγνομένης ἴσως ἀναγκαῖόν ἐστιν); εἰ δὲ μὴ μεταβάλλομεν
ἀλλ' οἱ αὐτοὶ διατελοῦμεν ὄντες, εἴη ἄν τι μένον. — πρὸς μὲν
οὖν τοὺς ἐκ λόγου τὰς εἰρημένας ἀπορίας ἔχοντας οὐ ῥᾴδιον δια-
λῦσαι μὴ τιθέντων τι καὶ τούτου μηκέτι λόγον ἀπαιτούντων·
οὕτω γὰρ πᾶς λόγος καὶ πᾶσα ἀπόδειξις γίγνεται· μηθὲν
γὰρ τιθέντες ἀναιροῦσι τὸ διαλέγεσθαι καὶ ὅλως λόγον, — ὥστε
πρὸς μὲν τοὺς τοιούτους οὐκ ἔστι λόγος, πρὸς δὲ τοὺς διαποροῦν-

qualidade?[10] De fato, parece que esses pensadores afirmam que atributos contraditórios são verdadeiros de um mesmo sujeito, sobretudo porque eles creem que nos corpos a quantidade nunca permaneça idêntica, e que, portanto, se possa dizer que a mesma coisa tem e não tem quatro côvados. Mas a substância corresponde à qualidade, e esta é de natureza determinada, enquanto a quantidade é de natureza indeterminada[11].

(6) Além disso, quando o médico prescreve tomar determinado alimento, por que tomam justamente aquele alimento? De fato, por que é mais verdadeiro dizer isso é pão em vez de isso é não-pão? Consequentemente, não haveria nenhuma diferença entre comer e não comer. No entanto, eles tomam aquele determinado alimento como se estivessem seguros de estar na verdade com relação a ele e como se ele fosse verdadeiramente o que lhes foi prescrito. E, contudo, não deveriam proceder assim se nada permanece verdadeiramente imutável no âmbito das coisas sensíveis, mas tudo sempre se move e flui[12].

(7) E mais, se estamos sujeitos a contínuas mutações e se nunca permanecemos os mesmos, o que há de estranho se as coisas nunca nos pareçam idênticas? (Ocorre-nos o que ocorre aos enfermos: de fato, aos enfermos os objetos sensíveis não parecem sempre os mesmos porque eles não se encontram nas mesmas condições de quando estão sadios; mas os objetos sensíveis não mudam pelo fato de mudar o enfermo, apenas limitam-se a suscitar nos enfermos sensações diferentes e não idênticas. E o mesmo ocorre necessariamente nas mudanças de que falamos acima[13]). Se, ao contrário, não mudamos e continuamos a ser os mesmos, então há algo que permanece[14].

(8) Com relação aos que levantam as dificuldades que estamos discutindo com base no puro raciocínio, não é fácil fornecer uma solução, dado que eles não admitem algo do qual não se deva pedir razão ulterior. De fato, só desse modo são possíveis todos os raciocínios e todas as demonstrações: não admitindo nada disso, eles destroem toda possibilidade de raciocínio e toda possibilidade de demonstração. Portanto, em confronto

τας ἐκ τῶν παραδεδομένων ἀποριῶν ῥᾴδιον ἀπαντᾶν καὶ διαλύειν τὰ ποιοῦντα τὴν ἀπορίαν ἐν αὐτοῖς· δῆλον δ' ἐκ τῶν εἰρημένων. ὥστε φανερὸν ἐκ τούτων ὅτι οὐκ ἐνδέχεται τὰς ἀντικειμένας φάσεις περὶ τοῦ αὐτοῦ καθ' ἕνα χρόνον ἀληθεύειν, οὐδὲ τὰ ἐναντία, διὰ τὸ λέγεσθαι κατὰ στέρησιν πᾶσαν ἐναντιότητα· δῆλον δὲ τοῦτ' ἐπ' ἀρχὴν τοὺς λόγους ἀναλύουσι τοὺς τῶν ἐναντίων. ὁμοίως δ' οὐδὲ τῶν ἀνὰ μέσον οὐδὲν οἷόν τε κατηγορεῖσθαι καθ' ἑνὸς καὶ τοῦ αὐτοῦ· λευκοῦ γὰρ ὄντος τοῦ ὑποκειμένου λέγοντες αὐτὸ εἶναι οὔτε μέλαν οὔτε λευκὸν ψευσόμεθα· συμβαίνει γὰρ εἶναι λευκὸν αὐτὸ καὶ μὴ εἶναι· θάτερον γὰρ τῶν συμπεπλεγμένων ἀληθεύσεται κατ' αὐτοῦ, τοῦτο δ' ἐστὶν ἀντίφασις τοῦ λευκοῦ. οὔτε δὴ καθ' Ἡράκλειτον ἐνδέχεται λέγοντας ἀληθεύειν, οὔτε κατ' Ἀναξαγόραν· εἰ δὲ μή, συμβήσεται τἀναντία τοῦ αὐτοῦ κατηγορεῖν· ὅταν γὰρ ἐν παντὶ φῇ παντὸς εἶναι μοῖραν, οὐδὲν μᾶλλον εἶναί φησι γλυκὺ ἢ πικρὸν ἢ τῶν λοιπῶν ὁποιανοῦν ἐναντιώσεων, εἴπερ ἐν ἅπαντι πᾶν ὑπάρχει μὴ δυνάμει μόνον ἀλλ' ἐνεργείᾳ καὶ ἀποκεκριμένον. ὁμοίως δὲ οὐδὲ πάσας ψευδεῖς οὐδ' ἀληθεῖς τὰς φάσεις δυνατὸν εἶναι, δι' ἄλλα τε πολλὰ τῶν συναχθέντων ἂν δυσχερῶν διὰ ταύτην τὴν θέσιν, καὶ διότι ψευδῶν μὲν οὐσῶν πασῶν οὐδ' αὐτὸ τοῦτό τις φάσκων ἀληθεύσει, ἀληθῶν δὲ ψευδεῖς εἶναι πάσας λέγων οὐ ψεύσεται.

7

Πᾶσα δ' ἐπιστήμη ζητεῖ τινὰς ἀρχὰς καὶ αἰτίας περὶ ἕκαστον τῶν ὑφ' αὑτὴν ἐπιστητῶν, οἷον ἰατρικὴ καὶ γυμναστικὴ

com esses pensadores não é possível um raciocínio, enquanto em confronto com os que levantam dúvidas derivadas das dificuldades tradicionais é fácil responder e resolver o que neles provoca a dúvida, como fica claro pelos argumentos acima expostos[15].

Portanto, do que dissemos fica evidente ser impossível que as afirmações contraditórias relativas ao mesmo objeto e ao mesmo tempo sejam verdadeiras; e tampouco podem ser verdadeiros os contrários, porque em todos os contrários um termo é a privação do outro, o que fica claro quando remetemos as noções dos contrários a seu princípio[16].

E também não é possível predicar algum dos termos intermediários <junto com um dos contrários>[17] de um mesmo objeto. De fato, se o objeto é branco, diremos o falso se afirmarmos que não é nem branco nem preto: nesse caso, o mesmo objeto seria ao mesmo tempo branco e não-branco, porque nesse caso seria verdade dele um dos termos que indica o termo médio <nem branco, nem preto>, o qual é, justamente, o contraditório do branco[18].

Portanto, não podem estar na verdade nem os que condividem a opinião de Heráclito[19], nem os que condividem a opinião de Anaxágoras, do contrário seriam afirmados os contrários do mesmo sujeito. De fato, quando Anaxágoras diz que tudo está em tudo, diz que nada é doce mais do que amargo, ou qualquer um dos outros pares de contrários, se é verdade que tudo está em tudo, não só em potência, mas em ato e de modo diferenciado. Do mesmo modo, também não é possível que as afirmações sejam todas falsas e todas verdadeiras: e não é possível, não só por numerosas outras dificuldades que daí derivam, também porque, se todas as afirmações são falsas, nem mesmo quem afirma isso poderá dizer a verdade, e se, ao contrário, todas as afirmações são verdadeiras, quem diz que todas as afirmações são falsas não dirá o falso[20].

7. *[Distinção da metafísica ou teologia da matemática e da física]*[1]

Todas as ciências buscam, relativamente a cada um dos objetos que entram em seu âmbito de conhecimento, determinadas causas e determinados princípios: assim a medicina, a ginástica

1064ᵃ καὶ τῶν λοιπῶν ἑκάστη τῶν ποιητικῶν καὶ μαθηματικῶν. ἑκάστη γὰρ τούτων περιγραψαμένη τι γένος αὑτῇ περὶ τοῦτο πραγματεύεται ὡς ὑπάρχον καὶ ὄν, οὐχ ᾗ δὲ ὄν, ἀλλ' ἑτέρα τις αὕτη παρὰ ταύτας τὰς ἐπιστήμας ἐστὶν ἐπιστήμη. τῶν δὲ
5 λεχθεισῶν ἐπιστημῶν ἑκάστη λαβοῦσά πως τὸ τί ἐστιν ἐν ἑκάστῳ γένει πειρᾶται δεικνύναι τὰ λοιπὰ μαλακώτερον ἢ ἀκριβέστερον. λαμβάνουσι δὲ τὸ τί ἐστιν αἱ μὲν δι' αἰσθήσεως αἱ δ' ὑποτιθέμεναι· διὸ καὶ δῆλον ἐκ τῆς τοιαύτης ἐπαγωγῆς ὅτι τῆς οὐσίας καὶ τοῦ τί ἐστιν οὐκ ἔστιν ἀπό-
10 δειξις. ἐπεὶ δ' ἔστι τις ἡ περὶ φύσεως ἐπιστήμη, δῆλον ὅτι καὶ πρακτικῆς ἑτέρα καὶ ποιητικῆς ἔσται. ποιητικῆς μὲν γὰρ ἐν τῷ ποιοῦντι καὶ οὐ τῷ ποιουμένῳ τῆς κινήσεως ἡ ἀρχή, καὶ τοῦτ' ἔστιν εἴτε τέχνη τις εἴτ' ἄλλη τις δύναμις· ὁμοίως δὲ καὶ τῆς πρακτικῆς οὐκ ἐν τῷ πρακτῷ μᾶλλον δ' ἐν τοῖς
15 πράττουσιν ἡ κίνησις. ἡ δὲ τοῦ φυσικοῦ περὶ τὰ ἔχοντ' ἐν ἑαυτοῖς κινήσεως ἀρχήν ἐστιν. ὅτι μὲν τοίνυν οὔτε πρακτικὴν οὔτε ποιητικὴν ἀλλὰ θεωρητικὴν ἀναγκαῖον εἶναι τὴν φυσικὴν ἐπιστήμην, δῆλον ἐκ τούτων (εἰς ἓν γάρ τι τούτων τῶν γενῶν ἀνάγκη πίπτειν)· ἐπεὶ δὲ τὸ τί ἐστιν ἀναγκαῖον
20 ἑκάστῃ πως τῶν ἐπιστημῶν εἰδέναι καὶ τούτῳ χρῆσθαι ἀρχῇ, δεῖ μὴ λανθάνειν πῶς ὁριστέον τῷ φυσικῷ καὶ πῶς ὁ τῆς οὐσίας λόγος ληπτέος, πότερον ὡς τὸ σιμὸν ἢ μᾶλλον ὡς τὸ κοῖλον. τούτων γὰρ ὁ μὲν τοῦ σιμοῦ λόγος μετὰ τῆς ὕλης λέγεται τῆς τοῦ πράγματος, ὁ δὲ τοῦ κοίλου χωρὶς τῆς ὕλης·
25 ἡ γὰρ σιμότης ἐν ῥινὶ γίγνεται, διὸ καὶ ὁ λόγος αὐτῆς μετὰ ταύτης θεωρεῖται· τὸ σιμὸν γάρ ἐστι ῥὶς κοίλη. φανερὸν οὖν ὅτι καὶ σαρκὸς καὶ ὀφθαλμοῦ καὶ τῶν λοιπῶν μορίων μετὰ τῆς ὕλης ἀεὶ τὸν λόγον ἀποδοτέον. ἐπεὶ δ' ἔστι τις ἐπιστήμη

e cada uma das outras ciências *poiéticas* e matemáticas. Cada uma delas, com efeito, limita-se a indagar um determinado gênero de coisas, e, dele, cada uma se ocupa como de algo real e existente, mas não o considera enquanto ser: de fato, a ciência do ser enquanto ser é diferente dessas ciências e delas se distingue. Cada uma das ciências acima mencionadas assume de algum modo a essência que é própria do gênero de coisas de que se ocupa e tenta demonstrar todo o resto com maior ou menor rigor. E algumas dessas ciências assumem a essência por meio da sensação, outras, ao contrário, por meio da hipótese. Por isso, também desse procedimento indutivo a que recorrem, fica evidente que da substância e da essência não pode haver demonstração[2].

Ora, dado que existe uma ciência da natureza, é evidente que ela deve ser diferente tanto da ciência prática como da ciência *poiética*. De fato, no caso da ciência *poiética* o princípio do movimento se encontra no artífice e não na coisa produzida, e esse princípio consiste ou numa arte ou nalguma outra potência. E, de modo semelhante, também no caso da ciência prática, o movimento não reside no que é objeto de ação, mas nos agentes. Ao contrário, a ciência do físico versa sobre objetos que têm em si mesmos o princípio do movimento. Portanto, fica evidente, a partir dessas considerações, que a física não é nem ciência prática nem ciência *poiética*, mas é, necessariamente, ciência teorética, dado que ela deve necessariamente situar-se num desses três gêneros de ciências. E como cada uma das ciências deve necessariamente conhecer de algum modo a essência e deve servir-se desta como princípio, não se pode ignorar de que modo o físico deve definir seus objetos e de que modo deve entender a noção de substância, se ao modo do achatado ou se ao modo do côncavo. Dessas duas noções, com efeito, a de achatado implica também a matéria, enquanto a de côncavo prescinde da matéria: efetivamente, achatado encontra-se somente num nariz e por isso a noção de achatado implica também a noção de nariz: achatado é um nariz côncavo. É evidente, portanto, que também as noções de carne, de olho e das outras partes do corpo deverão sempre ser dadas incluindo a matéria[3].

τοῦ ὄντος ᾗ ὂν καὶ χωριστόν, σκεπτέον πότερόν ποτε τῇ φυσικῇ τὴν αὐτὴν θετέον εἶναι ταύτην ἢ μᾶλλον ἑτέραν. ἡ
μὲν οὖν φυσικὴ περὶ τὰ κινήσεως ἔχοντ' ἀρχὴν ἐν αὑτοῖς
ἐστίν, ἡ δὲ μαθηματικὴ θεωρητικὴ μὲν καὶ περὶ μένοντά τις
αὕτη, ἀλλ' οὐ χωριστά. περὶ τὸ χωριστὸν ἄρα ὂν καὶ ἀκίνητον ἑτέρα τούτων ἀμφοτέρων τῶν ἐπιστημῶν ἔστι τις, εἴπερ
ὑπάρχει τις οὐσία τοιαύτη, λέγω δὲ χωριστὴ καὶ ἀκίνητος,
ὅπερ πειρασόμεθα δεικνύναι. καὶ εἴπερ ἔστι τις τοιαύτη φύσις ἐν τοῖς οὖσιν, ἐνταῦθ' ἂν εἴη που καὶ τὸ θεῖον, καὶ αὕτη
ἂν εἴη πρώτη καὶ κυριωτάτη ἀρχή. δῆλον τοίνυν ὅτι τρία
γένη τῶν θεωρητικῶν ἐπιστημῶν ἔστι, φυσική, μαθηματική,
θεολογική. βέλτιστον μὲν οὖν τὸ τῶν θεωρητικῶν γένος,
τούτων δ' αὐτῶν ἡ τελευταία λεχθεῖσα· περὶ τὸ τιμιώτατον γάρ ἐστι τῶν ὄντων, βελτίων δὲ καὶ χείρων ἑκάστη
λέγεται κατὰ τὸ οἰκεῖον ἐπιστητόν. ἀπορήσειε δ' ἄν τις πότερόν ποτε τὴν τοῦ ὄντος ᾗ ὂν ἐπιστήμην καθόλου δεῖ θεῖναι ἢ
οὔ. τῶν μὲν γὰρ μαθηματικῶν ἑκάστη περὶ ἕν τι γένος ἀφω-
ρισμένον ἐστίν, ἡ δὲ καθόλου κοινὴ περὶ πάντων. εἰ μὲν οὖν
αἱ φυσικαὶ οὐσίαι πρῶται τῶν ὄντων εἰσί, κἂν ἡ φυσικὴ
πρώτη τῶν ἐπιστημῶν εἴη· εἰ δ' ἔστιν ἑτέρα φύσις καὶ οὐσία
χωριστὴ καὶ ἀκίνητος, ἑτέραν ἀνάγκη καὶ τὴν ἐπιστήμην
αὐτῆς εἶναι καὶ προτέραν τῆς φυσικῆς καὶ καθόλου τῷ
προτέραν.

8

Ἐπεὶ δὲ τὸ ἁπλῶς ὂν κατὰ πλείους λέγεται τρόπους,
ὧν εἷς ἐστὶν ὁ κατὰ συμβεβηκὸς εἶναι λεγόμενος, σκεπτέον πρῶτον περὶ τοῦ οὕτως ὄντος. ὅτι μὲν οὖν οὐδεμία τῶν παραδεδομένων ἐπιστημῶν πραγματεύεται περὶ τὸ συμβεβηκός, δῆλον (οὔτε γὰρ οἰκοδομικὴ σκοπεῖ τὸ συμβησόμενον τοῖς τῇ

Ora, dado que existe uma ciência do ser enquanto ser e enquanto separado[4], é preciso examinar se ela deve ser considerada como idêntica à física, ou como diversa. Mas a física estuda as coisas que têm em si mesmas o princípio do movimento; a matemática é a ciência teorética que estuda os entes não sujeitos ao devir, mas não separados. Existe, portanto, outra ciência diferente seja da física seja da matemática, que estuda o ser enquanto separado e imóvel, dado que verdadeiramente exista uma substância desse tipo, ou seja, uma substância separada e imóvel, como tentaremos demonstrar[5]. E se entre os seres existe uma realidade desse gênero, ela deverá ser o divino e também o Princípio primeiro e supremo[6].

É claro, portanto, que existem três gêneros de ciências teoréticas: física, matemática e teologia. Ora, entre todos os gêneros de ciências o gênero das ciências teoréticas é o mais excelente, e entre as ciências teoréticas a última ilustrada é a mais excelente, porque tem por objeto aquele ser que vale mais do que todos, e toda ciência é qualificada como superior ou inferior com base em seu objeto[7].

Poder-se-ia levantar o seguinte problema: se a ciência do ser enquanto ser deve ser considerada universal ou não. Ora, cada uma das ciências matemáticas trata de um gênero único e determinado, mas também existe uma matemática geral que é comum a todos os gêneros. Portanto, se as substâncias físicas fossem as realidades primeiras, a física seria, consequentemente, a primeira das ciências; se, ao contrário, existe outra realidade, ou seja, uma substância separada e imóvel, deve haver necessariamente uma ciência diferente da física e anterior à física, e deve ser também universal, por força dessa anterioridade[8].

8. [O ser como acidente e o ser como verdadeiro][1]

Porque nos referimos de muitos modos ao ser em geral, e um desses modos é o ser no sentido de acidente, devemos, em primeiro lugar, examinar o ser entendido nesse sentido.

Ora, é evidente que nenhuma das ciências tradicionais se ocupa do acidente. De fato, a arte de construir não considera o que poderá ocorrer aos que usarão a casa (se, por exemplo, serão

οἰκίᾳ χρησομένοις, οἷον εἰ λυπηρῶς ἢ τοὐναντίον οἰκήσουσιν, οὔθ' ὑφαντικὴ οὔτε σκυτοτομικὴ οὔτε ὀφοποιική, τὸ δὲ καθ' αὑτὴν ἴδιον ἑκάστῃ τούτων σκοπεῖ τῶν ἐπιστημῶν μόνον, τοῦτο δ' ἐστὶ τὸ οἰκεῖον τέλος· [οὐδὲ μουσικὸν καὶ γραμματικόν,] οὐδὲ τὸν ὄντα μουσικὸν ὅτι γενόμενος γραμματικὸς ἅμα ἔσται τὰ ἀμφότερα, πρότερον οὐκ ὤν, ὃ δὲ μὴ ἀεὶ ὂν ἔστιν, ἐγένετο τοῦτο, ὥσθ' ἅμα μουσικὸς ἐγένετο καὶ γραμματικός, — τοῦτο δὲ οὐδεμία ζητεῖ τῶν ὁμολογουμένως οὐσῶν ἐπιστημῶν πλὴν ἡ σοφιστική· περὶ τὸ συμβεβηκὸς γὰρ αὕτη μόνη πραγματεύεται, διὸ Πλάτων οὐ κακῶς εἴρηκε φήσας τὸν σοφιστὴν περὶ τὸ μὴ ὂν διατρίβειν)· ὅτι δ' οὐδ' ἐνδεχόμενόν ἐστιν εἶναι τοῦ συμβεβηκότος ἐπιστήμην, φανερὸν ἔσται πειραθεῖσιν ἰδεῖν τί ποτ' ἐστὶ τὸ συμβεβηκός. πᾶν δή φαμεν εἶναι τὸ μὲν ἀεὶ καὶ ἐξ ἀνάγκης (ἀνάγκης δ' οὐ τῆς κατὰ τὸ βίαιον λεγομένης ἀλλ' ᾗ χρώμεθα ἐν τοῖς κατὰ τὰς ἀποδείξεις), τὸ δ' ὡς ἐπὶ τὸ πολύ, τὸ δ' οὔθ' ὡς ἐπὶ τὸ πολὺ οὔτ' ἀεὶ καὶ ἐξ ἀνάγκης ἀλλ' ὅπως ἔτυχεν· οἷον ἐπὶ κυνὶ γένοιτ' ἂν ψῦχος, ἀλλὰ τοῦτ' οὔθ' [ὡς] ἀεὶ καὶ ἐξ ἀνάγκης οὔθ' ὡς ἐπὶ τὸ πολὺ γίγνεται, συμβαίη δέ ποτ' ἄν. ἔστι δὴ τὸ συμβεβηκὸς ὃ γίγνεται μέν, οὐκ ἀεὶ δ' οὐδ' ἐξ ἀνάγκης οὐδ' ὡς ἐπὶ τὸ πολύ. τί μὲν οὖν ἐστι τὸ συμβεβηκός, εἴρηται, διότι δ' οὐκ ἔστιν ἐπιστήμη τοῦ τοιούτου, δῆλον· ἐπιστήμη μὲν γὰρ πᾶσα τοῦ ἀεὶ ὄντος ἢ ὡς ἐπὶ τὸ πολύ, τὸ δὲ συμβεβηκὸς ἐν οὐδετέρῳ τούτων ἐστίν. ὅτι δὲ τοῦ κατὰ συμβεβηκὸς ὄντος οὐκ εἰσὶν αἰτίαι καὶ ἀρχαὶ τοιαῦται οἷαίπερ τοῦ καθ' αὑτὸ ὄντος, δῆλον· ἔσται γὰρ ἅπαντ' ἐξ ἀνάγκης. εἰ γὰρ τόδε μὲν ἔστι τοῦδε ὄντος τόδε δὲ τοῦδε, τοῦτο δὲ μὴ ὅπως ἔτυχεν ἀλλ' ἐξ ἀνάγκης, ἐξ ἀνάγκης ἔσται καὶ οὗ τοῦτ' ἦν αἴτιον ἕως τοῦ τε-

felizes ou infelizes os que nela habitarão), e assim também a arte de tecer, a arte de fazer sapatos e a arte de cozinhar: cada uma dessas ciências se ocupa somente do objeto de investigação que lhe e próprio e que constitui seu fim específico. E nenhuma das ciências reconhecidas por todos como tais trata de questões como as seguintes: "se um músico pode ser também gramático"; ou "se alguém que seja músico, pelo fato de se tornar também gramático, deva permanecer músico e gramático, mesmo não tendo sido precedentemente, dado que aquilo que é sem ter sido deve sempre ter advindo ao ser, de modo que ele deveria ter-se tornado músico e gramático ao mesmo tempo". Só a sofística trata dessas questões, pois só ela se ocupa do acidente. Por isso Platão não estava errado quando afirmou que a sofística se ocupa do não-ser[2].

E para os que buscam compreender a essência do acidente fica claro que não é possível existir uma ciência do acidente. De todos os seres dizemos ou que existem sempre e necessariamente (entendendo por necessidade não a que decorre da violência, mas a que encontramos nos procedimentos demonstrativos), ou que existem na maioria das vezes, ou que não existem nem na maioria das vezes nem necessariamente, mas casualmente. Por exemplo, no tempo da canícula pode fazer frio, mas isso não ocorre nem sempre e necessariamente, nem na maioria das vezes; todavia, algumas vezes pode ocorrer. O acidente, portanto, é o que ocorre, mas não sempre, nem necessariamente, nem na maioria das vezes. Agora que dissemos qual é a essência do acidente, fica clara a razão pela qual não existe uma ciência desse tipo de ser. Toda ciência, de fato, trata do que existe sempre ou na maioria das vezes, enquanto o acidente não se inclui nem na primeira nem na segunda classe de seres[3].

É evidente, ademais, que do ser por acidente não existem causas e princípios da mesma natureza das causas e dos princípios do ser em si: se existisse, todos os seres existiriam necessariamente. De fato, se determinado ser existe quando existe outro, e se esse outro existe quando existe aquele outro, e se este último não existe casualmente mas necessariamente, então deverá existir necessariamente também o ser do qual ele era causa, e assim

λευταίου λεγομένου αἰτιατοῦ (τοῦτο δ' ἦν κατὰ συμβεβηκός),
ὥστ' ἐξ ἀνάγκης ἅπαντ' ἔσται, καὶ τὸ ὁποτέρως ἔτυχε καὶ
τὸ ἐνδέχεσθαι καὶ γενέσθαι καὶ μὴ παντελῶς ἐκ τῶν γιγνομένων ἀναιρεῖται. κἂν μὴ ὂν δὲ ἀλλὰ γιγνόμενον τὸ
15 αἴτιον ὑποτεθῇ, ταὐτὰ συμβήσεται· πᾶν γὰρ ἐξ ἀνάγκης
γενήσεται. ἡ γὰρ αὔριον ἔκλειψις γενήσεται ἂν τόδε γένηται, τοῦτο δ' ἐὰν ἕτερόν τι, καὶ τοῦτ' ἂν ἄλλο· καὶ τοῦτον δὴ
τὸν τρόπον ἀπὸ πεπερασμένου χρόνου τοῦ ἀπὸ τοῦ νῦν μέχρι
αὔριον ἀφαιρουμένου χρόνου ἥξει ποτὲ εἰς τὸ ὑπάρχον, ὥστ'
20 ἐπεὶ τοῦτ' ἔστιν, ἅπαντ' ἐξ ἀνάγκης τὰ μετὰ τοῦτο γενήσεται,
ὥστε πάντα ἐξ ἀνάγκης γίγνεσθαι. τὸ δ' ὡς ἀληθὲς ὂν καὶ
κατὰ συμβεβηκὸς τὸ μὲν ἔστιν ἐν συμπλοκῇ διανοίας
καὶ πάθος ἐν ταύτῃ (διὸ περὶ μὲν τὸ οὕτως ὂν οὐ ζητοῦνται αἱ ἀρχαί, περὶ δὲ τὸ ἔξω ὂν καὶ χωριστόν)· τὸ δ' οὐκ
25 ἀναγκαῖον ἀλλ' ἀόριστον, λέγω δὲ τὸ κατὰ συμβεβηκός·
τοῦ τοιούτου δ' ἄτακτα καὶ ἄπειρα τὰ αἴτια. —τὸ δὲ ἕνεκά του
ἐν τοῖς φύσει γιγνομένοις ἢ ἀπὸ διανοίας ἐστίν, τύχη δέ
ἐστιν ὅταν τι τούτων γένηται κατὰ συμβεβηκός· ὥσπερ γὰρ
καὶ ὄν ἐστι τὸ μὲν καθ' αὑτὸ τὸ δὲ κατὰ συμβεβηκός, οὕτω
30 καὶ αἴτιον. ἡ τύχη δ' αἰτία κατὰ συμβεβηκὸς ἐν τοῖς κατὰ
προαίρεσιν τῶν ἕνεκά του γιγνομένοις, διὸ περὶ ταὐτὰ τύχη
καὶ διάνοια· προαίρεσις γὰρ οὐ χωρὶς διανοίας. τὰ δ' αἴτια
ἀόριστα ἀφ' ὧν ἂν γένοιτο τὰ ἀπὸ τύχης, διὸ ἄδηλος ἀν-
θρωπίνῳ λογισμῷ καὶ αἴτιον κατὰ συμβεβηκός, ἁπλῶς δ'
35 οὐδενός. ἀγαθὴ δὲ τύχη καὶ κακὴ ὅταν ἀγαθὸν ἢ φαῦλον
1065ᵇ ἀποβῇ· εὐτυχία δὲ καὶ δυστυχία περὶ μέγεθος τούτων.
ἐπεὶ δ' οὐθὲν κατὰ συμβεβηκὸς πρότερον τῶν καθ' αὑτό,

por diante, até aquele que é considerado o último causado, que, ao contrário, devia ser por acidente. Consequentemente, tudo deverá existir necessariamente, e será eliminado completamente do mundo qualquer fato casual e a possibilidade de que algo advenha ou não advenha. E teremos as mesmas consequências caso suponhamos que a causa seja não algo já existente, mas algo em vias de vir a ser: nesse caso, tudo virá a ser necessariamente. De fato, o eclipse de amanhã ocorrerá se ocorrer determinado fato, e este, por sua vez, se ocorrer outro, e este, posteriormente, se outro ainda ocorrer: e, desse modo, subtraindo progressivamente tempo daquele período de tempo determinado que vai de hoje a amanhã, chegar-se-á, em certo momento, a um fato existente. Por consequência, dado que este fato existe, toda a série de fatos a ele posteriores ocorrerá necessariamente e, portanto, tudo ocorrerá necessariamente[4].

O ser entendido no sentido de verdadeiro e não no sentido de acidente consiste numa conexão do pensamento e é uma afecção do pensamento: por isso não se buscam os princípios do ser entendido nesse sentido, mas só do ser que existe fora do pensamento e separado dele. Ao contrário, o ser entendido no outro sentido, ou seja, no de acidente, não é necessário, mas indeterminado: desse tipo de ser as causas são desordenadas e indefinidas[5].

O fim existe nas coisas que se realizam por natureza ou por obra do pensamento. O acaso ocorre[6] quando alguma dessas coisas ocorre acidentalmente. De fato, como o ser é ou por acidente ou ser por si, assim também a causa. O acaso é uma causa acidental no âmbito das coisas que ocorrem em vista de um fim e deliberadamente. Por isso o acaso ocorre nas mesmas coisas que são objetos do pensamento, pois a deliberação não ocorre sem o pensamento. Mas as causas das quais os acontecimentos casuais podem derivar são indeterminadas e, por isso, o acaso escapa do raciocínio humano e é causa acidental, ou seja, em sentido absoluto, não é causa de nada. O acaso é, ademais, propício ou adverso, de acordo com os efeitos propícios ou adversos. Sorte e desventura se dizem em relação ao acaso, quando o efeito for em larga escala. E dado que nada do que é acidental é anterior ao que é por si, assim nenhuma causa acidental é anterior a

οὐδ' ἄρ' αἴτια· εἰ ἄρα τύχῃ ἢ τὸ αὐτόματον αἴτιον τοῦ οὐρανοῦ, πρότερον νοῦς αἴτιος καὶ φύσις.

9

Ἔστι δὲ τὸ μὲν ἐνεργείᾳ μόνον τὸ δὲ δυνάμει τὸ δὲ δυνάμει καὶ ἐνεργείᾳ, τὸ μὲν ὂν τὸ δὲ ποσὸν τὸ δὲ τῶν λοιπῶν. οὐκ ἔστι δέ τις κίνησις παρὰ τὰ πράγματα· μεταβάλλει γὰρ ἀεὶ κατὰ τὰς τοῦ ὄντος κατηγορίας, κοινὸν δ' ἐπὶ τούτων οὐδέν ἐστιν ὃ οὐδ' ἐν μιᾷ κατηγορίᾳ. ἕκαστον δὲ διχῶς ὑπάρχει πᾶσιν (οἷον τὸ τόδε — τὸ μὲν γὰρ μορφὴ αὐτοῦ τὸ δὲ στέρησις — καὶ κατὰ τὸ ποιὸν τὸ μὲν λευκὸν τὸ δὲ μέλαν, καὶ κατὰ τὸ ποσὸν τὸ μὲν τέλειον τὸ δὲ ἀτελές, καὶ κατὰ φορὰν τὸ μὲν ἄνω τὸ δὲ κάτω, ἢ κοῦφον καὶ βαρύ)· ὥστε κινήσεως καὶ μεταβολῆς τοσαῦτ' εἴδη ὅσα τοῦ ὄντος. διῃρημένου δὲ καθ' ἕκαστον γένος τοῦ μὲν δυνάμει τοῦ δ' ἐντελεχείᾳ, τὴν τοῦ δυνάμει ᾗ τοιοῦτόν ἐστιν ἐνέργειαν λέγω κίνησιν. ὅτι δ' ἀληθῆ λέγομεν, ἐνθένδε δῆλον· ὅταν γὰρ τὸ οἰκοδομητόν, ᾗ τοιοῦτον αὐτὸ λέγομεν εἶναι, ἐνεργείᾳ ᾖ, οἰκοδομεῖται, καὶ ἔστι τοῦτο οἰκοδόμησις· ὁμοίως μάθησις, ἰάτρευσις, βάδισις, ἅλσις, γήρανσις, ἅδρυνσις. συμβαίνει δὲ κινεῖσθαι ὅταν ἡ ἐντελέχεια ᾖ αὐτή, καὶ οὔτε πρότερον οὔθ' ὕστερον. ἡ δὴ τοῦ δυνάμει ὄντος, ὅταν ἐντελεχείᾳ ὂν ἐνεργῇ, οὐχ ᾗ αὐτὸ ἀλλ' ᾗ κινητόν, κίνησίς ἐστιν. λέγω δὲ τὸ ᾗ ὧδε. ἔστι γὰρ ὁ χαλκὸς δυνάμει ἀνδριάς· ἀλλ' ὅμως οὐχ ἡ τοῦ χαλκοῦ ἐντελέχεια, ᾗ χαλκός, κίνησίς ἐστιν. οὐ γὰρ ταὐτὸν χαλκῷ εἶναι καὶ δυνάμει τινί, ἐπεὶ εἰ ταὐτὸν ἦν ἁπλῶς κατὰ τὸν λόγον, ἦν ἂν ἡ τοῦ χαλκοῦ ἐντελέχεια κίνησίς τις. οὐκ ἔστι δὲ ταὐτό (δῆλον δ' ἐπὶ τῶν ἐναντίων· τὸ μὲν γὰρ

uma causa por si. Se, portanto, o acaso e a espontaneidade fossem a causa do céu, a Inteligência e a Natureza deveriam ser causas anteriores a eles[7].

9. [Ser potencial, ser atual e movimento][1]

O ser[2] ou é só em ato, ou é em potência, ou é, ao mesmo tempo, em ato e em potência: e isso se verifica seja na substância, seja na quantidade, seja nas categorias restantes. Não existe nenhum movimento que esteja fora das coisas: de fato, a mudança sempre ocorre segundo as categorias do ser, e não há nada que seja comum a todas e que não se inclua numa das categorias. Cada uma das categorias, em todas as coisas, existe de dois modos diversos (a substância, por exemplo, às vezes é forma e às vezes é privação; na qualidade às vezes se tem o branco e às vezes se tem o preto; na quantidade às vezes se tem o completo e às vezes o incompleto; no movimento de translação se tem o alto e o baixo, ou o leve e o pesado), de modo que devem existir tantas formas de movimento e de mudança quantas são as categorias do ser. Ora, dado que ser em potência e ser em ato se distinguem segundo cada gênero de categoria, chamo movimento o ato do que é em potência, enquanto é em potência[3].

O seguinte raciocínio mostra que essa definição do movimento é verdadeira. Quando o que é passível de construção, considerado como tal, estiver em ato, então se constrói e isso é a construção. O mesmo vale do aprender, do curar, do marchar, do caminhar, do saltar, do envelhecer, do crescer. E o movimento ocorre justamente quando ocorre aquela atividade, nem antes nem depois. Portanto, o movimento é a atualização do que é em potência, quando ele se atualiza e se realiza, não enquanto é ele mesmo mas enquanto móvel. E com a expressão "em ato" pretendo dizer o seguinte: o bronze é em potência a estátua; todavia, o movimento não é o ato do bronze enquanto bronze. De fato, ser bronze e ser determinada potencialidade não são a mesma coisa: se fossem a mesma coisa em sentido absoluto e segundo a forma, então o ato do bronze seria movimento. Mas não são a mesma coisa. E isso é evidente

δύνασθαι ὑγιαίνειν καὶ δύνασθαι κάμνειν οὐ ταὐτόν — καὶ γὰρ ἂν τὸ ὑγιαίνειν καὶ τὸ κάμνειν ταὐτὸν ἦν — τὸ δ' ὑποκείμενον καὶ ὑγιαῖνον καὶ νοσοῦν, εἴθ' ὑγρότης εἴθ' αἷμα, ταὐτὸ καὶ ἕν). ἐπεὶ δὲ οὐ τὸ αὐτό, ὥσπερ οὐδὲ χρῶμα ταὐτὸν καὶ ὁρατόν, ἡ τοῦ δυνατοῦ καὶ ᾗ δυνατὸν ἐντελέχεια κίνησίς ἐστιν. ὅτι μὲν οὖν ἔστιν αὕτη, καὶ ὅτι συμβαίνει τότε κινεῖσθαι ὅταν ἡ ἐντελέχεια ᾖ αὐτή, καὶ οὔτε πρότερον οὔθ' ὕστερον, δῆλον (ἐνδέχεται γὰρ ἕκαστον ὁτὲ μὲν ἐνεργεῖν ὁτὲ δὲ μή, οἷον τὸ οἰκοδομητὸν ᾖ οἰκοδομητόν, καὶ ἡ τοῦ οἰκοδομητοῦ ἐνέργεια ᾖ οἰκοδομητὸν οἰκοδόμησίς ἐστιν· ἢ γὰρ τοῦτό ἐστιν, ἡ οἰκοδόμησις, ἡ ἐνέργεια, ἢ οἰκία· ἀλλ' ὅταν οἰκία ᾖ, οὐκέτι οἰκοδομητόν, οἰκοδομεῖται δὲ τὸ οἰκοδομητόν· ἀνάγκη ἄρα οἰκοδόμησιν τὴν ἐνέργειαν εἶναι, ἡ δ' οἰκοδόμησις κίνησίς τις, ὁ δ' αὐτὸς λόγος καὶ ἐπὶ τῶν ἄλλων κινήσεων)· ὅτι δὲ καλῶς εἴρηται, δῆλον ἐξ ὧν οἱ ἄλλοι λέγουσι περὶ αὐτῆς, καὶ ἐκ τοῦ μὴ ῥᾴδιον εἶναι διορίσαι ἄλλως αὐτήν. οὔτε γὰρ ἐν ἄλλῳ τις γένει δύναιτ' ἂν θεῖναι αὐτήν· δῆλον δ' ἐξ ὧν λέγουσιν· οἱ μὲν γὰρ ἑτερότητα καὶ ἀνισότητα καὶ τὸ μὴ ὄν, ὧν οὐδὲν ἀνάγκη κινεῖσθαι, ἀλλ' οὐδ' ἡ μεταβολὴ οὔτ' εἰς ταῦτα οὔτ' ἐκ τούτων μᾶλλον ἢ τῶν ἀντικειμένων. αἴτιον δὲ τοῦ εἰς ταῦτα τιθέναι ὅτι ἀόριστόν τι δοκεῖ εἶναι ἡ κίνησις, τῆς δ' ἑτέρας συστοιχίας αἱ ἀρχαὶ διὰ τὸ στερητικαὶ εἶναι ἀόριστοι· οὔτε γὰρ τόδε οὔτε τοιόνδε οὐδεμία αὐτῶν οὔτε τῶν λοιπῶν κατηγοριῶν. τοῦ δὲ δοκεῖν ἀόριστον εἶναι τὴν κίνησιν αἴτιον ὅτι οὔτ' εἰς δύναμιν τῶν ὄντων οὔτ' εἰς ἐνέργειαν ἔστι θεῖναι αὐτήν· οὔτε γὰρ τὸ δυνατὸν ποσὸν εἶναι κινεῖται ἐξ ἀνάγκης, οὔτε τὸ ἐνεργείᾳ ποσόν, ἥ τε κίνησις ἐνέργεια μὲν εἶναι δοκεῖ τις, ἀτελὴς δέ· αἴτιον δ' ὅτι ἀτελὲς τὸ δυνατὸν

no caso dos contrários: poder ser sadio e poder adoecer não são a mesma coisa, caso contrário seria a mesma coisa também ser sadio e adoecer; ao contrário, a mesma coisa é o substrato, que é o sadio ou o enfermo, quer se trate de humores, quer se trate do sangue. E dado que não são a mesma coisa, assim como a cor não é o visível, então só o ato do potencial enquanto potencial é movimento. E é evidente que o movimento é esse ato, e que o movimento só ocorre no momento em que ocorra esse ato, nem antes nem depois. De fato, é possível que algo seja às vezes em ato e às vezes não; por exemplo, o passível de construção enquanto tal; e o ato do que é passível de construção enquanto tal é a construção ou a casa. E quando existir a casa não haverá mais o passível de construção; ao contrário, o que é construído é o passível de construção. Portanto, é necessário que o ato seja o processo de construção e o processo de construção é o movimento. E o mesmo raciocínio vale para todos os outros movimentos[4].

Que essa explicação seja verdadeira se mostra também pelo que os outros filósofos disseram a respeito do movimento e porque não é fácil definir o movimento de outro modo[5]. Com efeito, não é possível incluir o movimento em outro gênero de coisas. Isso é evidente inclusive pelo que dizem alguns daqueles filósofos que o definem como alteridade, desigualdade e não-ser[6]: ora, não é necessário que nenhuma dessas coisas se mova, e também o movimento não deriva dessas coisas e nem de seus contrários. Ora, a causa que induziu esses filósofos a reduzir o movimento a essas coisas é a seguinte: o movimento parecer ser algo indeterminado, e os princípios da série negativa dos contrários são indeterminados, porque são princípios privativos: de fato, nenhuma daquelas coisas é substância, nem qualidade, nem qualquer outra das categorias[7]. Mas a razão pela qual o movimento parece indeterminado consiste em que ele não é redutível nem só à potência nem só ao ato. De fato, não se move necessariamente nem a quantidade em potência nem a quantidade em ato: o movimento é, evidentemente, um ato, mas um ato incompleto: e justamente por isso é difícil compreender o que seja o movimento. Não é possível reduzi-lo à privação ou à potência ou a ato puro, portanto, só resta a expli-

οὗ ἐστὶν ἐνέργεια. καὶ διὰ τοῦτο χαλεπὸν αὐτὴν λαβεῖν τί
ἐστιν· ἢ γὰρ εἰς στέρησιν ἀνάγκη θεῖναι ἢ εἰς δύναμιν ἢ εἰς
ἐνέργειαν ἁπλῆν, τούτων δ' οὐδὲν φαίνεται ἐνδεχόμενον, ὥστε
25 λείπεται τὸ λεχθὲν εἶναι, καὶ ἐνέργειαν καὶ [μὴ] ἐνέργειαν
τὴν εἰρημένην, ἰδεῖν μὲν χαλεπὴν ἐνδεχομένην δ' εἶναι. καὶ
ὅτι ἐστὶν ἡ κίνησις ἐν τῷ κινητῷ, δῆλον· ἐντελέχεια γάρ
ἐστι τούτου ὑπὸ τοῦ κινητικοῦ. καὶ ἡ τοῦ κινητικοῦ ἐνέργεια οὐκ
ἄλλη ἐστίν. δεῖ μὲν γὰρ εἶναι ἐντελέχειαν ἀμφοῖν· κινητι-
30 κὸν μὲν γάρ ἐστι τῷ δύνασθαι, κινοῦν δὲ τῷ ἐνεργεῖν, ἀλλ'
ἔστιν ἐνεργητικὸν τοῦ κινητοῦ, ὥσθ' ὁμοίως μία ἡ ἀμφοῖν ἐνέργεια ὥσπερ τὸ αὐτὸ διάστημα ἓν πρὸς δύο καὶ δύο πρὸς
ἕν, καὶ τὸ ἄναντες καὶ τὸ κάταντες, ἀλλὰ τὸ εἶναι οὐχ ἕν·
ὁμοίως δὲ καὶ ἐπὶ τοῦ κινοῦντος καὶ κινουμένου.

10

35 Τὸ δ' ἄπειρον ἢ τὸ ἀδύνατον διελθεῖν τῷ μὴ πεφυκέναι διιέναι, καθάπερ ἡ φωνὴ ἀόρατος, ἢ τὸ διέξοδον ἔχον
ἀτελεύτητον, ἢ ὃ μόλις, ἢ ὃ πεφυκὸς ἔχειν μὴ ἔχει διέξοδον
1066ᵇ ἢ πέρας· ἔτι προσθέσει ἢ ἀφαιρέσει ἢ ἄμφω. χωριστὸν μὲν ⟨τῶν
αἰσθητῶν⟩ δὴ αὐτό τι ὂν οὐχ οἷόν τ' εἶναι· εἰ γὰρ μήτε μέγεθος
μήτε πλῆθος, οὐσία δ' αὐτὸ τὸ ἄπειρον καὶ μὴ συμβεβηκός, ἀδιαίρετον ἔσται (τὸ γὰρ διαιρετὸν ἢ μέγεθος ἢ πλῆθος), εἰ
5 δὲ ἀδιαίρετον, οὐκ ἄπειρον, εἰ μὴ καθάπερ ἡ φωνὴ ἀόρατος·
ἀλλ' οὐχ οὕτω λέγουσιν οὐδ' ἡμεῖς ζητοῦμεν, ἀλλ' ὡς
ἀδιέξοδον. ἔτι πῶς ἐνδέχεται καθ' αὐτὸ εἶναι ἄπειρον,
εἰ μὴ καὶ ἀριθμὸς καὶ μέγεθος, ὧν πάθος τὸ ἄπειρον; ἔτι

cação que demos: o movimento é ato e não ato, e isso é difícil de compreender, embora seja possível[8].

E é evidente que o movimento está na coisa movida pois ele é ato dela, sob a ação do movente. Mas o ato do movente não é diferente do ato da coisa movida; com efeito, o movimento deve ser ato de ambos. Quando considerado em potência, ele é motor; quando considerado em ato, ele é movente, e sua atividade atualiza a coisa que é movida, de modo que o ato é o mesmo em ambos, assim como é a mesma a distância de um a dois e de dois a um ou a distância de subida e a de descida, mesmo não sendo a mesma realidade. Tal é, portanto, a relação entre movente e movido[9].

10. [O infinito não existe em ato][1]

(1) O infinito é (a) o que não é possível percorrer, porque por natureza não é percorrível, assim como a voz é invisível[2], (b) ou é aquilo que se pode percorrer, mas sem termo[3], (c) ou é aquilo que dificilmente se pode percorrer[4], (d) ou aquilo que, mesmo sendo por natureza um percurso, de fato não é percorrido ou não tem limite[5]; (e) ademais, existe o infinito por acréscimo[6], (f) ou por subtração[7], (g) ou ainda pelos dois juntos[8].

(2) É impossível que exista o infinito em si, separado das coisas sensíveis[9].

(a) De fato, se o infinito não é nem uma grandeza nem uma multiplicidade, mas é uma substância e não um acidente, deverá ser indivisível, porque só as grandezas e as multiplicidades são divisíveis; mas se é indivisível, só pode ser infinito no sentido em que a voz é invisível. Entretanto, não falamos do infinito nem o investigamos nesse sentido, mas no sentido do que não é percorrível[10].

(b) Ademais, de que modo poderia haver um infinito em si, se não existem números e grandezas em si, dado que ele é, justamente, um atributo dos números e das grandezas[11]?

εἰ κατὰ συμβεβηκός, οὐκ ἂν εἴη στοιχεῖον τῶν ὄντων
ἢ ἄπειρον, ὥσπερ οὐδὲ τὸ ἀόρατον τῆς διαλέκτου, καίτοι ἡ
φωνὴ ἀόρατος. καὶ ὅτι οὐκ ἔστιν ἐνεργείᾳ εἶναι τὸ ἄπειρον,
δῆλον. ἔσται γὰρ ὁτιοῦν αὐτοῦ ἄπειρον μέρος τὸ λαμβανόμε-
νον (τὸ γὰρ ἀπείρῳ εἶναι καὶ ἄπειρον τὸ αὐτό, εἴπερ οὐσία τὸ
ἄπειρον καὶ μὴ καθ' ὑποκειμένου), ὥστε ἢ ἀδιαίρετον, ἢ εἰς
ἄπειρα διαιρετόν, εἰ μεριστόν· πολλὰ δ' εἶναι τὸ αὐτὸ ἀδύνατον ἄπειρα (ὥσπερ γὰρ ἀέρος ἀὴρ μέρος, οὕτως ἄπειρον
ἀπείρου, εἰ ἔστιν οὐσία καὶ ἀρχή)· ἀμέριστον ἄρα καὶ ἀδιαίρετον. ἀλλὰ ἀδύνατον τὸ ἐντελεχείᾳ ὂν ἄπειρον (ποσὸν γὰρ
εἶναι ἀνάγκη)· κατὰ συμβεβηκὸς ἄρα ὑπάρχει. ἀλλ' εἰ
οὕτως, εἴρηται ὅτι οὐκ ἐνδέχεται εἶναι ἀρχήν, ἀλλ' ἐκεῖνο ᾧ
συμβέβηκε, τὸν ἀέρα ἢ τὸ ἄρτιον. — αὕτη μὲν οὖν ἡ ζήτησις
καθόλου, ὅτι δ' ἐν τοῖς αἰσθητοῖς οὐκ ἔστιν, ἐνθένδε δῆλον· εἰ
γὰρ σώματος λόγος τὸ ἐπιπέδοις ὡρισμένον, οὐκ εἴη ἂν
ἄπειρον σῶμα οὔτ' αἰσθητὸν οὔτε νοητόν, οὐδ' ἀριθμὸς ὡς
κεχωρισμένος καὶ ἄπειρος· ἀριθμητὸν γὰρ ὁ ἀριθμὸς ἢ τὸ
ἔχον ἀριθμόν. φυσικῶς δὲ ἐκ τῶνδε δῆλον· οὔτε γὰρ σύνθετον οἷόν τ' εἶναι οὔθ' ἁπλοῦν. σύνθετον μὲν γὰρ οὐκ ἔσται
σῶμα, εἰ πεπέρανται τῷ πλήθει τὰ στοιχεῖα (δεῖ γὰρ ἰσάζειν
τὰ ἐναντία καὶ μὴ εἶναι ἓν αὐτῶν ἄπειρον· εἰ γὰρ ὁτῳοῦν
λείπεται ἡ θατέρου σώματος δύναμις, φθαρήσεται ὑπὸ τοῦ
ἀπείρου τὸ πεπερασμένον· ἕκαστον δ' ἄπειρον εἶναι ἀδύνατον,
σῶμα γάρ ἐστι τὸ πάντῃ ἔχον διάστασιν, ἄπειρον δὲ τὸ
ἀπεράντως διεστηκός, ὥστ' εἰ τὸ ἄπειρον σῶμα, πάντῃ ἔσται

(c) Se o infinito existe por acidente, então não pode ser elemento dos seres enquanto infinito, do mesmo modo em que o invisível não é elemento da linguagem, embora a voz seja invisível[12].

(d) E é evidente que o infinito não pode existir em ato, porque <se existisse em ato>, qualquer parte dele deveria ser também infinita. (De fato, o infinito e a essência do infinito seriam a mesma coisa, na hipótese que ele fosse substância e não acidente). Portanto, o infinito ou deveria ser indivisível ou, se divisível, deveria ser divisível em partes, elas mesmas infinitas. Mas é impossível que a mesma coisa seja muitos infinitos; contudo, assim como uma parte do ar é ar, assim também uma parte do infinito deveria ser infinito, se o infinito fosse substância e princípio. Então o infinito será sem partes e indivisível. Mas é impossível que o infinito em ato seja assim, porque ele deve ser necessariamente uma quantidade. Portanto, o infinito existe como acidente. Mas se é assim, já dissemos que ele não pode ser princípio: será, ao contrário, princípio aquilo de que é acidente, por exemplo, o ar ou o par[13].

(3) Mas a investigação conduzida até aqui é de caráter geral.

Do que se segue fica evidente que o infinito também não se encontra nas coisas sensíveis[14].

(a) Se o corpo por definição é o que é delimitado por superfícies, não poderá haver um corpo infinito nem sensível nem inteligível[15].

(b) E também não poderá haver um número separado e infinito: de fato, o número e tudo que tem número são mensuráveis[16].

(c) E se consideramos as coisas em sua realidade natural[17], fica evidente que não pode haver um corpo infinito a partir das seguintes considerações. Ele não poderá ser (α) nem um corpo composto, (β) nem um corpo simples. (α) O infinito não poderá ser um corpo composto se os elementos dos quais é composto são limitados em número. — De fato, os contrários devem se igualar, e não pode ser infinito só um deles, porque se a potência do outro elemento for minimamente inferior, o finito será destruído pelo infinito —. Por outro lado, é impossível que cada um dos elementos seja infinito: de fato, o corpo é extenso em todas as dimensões, o infinito é aquilo que é extenso sem limites:

ἄπειρον)· οὐδὲ ἓν δὲ καὶ ἁπλοῦν ἐνδέχεται τὸ ἄπειρον εἶναι
35 σῶμα, οὔθ' ὡς λέγουσί τινες, παρὰ τὰ στοιχεῖα ἐξ οὗ γεννῶσι
ταῦτα (οὐκ ἔστι γὰρ τοιοῦτο σῶμα παρὰ τὰ στοιχεῖα· ἅπαν
γάρ, ἐξ οὗ ἐστί, καὶ διαλύεται εἰς τοῦτο, οὐ φαίνεται δὲ τοῦτο
1067ᵃ παρὰ τὰ ἁπλᾶ σώματα), οὐδὲ πῦρ οὐδ' ἄλλο τῶν στοιχείων
οὐθέν· χωρὶς γὰρ τοῦ ἄπειρον εἶναί τι αὐτῶν, ἀδύνατον
τὸ ἅπαν, κἂν ᾖ πεπερασμένον, ἢ εἶναι ἢ γίγνεσθαι ἕν τι
αὐτῶν, ὥσπερ Ἡράκλειτός φησιν ἅπαντα γίγνεσθαί ποτε
5 πῦρ. ὁ δ' αὐτὸς λόγος καὶ ἐπὶ τοῦ ἑνὸς ὃ ποιοῦσι παρὰ
τὰ στοιχεῖα οἱ φυσικοί· πᾶν γὰρ μεταβάλλει ἐξ ἐναντίου,
οἷον ἐκ θερμοῦ εἰς ψυχρόν. — ἔτι τὸ αἰσθητὸν σῶμα πού,
καὶ ὁ αὐτὸς τόπος ὅλου καὶ μορίου, οἷον τῆς γῆς, ὥστ' εἰ
μὲν ὁμοειδές, ἀκίνητον ἔσται ἢ ἀεὶ οἰσθήσεται, τοῦτο δὲ
10 ἀδύνατον (τί γὰρ μᾶλλον κάτω ἢ ἄνω ἢ ὁπουοῦν; οἷον
εἰ βῶλος εἴη, ποῦ αὕτη κινήσεται ἢ μενεῖ; ὁ γὰρ τόπος
τοῦ συγγενοῦς αὐτῇ σώματος ἄπειρος· καθέξει οὖν τὸν
ὅλον τόπον; καὶ πῶς; τίς οὖν ἡ μονὴ καὶ ἡ κίνησις;
ἢ πανταχοῦ μενεῖ — οὐ κινηθήσεται ἄρα, ἢ πανταχοῦ κινη-
15 θήσεται — οὐκ ἄρα στήσεται)· εἰ δ' ἀνόμοιον τὸ πᾶν, ἀνόμοιοι
καὶ οἱ τόποι, καὶ πρῶτον μὲν οὐχ ἓν τὸ σῶμα τοῦ παντὸς ἀλλ'
ἢ τῷ ἅπτεσθαι, εἶτα ἢ πεπερασμένα ταῦτ' ἔσται ἢ ἄπειρα
εἴδει. πεπερασμένα μὲν οὖν οὐχ οἷόν τε (ἔσται γὰρ τὰ μὲν
ἄπειρα τὰ δ' οὔ, εἰ τὸ πᾶν ἄπειρον, οἷον πῦρ ἢ ὕδωρ·
20 φθορὰ δὲ τὸ τοιοῦτον τοῖς ἐναντίοις)· εἰ δ' ἄπειρα καὶ ἁπλᾶ,
καὶ οἱ τόποι ἄπειροι καὶ ἔσται ἄπειρα στοιχεῖα· εἰ δὲ

portanto, um corpo infinito deveria ser infinito em todas as dimensões. (β) O infinito também não poderá ser um corpo único e simples, e nem, como dizem alguns, algo além dos elementos, dos quais eles derivariam. De fato, não existe esse corpo além dos elementos, porque todas as coisas se reduzem àquilo de que derivam, e não se vê que exista um corpo desse tipo fora dos corpos simples. Por outro lado, não pode ser infinito nem o fogo nem qualquer um dos elementos. De fato, mesmo prescindindo da questão de se um desses pode ser infinito, é impossível que o todo (mesmo que se o considere como limitado) seja ou se torne um desses elementos como diz, por exemplo, Heráclito, segundo o qual, em certo momento, tudo se torna fogo. O mesmo se diga do um que os filósofos naturalistas situam além dos elementos; de fato, tudo se transforma passando de um contrário ao outro: por exemplo, do quente ao frio[18].

(d) Além disso, o corpo sensível está sempre nalgum lugar, e o lugar é idêntico para o todo e para a parte: por exemplo, é idêntico o lugar da terra e de uma parte dela. Portanto: (α) se o todo é homogêneo, ele será ou imóvel ou sempre em movimento. Mas isso é impossível. De fato, por que ele deverá permanecer imóvel ou mover-se para baixo mais do que para cima ou em qualquer outra direção? Por exemplo, se fosse um pedaço de terra, para onde se moveria ou repousaria? De fato, o lugar em que se encontra o corpo homogêneo é infinito com relação a ele. O pedaço de terra ocupará todo o lugar? Como? E qual será então seu repouso, e seu movimento? Permanecerá em toda parte imóvel? Mas então não se moverá. Ou mover-se-á por toda parte? Mas então não ficará em repouso. Ao contrário, (β) se o todo é feito de partes heterogêneas, também os lugares das partes deverão ser heterogêneos. E, em primeiro lugar, o corpo do todo só poderá ser um por contato e, ademais, as partes deverão ser ou infinitas ou finitas pela espécie. Ora, não podem ser finitas. De fato, se o todo é infinito, algumas partes dele deverão ser infinitas, enquanto outras não: deverá ser infinito, por exemplo, o fogo ou a água; mas esse elemento infinito comportaria a destruição dos elementos contrários. Se, ao invés, todas as partes são infinitas e simples, infinitos serão também os lugares e infinito será o número dos elementos. Mas

τοῦτ' ἀδύνατον καὶ οἱ τόποι πεπερασμένοι, καὶ τὸ πᾶν ἀνάγκη πεπεράνθαι. ὅλως δ' ἀδύνατον ἄπειρον εἶναι σῶμα καὶ τόπον τοῖς σώμασιν, εἰ πᾶν σῶμα αἰσθητὸν ἢ βάρος ἔχει
25 ἢ κουφότητα· ἢ γὰρ ἐπὶ τὸ μέσον ἢ ἄνω οἰσθήσεται, ἀδύνατον δὲ τὸ ἄπειρον ἢ πᾶν ἢ τὸ ἥμισυ ὁποτερονοῦν πεπονθέναι· πῶς γὰρ διελεῖς; ἢ πῶς τοῦ ἀπείρου ἔσται τὸ μὲν κάτω τὸ δ' ἄνω, ἢ ἔσχατον καὶ μέσον; ἔτι πᾶν σῶμα αἰσθητὸν ἐν τόπῳ, τόπου δὲ εἴδη ἕξ, ἀδύνατον δ' ἐν τῷ
30 ἀπείρῳ σώματι ταῦτ' εἶναι. ὅλως δ' εἰ ἀδύνατον τόπον ἄπειρον εἶναι, καὶ σῶμα ἀδύνατον· τὸ γὰρ ἐν τόπῳ πού, τοῦτο δὲ σημαίνει ἢ ἄνω ἢ κάτω ἢ τῶν λοιπῶν τι, τούτων δ' ἕκαστον πέρας τι. τὸ δ' ἄπειρον οὐ ταὐτὸν ἐν μεγέθει καὶ κινήσει καὶ χρόνῳ ὡς μία τις φύσις, ἀλλὰ τὸ ὕστε-
35 ρον λέγεται κατὰ τὸ πρότερον, οἷον κίνησις κατὰ τὸ μέγεθος ἐφ' οὗ κινεῖται ἢ ἀλλοιοῦται ἢ αὔξεται, χρόνος δὲ διὰ τὴν κίνησιν.

11

Μεταβάλλει δὲ τὸ μεταβάλλον τὸ μὲν κατὰ συμβεβηκός, ὡς τὸ μουσικὸν βαδίζει, τὸ δὲ τῷ τούτου τι μεταβάλλειν ἁπλῶς λέγεται μεταβάλλειν, οἷον ὅσα κατὰ μέρη (ὑγιάζεται γὰρ τὸ σῶμα, ὅτι ὁ ὀφθαλμός), ἔστι δέ
5 τι ὃ καθ' αὑτὸ πρῶτον κινεῖται, καὶ τοῦτ' ἔστι τὸ καθ' αὑτὸ κινητόν. ἔστι δέ [τι] καὶ ἐπὶ τοῦ κινοῦντος ὡσαύτως· κινεῖ γὰρ κατὰ συμβεβηκὸς τὸ δὲ κατὰ μέρος τὸ δὲ καθ' αὑτό· ἔστι δέ τι τὸ κινοῦν πρῶτον· ἔστι δέ τι τὸ κινούμενον, ἔτι ἐν ᾧ

se isso é impossível e se o número dos lugares é finito, também o todo necessariamente é finito[19].

(e) E, em geral, é impossível que tanto o corpo como o lugar dos corpos sejam infinitos, se é verdade que todo corpo sensível é dotado de peso ou de leveza. De fato, ele mover-se-á ou para o centro ou para o alto; mas é impossível que um corpo infinito, seja inteiramente, seja pela metade, sofra um ou outro desses movimentos. E como ele poderia ser dividido? Ou como poderia haver embaixo ou em cima, e uma extremidade e um centro do infinito? Ademais, todo corpo sensível encontra-se num lugar, e existem seis espécies de lugar[20]; mas num corpo infinito não pode haver tais espécies de lugar. E, em geral, se é impossível que exista um lugar infinito, também é impossível que exista um corpo infinito; de fato, o que está nalgum lugar tem o seu onde, e isso significa ou em cima ou embaixo ou em alguma outra posição, e cada uma delas constitui um limite[21].

(4) Por último, o infinito segundo a grandeza não é o mesmo que o infinito segundo o movimento e o infinito segundo o tempo, como se existisse uma realidade única: o infinito que é posterior se determina em função do que é anterior: por exemplo, o infinito segundo o movimento se determina em função da grandeza na qual ocorre o movimento ou a alteração ou o crescimento, enquanto o infinito segundo o tempo se determina em função do movimento[22].

11. [A mudança e o movimento][1]

O que muda muda (a) em certo sentido, por acidente: por exemplo o músico que caminha[2]; (b) noutro sentido, muda porque algo nele muda, e é isso que se considera propriamente mudança: por exemplo, todas as coisas que são sujeitas a mudança de suas partes (diz-se, por exemplo, que o corpo é curado porque o olho é curado)[3]; (c) e existe, depois, algo que por si é diretamente movido, e é o móvel por si[4].

A mesma distinção vale para o movente. O movente move (a) nalguns casos por acidente[5]; (b) noutros segundo uma de suas partes[6]; (c) noutros casos por si[7].

χρόνῳ καὶ ἐξ οὗ καὶ εἰς ὅ. τὰ δ' εἴδη καὶ τὰ πάθη καὶ
ὁ τόπος, εἰς ἃ κινοῦνται τὰ κινούμενα, ἀκίνητά ἐστιν, οἷον
ἐπιστήμη καὶ θερμότης· ἔστι δ' οὐχ ἡ θερμότης κίνησις ἀλλ'
ἡ θέρμανσις. ἡ δὲ μὴ κατὰ συμβεβηκὸς μεταβολὴ οὐκ ἐν
ἅπασιν ὑπάρχει ἀλλ' ἐν τοῖς ἐναντίοις καὶ μεταξὺ καὶ
ἐν ἀντιφάσει· τούτου δὲ πίστις ἐκ τῆς ἐπαγωγῆς. μεταβάλλει δὲ τὸ μεταβάλλον ἢ ἐξ ὑποκειμένου εἰς ὑποκείμενον, ἢ οὐκ ἐξ ὑποκειμένου εἰς οὐχ ὑποκείμενον, ἢ ἐξ ὑποκειμένου εἰς οὐχ ὑποκείμενον, ἢ οὐκ ἐξ ὑποκειμένου εἰς ὑποκείμενον (λέγω δὲ ὑποκείμενον τὸ καταφάσει δηλούμενον),
ὥστ' ἀνάγκη τρεῖς εἶναι μεταβολάς· ἡ γὰρ ἐξ οὐχ ὑποκειμένου εἰς μὴ ὑποκείμενον οὐκ ἔστι μεταβολή· οὔτε γὰρ ἐναντία οὔτε ἀντίφασίς ἐστιν, ὅτι οὐκ ἀντίθεσις. ἡ μὲν οὖν οὐκ
ἐξ ὑποκειμένου εἰς ὑποκείμενον κατ' ἀντίφασιν γένεσίς ἐστιν,
ἡ μὲν ἁπλῶς ἁπλῆ, ἡ δὲ τινὸς τίς· ἡ δ' ἐξ ὑποκειμένου εἰς
μὴ ὑποκείμενον φθορά, ἡ μὲν ἁπλῶς ἁπλῆ, ἡ δὲ τινὸς
τίς. εἰ δὴ τὸ μὴ ὂν λέγεται πλεοναχῶς, καὶ μήτε τὸ
κατὰ σύνθεσιν ἢ διαίρεσιν ἐνδέχεται κινεῖσθαι μήτε τὸ
κατὰ δύναμιν τὸ τῷ ἁπλῶς ὄντι ἀντικείμενον (τὸ γὰρ μὴ
λευκὸν ἢ μὴ ἀγαθὸν ὅμως ἐνδέχεται κινεῖσθαι κατὰ συμβεβηκός, εἴη γὰρ ἂν ἄνθρωπος τὸ μὴ λευκόν· τὸ δ' ἁπλῶς
μὴ τόδε οὐδαμῶς), ἀδύνατον τὸ μὴ ὂν κινεῖσθαι (εἰ δὲ
τοῦτο, καὶ τὴν γένεσιν κίνησιν εἶναι· γίγνεται γὰρ τὸ
μὴ ὄν· εἰ γὰρ καὶ ὅτι μάλιστα κατὰ συμβεβηκὸς γίγνεται, ἀλλ' ὅμως ἀληθὲς εἰπεῖν ὅτι ὑπάρχει τὸ μὴ ὂν κατὰ
τοῦ γιγνομένου ἁπλῶς)· ὁμοίως δὲ καὶ τὸ ἠρεμεῖν. ταῦτά

Em todo movimento há o movente próximo, o objeto movido, o tempo no qual ocorre o movimento e, enfim, aquilo de que parte e a que tende o movimento. Ora, as formas, as afecções e o lugar que constituem os termos aos quais tendem os movimentos são imóveis; por exemplo, a ciência e o calor: de fato, o movimento não é o calor, mas o processo de aquecimento[8].

A mudança acidental não ocorre em todas as coisas, mas só entre os contrários, entre seus intermediários e entre os contraditórios. E podemos provar isso por via de indução[9].

O que muda, muda ou passando (a) de um sujeito a outro sujeito, ou (b) de um não-sujeito a um não-sujeito, ou (c) de um sujeito a um não-sujeito, ou (d), enfim, de um não-sujeito a um sujeito, sendo que por sujeito entendo o que é expresso em forma positiva. Por consequência, as mudanças devem ser de três tipos: a mudança (b) de um não-sujeito a um não-sujeito não é na realidade uma mudança, porque nela não existem nem contrários nem contraditórios, dado que não existe oposição; a mudança (d) de um não-sujeito a um sujeito que seja seu contraditório é a geração (e se é mudança absoluta, então tem-se geração absoluta e se a mudança é particular, a geração é particular); a mudança (c) de um sujeito a um não-sujeito é a corrupção (se é mudança absoluta, a corrupção é absoluta e se relativa, a corrupção é relativa). Ora, se o não-ser se diz em muitos sentidos, e se o não-ser entendido como união e separação de sujeito e predicado não pode mover-se; e se também não pode mover-se o não-ser entendido como potência e como oposto ao ser em sentido próprio (de fato, o não-branco e o não-bom podem mover-se por acidente: por exemplo se o não-branco fosse um homem, mas o que não é uma coisa determinada não pode mover-se em nenhum sentido): então é impossível que o não-ser esteja em movimento. Se é assim, a geração não pode ser movimento, porque na geração gera-se o que não é. E mesmo que a geração do que não é ocorra de modo acidental, permanece verdadeira a afirmação de que na geração absoluta gera-se o que não é. De modo semelhante, o não-ser também não pode estar em repouso. A estas dificuldades somam-se estas outras. Enquanto tudo o que se move está num lugar, o não-ser não está num lugar,

τε δὴ συμβαίνει δυσχερῆ, καὶ εἰ πᾶν τὸ κινούμενον ἐν τόπῳ, τὸ δὲ μὴ ὂν οὐκ ἔστιν ἐν τόπῳ· εἴη γὰρ ἂν πού. οὐδὲ δὴ ἡ φθορὰ κίνησις· ἐναντίον γὰρ κινήσει κίνησις ἢ ἠρεμία, φθορὰ δὲ γενέσει. ἐπεὶ δὲ πᾶσα κίνησις μεταβολή τις, μεταβολαὶ δὲ τρεῖς αἱ εἰρημέναι, τούτων δ' αἱ κατὰ γένεσιν καὶ φθορὰν οὐ κινήσεις, αὗται δ' εἰσὶν αἱ κατ' ἀντίφασιν, ἀνάγκη τὴν ἐξ ὑποκειμένου εἰς ὑποκείμενον κίνησιν εἶναι μόνην. τὰ δ' ὑποκείμενα ἢ ἐναντία ἢ μεταξύ (καὶ γὰρ ἡ στέρησις κείσθω ἐναντίον), καὶ δηλοῦται καταφάσει, οἷον τὸ γυμνὸν καὶ νωδὸν καὶ μέλαν.

12

Εἰ οὖν αἱ κατηγορίαι διῄρηνται οὐσίᾳ, ποιότητι, τόπῳ, τῷ ποιεῖν ἢ πάσχειν, τῷ πρός τι, τῷ ποσῷ, ἀνάγκη τρεῖς εἶναι κινήσεις, ποιοῦ ποσοῦ τόπου· κατ' οὐσίαν δ' οὔ, διὰ τὸ μηθὲν εἶναι οὐσίᾳ ἐναντίον, οὐδὲ τοῦ πρός τι (ἔστι γὰρ θατέρου μεταβάλλοντος μὴ ἀληθεύεσθαι θάτερον μηδὲν μεταβάλλον, ὥστε κατὰ συμβεβηκὸς ἡ κίνησις αὐτῶν), οὐδὲ ποιοῦντος καὶ πάσχοντος, ἢ κινοῦντος καὶ κινουμένου, ὅτι οὐκ ἔστι κινήσεως κίνησις οὐδὲ γενέσεως γένεσις, οὐδ' ὅλως μεταβολῆς μεταβολή. διχῶς γὰρ ἐνδέχεται κινήσεως εἶναι κίνησιν, ἢ ὡς ὑποκειμένου (οἷον ὁ ἄνθρωπος κινεῖται ὅτι ἐκ λευκοῦ εἰς μέλαν μεταβάλλει, ὥστε οὕτω καὶ ἡ κίνησις ἢ θερμαίνεται ἢ ψύχεται ἢ τόπον ἀλλάττει ἢ αὔξεται· τοῦτο δὲ ἀδύνατον· οὐ γὰρ τῶν ὑποκειμένων τι ἡ μεταβολή), ἢ

do contrário deveria estar num lugar determinado. E tampouco a
corrupção é movimento: de fato, o contrário de um movimento
é outro movimento ou o repouso; mas a corrupção é contrária à
geração. Ora, dado que todo movimento é uma mudança, e dado
que os tipos de mudança são os três acima mencionados, e dois
deles — a geração e a corrupção — não são movimentos mas
mudanças de um contraditório a outro, então segue-se necessariamente que movimento é só a mudança de sujeito a sujeito. Ora,
sujeitos são ou os contrários ou os intermediários (e deve-se pôr
também a privação entre os contrários), e são indicados de forma
afirmativa, como, por exemplo, nu, desdentado, preto[10].

12. [Ainda a respeito da mudança e do movimento e definição de algumas noções][1]

Como as categorias se distinguem em substância, qualidade, lugar, ação e paixão, relação, quantidade, os movimentos devem ser necessariamente três: movimentos segundo a qualidade, segundo a quantidade e segundo o lugar[2].

(1) Segundo a substância não existe movimento, porque não há nada que seja contrário à substância[3].

(2) Tampouco existe movimento segundo a relação: de fato, é possível que, mudando um dos termos que estão em relação, o outro não se possa mais afirmar com verdade, mesmo não tendo mudado em nada: portanto, o movimento dos relativos só é acidental[4].

(3) E não existe movimento do agente e do paciente, e também não existe movimento do movente e do movido, enquanto não existe movimento do movimento, nem geração da geração, nem, em geral, mudança da mudança[5]. (a) De fato, só pode haver movimento do movimento em dois casos. Ou quando se trata do movimento de um sujeito: por exemplo, o homem se move enquanto muda de branco a preto, de sorte que, nesse caso, o movimento deveria também aquecer-se ou resfriar-se ou deslocar-se ou aumentar; mas isso é impossível, porque o movimento não é um sujeito. Ou, enquanto é o sujeito que muda

τῷ ἕτερόν τι ὑποκείμενον ἐκ μεταβολῆς μεταβάλλειν εἰς ἄλλο εἶδος, οἷον ἄνθρωπον ἐκ νόσου εἰς ὑγίειαν. ἀλλ' οὐδὲ τοῦτο δυνατὸν πλὴν κατὰ συμβεβηκός. πᾶσα γὰρ κίνησις ἐξ ἄλλου εἰς ἄλλο ἐστὶ μεταβολή, καὶ γένεσις καὶ φθορὰ
25 ὡσαύτως· πλὴν αἱ μὲν εἰς ἀντικείμενα ὡδί, ἡ δ' ὡδί, ἡ κίνησις. ἅμα οὖν μεταβάλλει ἐξ ὑγιείας εἰς νόσον, καὶ ἐξ αὐτῆς ταύτης τῆς μεταβολῆς εἰς ἄλλην. δῆλον δὴ ὅτι ἂν νοσήσῃ, μεταβεβληκὸς ἔσται εἰς ὁποιανοῦν (ἐνδέχεται γὰρ ἠρεμεῖν) καὶ ἔτι εἰς μὴ τὴν τυχοῦσαν ἀεί· κἀκείνη ἔκ τινος εἴς
30 τι ἄλλο ἔσται· ὥσθ' ἡ ἀντικειμένη ἔσται, ὑγίανσις, ἀλλὰ τῷ συμβεβηκέναι, οἷον ἐξ ἀναμνήσεως εἰς λήθην μεταβάλλει ὅτι ᾧ ὑπάρχει ἐκεῖνο μεταβάλλει, ὁτὲ μὲν εἰς ἐπιστήμην ὁτὲ δὲ εἰς ἄγνοιαν. —ἔτι εἰς ἄπειρον βαδιεῖται, εἰ ἔσται μεταβολῆς μεταβολὴ καὶ γενέσεως γένεσις. ἀνάγκη
35 δὴ καὶ τὴν προτέραν, εἰ ἡ ὑστέρα· οἷον εἰ ἡ ἁπλῆ γένεσις
1068ᵇ ἐγίγνετό ποτε, καὶ τὸ γιγνόμενον ἐγίγνετο· ὥστε οὔπω ἦν τὸ γιγνόμενον ἁπλῶς, ἀλλά τι γιγνόμενον [ἢ] γιγνόμενον ἤδη. καὶ τοῦτ' ἐγίγνετό ποτε, ὥστ' οὐκ ἦν πω τότε γιγνόμενον. ἐπεὶ δὲ τῶν ἀπείρων οὐκ ἔστι τι πρῶτον, οὐκ
5 ἔσται τὸ πρῶτον, ὥστ' οὐδὲ τὸ ἐχόμενον. οὔτε γίγνεσθαι οὖν οὔτε κινεῖσθαι οἷόν τε οὔτε μεταβάλλειν οὐδέν. ἔτι τοῦ αὐτοῦ κίνησις ἡ ἐναντία καὶ ἠρέμησις, καὶ γένεσις καὶ φθορά, ὥστε τὸ γιγνόμενον, ὅταν γένηται γιγνόμενον, τότε φθείρε-

de uma mudança a outra forma de mudança: como, por
exemplo, um homem que passa de enfermo a sadio; mas
também isso é impossível, a não ser por acidente, porque
todo movimento é mudança de uma coisa a outra coisa.
(E isso vale também para a geração e a corrupção, com
essa única diferença: geração e corrupção são mudanças
entre opostos de determinada natureza, enquanto o movimento é mudança entre opostos de natureza diferente
deles). Portanto, deveria haver uma mudança da saúde à
enfermidade e, ao mesmo tempo, uma mudança dessa
própria mudança a outra mudança. Então é evidente que,
se alguém adoeceu, deve ter sofrido uma mudança para
algum tipo de mudança (embora também possa não mudar!) e, além disso, para uma mudança que não é sempre
casual: e essa mudança ocorrerá de uma coisa para outra
e será, portanto, a mudança oposta, isto é, o processo de
cura. Mas, na verdade, a mudança da mudança só pode
ocorrer acidentalmente: por exemplo. Pode haver uma
mudança da recordação ao esquecimento, porque o que
muda é o sujeito que passa do saber à ignorância[6]. (b)
Ademais, iríamos ao infinito se houvesse mudança da
mudança e geração da geração. De fato, se existe geração
da última geração, deve necessariamente haver geração
da precedente. Por exemplo, se a própria geração absoluta gerou-se em determinado momento, também todo
gerado em sentido absoluto se gerou. Portanto, jamais
existiu um gerado em sentido absoluto, mas sempre um
gerado que foi, por sua vez, gerado. De fato, também
este deveria gerar-se num tempo e, portanto, naquele
tempo ainda não era gerado. Ora, dado que numa série
infinita não existe primeiro termo, no processo da geração não haverá um primeiro termo e, por conseguinte,
tampouco termos seguintes. Portanto, nada poderá nem
gerar-se, nem mover-se, nem mudar[7]. (c) Ademais, no
mesmo sujeito se encontra o movimento e seu contrário
e o estado de repouso, e também a geração e a corrupção;
por conseguinte, o que é gerado, no momento em que se

ται· οὔτε γὰρ εὐθὺς γιγνόμενον οὔθ' ὕστερον· εἶναι γὰρ δεῖ
τὸ φθειρόμενον. ἔτι δεῖ ὕλην ὑπεῖναι τῷ γιγνομένῳ καὶ
μεταβάλλοντι. τίς οὖν ἔσται ὥσπερ τὸ ἀλλοιωτὸν σῶμα ἢ
ψυχή — οὕτω τί τὸ γιγνόμενον κίνησις ἢ γένεσις; καὶ ἔτι τί
εἰς ὃ κινοῦνται; δεῖ γὰρ εἶναι τὴν τοῦδε ἐκ τοῦδε εἰς τόδε
κίνησιν ἢ γένεσιν. πῶς οὖν; οὐ γὰρ ἔσται μάθησις τῆς
μαθήσεως, ὥστ' οὐδὲ γένεσις γενέσεως. ἐπεὶ δ' οὔτ' οὐσίας οὔτε
τοῦ πρός τι οὔτε τοῦ ποιεῖν καὶ πάσχειν, λείπεται κατὰ τὸ
ποιὸν καὶ ποσὸν καὶ τόπον κίνησιν εἶναι (τούτων γὰρ ἑκάστῳ ἐναντίωσις ἔστιν), λέγω δὲ τὸ ποιὸν οὐ τὸ ἐν τῇ οὐσίᾳ
(καὶ γὰρ ἡ διαφορὰ ποιόν) ἀλλὰ τὸ παθητικόν, καθ' ὃ
λέγεται πάσχειν ἢ ἀπαθὲς εἶναι. τὸ δὲ ἀκίνητον τό τε
ὅλως ἀδύνατον κινηθῆναι καὶ τὸ μόλις ἐν χρόνῳ πολλῷ ἢ
βραδέως ἀρχόμενον, καὶ τὸ πεφυκὸς μὲν κινεῖσθαι καὶ
δυνάμενον (μὴ κινούμενον) δὲ ὅτε πέφυκε καὶ οὗ καὶ ὥς· ὃ
καλῶ ἠρεμεῖν τῶν ἀκινήτων μόνον· ἐναντίον γὰρ ἠρεμία
κινήσει, ὥστε στέρησις ἂν εἴη τοῦ δεκτικοῦ.
Ἅμα κατὰ τόπον ὅσα ἐν ἑνὶ τόπῳ πρώτῳ, καὶ χωρὶς
ὅσα ἐν ἄλλῳ· ἅπτεσθαι δὲ ὧν τὰ ἄκρα ἅμα· μεταξὺ δ'
εἰς ὃ πέφυκε πρότερον ἀφικνεῖσθαι τὸ μεταβάλλον ἢ εἰς
ὃ ἔσχατον μεταβάλλει κατὰ φύσιν τὸ συνεχῶς μετα-

gera como gerado, nesse mesmo momento se corrompe: de fato, não pode corromper-se nem quando começa a gerar-se, nem quando tenha terminado de gerar-se, porque para corromper-se precisa existir[8]. (d) Enfim, deve haver uma matéria que sirva de sujeito ao que se gera e ao que muda. E quê poderá ser essa matéria? E o quê poderá ser aquilo que, à semelhança do corpo que serve de sujeito das alterações ou à semelhança da alma, tornar-se-á movimento e geração? E qual será o fim ao qual tendem? O movimento e a geração devem ser mudança de algo a partir de algo em direção de algo. E como será possível isto? De fato, não pode haver aprendizado do aprendizado e, portanto, tampouco geração da geração[9].

Em conclusão, dado que não existe movimento nem da substância nem da relação, nem do fazer nem do sofrer, só há movimento segundo a qualidade, segundo a quantidade e segundo o lugar, porque em cada uma dessas categorias existe a contrariedade. (Entendo por qualidade não a que existe na substância — de fato, também a diferença é uma qualidade —, mas a que constitui uma afecção das coisas e em virtude da qual se diz de algo que é afetado por outro)[10].

O imóvel é (a) o que não pode absolutamente mover-se, (b) o que se move com dificuldade e num período de tempo, (c) e ainda o que, mesmo sendo por natureza capaz de mover-se e mesmo podendo mover-se, não se move quando, onde e como deveria por sua natureza. Só este último significado de imóvel entendo como equivalente a repouso: de fato, o repouso é o contrário do movimento e, portanto, deve ser uma privação de um sujeito suscetível de movimento[11].

Juntas segundo o lugar são todas as coisas que estão num mesmo lugar originalmente[12].

Separadas segundo o lugar são todas as coisas que estão em lugares diferentes.

Em contato são as coisas cujas extremidades estão juntas.

Intermediário é aquilo a que deve chegar a coisa que muda antes de alcançar o fim da mudança, quando se trata de mudança segundo a natureza e contínua.

βάλλον. ἐναντίον κατὰ τόπον τὸ κατ' εὐθεῖαν ἀπέχον πλεῖ-
στον· ἑξῆς δὲ οὗ μετὰ τὴν ἀρχὴν ὄντος, θέσει ἢ εἴδει ἢ ἄλλως πως ἀφορισθέντος, μηθὲν μεταξύ ἐστι τῶν ἐν ταὐτῷ
γένει καὶ οὗ ἐφεξῆς ἐστίν, οἷον γραμμαὶ γραμμῆς ἢ μονάδες μονάδος ἢ οἰκίας οἰκία (ἄλλο δ' οὐθὲν κωλύει μεταξὺ
εἶναι). τὸ γὰρ ἑξῆς τινὸς ἐφεξῆς καὶ ὕστερόν τι· οὐ γὰρ τὸ
ἓν ἑξῆς τῶν δύο οὐδ' ἡ νουμηνία τῆς δευτέρας. ἐχόμενον
δὲ ὃ ἂν ἑξῆς ὂν ἅπτηται. ἐπεὶ δὲ πᾶσα μεταβολὴ ἐν τοῖς
ἀντικειμένοις, ταῦτα δὲ τὰ ἐναντία καὶ ἀντίφασις, ἀντιφάσεως δ' οὐδὲν ἀνὰ μέσον, δῆλον ὡς ἐν τοῖς ἐναντίοις τὸ
μεταξύ. τὸ δὲ συνεχὲς ὅπερ ἐχόμενόν τι. λέγω δὲ συνεχὲς
ὅταν ταὐτὸ γένηται καὶ ἓν τὸ ἑκατέρου πέρας οἷς ἅπτονται
καὶ συνέχονται, ὥστε δῆλον ὅτι τὸ συνεχὲς ἐν τούτοις
ἐξ ὧν ἕν τι πέφυκε γίγνεσθαι κατὰ τὴν σύναψιν. καὶ
ὅτι πρῶτον τὸ ἐφεξῆς, δῆλον (τὸ γὰρ ἐφεξῆς οὐχ ἅπτεται,
τοῦτο δ' ἐφεξῆς· καὶ εἰ συνεχές, ἅπτεται, εἰ δ' ἅπτεται,
οὔπω συνεχές· ἐν οἷς δὲ μὴ ἔστιν ἁφή, οὐκ ἔστι σύμφυσις
ἐν τούτοις)· ὥστ' οὐκ ἔστι στιγμὴ μονάδι ταὐτόν· ταῖς μὲν
γὰρ ὑπάρχει τὸ ἅπτεσθαι, ταῖς δ' οὔ, ἀλλὰ τὸ ἐφεξῆς· καὶ
τῶν μὲν μεταξύ τι τῶν δ' οὔ.

Contrário segundo o lugar é aquilo que se encontra na maior distância em linha reta.

Consecutivo[13] é o que vem depois de um termo inicial ou pela posição ou pela forma ou de algum outro modo, sem que entre este e o termo ao qual segue exista outro termo do mesmo gênero: por isso a linha é consecutiva à linha, a unidade à unidade, a casa à casa. Nada impede, porém, que entre eles exista algo de outro gênero. De fato, o que é consecutivo sempre se segue a alguma coisa e é algo posterior: por exemplo, o um não é consecutivo ao dois, nem o primeiro quarto de lua é consecutivo ao segundo quarto de lua.

Contíguo é aquilo que, além de ser consecutivo, está em contato. (Dado que toda mudança ocorre entre opostos e estes são ou contrários ou contraditórios, e dado que os contraditórios não admitem termo intermediário, é evidente que o intermediário só existe entre os contrários).

Contínuo é certo tipo de contiguidade. E fala-se de contínuo quando os termos com os quais as coisas se tocam e se mantêm unidas tornam-se um único termo: portanto, é evidente que o contínuo ocorre nas coisas que por via de contato podem produzir uma unidade natural.

E é evidente que a noção de consecução é a primeira dentre essas noções. De fato, a consecução não implica contato; enquanto o que está em contato implica a consecução. Ademais, se existe continuidade, existe contato; mas se só existe contato, ainda não existe continuidade. Nas coisas em que não existe contato, tampouco existe união natural. Por conseguinte, o ponto e a unidade não são a mesma coisa: de fato, enquanto os pontos se tocam, as unidades não se tocam, mas são consecutivas; enfim, entre os pontos existe um intermediário, entre as unidades não existe intermediário[14].

LIVRO
Λ
(DÉCIMO SEGUNDO)

1

Περὶ τῆς οὐσίας ἡ θεωρία· τῶν γὰρ οὐσιῶν αἱ ἀρχαὶ καὶ τὰ αἴτια ζητοῦνται. καὶ γὰρ εἰ ὡς ὅλον τι τὸ πᾶν, ἡ οὐσία πρῶτον μέρος· καὶ εἰ τῷ ἐφεξῆς, κἂν οὕτως πρῶτον ἡ οὐσία, εἶτα τὸ ποιόν, εἶτα τὸ ποσόν. ἅμα δὲ οὐδ' ὄντα ὡς εἰπεῖν ἁπλῶς ταῦτα, ἀλλὰ ποιότητες καὶ κινήσεις, ἢ καὶ τὸ οὐ λευκὸν καὶ τὸ οὐκ εὐθύ· λέγομεν γοῦν εἶναι καὶ ταῦτα, οἷον ἔστιν οὐ λευκόν. ἔτι οὐδὲν τῶν ἄλλων χωριστόν. μαρτυροῦσι δὲ καὶ οἱ ἀρχαῖοι ἔργῳ· τῆς γὰρ οὐσίας ἐζήτουν ἀρχὰς καὶ στοιχεῖα καὶ αἴτια. οἱ μὲν οὖν νῦν τὰ καθόλου οὐσίας μᾶλλον τιθέασιν (τὰ γὰρ γένη καθόλου, ἅ φασιν ἀρχὰς καὶ οὐσίας εἶναι μᾶλλον διὰ τὸ λογικῶς ζητεῖν)· οἱ δὲ πάλαι τὰ καθ' ἕκαστα, οἷον πῦρ καὶ γῆν, ἀλλ' οὐ τὸ κοινόν, σῶμα. οὐσίαι δὲ τρεῖς, μία μὲν αἰσθητή—ἧς ἡ μὲν ἀίδιος ἡ δὲ φθαρτή, ἣν πάντες ὁμολογοῦσιν, οἷον τὰ φυτὰ καὶ τὰ ζῷα [ἡ δ' ἀίδιος]—ἧς ἀνάγκη τὰ στοιχεῖα λαβεῖν, εἴτε ἓν εἴτε πολλά· ἄλλη δὲ ἀκίνητος, καὶ ταύ-

1. [*O objeto da metafísica e as três substâncias*]¹

O objeto sobre o qual versa nossa pesquisa é a substância: de fato, os princípios e as causas que estamos pesquisando são as das substâncias².

E, com efeito, se considerarmos a realidade como um todo, a substância é a primeira parte³; e se a considerarmos como a série das categorias, também assim a substância é primeira, depois vem a qualidade, depois a quantidade⁴.

Antes, falando em sentido absoluto, estas últimas nem sequer são seres, mas qualidades e movimentos da substância, ou são do mesmo modo que o não-branco e o não-reto: de fato, também estes dizemos que são, como, por exemplo, quando dizemos "isto é não-branco"⁵.

Ademais, nenhuma das categorias pode separar-se da substância⁶.

Também os pensadores antigos demonstram isso: de fato, eles buscavam princípios, elementos e causas da substância. Os pensadores contemporâneos afirmam sobretudo os universais como substâncias: com efeito, são universais os gêneros que eles afirmam como princípios e substâncias, com base em sua investigação de caráter puramente racional. Ao contrário, os pensadores antigos afirmavam como substâncias as realidades particulares, como, por exemplo, o fogo e a terra, e não o universal, isto é, o corpo⁷.

Existem três substâncias <de diferentes gêneros>⁸.

Uma é a substância sensível, que se distingue em (a) eterna⁹ e (b) corruptível (e esta é a substância que todos admitem: por exemplo as plantas e os animais¹⁰; desta é necessário compreender quais são os elementos constitutivos, quer eles se reduzam a um só, quer sejam muitos). (c) A outra substância é imóvel; e alguns

την φασί τινες είναι χωριστήν, οι μεν εις δύο διαιρούντες,
οι δε εις μίαν φύσιν τιθέντες τα είδη και τα μαθηματικά,
οι δε τα μαθηματικά μόνον τούτων. εκείναι μεν δη φυσικής (μετά κινήσεως γάρ), αύτη δε ετέρας, ει μηδεμία
αυτοίς αρχή κοινή.

2

Ἡ δ' αἰσθητὴ οὐσία μεταβλητή. εἰ δ' ἡ μεταβολὴ
ἐκ τῶν ἀντικειμένων ἢ τῶν μεταξύ, ἀντικειμένων δὲ μὴ
πάντων (οὐ λευκὸν γὰρ ἡ φωνή) ἀλλ' ἐκ τοῦ ἐναντίου,
ἀνάγκη ὑπεῖναί τι τὸ μεταβάλλον εἰς τὴν ἐναντίωσιν· οὐ
γὰρ τὰ ἐναντία μεταβάλλει. ἔτι τὸ μὲν ὑπομένει, τὸ δ'
ἐναντίον οὐχ ὑπομένει· ἔστιν ἄρα τι τρίτον παρὰ τὰ ἐναντία, ἡ ὕλη. εἰ δὴ αἱ μεταβολαὶ τέτταρες, ἢ κατὰ τὸ τί
ἢ κατὰ τὸ ποῖον ἢ πόσον ἢ ποῦ, καὶ γένεσις μὲν ἡ ἁπλῆ
καὶ φθορὰ ἡ κατὰ ⟨τὸ⟩ τόδε, αὔξησις δὲ καὶ φθίσις ἡ κατὰ
τὸ ποσόν, ἀλλοίωσις δὲ ἡ κατὰ τὸ πάθος, φορὰ δὲ ἡ
κατὰ τόπον, εἰς ἐναντιώσεις ἂν εἶεν τὰς καθ' ἕκαστον αἱ
μεταβολαί. ἀνάγκη δὴ μεταβάλλειν τὴν ὕλην δυναμένην
ἄμφω· ἐπεὶ δὲ διττὸν τὸ ὄν, μεταβάλλει πᾶν ἐκ τοῦ δυνάμει ὄντος εἰς τὸ ἐνεργείᾳ ὄν (οἷον ἐκ λευκοῦ δυνάμει εἰς
τὸ ἐνεργείᾳ λευκόν, ὁμοίως δὲ καὶ ἐπ' αὐξήσεως καὶ φθίσεως), ὥστε οὐ μόνον κατὰ συμβεβηκὸς ἐνδέχεται γίγνεσθαι
ἐκ μὴ ὄντος, ἀλλὰ καὶ ἐξ ὄντος γίγνεται πάντα, δυνάμει μέντοι ὄντος, ἐκ μὴ ὄντος δὲ ἐνεργείᾳ. καὶ τοῦτ' ἔστι
τὸ Ἀναξαγόρου ἕν· βέλτιον γὰρ ἢ "ὁμοῦ πάντα" — καὶ Ἐμπεδοκλέους τὸ μῖγμα καὶ Ἀναξιμάνδρου, καὶ ὡς Δημό-

filósofos afirmam que ela é separada[11]: alguns a separam ulteriormente em dois tipos[12], outros reduzem as Formas e os Entes matemáticos[13] a uma única natureza, outros ainda só admitem os Entes matemáticos[14].

As duas primeiras espécies de substâncias constituem o objeto da física, porque são sujeitas a movimento[15]; a terceira, ao invés, é objeto de outra ciência, dado que não existe nenhum princípio comum a ela e às outras duas[16].

2. [Os princípios do devir, particularmente a matéria][1]

A substância sensível é sujeita à mudança. Ora, se a mudança ocorre entre os opostos, ou entre os estados intermediários a estes[2] — não entre todos os opostos em geral (pois também a voz é um não-branco), mas só entre contrários[3] —, é necessário que exista um substrato que mude de um contrário ao outro, porque os contrários não mudam[4].

Ademais, no processo de mudança há algo que permanece, enquanto o contrário não permanece; portanto, há um terceiro termo além dos dois contrários: a matéria[5].

Ora, se as mudanças são de quatro tipos: (a) segundo a essência, (b) segundo a qualidade, (c) segundo a quantidade, (d) segundo o lugar — geração, em primeiro lugar, e corrupção são mudanças segundo a substância, aumento e diminuição segundo a quantidade, alteração segundo a qualidade, translação segundo o lugar —, as mudanças deverão ocorrer entre os contrários no âmbito de cada uma dessas categorias[6]. Portanto, é necessário que mude a matéria, que é em potência nos dois contrários[7].

E dado que existem dois modos de ser[8], tudo o que muda, muda passando do ser em potência ao ser em ato: por exemplo, do branco em potência ao branco em ato; e o mesmo vale para o acréscimo e a diminuição. Portanto, não só podemos dizer, em certo sentido, que tudo deriva do não-ser, mas também que tudo deriva do ser: evidentemente, do ser em potência e do não-ser em ato[9]. (E justamente isso significa o "um" de Anaxágoras; com efeito, em vez de dizer "todas as coisas juntas" — e em lugar da "mistura" de Empédocles e de Anaximandro e, também, do que

κριτός φησιν — "ἦν ὁμοῦ πάντα δυνάμει, ἐνεργείᾳ δ' οὔ"· ὥστε
τῆς ὕλης ἂν εἶεν ἡμμένοι· πάντα δ' ὕλην ἔχει ὅσα μεταβάλλει, ἀλλ' ἑτέραν· καὶ τῶν ἀϊδίων ὅσα μὴ γενητὰ
κινητὰ δὲ φορᾷ, ἀλλ' οὐ γενητὴν ἀλλὰ ποθὲν ποί. ἀπορήσειε δ' ἄν τις ἐκ ποίου μὴ ὄντος ἡ γένεσις· τριχῶς γὰρ
τὸ μὴ ὄν. εἰ δή τι ἔστι δυνάμει, ἀλλ' ὅμως οὐ τοῦ τυχόν-
τος ἀλλ' ἕτερον ἐξ ἑτέρου· οὐδ' ἱκανὸν ὅτι ὁμοῦ πάντα
χρήματα· διαφέρει γὰρ τῇ ὕλῃ, ἐπεὶ διὰ τί ἄπειρα ἐγένετο ἀλλ' οὐχ ἕν; ὁ γὰρ νοῦς εἷς, ὥστ' εἰ καὶ ἡ ὕλη μία,
ἐκεῖνο ἐγένετο ἐνεργείᾳ οὗ ἡ ὕλη ἦν δυνάμει. τρία δὴ τὰ
αἴτια καὶ τρεῖς αἱ ἀρχαί, δύο μὲν ἡ ἐναντίωσις, ἧς τὸ
μὲν λόγος καὶ εἶδος τὸ δὲ στέρησις, τὸ δὲ τρίτον ἡ ὕλη.

3

Μετὰ ταῦτα ὅτι οὐ γίγνεται οὔτε ἡ ὕλη οὔτε τὸ εἶδος,
λέγω δὲ τὰ ἔσχατα. πᾶν γὰρ μεταβάλλει τὶ καὶ ὑπό
τινος καὶ εἴς τι· ὑφ' οὗ μέν, τοῦ πρώτου κινοῦντος· ὃ δέ, ἡ
ὕλη· εἰς ὃ δέ, τὸ εἶδος. εἰς ἄπειρον οὖν εἶσιν, εἰ μὴ μόνον
ὁ χαλκὸς γίγνεται στρογγύλος ἀλλὰ καὶ τὸ στρογγύλον
ἢ ὁ χαλκός· ἀνάγκη δὴ στῆναι. —μετὰ ταῦτα ὅτι ἑκάστη
ἐκ συνωνύμου γίγνεται οὐσία (τὰ γὰρ φύσει οὐσίαι καὶ
τὰ ἄλλα). ἢ γὰρ τέχνῃ ἢ φύσει γίγνεται ἢ τύχῃ ἢ τῷ

diz Demócrito — seria melhor dizer: "todas as coisas estavam juntas em potência, mas não em ato". De modo que estes filósofos de algum modo entreviram a noção de matéria)[10]. Portanto, todas as coisas que mudam têm matéria: porém, diferente segundo os casos[11]; e também têm matéria as coisas eternas que não são geradas, mas têm movimento de translação: não, porém, uma matéria passível de geração, mas uma matéria suscetível unicamente de movimento local[12].

Poder-se-ia levantar o seguinte problema: de que tipo de não-ser ocorre a geração? De fato, fala-se de não-ser em três significados distintos. A resposta é: do não-ser em potência[13]. Todavia, não de qualquer potência ocorre a geração de qualquer coisa, mas de potências diferentes geram-se coisas diferentes[14]. Não é suficiente, portanto, dizer que "todas as coisas estavam juntas", enquanto as coisas diferem pela matéria. De fato, por que razão existem infinitas coisas e não, ao contrário, uma só? A inteligência da qual fala Anaxágoras é única; desse modo, se também a matéria fosse única, só passaria ao ato o que a matéria era em potência[15].

Três são, portanto, as causas e os princípios: duas constituem um par de contrários, dos quais um é a forma, o outro a privação, o terceiro é a matéria.

3. *[O caráter ingênito da matéria e da forma e o modo de ser da forma]*[1]

Depois disso, é preciso observar que a matéria e a forma — os princípios últimos — não se geram. De fato, tudo o que muda é algo, muda por obra de algo e muda em algo. Aquilo pelo que ocorre a mudança é o motor próximo; o que muda é a matéria; aquilo a que tende a mudança é a forma. De fato, iríamos ao infinito se não só a esfera de bronze fosse gerada, mas também a esfera e o bronze. Portanto, é necessário que haja um termo no qual se deve parar[2].

Ademais, devemos dizer que toda substância se gera de outra que tem o mesmo nome. E isso vale seja para as substâncias naturais, seja para as outras[3]. As substâncias se geram ou por

αὐτομάτῳ. ἡ μὲν οὖν τέχνη ἀρχὴ ἐν ἄλλῳ, ἡ δὲ φύσις ἀρχὴ ἐν αὐτῷ (ἄνθρωπος γὰρ ἄνθρωπον γεννᾷ), αἱ δὲ λοιπαὶ αἰτίαι στερήσεις τούτων. οὐσίαι δὲ τρεῖς, ἡ μὲν ὕλη
10 τόδε τι οὖσα τῷ φαίνεσθαι (ὅσα γὰρ ἀφῇ καὶ μὴ συμφύσει, ὕλη καὶ ὑποκείμενον), ἡ δὲ φύσις τόδε τι καὶ ἕξις τις εἰς ἥν· ἔτι τρίτη ἡ ἐκ τούτων ἡ καθ' ἕκαστα, οἷον Σωκράτης ἢ Καλλίας. ἐπὶ μὲν οὖν τινῶν τὸ τόδε τι οὐκ ἔστι παρὰ τὴν συνθετὴν οὐσίαν, οἷον οἰκίας τὸ εἶδος, εἰ
15 μὴ ἡ τέχνη (οὐδ' ἔστι γένεσις καὶ φθορὰ τούτων, ἀλλ' ἄλλον τρόπον εἰσὶ καὶ οὐκ εἰσὶν οἰκία τε ἡ ἄνευ ὕλης καὶ ὑγίεια καὶ πᾶν τὸ κατὰ τέχνην), ἀλλ' εἴπερ, ἐπὶ τῶν φύσει· διὸ δὴ οὐ κακῶς Πλάτων ἔφη ὅτι εἴδη ἔστιν ὁπόσα φύσει, εἴπερ ἔστιν εἴδη ἄλλα τούτων *οἷον πῦρ σὰρξ κεφαλή·
20 ἅπαντα γὰρ ὕλη ἐστί, καὶ τῆς μάλιστ' οὐσίας ἡ τελευταία*. τὰ μὲν οὖν κινοῦντα αἴτια ὡς προγεγενημένα ὄντα, τὰ δ' ὡς ὁ λόγος ἅμα. ὅτε γὰρ ὑγιαίνει ὁ ἄνθρωπος, τότε καὶ ἡ ὑγίεια ἔστιν, καὶ τὸ σχῆμα τῆς χαλκῆς σφαίρας ἅμα καὶ ἡ χαλκῆ σφαῖρα (εἰ δὲ καὶ ὕστερόν τι ὑπομένει, σκεπτέον·
25 ἐπ' ἐνίων γὰρ οὐδὲν κωλύει, οἷον εἰ ἡ ψυχὴ τοιοῦτον, μὴ πᾶσα ἀλλ' ὁ νοῦς· πᾶσαν γὰρ ἀδύνατον ἴσως). φανερὸν δὴ ὅτι οὐδὲν δεῖ διά γε ταῦτ' εἶναι τὰς ἰδέας· ἄνθρωπος

arte ou por natureza, ou casualmente ou espontaneamente. A arte é princípio de geração extrínseco à coisa gerada; a natureza é princípio de geração intrínseco à coisa gerada (de fato, o homem gera o homem)⁴; as outras causas da geração são privações dessas duas⁵.

Três são as substâncias⁶: (a) uma é a matéria, que é algo determinado só aparentemente (de fato, tudo o que é por contato e não por íntima união natural é matéria e substrato)⁷; (b) outra é a natureza das coisas, que é algo determinado, e é um estado determinado que constitui o fim da geração⁸; (c) a terceira é a que deriva da união dessas duas, ou seja, o indivíduo, Sócrates ou Cálias⁹.

Em alguns casos, a forma não existe separada da substância composta, como, por exemplo, a forma¹⁰ de uma casa relativamente à casa concreta¹¹; a menos que por forma se entenda a arte de construir a casa¹². Ademais, dessas formas não existe geração nem corrupção, e a forma da casa sem a matéria, assim como a saúde e tudo o que é relativo à arte são ou não são de outro modo, e não por geração e corrupção¹³.

E se a forma pode existir separada, isso só se verificará nas substâncias naturais. Por isso Platão, não sem razão, afirmava que existem tantas formas quantas são as substâncias naturais¹⁴. Admitindo, evidentemente, que existam formas separadas dessas coisas, como: fogo, carne, cabeça. (Na realidade todas elas são matéria, e a matéria da substância propriamente dita é a matéria próxima)¹⁵.

As causas motoras existem anteriormente ao objeto; as causas formais só existem junto com o objeto. De fato, quando o homem é sadio, então também existe a saúde, e também a figura esférica de bronze só existe unida à esfera de bronze¹⁶.

Se, depois, existe algo além é problema que resta a examinar. Para alguns seres nada impede: por exemplo, para a alma: não toda a alma, mas só a alma intelectiva: pois seria impossível que fosse toda¹⁷.

Em todo caso, é claro que para isso não é preciso admitir a existência de Ideias: o homem gera o homem e o indivíduo outro

γὰρ ἄνθρωπον γεννᾷ, ὁ καθ' ἕκαστον τὸν τινά· ὁμοίως δὲ καὶ ἐπὶ τῶν τεχνῶν· ἡ γὰρ ἰατρικὴ τέχνη ὁ λόγος τῆς ὑγιείας 30 ἐστίν.

4

Τὰ δ' αἴτια καὶ αἱ ἀρχαὶ ἄλλα ἄλλων ἔστιν ὥς, ἔστι 4 δ' ὥς, ἂν καθόλου λέγῃ τις καὶ κατ' ἀναλογίαν, ταὐτὰ πάντων. ἀπορήσειε γὰρ ἄν τις πότερον ἕτεραι ἢ αἱ αὐταὶ ἀρχαὶ καὶ στοιχεῖα τῶν οὐσιῶν καὶ τῶν πρός τι, καὶ καθ' 35 ἑκάστην δὴ τῶν κατηγοριῶν ὁμοίως. ἀλλ' ἄτοπον εἰ ταὐτὰ πάντων· ἐκ τῶν αὐτῶν γὰρ ἔσται τὰ πρός τι καὶ αἱ οὐσίαι. 1070ᵇ τί οὖν τοῦτ' ἔσται; παρὰ γὰρ τὴν οὐσίαν καὶ τἆλλα τὰ κατηγορούμενα οὐδέν ἐστι κοινόν, πρότερον δὲ τὸ στοιχεῖον ἢ ὧν στοιχεῖον· ἀλλὰ μὴν οὐδ' ἡ οὐσία στοιχεῖον τῶν πρός τι, οὐδὲ τούτων οὐδὲν τῆς οὐσίας. ἔτι πῶς ἐνδέχεται πάντων 5 εἶναι ταὐτὰ στοιχεῖα; οὐδὲν γὰρ οἷόν τ' εἶναι τῶν στοιχείων τῷ ἐκ στοιχείων συγκειμένῳ τὸ αὐτό, οἷον τῷ ΒΑ τὸ Β ἢ Α (οὐδὲ δὴ τῶν νοητῶν στοιχεῖόν ἐστιν, οἷον τὸ ὂν ἢ τὸ ἕν· ὑπάρχει γὰρ ταῦτα ἑκάστῳ καὶ τῶν συνθέτων). οὐδὲν ἄρ' ἔσται αὐτῶν οὔτ' οὐσία οὔτε πρός τι· ἀλλ' ἀναγκαῖον. οὐκ ἔστιν ἄρα 10 πάντων ταὐτὰ στοιχεῖα. — ἢ ὥσπερ λέγομεν, ἔστι μὲν ὥς, ἔστι δ' ὡς οὔ, οἷον ἴσως τῶν αἰσθητῶν σωμάτων ὡς μὲν εἶδος τὸ θερμὸν καὶ ἄλλον τρόπον τὸ ψυχρὸν ἡ στέρησις, ὕλη δὲ τὸ δυνάμει ταῦτα πρῶτον καθ' αὑτό, οὐσίαι δὲ ταῦτά τε καὶ τὰ ἐκ τούτων, ὧν ἀρχαὶ ταῦτα, ἢ εἴ τι ἐκ θερμοῦ καὶ ψυχροῦ 15 γίγνεται ἕν, οἷον σὰρξ ἢ ὀστοῦν· ἕτερον γὰρ ἀνάγκη ἐκείνων

indivíduo. O mesmo vale também para a arte: a arte médica se
identifica com forma da saúde[18].

4. [As causas e os princípios das coisas são individualmente diversos, mas analogamente idênticos][1]

As causas e os princípios[2], (1) num sentido são diferentes para as diferentes coisas; (2) noutro sentido, considerados universalmente e por analogia, são os mesmos para todas as coisas[3].
(1) Poder-se-ia perguntar se são diferentes ou idênticos os princípios e as causas das substâncias e das relações, e do mesmo modo para cada uma das outras categorias.

Mas, é absurdo dizer que são os mesmos para tudo: de fato, dos mesmos elementos deveriam derivar tanto as relações como a substância. E qual poderia ser esse elemento comum? Além da substância e das outras categorias não existe elemento comum; o elemento existe anteriormente àquilo de que é elemento. Na realidade, nem a substância é elemento das relações, nem qualquer uma das relações é elemento da substância[4].

Ademais, como é possível que os elementos sejam os mesmos para todas as coisas? De fato, nenhum dos elementos pode ser idêntico àquilo que resulta dos próprios elementos: por exemplo, B e A não podem ser idênticos ao composto BA[5].

Também não pode ser elemento algum dos inteligíveis, como, por exemplo, o Ser e o Um: de fato, estes são predicados que competem também a cada um dos compostos. Nenhum destes, portanto, seria ser e um: nem a substância nem a relação; mas é necessário que seja. Portanto, os elementos de todas as coisas não são os mesmos[6].
(2) Ou, como dissemos, os elementos são os mesmos para todas as coisas, em certo sentido sim, e noutro sentido não[7]. Assim, por exemplo, para os corpos sensíveis serve de forma o quente e, de outro modo, o frio é a privação; a matéria é aquilo que, em primeiro lugar e por si, é quente e frio em potência. E substâncias são tanto esses princípios como as coisas que deles derivam e das quais estes são princípios: por exemplo — na hipótese de que do quente e do frio gere-se alguma coisa — a carne e

εἶναι τὸ γενόμενον. τούτων μὲν οὖν ταὐτὰ στοιχεῖα καὶ ἀρχαί (ἄλλων δ' ἄλλα), πάντων δὲ οὕτω μὲν εἰπεῖν οὐκ ἔστιν, τῷ ἀνάλογον δέ, ὥσπερ εἴ τις εἴποι ὅτι ἀρχαί εἰσὶ τρεῖς, τὸ εἶδος καὶ ἡ στέρησις καὶ ἡ ὕλη. ἀλλ' ἕκαστον τούτων ἕτερον περὶ
20 ἕκαστον γένος ἐστίν, οἷον ἐν χρώματι λευκὸν μέλαν ἐπιφάνεια, φῶς σκότος ἀήρ. ἐκ δὲ τούτων ἡμέρα καὶ νύξ. ἐπεὶ δὲ οὐ μόνον τὰ ἐνυπάρχοντα αἴτια, ἀλλὰ καὶ τῶν ἐκτὸς οἷον τὸ κινοῦν, δῆλον ὅτι ἕτερον ἀρχὴ καὶ στοιχεῖον, αἴτια δ' ἄμφω, καὶ εἰς ταῦτα διαιρεῖται ἡ ἀρχή, τὸ δ'
25 ὡς κινοῦν ἢ ἱστὰν ἀρχή τις καὶ οὐσία, ὥστε στοιχεῖα μὲν κατ' ἀναλογίαν τρία, αἰτίαι δὲ καὶ ἀρχαὶ τέτταρες· ἄλλο δ' ἐν ἄλλῳ, καὶ τὸ πρῶτον αἴτιον ὡς κινοῦν ἄλλο ἄλλῳ. ὑγίεια, νόσος, σῶμα· τὸ κινοῦν ἰατρική. εἶδος, ἀταξία τοιαδί, πλίνθοι· τὸ κινοῦν οἰκοδομική [καὶ εἰς ταῦτα διαι-
30 ρεῖται ἡ ἀρχή]. ἐπεὶ δὲ τὸ κινοῦν ἐν μὲν τοῖς φυσικοῖς ἀνθρώπῳ ἄνθρωπος, ἐν δὲ τοῖς ἀπὸ διανοίας τὸ εἶδος ἢ τὸ ἐναντίον, τρόπον τινὰ τρία αἴτια ἂν εἴη, ὡδὶ δὲ τέτταρα. ὑγίεια γάρ πως ἡ ἰατρική, καὶ οἰκίας εἶδος ἡ οἰκοδομική, καὶ ἄνθρωπος ἄνθρωπον γεννᾷ· ἔτι παρὰ ταῦτα τὸ ὡς
35 πρῶτον πάντων κινοῦν πάντα.

5

Ἐπεὶ δ' ἐστὶ τὰ μὲν χωριστὰ τὰ δ' οὐ χωριστά, οὐσίαι ἐκεῖνα. καὶ διὰ τοῦτο πάντων αἴτια ταῦτα, ὅτι τῶν οὐσιῶν

os ossos, porque é necessário que a coisa produzida seja diferente dos elementos[8].

Portanto, os elementos e os princípios das coisas sensíveis são os mesmos, mas diferentes nas diferentes coisas. Porém, não se pode dizer que eles sejam os mesmos para todas as coisas em sentido absoluto, mas só por analogia, como, por exemplo, quando se diz que os princípios são três: a forma, a privação e a matéria. Cada um destes, entretanto, é diferente para cada gênero de coisas. Assim, por exemplo, a cor deriva de três princípios: o branco, o preto e a superfície; dia e noite derivam desses outros princípios <luz, trevas e ar>[9].

E dado que não só os elementos intrínsecos às coisas são causas, mas também alguns fatores externos às coisas como, por exemplo, o movente, é claro que é preciso distinguir princípio e elemento e ter presente que ambos são causas, e também deve-se distinguir o princípio em intrínseco e extrínseco e que o que produz o movimento ou a inércia é um princípio e uma substância. Portanto, os elementos analogicamente entendidos são três, enquanto as causas e os princípios são quatro[10]. Todavia, estes são concretamente diferentes nas diferentes coisas, e também a causa motora próxima é diferente nas diferentes coisas. Por exemplo: no que tange a saúde, enfermidade e corpo, a causa motora é a arte médica; no que concerne à forma da casa, a este material desordenado e a estes tijolos, a causa motora é a arte de edificar[11].

Dado que a causa motora para as substâncias naturais como, por exemplo, o homem, é o próprio homem, enquanto para o que é produzido pela razão é a forma e seu contrário, sob certo aspecto as causas são três, sob outro aspecto são quatro. A saúde, em certo sentido, coincide com a arte médica e a forma da casa coincide com a arte de construir a casa; ademais, é o homem que gera o homem[12].

Além dessas causas existe também o que move tudo como causa primeira de tudo[13].

5. [*Continuação da discussão sobre o modo de ser dos princípios*][1]

Existem seres separáveis e outros não; só os primeiros são substâncias. Por esta razão as causas de todas as coisas são as

ἄνευ οὐκ ἔστι τὰ πάθη καὶ αἱ κινήσεις. ἔπειτα ἔσται ταῦτα
ψυχὴ ἴσως καὶ σῶμα, ἢ νοῦς καὶ ὄρεξις καὶ σῶμα. — ἔτι
δ' ἄλλον τρόπον τῷ ἀνάλογον ἀρχαὶ αἱ αὐταί, οἷον ἐνέργεια καὶ δύναμις· ἀλλὰ καὶ ταῦτα ἄλλα τε ἄλλοις καὶ
ἄλλως. ἐν ἐνίοις μὲν γὰρ τὸ αὐτὸ ὁτὲ μὲν ἐνεργείᾳ ἔστιν
ὁτὲ δὲ δυνάμει, οἷον οἶνος ἢ σὰρξ ἢ ἄνθρωπος (πίπτει δὲ
καὶ ταῦτα εἰς τὰ εἰρημένα αἴτια· ἐνεργείᾳ μὲν γὰρ τὸ
εἶδος, ἐὰν ᾖ χωριστόν, καὶ τὸ ἐξ ἀμφοῖν στέρησις δέ, οἷον
σκότος ἢ κάμνον, δυνάμει δὲ ἡ ὕλη· τοῦτο γάρ ἐστι τὸ
δυνάμενον γίγνεσθαι ἄμφω)· ἄλλως δ' ἐνεργείᾳ καὶ δυνάμει διαφέρει ὧν μὴ ἔστιν ἡ αὐτὴ ὕλη, ὧν (ἐνίων) οὐκ ἔστι τὸ
αὐτὸ εἶδος ἀλλ' ἕτερον, ὥσπερ ἀνθρώπου αἴτιον τά τε στοιχεῖα, πῦρ καὶ γῆ ὡς ὕλη καὶ τὸ ἴδιον εἶδος, καὶ ἔτι τι
ἄλλο ἔξω οἷον ὁ πατήρ, καὶ παρὰ ταῦτα ὁ ἥλιος καὶ ὁ
λοξὸς κύκλος, οὔτε ὕλη ὄντα οὔτ' εἶδος οὔτε στέρησις οὔτε
ὁμοειδὲς ἀλλὰ κινοῦντα. ἔτι δὲ ὁρᾶν δεῖ ὅτι τὰ μὲν καθόλου ἔστιν εἰπεῖν, τὰ δ' οὔ. πάντων δὴ πρῶται ἀρχαὶ τὸ
ἐνεργείᾳ πρῶτον τοδὶ καὶ ἄλλο ὃ δυνάμει. ἐκεῖνα μὲν
οὖν τὰ καθόλου οὐκ ἔστιν· ἀρχὴ γὰρ τὸ καθ' ἕκαστον τῶν
καθ' ἕκαστον· ἄνθρωπος μὲν γὰρ ἀνθρώπου καθόλου, ἀλλ'
οὐκ ἔστιν οὐδείς, ἀλλὰ Πηλεὺς Ἀχιλλέως σοῦ δὲ ὁ πατήρ,
καὶ τοδὶ τὸ Β τουδὶ τοῦ ΒΑ, ὅλως δὲ τὸ Β τοῦ ἁπλῶς
ΒΑ. ἔπειτα, εἰ δὴ τὰ τῶν οὐσιῶν, ἄλλα δὲ ἄλλων
αἴτια καὶ στοιχεῖα, ὥσπερ ἐλέχθη, τῶν μὴ ἐν ταὐτῷ γέ-

mesmas, porque sem as substâncias não podem existir nem as afecções nem os movimentos².

Essas causas serão, provavelmente, a alma e o corpo, ou o intelecto, o desejo e o corpo³.

E ainda, noutro sentido, os princípios são analogicamente os mesmos: quer dizer, segundo o ato e a potência. Todavia, estes não só são diferentes nas diferentes coisas, mas também se apresentam de maneira diferente nas mesmas coisas. De fato, em alguns casos o mesmo objeto é às vezes em ato, às vezes em potência: por exemplo, o vinho, a carne, o homem⁴. Também potência e ato incluem-se entre as causas de que falamos: em ato é a forma — enquanto é separável — e também o conjunto de matéria e forma, enquanto a privação é como as trevas e a enfermidade; em potência, é a matéria: ela constitui, de fato, o que pode vir a ser um ou outro dos contrários⁵.

De outro modo ainda difere o ser em potência e o ser em ato nos casos em que a matéria não é a mesma, e nos casos em que a forma não é a mesma mas diferente; por exemplo, causa do homem são (a) seus elementos (ou seja, fogo e terra como matéria), (b) a forma que lhe é própria, (c) e, ainda, outra causa que é exterior, como o pai; e além dessas é preciso acrescentar (d) o sol e (e) o círculo oblíquo, os quais não são nem matéria nem forma, nem privação, nem são redutíveis à forma, mas são causas motoras⁶.

Ademais, é preciso observar que algumas causas podem ser ditas universais, outras não. De todas as coisas os princípios próximos são, em primeiro lugar, o que é atualmente algo determinado, e, em segundo lugar, o que é em potência. Portanto, os princípios universais⁷ não existem. O princípio dos indivíduos é um indivíduo. O homem em geral é princípio do homem em geral, mas nenhum homem existe nesse modo; princípio de Aquiles é Peleu, e de ti é teu pai; e este B concreto é causa do concreto BA, enquanto B no universal é causa de BA só no universal⁸.

Além disso, se as causas e os princípios das substâncias são causas de tudo, todavia são diferentes para as diferentes coisas, como já dissemos⁹: das coisas que não pertencem ao mesmo gênero (cores, sons, substâncias, qualidades) as causas serão diferentes,

νει, χρωμάτων ψόφων οὐσιῶν ποσότητος, πλὴν τῷ ἀνάλογον· καὶ τῶν ἐν ταὐτῷ εἴδει ἕτερα, οὐκ εἴδει ἀλλ' ὅτι τῶν καθ' ἕκαστον ἄλλο, ἥ τε σὴ ὕλη καὶ τὸ εἶδος καὶ τὸ κινῆσαν καὶ ἡ ἐμή, τῷ καθόλου δὲ λόγῳ ταὐτά. τὸ δὲ ζητεῖν τίνες ἀρχαὶ ἢ στοιχεῖα τῶν οὐσιῶν καὶ πρός τι καὶ ποιῶν, πότερον αἱ αὐταὶ ἢ ἕτεραι, δῆλον ὅτι πολλαχῶς γε λεγομένων ἔστιν ἑκάστου, διαιρεθέντων δὲ οὐ ταὐτὰ ἀλλ' ἕτερα, πλὴν ὡδὶ καὶ πάντων, ὡδὶ μὲν ταὐτὰ ἢ τὸ ἀνάλογον, ὅτι ὕλη, εἶδος, στέρησις, τὸ κινοῦν, καὶ ὡδὶ τὰ τῶν οὐσιῶν αἴτια ὡς αἴτια πάντων, ὅτι ἀναιρεῖται ἀναιρουμένων· ἔτι τὸ πρῶτον ἐντελεχείᾳ· ὡδὶ δὲ ἕτερα πρῶτα ὅσα τὰ ἐναντία ἃ μήτε ὡς γένη λέγεται μήτε πολλαχῶς λέγεται· καὶ ἔτι αἱ ὗλαι. τίνες μὲν οὖν αἱ ἀρχαὶ τῶν αἰσθητῶν καὶ πόσαι, καὶ πῶς αἱ αὐταὶ καὶ πῶς ἕτεραι, εἴρηται.

6

Ἐπεὶ δ' ἦσαν τρεῖς οὐσίαι, δύο μὲν αἱ φυσικαὶ μία δ' ἡ ἀκίνητος, περὶ ταύτης λεκτέον ὅτι ἀνάγκη εἶναι ἀΐδιόν τινα οὐσίαν ἀκίνητον. αἵ τε γὰρ οὐσίαι πρῶται τῶν ὄντων, καὶ εἰ πᾶσαι φθαρταί, πάντα φθαρτά· ἀλλ' ἀδύνατον κίνησιν ἢ γενέσθαι ἢ φθαρῆναι (ἀεὶ γὰρ ἦν), οὐδὲ χρόνον.

salvo por analogia; e também das coisas que pertencem à mesma
espécie as causas serão diferentes, não especificamente diferentes,
mas numericamente diferentes nos diferentes indivíduos: tua
matéria, tua forma e tua causa eficiente numericamente não são
idênticas às minhas, enquanto são universalmente e especificamente idênticas[10].

Se indagamos sobre os princípios e os elementos das substâncias, das relações e das quantidades, e se são idênticos ou
diferentes, é claro que, tendo eles múltiplos significados, não são
idênticos mas diferentes. A não ser que se entenda serem idênticos
para todas as coisas nos seguintes sentidos: num sentido, analogicamente, como: matéria, forma, privação e causas motoras; e
depois também no sentido de que as causas das substâncias são
causas de tudo, porque se eliminarmos a substância, eliminamos
também todo o resto; e, finalmente, também no sentido de que o
que é Primeiro e plenamente em ato é Causa de tudo[11].

Ao contrário, nesses outros sentidos, as causas primeiras são
diferentes: são diferentes aquelas causas constituídas de contrários que não se predicam nem como gênero nem como termos
que possuem múltiplos significados; e diferentes são também as
matérias nas diferentes coisas individuais[12].

Dissemos, portanto, quais são e quantos são os princípios das
coisas sensíveis, e dissemos em que sentido eles são idênticos para
todas as coisas e em que sentido são diferentes.

6. *[Demonstração da existência de uma substância suprasensível, imóvel e eterna, movente do universo]*[1]

Dissemos acima[2] que as substâncias são três, duas físicas
e uma imóvel. Pois bem, devemos falar agora desta e devemos
demonstrar que necessariamente existe uma substância eterna
e imóvel. As substâncias, de fato, têm prioridade relativamente
a todos os outros modos de ser[3], e se todas fossem corruptíveis,
então tudo o que existe seria corruptível[4]. Mas é impossível que o
movimento se gere e se corrompa, porque ele sempre foi[5], e também não é possível que se gere e se corrompa o tempo, porque não

οὐ γὰρ οἷόν τε τὸ πρότερον καὶ ὕστερον εἶναι μὴ ὄντος χρόνου· καὶ ἡ κίνησις ἄρα οὕτω συνεχὴς ὥσπερ καὶ ὁ χρόνος· ἢ γὰρ τὸ αὐτὸ ἢ κινήσεώς τι πάθος. κίνησις δ' οὐκ ἔστι συνεχὴς ἀλλ' ἢ ἡ κατὰ τόπον, καὶ ταύτης ἡ κύκλῳ.

Ἀλλὰ μὴν εἰ ἔστι κινητικὸν ἢ ποιητικόν, μὴ ἐνεργοῦν δέ τι, οὐκ ἔσται κίνησις· ἐνδέχεται γὰρ τὸ δύναμιν ἔχον μὴ ἐνεργεῖν. οὐθὲν ἄρα ὄφελος οὐδ' ἐὰν οὐσίας ποιήσωμεν ἀϊδίους, ὥσπερ οἱ τὰ εἴδη, εἰ μή τις δυναμένη ἐνέσται ἀρχὴ μεταβάλλειν· οὐ τοίνυν οὐδ' αὕτη ἱκανή, οὐδ' ἄλλη οὐσία παρὰ τὰ εἴδη· εἰ γὰρ μὴ ἐνεργήσει, οὐκ ἔσται κίνησις. ἔτι οὐδ' εἰ ἐνεργήσει, ἡ δ' οὐσία αὐτῆς δύναμις· οὐ γὰρ ἔσται κίνησις ἀΐδιος· ἐνδέχεται γὰρ τὸ δυνάμει ὂν μὴ εἶναι. δεῖ ἄρα εἶναι ἀρχὴν τοιαύτην ἧς ἡ οὐσία ἐνέργεια. ἔτι τοίνυν ταύτας δεῖ τὰς οὐσίας εἶναι ἄνευ ὕλης· ἀϊδίους γὰρ δεῖ, εἴπερ γε καὶ ἄλλο τι ἀΐδιον. ἐνέργεια ἄρα. καίτοι ἀπορία· δοκεῖ γὰρ τὸ μὲν ἐνεργοῦν πᾶν δύνασθαι τὸ δὲ δυνάμενον οὐ πᾶν ἐνεργεῖν, ὥστε πρότερον εἶναι τὴν δύναμιν. ἀλλὰ μὴν εἰ τοῦτο, οὐθὲν ἔσται τῶν ὄντων· ἐνδέχεται γὰρ δύνασθαι μὲν εἶναι μήπω δ' εἶναι. καίτοι εἰ ὡς λέγουσιν οἱ θεολόγοι οἱ ἐκ νυκτὸς γεννῶντες, ἢ ὡς οἱ φυσικοὶ ὁμοῦ πάντα χρήματά φασι, τὸ αὐτὸ ἀδύνατον. πῶς γὰρ κινηθήσεται, εἰ μὴ ἔσται ἐνεργείᾳ τι αἴτιον; οὐ γὰρ ἥ γε ὕλη κινήσει αὐτὴ ἑαυτήν, ἀλλὰ τεκτονική, οὐδὲ τὰ ἐπιμήνια οὐδ' ἡ γῆ, ἀλλὰ τὰ σπέρματα καὶ ἡ γονή. διὸ ἔνιοι ποιοῦσιν ἀεὶ ἐνέργειαν, οἷον Λεύκιππος καὶ Πλάτων· ἀεὶ γὰρ εἶναί φασι κίνησιν. ἀλλὰ διὰ τί καὶ τίνα οὐ λέγουσιν, οὐδ', (εἰ) ὡδὶ (ἢ) ὡδί, τὴν αἰτίαν. οὐδὲν γὰρ ὡς

poderia haver o antes e o depois se não existisse o tempo⁶. Portanto, o movimento é contínuo, assim como o tempo: de fato, o tempo ou é a mesma coisa que o movimento ou uma característica dele⁷. E não há outro movimento contínuo senão o movimento local, antes, propriamente contínuo só é o movimento circular⁸.

Se existisse um princípio motor e eficiente⁹, mas que não fosse em ato, não haveria movimento; de fato, é possível que o que tem potência não passe ao ato¹⁰. (Portanto, não teremos nenhuma vantagem se introduzirmos substâncias eternas, como fazem os defensores da teoria das Formas¹¹, se não está presente nelas um princípio capaz de produzir a mudança¹²; portanto, não é suficiente esse tipo de substância, nem a outra substância que eles introduzem além das Ideias¹³; se essas substâncias não forem ativas, não existirá movimento). Também não basta que ela seja em ato, se sua substância implica potência: de fato, nesse caso, poderia não haver o movimento eterno, porque é possível que o que é em potência não passe ao ato. Portanto, é necessário que haja um Princípio, cuja substância seja o próprio ato. Assim, também é necessário que essas substâncias¹⁴ sejam privadas de matéria, porque devem ser eternas, se é que existe algo de eterno. Portanto, devem ser ato.

Por outro lado, surge uma dificuldade: parece que tudo o que é ativo pressupõe a potência e, ao contrário, nem tudo o que é em potência passa ao ato; parece, desse modo, que a potência é anterior ao ato. Mas, se fosse assim, não existiria nenhum dos seres: de fato, é possível que o que é em potência para ser ainda não seja¹⁵. E mesmo que ocorresse o que dizem os teólogos, para os quais tudo deriva da noite¹⁶, ou como dizem os físicos, que sustentam que "todas as coisas estavam juntas"¹⁷, chegaríamos à mesma impossibilidade. Com efeito, como poderia produzir-se movimento se não existisse uma causa em ato? A matéria certamente não pode mover a si mesma, mas é movida pela arte de construir; e tampouco o mênstruo ou a terra movem-se a si mesmos, mas o germe e o sêmen os movem¹⁸. Por isso, alguns admitem uma atividade eterna, como Leucipo¹⁹ e Platão²⁰. De fato, eles sustentam que o movimento é eterno. Todavia, eles não dizem a razão pela qual o movimento é e como é, nem dizem a razão pela qual ele é deste ou daquele modo. Entretanto, nada se move por acaso, mas sempre deve

35 ἔτυχε κινεῖται, ἀλλὰ δεῖ τι ἀεὶ ὑπάρχειν, ὥσπερ νῦν φύσει μὲν
ὡδί, βίᾳ δὲ ἢ ὑπὸ νοῦ ἢ ἄλλου ὡδί. εἶτα ποία πρώτη;
διαφέρει γὰρ ἀμήχανον ὅσον. ἀλλὰ μὴν οὐδὲ Πλάτωνί
1072ᵃ γε οἷόν τε λέγειν ἣν οἴεται ἐνίοτε ἀρχὴν εἶναι, τὸ αὐτὸ
ἑαυτὸ κινοῦν· ὕστερον γὰρ καὶ ἅμα τῷ οὐρανῷ ἡ ψυχή,
ὥς φησίν. τὸ μὲν δὴ δύναμιν οἴεσθαι ἐνεργείας πρότερον
ἔστι μὲν ὡς καλῶς ἔστι δ' ὡς οὔ (εἴρηται δὲ πῶς)· ὅτι δ'
5 ἐνέργεια πρότερον, μαρτυρεῖ Ἀναξαγόρας (ὁ γὰρ νοῦς ἐνέργεια) καὶ Ἐμπεδοκλῆς φιλίαν καὶ τὸ νεῖκος, καὶ οἱ ἀεὶ λέγοντες κίνησιν εἶναι, ὥσπερ Λεύκιππος· ὥστ' οὐκ ἦν ἄπειρον
χρόνον χάος ἢ νύξ, ἀλλὰ ταὐτὰ ἀεὶ ἢ περιόδῳ ἢ ἄλλως, εἴπερ πρότερον ἐνέργεια δυνάμεως. εἰ δὴ τὸ αὐτὸ
10 ἀεὶ [περιόδῳ], δεῖ τι ἀεὶ μένειν ὡσαύτως ἐνεργοῦν. εἰ δὲ
μέλλει γένεσις καὶ φθορὰ εἶναι, ἄλλο δεῖ εἶναι ἀεὶ ἐνεργοῦν ἄλλως καὶ ἄλλως. ἀνάγκη ἄρα ὡδὶ μὲν καθ' αὑτὸ
ἐνεργεῖν ὡδὶ δὲ κατ' ἄλλο· ἤτοι ἄρα καθ' ἕτερον ἢ κατὰ
τὸ πρῶτον. ἀνάγκη δὴ κατὰ τοῦτο· πάλιν γὰρ ἐκεῖνο
15 αὑτῷ τε αἴτιον κἀκείνῳ. οὐκοῦν βέλτιον τὸ πρῶτον· καὶ
γὰρ αἴτιον ἦν ἐκεῖνο τοῦ ἀεὶ ὡσαύτως· τοῦ δ' ἄλλως ἕτερον,
τοῦ δ' ἀεὶ ἄλλως ἄμφω δηλονότι. οὐκοῦν οὕτως καὶ ἔχουσιν
αἱ κινήσεις. τί οὖν ἄλλας δεῖ ζητεῖν ἀρχάς;

7

Ἐπεὶ δ' οὕτω τ' ἐνδέχεται, καὶ εἰ μὴ οὕτως, ἐκ νυ-

haver uma causa: por exemplo, isto se move agora desse modo
por natureza, aquilo daquele modo pela força, pela inteligência
ou por outra razão. E de que espécie é o movimento primeiro?
Este ponto é extremamente importante. E Platão não poderia
propor o que às vezes considera causa do movimento, ou seja, o
que se dá a si mesmo o movimento[21]. Mas isso, que, segundo ele,
é a alma, é posterior ao movimento e nasce junto com o mundo,
como ele mesmo afirma[22].

Ora, considerar que a potência seja anterior ao ato, em certo
sentido é verdadeiro e noutro sentido não é, como já dissemos[23].
Que o ato seja anterior atesta-o Anaxágoras, porque a Inteligência de que ele fala é ato; atesta-o Empédocles com a doutrina da
Amizade e da Discórdia, e atestam-no aqueles que, como Leucipo,
sustentam que o movimento é eterno[24]. Portanto, não existiram
por um tempo infinito o Caos ou Noite, mas sempre existiram
as mesmas coisas, ou ciclicamente ou de algum outro modo, se
é verdade que o ato é anterior à potência[25]. Ora, se a realidade é
sempre a mesma [ciclicamente][26], é necessário que algo permaneça constantemente e atue sempre do mesmo modo[27]. E para
que possam ocorrer geração e corrupção deve haver alguma outra
coisa que sempre atue de maneira diferente[28]. E é preciso que esta
coisa, em certo sentido, atue em virtude de si mesma e, noutro
sentido, em virtude de outro, portanto, em virtude de uma causa
ulterior diferente da primeira, ou em virtude da primeira. Mas é
necessário que seja em virtude da primeira, porque, por sua vez,
a primeira seria causa de uma e da outra. Portanto, é melhor a
primeira. De fato, dissemos que é por essa causa que as coisas
são sempre do mesmo modo; a outra, por sua vez, é a causa da
diversidade das coisas, e as duas juntas são causa de as coisas serem
sempre diversas[29].

Assim se comportam, portanto, os movimentos. Que necessidade há, então, de buscar outros princípios?[30]

7. [*Natureza e perfeição da substância suprassensível*][1]

Dado que é possível que as coisas sejam assim — e se assim
não fosse todas as coisas deveriam derivar da noite[2], da mistura[3] e
do não-ser[4] —, essas dificuldades podem ser resolvidas[5].

κτὸς ἔσται καὶ ὁμοῦ πάντων καὶ ἐκ μὴ ὄντος, λύοιτ' ἂν ταῦτα, καὶ ἔστι τι ἀεὶ κινούμενον κίνησιν ἄπαυστον, αὕτη δ' ἡ κύκλῳ (καὶ τοῦτο οὐ λόγῳ μόνον ἀλλ' ἔργῳ δῆλον), ὥστ' ἀΐδιος ἂν εἴη ὁ πρῶτος οὐρανός. ἔστι τοίνυν τι καὶ ὃ κινεῖ. ἐπεὶ δὲ τὸ κινούμενον καὶ κινοῦν [καὶ] μέσον, †τοίνυν† ἔστι τι ὃ οὐ κινούμενον κινεῖ, ἀΐδιον καὶ οὐσία καὶ ἐνέργεια οὖσα. κινεῖ δὲ ὧδε τὸ ὀρεκτὸν καὶ τὸ νοητόν· κινεῖ οὐ κινούμενα. τούτων τὰ πρῶτα τὰ αὐτά. ἐπιθυμητὸν μὲν γὰρ τὸ φαινόμενον καλόν, βουλητὸν δὲ πρῶτον τὸ ὂν καλόν· ὀρεγόμεθα δὲ διότι δοκεῖ μᾶλλον ἢ δοκεῖ διότι ὀρεγόμεθα· ἀρχὴ γὰρ ἡ νόησις. νοῦς δὲ ὑπὸ τοῦ νοητοῦ κινεῖται, νοητὴ δὲ ἡ ἑτέρα συστοιχία καθ' αὑτήν· καὶ ταύτης ἡ οὐσία πρώτη, καὶ ταύτης ἡ ἁπλῆ καὶ κατ' ἐνέργειαν (ἔστι δὲ τὸ ἓν καὶ τὸ ἁπλοῦν οὐ τὸ αὐτό· τὸ μὲν γὰρ ἓν μέτρον σημαίνει, τὸ δὲ ἁπλοῦν πῶς ἔχον αὐτό). ἀλλὰ μὴν καὶ τὸ καλὸν καὶ τὸ δι' αὑτὸ αἱρετὸν ἐν τῇ αὐτῇ συστοιχίᾳ· καὶ ἔστιν ἄριστον ἀεὶ ἢ ἀνάλογον τὸ πρῶτον. ὅτι δ' ἔστι τὸ οὗ ἕνεκα ἐν τοῖς ἀκινήτοις, ἡ διαίρεσις δηλοῖ· ἔστι γὰρ τινὶ τὸ οὗ ἕνεκα ⟨καὶ⟩ τινός, ὧν τὸ μὲν ἔστι τὸ δ' οὐκ ἔστι. κινεῖ δὴ ὡς ἐρώμενον, κινούμενα δὲ τἆλλα κινεῖ. εἰ μὲν οὖν τι κινεῖται, ἐνδέχεται καὶ ἄλλως ἔχειν, ὥστ' εἰ [ἡ] φορὰ πρώτη ἡ ἐνέργειά ἐστιν, ᾗ κινεῖται ταύτῃ γε ἐνδέχεται ἄλλως ἔχειν, κατὰ τόπον, καὶ εἰ μὴ κατ' οὐσίαν· ἐπεὶ δὲ ἔστι τι κινοῦν αὐτὸ ἀκίνητον ὄν,

Existe algo que sempre se move continuamente, e é o movimento circular (e isso é evidente não só para o raciocínio, mas também como um fato[6]); de modo que o primeiro céu[7] deve ser eterno. Portanto, há também algo que move. E dado que o que é movimento e move é um termo intermediário, deve haver, consequentemente, algo que mova sem ser movido e que seja substância eterna e ato[8]. E desse modo movem o objeto do desejo e o da inteligência: movem sem ser movidos[9]. Ora, o objeto primeiro do desejo e o objeto primeiro da inteligência coincidem[10]: de fato, o objeto do desejo é o que se nos mostra como belo e o objeto primeiro da vontade racional é o que é objetivamente belo: e nós desejamos algo porque acreditamos ser belo e não, ao contrário, acreditamos ser belo porque o desejamos[11]; de fato, o pensamento é o princípio da vontade racional. E o intelecto é movido pelo inteligível, e a série positiva dos opostos[12] é por si mesma inteligível; e nessa série a substância tem o primeiro lugar, e, ulteriormente, no âmbito da substância, o primeiro lugar cabe à que é simples e em ato[13] (o um e o simples não são a mesma coisa: a unidade significa uma medida, enquanto a simplicidade significa o modo de ser da coisa[14]); ora, também o belo e o que é por si desejável estão na mesma série, e o que é primeiro na série é sempre ótimo ou equivalente ao ótimo[15].

Que, depois, o fim se encontre entre os seres imóveis, o demonstra a distinção[16] <de seus significados>: fim significa: (a) algo em vista do qual e (b) o próprio propósito de algo[17]; no segundo desses significados o fim pode se encontrar entre os seres imóveis, no primeiro não[18].

Portanto, <o primeiro movente>[19] move como o que é amado[20], enquanto todas as outras coisas movem sendo movidas.

Ora, se algo se move, também pode ser diferente do que é. Portanto, o primeiro movimento de translação, mesmo sendo em ato, pode ser diferente do que é, pelo menos enquanto é movimento: evidentemente, diferente segundo o lugar, não, porém, segundo a substância. Mas, dado existir algo que move sendo, ele mesmo, imóvel e em ato, não pode ser diferente do que é em nenhum sentido. O movimento de translação, de fato, é a primeira forma de mudança, e a primeira forma de translação é a circular: e assim

ἐνεργείᾳ ὄν, τοῦτο οὐκ ἐνδέχεται ἄλλως ἔχειν οὐδαμῶς. φορὰ γὰρ ἡ πρώτη τῶν μεταβολῶν, ταύτης δὲ ἡ κύκλῳ· ταύ-
10 την δὲ τοῦτο κινεῖ. ἐξ ἀνάγκης ἄρα ἐστὶν ὄν· καὶ ᾗ ἀνάγκη, καλῶς, καὶ οὕτως ἀρχή. τὸ γὰρ ἀναγκαῖον τοσαυταχῶς, τὸ μὲν βίᾳ ὅτι παρὰ τὴν ὁρμήν, τὸ δὲ οὗ οὐκ ἄνευ τὸ εὖ, τὸ δὲ μὴ ἐνδεχόμενον ἄλλως ἀλλ' ἁπλῶς. — ἐκ τοιαύτης ἄρα ἀρχῆς ἤρτηται ὁ οὐρανὸς καὶ ἡ φύσις. διαγωγὴ δ'
15 ἐστὶν οἵα ἡ ἀρίστη μικρὸν χρόνον ἡμῖν οὕτω γὰρ ἀεὶ ἐκεῖνο· (ἡμῖν μὲν γὰρ ἀδύνατον), ἐπεὶ καὶ ἡδονὴ ἡ ἐνέργεια τούτου (καὶ διὰ τοῦτο ἐγρήγορσις αἴσθησις νόησις ἥδιστον, ἐλπίδες δὲ καὶ μνῆμαι διὰ ταῦτα). ἡ δὲ νόησις ἡ καθ' αὑτὴν τοῦ καθ' αὑτὸ ἀρίστου, καὶ ἡ μάλιστα τοῦ μάλιστα. αὑτὸν
20 δὲ νοεῖ ὁ νοῦς κατὰ μετάληψιν τοῦ νοητοῦ· νοητὸς γὰρ γίγνεται θιγγάνων καὶ νοῶν, ὥστε ταὐτὸν νοῦς καὶ νοητόν. τὸ γὰρ δεκτικὸν τοῦ νοητοῦ καὶ τῆς οὐσίας νοῦς, ἐνεργεῖ δὲ ἔχων, ὥστ' ἐκείνου μᾶλλον τοῦτο ὃ δοκεῖ ὁ νοῦς θεῖον ἔχειν, καὶ ἡ θεωρία τὸ ἥδιστον καὶ ἄριστον. εἰ οὖν οὕτως εὖ ἔχει,
25 ὡς ἡμεῖς ποτέ, ὁ θεὸς ἀεί, θαυμαστόν· εἰ δὲ μᾶλλον, ἔτι θαυμασιώτερον. ἔχει δὲ ὧδε. καὶ ζωὴ δέ γε ὑπάρχει· ἡ γὰρ νοῦ ἐνέργεια ζωή, ἐκεῖνος δὲ ἡ ἐνέργεια· ἐνέργεια δὲ ἡ καθ' αὑτὴν ἐκείνου ζωὴ ἀρίστη καὶ ἀΐδιος. φαμὲν δὴ τὸν θεὸν εἶναι ζῷον ἀΐδιον ἄριστον, ὥστε ζωὴ καὶ αἰὼν συνεχὴς
30 καὶ ἀΐδιος ὑπάρχει τῷ θεῷ· τοῦτο γὰρ ὁ θεός. ὅσοι δὲ ὑπολαμβάνουσιν, ὥσπερ οἱ Πυθαγόρειοι καὶ Σπεύσιππος

é o movimento que o primeiro movente produz[21]. Portanto, ele é um ser que existe necessariamente; e enquanto existe necessariamente, existe como Bem, e desse modo é Princípio[22]. (De fato, o "necessário" tem os seguintes significados: (a) o que se faz sob constrição contra a inclinação, (b) aquilo sem o quê não existe o bem, e, enfim, (c) o que não pode absolutamente ser diferente do que é)[23].

Desse Princípio, portanto, dependem o céu e a natureza[24]. E seu modo de viver[25] é o mais excelente: é o modo de viver que só nos é concedido por breve tempo. E naquele estado Ele está sempre[26]. Isso é impossível para nós, mas para Ele não é impossível, pois o ato de seu viver é prazer[27]. E também para nós a vigília, a sensação e o conhecimento são sumamente agradáveis, justamente porque são ato, e, em virtude deles, também esperanças e recordações[28].

Ora, o pensamento que é pensamento por si, tem como objeto o que por si é mais excelente, e o pensamento que é assim maximamente tem como objeto o que é excelente em máximo grau. A inteligência pensa a si mesma, captando-se como inteligível: de fato, ela é inteligível ao intuir e ao pensar a si mesma, de modo a coincidirem inteligência e inteligível. A inteligência é, com efeito, o que é capaz de captar o inteligível e a substância, e é em ato quando os possui. Portanto, muito mais do que aquela capacidade, o que de divino há na inteligência é essa posse; e a atividade contemplativa é o que há de mais prazeroso e mais excelente[29].

Se, portanto, nessa feliz condição em que às vezes nos encontramos, Deus se encontra perenemente, isso nos enche de maravilha; e se Ele se encontra numa condição superior, é ainda mais maravilhoso. E Ele se encontra efetivamente nessa condição. E Ele também é vida[30], porque a atividade da inteligência é vida, e Ele é, justamente, essa atividade. E sua atividade, subsistente por si, é vida ótima e eterna. Dizemos, com efeito, que Deus é vivente, eterno e ótimo; de modo que a Deus pertence uma vida perenemente contínua e eterna: isto, portanto, é Deus[31].

E estão errados os que, como os pitagóricos[32] e Espeusipo[33], negam que a suma beleza e o sumo bem estejam no Princípio,

τὸ κάλλιστον καὶ ἄριστον μὴ ἐν ἀρχῇ εἶναι, διὰ τὸ καὶ
τῶν φυτῶν καὶ τῶν ζῴων τὰς ἀρχὰς αἴτια μὲν εἶναι τὸ
δὲ καλὸν καὶ τέλειον ἐν τοῖς ἐκ τούτων, οὐκ ὀρθῶς οἴονται.
τὸ γὰρ σπέρμα ἐξ ἑτέρων ἐστὶ προτέρων τελείων, καὶ τὸ
πρῶτον οὐ σπέρμα ἐστὶν ἀλλὰ τὸ τέλειον· οἷον πρότερον
ἄνθρωπον ἂν φαίη τις εἶναι τοῦ σπέρματος, οὐ τὸν ἐκ τούτου
γενόμενον ἀλλ' ἕτερον ἐξ οὗ τὸ σπέρμα. ὅτι μὲν οὖν ἔστιν
οὐσία τις ἀΐδιος καὶ ἀκίνητος καὶ κεχωρισμένη τῶν αἰσθητῶν, φανερὸν ἐκ τῶν εἰρημένων· δέδεικται δὲ καὶ ὅτι μέγεθος οὐδὲν ἔχειν ἐνδέχεται ταύτην τὴν οὐσίαν ἀλλ' ἀμερὴς
καὶ ἀδιαίρετός ἐστιν (κινεῖ γὰρ τὸν ἄπειρον χρόνον, οὐδὲν δ'
ἔχει δύναμιν ἄπειρον πεπερασμένον· ἐπεὶ δὲ πᾶν μέγεθος
ἢ ἄπειρον ἢ πεπερασμένον, πεπερασμένον μὲν διὰ τοῦτο οὐκ
ἂν ἔχοι μέγεθος, ἄπειρον δ' ὅτι ὅλως οὐκ ἔστιν οὐδὲν ἄπειρον
μέγεθος)· ἀλλὰ μὴν καὶ ὅτι ἀπαθὲς καὶ ἀναλλοίωτον·
πᾶσαι γὰρ αἱ ἄλλαι κινήσεις ὕστεραι τῆς κατὰ τόπον.
ταῦτα μὲν οὖν δῆλα διότι τοῦτον ἔχει τὸν τρόπον.

8

Πότερον δὲ μίαν θετέον τὴν τοιαύτην οὐσίαν ἢ πλείους,
καὶ πόσας, δεῖ μὴ λανθάνειν, ἀλλὰ μεμνῆσθαι καὶ τὰς
τῶν ἄλλων ἀποφάσεις, ὅτι περὶ πλήθους οὐθὲν εἰρήκασιν
ὅ τι καὶ σαφὲς εἰπεῖν. ἡ μὲν γὰρ περὶ τὰς ἰδέας ὑπόληψις οὐδεμίαν ἔχει σκέψιν ἰδίαν (ἀριθμοὺς γὰρ λέγουσι τὰς
ἰδέας οἱ λέγοντες ἰδέας, περὶ δὲ τῶν ἀριθμῶν ὁτὲ μὲν ὡς
περὶ ἀπείρων λέγουσιν ὁτὲ δὲ ὡς μέχρι τῆς δεκάδος ὡρι-
σμένων· δι' ἣν δ' αἰτίαν τοσοῦτον τὸ πλῆθος τῶν ἀριθμῶν,
οὐδὲν λέγεται μετὰ σπουδῆς ἀποδεικτικῆς)· ἡμῖν δ' ἐκ τῶν

porque os princípios das plantas e dos animais são causas, mas a beleza e a perfeição só se encontram no que deriva dos princípios. De fato, a semente deriva de outros seres precedentes e plenamente desenvolvidos, e o que é primeiro não é a semente, mas o que é plenamente desenvolvido; assim, por exemplo, dever-se-ia afirmar que o homem é anterior ao sêmen: não o homem derivado deste sêmen, mas aquele do qual o sêmen deriva[34].

Portanto, do que foi dito, é evidente que existe uma substância imóvel, eterna e separada das coisas sensíveis. E também fica claro que essa substância não pode ter nenhuma grandeza, mas é sem partes e indivisível. (Ela, de fato, move por um tempo infinito, e nada do que é finito possui uma potência infinita; e, dado que toda grandeza ou é infinita ou é finita, pelas razões já apresentadas, ela não pode ter uma grandeza finita, mas também não pode ter uma grandeza infinita, porque não existe uma grandeza infinita[35].) Fica, ademais, claro que ela é impassível e inalterável: de fato, todos os outros movimentos são posteriores ao movimento local[36].

Portanto, é evidente que é assim.

8. *[Demonstração da existência de uma multiplicidade de substâncias suprassensíveis moventes das esferas celestes e a unicidade de Deus e do universo]*[1]

Não devemos descuidar do problema se devemos admitir só uma substância como esta, ou mais de uma e quantas[2]; antes devemos recordar também as opiniões dos outros pensadores e notar que não disseram nada com precisão sobre o número dessas substâncias. A teoria das Ideias não contém, a respeito, nenhuma afirmação específica: os defensores das Ideias dizem que as Ideias são números, depois falam dos números, às vezes como se fossem infinitos, outras, ao invés, como se fossem limitados à dezena; mas, a respeito das razões pelas quais a quantidade dos números deva ser tal, não dizem nada rigorosamente demonstrativo. Impõe-se,

ὑποκειμένων καὶ διωρισμένων λεκτέον. ἡ μὲν γὰρ ἀρχὴ καὶ
τὸ πρῶτον τῶν ὄντων ἀκίνητον καὶ καθ' αὑτὸ καὶ κατὰ
25 συμβεβηκός, κινοῦν δὲ τὴν πρώτην ἀΐδιον καὶ μίαν κίνησιν·
ἐπεὶ δὲ τὸ κινούμενον ἀνάγκη ὑπό τινος κινεῖσθαι, καὶ τὸ
πρῶτον κινοῦν ἀκίνητον εἶναι καθ' αὑτό, καὶ τὴν ἀΐδιον κίνησιν ὑπὸ ἀϊδίου κινεῖσθαι καὶ τὴν μίαν ὑφ' ἑνός, ὁρῶμεν
δὲ παρὰ τὴν τοῦ παντὸς τὴν ἁπλῆν φοράν, ἣν κινεῖν φα-
30 μὲν τὴν πρώτην οὐσίαν καὶ ἀκίνητον, ἄλλας φορὰς οὔσας
τὰς τῶν πλανήτων ἀϊδίους (ἀΐδιον γὰρ καὶ ἄστατον τὸ κύκλῳ
σῶμα· δέδεικται δ' ἐν τοῖς φυσικοῖς περὶ τούτων), ἀνάγκη
καὶ τούτων ἑκάστην τῶν φορῶν ὑπ' ἀκινήτου τε κινεῖσθαι καθ'
αὑτὴν καὶ ἀϊδίου οὐσίας. ἥ τε γὰρ τῶν ἄστρων φύσις ἀΐδιος
35 οὐσία τις οὖσα, καὶ τὸ κινοῦν ἀΐδιον καὶ πρότερον τοῦ κινουμένου, καὶ τὸ πρότερον οὐσίας οὐσίαν ἀναγκαῖον εἶναι. φανερὸν τοίνυν ὅτι τοσαύτας τε οὐσίας ἀναγκαῖον εἶναι τήν τε
φύσιν ἀϊδίους καὶ ἀκινήτους καθ' αὑτάς, καὶ ἄνευ μεγέθους
1073ᵇ διὰ τὴν εἰρημένην αἰτίαν πρότερον. — ὅτι μὲν οὖν εἰσὶν οὐσίαι,
καὶ τούτων τις πρώτη καὶ δευτέρα κατὰ τὴν αὐτὴν τάξιν
ταῖς φοραῖς τῶν ἄστρων, φανερόν· τὸ δὲ πλῆθος ἤδη τῶν
φορῶν ἐκ τῆς οἰκειοτάτης φιλοσοφίᾳ τῶν μαθηματικῶν
5 ἐπιστημῶν δεῖ σκοπεῖν, ἐκ τῆς ἀστρολογίας· αὕτη γὰρ περὶ
οὐσίας αἰσθητῆς μὲν ἀϊδίου δὲ ποιεῖται τὴν θεωρίαν, αἱ δ'
ἄλλαι περὶ οὐδεμιᾶς οὐσίας, οἷον ἥ τε περὶ τοὺς ἀριθμοὺς καὶ
τὴν γεωμετρίαν. ὅτι μὲν οὖν πλείους τῶν φερομένων αἱ φο-
ραί, φανερὸν τοῖς καὶ μετρίως ἡμμένοις (πλείους γὰρ ἕκα-
10 στον φέρεται μιᾶς τῶν πλανωμένων ἄστρων)· πόσαι δ' αὗται
τυγχάνουσιν οὖσαι, νῦν μὲν ἡμεῖς ἃ λέγουσι τῶν μαθηματικῶν τινὲς ἐννοίας χάριν λέγομεν, ὅπως ᾖ τι τῇ διανοίᾳ
πλῆθος ὡρισμένον ὑπολαβεῖν· τὸ δὲ λοιπὸν τὰ μὲν ζητοῦν-

portanto, que o digamos nós, com base em tudo o que foi estabelecido e explicado acima.

O Princípio e o primeiro dos seres é imóvel tanto absolutamente como relativamente[3], e produz o movimento primeiro, eterno e único[4]. E como é necessário que o que é movido seja movido por algo, e que o Movente primeiro seja essencialmente imóvel, e que o movimento eterno seja produzido por um ser eterno e que o movimento único seja produzido por um ser único; e dado que, por outro lado, vemos que junto com o movimento simples do Todo — que dizemos ser produzido pela substância primeira e imóvel — há também outros movimentos eternos de translação, ou seja, o dos planetas (de fato, eterno e contínuo é o movimento do corpo que se move circularmente; e isso foi demonstrado nos livros da *Física*)[5], é necessário que também cada um desses movimentos seja produzido por uma substância imóvel e eterna[6]. De fato, a natureza dos astros é uma substância eterna, e o Movente eterno é anterior relativamente ao que é movido, e o que é anterior relativamente a uma substância deve necessariamente ser, ele mesmo, substância. Portanto, é evidente que deverão existir necessariamente outras substâncias e que deverão ser eternas por sua natureza, essencialmente imóveis e sem grandeza, pelas razões já apresentadas[7].

Portanto, é evidente que existem essas substâncias, e que, destas, uma vem primeiro e a outra depois na mesma ordem hierárquica dos movimentos dos astros[8].

O número dos movimentos, depois, deve ser estabelecido com base em pesquisas da ciência matemática mais afim à filosofia, ou seja, a astronomia[9]: de fato, esta dirige sua investigação para uma substância que é sensível, mas eterna, enquanto as outras, como a aritmética e a geometria, não têm nenhuma substância como objeto de investigação[10].

Que, por outro lado, os movimentos de translação sejam em maior número do que os corpos movidos, é evidente até para os que pouco se ocuparam dessa questão: de fato, cada um dos planetas tem mais de um movimento de translação[11]. A respeito da questão sobre quantos são esses movimentos, diremos agora, para dar uma ideia geral a respeito[12], o que afirmam alguns matemáticos, de modo a poder, com base no raciocínio, conjeturar

τας αὐτοὺς δεῖ τὰ δὲ πυνθανομένους παρὰ τῶν ζητούντων,
ἄν τι φαίνηται παρὰ τὰ νῦν εἰρημένα τοῖς ταῦτα πραγμα
τευομένοις, φιλεῖν μὲν ἀμφοτέρους, πείθεσθαι δὲ τοῖς ἀκρι
βεστέροις. — Εὔδοξος μὲν οὖν ἡλίου καὶ σελήνης ἑκατέρου τὴν
φορὰν ἐν τρισὶν ἐτίθετ' εἶναι σφαίραις, ὧν τὴν μὲν πρώτην
τὴν τῶν ἀπλανῶν ἄστρων εἶναι, τὴν δὲ δευτέραν κατὰ τὸν
διὰ μέσων τῶν ζῳδίων, τὴν δὲ τρίτην κατὰ τὸν λελοξω
μένον ἐν τῷ πλάτει τῶν ζῳδίων (ἐν μείζονι δὲ πλάτει λε
λοξῶσθαι καθ' ὃν ἡ σελήνη φέρεται ἢ καθ' ὃν ὁ ἥλιος), τῶν
δὲ πλανωμένων ἄστρων ἐν τέτταρσιν ἑκάστου σφαίραις, καὶ
τούτων δὲ τὴν μὲν πρώτην καὶ δευτέραν τὴν αὐτὴν εἶναι
ἐκείναις (τήν τε γὰρ τῶν ἀπλανῶν τὴν ἁπάσας φέρουσαν
εἶναι, καὶ τὴν ὑπὸ ταύτῃ τεταγμένην καὶ κατὰ τὸν διὰ
μέσων τῶν ζῳδίων τὴν φορὰν ἔχουσαν κοινὴν ἁπασῶν εἶναι),
τῆς δὲ τρίτης ἁπάντων τοὺς πόλους ἐν τῷ διὰ μέσων τῶν
ζῳδίων εἶναι, τῆς δὲ τετάρτης τὴν φορὰν κατὰ τὸν λελο
ξωμένον πρὸς τὸν μέσον ταύτης· εἶναι δὲ τῆς τρίτης σφαί
ρας τοὺς πόλους τῶν μὲν ἄλλων ἰδίους, τοὺς δὲ τῆς Ἀφροδί
της καὶ τοῦ Ἑρμοῦ τοὺς αὐτούς· Κάλλιππος δὲ τὴν μὲν θέσιν
τῶν σφαιρῶν τὴν αὐτὴν ἐτίθετο Εὐδόξῳ [τοῦτ' ἔστι τῶν ἀπο
στημάτων τὴν τάξιν], τὸ δὲ πλῆθος τῷ μὲν τοῦ Διὸς καὶ
τῷ τοῦ Κρόνου τὸ αὐτὸ ἐκείνῳ ἀπεδίδου, τῷ δ' ἡλίῳ καὶ τῇ
σελήνῃ δύο ᾤετο ἔτι προσθετέας εἶναι σφαίρας, τὰ φαι
νόμενα εἰ μέλλει τις ἀποδώσειν, τοῖς δὲ λοιποῖς τῶν πλα
νήτων ἑκάστῳ μίαν. ἀναγκαῖον δέ, εἰ μέλλουσι συντεθεῖσαι
πᾶσαι τὰ φαινόμενα ἀποδώσειν, καθ' ἕκαστον τῶν πλανω
μένων ἑτέρας σφαίρας μιᾷ ἐλάττονας εἶναι τὰς ἀνελιττού
σας καὶ εἰς τὸ αὐτὸ ἀποκαθιστάσας τῇ θέσει τὴν πρώτην
σφαῖραν ἀεὶ τοῦ ὑποκάτω τεταγμένου ἄστρου· οὕτω γὰρ μό
νως ἐνδέχεται τὴν τῶν πλανήτων φορὰν ἅπαντα ποιεῖσθαι.
ἐπεὶ οὖν ἐν αἷς μὲν αὐτὰ φέρεται σφαίραις αἱ μὲν ὀκτὼ

um número determinado deles. Quanto ao resto, sobre algumas coisas devemos pesquisar por conta própria, sobre outras, ao contrário, devemos confiar nos que investigam a respeito; e, se os que investigam a respeito considerarem que algo deva ser acrescentado ao que agora dizemos, deveremos levar em consideração todas as suas conclusões, mas confiar só nas mais rigorosas.

Eudoxo[13] afirma que os movimentos de translação do sol e da lua desenvolvem-se, cada um deles, em três esferas: a primeira é a que tem o mesmo movimento da esfera das estrelas fixas, a segunda é a que se move segundo o círculo que passa no meio do zodíaco, a terceira é a que se move segundo o círculo que se inclina obliquamente sobre o plano do zodíaco. (Mais inclinado é o círculo segundo o qual se move a lua, relativamente àquele segundo o qual se move o sol). Os movimentos de cada um dos planetas, ao contrário, desenvolvem-se respectivamente em quatro esferas: a primeira e a segunda delas são idênticas às da lua e do sol (de fato, a esfera das estrelas fixas transporta consigo todas as outras, e a esfera que está abaixo dela e que tem seu movimento segundo o círculo que passa no meio do zodíaco é comum a todas); a terceira esfera de cada um dos planetas tem os polos no círculo que passa no meio do zodíaco, enquanto o movimento da quarta ocorre segundo o círculo oblíquo relativamente ao centro da terceira. Os polos da terceira esfera são diferentes para cada planeta; só os de Vênus e de Mercúrio são os mesmos.

Calipo[4] admitiu o mesmo ordenamento das esferas de Eudoxo, e admitiu para Júpiter e para Saturno um número de esferas idêntico àquele, mas considerou que seria preciso acrescentar ao Sol e à Lua duas outras esferas, para compreender os fenômenos relativos a eles, e mais uma esfera para cada um dos planetas restantes.

Todavia, se o conjunto das esferas deve explicar o que nos aparece, é necessário que para cada um dos planetas existam outras tantas esferas, exceto uma, que girem em sentido contrário e reconduzam sempre à mesma posição a primeira esfera do astro que, em cada caso, se encontra logo abaixo. Só desse modo é possível que o conjunto de todas elas produza o movimento dos astros. Portanto, como as esferas nas quais se movem os

αἱ δὲ πέντε καὶ εἴκοσίν εἰσιν, τούτων δὲ μόνας οὐ δεῖ ἀνε-
λιχθῆναι ἐν αἷς τὸ κατωτάτω τεταγμένον φέρεται, αἱ μὲν
τὰς τῶν πρώτων δύο ἀνελίττουσαι ἓξ ἔσονται, αἱ δὲ τὰς
τῶν ὕστερον τεττάρων ἑκκαίδεκα· ὁ δὴ ἁπασῶν ἀριθμὸς τῶν
τε φερουσῶν καὶ τῶν ἀνελιττουσῶν ταύτας πεντήκοντά τε
καὶ πέντε. εἰ δὲ τῇ σελήνῃ τε καὶ τῷ ἡλίῳ μὴ προστιθείη
τις ἃς εἴπομεν κινήσεις, αἱ πᾶσαι σφαῖραι ἔσονται ἑπτά
τε καὶ τεσσαράκοντα. — τὸ μὲν οὖν πλῆθος τῶν σφαιρῶν ἔστω
τοσοῦτον, ὥστε καὶ τὰς οὐσίας καὶ τὰς ἀρχὰς τὰς ἀκινήτους
[καὶ τὰς αἰσθητὰς] τοσαύτας εὔλογον ὑπολαβεῖν (τὸ γὰρ
ἀναγκαῖον ἀφείσθω τοῖς ἰσχυροτέροις λέγειν)· εἰ δὲ μηδεμίαν οἷόν τ' εἶναι φορὰν μὴ συντείνουσαν πρὸς ἄστρου φοράν,
ἔτι δὲ πᾶσαν φύσιν καὶ πᾶσαν οὐσίαν ἀπαθῆ καὶ καθ'
αὑτὴν τοῦ ἀρίστου τετυχηκυῖαν τέλος εἶναι δεῖ νομίζειν, οὐδεμία ἂν εἴη παρὰ ταύτας ἑτέρα φύσις, ἀλλὰ τοῦτον ἀνάγκη
τὸν ἀριθμὸν εἶναι τῶν οὐσιῶν. εἴτε γὰρ εἰσὶν ἕτεραι, κινοῖεν
ἂν ὡς τέλος οὖσαι φορᾶς· ἀλλὰ εἶναί γε ἄλλας φορὰς
ἀδύνατον παρὰ τὰς εἰρημένας. τοῦτο δὲ εὔλογον ἐκ τῶν
φερομένων ὑπολαβεῖν. εἰ γὰρ πᾶν τὸ φέρον τοῦ φερομένου
χάριν πέφυκε καὶ φορὰ πᾶσα φερομένου τινός ἐστιν, οὐδεμία
φορὰ αὐτῆς ἂν ἕνεκα εἴη οὐδ' ἄλλης φορᾶς, ἀλλὰ τῶν
ἄστρων ἕνεκα. εἰ γὰρ ἔσται φορὰ φορᾶς ἕνεκα, καὶ ἐκείνην
ἑτέρου δεήσει χάριν εἶναι· ὥστ' ἐπειδὴ οὐχ οἷόν τε εἰς ἄπειρον, τέλος ἔσται πάσης φορᾶς τῶν φερομένων τι θείων σωμάτων κατὰ τὸν οὐρανόν. ὅτι δὲ εἷς οὐρανός, φανερόν. εἰ
γὰρ πλείους οὐρανοὶ ὥσπερ ἄνθρωποι, ἔσται εἴδει μία ἡ περὶ
ἕκαστον ἀρχή, ἀριθμῷ δέ γε πολλαί. ἀλλ' ὅσα ἀριθμῷ

astros são oito para os dois primeiros, e vinte e cinco para os outros, e, destas, só não devem girar ao contrário aquelas em que se move o planeta que vem logo abaixo, segue-se que serão seis as que deverão produzir o movimento contrário para os dois primeiros planetas, e, para os quatro planetas seguintes serão dezesseis; o número completo das esferas, das que se movem em sentido normal e das que giram ao contrário, será de cinquenta e cinco[15]. (E, se ao sol e à lua não for preciso acrescentar os movimentos dos quais falamos, o número completo das esferas será de quarenta e sete)[16].

Portanto, dado que seja este o número das esferas, será razoável, consequentemente, admitir que serão do mesmo número as substâncias e os princípios imóveis: e que isso seja necessário, deixamos a decisão aos que são mais especializados na matéria[17].

Se não é possível que exista nenhum movimento de translação que não esteja ordenado à translação de um astro, e se, ademais, toda realidade e substância por si impassível e partícipe do ótimo deve ser considerada como fim, então não existirá, além destas, nenhuma outra realidade: por isso, necessariamente será este o número das substâncias. Se, com efeito, existissem outras, então deveriam produzir movimento, enquanto constituiriam fins de outros movimentos de translação: mas não é possível que existam outros movimentos de translação além dos mencionados. E é razoável supor isso, com base nas considerações do próprio movimento dos astros. Se, de fato, tudo o que move está em função do que é movido, e se todo movimento é movimento de algo que é movido, não poderá haver nenhum movimento que tenha por fim a si mesmo ou outro movimento, mas deverá ter por fim os astros. Com efeito, se existisse um movimento que tivesse por fim outro movimento, este deveria ter, por sua vez, algum outro fim; mas, dado que é impossível ir ao infinito, o fim de todo movimento deverá ser algum dos corpos divinos que se movem no céu[18].

E é evidente que o céu é um só. De fato, se existissem muitos céus, como existem muitos homens, então o Princípio de cada céu deveria ser um só quanto à forma, mas múltiplo quanto ao número. Mas todas as coisas que são múltiplas quanto ao número têm matéria: de fato, a forma de uma multiplicidade é única como,

πολλά, ὕλην ἔχει (εἷς γὰρ λόγος καὶ ὁ αὐτὸς πολλῶν, οἷον ἀνθρώπου, Σωκράτης δὲ ⟨καὶ Καλλίας οὐχ⟩ εἷς)· τὸ δὲ τί ἦν εἶναι οὐκ ἔχει ὕλην τὸ πρῶτον· ἐντελέχεια γάρ. ἓν ἄρα καὶ λόγῳ καὶ ἀριθμῷ τὸ πρῶτον κινοῦν ἀκίνητον ὄν· καὶ τὸ κινούμενον ἄρα ἀεὶ καὶ συνεχῶς· εἷς ἄρα οὐρανὸς μόνος. παραδέδοται δὲ παρὰ τῶν ἀρχαίων καὶ παμπαλαίων ἐν μύθου σχήματι καταλελειμμένα τοῖς ὕστερον ὅτι θεοί τέ εἰσιν οὗτοι καὶ περιέχει τὸ θεῖον τὴν ὅλην φύσιν. τὰ δὲ λοιπὰ μυθικῶς ἤδη προσῆκται πρὸς τὴν πειθὼ τῶν πολλῶν καὶ πρὸς τὴν εἰς τοὺς νόμους καὶ τὸ συμφέρον χρῆσιν· ἀνθρωποειδεῖς τε γὰρ τούτους καὶ τῶν ἄλλων ζῴων ὁμοίους τισὶ λέγουσι, καὶ τούτοις ἕτερα ἀκόλουθα καὶ παραπλήσια τοῖς εἰρημένοις, ὧν εἴ τις χωρίσας αὐτὸ λάβοι μόνον τὸ πρῶτον, ὅτι θεοὺς ᾤοντο τὰς πρώτας οὐσίας εἶναι, θείως ἂν εἰρῆσθαι νομίσειεν, καὶ κατὰ τὸ εἰκὸς πολλάκις εὑρημένης εἰς τὸ δυνατὸν ἑκάστης καὶ τέχνης καὶ φιλοσοφίας καὶ πάλιν φθειρομένων καὶ ταύτας τὰς δόξας ἐκείνων οἷον λείψανα περισεσῶσθαι μέχρι τοῦ νῦν. ἡ μὲν οὖν πάτριος δόξα καὶ ἡ παρὰ τῶν πρώτων ἐπὶ τοσοῦτον ἡμῖν φανερὰ μόνον.

9

Τὰ δὲ περὶ τὸν νοῦν ἔχει τινὰς ἀπορίας· δοκεῖ μὲν γὰρ εἶναι τῶν φαινομένων θειότατον, πῶς δ' ἔχων τοιοῦτος ἂν εἴη, ἔχει τινὰς δυσκολίας. εἴτε γὰρ μηδὲν νοεῖ, τί ἂν εἴη τὸ σεμνόν, ἀλλ' ἔχει ὥσπερ ἂν εἰ ὁ καθεύδων· εἴτε νοεῖ, τούτου δ' ἄλλο κύριον, οὐ γάρ ἐστι τοῦτο ὅ ἐστιν αὐτοῦ ἡ οὐσία νόησις, ἀλλὰ δύναμις, οὐκ ἂν ἡ ἀρίστη οὐσία εἴη· διὰ γὰρ τοῦ νοεῖν τὸ τίμιον αὐτῷ ὑπάρχει. ἔτι δὲ εἴτε νοῦς ἡ

por exemplo, a forma do homem, enquanto Sócrates <e Cálias> o são quanto ao número. Ora, a essência primeira não tem matéria, porque é ato puro. Portanto, o Movente Primeiro e imóvel é um tanto pela forma como pelo número e, por isso, também é um aquilo que por Ele é movido sempre e ininterruptamente. Concluindo, o céu é uno e único[19].

Uma tradição, em forma de mito, foi transmitida aos pósteros a partir dos antigos e antiquíssimos, segundo a qual essas realidades[20] são deuses, e que o divino envolve toda a natureza. As outras coisas foram, posteriormente, acrescentadas para persuadir o povo e para fazê-lo submeter-se às leis e ao bem comum. De fato, dizem que os deuses têm a forma humana e que são semelhantes a certos animais, e acrescentam a estas outras coisas da mesma natureza ou análogas. Se, de todas elas, prescindindo do resto, assumimos só o ponto fundamental, isto é, a afirmação de que as substâncias primeiras são deuses, é preciso reconhecer que ela foi feita por divina inspiração. E dado que, como é verossímil, toda ciência e arte foi encontrada e depois novamente perdida, é preciso considerar que estas opiniões dos antigos foram conservadas até agora como relíquias[21].

Portanto, somente até este ponto nos são conhecidas as opiniões dos nossos pais e de nossos antepassados[22].

9. *[Problemas relativos à inteligência divina como pensamento de pensamento]*[1]

Quanto à inteligência, surgem algumas dificuldades[2]. Ela parece ser a mais divina das coisas que se manifestam a nós[3]; mas, há certa dificuldade em compreender como ela deve ser para ser assim[4].

De fato, se não pensasse nada, não poderia ser divina, mas estaria na condição de quem dorme[5]. E se pensa, mas se seu pensar depende de algo superior a si, sua substância não será o ato de pensar, mas a potência, e não poderá ser a substância mais excelente: do pensar, com efeito, deriva seu valor[6].

Contudo, tanto na hipótese de que sua substância seja a capacidade de entender, como na hipótese de que sua substância

οὐσία αὐτοῦ εἴτε νόησίς ἐστι, τί νοεῖ; ἢ γὰρ αὐτὸς αὑτὸν ἢ ἕτερόν τι· καὶ εἰ ἕτερόν τι, ἢ τὸ αὐτὸ ἀεὶ ἢ ἄλλο. πότερον οὖν διαφέρει τι ἢ οὐδὲν τὸ νοεῖν τὸ καλὸν ἢ τὸ τυχόν; ἢ καὶ ἄτοπον τὸ διανοεῖσθαι περὶ ἐνίων; δῆλον τοίνυν ὅτι τὸ θειότατον καὶ τιμιώτατον νοεῖ, καὶ οὐ μεταβάλλει· εἰς χεῖρον γὰρ ἡ μεταβολή, καὶ κίνησίς τις ἤδη τὸ τοιοῦτον. πρῶτον μὲν οὖν εἰ μὴ νόησίς ἐστιν ἀλλὰ δύναμις, εὔλογον ἐπίπονον εἶναι τὸ συνεχὲς αὐτῷ τῆς νοήσεως· ἔπειτα δῆλον ὅτι ἄλλο τι ἂν εἴη τὸ τιμιώτερον ἢ ὁ νοῦς, τὸ νοούμενον. καὶ γὰρ τὸ νοεῖν καὶ ἡ νόησις ὑπάρξει καὶ τὸ χείριστον νοοῦντι, ὥστ' εἰ φευκτὸν τοῦτο (καὶ γὰρ μὴ ὁρᾶν ἔνια κρεῖττον ἢ ὁρᾶν), οὐκ ἂν εἴη τὸ ἄριστον ἡ νόησις. αὑτὸν ἄρα νοεῖ, εἴπερ ἐστὶ τὸ κράτιστον, καὶ ἔστιν ἡ νόησις νοήσεως νόησις. φαίνεται δ' ἀεὶ ἄλλου ἡ ἐπιστήμη καὶ ἡ αἴσθησις καὶ ἡ δόξα καὶ ἡ διάνοια, αὑτῆς δ' ἐν παρέργῳ. ἔτι εἰ ἄλλο τὸ νοεῖν καὶ τὸ νοεῖσθαι, κατὰ πότερον αὐτῷ τὸ εὖ ὑπάρχει; οὐδὲ γὰρ ταὐτὸ τὸ εἶναι νοήσει καὶ νοουμένῳ. ἢ ἐπ' ἐνίων ἡ ἐπιστήμη τὸ πρᾶγμα, ἐπὶ μὲν τῶν ποιητικῶν ἄνευ ὕλης ἡ οὐσία καὶ τὸ τί ἦν εἶναι, ἐπὶ δὲ τῶν θεωρητικῶν ὁ λόγος τὸ πρᾶγμα καὶ ἡ νόησις; οὐχ ἑτέρου οὖν ὄντος τοῦ νοουμένου καὶ τοῦ νοῦ, ὅσα μὴ ὕλην ἔχει, τὸ αὐτὸ ἔσται, καὶ ἡ νόησις τῷ νοουμένῳ μία. ἔτι δὴ λείπεται ἀπορία, εἰ σύνθετον τὸ νοούμενον· μεταβάλλοι γὰρ ἂν ἐν τοῖς μέρεσι τοῦ ὅλου. ἢ

seja o ato de entender, o que ela pensa? Ou pensa a si mesma ou pensa algo diferente; e se pensa algo diferente, ou pensa sempre a mesma coisa ou pensa algo sempre diverso. Mas, é ou não é bem diferente pensar o que é belo ou uma coisa qualquer? Ou não é absurdo que ela pense certas coisas? Portanto, é evidente que ela pensa o que é mais divino e mais digno de honra, e que o objeto de seu pensar não muda: a mudança, com efeito, é sempre para pior, e essa mudança constitui sempre uma forma de movimento[7].

Em primeiro lugar, se não é pensamento em ato mas em potência, logicamente a continuidade do pensar seria fatigante para ela[8]. Ademais, é evidente que alguma outra coisa seria mais digna de honra do que a Inteligência, a saber, o Inteligível. De fato, a capacidade de pensar e a atividade de pensamento também pertencem a quem pensa a coisa mais indigna: de modo que, se isso deve ser evitado (de fato, é melhor não ver certas coisas do que vê-las[9]), o que há de mais excelente não pode ser o pensamento[10]. Se, portanto, a Inteligência divina é o que há de mais excelente, ela pensa a si mesma e seu pensamento é pensamento de pensamento[11].

Todavia, parece que a ciência, a sensação, a opinião e o raciocínio têm sempre por objeto algo diferente de si, e só reflexamente têm a si mesmos por objeto. Além disso, se uma coisa é o pensar e outra o que é pensado, de qual dos dois deriva para a Inteligência sua excelência? De fato, a essência do pensar e a essência do pensamento não coincidem. Na realidade, em alguns casos, a própria ciência constitui o objeto: nas ciências produtivas, por exemplo, o objeto é a substância imaterial e a essência, e nas ciências teoréticas o objeto é dado pela noção e pelo próprio pensamento. Portanto, não sendo diferentes o pensamento e o objeto de pensamento, nas coisas que não têm matéria serão o mesmo, e a Inteligência divina coincidirá com o objeto de seu pensamento[12].

Resta ainda um problema: se o que é pensado pela Inteligência divina é composto[13]. Nesse caso a Inteligência divina mudaria, passando de uma à outra parte das que constituem o conjunto de seu objeto de pensamento. Eis a resposta ao problema. Tudo

ἀδιαίρετον πᾶν τὸ μὴ ἔχον ὕλην — ὥσπερ ὁ ἀνθρώπινος νοῦς
μὴ ὅ γε τῶν συνθέτων ἔχει ἔν τινι χρόνῳ (οὐ γὰρ ἔχει τὸ εὖ
ἐν τῳδὶ ἢ ἐν τῳδί, ἀλλ' ἐν ὅλῳ τινὶ τὸ ἄριστον, ὂν ἄλλο τι) —
10 οὕτως δ' ἔχει αὐτὴ αὑτῆς ἡ νόησις τὸν ἅπαντα αἰῶνα;

10

Ἐπισκεπτέον δὲ καὶ ποτέρως ἔχει ἡ τοῦ ὅλου φύσις τὸ
ἀγαθὸν καὶ τὸ ἄριστον, πότερον κεχωρισμένον τι καὶ αὐτὸ
καθ' αὑτό, ἢ τὴν τάξιν. ἢ ἀμφοτέρως ὥσπερ στράτευμα;
καὶ γὰρ ἐν τῇ τάξει τὸ εὖ καὶ ὁ στρατηγός, καὶ μᾶλλον
15 οὗτος· οὐ γὰρ οὗτος διὰ τὴν τάξιν ἀλλ' ἐκείνη διὰ τοῦτόν ἐστιν.
πάντα δὲ συντέτακταί πως, ἀλλ' οὐχ ὁμοίως, καὶ πλωτὰ
καὶ πτηνὰ καὶ φυτά· καὶ οὐχ οὕτως ἔχει ὥστε μὴ εἶναι θατέρῳ πρὸς θάτερον μηδέν, ἀλλ' ἔστι τι. πρὸς μὲν γὰρ ἓν
ἅπαντα συντέτακται, ἀλλ' ὥσπερ ἐν οἰκίᾳ τοῖς ἐλευθέροις
20 ἥκιστα ἔξεστιν ὅ τι ἔτυχε ποιεῖν, ἀλλὰ πάντα ἢ τὰ πλεῖστα
τέτακται, τοῖς δὲ ἀνδραπόδοις καὶ τοῖς θηρίοις μικρὸν τὸ εἰς
τὸ κοινόν, τὸ δὲ πολὺ ὅ τι ἔτυχεν· τοιαύτη γὰρ ἑκάστου
ἀρχὴ αὐτῶν ἡ φύσις ἐστίν. λέγω δ' οἷον εἴς γε τὸ διακρι-
θῆναι ἀνάγκη ἅπασιν ἐλθεῖν, καὶ ἄλλα οὕτως ἔστιν ὧν κοι-
25 νωνεῖ ἅπαντα εἰς τὸ ὅλον. — ὅσα δὲ ἀδύνατα συμβαίνει ἢ
ἄτοπα τοῖς ἄλλως λέγουσι, καὶ ποῖα οἱ χαριεστέρως λέγοντες, καὶ ἐπὶ ποίων ἐλάχισται ἀπορίαι, δεῖ μὴ λανθάνειν.
πάντες γὰρ ἐξ ἐναντίων ποιοῦσι πάντα. οὔτε δὲ τὸ πάντα οὔτε

o que não tem matéria não tem partes. E assim como procede a inteligência humana — pelo menos a inteligência que não pensa compostos[14] — (de fato, ela não tem seu bem nesta ou naquela parte, mas tem seu bem supremo no que é um todo indivisível, que é algo diverso das partes): pois bem, desse mesmo modo procede também a Inteligência divina, pensando a si mesma por toda a eternidade[15].

10. [*O modo de ser do bem e do ótimo no universo e algumas dificuldades em que caem as doutrinas metafísicas dos pré-socráticos e dos platônicos*][1]

Devemos também considerar de que modo a realidade do universo possui o bem e o ótimo: (a) se como algo separado e em si e por si, (b) ou como a ordem, (c) ou ainda em ambos os modos, como acontece com um exército. De fato, o bem do exército está na ordem, mas também está no general; antes, mais neste do que naquela, porque o general não existe em virtude da ordem, mas a ordem em virtude do general[2]. Todas as coisas estão de certo modo ordenadas em conjunto, mas nem todas do mesmo modo; peixes, aves e plantas; e o ordenamento não ocorre de modo que uma coisa não tenha relação com a outra, mas de modo a haver algo de comum. De fato, todas as coisas são coordenadas a um único fim. Assim, numa casa, aos homens livres não cabe agir ao acaso, pelo contrário, todas ou quase todas as suas ações são ordenadas, enquanto a ação dos escravos e dos animais, que agem ao acaso, pouco contribui para o bem comum, pois este é o princípio que constitui a natureza de cada um[3]. Quero dizer que todas as coisas, necessariamente, tendem a distinguir-se; mas sob outros aspectos, todas tendem para o todo[4].

Também não se deve ignorar todos os absurdos e os contrasensos em que caem os que pensam diferente de nós, nem se deve ignorar o que dizem os que têm teorias mais refinadas e em quais dessas doutrinas as dificuldades são menores[5].

τὸ ἐξ ἐναντίων ὀρθῶς, οὔτ' ἐν ὅσοις τὰ ἐναντία ὑπάρχει, πῶς ἐκ τῶν ἐναντίων ἔσται, οὐ λέγουσιν· ἀπαθῆ γὰρ τὰ ἐναντία ὑπ' ἀλλήλων. ἡμῖν δὲ λύεται τοῦτο εὐλόγως τῷ τρίτον τι εἶναι. οἱ δὲ τὸ ἕτερον τῶν ἐναντίων ὕλην ποιοῦσιν, ὥσπερ οἱ τὸ ἄνισον τῷ ἴσῳ ἢ τῷ ἑνὶ τὰ πολλά. λύεται δὲ καὶ τοῦτο τὸν αὐτὸν τρόπον· ἡ γὰρ ὕλη ἡ μία οὐδενὶ ἐναντίον. ἔτι ἅπαντα τοῦ φαύλου μεθέξει ἔξω τοῦ ἑνός· τὸ γὰρ κακὸν αὐτὸ θάτερον τῶν στοιχείων. οἱ δ' ἄλλοι οὐδ' ἀρχὰς τὸ ἀγαθὸν καὶ τὸ κακόν· καίτοι ἐν ἅπασι μάλιστα τὸ ἀγαθὸν ἀρχή. οἱ δὲ τοῦτο μὲν ὀρθῶς ὅτι ἀρχήν, ἀλλὰ πῶς τὸ ἀγαθὸν ἀρχὴ οὐ λέγουσιν, πότερον ὡς τέλος ἢ ὡς κινῆσαν ἢ ὡς εἶδος. ἀτόπως δὲ καὶ Ἐμπεδοκλῆς· τὴν γὰρ φιλίαν ποιεῖ τὸ ἀγαθόν, αὕτη δ' ἀρχὴ καὶ ὡς κινοῦσα (συνάγει γάρ) καὶ ὡς ὕλη· μόριον γὰρ τοῦ μίγματος. εἰ δὴ καὶ τῷ αὐτῷ συμβέβηκεν καὶ ὡς ὕλῃ ἀρχῇ εἶναι καὶ ὡς κινοῦντι, ἀλλὰ τό γ' εἶναι οὐ ταὐτό. κατὰ πότερον οὖν φιλία; ἄτοπον δὲ καὶ τὸ ἄφθαρτον εἶναι τὸ νεῖκος· τοῦτο δ' ἐστὶν αὐτῷ ἡ τοῦ κακοῦ φύσις. Ἀναξαγόρας δὲ ὡς κινοῦν τὸ ἀγαθὸν ἀρχήν· ὁ γὰρ νοῦς κινεῖ. ἀλλὰ κινεῖ ἕνεκά τινος, ὥστε ἕτερον, πλὴν ὡς ἡμεῖς λέγομεν· ἡ γὰρ ἰατρική ἐστί πως ἡ ὑγίεια. ἄτοπον δὲ καὶ τὸ ἐναντίον μὴ ποιῆσαι τῷ ἀγαθῷ καὶ τῷ νῷ. πάντες δ' οἱ τἀναντία λέγοντες οὐ χρῶνται τοῖς ἐναντίοις, ἐὰν μὴ ῥυθμίσῃ τις. καὶ διὰ τί τὰ μὲν φθαρτὰ τὰ δ' ἄφθαρτα, οὐδεὶς λέγει·

Todos os filósofos afirmam que as coisas se geram dos contrários. Mas nem a afirmação: "todas as coisas", nem a outra: "dos contrários" são exatas[6]; e eles também não dizem como derivam dos contrários as coisas que efetivamente admitem os contrários: de fato, os contrários não são afetados um pelo outro. Para nós, a dificuldade se resolve facilmente, admitindo a existência de um terceiro termo[7].

Alguns afirmam que a matéria é um dos contrários, como, por exemplo, os que opõem o desigual ao igual[8] ou o múltiplo ao um[9]. Também essa dificuldade se resolve do mesmo modo[10], pois a nosso ver, a matéria não é contrária a nada[11]. Além disso, todas as coisas participariam do mal, exceto o Um: pois o próprio mal constitui um dos dois elementos[12].

Outros filósofos, ao contrário, afirmam que nem o bem nem o mal são princípios; mas em todas as coisas o bem é o princípio por excelência[13].

Têm razão os que dizem que o bem é um princípio, mas eles não explicam como o bem é princípio: se como causa final, ou como causa motora ou como causa formal[14].

Também a teoria de Empédocles é absurda: ele identifica o bem com a Amizade, e esta é princípio seja como causa motora (de fato, ela reúne), seja também como matéria (de fato, ela é parte da mistura)[15]. Mas mesmo que algo pudesse ser princípio material e princípio motor, sua essência não seria idêntica. Segundo qual dos dois sentidos a amizade seria princípio?[16] E também é absurdo que a Discórdia seja incorruptível, pois ela constitui por si a natureza do mal[17].

Anaxágoras põe o bem como princípio motor: de fato, a Inteligência produz movimento. Todavia, ela move em vista de um fim; portanto, este é diferente dela; a menos que se aceite o que nós afirmamos: a arte médica é, em certo sentido, a saúde[18]. E também é absurdo que ele não tenha introduzido algo contrário ao bem e ao intelecto[19].

Todos os que afirmam os contrários como princípios depois não sabem servir-se deles, a não ser que suas teorias sejam modificadas[20].

πάντα γὰρ τὰ ὄντα ποιοῦσιν ἐκ τῶν αὐτῶν ἀρχῶν. ἔτι οἱ μὲν ἐκ τοῦ μὴ ὄντος ποιοῦσι τὰ ὄντα· οἱ δ' ἵνα μὴ τοῦτο ἀναγκασθῶσιν, ἓν πάντα ποιοῦσιν. —ἔτι διὰ τί ἀεὶ ἔσται γένεσις καὶ τί αἴτιον γενέσεως, οὐδεὶς λέγει. καὶ τοῖς δύο ἀρχὰς ποιοῦσιν ἄλλην ἀνάγκη ἀρχὴν κυριωτέραν εἶναι, καὶ τοῖς τὰ εἴδη ἔτι ἄλλη ἀρχὴ κυριωτέρα· διὰ τί γὰρ μετέσχεν ἢ μετέχει; καὶ τοῖς μὲν ἄλλοις ἀνάγκη τῇ σοφίᾳ καὶ τῇ τιμιωτάτῃ ἐπιστήμῃ εἶναί τι ἐναντίον, ἡμῖν δ' οὔ. οὐ γάρ ἐστιν ἐναντίον τῷ πρώτῳ οὐδέν· πάντα γὰρ τὰ ἐναντία ὕλην ἔχει, καὶ δυνάμει ταῦτα ἔστιν· ἡ δὲ ἐναντία ἄγνοια εἰς τὸ ἐναντίον, τῷ δὲ πρώτῳ ἐναντίον οὐδέν. εἴ τε μὴ ἔσται παρὰ τὰ αἰσθητὰ ἄλλα, οὐκ ἔσται ἀρχὴ καὶ τάξις καὶ γένεσις καὶ τὰ οὐράνια, ἀλλ' ἀεὶ τῆς ἀρχῆς ἀρχή, ὥσπερ τοῖς θεολόγοις καὶ τοῖς φυσικοῖς πᾶσιν. εἰ δ' ἔσται τὰ εἴδη· ἢ ⟨οἱ⟩ ἀριθμοί, οὐδενὸς αἴτια· εἰ δὲ μή, οὔτι κινήσεώς γε. ἔτι πῶς ἔσται ἐξ ἀμεγεθῶν μέγεθος καὶ συνεχές; ὁ γὰρ ἀριθμὸς οὐ ποιήσει συνεχές, οὔτε ὡς κινοῦν οὔτε ὡς εἶδος. ἀλλὰ μὴν οὐδέν γ' ἔσται τῶν ἐναντίων ὅπερ καὶ ποιητικὸν καὶ κινητικόν· ἐνδέχοιτο γὰρ ἂν μὴ εἶναι. ἀλλὰ μὴν ὕστερόν γε τὸ ποιεῖν δυνάμεως. οὐκ ἄρα ἀΐδια τὰ ὄντα. ἀλλ' ἔστιν· ἀναιρετέον ἄρα τούτων τι. τοῦτο δ' εἴρηται πῶς. ἔτι τίνι οἱ ἀριθμοὶ ἓν ἢ ἡ ψυχὴ καὶ τὸ σῶμα καὶ ὅλως τὸ εἶδος καὶ τὸ πρᾶγμα,

Além disso, nenhum deles explica por quê algumas coisas são corruptíveis e outras incorruptíveis; de fato, eles fazem todas as coisas derivarem dos mesmos princípios[21]. Ademais, alguns fazem os seres derivarem do não-ser[22]; outros, para não cair nesse absurdo, reduzem todos os seres a um só[23].

E, ainda, nenhum deles diz por quê sempre haverá geração, e qual é a causa da geração[24].

Mesmo os que admitem dois princípios devem necessariamente admitir a existência de um terceiro princípio superior[25]: assim, os filósofos que afirmam a existência de Formas devem admitir outro princípio superior. De fato, por que as coisas sensíveis participarão ou participam delas?[26]

Outros filósofos são forçados a admitir a existência de algo contrário à sabedoria e à ciência mais elevada, enquanto nós não[27]. De fato, ao que é primeiro não há nada de contrário, porque todos os contrários possuem matéria, e as coisas que possuem matéria existem em potência; a ignorância contrária à suprema ciência tem por objeto o que é contrário ao objeto da suprema ciência, mas nada é contrário ao Ser primeiro[28].

Se além das coisas sensíveis não existisse nada, nem sequer haveria um Princípio, nem ordem, nem geração, nem movimentos dos céus, mas deveria haver um princípio do princípio, como se vê nas doutrinas dos teólogos e de todos os físicos[29].

E mesmo que existissem as Ideias e os Números, não seriam causa de nada; ou, pelo menos, não seriam causa do movimento[30].

Ademais, como as grandezas e o que é extenso derivaria do que não tem grandeza[31]? O número certamente não produzirá o extenso nem como causa eficiente nem como causa formal[32].

Mas tampouco algum dos contrários poderá ser, como tal, princípio motor ou causa eficiente, pois ele poderia não existir. Pelo menos sua ação seria posterior a sua potência[33]. Então, não poderiam existir seres eternos. Mas, ao contrário, existem, portanto, é necessário excluir algumas coisas das precedentes afirmações. E já dissemos de que modo fazê-lo[34].

E ainda, nenhum deles diz em virtude de quê os números formam uma unidade[35], ou como a alma e o corpo forma um

οὐδὲν λέγει οὐδείς· οὐδ' ἐνδέχεται εἰπεῖν, ἐὰν μὴ ὡς ἡμεῖς εἴπῃ, ὡς τὸ κινοῦν ποιεῖ. οἱ δὲ λέγοντες τὸν ἀριθμὸν πρῶτον τὸν μαθηματικὸν καὶ οὕτως ἀεὶ ἄλλην ἐχομένην οὐσίαν καὶ ἀρχὰς ἑκάστης ἄλλας, ἐπεισοδιώδη τὴν τοῦ παντὸς οὐσίαν ποιοῦσιν (οὐδὲν γὰρ ἡ ἑτέρα τῇ ἑτέρᾳ συμβάλλεται οὖσα ἢ μὴ οὖσα) καὶ ἀρχὰς πολλάς· τὰ δὲ ὄντα οὐ βούλεται πολιτεύεσθαι κακῶς. "οὐκ ἀγαθὸν πολυκοιρανίη· εἷς κοίρανος ἔστω."

todo e, em geral, como a forma e a coisa são um, e nem podem dizê-lo sem admitir, como nós, que é a causa motora que produz essa unidade³⁶.

Os que sustentam que o princípio é o número matemático e afirmam que há uma sucessão de substâncias sem fim, e que para cada substância existem diversos princípios, reduzem a realidade do universo a uma série de episódios³⁷ (de fato, a existência ou não de uma substância não tem a menor importância para a outra), e admitem muitos princípios; mas as coisas não querem ser mal governadas: "o governo de muitos não é bom, um só seja o governante"³⁸.

LIVRO
M
(DÉCIMO TERCEIRO)

1

Περὶ μὲν οὖν τῆς τῶν αἰσθητῶν οὐσίας εἴρηται τίς ἐστιν, ἐν μὲν τῇ μεθόδῳ τῇ τῶν φυσικῶν περὶ τῆς ὕλης, ὕστερον δὲ περὶ τῆς κατ' ἐνέργειαν· ἐπεὶ δ' ἡ σκέψις ἐστὶ πότερον ἔστι τις παρὰ τὰς αἰσθητὰς οὐσίας ἀκίνητος καὶ ἀΐδιος ἢ οὐκ ἔστι, καὶ εἰ ἔστι τίς ἐστι, πρῶτον τὰ παρὰ τῶν ἄλλων λεγόμενα θεωρητέον, ὅπως εἴτε τι μὴ καλῶς λέγουσι, μὴ τοῖς αὐτοῖς ἔνοχοι ὦμεν, καὶ εἴ τι δόγμα κοινὸν ἡμῖν κἀκείνοις, τοῦτ' ἰδίᾳ μὴ καθ' ἡμῶν δυσχεραίνωμεν· ἀγαπητὸν γὰρ εἴ τις τὰ μὲν κάλλιον λέγοι τὰ δὲ μὴ χεῖρον. δύο δ' εἰσὶ δόξαι περὶ τούτων· τά τε γὰρ μαθηματικά φασιν οὐσίας εἶναί τινες, οἷον ἀριθμοὺς καὶ γραμμὰς καὶ τὰ συγγενῆ τούτοις, καὶ πάλιν τὰς ἰδέας. ἐπεὶ δὲ οἱ μὲν δύο ταῦτα γένη ποιοῦσι, τάς τε ἰδέας καὶ τοὺς μαθηματικοὺς ἀριθμούς, οἱ δὲ μίαν φύσιν ἀμφοτέρων, ἕτεροι δέ τινες τὰς μαθηματικὰς μόνον οὐσίας εἶναί φασι, σκεπτέον πρῶτον μὲν περὶ τῶν μαθηματικῶν, μηδεμίαν προστιθέντας φύσιν ἄλλην αὐτοῖς, οἷον πότερον ἰδέαι τυγχάνουσιν οὖσαι ἢ οὔ, καὶ πότερον ἀρχαὶ

1. [*As doutrinas dos outros filósofos sobre a substância suprassensível e plano do livro sobre esse tema*]¹

Já dissemos qual é a substância das coisas sensíveis: primeiramente no tratado de *Física*², ao falar da matéria e, em seguida, ao falar da substância entendida como ato³. Ora, como nossa pesquisa indaga se além das substâncias sensíveis existe ou não uma substância imóvel e eterna, e, se existe, qual é sua natureza, devemos em primeiro lugar⁴ examinar o que os outros filósofos disseram a respeito⁵. E devemos fazê-lo com os seguintes objetivos: para que, se eles erraram em algo, não repitamos os mesmos erros, e, de nossa parte, não tenhamos de lamentar se alguma afirmação doutrinal se revelar comum a nós e a eles; devemos nos alegrar por raciocinar, sobre certos pontos, melhor do que os predecessores, enquanto, sobre outros pontos, devemos nos alegrar por não raciocinar pior.

Ora, são duas as opiniões a respeito: (1) diz-se, de um lado, que os objetos matemáticos são substâncias (por exemplo os números, as linhas e as outras coisas desse gênero), (2) e, além disso, diz-se que também as Ideias são substâncias.

Mas, dado que (a) alguns filósofos consideram estas realidades — isto é, as Ideias e os entes matemáticos — como dois gêneros diferentes de realidade⁶, enquanto (b) outros os reduzem a uma única realidade⁷, e (c) outros, finalmente, dizem que só os entes matemáticos⁸ são substâncias, então devemos proceder do seguinte modo.

(I) Em primeiro lugar, desenvolver a pesquisa a respeito dos entes matemáticos, sem atribuir-lhes nenhuma outra natureza além da de ser números, isto é, perguntar se são ou não Ideias, e se são ou não princípios e substâncias dos seres: devemos perguntar

καὶ οὐσίαι τῶν ὄντων ἢ οὔ, ἀλλ' ὡς περὶ μαθηματικῶν μόνον εἴτ' εἰσὶν εἴτε μὴ εἰσί, καὶ εἰ εἰσὶ πῶς εἰσίν· ἔπειτα μετὰ ταῦτα χωρὶς περὶ τῶν ἰδεῶν αὐτῶν ἁπλῶς καὶ ὅσον νόμου χάριν· τεθρύληται γὰρ τὰ πολλὰ καὶ ὑπὸ τῶν ἐξωτερικῶν λόγων, ἔτι δὲ πρὸς ἐκείνην δεῖ τὴν σκέψιν ἀπαντᾶν τὸν πλείω λόγον, ὅταν ἐπισκοπῶμεν εἰ αἱ οὐσίαι καὶ αἱ ἀρχαὶ τῶν ὄντων ἀριθμοὶ καὶ ἰδέαι εἰσίν· μετὰ γὰρ τὰς ἰδέας αὕτη λείπεται τρίτη σκέψις. — ἀνάγκη δ', εἴπερ ἔστι τὰ μαθηματικά, ἢ ἐν τοῖς αἰσθητοῖς εἶναι αὐτὰ καθάπερ λέγουσί τινες, ἢ κεχωρισμένα τῶν αἰσθητῶν (λέγουσι δὲ καὶ οὕτω τινές)· ἢ εἰ μηδετέρως, ἢ οὐκ εἰσὶν ἢ ἄλλον τρόπον εἰσίν· ὥσθ' ἡ ἀμφισβήτησις ἡμῖν ἔσται οὐ περὶ τοῦ εἶναι ἀλλὰ περὶ τοῦ τρόπου.

2

Ὅτι μὲν τοίνυν ἔν γε τοῖς αἰσθητοῖς ἀδύνατον εἶναι καὶ ἅμα πλασματίας ὁ λόγος, εἴρηται μὲν καὶ ἐν τοῖς διαπορήμασιν ὅτι δύο ἅμα στερεὰ εἶναι ἀδύνατον, ἔτι δὲ καὶ ὅτι τοῦ αὐτοῦ λόγου καὶ τὰς ἄλλας δυνάμεις καὶ φύσεις ἐν τοῖς αἰσθητοῖς εἶναι καὶ μηδεμίαν κεχωρισμένην· —ταῦτα μὲν οὖν εἴρηται πρότερον, ἀλλὰ πρὸς τούτοις φανερὸν ὅτι ἀδύνατον διαιρεθῆναι ὁτιοῦν σῶμα· κατ' ἐπίπεδον γὰρ διαιρεθήσεται, καὶ τοῦτο κατὰ γραμμὴν καὶ αὕτη κατὰ στιγμήν, ὥστ' εἰ τὴν στιγμὴν διελεῖν ἀδύνατον, καὶ τὴν γραμμήν, εἰ δὲ ταύτην, καὶ τἆλλα. τί οὖν διαφέρει ἢ ταύτας εἶναι

unicamente se, considerados como objetos matemáticos, existem ou não, e se existem, de que modo existem[9].

(II) Em seguida, depois desse exame e além dele, tratar das próprias Ideias, considerando-as por si, na medida em que a investigação o exige[10]: de fato, muitas das questões relativas ao assunto já foram amplamente tratadas nas discussões preliminares[11].

(III) Enfim, a maior parte de nossa discussão deverá centrar-se no exame do seguinte problema: se os números e as Ideias são substâncias e princípios dos seres. Depois do problema das Ideias, este será o terceiro problema a ser examinado[12].

(I) Se os objetos matemáticos existem, eles necessariamente, (1) ou deverão existir nas coisas sensíveis — como sustentam alguns pensadores —, (2) ou deverão existir separados das mesmas — tal como dizem outros pensadores —; e se não existem em nenhum desses dois modos, ou não existem absolutamente, ou (3) existem de outro modo diferente. Portanto, nossa discussão versará não sobre seu ser mas sobre seu modo de ser[13].

2. [A questão relativa ao modo de ser dos objetos matemáticos][1]

(1) Que os Entes matemáticos não podem ser imanentes às coisas sensíveis e que esta teoria é puramente artificial[2] já foi dito no livro das aporias[3]: dissemos, com efeito, (a) que dois sólidos não podem existir juntos no mesmo lugar[4], e, ademais, dissemos (b) que, por força do mesmo raciocínio, também as outras realidades e as outras naturezas[5] deveriam ser imanentes aos objetos sensíveis e nenhuma poderia existir separada deles[6]. Estas são as argumentações anteriormente aduzidas. Ora, a estas se acrescenta outra. (c) É evidentemente impossível, com base na referida doutrina, que qualquer corpo possa ser dividido. De fato, ele deveria ser dividido em superfícies, as superfícies em linhas e as linhas em pontos; mas se não se pode dividir o ponto, também não se poderá dividir a linha, e se não se puder dividir a linha, o mesmo ocorrerá com as superfícies e com os corpos. Então, que

τοιαύτας φύσεις, ἢ αὐτὰς μὲν μή, εἶναι δ' ἐν αὐταῖς τοιαύτας φύσεις; τὸ αὐτὸ γὰρ συμβήσεται· διαιρουμένων γὰρ
τῶν αἰσθητῶν διαιρεθήσονται, ἢ οὐδὲ αἱ αἰσθηταί. ἀλλὰ μὴν
οὐδὲ κεχωρισμένας γ' εἶναι φύσεις τοιαύτας δυνατόν. εἰ γὰρ
ἔσται στερεὰ παρὰ τὰ αἰσθητὰ κεχωρισμένα τούτων ἕτερα καὶ
πρότερα τῶν αἰσθητῶν, δῆλον ὅτι καὶ παρὰ τὰ ἐπίπεδα
ἕτερα ἀναγκαῖον εἶναι ἐπίπεδα κεχωρισμένα καὶ στιγμὰς
καὶ γραμμάς (τοῦ γὰρ αὐτοῦ λόγου)· εἰ δὲ ταῦτα, πάλιν
παρὰ τὰ τοῦ στερεοῦ τοῦ μαθηματικοῦ ἐπίπεδα καὶ γραμμὰς
καὶ στιγμὰς ἕτερα κεχωρισμένα (πρότερα γὰρ τῶν συγκειμένων ἐστὶ τὰ ἀσύνθετα· καὶ εἴπερ τῶν αἰσθητῶν πρότερα
σώματα μὴ αἰσθητά, τῷ αὐτῷ λόγῳ καὶ τῶν ἐπιπέδων
τῶν ἐν τοῖς ἀκινήτοις στερεοῖς τὰ αὐτὰ καθ' αὑτά, ὥστε
ἕτερα ταῦτα ἐπίπεδα καὶ γραμμαὶ τῶν ἅμα τοῖς στερεοῖς
τοῖς κεχωρισμένοις· τὰ μὲν γὰρ ἅμα τοῖς μαθηματικοῖς
στερεοῖς τὰ δὲ πρότερα τῶν μαθηματικῶν στερεῶν). πάλιν
τοίνυν τούτων τῶν ἐπιπέδων ἔσονται γραμμαί, ὧν πρότερον
δεήσει ἑτέρας γραμμὰς καὶ στιγμὰς εἶναι διὰ τὸν αὐτὸν
λόγον· καὶ τούτων ⟨τῶν⟩ ἐκ ταῖς προτέραις γραμμαῖς ἑτέρας
προτέρας στιγμάς, ὧν οὐκέτι πρότεραι ἕτεραι. ἄτοπός τε δὴ
γίγνεται ἡ σώρευσις (συμβαίνει γὰρ στερεὰ μὲν μοναχὰ
παρὰ τὰ αἰσθητά, ἐπίπεδα δὲ τριττὰ παρὰ τὰ αἰσθητά—
τά τε παρὰ τὰ αἰσθητὰ καὶ τὰ ἐν τοῖς μαθηματικοῖς στερεοῖς καὶ ⟨τὰ⟩ παρὰ τὰ ἐν τούτοις—γραμμαὶ δὲ τετραξαί,
στιγμαὶ δὲ πενταξαί· ὥστε περὶ ποῖα αἱ ἐπιστῆμαι ἔσονται αἱ μαθη-

diferença pode haver entre dizer que as coisas sensíveis são realidades indivisíveis e dizer que elas não são indivisíveis, mas existem nelas realidades indivisíveis? De fato, as consequências derivadas serão idênticas: se as coisas sensíveis são divisíveis, deverão ser divisíveis também as outras realidades a elas imanentes; caso contrário, não serão divisíveis nem as coisas sensíveis[7].
(2) Por outro lado, também não é possível que essas realidades existam separadas das coisas sensíveis[8].

(a) De fato, se além dos sólidos sensíveis existissem outros sólidos anteriores a eles e não sensíveis, é evidente que (por força do mesmo argumento) deveriam necessariamente existir, além das superfícies sensíveis, também outras superfícies separadas delas, e assim também outras linhas e outros pontos. E se é assim, então além dessas superfícies, linhas e pontos do sólido matemático deveremos, ulteriormente, admitir outras superfícies, linhas e pontos existentes separadamente daquelas. (O incomposto é anterior ao composto. E, dado que existem sólidos não sensíveis anteriores aos sensíveis, por força do mesmo raciocínio que leva a admitir a existência deles, dever-se-ão admitir também superfícies anteriores às que compõem os sólidos imóveis e deverão existir em si e por si; consequentemente, essas superfícies e linhas deverão ser diferentes das que constituem os sólidos matemáticos separados: de fato, elas só existem junto com os sólidos matemáticos, enquanto aquelas são anteriores aos sólidos matemáticos). E então, novamente, nessas superfícies deverão existir linhas, e, sempre por força do mesmo raciocínio, deverão existir ainda outras linhas e outros pontos anteriores a elas. Enfim, relativamente a esses pontos imanentes às linhas anteriores, existirão outros pontos anteriores, relativamente aos quais não existirão outros pontos anteriores. Gera-se, desse modo, um acúmulo absurdo de realidades. De fato, resultam existir: um sólido além dos sólidos sensíveis, três tipos de superfícies além das sensíveis (as que existem além das superfícies sensíveis, as que existem nos sólidos matemáticos e as que existem além das que estão presentes nos sólidos matemáticos), quatro tipos de linhas e, enfim, cinco tipos de pontos. Portanto quais dessas realidades as ciências matemáticas deverão

ματικαὶ τούτων; οὐ γὰρ δὴ περὶ τὰ ἐν τῷ στερεῷ τῷ ἀκινήτῳ
35 ἐπίπεδα καὶ γραμμὰς καὶ στιγμάς· ἀεὶ γὰρ περὶ τὰ πρότερα ἡ ἐπιστήμη)· ὁ δ' αὐτὸς λόγος καὶ περὶ τῶν ἀριθμῶν·
παρ' ἑκάστας γὰρ τὰς στιγμὰς ἕτεραι ἔσονται μονάδες, καὶ
παρ' ἕκαστα τὰ ὄντα, ⟨τὰ⟩ αἰσθητά, εἶτα τὰ νοητά, ὥστ' ἔσται
γένη ⟨ἄπειρα⟩ τῶν μαθηματικῶν ἀριθμῶν. ἔτι ἅπερ καὶ ἐν τοῖς
1077ᵃ ἀπορήμασιν ἐπήλθομεν πῶς ἐνδέχεται λύειν; περὶ ἃ γὰρ
ἡ ἀστρολογία ἐστίν, ὁμοίως ἔσται παρὰ τὰ αἰσθητὰ καὶ
περὶ ἃ ἡ γεωμετρία· εἶναι δ' οὐρανὸν καὶ τὰ μόρια αὐτοῦ
πῶς δυνατόν, ἢ ἄλλο ὁτιοῦν ἔχον κίνησιν; ὁμοίως δὲ καὶ τὰ
5 ὀπτικὰ καὶ τὰ ἁρμονικά· ἔσται γὰρ φωνή τε καὶ ὄψις
παρὰ τὰ αἰσθητὰ καὶ τὰ καθ' ἕκαστα, ὥστε δῆλον ὅτι καὶ
αἱ ἄλλαι αἰσθήσεις καὶ τὰ ἄλλα αἰσθητά· τί γὰρ μᾶλλον
τάδε ἢ τάδε; εἰ δὲ ταῦτα, καὶ ζῷα ἔσονται, εἴπερ καὶ
αἰσθήσεις. ἔτι γράφεται ἔνια καθόλου ὑπὸ τῶν μαθηματι-
10 κῶν παρὰ ταύτας τὰς οὐσίας. ἔσται οὖν καὶ αὕτη τις ἄλλη
οὐσία μεταξὺ κεχωρισμένη τῶν τ' ἰδεῶν καὶ τῶν μεταξύ, ἣ
οὔτε ἀριθμός ἐστιν οὔτε στιγμαὶ οὔτε μέγεθος οὔτε χρόνος. εἰ
δὲ τοῦτο ἀδύνατον, δῆλον ὅτι κἀκεῖνα ἀδύνατον εἶναι κεχωρισμένα τῶν αἰσθητῶν. ὅλως δὲ τοὐναντίον συμβαίνει καὶ τοῦ
15 ἀληθοῦς καὶ τοῦ εἰωθότος ὑπολαμβάνεσθαι, εἴ τις θήσει
οὕτως εἶναι τὰ μαθηματικὰ ὡς κεχωρισμένας τινὰς φύσεις.
ἀνάγκη γὰρ διὰ τὸ μὲν οὕτως εἶναι αὐτὰς προτέρας εἶναι
τῶν αἰσθητῶν μεγεθῶν, κατὰ τὸ ἀληθὲς δὲ ὑστέρας· τὸ

ter como objeto? Certamente não as superfícies, as linhas e os pontos existentes no sólido imóvel; de fato, a ciência sempre tem como objeto as realidades primeiras[9].

(b) O mesmo raciocínio vale para os números. De fato, deverão existir outros tipos de unidades além de cada um dos cinco tipos de pontos, e do mesmo modo outros tipos de unidades além de cada uma das realidades individuais: além das realidades individuais sensíveis e além das inteligíveis; de modo que existirão infinitos tipos de números matemáticos[10].

(c) Ademais, como é possível resolver as dificuldades que expusemos no livro das aporias?[11] De fato, os objetos tratados pela astronomia deverão existir separados dos sensíveis, assim como existem separados dos sensíveis os objetos tratados pela geometria. Mas como é possível que <além do céu sensível e de suas partes> exista outro céu e partes dele, ou outras coisas que tenham movimento? O mesmo ocorre com os objetos da ótica e da harmônica: deverá existir uma voz e uma vista além das sensíveis e particulares. Portanto, o mesmo deverá valer também para as sensações e para os outros sensíveis: de fato, por que deveria valer para aquelas e não para estes? E se é assim, dado que existem sensações além das sensíveis, deverão existir também animais além dos animais sensíveis![12]

(d) Além disso, os matemáticos formulam alguns axiomas universais independentemente dessas substâncias matemáticas. Então, para estes, deverá existir uma substância ulterior, intermediária e separada tanto das Ideias como dos entes matemáticos intermediários, a qual não será nem número, nem ponto, nem grandeza, nem tempo. E se isso é impossível, é evidente que também os entes matemáticos não poderão existir separados dos sensíveis[13].

(e) E em geral, se afirmarmos que os objetos matemáticos existem desse modo, ou seja, como realidades separadas, decorrerão consequências contrárias à verdade e ao que é comumente admitido. Com efeito, as grandezas matemáticas, em virtude desse seu modo de ser[14], deverão ser anteriores às grandezas sensíveis; entretanto, na verdade são posteriores. De fato, a grandeza imperfeita é anterior pela geração, mas é posterior

γὰρ ἀτελὲς μέγεθος γενέσει μὲν πρότερόν ἐστι, τῇ οὐσίᾳ δ'
20 ὕστερον, οἷον ἄψυχον ἐμψύχου. ἔτι τίνι καὶ πότ' ἔσται ἓν
τὰ μαθηματικὰ μεγέθη; τὰ μὲν γὰρ ἐνταῦθα ψυχῇ ἢ
μέρει ψυχῆς ἢ ἄλλῳ τινί, εὐλόγως (εἰ δὲ μή, πολλά, καὶ
διαλύεται), ἐκείνοις δὲ διαιρετοῖς καὶ ποσοῖς οὖσι τί αἴτιον
τοῦ ἓν εἶναι καὶ συμμένειν; ἔτι αἱ γενέσεις δηλοῦσιν. πρῶ-
25 τον μὲν γὰρ ἐπὶ μῆκος γίγνεται, εἶτα ἐπὶ πλάτος, τελευταῖον δ' εἰς βάθος, καὶ τέλος ἔσχεν. εἰ οὖν τὸ τῇ γενέσει
ὕστερον τῇ οὐσίᾳ πρότερον, τὸ σῶμα πρότερον ἂν εἴη ἐπιπέδου
καὶ μήκους· καὶ ταύτῃ καὶ τέλειον καὶ ὅλον μᾶλλον, ὅτι
ἔμψυχον γίγνεται· γραμμὴ δὲ ἔμψυχος ἢ ἐπίπεδον πῶς
30 ἂν εἴη; ὑπὲρ γὰρ τὰς αἰσθήσεις τὰς ἡμετέρας ἂν εἴη τὸ
ἀξίωμα. ἔτι τὸ μὲν σῶμα οὐσία τις (ἤδη γὰρ ἔχει πως
τὸ τέλειον), αἱ δὲ γραμμαὶ πῶς οὐσίαι; οὔτε γὰρ ὡς εἶδος
καὶ μορφή τις, οἷον εἰ ἄρα ἡ ψυχὴ τοιοῦτον, οὔτε ὡς ἡ
ὕλη, οἷον τὸ σῶμα· οὐθὲν γὰρ ἐκ γραμμῶν οὐδ' ἐπιπέδων
35 οὐδὲ στιγμῶν φαίνεται συνίστασθαι δυνάμενον, εἰ δ' ἦν οὐσία
τις ὑλική, τοῦτ' ἂν ἐφαίνετο δυνάμενα πάσχειν. τῷ μὲν
1077ᵇ οὖν λόγῳ ἔστω πρότερα, ἀλλ' οὐ πάντα ὅσα τῷ λόγῳ πρότερα καὶ τῇ οὐσίᾳ πρότερα. τῇ μὲν γὰρ οὐσίᾳ πρότερα ὅσα
χωριζόμενα τῷ εἶναι ὑπερβάλλει, τῷ λόγῳ δὲ ὅσων οἱ

pela substância como, por exemplo, o inanimado relativamente ao animado[15].

(f) Além disso, em virtude de que e quando[16] as grandezas matemáticas serão unidade? Os seres deste mundo são unos em virtude da alma ou de uma parte da alma ou de alguma outra coisa que se possa razoavelmente afirmar como tal. Se não fosse assim, os corpos seriam uma multiplicidade e se dissolveriam em suas partes. E quanto às grandezas matemáticas — que são divisíveis e são quantidade — qual será a causa que as unifica e as faz permanecer unidas?[17]

(g) Ademais, também o processo de geração dos entes matemáticos demonstra o absurdo da doutrina. Em primeiro lugar, eles se geram em comprimento, depois em largura, por último em profundidade, e assim se completam. Ora, se é verdade que o que é posterior na ordem da geração é anterior na ordem da substância, o corpo deveria ser anterior à superfície e ao comprimento. E também deveria ser mais completo e um todo orgânico por esta outra razão: porque o corpo pode se tornar animado. Mas como uma linha ou uma superfície poderiam se tornar animadas? Uma suposição desse tipo estaria acima das capacidades de nossos sentidos![18]

(h) E mais, o corpo é uma substância porque já é, de algum modo, completo. Mas como as linhas podem ser substâncias? Certamente não são substâncias no sentido de forma e de estrutura formal como, por exemplo, poderia ser a alma; e também não são substâncias no mesmo sentido que a matéria é substância como, por exemplo, o corpo: de fato, não se vê nenhum corpo que possa ser constituído de linhas, superfícies ou pontos, pois se eles fossem substâncias materiais, seria claramente possível que algo fosse constituído por eles[19].

(i) Mas admitamos que as superfícies, as linhas e os pontos tenham uma anterioridade na ordem da noção; todavia, nem tudo o que é anterior na ordem da noção também é anterior na ordem da substância. De fato, são anteriores na ordem da substância todas as coisas que, separadas das outras, têm mais ser do que elas, enquanto são anteriores na ordem da noção as coisas cujas noções entram na composição de outras noções. Ora, esses dois

λόγοι ἐκ τῶν λόγων· ταῦτα δὲ οὐχ ἅμα ὑπάρχει. εἰ γὰρ μὴ ἔστι τὰ πάθη παρὰ τὰς οὐσίας, οἷον κινούμενόν τι ἢ λευκόν, τοῦ λευκοῦ ἀνθρώπου τὸ λευκὸν πρότερον κατὰ τὸν λόγον ἀλλ' οὐ κατὰ τὴν οὐσίαν· οὐ γὰρ ἐνδέχεται εἶναι κεχωρισμένον ἀλλ' ἀεὶ ἅμα τῷ συνόλῳ ἐστίν (σύνολον δὲ λέγω τὸν ἄνθρωπον τὸν λευκόν), ὥστε φανερὸν ὅτι οὔτε τὸ ἐξ ἀφαιρέσεως πρότερον οὔτε τὸ ἐκ προσθέσεως ὕστερον· ἐκ προσθέσεως γὰρ τῷ λευκῷ ὁ λευκὸς ἄνθρωπος λέγεται.

Ὅτι μὲν οὖν οὔτε οὐσίαι μᾶλλον τῶν σωμάτων εἰσὶν οὔτε πρότερα τῷ εἶναι τῶν αἰσθητῶν ἀλλὰ τῷ λόγῳ μόνον, οὔτε κεχωρισμένα που εἶναι δυνατόν, εἴρηται ἱκανῶς· ἐπεὶ δ' οὐδ' ἐν τοῖς αἰσθητοῖς ἐνεδέχετο αὐτὰ εἶναι, φανερὸν ὅτι ἢ ὅλως οὐκ ἔστιν ἢ τρόπον τινὰ ἔστι καὶ διὰ τοῦτο οὐχ ἁπλῶς ἔστιν· πολλαχῶς γὰρ τὸ εἶναι λέγομεν.

3

ὥσπερ γὰρ καὶ τὰ καθόλου ἐν τοῖς μαθήμασιν οὐ περὶ κεχωρισμένων ἐστὶ παρὰ τὰ μεγέθη καὶ τοὺς ἀριθμοὺς ἀλλὰ περὶ τούτων μέν, οὐχ ᾗ δὲ τοιαῦτα οἷα ἔχειν μέγεθος ἢ εἶναι διαιρετά, δῆλον ὅτι ἐνδέχεται καὶ περὶ τῶν αἰσθητῶν μεγεθῶν εἶναι καὶ λόγους καὶ ἀποδείξεις, μὴ ᾗ δὲ αἰσθητὰ ἀλλ' ᾗ τοιαδί. ὥσπερ γὰρ καὶ ᾗ κινούμενα μόνον πολλοὶ λόγοι εἰσί, χωρὶς τοῦ τί ἕκαστόν ἐστι τῶν τοιούτων καὶ τῶν συμβεβηκότων αὐτοῖς, καὶ οὐκ ἀνάγκη διὰ ταῦτα ἢ κεχωρισμένον τι εἶναι κινούμενον τῶν αἰσθητῶν ἢ ἐν τούτοις τινὰ φύσιν εἶναι ἀφω-

tipos de anterioridade não se implicam mutuamente. De fato, se as afecções como, por exemplo, móvel e branco, não existem separadas das substâncias, então o branco, relativamente ao homem-branco é anterior na ordem da noção, mas não é anterior na ordem da substância: de fato, o branco não pode existir separadamente, mas existe sempre unido ao sínolo, e por sínolo entendo o homem-branco. Por conseguinte, é evidente que, na ordem da substância, nem o resultado de abstração é anterior, nem o resultado de adjunção é posterior, pois é pela adjunção de homem a branco que falamos de homem-branco[20].

Demonstrou-se, portanto, suficientemente, que os entes matemáticos não são mais substâncias do que os corpos, e que, relativamente aos sensíveis, não são anteriores na ordem da noção e, enfim, que não podem de algum modo existir separadamente. Por outro lado, como vimos que eles também não podem existir como imanentes aos sensíveis, é evidente[21] ou que eles não existem absolutamente, ou que só existem de certo modo[22] e que, portanto, não existem no sentido absoluto do termo. O ser, de fato, tem múltiplos significados.

3. [*Solução da questão do modo de ser dos objetos matemáticos*][1]

(3) Ora, como as proposições universais das matemáticas não se referem a entes separados e existentes à parte das grandezas e dos números, mas se referem justamente a estes, mas não considerados como tais, isto é, como tendo grandeza e como divisíveis: então, é evidente que poderão existir também raciocínios e demonstrações referentes às grandezas sensíveis, não consideradas como sensíveis mas como dotadas de determinadas propriedades. De fato, dado existirem muitos raciocínios referidos a coisas sensíveis consideradas apenas em movimento, prescindindo da essência e dos acidentes de cada uma delas; e dado não ser necessário, por isso, que exista algo móvel separado das coisas sensíveis, ou que o movimento seja, nestas, uma realidade distinta do resto: então, do

ρισμένην, οὕτω καὶ ἐπὶ τῶν κινουμένων ἔσονται λόγοι καὶ
ἐπιστῆμαι, οὐχ ᾗ κινούμενα δὲ ἀλλ' ᾗ σώματα μόνον, καὶ
πάλιν ᾗ ἐπίπεδα μόνον καὶ ᾗ μήκη μόνον, καὶ ᾗ διαιρετὰ
30 καὶ ᾗ ἀδιαίρετα ἔχοντα δὲ θέσιν καὶ ᾗ ἀδιαίρετα μόνον,
ὥστ' ἐπεὶ ἁπλῶς λέγειν ἀληθὲς μὴ μόνον τὰ χωριστὰ εἶναι
ἀλλὰ καὶ τὰ μὴ χωριστά (οἷον κινούμενα εἶναι), καὶ τὰ
μαθηματικὰ ὅτι ἔστιν ἁπλῶς ἀληθὲς εἰπεῖν, καὶ τοιαῦτά
γε οἷα λέγουσιν. καὶ ὥσπερ καὶ τὰς ἄλλας ἐπιστήμας ἁπλῶς
35 ἀληθὲς εἰπεῖν τούτου εἶναι, οὐχὶ τοῦ συμβεβηκότος (οἷον ὅτι
λευκοῦ, εἰ τὸ ὑγιεινὸν λευκόν, ἡ δ' ἔστιν ὑγιεινοῦ) ἀλλ' ἐκείνου
1078ᵃ οὗ ἐστὶν ἑκάστη, εἰ ⟨ᾗ⟩ ὑγιεινὸν ὑγιεινοῦ, εἰ δ' ᾗ ἄνθρωπος
ἀνθρώπου, οὕτω καὶ τὴν γεωμετρίαν· οὐκ εἰ συμβέβηκεν αἰσθητὰ
εἶναι ὧν ἐστί, μὴ ἔστι δὲ ᾗ αἰσθητά, οὐ τῶν αἰσθητῶν ἔσονται αἱ
μαθηματικαὶ ἐπιστῆμαι, οὐ μέντοι οὐδὲ παρὰ ταῦτα ἄλλων
5 κεχωρισμένων. πολλὰ δὲ συμβέβηκε καθ' αὑτὰ τοῖς πράγμασιν ᾗ ἕκαστον ὑπάρχει τῶν τοιούτων, ἐπεὶ καὶ ᾗ θῆλυ
τὸ ζῷον καὶ ᾗ ἄρρεν, ἴδια πάθη ἔστιν (καίτοι οὐκ ἔστι τι
θῆλυ οὐδ' ἄρρεν κεχωρισμένον τῶν ζῴων)· ὥστε καὶ ᾗ μήκη
μόνον καὶ ᾗ ἐπίπεδα. καὶ ὅσῳ δὴ ἂν περὶ προτέρων τῷ
10 λόγῳ καὶ ἁπλουστέρων, τοσούτῳ μᾶλλον ἔχει τὸ ἀκριβές (τοῦτο
δὲ τὸ ἁπλοῦν ἐστίν), ὥστε ἄνευ τε μεγέθους μᾶλλον ἢ μετὰ
μεγέθους, καὶ μάλιστα ἄνευ κινήσεως, ἐὰν δὲ κίνησιν, μά-

mesmo modo poderão existir raciocínios e ciências relativas a corpos em movimento, mas considerados não em movimento, mas somente como corpos, e depois também só como superfícies, e, em seguida, só como comprimento, só como divisíveis, só como indivisíveis e tendo uma posição, e enfim, só como indivisíveis. Portanto, dado que se pode dizer, em geral e verdadeiramente, que não só as coisas separadas existem, mas que também as coisas não separadas existem (por exemplo, pode-se dizer que os móveis existem), assim também poder-se-á dizer, em geral e verdadeiramente, que os objetos matemáticos existem e, justamente, com aquelas características de que falam os matemáticos².

E como se pode dizer, em geral e verdadeiramente, que também as outras ciências referem-se não ao que é acidente de seu objeto (por exemplo, não ao branco, se o sadio é branco e se a ciência em questão tem como objeto o sadio), mas ao objeto peculiar a cada uma delas (por exemplo, o sadio, se a ciência em questão tem como objeto o sadio; e o homem, se a ciência em questão tem como objeto o homem), o mesmo poder-se-á dizer da geometria: mesmo que os objetos de que trata tenham por acidente a característica de ser sensíveis, todavia ela não os considera como sensíveis. Assim as ciências matemáticas não serão ciências de coisas sensíveis, mas também não serão ciências de outros objetos separados dos sensíveis³.

Muitos atributos pertencem às coisas por si, enquanto cada um desses atributos são inerentes a elas⁴: existem, por exemplo, características peculiares ao animal como fêmea, ou como macho, mesmo que não exista uma fêmea e um macho separados do animal. Portanto, existirão também características peculiares às coisas consideradas só como comprimento e como superfície⁵.

Quanto mais os objetos do nosso conhecimento são anteriores na ordem da definição e quanto mais simples, tanto mais o conhecimento é exato: de fato, a exatidão não é senão simplicidade. Consequentemente, a ciência cujo objeto prescinde da grandeza espacial é mais exata do que aquela cujo objeto inclui também a grandeza espacial; e maximamente exata é a ciência que abstrai do movimento. Ao contrário, entre as ciências que têm

λιστα τὴν πρώτην· ἁπλουστάτη γάρ, καὶ ταύτης ἡ ὁμαλή. ὁ δ' αὐτὸς λόγος καὶ περὶ ἁρμονικῆς καὶ ὀπτικῆς· οὐδετέρα
15 γὰρ ᾗ ὄψις ἢ ᾗ φωνὴ θεωρεῖ, ἀλλ' ᾗ γραμμαὶ καὶ ἀριθμοί (οἰκεῖα μέντοι ταῦτα πάθη ἐκείνων), καὶ ἡ μηχανικὴ δὲ ὡσαύτως, ὥστ' εἴ τις θέμενος κεχωρισμένα τῶν συμβεβηκότων σκοπεῖ τι περὶ τούτων ᾗ τοιαῦτα, οὐθὲν διὰ τοῦτο ψεῦδος ψεύσεται, ὥσπερ οὐδ' ὅταν ἐν τῇ γῇ γράφῃ καὶ
20 ποδιαίαν φῇ τὴν μὴ ποδιαίαν· οὐ γὰρ ἐν ταῖς προτάσεσι τὸ ψεῦδος. ἄριστα δ' ἂν οὕτω θεωρηθείη ἕκαστον, εἴ τις τὸ μὴ κεχωρισμένον θείη χωρίσας, ὅπερ ὁ ἀριθμητικὸς ποιεῖ καὶ ὁ γεωμέτρης. ἓν μὲν γὰρ καὶ ἀδιαίρετον ὁ ἄνθρωπος ᾗ ἄνθρωπος· ὁ δ' ἔθετο ἓν ἀδιαίρετον, εἶτ' ἐθεώρησεν εἴ τι
25 τῷ ἀνθρώπῳ συμβέβηκεν ᾗ ἀδιαίρετος. ὁ δὲ γεωμέτρης οὔθ' ᾗ ἄνθρωπος οὔθ' ᾗ ἀδιαίρετος ἀλλ' ᾗ στερεόν. ἃ γὰρ κἂν εἰ μή που ἦν ἀδιαίρετος ὑπῆρχεν αὐτῷ, δῆλον ὅτι καὶ ἄνευ τούτων ἐνδέχεται αὐτῷ ὑπάρχειν [τὸ δυνατόν], ὥστε διὰ τοῦτο ὀρθῶς οἱ γεωμέτραι λέγουσι, καὶ περὶ ὄντων διαλέγον-
30 ται, καὶ ὄντα ἐστίν· διττὸν γὰρ τὸ ὄν, τὸ μὲν ἐντελεχείᾳ τὸ δ' ὑλικῶς. ἐπεὶ δὲ τὸ ἀγαθὸν καὶ τὸ καλὸν ἕτερον (τὸ μὲν γὰρ ἀεὶ ἐν πράξει, τὸ δὲ καλὸν καὶ ἐν τοῖς ἀκινήτοις), οἱ φάσκοντες οὐδὲν λέγειν τὰς μαθηματικὰς ἐπιστήμας περὶ καλοῦ ἢ ἀγαθοῦ ψεύδονται. λέγουσι γὰρ καὶ δεικνύουσι μά-
35 λιστα· οὐ γὰρ εἰ μὴ ὀνομάζουσι τὰ δ' ἔργα καὶ τοὺς λόγους δεικνύουσιν, οὐ λέγουσι περὶ αὐτῶν. τοῦ δὲ καλοῦ μέγιστα εἴδη

como objeto o movimento, é mais exata aquela que tem como objeto o movimento primeiro: o movimento primeiro, com efeito, é o mais simples, e, no âmbito dele, é primeiro por excelência o movimento uniforme[6]. O mesmo raciocínio feito acima valerá também para a harmônica e para a ótica. De fato, nem uma nem a outra consideram o próprio objeto como vista ou como som, mas o consideram como linhas e como números: estes são propriedades peculiares daquelas. E o mesmo também se diga para a mecânica[7].

Portanto, se considerarmos determinadas propriedades como separadas das outras às quais acompanham e se instituirmos uma pesquisa a respeito delas considerando-as separadas, nem por isso incorreremos em erro, assim como não erra o geômetra quando traça uma linha na terra e supõe que tenha um pé de comprimento, mesmo que não o tenha: o erro nunca está nas premissas. Desse modo, pode-se estudar tudo — e de modo excelente —, supondo separado aquilo que não o é, justamente como fazem o aritmético e o geômetra. O homem enquanto homem, por exemplo, é uno e indivisível; ora, o aritmético o considera justamente como uno e indivisível, e depois indaga se existem propriedades que convêm ao homem enquanto indivisível. Ao contrário, o geômetra não considera o homem nem como homem nem como indivisível, mas o considera como sólido geométrico. De fato, as propriedades que se poderiam atribuir ao homem se ele não fosse indivisível, evidentemente se lhe podem também atribuir prescindindo da indivisibilidade e da humanidade. Por isso os geômetras raciocinam corretamente: seus discursos referem-se a coisas que são e são reais. De fato, o ser tem dois diferentes significados: em primeiro lugar o de ser em ato, em segundo lugar o de ser em potência[8].

Como o bem e o belo são diferentes (o primeiro, de fato, encontra-se sempre nas ações, enquanto o segundo encontra-se também nos entes imóveis), erram os que afirmam que as ciências matemáticas não dizem nada a respeito do belo e do bem[9]. Com efeito, as matemáticas falam do bem e do belo e os dão a conhecer em sumo grau: de fato, se é verdade que não os nomeiam explicitamente, todavia dão a conhecer seus efeitos e suas razões e, portanto, não se pode dizer que não falam deles.

1078ᵇ τάξις καὶ συμμετρία καὶ τὸ ὡρισμένον, ἃ μάλιστα δεικνύουσιν αἱ μαθηματικαὶ ἐπιστῆμαι. καὶ ἐπεί γε πολλῶν αἴτια φαίνεται ταῦτα (λέγω δ' οἷον ἡ τάξις καὶ τὸ ὡρισμένον), δῆλον ὅτι λέγοιεν ἂν καὶ τὴν τοιαύτην αἰτίαν τὴν
5 ὡς τὸ καλὸν αἴτιον τρόπον τινά. μᾶλλον δὲ γνωρίμως ἐν ἄλλοις περὶ αὐτῶν ἐροῦμεν.

4

Περὶ μὲν οὖν τῶν μαθηματικῶν, ὅτι τε ὄντα ἐστὶ καὶ πῶς ὄντα, καὶ πῶς πρότερα καὶ πῶς οὐ πρότερα, τοσαῦτα εἰρήσθω· περὶ δὲ τῶν ἰδεῶν πρῶτον αὐτὴν τὴν κατὰ τὴν
10 ἰδέαν δόξαν ἐπισκεπτέον, μηθὲν συνάπτοντας πρὸς τὴν τῶν ἀριθμῶν φύσιν, ἀλλ' ὡς ὑπέλαβον ἐξ ἀρχῆς οἱ πρῶτοι τὰς ἰδέας φήσαντες εἶναι. συνέβη δ' ἡ περὶ τῶν εἰδῶν δόξα τοῖς εἰποῦσι διὰ τὸ πεισθῆναι περὶ τῆς ἀληθείας τοῖς Ἡρακλειτείοις λόγοις ὡς πάντων τῶν αἰσθητῶν ἀεὶ ῥεόν-
15 των, ὥστ' εἴπερ ἐπιστήμη τινὸς ἔσται καὶ φρόνησις, ἑτέρας δεῖν τινὰς φύσεις εἶναι παρὰ τὰς αἰσθητὰς μενούσας· οὐ γὰρ εἶναι τῶν ῥεόντων ἐπιστήμην. Σωκράτους δὲ περὶ τὰς ἠθικὰς ἀρετὰς πραγματευομένου καὶ περὶ τούτων ὁρίζεσθαι καθόλου ζητοῦντος πρώτου (τῶν μὲν γὰρ φυσικῶν ἐπὶ μικρὸν
20 Δημόκριτος ἥψατο μόνον καὶ ὡρίσατό πως τὸ θερμὸν καὶ τὸ ψυχρόν· οἱ δὲ Πυθαγόρειοι πρότερον περί τινων ὀλίγων, ὧν τοὺς λόγους εἰς τοὺς ἀριθμοὺς ἀνῆπτον, οἷον τί ἐστι καιρὸς ἢ τὸ δίκαιον ἢ γάμος· ἐκεῖνος δ' εὐλόγως ἐζήτει τὸ τί ἐστιν· συλλογίζεσθαι γὰρ ἐζήτει, ἀρχὴ δὲ τῶν συλλογισμῶν τὸ
25 τί ἐστιν· διαλεκτικὴ γὰρ ἰσχὺς οὔπω τότ' ἦν ὥστε δύνασθαι

As supremas formas do belo são: a ordem, a simetria e o definido, e as matemáticas os dão a conhecer mais do que todas as outras ciências. E como essas formas — ou seja, a ordem e o definido — são manifestamente causas de muitas coisas, é evidente que as matemáticas também falam de algum modo desse tipo de causa, justamente enquanto o belo é causa[10]. Mas sobre isso falaremos em outro lugar de modo mais claro[11].

4. [A questão das Ideias][1]

No que se refere aos objetos matemáticos, é suficiente o que dissemos para demonstrar que são seres e em que sentido são seres[2], e também em que sentido são anteriores e em que sentido não são anteriores[3].

(II) Chegamos agora à questão das Ideias[4]. Antes de tudo devemos examinar a doutrina das Ideias em si, sem relacioná-la à questão da natureza dos números[5], mas considerando-a da maneira pela qual, no início, a conceberam aqueles que por primeiro[6] sustentaram a existência de Ideias.

A doutrina das Ideias, na mente de seus primeiros defensores, surgiu como consequência de sua aceitação das doutrinas heraclitianas da realidade[7], segundo as quais todas as coisas sensíveis estão sujeitas a um perene fluir. Portanto, se deve haver ciência e conhecimento de alguma coisa, deverão existir, além dos sensíveis, outras realidades que permaneçam imutáveis, porque das coisas sujeitas ao perene fluxo não existe ciência[8].

Sócrates ocupou-se das virtudes éticas, e por primeiro tentou dar definições universais delas. Entre os filósofos naturalistas, só Demócrito tocou neste ponto, e muito pouco, e, de certo modo, deu uma definição do quente e do frio[9]. Os pitagóricos, em precedência, tentaram dar definições de algumas poucas coisas, reduzindo as noções destas a determinados números: por exemplo, tentando definir que é o conveniente, o justo, a união[10]. Sócrates, ao contrário, buscava a essência das coisas e com razão: de fato, ele tentava seguir o procedimento silogístico, e o princípio dos silogismos é, justamente, a essência. A dialética, naquele tempo, ainda não era forte[11] para proceder ao exame dos contrários in-

καὶ χωρὶς τοῦ τί ἐστι τἀναντία ἐπισκοπεῖν, καὶ τῶν ἐναντίων εἰ ἡ αὐτὴ ἐπιστήμη· δύο γάρ ἐστιν ἅ τις ἂν ἀποδοίη
Σωκράτει δικαίως, τούς τ' ἐπακτικοὺς λόγους καὶ τὸ ὁρίζεσθαι καθόλου· ταῦτα γάρ ἐστιν ἄμφω περὶ ἀρχὴν ἐπιστή-
30 μης)· —ἀλλ' ὁ μὲν Σωκράτης τὰ καθόλου οὐ χωριστὰ ἐποίει
οὐδὲ τοὺς ὁρισμούς· οἱ δ' ἐχώρισαν, καὶ τὰ τοιαῦτα τῶν
ὄντων ἰδέας προσηγόρευσαν, ὥστε συνέβαινεν αὐτοῖς σχεδὸν τῷ αὐτῷ λόγῳ πάντων ἰδέας εἶναι τῶν καθόλου λεγομένων, καὶ παραπλήσιον ὥσπερ ἂν εἴ τις ἀριθμῆσαι βου-
35 λόμενος ἐλαττόνων μὲν ὄντων οἴοιτο μὴ δυνήσεσθαι, πλείω
δὲ ποιήσας ἀριθμοίη· πλείω γάρ ἐστι τῶν καθ' ἕκαστα
1079ᵃ αἰσθητῶν ὡς εἰπεῖν τὰ εἴδη, περὶ ὧν ζητοῦντες τὰς αἰτίας
ἐκ τούτων ἐκεῖ προῆλθον· καθ' ἕκαστόν τε γὰρ ὁμώνυμόν ⟨τι⟩
ἔστι καὶ παρὰ τὰς οὐσίας, τῶν τε ἄλλων ἕν ἔστιν ἐπὶ πολλῶν, καὶ ἐπὶ τοῖσδε καὶ ἐπὶ τοῖς ἀϊδίοις. ἔτι καθ' οὓς τρό-
5 πους δείκνυται ὅτι ἔστι τὰ εἴδη, κατ' οὐθένα φαίνεται τούτων·
ἐξ ἐνίων μὲν γὰρ οὐκ ἀνάγκη γίγνεσθαι συλλογισμόν, ἐξ
ἐνίων δὲ καὶ οὐχ ὧν οἴονται τούτων εἴδη γίγνεται. κατά τε
γὰρ τοὺς λόγους τοὺς ἐκ τῶν ἐπιστημῶν ἔσται εἴδη πάντων
ὅσων ἐπιστῆμαι εἰσίν, καὶ κατὰ τὸ ἓν ἐπὶ πολλῶν καὶ τῶν
10 ἀποφάσεων, κατὰ δὲ τὸ νοεῖν τι φθαρέντος τῶν φθαρτῶν·
φάντασμα γάρ τι τούτων ἔστιν. ἔτι δὲ οἱ ἀκριβέστατοι τῶν
λόγων οἱ μὲν τῶν πρός τι ποιοῦσιν ἰδέας, ὧν οὔ φασιν

dependentemente da essência, e estabelecer se a mesma ciência trata dos contrários. Com efeito, duas são as descobertas que se podem atribuir com razão a Sócrates: os raciocínios indutivos e a definição universal: estas descobertas constituem a base da ciência[12].

Sócrates não afirmou as definições e os universais separados das coisas; mas os outros pensadores o fizeram, e a essas realidades deram o nome de Ideias. Consequentemente, com base num raciocínio quase idêntico, eles foram induzidos a admitir a existência de Ideias de todas as coisas que existem no universal[13]. (1) Eles fizeram[14], aproximadamente, como aquele que, querendo contar certos objetos, considerasse não poder fazê-lo por serem os objetos muito pouco numerosos e, ao invés, considerasse poder contá-los depois de ter aumentado o seu número: as Formas, de fato, são em certo sentido mais numerosas do que os indivíduos sensíveis, dos quais esses filósofos, querendo buscar-lhes as causas, partiram para chegar àquelas. De fato, para cada coisa individual existe um correlativo ser com o mesmo nome: e é assim não só para as substâncias, mas também para as outras coisas cuja multiplicidade é redutível à unidade: tanto no âmbito das coisas terrestres como no âmbito das coisas eternas[15].

(2) Mas a existência das Ideias não procede de nenhuma das argumentações que são aduzidas como prova. De fato, de algumas das argumentações a existência das Formas não procede como conclusão necessária; de outras, ao contrário, procede a existência de Formas também das coisas das quais os platônicos não admitem a existência de Formas. De fato, (a) com base nas provas extraídas da existência das ciências, resultará a existência de Ideias de tudo o que é objeto de ciência; (b) da prova derivada da unidade do múltiplo, resultará a existência de Formas também das negações; (c) e do argumento extraído do fato de podermos pensar algo depois que tenha sido destruído, resultará a existência de Formas das coisas que já se corromperam: de fato, destas permanece em nós uma imagem[16].

(3) Ademais, algumas das argumentações mais rigorosas levam a admitir a existência de Ideias também das relações,

εἶναι καθ' αὑτὸ γένος, οἱ δὲ τὸν τρίτον ἄνθρωπον λέγουσιν.
ὅλως τε ἀναιροῦσιν οἱ περὶ τῶν εἰδῶν λόγοι ἃ μᾶλλον βούλονται εἶναι οἱ λέγοντες εἴδη τοῦ τὰς ἰδέας εἶναι· συμβαίνει γὰρ μὴ εἶναι πρῶτον τὴν δυάδα ἀλλὰ τὸν ἀριθμόν,
καὶ τούτου τὸ πρός τι καὶ τοῦτο τοῦ καθ' αὑτό, καὶ πάνθ'
ὅσα τινὲς ἀκολουθήσαντες ταῖς περὶ τῶν εἰδῶν δόξαις ἠναντιώθησαν ταῖς ἀρχαῖς. ἔτι κατὰ μὲν τὴν ὑπόληψιν καθ'
ἣν φασιν εἶναι τὰς ἰδέας οὐ μόνον τῶν οὐσιῶν ἔσονται εἴδη
ἀλλὰ καὶ ἄλλων πολλῶν (τὸ γὰρ νόημα ἓν οὐ μόνον
περὶ τὰς οὐσίας ἀλλὰ καὶ κατὰ μὴ οὐσιῶν ἐστί, καὶ ἐπιστῆμαι οὐ μόνον τῆς οὐσίας εἰσί· συμβαίνει δὲ καὶ
ἄλλα μυρία τοιαῦτα)· κατὰ δὲ τὸ ἀναγκαῖον καὶ τὰς
δόξας τὰς περὶ αὐτῶν, εἰ ἔστι μεθεκτὰ τὰ εἴδη, τῶν οὐσιῶν
ἀναγκαῖον ἰδέας εἶναι μόνον· οὐ γὰρ κατὰ συμβεβηκὸς
μετέχονται ἀλλὰ δεῖ ταύτῃ ἑκάστου μετέχειν ᾗ μὴ καθ'
ὑποκειμένου λέγονται (λέγω δ' οἷον, εἴ τι αὐτοῦ διπλασίου
μετέχει, τοῦτο καὶ ἀϊδίου μετέχει, ἀλλὰ κατὰ συμβεβη-
κός· συμβέβηκε γὰρ τῷ διπλασίῳ ἀϊδίῳ εἶναι), ὥστε ἔσται
οὐσία τὰ εἴδη· ταὐτὰ δ' ἐνταῦθα οὐσίαν σημαίνει κἀκεῖ· ἢ
τί ἔσται τὸ εἶναι φάναι τι παρὰ ταῦτα, τὸ ἓν ἐπὶ πολλῶν; καὶ εἰ μὲν ταὐτὸ εἶδος τῶν ἰδεῶν καὶ τῶν μετεχόντων, ἔσται τι κοινόν (τί γὰρ μᾶλλον ἐπὶ τῶν φθαρτῶν
δυάδων, καὶ τῶν δυάδων τῶν πολλῶν μὲν ἀϊδίων δέ, τὸ
δυὰς ἓν καὶ ταὐτόν, ἢ ἐπ' αὐτῆς καὶ τῆς τινός;)· εἰ δὲ μὴ

enquanto os platônicos não admitem que das relações exista um gênero por si; outras dessas argumentações, por sua vez, levam à afirmação do "terceiro homem"[17].

(4) Em geral, os argumentos que demonstram a existência das Formas conseguem o efeito de eliminar justamente os princípios cuja existência é cara aos defensores das Formas, mais do que a existência das Ideias. De fato, daqueles argumentos resulta que não a díade, mas o número é anterior, e que o relativo é anterior ao número e também que é anterior ao ser por si; e resultam, igualmente, todas aquelas consequências às quais chegaram alguns seguidores da teoria das Formas em nítido contraste com seus princípios[18].

(5) E mais: com base na concepção pela qual os platônicos afirmam a existência das Ideias, serão Formas não só as substâncias, mas muitas outras coisas. (De fato, é possível reduzir a multiplicidade a uma unidade de conceito não só tratando-se de substâncias, mas também de outras coisas, e as ciências não são só das substâncias mas também de outras coisas; e podem-se tirar muitíssimas outras consequências desse tipo). Entretanto, de acordo com as premissas e com a doutrina das Ideias, se as Formas são aquilo de que as coisas participam, devem existir Ideias só das substâncias. De fato, as coisas não participam das Ideias por acidente, mas devem participar de cada uma das Ideias como de algo que não é atribuído a outra coisa. (Dou um exemplo: se algo participa do dobro em si, participa também do eterno, mas por acidente: de fato, é uma propriedade acidental do dobro ser eterno). Portanto, só das substâncias devem existir Formas. Mas o sentido da substância neste mundo é o mesmo no mundo das Formas; se não fosse assim, que poderia significar a afirmação de que a unidade do múltiplo é algo existente além das coisas sensíveis? E se é a mesma a forma das Ideias e das coisas que dela participam, então deverá haver algo de comum entre umas e outras (por que deveria haver uma única e idêntica díade comum às díades corruptíveis e às díades matemáticas — que também são múltiplas, mas eternas — e não comum à díade em si e a uma díade sensível particular?); e se, ao

1079ᵇ τὸ αὐτὸ εἶδος, ὁμώνυμα ἂν εἴη, καὶ ὅμοιον ὥσπερ ἂν εἴ τις καλοῖ ἄνθρωπον τόν τε Καλλίαν καὶ τὸ ξύλον, μηδεμίαν κοινωνίαν ἐπιβλέψας αὐτῶν. εἰ δὲ τὰ μὲν ἄλλα τοὺς κοινοὺς λόγους ἐφαρμόττειν θήσομεν τοῖς εἴδεσιν, οἷον
5 ἐπ' αὐτὸν τὸν κύκλον σχῆμα ἐπίπεδον καὶ τὰ λοιπὰ μέρη τοῦ λόγου, τὸ δ' ὃ ἔστι προστεθήσεται, σκοπεῖν δεῖ μὴ κενὸν ᾖ τοῦτο παντελῶς. τίνι τε γὰρ προστεθήσεται; τῷ μέσῳ ἢ τῷ ἐπιπέδῳ ἢ πᾶσιν; πάντα γὰρ τὰ ἐν τῇ οὐσίᾳ ἰδέαι, οἷον τὸ ζῷον καὶ τὸ δίπουν. ἔτι δῆλον ὅτι ἀνάγκη αὐτὸ
10 εἶναί τι, ὥσπερ τὸ ἐπίπεδον, ⟨καὶ⟩ φύσιν τινὰ ἢ πᾶσιν ἐνυπάρξει τοῖς εἴδεσιν ὡς γένος.

5

Πάντων δὲ μάλιστα διαπορήσειεν ἄν τις τί ποτε συμβάλλονται τὰ εἴδη ἢ τοῖς ἀϊδίοις τῶν αἰσθητῶν ἢ τοῖς γιγνομένοις καὶ [τοῖς] φθειρομένοις· οὔτε γὰρ κινήσεώς ἐστιν
15 οὔτε μεταβολῆς οὐδεμιᾶς αἴτια αὐτοῖς. ἀλλὰ μὴν οὔτε πρὸς τὴν ἐπιστήμην οὐθὲν βοηθεῖ τὴν τῶν ἄλλων (οὐδὲ γὰρ οὐσία ἐκεῖνα τούτων· ἐν τούτοις γὰρ ἂν ἦν), οὔτ' εἰς τὸ εἶναι, μὴ ἐνυπάρχοντά γε τοῖς μετέχουσιν· οὕτω μὲν γὰρ ἴσως αἴτια δόξειεν ἂν εἶναι ὡς τὸ λευκὸν μεμιγμένον τῷ λευκῷ,
20 ἀλλ' οὗτος μὲν ὁ λόγος λίαν εὐκίνητος, ὃν Ἀναξαγόρας

contrário, a forma não é a mesma, entre Ideias e coisas só será igual o nome: do mesmo modo que se alguém desse o nome de "homem" tanto Cálias como à madeira, sem ter observado entre as duas coisas nada de comum[19].

(5bis)[20] Se, depois, admitirmos, por outro ângulo, que as definições gerais <das coisas sensíveis> convêm também às Ideias — por exemplo, que a figura plana e as outras partes da definição do círculo convêm também ao círculo em si — e que deva ser simplesmente acrescentado que este é o verdadeiro ser: então, será preciso examinar se esse acréscimo não resulta totalmente insignificante. Com efeito, a que parte da definição deverá ser feito esse acréscimo? Ao centro, à superfície ou a todas as partes da definição? Na realidade, todas as partes que entram na substância são Ideias: por exemplo, <na substância do homem são Ideias> seja o animal seja o bípede. Ademais, é evidente que aquele mesmo <caráter que se acrescenta como distintivo da Ideia> deverá necessariamente ser, por sua vez, alguma coisa (assim como a superfície) e deverá ser uma determinada realidade contida em todas as Ideias a guisa de gênero.

5. [*Continuação do desenvolvimento da questão das Ideias*][1]

(6) Mas a dificuldade mais grave que se poderia levantar é a seguinte: que vantagem trazem as Formas aos seres sensíveis, seja aos sensíveis eternos seja aos sujeitos à geração e à corrupção? De fato, as Formas, relativamente a esses seres, não são causa nem de movimento nem de alguma mudança. Além disso, as Ideias não favorecem nem ao conhecimento das coisas sensíveis (de fato, as Formas não constituem a substância das coisas sensíveis, do contrário seriam imanentes a elas), nem ao ser das coisas sensíveis, dado que não são imanentes às coisas sensíveis das quais participam. Se fossem imanentes, poderia parecer que elas são causa das coisas sensíveis, da mesma maneira que o branco é causa da brancura de um objeto por mistura: mas esse raciocínio — anteriormente defendido por Anaxágoras,

μὲν πρότερος Εὔδοξος δὲ ὕστερος ἔλεγε διαπορῶν καὶ ἕτεροί
τινες (ῥᾴδιον γὰρ πολλὰ συναγαγεῖν καὶ ἀδύνατα πρὸς
τὴν τοιαύτην δόξαν)· ἀλλὰ μὴν οὐδὲ ἐκ τῶν εἰδῶν ἐστὶ
τἆλλα κατ' οὐθένα τρόπον τῶν εἰωθότων λέγεσθαι. τὸ
25 δὲ λέγειν παραδείγματα εἶναι καὶ μετέχειν αὐτῶν τὰ ἄλλα
κενολογεῖν ἐστὶ καὶ μεταφορὰς λέγειν ποιητικάς. τί γάρ
ἐστι τὸ ἐργαζόμενον πρὸς τὰς ἰδέας ἀποβλέπον; ἐνδέχεταί
τε καὶ εἶναι καὶ γίγνεσθαι ὁτιοῦν καὶ μὴ εἰκαζόμενον, ὥστε
καὶ ὄντος Σωκράτους καὶ μὴ ὄντος γένοιτ' ἂν οἷος Σωκρά-
30 της· ὁμοίως δὲ δῆλον ὅτι κἂν εἰ ἦν ὁ Σωκράτης ἀΐδιος.
ἔσται τε πλείω παραδείγματα τοῦ αὐτοῦ, ὥστε καὶ εἴδη,
οἷον τοῦ ἀνθρώπου τὸ ζῷον καὶ τὸ δίπουν, ἅμα δὲ καὶ
αὐτοάνθρωπος. ἔτι οὐ μόνον τῶν αἰσθητῶν παραδείγματα
τὰ εἴδη ἀλλὰ καὶ αὐτῶν, οἷον τὸ γένος τῶν ὡς γένους
35 εἰδῶν· ὥστε τὸ αὐτὸ ἔσται παράδειγμα καὶ εἰκών. ἔτι δό-
1080ᵃ ξειεν ἂν ἀδύνατον χωρὶς εἶναι τὴν οὐσίαν καὶ οὗ ἡ οὐσία·
ὥστε πῶς ἂν αἱ ἰδέαι οὐσίαι τῶν πραγμάτων οὖσαι χωρὶς
εἶεν; ἐν δὲ τῷ Φαίδωνι τοῦτον λέγεται τὸν τρόπον, ὡς καὶ
τοῦ εἶναι καὶ τοῦ γίγνεσθαι αἴτια τὰ εἴδη ἐστίν· καίτοι τῶν
εἰδῶν ὄντων ὅμως οὐ γίγνεται ἂν μὴ ᾖ τὸ κινῆσον, καὶ
5 πολλὰ γίγνεται ἕτερα, οἷον οἰκία καὶ δακτύλιος, ὧν οὔ
φασιν εἶναι εἴδη· ὥστε δῆλον ὅτι ἐνδέχεται κἀκεῖνα, ὧν
φασὶν ἰδέας εἶναι, καὶ εἶναι καὶ γίγνεσθαι διὰ τοιαύτας
αἰτίας οἵας καὶ τὰ ῥηθέντα νῦν, ἀλλ' οὐ διὰ τὰ εἴδη.
ἀλλὰ περὶ μὲν τῶν ἰδεῶν καὶ τοῦτον τὸν τρόπον καὶ διὰ
10 λογικωτέρων καὶ ἀκριβεστέρων λόγων ἔστι πολλὰ συναγαγεῖν ὅμοια τοῖς τεθεωρημένοις.

depois por Eudoxo e, também, por outros pensadores — é insustentável: com efeito, contra essa opinião é muito fácil aduzir muitas e insuperáveis dificuldades[2].

(7) E, certamente, as coisas sensíveis não podem derivar das Formas em nenhum daqueles modos normalmente indicados. Dizer que as Formas são modelos e que as coisas sensíveis participam delas é não dizer nada e recorrer a meras imagens poéticas. (a) De fato, o que é que age contemplando as Ideias? (b) Com efeito, é possível que se gere alguma coisa semelhante a outra, mesmo que não tenha sido modelada à imagem dela; de modo que poderia muito bem nascer um homem semelhante a Sócrates, quer Sócrates exista, quer Sócrates não exista. O mesmo ocorreria, evidentemente, caso existisse um Sócrates eterno. (c) Ademais, para a mesma coisa deverão existir numerosos modelos e, consequentemente, também numerosas Formas: do homem, por exemplo, existirão as Formas de Animal, de Bípede, além da do Homem em si. (d) Além disso as Formas serão modelos não só das coisas sensíveis, mas também das próprias Formas: por exemplo, o gênero, enquanto gênero, será modelo das Formas que nele estão contidas. Por conseguinte, a mesma coisa será modelo e cópia![3]

(8) E mais, parece impossível que a substância exista separadamente daquilo de que é substância; consequentemente, como podem as Ideias, se são substâncias das coisas, existir separadamente das coisas? Mas no *Fédon* é afirmado justamente isso: que as Formas são causa do ser e do devir das coisas. Contudo, mesmo que as Formas existam, as coisas <que delas participam> não se gerariam se não existisse a causa motora. E também existem muitas outras coisas que se produzem — por exemplo uma casa ou um anel —, das quais os platônicos não admitem a existência de Ideias. Por conseguinte, é claro que todas as outras coisas podem ser e gerar-se por obra de causas do mesmo tipo daquelas que produzem os objetos acima mencionados, e não por obra das Formas[4].

Mas, contra a existência das Ideias é possível, como vimos e com argumentos ainda mais sutis e rigorosos, levantar numerosas objeções semelhantes às que consideramos.

6

Ἐπεὶ δὲ διώρισται περὶ τούτων, καλῶς ἔχει πάλιν θεωρῆσαι τὰ περὶ τοὺς ἀριθμοὺς συμβαίνοντα τοῖς λέγουσιν οὐσίας αὐτοὺς εἶναι χωριστὰς καὶ τῶν ὄντων αἰτίας πρώτας. ἀνάγκη δ', εἴπερ ἐστὶν ὁ ἀριθμὸς φύσις τις καὶ μὴ ἄλλη τίς ἐστιν αὐτοῦ ἡ οὐσία ἀλλὰ τοῦτ' αὐτό, ὥσπερ φασί τινες, ἤτοι εἶναι τὸ μὲν πρῶτόν τι αὐτοῦ τὸ δ' ἐχόμενον, ἕτερον ὂν τῷ εἴδει ἕκαστον, —καὶ τοῦτο ἢ ἐπὶ τῶν μονάδων εὐθὺς ὑπάρχει καὶ ἔστιν ἀσύμβλητος ὁποιαοῦν μονὰς ὁποιαοῦν μονάδι, ἢ εὐθὺς ἐφεξῆς πᾶσαι καὶ συμβληταὶ ὁποιαιοῦν ὁποιαισοῦν, οἷον λέγουσιν εἶναι τὸν μαθηματικὸν ἀριθμόν (ἐν γὰρ τῷ μαθηματικῷ οὐδὲν διαφέρει οὐδεμία μονὰς ἑτέρα ἑτέρας)· ἢ τὰς μὲν συμβλητὰς τὰς δὲ μή (οἷον εἰ ἔστι μετὰ τὸ ἓν πρώτη ἡ δυάς, ἔπειτα ἡ τριὰς καὶ οὕτω δὴ ὁ ἄλλος ἀριθμός, εἰσὶ δὲ συμβληταὶ αἱ ἐν ἑκάστῳ ἀριθμῷ μονάδες, οἷον αἱ ἐν τῇ δυάδι τῇ πρώτῃ αὐταῖς, καὶ αἱ ἐν τῇ τριάδι τῇ πρώτῃ αὐταῖς, καὶ οὕτω δὴ ἐπὶ τῶν ἄλλων ἀριθμῶν· αἱ δ' ἐν τῇ δυάδι αὐτῇ πρὸς τὰς ἐν τῇ τριάδι αὐτῇ ἀσύμβλητοι, ὁμοίως δὲ καὶ ἐπὶ τῶν ἄλλων τῶν ἐφεξῆς ἀριθμῶν· διὸ καὶ ὁ μὲν μαθηματικὸς ἀριθμεῖται μετὰ τὸ ἓν δύο, πρὸς τῷ ἔμπροσθεν ἑνὶ ἄλλο ἕν, καὶ τὰ τρία πρὸς τοῖς δυσὶ τούτοις ἄλλο ἕν, καὶ ὁ λοιπὸς δὲ ὡσαύτως· οὗτος δὲ μετὰ τὸ ἓν δύο ἕτερα ἄνευ τοῦ ἑνὸς τοῦ πρώτου, καὶ ἡ τριὰς ἄνευ τῆς δυάδος, ὁμοίως δὲ καὶ ὁ ἄλλος ἀριθμός)· ἢ τὸν μὲν εἶναι τῶν ἀριθμῶν οἷος ὁ πρῶτος ἐλέχθη, τὸν δ' οἷον οἱ μαθηματικοὶ λέγουσι, τρίτον δὲ

6. [*A teoria dos números ideais em seus possíveis enfoques e formulações*][1]

(III) Depois de ter discutido essas questões convém retomar o exame dos números para ver as consequências contra as quais se chocam os que sustentam os números como substâncias separadas e como causas primeiras dos seres[2].

Ora, se o número[3] é uma realidade determinada, e se sua substância não é senão o próprio número — tal como alguns afirmam—, decorre necessariamente o seguinte.

(1) Ou existe um número que é primeiro, um que é segundo e assim por diante[4], sendo cada número formalmente diferente do outro, e isso ou (a) vale imediatamente[5] para todas as unidades, e daí segue-se que qualquer unidade não é combinável[6] com qualquer outra; (b) ou todas as unidades são imediatamente consecutivas[7], e qualquer unidade é combinável com qualquer outra (tal como dizem ser o número matemático: de fato, no número matemático nenhuma unidade é diferente relativamente a outra unidade); (c) ou, ainda, algumas unidades são combináveis, enquanto outras não. (Assim — no caso em que ao Um siga-se primeiro o Dois, depois o Três, e assim por diante para todos os números — se as unidades no interior de cada número são adicionáveis entre si — por exemplo, as unidades que se encontram no primeiro Dois são combináveis entre si, as unidades que se encontram no primeiro Três são combináveis entre si, e assim por diante para todos os números —, enquanto as unidades que se encontram no Dois-em-si não são combináveis com as que se encontram no Três-em-si, e assim por diante para todos os números. Por isso, enquanto o número matemático se conta assim: depois do um, o dois — acrescentando uma unidade à primeira unidade — e depois do dois, o três — acrescentado uma unidade às duas unidades — e assim por diante para todos os números restantes; o número ideal, ao contrário, se conta assim: depois do Um vem o Dois — que é diferente e não inclui o primeiro Um — e depois o Três — que não inclui o Dois — e assim por diante para todos os números).

(2) Ou alguns números deverão ser como já dissemos no início[8], e outros números deverão ser como afirmam

τὸν ῥηθέντα τελευταῖον· ἔτι τούτους ἢ χωριστοὺς εἶναι τοὺς ἀριθμοὺς τῶν πραγμάτων, ἢ οὐ χωριστοὺς ἀλλ' ἐν τοῖς αἰσθητοῖς (οὐχ οὕτως δ' ὡς τὸ πρῶτον ἐπεσκοποῦμεν, ἀλλ' ὡς ἐκ τῶν ἀριθμῶν ἐνυπαρχόντων ὄντα τὰ αἰσθητά) ἢ τὸν μὲν αὐτῶν εἶναι τὸν δὲ μή, ἢ πάντας εἶναι. — οἱ μὲν οὖν τρόποι καθ' οὓς ἐνδέχεται αὐτοὺς εἶναι οὗτοί εἰσιν ἐξ ἀνάγκης μόνοι, σχεδὸν δὲ καὶ οἱ λέγοντες τὸ ἓν ἀρχὴν εἶναι καὶ οὐσίαν καὶ στοιχεῖον πάντων, καὶ ἐκ τούτου καὶ ἄλλου τινὸς εἶναι τὸν ἀριθμόν, ἕκαστος τούτων τινὰ τῶν τρόπων εἴρηκε, πλὴν τοῦ πάσας τὰς μονάδας εἶναι ἀσυμβλήτους. καὶ τοῦτο συμβέβηκεν εὐλόγως· οὐ γὰρ ἐνδέχεται ἔτι ἄλλον τρόπον εἶναι παρὰ τοὺς εἰρημένους. οἱ μὲν οὖν ἀμφοτέρους φασὶν εἶναι τοὺς ἀριθμούς, τὸν μὲν ἔχοντα τὸ πρότερον καὶ ὕστερον τὰς ἰδέας, τὸν δὲ μαθηματικὸν παρὰ τὰς ἰδέας καὶ τὰ αἰσθητά, καὶ χωριστοὺς ἀμφοτέρους τῶν αἰσθητῶν· οἱ δὲ τὸν μαθηματικὸν μόνον ἀριθμὸν εἶναι, τὸν πρῶτον τῶν ὄντων, κεχωρισμένον τῶν αἰσθητῶν. καὶ οἱ Πυθαγόρειοι δ' ἕνα, τὸν μαθηματικόν, πλὴν οὐ κεχωρισμένον ἀλλ' ἐκ τούτου τὰς αἰσθητὰς οὐσίας συνεστάναι φασίν· τὸν γὰρ ὅλον οὐρανὸν κατασκευάζουσιν ἐξ ἀριθμῶν, πλὴν οὐ μοναδικῶν, ἀλλὰ τὰς μονάδας ὑπολαμβάνουσιν ἔχειν μέγεθος· ὅπως δὲ τὸ πρῶτον ἓν συνέστη ἔχον μέγεθος, ἀπορεῖν ἐοίκασιν. ἄλλος δέ τις τὸν πρῶτον ἀριθμὸν τὸν τῶν εἰδῶν ἕνα εἶναι, ἔνιοι δὲ καὶ τὸν μαθηματικὸν τὸν αὐτὸν τοῦτον εἶναι. ὁμοίως δὲ καὶ περὶ τὰ μήκη καὶ περὶ τὰ ἐπίπεδα καὶ περὶ τὰ στερεά. οἱ μὲν

os matemáticos[9], outros, enfim, deverão ser do tipo daqueles dos quais falamos por último[10].

Ademais, esses números[11] deverão ser ou (a) separados das coisas, ou (b) não separados mas imanentes aos objetos sensíveis (não do modo como acima consideramos[12], mas como se os números constituíssem os elementos intrínsecos e constitutivos dos objetos sensíveis)[13]; e se imanentes, (α) ou alguns serão e outros não, (β) ou todos serão.

Estes são, necessariamente, os únicos modos possíveis segundo os quais os números podem existir.

Ora, os filósofos que afirmam o Um como princípio, elemento e substância de todas as coisas e que da união dele com outro princípio[14] fazem derivar também o número, percorreram quase todas essas vias: cada um deles sustentou que os números existem num desses modos, com a única exceção da impossibilidade de combinação de todas as unidades entre si. E isso é assim necessariamente. Com efeito, não é possível que haja outro modo de existir dos números além dos modos examinados.

(A) Ora, alguns filósofos sustentam que existem os dois tipos de números: os números nos quais há distinção de anterior e posterior, isto é, os números ideais, e os números matemáticos, além das Ideias e das coisas sensíveis; e esses dois tipos de números existiriam separados dos sensíveis[15].

(B) Outros filósofos afirmam (a) que só existe o número matemático: ele constituiria a realidade primeira e separada das coisas sensíveis[16]. (b) Também para os pitagóricos só existe o número matemático: mas eles sustentam que este não é separado e que, antes, é o constitutivo imanente das substâncias sensíveis. Eles constituem todo o universo com os números: e estes não são puras unidades, mas unidades dotadas de grandeza. (Mas não parece que eles sejam capazes de explicar como se constituiu a primeira unidade dotada de grandeza)[17].

(C) (a) Outro filósofo disse que só existe o primeiro tipo de número, isto é, o número ideal[18], (b) mas há ainda alguns filósofos que dizem que o número matemático identifica-se com o número ideal[19].

A mesma variedade de opiniões tem-se também a respeito das linhas, das superfícies e dos sólidos.

25 γὰρ ἕτερα τὰ μαθηματικὰ καὶ τὰ μετὰ τὰς ἰδέας· τῶν
δὲ ἄλλως λεγόντων οἱ μὲν τὰ μαθηματικὰ καὶ μαθηματικῶς λέγουσιν, ὅσοι μὴ ποιοῦσι τὰς ἰδέας ἀριθμοὺς μηδὲ
εἶναί φασιν ἰδέας, οἱ δὲ τὰ μαθηματικά, οὐ μαθηματικῶς
δέ· οὐ γὰρ τέμνεσθαι οὔτε μέγεθος πᾶν εἰς μεγέθη, οὔθ'
30 ὁποιασοῦν μονάδας δυάδα εἶναι. μοναδικοὺς δὲ τοὺς ἀριθμοὺς
εἶναι πάντες τιθέασι, πλὴν τῶν Πυθαγορείων, ὅσοι τὸ ἓν
στοιχεῖον καὶ ἀρχήν φασιν εἶναι τῶν ὄντων· ἐκεῖνοι δ'
ἔχοντας μέγεθος, καθάπερ εἴρηται πρότερον. ὁσαχῶς μὲν
οὖν ἐνδέχεται λεχθῆναι περὶ αὐτῶν, καὶ ὅτι πάντες εἰσὶν
35 εἰρημένοι οἱ τρόποι, φανερὸν ἐκ τούτων· ἔστι δὲ πάντα μὲν
ἀδύνατα, μᾶλλον δ' ἴσως θάτερα τῶν ἑτέρων.

7

Πρῶτον μὲν οὖν σκεπτέον εἰ συμβληταὶ αἱ μονάδες ἢ
1081ᵃ ἀσύμβλητοι, καὶ εἰ ἀσύμβλητοι, ποτέρως ὧνπερ διείλομεν.
ἔστι μὲν γὰρ ὁποιανοῦν εἶναι ὁποιαοῦν μονάδι ἀσύμβλητον,
ἔστι δὲ τὰς ἐν αὐτῇ τῇ δυάδι πρὸς τὰς ἐν αὐτῇ τῇ τριάδι,
καὶ οὕτως δὴ ἀσυμβλήτους εἶναι τὰς ἐν ἑκάστῳ τῷ πρώτῳ
5 ἀριθμῷ πρὸς ἀλλήλας. εἰ μὲν οὖν πᾶσαι συμβληταὶ καὶ
ἀδιάφοροι αἱ μονάδες, ὁ μαθηματικὸς γίγνεται ἀριθμὸς καὶ
εἷς μόνος, καὶ τὰς ἰδέας οὐκ ἐνδέχεται εἶναι τοὺς ἀριθμούς
(ποῖος γὰρ ἔσται ἀριθμὸς αὐτὸ ἄνθρωπος ἢ ζῷον ἢ ἄλλο
ὁτιοῦν τῶν εἰδῶν; ἰδέα μὲν γὰρ μία ἑκάστου, οἷον αὐτοῦ ἀν-
10 θρώπου μία καὶ αὐτοῦ ζῴου ἄλλη μία· οἱ δ' ὅμοιοι καὶ

(A) Alguns filósofos sustentam que <as linhas, as superfícies e os sólidos> matemáticos são diferentes das linhas, superfícies e sólidos ideais[20].

(B) Ao contrário, entre os que não compartilham essa tese, alguns admitem linhas, superfícies e sólidos matemáticos, mas considerados de modo matemático. (Estes são os pensadores que não admitem a existência de números ideais nem de Ideias)[21].

(C) Outros admitem linhas, superfícies e sólidos matemáticos, mas não simplesmente de modo matemático (para estes, nem qualquer grandeza pode-se dividir em grandezas, nem duas unidades quaisquer podem constituir uma díade)[22].

Todos os filósofos que sustentam o Um como elemento e princípio dos seres afirmam os números como constituídos de puras unidades, exceto os pitagóricos, que afirmava que os números têm grandeza, como dissemos acima[23].

Do que dissemos fica claro quantos são os modos nos quais os números podem ser entendidos, e fica claro que a numeração feita é completa. Todos esses modos são, porém, impossíveis: mas alguns, talvez, são ainda mais que outros[24].

7. *[Crítica da teoria dos números ideais de Platão]*[1]

Devemos agora examinar, em primeiro lugar, se as unidades (a) são combináveis[2], (b) ou se não são combináveis[3], (c) e, na hipótese de serem combináveis, em quais dos dois modos acima indicados o são: de fato, é possível que qualquer unidade não seja combinável com qualquer outra; e também é possível que as unidades compreendidas na díade em si não sejam combináveis com as compreendidas na tríades em si, e que, desse modo, não sejam combináveis todas as unidades que se encontram em cada um dos números ideais com as que se encontram em outro número ideal[4].

(a) Se, portanto, todas as unidades são combináveis e indiferenciadas, delas gera-se unicamente o número matemático, e as Ideias podem ser números. (Que número poderia ser o homem-em-si ou o animal-em-si ou qualquer outra Ideia? De fato, de cada coisa só existe uma Ideia — por exemplo, uma só é a Ideia do homem-em-si e uma só e diferente da primeira é a Ideia do animal-

ἀδιάφοροι ἄπειροι, ὥστ' οὐθὲν μᾶλλον ἥδε ἡ τριὰς αὐτοάνθρωπος ἢ ὁποιαοῦν), εἰ δὲ μὴ εἰσὶν ἀριθμοὶ αἱ ἰδέαι, οὐδ' ὅλως οἷόν τε αὐτὰς εἶναι (ἐκ τίνων γὰρ ἔσονται ἀρχῶν αἱ ἰδέαι; ὁ γὰρ ἀριθμός ἐστιν ἐκ τοῦ ἑνὸς καὶ τῆς δυάδος τῆς
15 ἀορίστου, καὶ αἱ ἀρχαὶ καὶ τὰ στοιχεῖα λέγονται τοῦ ἀριθμοῦ εἶναι, τάξαι τε οὔτε προτέρας ἐνδέχεται τῶν ἀριθμῶν αὐτὰς οὔθ' ὑστέρας)· εἰ δ' ἀσύμβλητοι αἱ μονάδες, καὶ οὕτως ἀσύμβλητοι ὥστε ἡτισοῦν ἡτινιοῦν, οὔτε τὸν μαθηματικὸν ἐνδέχεται εἶναι τοῦτον τὸν ἀριθμόν (ὁ μὲν γὰρ μαθηματικὸς ἐξ ἀδια-
20 φόρων, καὶ τὰ δεικνύμενα κατ' αὐτοῦ ὡς ἐπὶ τοιούτου ἁρμόττει) οὔτε τὸν τῶν εἰδῶν. οὐ γὰρ ἔσται ἡ δυὰς πρώτη ἐκ τοῦ ἑνὸς καὶ τῆς ἀορίστου δυάδος, ἔπειτα οἱ ἐξῆς ἀριθμοί, ὡς λέγεται δυάς, τριάς, τετράς — ἅμα γὰρ αἱ ἐν τῇ δυάδι τῇ πρώτῃ μονάδες γεννῶνται, εἴτε ὥσπερ ὁ πρῶτος εἰπὼν ἐξ
25 ἀνίσων (ἰσασθέντων γὰρ ἐγένοντο) εἴτε ἄλλως —, ἐπεὶ εἰ ἔσται ἡ ἑτέρα μονὰς τῆς ἑτέρας προτέρα, καὶ τῆς δυάδος τῆς ἐκ τούτων ἔσται προτέρα· ὅταν γὰρ ᾖ τι τὸ μὲν πρότερον τὸ δὲ ὕστερον, καὶ τὸ ἐκ τούτων τοῦ μὲν ἔσται πρότερον τοῦ δ' ὕστερον. ἔτι ἐπειδὴ ἔστι πρῶτον μὲν αὐτὸ τὸ ἕν,
30 ἔπειτα τῶν ἄλλων ἔστι τι πρῶτον ἓν δεύτερον δὲ μετ' ἐκεῖνο, καὶ πάλιν τρίτον τὸ δεύτερον μὲν μετὰ τὸ δεύτερον τρίτον δὲ μετὰ τὸ πρῶτον ἕν, — ὥστε πρότεραι ἂν εἶεν αἱ μονάδες ἢ οἱ ἀριθμοὶ ἐξ ὧν λέγονται, οἷον ἐν τῇ δυάδι τρίτη μονὰς ἔσται πρὶν τὰ τρία εἶναι, καὶ ἐν τῇ τριάδι τε-
35 τάρτη καὶ [ἡ] πέμπτη πρὶν τοὺς ἀριθμοὺς τούτους. οὐδεὶς μὲν οὖν τὸν τρόπον τοῦτον εἴρηκεν αὐτῶν τὰς μονάδας ἀσυμβλήτους,

em-si — enquanto os números semelhantes e indiferenciados são infinitos e, portanto, nenhuma tríade particular, relativamente a qualquer outra, teria mais razão de ser o homem-em-si)[5]. Mas se as Ideias não são números, elas não poderão em geral nem sequer existir. (De fato, de que princípios deverão derivar as Ideias? O número deriva do Um e da Díade indefinida[6], e estes são ditos princípios e elementos do número, e não é possível pôr as Ideias nem como anteriores nem como posteriores aos números)[7].

(b) Se, ao contrário, as unidades não são combináveis[8], e não são combináveis no sentido de que qualquer unidade não é combinável com qualquer outra, então eis as consequências.

(α) Esse número não pode ser o número matemático, porque o número matemático é composto de unidades indiferenciadas, e as operações que se pode fazer com ele convêm, justamente, a um número que tenha essa natureza. E também não pode ser o número ideal. De fato, não poderá derivar do Um e da Díade indefinida, primeiramente, a Díade ideal e a ela não poderão seguir-se os outros números segundo a ordem da sucessão: dois, três, quatro, como se afirma (de fato, as unidades compreendidas na primeira Díade são produzidas simultaneamente, quer sejam geradas, como disse o primeiro defensor[9] da doutrina, por um processo de equalização da díade, quer sejam geradas de outro modo), dado que, se[10] uma das duas unidades fosse anterior à outra, seria anterior também à Díade que dela deriva: com efeito, se de duas coisas uma é anterior e outra posterior, o que deriva da sua composição deverá ser anterior a uma e posterior à outra[11].

(β) Ademais, dado que o Um-em-si é primeiro, e entre as outras unidades existe uma que é primeira, mas é segunda depois do Um-em-si, e depois existe uma terceira, que é segunda depois da segunda, mas é terceira depois do Um-em-si, que é primeiro, então, ter-se-á, por consequência, que as unidades são anteriores relativamente aos números dos quais derivam sua denominação: por exemplo, no dois haverá uma terceira unidade antes que exista o três, e no três haverá uma quarta unidade, e no quatro uma quinta, antes que cada uma delas exista. Na verdade, nenhum dos platônicos afirmou que as unidades são incombináveis desse

ἔστι δὲ κατὰ μὲν τὰς ἐκείνων ἀρχὰς εὔλογον καὶ οὕτως,
1081ᵇ κατὰ μέντοι τὴν ἀλήθειαν ἀδύνατον. τάς τε γὰρ μονάδας
προτέρας καὶ ὑστέρας εἶναι εὔλογον, εἴπερ καὶ πρώτη τις
ἔστι μονὰς καὶ ἓν πρῶτον, ὁμοίως δὲ καὶ δυάδας, εἴπερ
καὶ δυὰς πρώτη ἔστιν· μετὰ γὰρ τὸ πρῶτον εὔλογον καὶ
5 ἀναγκαῖον δεύτερόν τι εἶναι, καὶ εἰ δεύτερον, τρίτον, καὶ
οὕτω δὴ τὰ ἄλλα ἐφεξῆς (ἅμα δ' ἀμφότερα λέγειν, μονάδα τε μετὰ τὸ ἓν πρώτην εἶναι καὶ δευτέραν, καὶ δυάδα
πρώτην, ἀδύνατον). οἱ δὲ ποιοῦσι μονάδα μὲν καὶ ἓν πρῶτον, δεύτερον δὲ καὶ τρίτον οὐκέτι, καὶ δυάδα πρώτην, δευ-
10 τέραν δὲ καὶ τρίτην οὐκέτι. φανερὸν δὲ καὶ ὅτι οὐκ ἐνδέχεται, εἰ ἀσύμβλητοι πᾶσαι αἱ μονάδες, δυάδα εἶναι αὐτὴν
καὶ τριάδα καὶ οὕτω τοὺς ἄλλους ἀριθμούς. ἄν τε γὰρ ὦσιν
ἀδιάφοροι αἱ μονάδες ἄν τε διαφέρουσαι ἑκάστη ἑκάστης,
ἀνάγκη ἀριθμεῖσθαι τὸν ἀριθμὸν κατὰ πρόσθεσιν, οἷον τὴν
15 δυάδα πρὸς τῷ ἑνὶ ἄλλου ἑνὸς προστεθέντος, καὶ τὴν τριάδα
ἄλλου ἑνὸς πρὸς τοῖς δυσὶ προστεθέντος, καὶ τὴν τετράδα
ὡσαύτως· τούτων δὲ ὄντων ἀδύνατον τὴν γένεσιν εἶναι τῶν
ἀριθμῶν ὡς γεννῶσιν ἐκ τῆς δυάδος καὶ τοῦ ἑνός. μόριον
γὰρ γίγνεται ἡ δυὰς τῆς τριάδος καὶ αὕτη τῆς τετράδος,
20 τὸν αὐτὸν δὲ τρόπον συμβαίνει καὶ ἐπὶ τῶν ἐχομένων.
ἀλλ' ἐκ τῆς δυάδος τῆς πρώτης καὶ τῆς ἀορίστου δυάδος
ἐγίγνετο ἡ τετράς, δύο δυάδες παρ' αὐτὴν τὴν δυάδα· εἰ
δὲ μή, μόριον ἔσται αὐτὴ ἡ δυάς, ἑτέρα δὲ προσέσται μία
δυάς. καὶ ἡ δυὰς ἔσται ἐκ τοῦ ἑνὸς αὐτοῦ καὶ ἄλλου ἑνός·
25 εἰ δὲ τοῦτο, οὐχ οἷόν τ' εἶναι τὸ ἕτερον στοιχεῖον δυάδα ἀόρι-
στον· μονάδα γὰρ μίαν γεννᾷ ἀλλ' οὐ δυάδα ὡρισμένην.
ἔτι παρ' αὐτὴν τὴν τριάδα καὶ αὐτὴν τὴν δυάδα πῶς ἔσον-

modo; entretanto isso deriva logicamente de seus princípios, embora seja impossível[12] segundo a verdade: de fato, a existência de unidades anteriores e unidades posteriores deriva logicamente da afirmação da existência de uma primeira unidade, isto é, do primeiro Um; e o mesmo vale para a Díade, se se afirma a existência de uma Díade primeira: de fato, depois de um primeiro, é lógico e necessário que venha um segundo termo, e, se um segundo, um terceiro, e assim por diante para toda a série dos números. (Por outro lado, é impossível sustentar as duas coisas ao mesmo tempo: que depois do Um exista uma primeira unidade e uma segunda unidade, e, também, que exista antes uma díade). E esses filósofos admitem a primeira Unidade e o Um originário, mas não admitem uma segunda e uma terceira unidade; e admitem uma primeira Díade, mas não admitem uma segunda e uma terceira Díade[13].

(γ) Depois, é claro que se todas as unidades não são combináveis, não é possível que exista a Díade-em-si e a Tríade-em-si e tampouco os outros números. De fato, quer as unidades sejam indiferenciadas, quer sejam diferenciadas umas das outras, é necessário que o número se forme por adição: a díade, por exemplo, forma-se somando ao um outro um; a tríade somando às duas primeiras unidades outra unidade, e com o mesmo procedimento a tétrade. Posto que isto é assim, é impossível que a gênese dos números ocorra a partir da Díade e do Um, segundo o procedimento afirmado por eles: de fato, a díade torna-se uma parte da tríade, e a tríade uma parte da tétrade, e o mesmo ocorre com os números sucessivos. Mas os platônicos sustentam que a tétrade gera-se da primeira Díade e da Díade indefinida; mas nesse caso existirão outras duas díades além da Díade-em-si. Se não se aceita esta conclusão, a Díade-em-si deverá tornar-se parte da tétrade, que será constituída somando-se a ela outra díade diversa; e a própria Díade derivará da soma de outro um ao Um-em-si. Mas se é assim, não é possível que um dos dois elementos dos quais se gera o número seja a Díade indefinida: esta, com efeito, gera uma unidade e não uma díade determinada[14].

(δ) Ademais, como podem existir, além da tríade-em-si e da díade-em-si, outras tríades e outras díades? E de que modo elas

ται ἄλλαι τριάδες καὶ δυάδες; καὶ τίνα τρόπον ἐκ προτέρων μονάδων καὶ ὑστέρων σύγκεινται; πάντα γὰρ ταῦτ'
30 (ἄτοπά) ἐστι καὶ πλασματώδη, καὶ ἀδύνατον εἶναι πρώτην δυάδα, εἶτ' αὐτὴν τριάδα. ἀνάγκη δ', ἐπείπερ ἔσται τὸ ἓν καὶ ἡ ἀόριστος δυὰς στοιχεῖα. εἰ δ' ἀδύνατα τὰ συμβαίνοντα, καὶ τὰς ἀρχὰς εἶναι ταύτας ἀδύνατον. — εἰ μὲν οὖν διάφοροι αἱ μονάδες ὁποιαιοῦν ὁποιαισοῦν, ταῦτα καὶ τοιαῦθ'
35 ἕτερα συμβαίνει ἐξ ἀνάγκης· εἰ δ' αἱ μὲν ἐν ἄλλῳ διάφοροι αἱ δ' ἐν τῷ αὐτῷ ἀριθμῷ ἀδιάφοροι ἀλλήλαις μόναι, καὶ οὕτως οὐθὲν ἐλάττω συμβαίνει τὰ δυσχερῆ.
1082ᵃ οἷον γὰρ ἐν τῇ δεκάδι αὐτῇ ἔνεισι δέκα μονάδες, σύγκειται δὲ καὶ ἐκ τούτων καὶ ἐκ δύο πεντάδων ἡ δεκάς. ἐπεὶ δ' οὐχ ὁ τυχὼν ἀριθμὸς αὕτη ἡ δεκὰς οὐδὲ σύγκειται ἐκ τῶν τυχουσῶν πεντάδων, ὥσπερ οὐδὲ μονάδων, ἀνάγκη δια-
5 φέρειν τὰς μονάδας τὰς ἐν τῇ δεκάδι ταύτῃ. ἂν γὰρ μὴ διαφέρωσιν, οὐδ' αἱ πεντάδες διοίσουσιν ἐξ ὧν ἐστὶν ἡ δεκάς· ἐπεὶ δὲ διαφέρουσι, καὶ αἱ μονάδες διοίσουσιν. εἰ δὲ διαφέρουσι, πότερον οὐκ ἐνέσονται πεντάδες ἄλλαι ἀλλὰ μόνον αὗται αἱ δύο, ἢ ἔσονται; εἴτε δὲ μὴ ἐνέσονται, ἄτοπον·
10 εἴτ' ἐνέσονται, ποία ἔσται δεκὰς ἐξ ἐκείνων; οὐ γὰρ ἔστιν ἑτέρα δεκὰς ἐν τῇ δεκάδι παρ' αὐτήν. ἀλλὰ μὴν καὶ ἀνάγκη γε μὴ ἐκ τῶν τυχουσῶν δυάδων τὴν τετράδα συγκεῖσθαι· ἡ γὰρ ἀόριστος δυάς, ὥς φασι, λαβοῦσα τὴν ὡρισμένην δυάδα δύο δυάδας ἐποίησεν· τοῦ γὰρ ληφθέντος
15 ἦν δυοποιός. — ἔτι τὸ εἶναι παρὰ τὰς δύο μονάδας τὴν δυάδα φύσιν τινά, καὶ τὴν τριάδα παρὰ τὰς τρεῖς μονάδας, πῶς ἐνδέχεται; ἢ γὰρ μεθέξει θατέρου θατέρου, ὥσπερ λευκὸς ἄνθρωπος παρὰ λευκὸν καὶ ἄνθρωπον (μετέχει γὰρ τούτων), ἢ ὅταν ᾖ θατέρου θάτερον διαφορά τις, ὥσπερ ὁ ἄνθρωπος

serão constituídas por unidades anteriores e posteriores? Todas essas coisas são absurdas e fictícias, e é impossível que exista uma díade antes, e depois uma tríade-em-si. Mas esta seria a consequência necessária se o Um e a Díade indefinida fossem os elementos dos números. Mas se as consequências são impossíveis, é impossível também que aqueles sejam os princípios dos números[15].

(c) Portanto, se cada unidade é diferente de qualquer outra unidade, derivam necessariamente as consequências examinadas e outras semelhantes. Se, depois, as unidades contidas em números diferentes são diferentes entre si, enquanto só as contidas no mesmo número não são diferentes entre si, então, mesmo assim não serão menores as dificuldades que daí derivarão[16].

(α) Por exemplo: na Dezena-em-si estão contidas dez unidades; a dezena, contudo, é formada por essas dez unidades e também por duas pêntades. Ora, como a dezena-em-si não é um número qualquer e não é composta por duas pêntades quaisquer, assim como não é composta por dez unidades quaisquer, então é necessário que as unidades que se encontram nessa dezena difiram entre si: de fato, se não diferissem, também não diferiririam as pêntades que compõem a dezenas; e como diferem, devem diferir também as unidades. Mas se as pêntades diferem, dever-se-á dizer que na dezena não existem outras pêntades além daquelas duas ou será preciso dizer que existem? Dizer que não existem outras é absurdo. E se existem outras, que dezena resultará delas? De fato, na dezena não existe outra dezena além da própria dezena. E, do mesmo modo, é necessário que também a tétrade seja composta não de duas díades quaisquer: de fato, os platônicos sustentam que a díade indefinida, recebendo a díade definida, produz duas díades, enquanto a díade indefinida duplica o que recebe[17].

(β) Ademais, como é possível que a díade seja uma realidade distinta de suas duas unidades, e que a tríade seja uma realidade distinta de suas três unidades? De fato, ou a díade participará das unidades e será distinta delas, como homem branco é distinto de branco e de homem (ele, de fato, participa deles); ou das duas unidades uma será a diferença específica da outra, e a díade será

παρὰ ζῷον καὶ δίπουν. ἔτι τὰ μὲν ἁφῇ ἐστὶν ἓν τὰ δὲ μίξει τὰ δὲ θέσει· ὧν οὐδὲν ἐνδέχεται ὑπάρχειν ταῖς μονάσιν ἐξ ὧν ἡ δυὰς καὶ ἡ τριάς· ἀλλ' ὥσπερ οἱ δύο ἄνθρωποι οὐχ ἕν τι παρ' ἀμφοτέρους, οὕτως ἀνάγκη καὶ τὰς μονάδας. καὶ οὐχ ὅτι ἀδιαίρετοι, διοίσουσι διὰ τοῦτο· καὶ γὰρ αἱ στιγμαὶ ἀδιαίρετοι, ἀλλ' ὅμως παρὰ τὰς δύο οὐθὲν ἕτερον ἡ δυὰς αὐτῶν. —ἀλλὰ μὴν οὐδὲ τοῦτο δεῖ λανθάνειν, ὅτι συμβαίνει προτέρας καὶ ὑστέρας εἶναι δυάδας, ὁμοίως δὲ καὶ τοὺς ἄλλους ἀριθμούς. αἱ μὲν γὰρ ἐν τῇ τετράδι δυάδες ἔστωσαν ἀλλήλαις ἅμα· ἀλλ' αὗται τῶν ἐν τῇ ὀκτάδι πρότεραί εἰσι, καὶ ἐγέννησαν, ὥσπερ ἡ δυὰς ταύτας, αὗται τὰς τετράδας τὰς ἐν τῇ ὀκτάδι αὐτῇ, ὥστε εἰ καὶ ἡ πρώτη δυὰς ἰδέα, καὶ αὗται ἰδέαι τινὲς ἔσονται. ὁ δ' αὐτὸς λόγος καὶ ἐπὶ τῶν μονάδων· αἱ γὰρ ἐν τῇ δυάδι τῇ πρώτῃ μονάδες γεννῶσι τὰς τέτταρας τὰς ἐν τῇ τετράδι, ὥστε πᾶσαι αἱ μονάδες ἰδέαι γίγνονται καὶ συγκείσεται ἰδέα ἐξ ἰδεῶν· ὥστε δῆλον ὅτι κἀκεῖνα ὧν ἰδέαι αὗται τυγχάνουσιν οὖσαι συγκείμενα ἔσται, οἷον εἰ τὰ ζῷα φαίη τις συγκεῖσθαι ἐκ ζῴων, εἰ τούτων ἰδέαι εἰσίν. —ὅλως δὲ τὸ ποιεῖν τὰς μονάδας διαφόρους ὁπωσοῦν ἄτοπον καὶ πλασματῶδες (λέγω δὲ πλασματῶδες τὸ πρὸς ὑπόθεσιν βεβιασμένον)· οὔτε γὰρ κατὰ τὸ ποσὸν οὔτε κατὰ τὸ ποιὸν ὁρῶμεν διαφέρουσαν μονάδα μονάδος, ἀνάγκη τε ἢ ἴσον ἢ ἄνισον εἶναι ἀριθμόν, πάντα μὲν ἀλλὰ μάλιστα τὸν μοναδικόν, ὥστ' εἰ μήτε πλείων μήτ' ἐλάττων, ἴσος· τὰ δὲ ἴσα καὶ ὅλως ἀδιάφορα ταὐτὰ ὑπολαμβάνομεν ἐν τοῖς ἀριθμοῖς. εἰ δὲ μή, οὐδ' αἱ ἐν αὐτῇ τῇ δεκάδι δυάδες

distinta delas assim como o homem é distinto de "animal" e de "bípede"[18].

(γ) Ademais, algumas coisas formam uma unidade por contato, outras por mistura, outras por posição. Ora, não é possível referir algum desses modos às unidades das quais derivam a díade e a tríade. Mas, como dois homens não constituem uma unidade distinta dos dois indivíduos singulares, assim ocorre necessariamente também com as unidades. E com as unidades não será diferente pelo fato de serem indivisíveis: de fato, também os pontos são indivisíveis, mas nem por isso uma díade de pontos será algo diverso e distinto dos dois pontos[19].

(δ) Mas não devemos nos esquecer desta outra consequência: que deverão existir díades anteriores e díades posteriores, e que o mesmo ocorrerá com os outros números. De fato, mesmo admitindo que as díades compreendidas na tétrade sejam simultâneas, não obstante isso elas devem ser anteriores às díades contidas no oito, e como a díade primeira gerou essas díades, assim elas geraram as tétrades contidas no oito-em-si, de modo que, se a primeira díade é uma Ideia, também as outras deverão ser Ideias. O mesmo vale também para as unidades: as unidades que se encontram na primeira díade produzem as quatro que se encontram na tétrade, de modo que todas as unidades serão Ideias, e as Ideias serão compostas de Ideias. Portanto, é evidente que também as coisas sensíveis das quais estas são Ideias serão compostas da mesma maneira: seria como dizer, por exemplo, quese existem Ideias de animais, os animais deverão ser compostos de animais[20].

(ε) Em geral, depois, a tese que afirma uma diferença qualquer entre as unidades é absurda e puramente fictícia. (Entendo por fictício o que é aduzido de modo forçado para sustentar uma hipótese). De fato, nós vemos que uma unidade não difere de outra nem pela quantidade, nem pela qualidade; e é necessário que cada número seja igual ou desigual, e isso vale para todos os números, mas, especialmente, para o número composto de puras unidades: de modo que, se um número não é nem maior nem menor, é igual, e os números iguais, que não têm diferenças, nós os consideramos idênticos. Se não fosse assim, tampouco as díades

ἀδιάφοροι ἔσονται ἴσαι οὖσαι· τίνα γὰρ αἰτίαν ἕξει λέγειν ὁ φάσκων ἀδιαφόρους εἶναι; ἔτι εἰ ἅπασα μονὰς καὶ μονὰς ἄλλη δύο, ἡ ἐκ τῆς δυάδος αὐτῆς μονὰς καὶ ἡ ἐκ τῆς τριάδος αὐτῆς δυὰς ἔσται ἐκ διαφερουσῶν τε, καὶ πότερον προτέρα τῆς τριάδος ἢ ὑστέρα; μᾶλλον γὰρ ἔοικε προτέραν ἀναγκαῖον εἶναι· ἡ μὲν γὰρ ἅμα τῇ τριάδι ἡ δ' ἅμα τῇ δυάδι τῶν μονάδων. καὶ ἡμεῖς μὲν ὑπολαμβάνομεν ὅλως ἓν καὶ ἕν, καὶ ἐὰν ᾖ ἴσα ἢ ἄνισα, δύο εἶναι, οἷον τὸ ἀγαθὸν καὶ τὸ κακόν, καὶ ἄνθρωπον καὶ ἵππον· οἱ δ' οὕτως λέγοντες οὐδὲ τὰς μονάδας. εἴτε δὲ μὴ ἔστι πλείων ἀριθμὸς ὁ τῆς τριάδος αὐτῆς ἢ ὁ τῆς δυάδος, θαυμαστόν· εἴτε ἐστὶ πλείων, δῆλον ὅτι καὶ ἴσος ἔνεστι τῇ δυάδι, ὥστε οὗτος ἀδιάφορος αὐτῇ τῇ δυάδι. ἀλλ' οὐκ ἐνδέχεται, εἰ πρῶτός τις ἔστιν ἀριθμὸς καὶ δεύτερος. οὐδὲ ἔσονται αἱ ἰδέαι ἀριθμοί. τοῦτο μὲν γὰρ αὐτὸ ὀρθῶς λέγουσιν οἱ διαφόρους τὰς μονάδας ἀξιοῦντες εἶναι, εἴπερ ἰδέαι ἔσονται, ὥσπερ εἴρηται πρότερον· ἓν γὰρ τὸ εἶδος, αἱ δὲ μονάδες εἰ ἀδιάφοροι, καὶ αἱ δυάδες καὶ αἱ τριάδες ἔσονται ἀδιάφοροι. διὸ καὶ τὸ ἀριθμεῖσθαι οὕτως, ἓν δύο, μὴ προσλαμβανομένου πρὸς τῷ ὑπάρχοντι ἀναγκαῖον αὐτοῖς λέγειν (οὔτε γὰρ ἡ γένεσις ἔσται ἐκ τῆς ἀορίστου δυάδος, οὔτ' ἰδέαν ἐνδέχεται εἶναι· ἐνυπάρξει γὰρ ἑτέρα ἰδέα ἐν ἑτέρᾳ, καὶ πάντα τὰ εἴδη ἑνὸς μέρη)· διὸ πρὸς μὲν τὴν ὑπόθεσιν ὀρθῶς λέγουσιν, ὅλως δ' οὐκ ὀρθῶς· πολλὰ γὰρ ἀναιροῦσιν, ἐπεὶ τοῦτό γ' αὐτὸ ἔχειν τινὰ φήσουσιν ἀπορίαν, πότερον, ὅταν ἀριθμῶμεν καὶ εἴπωμεν ἓν δύο τρία, προσλαμβάνοντες ἀριθμοῦμεν ἢ κατὰ μερίδας. ποιοῦμεν δὲ ἀμφοτέρως· διὸ

contidas na dezena, que são iguais, poderiam ser sem diferenças: de fato, os que afirmam não serem diferentes, que razões poderiam aduzir para isso[21]?

(ζ) Ademais, se toda unidade somada a outra unidade faz dois, a unidade que constitui a díade-em-si e a unidade que constitui a tríade-em-si farão uma díade constituída de duas unidades diferentes. Ora, essa díade será anterior ou posterior relativamente à tríade-em-si? Parece que deve ser necessariamente anterior: de fato uma das unidades é simultânea à tríade, enquanto a outra é simultânea à díade. E enquanto nós sustentamos que, em geral, um mais um são dois, quer se trate de coisas iguais, quer se trate de coisas desiguais (por exemplo, bem e mal, homem e cavalo), os filósofos que sustentam aquelas doutrinas defendem que duas unidades não fazem dois[22].

(η) Seria surpreendente que a tríade-em-si não fosse maior que a díade; mas se é maior, é evidente que na tríade está contido também um número igual à díade, de modo que esta não poderá ser diferente da díade-em-si. Mas isso não é possível, se existe um número anterior e um número posterior[23].

(θ) E também não será possível que as Ideias sejam números. A respeito disso os platônicos têm razão de pretender que as unidades sejam diferenciadas, se elas devem ser Ideias, como dissemos anteriormente: de fato, a Ideia é uma só. Se as unidades fossem indiferenciadas, também as díades e as tríades seriam indiferenciadas. Por isso, contar do seguinte modo: um, dois etc., segundo esses filósofos, não significa necessariamente adicionar uma unidade ao número precedente (do contrário a geração do número não seria da díade indeterminada, e o número não poderia ser uma Ideia: de fato, uma Ideia estaria contida em outra Ideia, e todas as Ideias seriam partes de uma única Ideia). Por isso eles raciocinam bem, com base em sua hipótese; mas seu raciocínio não é correto em conjunto. Eles destroem muitas verdades matemáticas; de fato, para eles, até mesmo o seguinte problema é uma dificuldade: se, quando contamos e dizemos: um, dois, três, vamos somando ou assumindo números sempre distintos. Na realidade, procedemos de um modo e do outro. Por isso é ridículo elevar uma diferença de tão pouca monta a uma diferença substancial e de tanta consistência[24].

γελοῖον ταύτην εἰς τηλικαύτην τῆς οὐσίας ἀνάγειν διαφοράν. —

8

1083ª πάντων δὲ πρῶτον καλῶς ἔχει διορίσασθαι τίς ἀριθμοῦ διαφορά, καὶ μονάδος, εἰ ἔστιν. ἀνάγκη δ' ἢ κατὰ τὸ ποσὸν ἢ κατὰ τὸ ποιὸν διαφέρειν· τούτων δ' οὐδέτερον φαίνεται ἐνδέχεσθαι ὑπάρχειν. ἀλλ' ἧ ἀριθμός, κατὰ τὸ ποσόν. εἰ
5 δὲ δὴ καὶ αἱ μονάδες τῷ ποσῷ διέφερον, κἂν ἀριθμὸς ἀριθμοῦ διέφερεν ὁ ἴσος τῷ πλήθει τῶν μονάδων. ἔτι πότερον αἱ πρῶται μείζους ἢ ἐλάττους, καὶ αἱ ὕστερον ἐπιδιδόασιν ἢ τοὐναντίον; πάντα γὰρ ταῦτα ἄλογα. ἀλλὰ μὴν οὐδὲ κατὰ τὸ ποιὸν διαφέρειν ἐνδέχεται. οὐθὲν γὰρ
10 αὐταῖς οἷόν τε ὑπάρχειν πάθος· ὕστερον γὰρ καὶ τοῖς ἀριθμοῖς φασὶν ὑπάρχειν τὸ ποιὸν τοῦ ποσοῦ. ἔτι οὔτ' ἂν ἀπὸ τοῦ ἑνὸς τοῦτ' αὐταῖς γένοιτο οὔτ' ἂν ἀπὸ τῆς δυάδος· τὸ μὲν γὰρ οὐ ποιὸν ἡ δὲ ποσοποιόν· τοῦ γὰρ πολλὰ τὰ ὄντα εἶναι αἰτία αὕτη ἡ φύσις. εἰ δ' ἄρα ἔχει πως
15 ἄλλως, λεκτέον ἐν ἀρχῇ μάλιστα τοῦτο καὶ διοριστέον περὶ μονάδος διαφορᾶς, μάλιστα μὲν καὶ διότι ἀνάγκη ὑπάρχειν· εἰ δὲ μή, τίνα λέγουσιν; —ὅτι μὲν οὖν, εἴπερ εἰσὶν ἀριθμοὶ αἱ ἰδέαι, οὔτε συμβλητὰς τὰς μονάδας ἁπάσας ἐνδέχεται εἶναι, φανερόν, οὔτε ἀσυμβλήτους ἀλλήλαις οὐδέ-
20 τερον τῶν τρόπων· ἀλλὰ μὴν οὐδ' ὡς ἕτεροί τινες λέγουσι περὶ τῶν ἀριθμῶν λέγεται καλῶς. εἰσὶ δ' οὗτοι ὅσοι ἰδέας μὲν οὐκ οἴονται εἶναι οὔτε ἁπλῶς οὔτε ὡς ἀριθμούς τινας οὔσας, τὰ δὲ μαθηματικὰ εἶναι καὶ τοὺς ἀριθμοὺς πρώτους τῶν ὄντων, καὶ ἀρχὴν αὐτῶν εἶναι αὐτὸ τὸ ἕν. ἄτοπον γὰρ τὸ

8. [Continuação da crítica da teoria dos números ideais de Platão e crítica da doutrina dos números de outros pensadores]¹

(ι) Antes de tudo é preciso determinar qual é a diferença do número e qual a diferença da unidade, dado que exista uma diferença da unidade. E a diferença deveria ser ou (a) de quantidade ou (b) de qualidade; mas, evidentemente, nenhuma das duas pode ocorrer no caso das unidades. (a) O número, enquanto tal, só difere pela quantidade; mas, se também as unidades diferissem pela quantidade, seguir-se-ia que um número deveria ser diverso de outro número, mesmo tendo o mesmo número de unidades. Ademais, as primeiras unidades são maiores ou menores? E as últimas unidades, crescem ou diminuem? Tudo isso, na verdade, é absurdo. (b) Mas também não é possível que difiram por qualidades porque neles não pode haver nenhuma afecção. De fato, diz-se que também no número a qualidade é posterior à quantidade. Ademais, essa diferença qualitativa não poderia fazer as unidades derivarem nem do Um nem da Díade: com efeito, o primeiro não é qualidade, enquanto a segunda é causa da quantidade, já que sua natureza consiste em ser a causa da multiplicidade dos seres. (c) Se, depois, a verdade é outra, eles deveriam dizer isso desde o início e deveriam determinar, quanto à diferença das unidades, sobretudo a razão pela qual é necessário que tal diferença exista; e, se não, eles deveriam dizer pelo menos qual é a diferença de que falam².

É evidente, portanto, que se as Ideias são Números, não é possível que todas as unidades sejam combináveis, nem que sejam entre si não combináveis em nenhum dos modos examinados.

Por outro lado, também não é correto o que outros filósofos dizem a respeito dos números. Trata-se daqueles que não creem na existência de Ideias, nem em sentido absoluto nem entendidas como números, mas creem na existência de entes matemáticos e creem que os números são as realidades primeiras, e que o princípio deles é o Um-em-si³. De fato, é absurdo que exista o Um anterior às outras unidades, tal como eles sustentam, e que, ao contrário,

ἓν μὲν εἶναί τι πρῶτον τῶν ἑνῶν, ὥσπερ ἐκεῖνοί φασι, δυάδα δὲ τῶν δυάδων μή, μηδὲ τριάδα τῶν τριάδων· τοῦ γὰρ αὐτοῦ λόγου πάντα ἐστίν. εἰ μὲν οὖν οὕτως ἔχει τὰ περὶ τὸν ἀριθμὸν καὶ θήσει τις εἶναι τὸν μαθηματικὸν μόνον, οὐκ ἔστι τὸ ἓν ἀρχή (ἀνάγκη γὰρ διαφέρειν τὸ ἓν τὸ τοιοῦτο τῶν ἄλλων μονάδων· εἰ δὲ τοῦτο, καὶ δυάδα τινὰ πρώτην τῶν δυάδων, ὁμοίως δὲ καὶ τοὺς ἄλλους ἀριθμοὺς τοὺς ἐφεξῆς)· εἰ δέ ἐστι τὸ ἓν ἀρχή, ἀνάγκη μᾶλλον ὥσπερ Πλάτων ἔλεγεν ἔχειν τὰ περὶ τοὺς ἀριθμούς, καὶ εἶναι δυάδα πρώτην καὶ τριάδα, καὶ οὐ συμβλητοὺς εἶναι τοὺς ἀριθμοὺς πρὸς ἀλλήλους. ἂν δ' αὖ πάλιν τις τιθῇ ταῦτα, εἴρηται ὅτι ἀδύνατα πολλὰ συμβαίνει. ἀλλὰ μὴν ἀνάγκη γε ἢ οὕτως ἢ ἐκείνως ἔχειν, ὥστ' εἰ μηδετέρως, οὐκ ἂν ἐνδέχοιτο εἶναι τὸν ἀριθμὸν χωριστόν. — φανερὸν δ' ἐκ τούτων καὶ ὅτι χείριστα λέγεται ὁ τρίτος τρόπος, τὸ εἶναι τὸν αὐτὸν ἀριθμὸν τὸν τῶν εἰδῶν καὶ τὸν μαθηματικόν. ἀνάγκη γὰρ εἰς μίαν δόξαν συμβαίνειν δύο ἁμαρτίας· οὔτε γὰρ μαθηματικὸν ἀριθμὸν ἐνδέχεται τοῦτον εἶναι τὸν τρόπον, ἀλλ' ἰδίας ὑποθέσεις ὑποθέμενον ἀνάγκη μηκύνειν, ὅσα τε τοῖς ὡς εἴδη τὸν ἀριθμὸν λέγουσι συμβαίνει, καὶ ταῦτα ἀναγκαῖον λέγειν. — ὁ δὲ τῶν Πυθαγορείων τρόπος τῇ μὲν ἐλάττους ἔχει δυσχερείας τῶν πρότερον εἰρημένων, τῇ δὲ ἰδίας ἑτέρας. τὸ μὲν γὰρ μὴ χωριστὸν ποιεῖν τὸν ἀριθμὸν ἀφαιρεῖται πολλὰ τῶν ἀδυνάτων· τὸ δὲ τὰ σώματα ἐξ ἀριθμῶν εἶναι συγκείμενα, καὶ τὸν ἀριθμὸν τοῦτον εἶναι μαθηματικόν, ἀδύνατόν ἐστιν. οὔτε γὰρ ἄτομα μεγέθη λέγειν ἀληθές, εἴ θ' ὅτι μάλιστα τοῦτον ἔχει τὸν τρόπον, οὐχ αἵ γε μονάδες μέγεθος ἔχουσιν· μέγεθος δὲ ἐξ ἀδιαιρέτων συγκεῖσθαι πῶς δυνατόν; ἀλλὰ μὴν ὅ γ' ἀριθμητικὸς ἀριθμὸς

não exista uma Díade anterior às outras díades, nem uma Tríade anterior às outras tríades: e é absurdo porque o mesmo raciocínio pode ser estendido a todos os números. Portanto, se é assim no que se refere aos números, e se só a existência do número matemático é afirmada, o Um não será mais princípio: de fato, esse Um deveria ser diferente das outras unidades; mas se fosse assim, deveria existir uma Díade primeira diferente das outras díades, e assim para toda a série dos outros números. Mas se o Um é princípio, é necessário que os números sejam como dizia Platão[4], e que exista uma Díade primeira, uma Tríade primeira e que os números não sejam combináveis entre si[5]. Por outro lado, se alguém sustenta isso, como já vimos, incorre em consequências absurdas[6]. Todavia, é necessário que seja desta maneira ou da outra; e se não é possível que seja de nenhuma das duas maneiras, consequentemente será impossível que o número seja separado[7].

Dessas considerações fica claro, também, que a terceira perspectiva, segundo a qual o número ideal e o número matemático se identificam[8], é a pior de todas, porque nela se reúnem necessariamente os dois erros das outras: de fato, (a) de um lado, é impossível que o número matemático exista desse modo, mas quem sustenta essa tese deve necessariamente tentar safar-se introduzindo hipóteses especiais; (b) além disso, ele é constrangido a aceitar todas as consequências que decorrem da aceitação dos números ideais[9].

A perspectiva dos pitagóricos contém menores dificuldades em comparação com as que examinamos anteriormente, mas contém outras dificuldades que lhes são peculiares. Não afirmar o número como separado elimina muitos dos absurdos dos quais falamos[10]. Por outro lado, é impossível afirmar que os corpos são compostos de números, e que esse número é o número matemático: de fato, a tese que afirma a existência de grandezas indivisíveis é falsa; e, mesmo que existissem tais grandezas, pelo menos as unidades não deveriam ter grandeza. E como pode ser possível que uma grandeza seja composta de indivisíveis? Na verdade, pelo menos o número aritmético é constituído de puras unidades não-extensas; ao contrário, aqueles filósofos dizem que as coisas são números: ou, pelo menos, eles aplicam aos corpos

μοναδικός ἐστιν. ἐκεῖνοι δὲ τὸν ἀριθμὸν τὰ ὄντα λέγουσιν· τὰ γοῦν θεωρήματα προσάπτουσι τοῖς σώμασιν ὡς ἐξ ἐκείνων ὄντων τῶν ἀριθμῶν. — εἰ τοίνυν ἀνάγκη μέν, εἴπερ ἐστὶν
20 ἀριθμὸς τῶν ὄντων τι καθ' αὑτό, τούτων εἶναί τινα τῶν εἰρημένων τρόπων, οὐθένα δὲ τούτων ἐνδέχεται, φανερὸν ὡς οὐκ ἔστιν ἀριθμοῦ τις τοιαύτη φύσις οἵαν κατασκευάζουσιν οἱ χωριστὸν ποιοῦντες αὐτόν. — ἔτι πότερον ἑκάστη μονὰς ἐκ τοῦ μεγάλου καὶ μικροῦ ἰσασθέντων ἐστίν, ἢ ἡ μὲν ἐκ τοῦ μικροῦ
25 ἡ δ' ἐκ τοῦ μεγάλου; εἰ μὲν δὴ οὕτως, οὔτε ἐκ πάντων τῶν στοιχείων ἕκαστον οὔτε ἀδιάφοροι αἱ μονάδες (ἐν τῇ μὲν γὰρ τὸ μέγα ἐν τῇ δὲ τὸ μικρὸν ὑπάρχει, ἐναντίον τῇ φύσει ὄν)· ἔτι αἱ ἐν τῇ τριάδι αὐτῇ πῶς; μία γὰρ περιττή· ἀλλὰ διὰ τοῦτο ἴσως αὐτὸ τὸ ἓν ποιοῦσιν ἐν τῷ
30 περιττῷ μέσον. εἰ δ' ἑκατέρα τῶν μονάδων ἐξ ἀμφοτέρων ἐστὶν ἰσασθέντων, ἡ δυὰς πῶς ἔσται μία τις οὖσα φύσις ἐκ τοῦ μεγάλου καὶ μικροῦ; ἢ τί διοίσει τῆς μονάδος; ἔτι προτέρα ἡ μονὰς τῆς δυάδος (ἀναιρουμένης γὰρ ἀναιρεῖται ἡ δυάς)· ἰδέαν οὖν ἰδέας ἀναγκαῖον αὐτὴν εἶναι, προτέραν γ'
35 οὖσαν ἰδέας, καὶ γεγονέναι προτέραν. ἐκ τίνος οὖν; ἡ γὰρ ἀόριστος δυὰς δυοποιὸς ἦν. — ἔτι ἀνάγκη ἤτοι ἄπειρον τὸν ἀριθμὸν εἶναι ἢ πεπερασμένον· χωριστὸν γὰρ ποιοῦσι τὸν
1084ᵃ ἀριθμόν, ὥστε οὐχ οἷόν τε μὴ οὐχὶ τούτων θάτερον ὑπάρχειν. ὅτι μὲν τοίνυν ἄπειρον οὐκ ἐνδέχεται, δῆλον (οὔτε γὰρ περιττὸς ὁ ἄπειρός ἐστιν οὔτ' ἄρτιος, ἡ δὲ γένεσις τῶν ἀριθμῶν ἢ περιττοῦ ἀριθμοῦ ἢ ἀρτίου ἀεί ἐστιν· ὡδὶ μὲν τοῦ ἑνὸς εἰς
5 τὸν ἄρτιον πίπτοντος περιττός, ὡδὶ δὲ τῆς μὲν δυάδος ἐμπιπτούσης ὁ ἀφ' ἑνὸς διπλασιαζόμενος, ὡδὶ δὲ τῶν περιτ-

seus raciocínios como se fossem compostos de números entendidos daquele modo[11].

Portanto, dado que o número seja um ente real e por si, é necessário que ele exista de algum dos modos dos quais falamos[12], e se não é possível que exista de nenhum dos dois modos, é evidente que o número não tem uma natureza tal como imaginam os que o afirmam como separado[13].

(1) Ademais[14], (a) toda unidade deriva de um processo de equalização do grande e do pequeno, ou (b) uma unidade deriva do pequeno e a outra do grande[15]? (b) Se deriva desse modo, então toda unidade não deriva de todos os elementos. — E as unidades não são indiferenciadas, porque numa unidade haverá o grande, enquanto em outra haverá o pequeno, que é por natureza contrário ao grande. — E mais: como serão as unidades contidas na tríade-em-si? De fato, existe uma unidade ímpar. E talvez é por isso que eles afirmam o Um-em-si como intermediário entre os pares e os ímpares. (a) Se cada uma das unidades da díade deriva da equalização do grande e do pequeno, como poderá a díade, que é uma natureza única, ser constituída pelo grande e pelo pequeno? Ou em quê ela diferirá da unidade? — Além disso, a unidade é anterior à díade, porque, se tirarmos a unidade, tiramos também a díade. A unidade deveria, portanto, ser Ideia de uma Ideia, sendo anterior a uma Ideia, e deveria ter sido gerada anteriormente a esta. E de que coisa deveria ter sido gerada? A díade indefinida, com efeito, tem função duplicadora[16].

(2) Além disso[17], é necessário que o número seja (a) infinito ou (b) finito: de fato, eles afirmam o número como ente separado e, por isso, ele não pode ser (c) nem de um modo nem do outro.

(a) Ora[18], é evidente que não pode ser infinito. (α) De fato, o número infinito não é nem par nem ímpar, enquanto o processo de geração do número sempre dá origem ou a um número par ou a um ímpar. Mais precisamente: num primeiro modo, quando o Um age sobre um número par, produz-se o ímpar; num segundo modo, quando a díade age, produz-se o número par, a partir do um duplicado; num terceiro modo, quando operam os números

τῶν ὁ ἄλλος ἄρτιος· ἔτι εἰ πᾶσα ἰδέα τινὸς οἱ δὲ ἀριθμοὶ
ἰδέαι, καὶ ὁ ἄπειρος ἔσται ἰδέα τινός, ἢ τῶν αἰσθητῶν ἢ
ἄλλου τινός· καίτοι οὔτε κατὰ τὴν θέσιν ἐνδέχεται οὔτε κατὰ
10 λόγον, τάττουσί γ' οὕτω τὰς ἰδέας)· εἰ δὲ πεπερασμένος,
μέχρι πόσου; τοῦτο γὰρ δεῖ λέγεσθαι οὐ μόνον ὅτι ἀλλὰ
καὶ διότι. ἀλλὰ μὴν εἰ μέχρι τῆς δεκάδος ὁ ἀριθμός,
ὥσπερ τινές φασιν, πρῶτον μὲν ταχὺ ἐπιλείψει τὰ εἴδη
— οἷον εἰ ἔστιν ἡ τριὰς αὐτοάνθρωπος, τίς ἔσται ἀριθμὸς αὐτό-
15 ϊππος; αὐτὸ γὰρ ἕκαστος ἀριθμὸς μέχρι δεκάδος· ἀνάγκη
δὴ τῶν ἐν τούτοις ἀριθμῶν τινὰ εἶναι (οὐσίαι γὰρ καὶ ἰδέαι
οὗτοι)· ἀλλ' ὅμως ἐπιλείψει (τὰ τοῦ ζῴου γὰρ εἴδη ὑπερέξει) — .
ἅμα δὲ δῆλον ὅτι εἰ οὕτως ἡ τριὰς αὐτοάνθρωπος, καὶ αἱ
ἄλλαι τριάδες (ὅμοιαι γὰρ αἱ ἐν τοῖς αὐτοῖς ἀριθμοῖς),
20 ὥστ' ἄπειροι ἔσονται ἄνθρωποι, εἰ μὲν ἰδέα ἑκάστη τριάς,
αὐτὸ ἕκαστος ἄνθρωπος, εἰ δὲ μή, ἀλλ' ἄνθρωποί γε. καὶ
εἰ μέρος ὁ ἐλάττων τοῦ μείζονος, ὁ ἐκ τῶν συμβλητῶν
μονάδων τῶν ἐν τῷ αὐτῷ ἀριθμῷ, εἰ δὴ ἡ τετρὰς αὐτὴ
ἰδέα τινός ἐστιν, οἷον ἵππου ἢ λευκοῦ, ὁ ἄνθρωπος ἔσται μέρος
25 ἵππου, εἰ δυὰς ὁ ἄνθρωπος. ἄτοπον δὲ καὶ τὸ τῆς μὲν δεκάδος εἶναι ἰδέαν ἐνδεκάδος δὲ μή, μηδὲ τῶν ἐχομένων
ἀριθμῶν. ἔτι δὲ καὶ ἔστι καὶ γίγνεται ἔνια καὶ ὧν εἴδη οὐκ
ἔστιν, ὥστε διὰ τί οὐ κἀκείνων εἴδη ἔστιν; οὐκ ἄρα αἴτια τὰ
εἴδη ἐστίν. ἔτι ἄτοπον εἰ ὁ ἀριθμὸς μέχρι τῆς δεκάδος
30 μᾶλλόν τι ὂν τὸ ἓν καὶ εἶδος αὐτῆς τῆς δεκάδος, καίτοι τοῦ μὲν
οὐκ ἔστι γένεσις ὡς ἑνός, τῆς δ' ἔστιν. πειρῶνται δ' ὡς τοῦ
μέχρι τῆς δεκάδος τελείου ὄντος ἀριθμοῦ. γεννῶσι γοῦν τὰ
ἑπόμενα, οἷον τὸ κενόν, ἀναλογίαν, τὸ περιττόν, τὰ ἄλλα

ímpares, originam-se os outros pares[19]. (β) Ademais, se toda Ideia é Ideia de algo e se os números são Ideias, também o número infinito deverá ser Ideia de algo: ou de algo sensível ou de qualquer outra coisa. Ora, isso não é possível nem segundo o que eles sustentam, nem segundo a verdade, pelo menos para aqueles que afirmam as Ideias deste modo[20].

(b) Se, ao invés, o número é finito, até que ponto ele chega?[21] E com relação a isso é preciso dizer não só que o número chega a determinado limite, mas também é preciso dar as razões desse fato. (α) Ora, se o número chega até a dezena, como dizem alguns[22], em primeiro lugar, muito rapidamente faltarão Ideias. (Por exemplo, se a tríade é o homem-em-si, que número será o cavalo-em-si? A série dos Números-Ideias chega só até dez; por isso deve ser algum dos números contidos nestes[23]: de fato, estes são as substâncias e as Ideias. Todavia, faltarão Ideias: com efeito, só as espécies dos animais supera de muito seu número[24]. (β) Depois, é evidente, ao mesmo tempo, que se a tríade é o homem-em-si, também as outras tríades serão homens (de fato, as tríades contidas nos mesmos números são semelhantes), de modo que existirão infinitos homens, e mais precisamente: se todas as tríades são Ideias, existirão infinitos homens-em-si; e se não são Ideias, existirão pelo menos infinitos homens[25]. (γ) Ademais, se o número menor é parte do número maior (e falamos de número resultante das unidades adicionáveis compreendidas no mesmo número), e se a tétrade em si é Ideia de algo — por exemplo, do cavalo ou do branco — enquanto a díade é homem, então, o homem deverá ser parte do cavalo[26]. (δ) Também é absurdo que exista uma Ideia da dezena e que não exista, ao contrário, uma Ideia da endécada nem dos outros números posteriores[27]. (ε) Além disso, existem e geram-se algumas coisas das quais não existem relativas Ideias; por que, então, não existirão Ideias também delas? As Ideias, então, não são causas[28]. (ζ) Ademais, é absurdo que o número chegue só à dezena, pois o Um tem ser e forma mais do que a dezena: de fato, do um enquanto um não existe geração, enquanto da dezena existe. Mas eles tentam demonstrar que a série dos números até a dezena é perfeita[29]. Eles tentam, pelo menos, deduzir outras realidades — como, por exemplo, o vazio, a proporção, o ímpar e outras coisas desse tipo[30] — ficando no âmbito da dezena. De fato, eles remetem algumas realidades aos

τὰ τοιαῦτα, ἐντὸς τῆς δεκάδος· τὰ μὲν γὰρ ταῖς ἀρχαῖς
35 ἀποδιδόασιν, οἷον κίνησιν στάσιν, ἀγαθὸν κακόν, τὰ δ'
ἄλλα τοῖς ἀριθμοῖς· διὸ τὸ ἓν τὸ περιττόν· εἰ γὰρ ἐν τῇ
τριάδι, πῶς ἡ πεντὰς περιττόν; ἔτι τὰ μεγέθη καὶ ὅσα
1084ᵇ τοιαῦτα μέχρι ποσοῦ, οἷον ἡ πρώτη γραμμή, ⟨ἡ⟩ ἄτομος, εἶτα
δυάς, εἶτα καὶ ταῦτα μέχρι δεκάδος. — ἔτι εἰ ἔστι χωριστὸς
ὁ ἀριθμός, ἀπορήσειεν ἄν τις πότερον πρότερον τὸ ἓν ἢ ἡ
τριὰς καὶ ἡ δυάς. ᾗ μὲν δὴ σύνθετος ὁ ἀριθμός, τὸ ἕν,
5 ᾗ δὲ τὸ καθόλου πρότερον καὶ τὸ εἶδος, ὁ ἀριθμός· ἑκάστη
γὰρ τῶν μονάδων μόριον τοῦ ἀριθμοῦ ὡς ὕλη, ὁ δ' ὡς εἶδος.
καὶ ἔστι μὲν ὡς ἡ ὀρθὴ προτέρα τῆς ὀξείας, ὅτι ὥρισται καὶ
τῷ λόγῳ· ἔστι δ' ὡς ἡ ὀξεῖα, ὅτι μέρος καὶ εἰς ταύτην
διαιρεῖται. ὡς μὲν δὴ ὕλη ἡ ὀξεῖα καὶ τὸ στοιχεῖον καὶ
10 ἡ μονὰς πρότερον, ὡς δὲ κατὰ τὸ εἶδος καὶ τὴν οὐσίαν τὴν
κατὰ τὸν λόγον ἡ ὀρθὴ καὶ τὸ ὅλον τὸ ἐκ τῆς ὕλης καὶ
τοῦ εἴδους· ἐγγύτερον γὰρ τοῦ εἴδους καὶ οὗ ὁ λόγος τὸ ἄμφω,
γενέσει δ' ὕστερον. πῶς οὖν ἀρχὴ τὸ ἕν; ὅτι οὐ διαιρετόν,
φασίν· ἀλλ' ἀδιαίρετον καὶ τὸ καθόλου καὶ τὸ ἐπὶ μέρους
15 καὶ τὸ στοιχεῖον. ἀλλὰ τρόπον ἄλλον, τὸ μὲν κατὰ λόγον
τὸ δὲ κατὰ χρόνον. ποτέρως οὖν τὸ ἓν ἀρχή; ὥσπερ γὰρ
εἴρηται, καὶ ἡ ὀρθὴ τῆς ὀξείας καὶ αὕτη ἐκείνης δοκεῖ προτέρα εἶναι, καὶ ἑκατέρα μία. ἀμφοτέρως δὴ ποιοῦσι τὸ ἓν
ἀρχήν. ἔστι δὲ ἀδύνατον· τὸ μὲν γὰρ ὡς εἶδος καὶ ἡ οὐσία
20 τὸ δ' ὡς μέρος καὶ ὡς ὕλη. ἔστι γάρ πως ἓν ἑκάτερον — τῇ
μὲν ἀληθείᾳ δυνάμει (εἴ γε ὁ ἀριθμὸς ἕν τι καὶ μὴ ὡς

princípios como, por exemplo, o movimento, o repouso, o bem, o mal[31]; outras coisas, ao contrário, eles as remetem aos números. Assim o ímpar é o um: se, de fato, fosse a tríade, então — dizem eles — como a pêntade poderia ser ímpar[32]? — Além disso, também as grandezas e todas as coisas desse tipo não superam o limite da dezena: por exemplo, primeiro vem a linha indivisível[33], depois a díade[34], depois as grandezas até o dez[35].

(3) Além disso[36], (a) se o número é separado, surge a dificuldade de se é anterior ao Um, ou à Tríade e a Díade. Enquanto o número é composto, o Um é anterior; ao contrário, enquanto o universal e a forma são anteriores, o número é anterior: de fato, cada unidade é parte do número como matéria, enquanto o número é considerado como forma. É assim que, em certo sentido, o ângulo reto é anterior ao agudo, na medida em que é determinado e também é anterior pela definição; mas noutro sentido é anterior o ângulo agudo, na medida em que é uma parte na qual o ângulo reto se divide. Como matéria, portanto, são anteriores o ângulo agudo, o elemento e a unidade; ao contrário, do ponto de vista da forma e da substância formal, são anteriores o ângulo reto, o todo e o composto de matéria e forma: de fato, o composto é mais próximo à forma e àquilo a que se refere a definição; na ordem da geração, ao contrário, é posterior. — Em que sentido, portanto, o Um é princípio? Eles dizem que é princípio enquanto indivisível. Mas é indivisível tanto o universal, como o particular e o elemento; evidentemente, eles são indivisíveis diferentemente: o primeiro é indivisível na ordem da noção, enquanto os outros dois o são na ordem do tempo. Em qual desses dois modos o Um será princípio? De fato, como se disse, também o ângulo reto é, num sentido, anterior ao agudo, assim como este, noutro sentido, é anterior àquele, e cada um dos dois é um. Eles, portanto, consideram o um como princípio em ambos os sentidos. Mas isso não é possível: de fato, no primeiro sentido, o Um seria forma e substância, enquanto no segundo sentido o Um seria elemento e matéria. Com efeito, cada uma das unidades de uma díade é um,

σωρός άλλ' έτερος εξ ετέρων μονάδων, ώσπερ φασίν), εντελεχεία δ' ου, έστι μονάς έκατέρα· αίτιον δε της συμβαινούσης αμαρτίας ότι άμα εκ των μαθημάτων έθήρευον
25 και εκ των λόγων των καθόλου, ώστ' εξ εκείνων μεν ως στιγμήν το εν και την αρχήν έθηκαν (ή γαρ μονάς στιγμή άθετός έστιν· καθάπερ ούν και έτεροί τινες εκ του ελαχίστου τα όντα συνετίθεσαν, και ούτοι, ώστε γίγνεται ή μονάς ύλη των αριθμών, και άμα προτέρα της δυάδος, πάλιν δ' υστέρα
30 ως όλου τινός και ενός και είδους της δυάδος ούσης)· δια δε το καθόλου ζητείν το κατηγορούμενον εν και ούτως ως μέρος έλεγον. ταύτα δ' άμα τω αυτώ αδύνατον υπάρχειν. ει δε το εν αυτό δει μόνον αδιαίρετον είναι (ουθενί γαρ διαφέρει ή ότι αρχή), και ή μεν δυάς διαιρετή ή δε μονάς ου, ομοιο-
35 τέρα αν είη τω ενί αυτώ ή μονάς. ει δ' ή μονάς, κάκείνο τη μονάδι ή τη δυάδι· ώστε προτέρα αν είη εκατέρα ή μονάς της δυάδος. ου φασι δέ· γεννώσι γούν την δυάδα
1085ª πρώτον. έτι ει έστιν ή δυάς έν τι αυτή και ή τριάς αυτή, άμφω δυάς. εκ τίνος ούν αύτη ή δυάς;

9

Απορήσειε δ' αν τις και επεί αφή μεν ουκ έστιν εν τοις αριθμοίς, το δ' εφεξής, όσων μη έστι μεταξύ μονάδων (οίον

mas, na verdade, só é um em potência (pelo menos se admitirmos que o número é uma unidade determinada e não um puro amontoado de unidades, dado que cada número é diferente dos outros enquanto deriva de unidades diferentes, como dizem eles); portanto, cada unidade da díade existe em potência e não em ato[37].

(b) A causa desse erro no qual caíram esses filósofos está em que eles partiram, ao mesmo tempo (α) de considerações matemáticas e (β) de considerações sobre o universal. Portanto, (α) com base nas primeiras, eles afirmaram o um e o princípio como ponto: de fato, a unidade é um ponto sem posição. (E assim, como já alguns outros[38], eles consideram que os seres são constituídos do que é menor. Consequentemente, a unidade torna-se matéria dos números, e, ao mesmo tempo, torna-se anterior à díade; mas também se torna posterior, enquanto a díade é um todo, uma unidade e uma forma). (β) Ao contrário, com base em suas pesquisas sobre o universal, afirmam que o um, que é predicado universal, é parte dos números justamente neste sentido. Mas é impossível que essas características pertençam ao mesmo tempo à mesma coisa[39].

(c) Se só o um-em-si deve ser indivisível[40] (ele, de fato, só difere das outras unidades enquanto é princípio), e se a díade é divisível, enquanto a unidade não é divisível, o que é mais semelhante ao um-em-si é a unidade. Mas se a unidade é assim, então o um-em-si será mais semelhante à unidade do que a díade; consequentemente, cada uma das unidades deverá ser anterior à díade. Mas esses pensadores não admitem isto; ou, pelo menos, eles pretendem que primeiro se gere a díade[41].

(d) Além disso, se o dois-em-si e o três-em-si constituem, cada um, uma unidade determinada, um e outro juntos formarão uma díade. De que, então, se gera esta díade?[42]

9. *[Continuação e conclusão da discussão sobre os números ideais e início do desenvolvimento da questão dos princípios das Ideias e das coisas]*[1]

(d) Poder-se-ia ainda levantar o seguinte problema: dado que entre os números não existe contato, mas sucessão, as unidades

τῶν ἐν τῇ δυάδι ἢ τῇ τριάδι), πότερον ἐφεξῆς τῷ ἑνὶ αὐτῷ
ἢ οὔ, καὶ πότερον ἡ δυὰς προτέρα τῶν ἐφεξῆς ἢ τῶν μονάδων ὁποτεραοῦν. — ὁμοίως δὲ καὶ περὶ τῶν ὕστερον γενῶν τοῦ
ἀριθμοῦ συμβαίνει τὰ δυσχερῆ, γραμμῆς τε καὶ ἐπιπέδου
καὶ σώματος. οἱ μὲν γὰρ ἐκ τῶν εἰδῶν τοῦ μεγάλου καὶ
τοῦ μικροῦ ποιοῦσιν, οἷον ἐκ μακροῦ μὲν καὶ βραχέος τὰ μήκη,
πλατέος δὲ καὶ στενοῦ τὰ ἐπίπεδα, ἐκ βαθέος δὲ καὶ ταπεινοῦ τοὺς ὄγκους· ταῦτα δέ ἐστιν εἴδη τοῦ μεγάλου καὶ μικροῦ.
τὴν δὲ κατὰ τὸ ἓν ἀρχὴν ἄλλοι ἄλλως τιθέασι τῶν τοιούτων. καὶ ἐν τούτοις δὲ μυρία φαίνεται τά τε ἀδύνατα καὶ
τὰ πλασματώδη καὶ τὰ ὑπεναντία πᾶσι τοῖς εὐλόγοις.
ἀπολελυμένα τε γὰρ ἀλλήλων συμβαίνει, εἰ μὴ συνακο-
λουθοῦσι καὶ αἱ ἀρχαὶ ὥστ' εἶναι τὸ πλατὺ καὶ στενὸν καὶ
μακρὸν καὶ βραχύ (εἰ δὲ τοῦτο, ἔσται τὸ ἐπίπεδον γραμμὴ
καὶ τὸ στερεὸν ἐπίπεδον· ἔτι δὲ γωνίαι καὶ σχήματα καὶ
τὰ τοιαῦτα πῶς ἀποδοθήσεται;), ταὐτό τε συμβαίνει τοῖς
περὶ τὸν ἀριθμόν· ταῦτα γὰρ πάθη μεγέθους ἐστίν, ἀλλ'
οὐκ ἐκ τούτων τὸ μέγεθος, ὥσπερ οὐδ' ἐξ εὐθέος καὶ καμπύ-
λου τὸ μῆκος οὐδ' ἐκ λείου καὶ τραχέος τὰ στερεά. — πάντων δὲ κοινὸν τούτων ὅπερ ἐπὶ τῶν εἰδῶν τῶν ὡς γένους
συμβαίνει διαπορεῖν, ὅταν τις θῇ τὰ καθόλου, πότερον τὸ
ζῷον αὐτὸ ἐν τῷ ζῴῳ ἢ ἕτερον αὐτοῦ ζῴου. τοῦτο γὰρ μὴ
χωριστοῦ μὲν ὄντος οὐδεμίαν ποιήσει ἀπορίαν· χωριστοῦ δέ,
ὥσπερ οἱ ταῦτα λέγοντές φασι, τοῦ ἑνὸς καὶ τῶν ἀριθμῶν οὐ
ῥᾴδιον λῦσαι, εἰ μὴ ῥᾴδιον δεῖ λέγειν τὸ ἀδύνατον. ὅταν
γὰρ νοῇ τις ἐν τῇ δυάδι τὸ ἓν καὶ ὅλως ἐν ἀριθμῷ, πότερον αὐτὸ νοεῖ τι ἢ ἕτερον; — οἱ μὲν οὖν τὰ μεγέθη γεννῶσιν ἐκ

entre as quais não existe um intermediário (como, por exemplo, as que se encontram na díade e na tríade) são imediatamente posteriores ao um-em-si ou não? E na série dos termos que se seguem ao um-em-si, primeiro vem a díade ou qualquer uma de suas unidades[2]?

(4) Dificuldades semelhantes a estas surgem também para os gêneros de realidades posteriores ao número, ou seja, a linha, a superfície e o sólido[3].

(a) Alguns filósofos[4] as derivam das formas de grande e pequeno: por exemplo, derivam as linhas do longo e curto, as superfícies do largo e estreito, os sólidos do alto e baixo (com efeito, todas estas são formas de grande e pequeno). — Quanto ao princípio dessas realidades correspondentes ao Um, ele é designado diferentemente por outros filósofos[5]. — Ora, mesmo nessas numerosíssimas afirmações existem dificuldades e coisas puramente fictícias e contrárias a qualquer verossimilhança. De fato, (α) linhas, superfícies e sólidos não têm nenhuma ligação entre si, a não ser que seus princípios sejam conexos uns aos outros, de modo que o largo e estreito sejam também longo e curto; por outro lado, se fosse assim, a superfície deveria ser linha, e o sólido superfície[6]. (β) Ademais, de que modo se poderá explicar os ângulos, as figuras e outras coisas desse gênero[7]? (γ) E valem para estes as mesmas observações que valem para as propriedades do número[8]: longo e curto e largo e estreito são afecções da grandeza, e a grandeza não deriva deles, assim como o comprimento não deriva do reto e do curvo, e o sólido não deriva do liso e do rugoso[9]. (A dificuldade que se apresenta para essas coisas é a mesma que se apresenta para as Formas — entendidas como formas de um gênero —, quando se afirmam os universais como separados. E a dificuldade a que me refiro é a seguinte: se ao animal concreto é imanente o animal-em-si ou algo diferente do animal-em-si. Ora, se não se afirma o universal como separado, não surge nenhuma dificuldade. Se, ao contrário, se afirmam o Um e os números como separados — tal como fazem os defensores dessas teorias — a dificuldade que se apresenta não é fácil de ser resolvida, se é lícito chamar "difícil" o que é impossível. De fato, quando se pensa a unidade que existe na díade ou, em geral, no número, pensa-se o Um-em-si ou se pensa outra unidade?)[10].

τοιαύτης ύλης, έτεροι δὲ ἐκ τῆς στιγμῆς (ἡ δὲ στιγμὴ αὐτοῖς δοκεῖ εἶναι οὐχ ἓν ἀλλ' οἷον τὸ ἕν) καὶ ἄλλης ὕλης οἵας τὸ πλῆθος, ἀλλ' οὐ πλήθους· περὶ ὧν οὐδὲν ἧττον συμβαίνει τὰ
35 αὐτὰ ἀπορεῖν. εἰ μὲν γὰρ μία ἡ ὕλη, ταὐτὸ γραμμὴ καὶ ἐπίπεδον καὶ στερεόν (ἐκ γὰρ τῶν αὐτῶν τὸ αὐτὸ καὶ ἓν
1085ᵇ ἔσται)· εἰ δὲ πλείους αἱ ὗλαι καὶ ἑτέρα μὲν γραμμῆς ἑτέρα δὲ τοῦ ἐπιπέδου καὶ ἄλλη τοῦ στερεοῦ, ἤτοι ἀκολουθοῦσιν ἀλλήλαις ἢ οὔ, ὥστε ταὐτὰ συμβήσεται καὶ οὕτως· ἢ γὰρ οὐχ ἕξει τὸ ἐπίπεδον γραμμὴν ἢ ἔσται γραμμή. —ἔτι πῶς μὲν
5 ἐνδέχεται εἶναι ἐκ τοῦ ἑνὸς καὶ πλήθους τὸν ἀριθμὸν οὐθὲν ἐπιχειρεῖται· ὅπως δ' οὖν λέγουσι ταὐτὰ συμβαίνει δυσχερῆ ἅπερ καὶ τοῖς ἐκ τοῦ ἑνὸς καὶ ἐκ τῆς δυάδος τῆς ἀορίστου. ὁ μὲν γὰρ ἐκ τοῦ κατηγορουμένου καθόλου γεννᾷ τὸν ἀριθμὸν καὶ οὐ τινὸς πλήθους, ὁ δ' ἐκ τινὸς πλήθους, τοῦ πρώτου δέ
10 (τὴν γὰρ δυάδα πρῶτόν τι εἶναι πλῆθος), ὥστε διαφέρει οὐθὲν ὡς εἰπεῖν, ἀλλ' αἱ ἀπορίαι αἱ αὐταὶ ἀκολουθήσουσι, μῖξις ἢ θέσις ἢ κρᾶσις ἢ γένεσις καὶ ὅσα ἄλλα τοιαῦτα. μάλιστα δ' ἄν τις ἐπιζητήσειεν, εἰ μία ἑκάστη μονάς, ἐκ τίνος ἐστίν· οὐ γὰρ δὴ αὐτό γε τὸ ἓν ἑκάστη. ἀνάγκη δὴ ἐκ τοῦ ἑνὸς
15 αὐτοῦ εἶναι καὶ πλήθους ἢ μορίου τοῦ πλήθους. τὸ μὲν οὖν πλῆθός τι εἶναι φάναι τὴν μονάδα ἀδύνατον, ἀδιαίρετόν γ' οὖσαν· τὸ δ' ἐκ μορίου ἄλλας ἔχει πολλὰς δυσχερείας· ἀδιαίρετόν τε γὰρ ἕκαστον ἀναγκαῖον εἶναι τῶν μορίων (ἢ πλῆθος εἶναι καὶ τὴν μονάδα διαιρετήν) καὶ μὴ στοιχεῖον

(b) Alguns filósofos, portanto, derivam as grandezas daquele tipo de matéria; outros[11], ao invés, as derivam do ponto (o ponto é, segundo a opinião destes, não o um, mas semelhante ao um) e de uma matéria diferente, que é semelhante ao múltiplo, mas não é o múltiplo. Mas também para essa doutrina surgem as mesmas dificuldades, não menos que para as precedentes[12]. (α) De fato, se a matéria é uma só, então linha, superfície e sólido serão a mesma coisa, porque o que deriva das mesmas coisas deverá ser uma só e mesma coisa[13]. (β) Se, ao contrário, as matérias são múltiplas, e se uma for a matéria da linha, outra a da superfície e outra a do sólido, então ou elas derivarão uma da outra ou não derivarão: portanto, também desse modo teremos as mesmas consequências acima apontadas: ou a superfície não terá linhas, ou coincidirá com a linha[14].

(5) Ademais, esses filósofos não tentam de modo nenhum explicar como o número possa derivar do um e do múltiplo[15]. Mas, qualquer que seja sua posição a respeito, defrontam-se com as mesmas dificuldades encontradas por aqueles que derivam o número do um e da díade indefinida. Um desses pensadores[16], com efeito, faz o número derivar de um múltiplo entendido como universal e não de um múltiplo determinado; outro desses pensadores[17], ao contrário, o faz derivar de um múltiplo determinado e, precisamente, do primeiro múltiplo (ou seja, a díade, que é, justamente, o primeiro múltiplo determinado). Assim pode-se dizer que não existe diferença entre essas doutrinas, e portanto (a) as dificuldades que delas se seguem são as mesmas, quer falem de mistura, quer de posição, quer de combinação, quer de geração e de todas as outras coisas desse gênero[18]. (b) Mas eis a dificuldade mais árdua: se cada unidade é uma, de que depende isso? De fato, cada uma delas não é certamente o um-em-si. É necessário ou que cada unidade derive do um-em-si e da multiplicidade, ou de uma parte da multiplicidade. Mas é certamente impossível afirmar que a unidade seja uma multiplicidade, porque a unidade é indivisível. Por outro lado, afirmar que ela deriva de uma parte da multiplicidade dá ocasião a muitas dificuldades[19]. De fato, é necessário que cada uma das partes da multiplicidade seja indivisível, senão cada uma dessas partes seria uma multiplicidade,

εἶναι τὸ ἓν καὶ τὸ πλῆθος (ἡ γὰρ μονὰς ἑκάστη οὐκ ἐκ πλήθους καὶ ἑνός)· ἔτι οὐθὲν ἄλλο ποιεῖ ὁ τοῦτο λέγων ἀλλ' ἢ ἀριθμὸν ἕτερον· τὸ γὰρ πλῆθος ἀδιαιρέτων ἐστὶν ἀριθμός. ἔτι ζητητέον καὶ περὶ τοὺς οὕτω λέγοντας πότερον ἄπειρος ὁ ἀριθμὸς ἢ πεπερασμένος. ὑπῆρχε γάρ, ὡς ἔοικε, καὶ πεπερασμένον πλῆθος, ἐξ οὗ αἱ πεπερασμέναι μονάδες καὶ τοῦ ἑνός· ἔστι τε ἕτερον αὐτὸ πλῆθος καὶ πλῆθος ἄπειρον· ποῖον οὖν πλῆθος στοιχεῖόν ἐστι καὶ τὸ ἕν; ὁμοίως δὲ καὶ περὶ στιγμῆς ἄν τις ζητήσειε καὶ τοῦ στοιχείου ἐξ οὗ ποιοῦσι τὰ μεγέθη. οὐ γὰρ μία γε μόνον στιγμή ἐστιν αὕτη· τῶν γοῦν ἄλλων στιγμῶν ἑκάστη ἐκ τίνος; οὐ γὰρ δὴ ἔκ γε διαστήματός τινος καὶ αὐτῆς στιγμῆς. ἀλλὰ μὴν οὐδὲ μόρια ἀδιαίρετα ἐνδέχεται τοῦ διαστήματος εἶναι [μόρια], ὥσπερ τοῦ πλήθους ἐξ ὧν αἱ μονάδες· ὁ μὲν γὰρ ἀριθμὸς ἐξ ἀδιαιρέτων σύγκειται τὰ δὲ μεγέθη οὔ. —πάντα δὴ ταῦτα καὶ ἄλλα τοιαῦτα φανερὸν ποιεῖ ὅτι ἀδύνατον εἶναι τὸν ἀριθμὸν καὶ τὰ μεγέθη χωριστά, ἔτι δὲ τὸ διαφωνεῖν τοὺς τρόπους περὶ τῶν ἀριθμῶν σημεῖον ὅτι τὰ πράγματα αὐτὰ οὐκ ὄντα ἀληθῆ παρέχει τὴν ταραχὴν αὐτοῖς. οἱ μὲν γὰρ τὰ μαθηματικὰ μόνον ποιοῦντες παρὰ τὰ αἰσθητά, ὁρῶντες τὴν περὶ τὰ εἴδη δυσχέρειαν καὶ πλάσιν, ἀπέστησαν ἀπὸ τοῦ εἰδητικοῦ ἀριθμοῦ καὶ τὸν μαθηματικὸν ἐποίησαν· οἱ δὲ τὰ εἴδη βουλόμενοι ἅμα καὶ ἀριθμοὺς ποιεῖν, οὐχ ὁρῶντες δέ, εἰ τὰς ἀρχάς τις ταύτας θήσεται, πῶς ἔσται ὁ μαθηματικὸς ἀριθμὸς παρὰ τὸν εἰδητικόν, τὸν αὐτὸν εἰδητικὸν καὶ μαθηματικὸν ἐποίησαν ἀριθμὸν τῷ λόγῳ, ἐπεὶ ἔργῳ γε ἀνῄρηται ὁ μαθηματικός (ἰδίας γὰρ καὶ οὐ μαθηματικὰς ὑποθέσεις λέγουσιν)· ὁ δὲ πρῶτος θέμενος τὰ εἴδη εἶναι καὶ ἀριθμοὺς τὰ εἴδη καὶ τὰ μαθηματικὰ εἶναι εὐλόγως ἐχώρισεν· ὥστε πάντας συμβαίνει κατὰ μέν τι λέγειν ὀρθῶς,

e a unidade seria divisível; e é necessário que o um e o múltiplo não sejam elementos, porque cada unidade não deriva do múltiplo e do um. Além disso, quem sustenta essa doutrina não faz mais do que afirmar outro número como princípio do número: de fato, a multiplicidade de indivisíveis é, justamente, número[20]. (c) E mais, é preciso perguntar aos defensores dessas doutrinas se esse número é infinito ou finito. Deveria existir, como parece, também uma multiplicidade finita, da qual, junto com o um, deveriam derivar as unidades finitas. E existe outra multiplicidade, que é multiplicidade-em-si e multiplicidade infinita. Qual é, portanto, a multiplicidade que serve de elemento junto com o Um?[21] (d) Pode-se pôr o mesmo problema também a respeito do ponto, ou seja, do elemento do qual esses filósofos derivam as grandezas. De fato, esse ponto não pode ser o único ponto. Então, de que deriva cada um dos outros pontos? Certamente não deriva de certa distância e do ponto-em-si. Na verdade as partes da distância não podem ser partes indivisíveis, assim como as da multiplicidade da qual derivam as unidades, porque o número é composto de indivisíveis, enquanto as grandezas não o são[22].

Todas essas observações[23] e outras desse tipo mostram claramente ser impossível existirem números e grandezas separadas. Ademais, a divergência entre os diferentes modos[24] de entender os números é prova de que a confusão desses pensadores deve-se à falsidade de suas doutrinas. De fato, (a) os que afirmam só Entes matemáticos além das realidades sensíveis[25], abandonaram o número ideal e admitiram só o número matemático, porque viram a dificuldade e o caráter artificial da doutrina das Ideias. Ao contrário, (b) os que querem afirmar as Ideias junto com os números, não vendo como possa existir o número matemático além do número ideal caso se afirmem esses princípios, identificaram o número matemático e o número ideal: mas os identificaram só verbalmente, porque, de fato, eliminaram o número matemático, na medida em que seus raciocínios baseiam-se em hipóteses particulares e não matemáticas[26]. Por isso, (c) o primeiro que sustentou a existência das Ideias e disse que as Ideias são números e, ademais, sustentou a existência de Entes matemáticos, com razão separou

ὅλως δ᾽ οὐκ ὀρθῶς. καὶ αὐτοὶ δὲ ὁμολογοῦσιν οὐ ταὐτὰ λέγον-
15 τες ἀλλὰ τὰ ἐναντία. αἴτιον δ᾽ ὅτι αἱ ὑποθέσεις καὶ αἱ ἀρχαὶ
ψευδεῖς. χαλεπὸν δ᾽ ἐκ μὴ καλῶς ἐχόντων λέγειν καλῶς,
κατ᾽ Ἐπίχαρμον· ἀρτίως τε γὰρ λέλεκται, καὶ εὐθέως φαίνεται οὐ καλῶς ἔχον. — ἀλλὰ περὶ μὲν τῶν ἀριθμῶν ἱκανὰ τὰ
διηπορημένα καὶ διωρισμένα (μᾶλλον γὰρ ἐκ πλειόνων ἂν
20 ἔτι πεισθείη τις πεπεισμένος, πρὸς δὲ τὸ πεισθῆναι μὴ πεπεισμένος οὐθὲν μᾶλλον)· περὶ δὲ τῶν πρώτων ἀρχῶν καὶ
τῶν πρώτων αἰτίων καὶ στοιχείων ὅσα μὲν λέγουσιν οἱ περὶ
μόνης τῆς αἰσθητῆς οὐσίας διορίζοντες, τὰ μὲν ἐν τοῖς περὶ
φύσεως εἴρηται, τὰ δ᾽ οὐκ ἔστι τῆς μεθόδου τῆς νῦν· ὅσα δὲ
25 οἱ φάσκοντες εἶναι παρὰ τὰς αἰσθητὰς ἑτέρας οὐσίας, ἐχόμενόν ἐστι θεωρῆσαι τῶν εἰρημένων. ἐπεὶ οὖν λέγουσί τινες
τοιαύτας εἶναι τὰς ἰδέας καὶ τοὺς ἀριθμούς, καὶ τὰ τούτων
στοιχεῖα τῶν ὄντων εἶναι στοιχεῖα καὶ ἀρχάς, σκεπτέον περὶ
τούτων τί λέγουσι καὶ πῶς λέγουσιν. οἱ μὲν οὖν ἀριθμοὺς
30 ποιοῦντες μόνον καὶ τούτους μαθηματικοὺς ὕστερον ἐπισκεπτέοι·
τῶν δὲ τὰς ἰδέας λεγόντων ἅμα τόν τε τρόπον θεάσαιτ᾽ ἄν
τις καὶ τὴν ἀπορίαν τὴν περὶ αὐτῶν. ἅμα γὰρ καθόλου
τε [ὡς οὐσίας] ποιοῦσι τὰς ἰδέας καὶ πάλιν ὡς χωριστὰς καὶ
τῶν καθ᾽ ἕκαστον. ταῦτα δ᾽ ὅτι οὐκ ἐνδέχεται διηπόρηται
35 πρότερον. αἴτιον δὲ τοῦ συνάψαι ταῦτα εἰς ταὐτὸν τοῖς λέγουσι τὰς οὐσίας καθόλου, ὅτι τοῖς αἰσθητοῖς οὐ τὰς αὐτὰς

uns dos outros[27]. Portanto, todas as doutrinas desses filósofos, sob certo aspecto, são corretas, mas, no conjunto não são corretas: e eles mesmos confirmam isso porque discordam entre si e porque se contradizem[28]. A razão de tudo isso está em que suas hipóteses e seus princípios são falsos[29]. Ora, é bem difícil dizer coisas corretas partindo de premissas erradas; de fato, nesse caso, para usar um dito de Epicarmo, no mesmo momento em que se pronuncia, o erro se anuncia[30]!

Quanto aos números são suficientes as dificuldades que levantamos e as conclusões que estabelecemos. Um número maior de argumentos apenas consolidaria na convicção quem já está persuadido, mas não convenceria quem ainda não está.

[Possível início do livro N (décimo quarto)]

As doutrinas relativas aos princípios primeiros[31], às causas primeiras e aos elementos, próprias dos que investigam só a substância sensível[32], foram em parte examinadas por nós nos livros de *Física*[33] e, em parte, não entram no âmbito do presente tratado. Ao contrário, a doutrina dos que sustentam a existência de outras substâncias além das sensíveis, liga-se estreitamente à nossa investigação. Dado que alguns afirmam que as Ideias e os números são substâncias desse gênero, e que os elementos e os princípios deles são elementos e princípios dos seres, é preciso examinar o que eles dizem a respeito disso e o modo como dizem.

Os que admitem só a existência dos números e dos números entendidos em sentido matemático[34], deverão ser examinados adiante[35]. Quanto aos que sustentam a existência das Ideias, poderemos examinar ao mesmo tempo o modo como raciocinam e as dificuldades que encontram.

Eles consideram as Ideias como universais e, além disso, como substâncias separadas e individuais. Mas já demonstramos acima[36] que isso é impossível. A razão pela qual os filósofos que defendem as Ideias como substâncias universais reuniram na mesma realidade essas duas características opostas consiste em que eles não as consideravam como substâncias idênticas às coisas sensíveis.

[οὐσίας] ἐποίουν· τὰ μὲν οὖν ἐν τοῖς αἰσθητοῖς καθ' ἕκαστα ῥεῖν ἐνόμιζον καὶ μένειν οὐθὲν αὐτῶν, τὸ δὲ καθόλου παρὰ ταῦτα εἶναί τε καὶ ἕτερόν τι εἶναι. τοῦτο δ', ὥσπερ ἐν τοῖς ἔμπροσθεν ἐλέγομεν, ἐκίνησε μὲν Σωκράτης διὰ τοὺς ὁρισμούς, οὐ μὴν ἐχώρισέ γε τῶν καθ' ἕκαστον· καὶ τοῦτο ὀρθῶς ἐνόησεν οὐ χωρίσας. δηλοῖ δὲ ἐκ τῶν ἔργων· ἄνευ μὲν γὰρ τοῦ καθόλου οὐκ ἔστιν ἐπιστήμην λαβεῖν, τὸ δὲ χωρίζειν αἴτιον τῶν συμβαινόντων δυσχερῶν περὶ τὰς ἰδέας ἐστίν. οἱ δ' ὡς ἀναγκαῖον, εἴπερ ἔσονταί τινες οὐσίαι παρὰ τὰς αἰσθητὰς καὶ ῥεούσας, χωριστὰς εἶναι, ἄλλας μὲν οὐκ εἶχον ταύτας δὲ τὰς καθόλου λεγομένας ἐξέθεσαν, ὥστε συμβαίνειν σχεδὸν τὰς αὐτὰς φύσεις εἶναι τὰς καθόλου καὶ τὰς καθ' ἕκαστον. αὕτη μὲν οὖν αὐτὴ καθ' αὑτὴν εἴη τις ἂν δυσχέρεια τῶν εἰρημένων.

10

Ὁ δὲ καὶ τοῖς λέγουσι τὰς ἰδέας ἔχει τινὰ ἀπορίαν καὶ τοῖς μὴ λέγουσιν, καὶ κατ' ἀρχὰς ἐν τοῖς διαπορήμασιν ἐλέχθη πρότερον, λέγωμεν νῦν. εἰ μὲν γάρ τις μὴ θήσει τὰς οὐσίας εἶναι κεχωρισμένας, καὶ τὸν τρόπον τοῦτον ὡς λέγεται τὰ καθ' ἕκαστα τῶν ὄντων, ἀναιρήσει τὴν οὐσίαν ὡς βουλόμεθα λέγειν· ἂν δέ τις θῇ τὰς οὐσίας χωριστάς, πῶς θήσει τὰ στοιχεῖα καὶ τὰς ἀρχὰς αὐτῶν; εἰ μὲν γὰρ καθ' ἕκαστον καὶ μὴ καθόλου, τοσαῦτ' ἔσται τὰ ὄντα ὅσαπερ τὰ στοιχεῖα, καὶ οὐκ ἐπιστητὰ τὰ στοιχεῖα (ἔστωσαν γὰρ αἱ μὲν ἐν τῇ φωνῇ συλλαβαὶ οὐσίαι τὰ δὲ στοιχεῖα αὐτῶν στοιχεῖα τῶν οὐσιῶν· ἀνάγκη δὴ τὸ ΒΑ ἓν εἶναι καὶ ἑκάστην

De fato, eles pensavam que, no âmbito do sensível, as coisas particulares estavam sujeitas ao contínuo fluir e que nenhuma delas permanecia, e portanto, pensavam que o universal existia separado das coisas particulares e que era algo diferente delas. Como já dissemos anteriormente[37], esse modo de raciocinar foi iniciado por Sócrates mediante as definições; Sócrates, porém, não separava as definições das coisas particulares. E ele tinha plena razão nisso. Isso resulta claramente das consequências: sem o universal não é possível chegar ao conhecimento; ao contrário, a separação do universal das coisas é causa de todas as dificuldades em que incorre a doutrina das Ideias. Por sua vez, outros filósofos pensaram que se existem algumas substâncias além das sensíveis, sujeitas a contínuo fluir, elas devem ser separadas e, como não havia outras, deram existência a estas substâncias que se predicam universalmente. Segue-se, consequentemente, que as substâncias universais e as particulares têm naturezas praticamente idênticas. Esta já é em si uma das dificuldades de que falávamos[38].

10. [Continuação da exposição de questões relativas aos princípios das Ideias e das coisas][1]

Queremos agora tratar de uma questão que apresenta certa dificuldade tanto para os que admitem a existência das Ideias como para os que não a admitem, e que já expusemos anteriormente no livro das aporias[2].

(1) Se (a) não se admite a existência de substâncias separadas[3] do mesmo modo como existem as coisas particulares, elimina-se a substância, justamente no sentido em que a entendemos; por outro lado, se (b) admitimos as substâncias como separadas, como deveremos entender os elementos e os princípios delas[4]?

(2) Mas (a) se estes são particulares e não universais (α) o número dos entes que deles derivam será igual ao dos elementos, e (β) os elementos não serão cognoscíveis. (α) Digamos, por exemplo, que as sílabas de uma palavra sejam substâncias e que as letras dessas sílabas sejam elementos das substâncias. Então, necessariamente haverá uma

των συλλαβών μίαν, είπερ μη καθόλου και τω είδει αί αύται άλλα μία εκάστη τω αριθμώ και τόδε τι και μη ομώνυμον· έτι δ' αυτό ö έστιν εν έκαστον τιθέασιν· ει δ' αί συλλαβαί, ούτω και εξ ων είσίν· ουκ έσται άρα πλείω άλφα ενός, ουδέ των άλλων στοιχείων ουθέν κατά τον αυτόν λόγον όνπερ ουδέ των [άλλων] συλλαβών ή αυτή άλλη και άλλη· αλλά μην ει τούτο, ουκ έσται παρά τα στοιχεία έτερα όντα, αλλά μόνον τα στοιχεία· έτι δε ούδ' επιστητά τα στοιχεία· ου γαρ καθόλου, ή δ' επιστήμη των καθόλου· δήλον δ' εκ των αποδείξεων και των ορισμών, ου γαρ γίγνεται συλλογισμός ότι τόδε το τρίγωνον δύο ορθαίς, ει μη παν τρίγωνον δύο ορθαί, ούδ' ότι οδί ο άνθρωπος ζώον, ει μη πας άνθρωπος ζώον)· αλλά μην είγε καθόλου αί αρχαί, ή και αί εκ τούτων ουσίαι καθόλου (ή) έσται μη ουσία πρότερον ουσίας· το μεν γαρ καθόλου ουκ ουσία, το δε στοιχείον και ή αρχή καθόλου, πρότερον δε το στοιχείον και ή αρχή ων αρχή και στοιχείον εστίν. ταύτα τε δη πάντα συμβαίνει ευλόγως, όταν εκ στοιχείων τε ποιώσι τας ιδέας και παρά τας το αυτό είδος έχουσας ουσίας [και ίδέας] εν τι αξιώσιν είναι κεχωρισμένον· ει δε μηθέν κωλύει ώσπερ επί των της φωνής στοιχείων πολλά είναι τα άλφα και τα βήτα και μηθέν είναι παρά τα πολλά αυτό άλφα και αυτό βήτα, έσονται ένεκά γε τούτου άπειροι αί όμοιαι συλλαβαί. το δε την επιστήμην είναι καθόλου πάσαν, ώστε αναγκαίον είναι και τας των όντων αρχάς καθόλου είναι και μη ουσίας κεχωρισμένας, έχει μεν μάλιστ' απορίαν των λεχθέντων, ου μην αλλά έστι μεν ως αληθές το λεγόμενον, έστι δ' ως ουκ αλη-

única sílaba BA e cada uma das outras sílabas deverá ser única, dado que elas não são universais e idênticas só pela espécie, mas cada uma delas é numericamente uma e é uma substância determinada, não uma classe de coisas designadas com o mesmo nome. (Os platônicos afirmam cada um dos entes existentes por si como único). E se as sílabas são únicas, também serão únicas as letras de que são constituídas. Então só existirá um único A, e assim será para todas as outras letras, pela mesma razão pela qual também para as outras letras não pode haver duas idênticas. Ora, se é assim, não existirão outras coisas além dos elementos, mas só os elementos.
(β) E mais, os elementos não serão cognoscíveis: de fato, eles não são universais e a ciência é sempre ciência do universal. E isso decorre claramente das demonstrações e das definições <que não existem sem o universal>: de fato, não se pode demonstrar silogisticamente que este determinado triângulo contém dois ângulos retos, se não <se demonstra universalmente> que todo triângulo tem os ângulos iguais a dois retos; e não se pode demonstrar que este determinado homem é um animal, se não se demonstra universalmente que todo homem é animal[5].

(b) Por outro lado, se os princípios são universais, ou as substâncias que deles derivam são universais ou o que não é substância será anterior à substância: de fato, o universal não é substância, mas o elemento e o princípio foram afirmados como universais, e o elemento e o princípio são anteriores àquilo de que são elemento e princípio[6].

Essas consequências derivam necessariamente dado que aqueles filósofos derivam as Ideias de elementos, e dado que, além das substâncias que têm a mesma forma, eles admitem a existência de algo uno e separado. Mas se nada impede que, por exemplo, nos elementos da palavra muitos sejam os A e os B, e que, além dos muitos A e dos muitos B não exista um A-em-si e um B-em-si, justamente por isso as sílabas iguais poderão ser infinitas[7].

Que toda ciência seja do universal, e que, consequentemente, também os princípios dos seres devam ser universais e não substâncias separadas, é problema que apresenta dificuldades maiores do que todos os outros já tratados[8]. Entretanto, o que se disse é

15 θές. ἡ γὰρ ἐπιστήμη, ὥσπερ καὶ τὸ ἐπίστασθαι, διττόν, ὧν τὸ μὲν δυνάμει τὸ δὲ ἐνεργείᾳ. ἡ μὲν οὖν δύναμις ὡς ὕλη [τοῦ] καθόλου οὖσα καὶ ἀόριστος τοῦ καθόλου καὶ ἀορίστου ἐστίν, ἡ δ' ἐνέργεια ὡρισμένη καὶ ὡρισμένου, τόδε τι οὖσα τοῦδέ τινος, ἀλλὰ κατὰ συμβεβηκὸς ἡ ὄψις τὸ καθόλου χρῶμα ὁρᾷ
20 ὅτι τόδε τὸ χρῶμα ὃ ὁρᾷ χρῶμά ἐστιν, καὶ ὃ θεωρεῖ ὁ γραμματικός, τόδε τὸ ἄλφα ἄλφα· ἐπεὶ εἰ ἀνάγκη τὰς ἀρχὰς καθόλου εἶναι, ἀνάγκη καὶ τὰ ἐκ τούτων καθόλου, ὥσπερ ἐπὶ τῶν ἀποδείξεων· εἰ δὲ τοῦτο, οὐκ ἔσται χωριστὸν οὐθὲν οὐδ' οὐσία. ἀλλὰ δῆλον ὅτι ἔστι μὲν ὡς ἡ ἐπιστήμη καθόλου, ἔστι
25 δ' ὡς οὔ.

verdade num sentido e noutro sentido não. De fato, a ciência, assim como o saber, existe de dois modos: em potência e em ato. Ora, porque a ciência em potência é, como a matéria, universal e indeterminada, refere-se ao universal e ao indeterminado; ao contrário, a ciência em ato, sendo definida, refere-se ao que é definido, e sendo algo determinado, refere-se a algo determinado. Mas a vista vê a cor universalmente por acidente, ou seja, enquanto esta cor determinada que vê é, justamente, uma cor; e assim determinado A que o gramático estuda é, justamente, um A. Se os princípios fossem necessariamente universais, então deveriam ser necessariamente universais também as coisas que deles derivam, exatamente como ocorre nas demonstrações. Mas se assim fosse, nada seria separado e nada seria substância. Mas é evidente que a ciência, num sentido, é ciência do universal, enquanto noutro sentido não é[9].

LIVRO
N
(DÉCIMO QUARTO)

1

Περὶ μὲν οὖν τῆς οὐσίας ταύτης εἰρήσθω τοσαῦτα, πάντες δὲ ποιοῦσι τὰς ἀρχὰς ἐναντίας, ὥσπερ ἐν τοῖς φυσικοῖς,
καὶ περὶ τὰς ἀκινήτους οὐσίας ὁμοίως. εἰ δὲ τῆς τῶν ἁπάντων ἀρχῆς μὴ ἐνδέχεται πρότερόν τι εἶναι, ἀδύνατον ἂν εἴη
τὴν ἀρχὴν ἕτερόν τι οὖσαν εἶναι ἀρχήν, οἷον εἴ τις λέγοι τὸ
λευκὸν ἀρχὴν εἶναι οὐχ ᾗ ἕτερον ἀλλ' ᾗ λευκόν, εἶναι μέντοι καθ' ὑποκειμένου καὶ ἕτερόν τι ὂν λευκὸν εἶναι· ἐκεῖνο
γὰρ πρότερον ἔσται. ἀλλὰ μὴν γίγνεται πάντα ἐξ ἐναντίων
ὡς ὑποκειμένου τινός· ἀνάγκη ἄρα μάλιστα τοῖς ἐναντίοις
τοῦθ' ὑπάρχειν. ἀεὶ ἄρα πάντα τὰ ἐναντία καθ' ὑποκειμένου
καὶ οὐθὲν χωριστόν, ἀλλ' ὥσπερ καὶ φαίνεται οὐθὲν οὐσίᾳ
ἐναντίον, καὶ ὁ λόγος μαρτυρεῖ. οὐθὲν ἄρα τῶν ἐναντίων
κυρίως ἀρχὴ πάντων ἀλλ' ἑτέρα. — οἱ δὲ τὸ ἕτερον τῶν ἐναντίων ὕλην ποιοῦσιν, οἱ μὲν τῷ ἑνὶ [τῷ ἴσῳ] τὸ ἄνισον, ὡς
τοῦτο τὴν τοῦ πλήθους οὖσαν φύσιν, οἱ δὲ τῷ ἑνὶ τὸ πλῆθος
(γεννῶνται γὰρ οἱ ἀριθμοὶ τοῖς μὲν ἐκ τῆς τοῦ ἀνίσου δυάδος,
τοῦ μεγάλου καὶ μικροῦ, τῷ δ' ἐκ τοῦ πλήθους, ὑπὸ τῆς τοῦ
ἑνὸς δὲ οὐσίας ἀμφοῖν)· καὶ γὰρ ὁ τὸ ἄνισον καὶ ἓν λέγων
τὰ στοιχεῖα, τὸ δ' ἄνισον ἐκ μεγάλου καὶ μικροῦ δυάδα,
ὡς ἓν ὄντα τὸ ἄνισον καὶ τὸ μέγα καὶ τὸ μικρὸν λέγει,

1. [*Crítica dos princípios admitidos pelos platônicos*]¹
   (1) A respeito desta substância², baste o que foi dito. Todos os filósofos afirmam os contrários como princípios tanto das substâncias físicas como das substâncias imóveis. Mas se não é possível que exista algo anterior ao princípio de todas as coisas, também é impossível que o princípio seja princípio, se ele é uma propriedade de outra coisa: seria como se alguém dissesse que o branco é princípio não enquanto propriedade de outra coisa, mas justamente enquanto é branco e que, todavia, existe num substrato, e que só existe o branco enquanto existe aquela outra coisa: esta, efetivamente, deverá ser anterior. Na verdade, todas as coisas geram-se de contrários, na medida em que existe um substrato desses contrários: portanto, é absolutamente necessário que exista um substrato dos contrários. Assim, todos os contrários sempre se predicam de um sujeito, e nenhum deles existe separadamente do sujeito. Mas nada é contrário à substância: isso é imediatamente evidente e é confirmado também pelo raciocínio³. Então, nenhum dos contrários, em sentido absoluto, é princípio de todas as coisas, mas o princípio será algo diferente deles⁴.
   (2) Ora, esses filósofos consideram um dos contrários como matéria: alguns opondo ao Um o desigual (que consideram como a natureza do múltiplo)⁵, outros opondo ao Um o múltiplo⁶: de fato, os números geram-se, segundo alguns, da díade do desigual, isto é, da díade do grande e do pequeno; segundo outros geram-se da multiplicidade; segundo uns e outros, por obra do Um exercendo a função de forma. (E, com efeito, mesmo quem diz que o desigual e o um são elementos, e que o desigual é a díade do grande

καὶ οὐ διορίζει ὅτι λόγῳ ἀριθμῷ δ' οὔ. ἀλλὰ μὴν καὶ τὰς ἀρχὰς ἃς στοιχεῖα καλοῦσιν οὐ καλῶς ἀποδιδόασιν, οἱ μὲν τὸ μέγα καὶ τὸ μικρὸν λέγοντες μετὰ τοῦ ἑνός, τρία ταῦτα στοιχεῖα τῶν ἀριθμῶν, τὰ μὲν δύο ὕλην τὸ δ' ἓν τὴν μορφήν, οἱ δὲ τὸ πολὺ καὶ ὀλίγον, ὅτι τὸ μέγα καὶ τὸ μικρὸν μεγέθους οἰκειότερα τὴν φύσιν, οἱ δὲ τὸ καθόλου μᾶλλον ἐπὶ τούτων, τὸ ὑπερέχον καὶ τὸ ὑπερεχόμενον. διαφέρει δὲ τούτων οὐθὲν ὡς εἰπεῖν πρὸς ἔνια τῶν συμβαινόντων, ἀλλὰ πρὸς τὰς λογικὰς μόνον δυσχερείας, ἃς φυλάττονται διὰ τὸ καὶ αὐτοὶ λογικὰς φέρειν τὰς ἀποδείξεις. πλὴν τοῦ αὐτοῦ γε λόγου ἐστὶ τὸ ὑπερέχον καὶ ὑπερεχόμενον εἶναι ἀρχὰς ἀλλὰ μὴ τὸ μέγα καὶ τὸ μικρόν, καὶ τὸν ἀριθμὸν πρότερον τῆς δυάδος ἐκ τῶν στοιχείων· καθόλου γὰρ ἀμφότερα μᾶλλόν ἐστιν. νῦν δὲ τὸ μὲν λέγουσι τὸ δ' οὐ λέγουσιν. οἱ δὲ τὸ ἕτερον καὶ τὸ ἄλλο πρὸς τὸ ἓν ἀντιτιθέασιν, οἱ δὲ πλῆθος καὶ τὸ ἕν. εἰ δέ ἐστιν, ὥσπερ βούλονται, τὰ ὄντα ἐξ ἐναντίων, τῷ δὲ ἑνὶ ἢ οὐθὲν ἐναντίον ἢ εἴπερ ἄρα μέλλει, τὸ πλῆθος, τὸ δ' ἄνισον τῷ ἴσῳ καὶ τὸ ἕτερον τῷ ταὐτῷ καὶ τὸ ἄλλο αὐτῷ, μάλιστα μὲν οἱ τὸ ἓν τῷ πλήθει ἀντιτιθέντες ἔχονταί τινος δόξης, οὐ μὴν οὐδ' οὗτοι ἱκανῶς· ἔσται γὰρ τὸ ἓν ὀλίγον· πλῆθος μὲν γὰρ ὀλιγότητι τὸ δὲ πολὺ τῷ ὀλίγῳ ἀντίκειται. —τὸ δ' ἓν ὅτι μέτρον σημαίνει, φανερόν. καὶ ἐν παντὶ ἔστι τι ἕτερον ὑποκείμενον, οἷον ἐν ἁρμονίᾳ δίεσις, ἐν δὲ μεγέθει δάκτυλος ἢ ποὺς ἤ τι τοιοῦτον, ἐν δὲ ῥυθμοῖς βάσις ἢ συλλαβή· ὁμοίως δὲ καὶ ἐν βάρει σταθμός τις ὡρισμένος ἐστίν· καὶ κατὰ πάντων δὲ τὸν αὐτὸν

e do pequeno, considera o desigual e o grande e o pequeno como uma única coisa, e não explica que eles são uma só coisa quanto à noção, mas não quanto ao número)[7].

(3) E mais, esses filósofos não fornecem uma explicação adequada dos princípios, chamados por eles de elementos: (a) uns afirmam o grande e o pequeno junto com o Um, e consideram esses três como elementos dos números: os dois primeiros como matéria e o outro como forma[8]; (b) outros[9], ao contrário, afirmam o muito e o pouco, porque o grande e o pequeno têm uma natureza mais afim às grandezas; (c) outros, enfim, afirmam como princípio o universal que envolve todos estes, isto é, o excesso e a falta[10]. (Pode-se dizer que estas opiniões não apresentam nenhuma diferença relativamente às consequências que delas derivam, mas só relativamente às dificuldades dialéticas, que os últimos conseguem evitar pela apresentação de provas de caráter dialético. Entretanto, com base na mesma razão pela qual, segundo eles, o excesso e a falta e não o grande e o pequeno são princípios, também o número deveria derivar de elementos anteriores à díade: de fato, o número é mais universal que a díade, como o excesso e a falta são mais universais que o grande e o pequeno. Ora, eles afirmam aquilo, mas não afirmam isto[11]). (d) Outros filósofos opõem ao Um o diverso e o outro[12]; (e) outros ainda opõem ao Um o múltiplo[13]. Mas, mesmo admitindo, como querem eles, que os seres derivem dos contrários, então ou o Um não se opõe a nenhum contrário, ou, se deve haver um contrário do Um, este será o múltiplo, dado que o desigual é contrário do igual, e o diverso é o contrário do idêntico, e o outro é o contrário do mesmo. Esses filósofos que opõem o Um ao múltiplo têm razão em parte, mas não totalmente. De fato, o Um coincidiria com o pouco: o múltiplo, efetivamente, se opõe ao pouco numeroso e o muito ao pouco[14].

(4) É evidente que o Um[15] significa uma medida[16]. E em cada caso é diferente o sujeito do qual o um é predicado: por exemplo, na harmonia a díese, na grandeza a polegada ou o pé ou algo desse tipo, nos ritmos o passo de dança ou a sílaba, e de modo semelhante no peso determinado peso;

1088ᵃ τρόπον, ἐν μὲν τοῖς ποιοῖς ποιόν τι, ἐν δὲ τοῖς ποσοῖς ποσόν τι, καὶ ἀδιαίρετον τὸ μέτρον, τὸ μὲν κατὰ τὸ εἶδος τὸ δὲ πρὸς τὴν αἴσθησιν, ὡς οὐκ ὄντος τινὸς τοῦ ἑνὸς καθ' αὑτὸ οὐσίας. καὶ τοῦτο κατὰ λόγον· σημαίνει γὰρ τὸ ἓν ὅτι μέ-
5 τρον πλήθους τινός, καὶ ὁ ἀριθμὸς ὅτι πλῆθος μεμετρημένον καὶ πλῆθος μέτρων (διὸ καὶ εὐλόγως οὐκ ἔστι τὸ ἓν ἀριθμός· οὐδὲ γὰρ τὸ μέτρον μέτρα, ἀλλ' ἀρχὴ καὶ τὸ μέτρον καὶ τὸ ἕν). δεῖ δὲ ἀεὶ τὸ αὐτό τι ὑπάρχειν πᾶσι τὸ μέτρον, οἷον εἰ ἵπποι, τὸ μέτρον ἵππος, καὶ εἰ ἄνθρωποι, ἄνθρωπος.
10 εἰ δ' ἄνθρωπος καὶ ἵππος καὶ θεός, ζῷον ἴσως, καὶ ὁ ἀριθμὸς αὐτῶν ἔσται ζῷα. εἰ δ' ἄνθρωπος καὶ λευκὸν καὶ βαδίζον, ἥκιστα μὲν ἀριθμὸς τούτων διὰ τὸ ταὐτῷ πάντα ὑπάρχειν καὶ ἑνὶ κατὰ ἀριθμόν, ὅμως δὲ γενῶν ἔσται ὁ ἀριθμὸς ὁ τούτων, ἤ τινος ἄλλης τοιαύτης προσηγορίας.
15 Οἱ δὲ τὸ ἄνισον ὡς ἕν τι, τὴν δυάδα δὲ ἀόριστον ποιοῦντες μεγάλου καὶ μικροῦ, πόρρω λίαν τῶν δοκούντων καὶ δυνατῶν λέγουσιν· πάθη τε γὰρ ταῦτα καὶ συμβεβηκότα μᾶλλον ἢ ὑποκείμενα τοῖς ἀριθμοῖς καὶ τοῖς μεγέθεσίν ἐστι, τὸ πολὺ καὶ ὀλίγον ἀριθμοῦ, καὶ μέγα καὶ μικρὸν μεγέθους, ὥσπερ
20 ἄρτιον καὶ περιττόν, καὶ λεῖον καὶ τραχύ, καὶ εὐθὺ καὶ καμπύλον· ἔτι δὲ πρὸς ταύτῃ τῇ ἁμαρτίᾳ καὶ πρός τι ἀνάγκη εἶναι τὸ μέγα καὶ τὸ μικρὸν καὶ ὅσα τοιαῦτα· τὸ δὲ πρός τι πάντων ἥκιστα φύσις τις ἢ οὐσία [τῶν κατηγοριῶν] ἐστι, καὶ ὑστέρα τοῦ ποιοῦ καὶ ποσοῦ· καὶ πάθος τι τοῦ ποσοῦ
25 τὸ πρός τι, ὥσπερ ἐλέχθη, ἀλλ' οὐχ ὕλη, εἴ τι ἕτερον καὶ τῷ ὅλως κοινῷ πρός τι καὶ τοῖς μέρεσιν αὐτοῦ καὶ εἴδεσιν. οὐθὲν γάρ ἐστιν οὔτε μέγα οὔτε μικρόν, οὔτε πολὺ οὔτε ὀλίγον, οὔτε ὅλως πρός τι, ὃ οὐχ ἕτερόν τι ὂν πολὺ ἢ ὀλίγον ἢ μέγα ἢ μικρὸν ἢ πρός τί ἐστιν. σημεῖον δ' ὅτι ἥκιστα οὐσία
30 τις καὶ ὄν τι τὸ πρός τι τὸ μόνου μὴ εἶναι γένεσιν αὐτοῦ

e deste modo para todas as outras coisas: na qualidade
determinada qualidade, na quantidade uma quantidade.
E a unidade de medida é sempre indivisível, seja em relação à forma[17] seja em relação à sensação[18]. Portanto, o
um não é uma realidade em si e uma substância[19]. E com
razão: o um significa a medida de uma multiplicidade, e
o número significa uma multiplicidade numerada e uma
multiplicidade de medida. Portanto, acertadamente não
se considera o um como número, porque a unidade de
medida não é pluralidade de medida, mas o um e a medida
são princípios[20]. A medida deve sempre ser algo idêntico
relativamente a todas as coisas medidas: por exemplo,
tratando-se de cavalos, a medida deve ser cavalo, tratando-se de homem a medida deve ser homem; se, ao contrário,
trata-se de medir homem, cavalo e Deus, a medida sem
dúvida será o vivente; se, enfim, for questão de medir homem, branco e caminhante, então não haverá um número
que os inclua, porque todos subsistem no mesmo sujeito,
o qual é numericamente um; no máximo, o número que
os inclui será um número de gêneros ou de categorias[21].

(5) Os que consideram o desigual como algo uno e a díade
indefinida como constituída do grande e do pequeno
fazem afirmações muito distantes do verossímil e do
possível[22]. (a) De fato, estes são afecções e acidentes e
não substratos dos números e das grandezas: o muito e o
pouco são afecções do número, o grande e o pequeno da
grandeza, bem como o par e o ímpar, o liso e o rugoso,
o reto e o curvo[23]. (b) E mais, a este erro acrescenta-se
também o seguinte: o grande e o pequeno e todas as outras
coisas deste gênero são necessariamente relações. Mas a
relação, dentre as categorias, é a que possui menos ser e
menos realidade e é posterior à qualidade e à quantidade.
E a relação, como dissemos, é afecção da quantidade e
não matéria, posto que existe sempre alguma coisa que
serve de substrato à relação, quer se a considere em geral,
quer se a considere em suas partes e em suas espécies.
De fato, o grande, o pequeno, o muito, o pouco e, em
geral, o relativo não existem se não existe algo que seja, justamente, muito ou pouco ou grande ou pequeno ou relativo.
E eis outra prova de que a relação é menos substância do

μηδὲ φθορὰν μηδὲ κίνησιν ὥσπερ κατὰ τὸ ποσὸν αὔξησις
καὶ φθίσις, κατὰ τὸ ποιὸν ἀλλοίωσις, κατὰ τόπον φορά,
κατὰ τὴν οὐσίαν ἡ ἁπλῆ γένεσις καὶ φθορά, —ἀλλ' οὐ κατὰ
τὸ πρός τι· ἄνευ γὰρ τοῦ κινηθῆναι ὁτὲ μὲν μεῖζον ὁτὲ δὲ
35 ἔλαττον ἢ ἴσον ἔσται θατέρου κινηθέντος κατὰ τὸ ποσόν.
1088ᵇ ἀνάγκη τε ἑκάστου ὕλην εἶναι τὸ δυνάμει τοιοῦτον, ὥστε καὶ
οὐσίας· τὸ δὲ πρός τι οὔτε δυνάμει οὐσία οὔτε ἐνεργείᾳ. ἄτοπον
οὖν, μᾶλλον δὲ ἀδύνατον, τὸ οὐσίας μὴ οὐσίαν ποιεῖν στοιχεῖον
καὶ πρότερον· ὕστερον γὰρ πᾶσαι αἱ κατηγορίαι. ἔτι δὲ τὰ
5 στοιχεῖα οὐ κατηγορεῖται καθ' ὧν στοιχεῖα, τὸ δὲ πολὺ καὶ
ὀλίγον καὶ χωρὶς καὶ ἅμα κατηγορεῖται ἀριθμοῦ, καὶ τὸ
μακρὸν καὶ τὸ βραχὺ γραμμῆς, καὶ ἐπίπεδόν ἐστι καὶ
πλατὺ καὶ στενόν. εἰ δὲ δὴ καὶ ἔστι τι πλῆθος οὗ τὸ μὲν
ἀεί, ⟨τὸ⟩ ὀλίγον, οἷον ἡ δυάς (εἰ γὰρ πολύ, τὸ ἓν ἂν ὀλίγον εἴη),
10 κἂν πολὺ ἁπλῶς εἴη, οἷον ἡ δεκὰς πολύ, [καὶ] εἰ ταύτης
μή ἐστι πλεῖον, ἢ τὰ μύρια. πῶς οὖν ἔσται οὕτως ἐξ ὀλίγου
καὶ πολλοῦ ὁ ἀριθμός; ἢ γὰρ ἄμφω ἔδει κατηγορεῖσθαι ἢ
μηδέτερον· νῦν δὲ τὸ ἕτερον μόνον κατηγορεῖται.

2

Ἁπλῶς δὲ δεῖ σκοπεῖν, ἆρα δυνατὸν τὰ ἀΐδια ἐκ
15 στοιχείων συγκεῖσθαι; ὕλην γὰρ ἕξει· σύνθετον γὰρ πᾶν
τὸ ἐκ στοιχείων. εἰ τοίνυν ἀνάγκη, ἐξ οὗ ἐστιν, εἰ καὶ ἀεὶ
ἔστι κἂν εἰ ἐγένετο, ἐκ τούτου γίγνεσθαι, γίγνεται δὲ πᾶν

que todas as outras categorias, e um ser determinado é menos do que as outras categorias: só da relação não existe geração nem corrupção nem movimento, enquanto existe aumento e diminuição da quantidade, alteração da qualidade, translação do lugar e geração e corrupção absoluta da substância. Ao contrário, da relação não existe nada disso: de fato, mesmo sem ter sofrido mudança, um dos termos da relação pode se tornar às vezes maior, às vezes menor ou igual, desde que o outro termo tenha sofrido uma mudança segundo a quantidade[24]. (c) Depois, é necessário que a matéria de todas as coisas seja o que esta coisa é em potência, e isso também vale para a substância. Ora, a relação não é nem substância em potência nem substância em ato. Portanto, é absurdo, antes, impossível fazer do que não é substância um elemento da substância e até mesmo fazê-lo anterior à substância: de fato, todas as categorias são posteriores à substância[25]. (d) Além disso, os elementos não se predicam daquilo de que são elementos, enquanto o muito e o pouco, separadamente ou juntos, predicam-se do número; o longo e o curto predicam-se da linha, enquanto a superfície é larga e estreita[26]. (e) E se existe um múltiplo do qual o pouco é sempre predicado como, por exemplo, a díade (de fato, se a díade fosse o muito, o um seria o pouco)[27], também deverá existir o muito em sentido absoluto, por exemplo, a dezena poderia ser o muito, se não existe um número maior do que a dezena, ou dez mil. Deste modo, como o número poderia derivar do pouco e do muito? De fato, ou se deveria predicar de cada número tanto o pouco como o muito, ou não se deveria predicar nem um nem outro. Entretanto, na realidade, só um dos dois é predicado do número[28].

2. [*Continuação da crítica dos princípios admitidos pelos platônicos*][1]

(1) Devemos agora examinar, em geral, se é possível que os seres eternos sejam compostos de elementos. Se fosse assim, eles teriam matéria porque tudo o que deriva de elementos é composto. Ora, se é necessário que algo constituído de elementos derive desses elementos — quer se trate de algo

ἐκ τοῦ δυνάμει ὄντος τοῦτο ὃ γίγνεται (οὐ γὰρ ἂν ἐγένετο ἐκ τοῦ ἀδυνάτου οὐδὲ ἦν), τὸ δὲ δυνατὸν ἐνδέχεται καὶ ἐνερ-
20 γεῖν καὶ μή, εἰ καὶ ὅτι μάλιστα ἀεὶ ἔστιν ὁ ἀριθμὸς ἢ ὁτιοῦν ἄλλο ὕλην ἔχον, ἐνδέχοιτ᾽ ἂν μὴ εἶναι, ὥσπερ καὶ τὸ μίαν ἡμέραν ἔχον καὶ τὸ ὁποσαοῦν ἔτη· εἰ δ᾽ οὕτω, καὶ τὸ τοσοῦτον χρόνον οὗ μὴ ἔστι πέρας. οὐκ ἂν τοίνυν εἴη ἀΐδια, εἴπερ μὴ ἀΐδιον τὸ ἐνδεχόμενον μὴ εἶναι, καθάπερ ἐν ἄλλοις λόγοις
25 συνέβη πραγματευθῆναι. εἰ δέ ἐστι τὸ λεγόμενον νῦν ἀληθὲς καθόλου, ὅτι οὐδεμία ἐστὶν ἀΐδιος οὐσία ἐὰν μὴ ᾖ ἐνέργεια, τὰ δὲ στοιχεῖα ὕλη τῆς οὐσίας, οὐδεμιᾶς ἂν εἴη ἀϊδίου οὐσίας στοιχεῖα ἐξ ὧν ἐστιν ἐνυπαρχόντων. εἰσὶ δέ τινες οἳ δυάδα μὲν ἀόριστον ποιοῦσι τὸ μετὰ τοῦ ἑνὸς στοιχεῖον, τὸ δ᾽ ἄνισον
30 δυσχεραίνουσιν εὐλόγως διὰ τὰ συμβαίνοντα ἀδύνατα· οἷς τοσαῦτα μόνον ἀφῄρηται τῶν δυσχερῶν ὅσα διὰ τὸ ποιεῖν τὸ ἄνισον καὶ τὸ πρός τι στοιχεῖον ἀναγκαῖα συμβαίνει τοῖς λέγουσιν· ὅσα δὲ χωρὶς ταύτης τῆς δόξης, ταῦτα κἀκείνοις ὑπάρχειν ἀναγκαῖον, ἐάν τε τὸν εἰδητικὸν ἀριθμὸν ἐξ αὐτῶν
35 ποιῶσιν ἐάν τε τὸν μαθηματικόν. —πολλὰ μὲν οὖν τὰ αἴτια
1089ᵃ τῆς ἐπὶ ταύτας τὰς αἰτίας ἐκτροπῆς, μάλιστα δὲ τὸ ἀπορῆσαι ἀρχαϊκῶς. ἔδοξε γὰρ αὐτοῖς πάντ᾽ ἔσεσθαι ἓν τὰ ὄντα, αὐτὸ τὸ ὄν, εἰ μή τις λύσει καὶ ὁμόσε βαδιεῖται τῷ Παρμενίδου λόγῳ "οὐ γὰρ μήποτε τοῦτο δαμῇ, εἶναι μὴ ἐόντα,"
5 ἀλλ᾽ ἀνάγκη εἶναι τὸ μὴ ὂν δεῖξαι ὅτι ἔστιν· οὕτω γάρ, ἐκ τοῦ ὄντος καὶ ἄλλου τινός, τὰ ὄντα ἔσεσθαι, εἰ πολλά ἐστιν. καίτοι πρῶτον μέν, εἰ τὸ ὂν πολλαχῶς (τὸ μὲν γὰρ [ὅτι] οὐσίαν σημαίνει, τὸ δ᾽ ὅτι ποιόν, τὸ δ᾽ ὅτι ποσόν, καὶ τὰς ἄλλας δὴ κατηγορίας), ποῖον οὖν τὰ ὄντα πάντα ἕν, εἰ μὴ

eterno, quer de algo gerado —, e se tudo vem a ser o que
é a partir do que é em potência (do que não tem potência não poderia advir nem ser), e se o que tem potência
pode passar ao ato e também não passar ao ato; então, o
número e qualquer outra coisa que tenha matéria, mesmo   20
eterna, poderiam também não ser: assim como pode não
ser tanto o que dura um só dia² como o que dura indefi-
nidamente. Mas se é assim <também poderia não ser>
aquilo cuja duração temporal não tem limite. Por isso,
aquelas realidades não poderiam ser eternas, pois não é
eterno o que pode não ser, como já demonstramos em
outro livro³. Ora⁴, se o que acabamos de dizer é verdade   25
em geral, ou seja, se é verdade que nenhuma substância é
eterna se não é em ato, e se os elementos são matéria da
substância, então nenhuma substância eterna poderá ser
constituída de elementos materiais. Há alguns filósofos⁵
que afirmam como elementos, junto com o um, a díade
indefinida⁶, mas, com razão, não admitem o desigual por   30
causa das dificuldades que daí derivam⁷. Estes, porém,
evitam só o conjunto de dificuldades que se segue necessariamente da afirmação do desigual e da relação como
elementos; mas também estes encontram, necessariamente, todas as outras dificuldades que não dependem
dessa doutrina, quer derivem destes elementos o número
ideal, quer deles derivem o número matemático⁸.   35

(2) São numerosas as razões que desviaram esses pensadores,   1089ª
levando-os a admitir essas causas; mas a razão principal
está no fato de terem posto os problemas em termos an-
tiquados⁹. De fato, eles sustentaram que todas as coisas
deveriam ser reduzidas à unidade, isto é, ao ser em si, se
não fosse resolvida e refutada a afirmação de Parmênides:
"jamais conseguirás fazer com que o não-ser seja"¹⁰, e
consideraram que seria necessário mostrar que o não-ser   5
é: nesse caso, com efeito, os seres derivariam do ser e de
algo diferente do ser se, justamente, são muitos. (a) Mas,
em primeiro lugar, se o ser se entende em múltiplos significados — num significa substância, noutro a qualidade,
noutro ainda a quantidade e todas as outras categorias —,
em qual desses significados todos os seres se reduziriam à

τὸ μὴ ὂν ἔσται; πότερον αἱ οὐσίαι, ἢ τὰ πάθη καὶ τὰ ἄλλα δὴ ὁμοίως, ἢ πάντα, καὶ ἔσται ἓν τὸ τόδε καὶ τὸ τοιόνδε καὶ τὸ τοσόνδε καὶ τὰ ἄλλα ὅσα ἕν τι σημαίνει; ἀλλ' ἄτοπον, μᾶλλον δὲ ἀδύνατον, τὸ μίαν φύσιν τινὰ γενομένην αἰτίαν εἶναι τοῦ τοῦ ὄντος τὸ μὲν τόδε εἶναι τὸ δὲ τοιόνδε τὸ δὲ τοσόνδε τὸ δὲ πού. ἔπειτα ἐκ ποίου μὴ ὄντος καὶ ὄντος τὰ ὄντα; πολλαχῶς γὰρ καὶ τὸ μὴ ὄν, ἐπειδὴ καὶ τὸ ὄν· καὶ τὸ μὲν μὴ ἄνθρωπον ⟨εἶναι⟩ σημαίνει τὸ μὴ εἶναι τοδί, τὸ δὲ μὴ εὐθὺ τὸ μὴ εἶναι τοιονδί, τὸ δὲ μὴ τρίπηχυ τὸ μὴ εἶναι τοσονδί. ἐκ ποίου οὖν ὄντος καὶ μὴ ὄντος πολλὰ τὰ ὄντα; βούλεται μὲν δὴ τὸ ψεῦδος καὶ ταύτην τὴν φύσιν λέγειν τὸ οὐκ ὄν, ἐξ οὗ καὶ τοῦ ὄντος πολλὰ τὰ ὄντα, διὸ καὶ ἐλέγετο ὅτι δεῖ ψεῦδός τι ὑποθέσθαι, ὥσπερ καὶ οἱ γεωμέτραι τὸ ποδιαῖον εἶναι τὴν μὴ ποδιαίαν· ἀδύνατον δὲ ταῦθ' οὕτως ἔχειν, οὔτε γὰρ οἱ γεωμέτραι ψεῦδος οὐθὲν ὑποτίθενται (οὐ γὰρ ἐν τῷ συλλογισμῷ ἡ πρότασις), οὔτε ἐκ τοῦ οὕτω μὴ ὄντος τὰ ὄντα γίγνεται οὐδὲ φθείρεται. ἀλλ' ἐπειδὴ τὸ μὲν κατὰ τὰς πτώσεις μὴ ὂν ἰσαχῶς ταῖς κατηγορίαις λέγεται, παρὰ τοῦτο δὲ τὸ ὡς ψεῦδος λέγεται [τὸ] μὴ ὂν καὶ τὸ κατὰ δύναμιν, ἐκ τούτου ἡ γένεσίς ἐστιν, ἐκ τοῦ μὴ ἀνθρώπου δυνάμει δὲ ἀνθρώπου ἄνθρωπος, καὶ ἐκ τοῦ μὴ λευκοῦ δυνάμει δὲ λευκοῦ λευκόν, ὁμοίως ἐάν τε ἕν τι γίγνηται ἐάν τε πολλά. — φαίνεται δὲ ἡ ζήτησις πῶς πολλὰ τὸ ὂν τὸ κατὰ τὰς οὐσίας λεγόμενον· ἀριθμοὶ γὰρ καὶ μήκη καὶ σώματα τὰ γεννώμενά ἐστιν. ἄτοπον δὴ τὸ ὅπως μὲν πολλὰ τὸ ὂν τὸ τί ἐστι ζητῆσαι,

unidade se o não-ser não existe? Reduzir-se-ão à unidade as substâncias, ou as qualidades e, do mesmo modo, as outras categorias? Ou todas elas: a substância, a qualidade, a quantidade e tudo o que exprime um significado do ser constituiriam uma única realidade? Mas é absurdo e, até mesmo impossível que um único tipo de realidade seja a causa pela qual o ser é num sentido substância, noutro quantidade, e noutro qualidade e noutro ainda lugar[12].
(b) Ademais, de que não-ser e de que ser derivariam as múltiplas coisas que são? De fato, também o não-ser tem múltiplos significados, assim como o ser: não-ser homem significa não-ser esta substância determinada, não-ser reto significa não ser esta qualidade determinada, não-ser três côvados significa não ser esta quantidade determinada. Então, de que gêneros de ser e de não-ser derivaria a multiplicidade das coisas que são? Na verdade, existe um filósofo que pretende que seja o falso e que o não-ser seja, justamente, esta realidade e que da união dele com o ser derive a multiplicidade das coisas: por isso ele também dizia que era preciso pôr como hipótese algo falso, do mesmo modo que os geômetras põem como hipótese que tenha um pé de comprimento o que não tem o comprimento de um pé[13]. Mas é impossível que assim seja: de fato, nem os geômetras admitem algo falso (porque em suas conclusões aquela hipótese não entra), nem as coisas se geram e se corrompem do não-ser entendido deste modo. Na verdade existem muitos tipos de não-ser: (α) em primeiro lugar, existem tantos significados[14] de não-ser quantas são as categorias; (β) ademais, existe o não-ser no significado de falso e (γ) existe o não-ser no significado de potência. É do não-ser nesse último significado que a geração procede: o homem se gera do que não é homem, mas é homem em potência; o branco deriva do que não é branco, mas é branco em potência; e isso vale quer se gere uma só coisa, quer muitas sejam geradas[15]. (c) Fica claro que a investigação do problema de como o ser é múltiplo foi limitada por esses filósofos ao âmbito da substância[16]: as realidades derivadas <em seus princípios> são, de fato, números, linhas e corpos. Mas é absurdo investigar como o ser é múltiplas substâncias

πῶς δὲ ἢ ποιὰ ἢ ποσά, μή. οὐ γὰρ δὴ ἡ δυὰς ἡ ἀόριστος
αἰτία οὐδὲ τὸ μέγα καὶ τὸ μικρὸν τοῦ δύο λευκὰ ἢ πολλὰ
εἶναι χρώματα ἢ χυμοὺς ἢ σχήματα· ἀριθμοὶ γὰρ ἂν καὶ
ταῦτα ἦσαν καὶ μονάδες. ἀλλὰ μὴν εἴ γε ταῦτ' ἐπῆλθον,
εἶδον ἂν τὸ αἴτιον καὶ τὸ ἐν ἐκείνοις· τὸ γὰρ αὐτὸ καὶ τὸ
ἀνάλογον αἴτιον. αὕτη γὰρ ἡ παρέκβασις αἰτία καὶ τοῦ τὸ
ἀντικείμενον ζητοῦντας τῷ ὄντι καὶ τῷ ἑνί, ἐξ οὗ καὶ τούτων
τὰ ὄντα, τὸ πρός τι καὶ τὸ ἄνισον ὑποθεῖναι, ὃ οὔτ' ἐναντίον
οὔτ' ἀπόφασις ἐκείνων, μία τε φύσις τῶν ὄντων ὥσπερ καὶ
τὸ τί καὶ τὸ ποῖον. καὶ ζητεῖν ἔδει καὶ τοῦτο, πῶς πολλὰ
τὰ πρός τι ἀλλ' οὐχ ἕν· νῦν δὲ πῶς μὲν πολλαὶ μονάδες
παρὰ τὸ πρῶτον ἓν ζητεῖται, πῶς δὲ πολλὰ ἄνισα παρὰ
τὸ ἄνισον οὐκέτι. καίτοι χρῶνται καὶ λέγουσι μέγα μικρόν,
πολὺ ὀλίγον, ἐξ ὧν οἱ ἀριθμοί, μακρὸν βραχύ, ἐξ ὧν τὸ
μῆκος, πλατὺ στενόν, ἐξ ὧν τὸ ἐπίπεδον, βαθὺ ταπεινόν,
ἐξ ὧν οἱ ὄγκοι· καὶ ἔτι δὴ πλείω εἴδη λέγουσι τοῦ πρός τι·
τούτοις δὴ τί αἴτιον τοῦ πολλὰ εἶναι; —ἀνάγκη μὲν οὖν, ὥσπερ
λέγομεν, ὑποθεῖναι τὸ δυνάμει ὂν ἑκάστῳ (τοῦτο δὲ προσαπε-
φήνατο ὁ ταῦτα λέγων, τί τὸ δυνάμει τόδε καὶ οὐσία, μὴ
ὂν δὲ καθ' αὑτό, ὅτι τὸ πρός τι, ὥσπερ εἰ εἶπε τὸ ποιόν, ὃ
οὔτε δυνάμει ἐστὶ τὸ ἓν ἢ τὸ ὂν οὔτε ἀπόφασις τοῦ ἑνὸς οὐδὲ
τοῦ ὄντος ἀλλ' ἕν τι τῶν ὄντων), πολύ τε μᾶλλον, ὥσπερ
ἐλέχθη, εἰ ἐζήτει πῶς πολλὰ τὰ ὄντα, μὴ τὰ ἐν τῇ αὐτῇ
κατηγορίᾳ ζητεῖν, πῶς πολλαὶ οὐσίαι ἢ πολλὰ ποιά, ἀλλὰ

e não investigar como é múltiplas qualidades e múltiplas quantidades. Certamente não a díade indefinida, nem o grande e o pequeno são as causas pelas quais existem dois brancos, ou múltiplas cores, múltiplos sabores ou múltiplas figuras: de fato, se fosse assim, também estas coisas seriam números e unidades. E se tivessem aprofundado esse problema, teriam visto qual é a causa da multiplicidade também nas substâncias: de fato, a causa é a mesma ou é análoga[17]. (d) Este erro é causa deste outro: eles, buscando o princípio oposto ao ser e ao um — isto é, o princípio a partir do qual, junto com o ser e com o um, são geradas todas as coisas —, levantaram a hipótese de que fosse o relativo e o desigual, os quais, na verdade, não são nem o contrário nem o contraditório do um e do ser, mas são uma categoria do ser, assim como a substância e a qualidade[18]. (e) E eles deveriam investigar também o seguinte: como pode existir uma multiplicidade de relações e não uma única relação. Ora, eles investigam como podem existir muitas unidades além da primeira unidade, mas não investigam como podem existir muitos desiguais além do primeiro desigual. Não obstante isso, eles se referem ao grande e ao pequeno, ao muito e ao pouco (que são os princípios dos quais derivam os números), ao longo e ao curto (que são os princípios dos quais deriva a linha), ao largo e ao estreito (que são os princípios dos quais deriva a superfície), ao alto e ao baixo (que são os princípios dos quais derivam os sólidos), e referem-se também a muitas outras espécies de relações. Qual é, então, a causa pela qual existem esses múltiplos tipos de relações?[19] (f) Portanto, como dissemos, é necessário admitir um ser potencial para todas as coisas[20]. (E o defensor desta doutrina explicou o que é ser uma determinada realidade e uma substância em potência, sem sê-lo por si, dizendo que tal realidade é, justamente, o relativo — e é como se tivesse dito que tal realidade é a qualidade —, o qual não é potencialmente nem o um e o ser, nem é negação do um e do ser, mas é uma das categorias do ser[21]). E era tanto mais necessário, como dissemos[22] (se ele investigava como os seres podem ser múltiplos), não limitar a investigação ao âmbito de uma única categoria (como podem ser múltiplas as subs-

πῶς πολλὰ τὰ ὄντα· τὰ μὲν γὰρ οὐσίαι τὰ δὲ πάθη τὰ
δὲ πρός τι. ἐπὶ μὲν οὖν τῶν ἄλλων κατηγοριῶν ἔχει τινὰ
25 καὶ ἄλλην ἐπίστασιν πῶς πολλά (διὰ γὰρ τὸ μὴ χωριστὰ
εἶναι τῷ τὸ ὑποκείμενον πολλὰ γίγνεσθαι καὶ εἶναι ποιά
τε πολλὰ [εἶναι] καὶ ποσά· καίτοι δεῖ γέ τινα εἶναι ὕλην
ἑκάστῳ γένει, πλὴν χωριστὴν ἀδύνατον τῶν οὐσιῶν)· ἀλλ'
ἐπὶ τῶν τόδε τι ἔχει τινὰ λόγον πῶς πολλὰ τὸ τόδε τι,
30 εἰ μή τι ἔσται καὶ τόδε τι καὶ φύσις τις τοιαύτη· αὕτη δέ
ἐστιν ἐκεῖθεν μᾶλλον ἡ ἀπορία, πῶς πολλαὶ ἐνεργείᾳ οὐσίαι
ἀλλ' οὐ μία. ἀλλὰ μὴν καὶ εἰ μὴ ταὐτόν ἐστι τὸ τόδε καὶ
τὸ ποσόν, οὐ λέγεται πῶς καὶ διὰ τί πολλὰ τὰ ὄντα, ἀλλὰ
πῶς ποσὰ πολλά. ὁ γὰρ ἀριθμὸς πᾶς ποσόν τι σημαίνει,
35 καὶ ἡ μονάς, εἰ μὴ μέτρον καὶ τὸ κατὰ τὸ ποσὸν ἀδιαίρετον. εἰ μὲν οὖν ἕτερον τὸ ποσὸν καὶ τὸ τί ἐστιν, οὐ λέγεται
1090ᵃ τὸ τί ἐστιν ἐκ τίνος οὐδὲ πῶς πολλά· εἰ δὲ ταὐτό, πολλὰς
ὑπομένει ὁ λέγων ἐναντιώσεις. — ἐπιστήσειε δ' ἄν τις τὴν
σκέψιν καὶ περὶ τῶν ἀριθμῶν πόθεν δεῖ λαβεῖν τὴν πίστιν ὡς
εἰσίν. τῷ μὲν γὰρ ἰδέας τιθεμένῳ παρέχονταί τιν' αἰτίαν
5 τοῖς οὖσιν, εἴπερ ἕκαστος τῶν ἀριθμῶν ἰδέα τις ἡ δ' ἰδέα
τοῖς ἄλλοις αἰτία τοῦ εἶναι ὃν δή ποτε τρόπον (ἔστω γὰρ
ὑποκείμενον αὐτοῖς τοῦτο)· τῷ δὲ τοῦτον μὲν τὸν τρόπον οὐκ
οἰομένῳ διὰ τὸ τὰς ἐνούσας δυσχερείας ὁρᾶν περὶ τὰς ἰδέας
ὥστε διά γε ταῦτα μὴ ποιεῖν ἀριθμούς, ποιοῦντι δὲ ἀριθμὸν
10 τὸν μαθηματικόν, πόθεν τε χρὴ πιστεῦσαι ὡς ἔστι τοιοῦτος
ἀριθμός, καὶ τί τοῖς ἄλλοις χρήσιμος; οὐθενὸς γὰρ οὔτε φησὶν ὁ λέγων αὐτὸν εἶναι, ἀλλ' ὡς αὐτήν τινα λέγει καθ'
αὑτὴν φύσιν οὖσαν, οὔτε φαίνεται ὢν αἴτιος· τὰ γὰρ θεωρή-

tâncias, ou como podem ser múltiplas as qualidades), mas investigar como são múltiplas as próprias categorias do ser: de fato, algumas coisas são substâncias, outras são qualidades, outras relações[23]. Ora, no que concerne às categorias diferentes da substância, há ainda outra dificuldade[24] implicada no problema de sua multiplicidade. De fato, como as qualidades e a quantidade não têm um modo de ser separado, elas são múltiplas porque seu substrato advém e é múltiplo; todavia deve haver uma matéria para cada categoria, mas esta não pode ser separada das substâncias[25]. Mas, no que concerne às substâncias, será difícil explicar como elas são múltiplas se não se admitir que a substância é um composto de determinada forma e de uma realidade material. A dificuldade sobre a existência de muitas substâncias em ato e não de uma só tem a origem que indicamos[26]. E na verdade, dado que a substância não se identifica com a quantidade, os platônicos não dizem como e por que existem muitas substâncias, mas dizem apenas como e por que existem muitas quantidades. Todo número, com efeito, significa uma quantidade, inclusive a unidade (a não ser que se a entenda como medida e como o que é indivisível na ordem da quantidade). Portanto, se a quantidade é diferente da substância, os platônicos não dizem de que deriva a substância nem como ela é múltipla. Se, ao contrário, se quisesse sustentar que a quantidade e a substância são a mesma coisa, então surgiram numerosas contradições[27].

(1) Poder-se-ia, depois, levantar a seguinte questão: o que justifica a crença na existência dos números?[28] Para os que afirmam a existência das Ideias, os números são em certo sentido causa dos seres, dado que cada número é uma ideia, e a ideia é de algum modo causa do ser e das outras coisas (concedamo-lhes este pressuposto). Mas o pensador que não aceite a doutrina das Ideias[29], por ver as dificuldades nela contidas (e por isso não admita os números), e que, contudo, admita o número matemático, de onde tira as razões para acreditar que existe esse número? E que vantagem traz esse número para as demais coisas? Na realidade, nem mesmo quem afirma sua existência diz que ele é causa de alguma coisa,

3

Οἱ μὲν οὖν τιθέμενοι τὰς ἰδέας εἶναι, καὶ ἀριθμοὺς αὐτὰς εἶναι, ⟨τῷ⟩ κατὰ τὴν ἔκθεσιν ἑκάστου παρὰ τὰ πολλὰ λαμβάνειν [τὸ] ἕν τι ἕκαστον πειρῶνταί γε λέγειν πως διὰ τί ἔστιν, οὐ μὴν ἀλλὰ ἐπεὶ οὔτε ἀναγκαῖα οὔτε δυνατὰ ταῦτα, 20 οὐδὲ τὸν ἀριθμὸν διά γε ταῦτα εἶναι λεκτέον· οἱ δὲ Πυθαγόρειοι διὰ τὸ ὁρᾶν πολλὰ τῶν ἀριθμῶν πάθη ὑπάρχοντα τοῖς αἰσθητοῖς σώμασιν, εἶναι μὲν ἀριθμοὺς ἐποίησαν τὰ ὄντα, οὐ χωριστοὺς δέ, ἀλλ' ἐξ ἀριθμῶν τὰ ὄντα· διὰ τί δέ; ὅτι τὰ πάθη τὰ τῶν ἀριθμῶν ἐν ἁρμονίᾳ ὑπάρχει καὶ ἐν 25 τῷ οὐρανῷ καὶ ἐν πολλοῖς ἄλλοις. τοῖς δὲ τὸν μαθηματικὸν μόνον λέγουσιν εἶναι ἀριθμὸν οὐθὲν τοιοῦτον ἐνδέχεται λέγειν κατὰ τὰς ὑποθέσεις, ἀλλ' ὅτι οὐκ ἔσονται αὐτῶν αἱ ἐπιστῆμαι ἐλέγετο. ἡμεῖς δέ φαμεν εἶναι, καθάπερ εἴπομεν πρότερον. καὶ δῆλον ὅτι οὐ κεχώρισται τὰ μαθηματικά· οὐ γὰρ 30 ἂν κεχωρισμένων τὰ πάθη ὑπῆρχεν ἐν τοῖς σώμασιν. οἱ μὲν οὖν Πυθαγόρειοι κατὰ μὲν τὸ τοιοῦτον οὐθενὶ ἔνοχοί εἰσιν, κατὰ μέντοι τὸ ποιεῖν ἐξ ἀριθμῶν τὰ φυσικὰ σώματα, ἐκ μὴ ἐχόντων βάρος μηδὲ κουφότητα ἔχοντα κουφότητα καὶ βάρος, ἐοίκασι περὶ ἄλλου οὐρανοῦ λέγειν καὶ σωμάτων ἀλλ' 35 οὐ τῶν αἰσθητῶν· οἱ δὲ χωριστὸν ποιοῦντες, ὅτι ἐπὶ τῶν αἰσθητῶν οὐκ ἔσται τὰ ἀξιώματα, ἀληθῆ δὲ τὰ λεγόμενα καὶ σαίνει τὴν ψυχήν, εἶναί τε ὑπολαμβάνουσι καὶ χωριστὰ 1090ᵇ εἶναι· ὁμοίως δὲ καὶ τὰ μεγέθη τὰ μαθηματικά. δῆλον οὖν

mas diz que ele é uma realidade existente em si e por si. E não se vê que ele seja causa de alguma coisa. De fato, todos os teoremas dos matemáticos devem valer também para as coisas sensíveis, como já dissemos[30].

3. *[Críticas relativas a diversas teorias dos números]*[1]

(1) (a) Os que afirmam a existência das Ideias[2], e afirmam que elas são números, com base no procedimento que consiste em pôr cada um dos termos universais existindo à parte do múltiplo particular[3], tentam pelo menos explicar de algum modo a razão pela qual os números existem. Todavia, como essas razões não são necessárias e também não são possíveis, com base nelas não se pode nem dizer que o número exista[4].

(b) Os pitagóricos supuseram que os números fossem coisas sensíveis, pois constataram que muitas propriedades dos números estão presentes nos corpos sensíveis. Assim, supuseram os números não como separados, mas como constitutivos imanentes das coisas sensíveis. E por quê? Porque as propriedades dos números estão presentes na harmonia, no céu e em muitas outras coisas[5].

(c) Os que sustentam que só existe o número matemático[6], com base em seus pressupostos não podem afirmar nada disso[7]. Eles aduziram a seguinte razão: se não existissem os números, não poderia existir ciência de coisas matemáticas; mas nós afirmamos que existe ciência dessas coisas, como vimos acima[8]. E é evidente que os entes matemáticos não são separados: de fato, se fossem separados suas propriedades não estariam presentes nos corpos sensíveis[9].

Ora, desse ponto de vista, os pitagóricos não podem ser criticados; mas enquanto eles derivam os corpos físicos dos números e, portanto, derivam do que não tem nem peso nem leveza o que tem peso e leveza, eles parecem falar de um céu e de corpos diferentes dos sensíveis[10].

Ao contrário, os que afirmam que o número é separado, admitem que ele existe e que é separado pelo seguinte motivo: os axiomas matemáticos não podem ser aplicados às coisas sensíveis e, todavia, proposições matemáticas são verdadeiras e deleitam o espírito; e o mesmo valeria também para as grandezas matemáticas.

ὅτι καὶ ὁ ἐναντιούμενος λόγος τἀναντία ἐρεῖ, καὶ ὃ ἄρτι ἠπορήθη λυτέον τοῖς οὕτω λέγουσι, διὰ τί οὐδαμῶς ἐν τοῖς αἰσθητοῖς ὑπαρχόντων τὰ πάθη ὑπάρχει αὐτῶν ἐν τοῖς αἰσθητοῖς. εἰσὶ δέ τινες οἳ ἐκ τοῦ πέρατα εἶναι καὶ ἔσχατα τὴν στιγμὴν μὲν γραμμῆς, ταύτην δ᾽ ἐπιπέδου, τοῦτο δὲ τοῦ στερεοῦ, οἴονται εἶναι ἀνάγκην τοιαύτας φύσεις εἶναι. δεῖ δὴ καὶ τοῦτον ὁρᾶν τὸν λόγον, μὴ λίαν ᾖ μαλακός. οὔτε γὰρ οὐσίαι εἰσὶ τὰ ἔσχατα ἀλλὰ μᾶλλον πάντα ταῦτα πέρατα (ἐπεὶ καὶ τῆς βαδίσεως καὶ ὅλως κινήσεως ἔστι τι πέρας· τοῦτ᾽ οὖν ἔσται τόδε τι καὶ οὐσία τις· ἀλλ᾽ ἄτοπον)· — οὐ μὴν ἀλλὰ εἰ καὶ εἰσί, τῶνδε τῶν αἰσθητῶν ἔσονται πάντα (ἐπὶ τούτων γὰρ ὁ λόγος εἴρηκεν)· διὰ τί οὖν χωριστὰ ἔσται; — ἔτι δὲ ἐπιζητήσειεν ἄν τις μὴ λίαν εὐχερὴς ὢν περὶ μὲν τοῦ ἀριθμοῦ παντὸς καὶ τῶν μαθηματικῶν τὸ μηθὲν συμβάλλεσθαι ἀλλήλοις τὰ πρότερα τοῖς ὕστερον (μὴ ὄντος γὰρ τοῦ ἀριθμοῦ οὐθὲν ἧττον τὰ μεγέθη ἔσται τοῖς τὰ μαθηματικὰ μόνον εἶναι φαμένοις, καὶ τούτων μὴ ὄντων ἡ ψυχὴ καὶ τὰ σώματα τὰ αἰσθητά· οὐκ ἔοικε δ᾽ ἡ φύσις ἐπεισοδιώδης οὖσα ἐκ τῶν φαινομένων, ὥσπερ μοχθηρὰ τραγῳδία)· τοῖς δὲ τὰς ἰδέας τιθεμένοις τοῦτο μὲν ἐκφεύγει — ποιοῦσι γὰρ τὰ μεγέθη ἐκ τῆς ὕλης καὶ ἀριθμοῦ, ἐκ μὲν τῆς δυάδος τὰ μήκη, ἐκ τριάδος δ᾽ ἴσως τὰ ἐπίπεδα, ἐκ δὲ τῆς τετράδος τὰ στερεὰ ἢ καὶ ἐξ ἄλλων ἀριθμῶν· διαφέρει γὰρ οὐθέν —, ἀλλὰ ταῦτά γε πότερον ἰδέαι ἔσονται, ἢ τίς ὁ τρόπος αὐτῶν, καὶ τί συμβάλλονται τοῖς οὖσιν; οὐθὲν γάρ, ὥσπερ οὐδὲ τὰ μαθηματικά,

Ora, é evidente que a doutrina oposta à dos platônicos[11] baseia-se no argumento oposto, e que os platônicos deverão resolver a dificuldade da qual falamos acima: por que, mesmo não sendo os números de algum modo imanentes às coisas sensíveis, as propriedades dos números encontram-se nas coisas sensíveis[12]?

(d) Alguns filósofos[13], com base no fato de que o ponto é o limite e a extremidade da linha, a linha é limite e extremidade da superfície e a superfície é limite e extremidade do sólido, afirmam a existência necessária dessas realidades. Mas é preciso examinar também esta argumentação para ver se ela não é demasiado frágil. Com efeito, as extremidades não são substâncias, mas todas essas coisas são limites; de fato, também do caminhar e, em geral, do movimento, existe um limite: também este, então, deveria ser algo determinado e determinada substância; o que é absurdo. E mais, mesmo admitido que os limites são substâncias, só poderiam ser substâncias das coisas sensíveis deste mundo: de fato, o raciocínio se referia a estas. Por que, então, deveriam existir separadas[14]?

(2) Além disso[15], quem não se contentasse facilmente deveria observar, a propósito de todos os tipos de número e dos objetos matemáticos, que os anteriores não têm nenhuma influência sobre os posteriores. (a) De fato, mesmo que o número não existisse — de acordo com a doutrina dos que só admitem a existência de Entes matemáticos —, existiriam, em todo caso, as grandezas; e se não existissem essas grandezas, existiram pelo menos a alma e os corpos sensíveis. Mas os fatos demonstram que a realidade não é uma série desconexa de episódios, semelhante a uma tragédia de má qualidade[16].

(b) Os que afirmam a existência de Ideias[17] evitam esta dificuldade. Com efeito, eles derivam as grandezas da matéria e do número, os comprimentos da díade, as superfícies da tríade e os sólidos da tétrade (ou ainda de outros números, pois isso não tem importância). Mas essas grandezas são Ideias? E se não são, qual será seu modo de ser? E que utilidade terão para as coisas sensíveis? Na realidade, não terão nenhuma utilidade, assim como não a têm os entes matemáticos. E mais, a elas não se poderá aplicar nenhum teorema matemático,

οὐδὲ ταῦτα συμβάλλεται. ἀλλὰ μὴν οὐδ' ὑπάρχει γε κατ' αὐτῶν οὐθὲν θεώρημα, ἐὰν μή τις βούληται κινεῖν τὰ μαθηματικὰ καὶ ποιεῖν ἰδίας τινὰς δόξας. ἔστι δ' οὐ χαλεπὸν ὁποιασοῦν ὑποθέσεις λαμβάνοντας μακροποιεῖν καὶ συνείρειν. οὗτοι μὲν οὖν ταύτῃ προσγλιχόμενοι ταῖς ἰδέαις τὰ μαθηματικὰ διαμαρτάνουσιν· οἱ δὲ πρῶτοι δύο τοὺς ἀριθμοὺς ποιήσαντες, τόν τε τῶν εἰδῶν καὶ τὸν μαθηματικόν, οὔτ' εἰρήκασιν οὔτ' ἔχοιεν ἂν εἰπεῖν πῶς καὶ ἐκ τίνος ἔσται ὁ μαθηματικός. ποιοῦσι γὰρ αὐτὸν μεταξὺ τοῦ εἰδητικοῦ καὶ τοῦ αἰσθητοῦ. εἰ μὲν γὰρ ἐκ τοῦ μεγάλου καὶ μικροῦ, ὁ αὐτὸς ἐκείνῳ ἔσται τῷ τῶν ἰδεῶν (ἐξ ἄλλου δέ τινος μικροῦ καὶ μεγάλου τὰ [γὰρ] μεγέθη ποιεῖ)· εἰ δ' ἕτερόν τι ἐρεῖ, πλείω τὰ στοιχεῖα ἐρεῖ· καὶ εἰ ἕν τι ἑκατέρου ἡ ἀρχή, κοινόν τι ἐπὶ τούτων ἔσται τὸ ἕν, ζητητέον τε πῶς καὶ ταῦτα πολλὰ τὸ ἓν καὶ ἅμα τὸν ἀριθμὸν γενέσθαι ἄλλως ἢ ἐξ ἑνὸς καὶ δυάδος ἀορίστου ἀδύνατον κατ' ἐκεῖνον. πάντα δὴ ταῦτα ἄλογα, καὶ μάχεται καὶ αὐτὰ ἑαυτοῖς καὶ τοῖς εὐλόγοις, καὶ ἔοικεν ἐν αὐτοῖς εἶναι ὁ Σιμωνίδου μακρὸς λόγος· γίγνεται γὰρ ὁ μακρὸς λόγος ὥσπερ ὁ τῶν δούλων ὅταν μηθὲν ὑγιὲς λέγωσιν. φαίνεται δὲ καὶ αὐτὰ τὰ στοιχεῖα τὸ μέγα καὶ τὸ μικρὸν βοᾶν ὡς ἑλκόμενα· οὐ δύναται γὰρ οὐδαμῶς γεννῆσαι τὸν ἀριθμὸν ἀλλ' ἢ τὸν ἀφ' ἑνὸς διπλασιαζόμενον. — ἄτοπον δὲ καὶ γένεσιν ποιεῖν ἀιδίων ὄντων, μᾶλλον δ' ἕν τι τῶν ἀδυνάτων. οἱ μὲν οὖν Πυθαγόρειοι πότερον οὐ ποιοῦσιν ἢ ποιοῦσι γένεσιν οὐδὲν δεῖ διστάζειν· φανερῶς γὰρ λέγουσιν ὡς τοῦ ἑνὸς συσταθέντος, εἴτ' ἐξ ἐπιπέδων εἴτ' ἐκ χροιᾶς εἴτ' ἐκ σπέρματος εἴτ' ἐξ ὧν ἀποροῦσιν εἰπεῖν, εὐθὺς τὸ ἔγγιστα τοῦ ἀπείρου ὅτι εἵλκετο καὶ ἐπεραίνετο ὑπὸ τοῦ πέρατος. ἀλλ' ἐπειδὴ κοσμοποιοῦσι καὶ φυ-

a não ser que se queira transformar as matemáticas e inventar uma outra. Com efeito, não é difícil assumir uma hipótese qualquer e depois tirar dela uma longa série de considerações e consequências. Estes, portanto, erram fundindo desse modo os entes matemáticos com as Ideias[18]. (c) Ao invés, os que por primeiro[19] afirmaram a existência de dois tipos de números: o número ideal e o número matemático, não disseram — nem poderiam dizer — de que modo existe o número matemático e de que deriva. De fato, fazem dele um intermediário entre o número ideal e o número sensível. Ora, se ele deriva do grande e do pequeno, deverá coincidir com o número ideal; as grandezas derivam de outro tipo de grande e pequeno. Se, ao contrário, se introduzir outro elemento, então teremos uma multiplicidade de princípios. E se o princípio formal de cada um dos dois tipos de números fosse o Um, este seria algo comum aos dois casos. Então seria preciso investigar como o Um pode ser causa dessas múltiplas coisas, tanto mais que — segundo aquele filósofo — o número só pode gerar-se do Um e da díade indefinida[20]. Todas essas doutrinas são absurdas, e estão em contraste umas com as outras e também com o bom senso. Há algo nelas que recorda o "discurso longo" de Simônides[21]: de fato, faz-se o discurso longo, como o que fazem os escravos[22], quando não se tem nada de razoável para dizer. E parece que os próprios elementos do grande e do pequeno gritem como se lhes arrancassem os cabelos. De fato, eles não podem dar origem ao número senão pela duplicação do um[23].

(3) Absurdo, e até mesmo impossível, é afirmar um processo de geração de coisas eternas[24]. Se os pitagóricos admitem ou não um processo de geração dos entes eternos, é questão sobre a qual não resta dúvida. De fato, eles afirmam claramente que, uma vez constituído o Um — seja com planos, com cores, com sementes, com elementos dificilmente definíveis[25] — imediatamente a parte do ilimitado que lhe era mais próxima começou a ser atraída e delimitada pelo limite[26]. Mas, como eles procedem à construção do mundo e recorrem a uma

σικῶς βούλονται λέγειν, δίκαιον αὐτοὺς ἐξετάζειν τι περὶ
20 φύσεως, ἐκ δὲ τῆς νῦν ἀφεῖναι μεθόδου· τὰς γὰρ ἐν τοῖς
ἀκινήτοις ζητοῦμεν ἀρχάς, ὥστε καὶ τῶν ἀριθμῶν τῶν τοιούτων ἐπισκεπτέον τὴν γένεσιν.

4

Τοῦ μὲν οὖν περιττοῦ γένεσιν οὔ φασιν, ὡς δηλονότι τοῦ
ἀρτίου οὔσης γενέσεως· τὸν δ' ἄρτιον πρῶτον ἐξ ἀνίσων τινὲς
25 κατασκευάζουσι τοῦ μεγάλου καὶ μικροῦ ἰσασθέντων. ἀνάγκη
οὖν πρότερον ὑπάρχειν τὴν ἀνισότητα αὐτοῖς τοῦ ἰσασθῆναι·
εἰ δ' ἀεὶ ἦσαν ἰσασμένα, οὐκ ἂν ἦσαν ἄνισα πρότερον (τοῦ
γὰρ ἀεὶ οὐκ ἔστι πρότερον οὐθέν), ὥστε φανερὸν ὅτι οὐ τοῦ
θεωρῆσαι ἕνεκεν ποιοῦσι τὴν γένεσιν τῶν ἀριθμῶν. – ἔχει δ'
30 ἀπορίαν καὶ εὐπορήσαντι ἐπιτίμησιν πῶς ἔχει πρὸς τὸ ἀγαθὸν
καὶ τὸ καλὸν τὰ στοιχεῖα καὶ αἱ ἀρχαί· ἀπορίαν μὲν ταύτην, πότερόν ἐστί τι ἐκείνων οἷον βουλόμεθα λέγειν αὐτὸ τὸ
ἀγαθὸν καὶ τὸ ἄριστον, ἢ οὔ, ἀλλ' ὑστερογενῆ. παρὰ μὲν
γὰρ τῶν θεολόγων ἔοικεν ὁμολογεῖσθαι τῶν νῦν τισίν, οἳ οὔ
35 φασιν, ἀλλὰ προελθούσης τῆς τῶν ὄντων φύσεως καὶ τὸ
ἀγαθὸν καὶ τὸ καλὸν ἐμφαίνεσθαι (τοῦτο δὲ ποιοῦσιν εὐλα-
βούμενοι ἀληθινὴν δυσχέρειαν ἣ συμβαίνει τοῖς λέγουσιν,
1091ᵇ ὥσπερ ἔνιοι, τὸ ἓν ἀρχήν· ἔστι δ' ἡ δυσχέρεια οὐ διὰ τὸ τῇ
ἀρχῇ τὸ εὖ ἀποδιδόναι ὡς ὑπάρχον, ἀλλὰ διὰ τὸ τὸ ἓν
ἀρχὴν καὶ ἀρχὴν ὡς στοιχεῖον καὶ τὸν ἀριθμὸν ἐκ τοῦ ἑνός), –
οἱ δὲ ποιηταὶ οἱ ἀρχαῖοι ταύτῃ ὁμοίως, ᾗ βασιλεύειν καὶ
5 ἄρχειν φασὶν οὐ τοὺς πρώτους, οἷον νύκτα καὶ οὐρανὸν ἢ
χάος ἢ ὠκεανόν, ἀλλὰ τὸν Δία· οὐ μὴν ἀλλὰ τούτοις

linguagem extraída da física, é justo examiná-los por ocasião do estudo sobre a natureza, dispensando tal exame na presente investigação: de fato estamos investigando os princípios próprios dos entes imóveis e, portanto, devemos investigar o processo de geração dos números que têm justamente esta característica[27].

4. *[Relação entre os princípios e o Bem]*[1]

Estes filósofos não admitem que haja um processo de geração dos ímpares, como se fosse evidente que haja um processo de geração dos pares[2]: alguns derivam o primeiro número par de um processo de equalização do grande e do pequeno[3]. Portanto, necessariamente, a desigualdade pertencia a eles, antes que fossem equalizados. E se grande e pequeno fossem desde sempre equalizados, não poderia haver antes desiguais (nada, com efeito, pode ser antes do que é sempre); consequentemente, fica claro que não é só por razões de exposição que esses pensadores afirmam o processo de geração dos números[4].

Há, depois, um problema cuja solução certamente não é fácil[5], e é o seguinte: que relação existe entre o bem e o belo e os elementos e os princípios? E a dificuldade é esta: (a) um dos princípios é de tal modo que possa ser designado como bom e ótimo, (b) ou o bem e o ótimo só nascem num momento posterior[6]?

(a) Parece que os antigos teólogos concordam com alguns dos pensadores contemporâneos, os quais respondem à questão negativamente: segundo estes, o bem e o belo só se manifestariam quando a natureza das coisas já estivesse em grau avançado de desenvolvimento[7]. E afirmam isso para evitar uma séria dificuldade, com a qual se choca quando se afirma, justamente como fazem alguns deles, que o Um é princípio[8]. (Mas a dificuldade não surge do fato de atribuir ao princípio o atributo do bem, mas do fato de pôr o Um como princípio, entendido no sentido de elemento, e por derivar o número desse Um)[9]. E os antigos poetas pensam desse mesmo modo, enquanto afirmam que regem e governam não mais as divindades originalmente existentes como, por exemplo, Noite e Céu, Caos e Oceano, mas sim Zeus[10].

μὲν διὰ τὸ μεταβάλλειν τοὺς ἄρχοντας τῶν ὄντων συμβαίνει τοιαῦτα λέγειν, ἐπεὶ οἵ γε μεμιγμένοι αὐτῶν [καὶ] τῷ μὴ μυθικῶς πάντα λέγειν, οἷον Φερεκύδης καὶ ἕτεροί τινες,
10 τὸ γεννῆσαν πρῶτον ἄριστον τιθέασι, καὶ οἱ Μάγοι, καὶ τῶν ὑστέρων δὲ σοφῶν οἷον Ἐμπεδοκλῆς τε καὶ Ἀναξαγόρας, ὁ μὲν τὴν φιλίαν στοιχεῖον ὁ δὲ τὸν νοῦν ἀρχὴν ποιήσας. τῶν δὲ τὰς ἀκινήτους οὐσίας εἶναι λεγόντων οἱ μέν φασιν αὐτὸ τὸ ἓν τὸ ἀγαθὸν αὐτὸ εἶναι· οὐσίαν μέντοι τὸ ἓν αὐτοῦ
15 ᾤοντο εἶναι μάλιστα. – ἡ μὲν οὖν ἀπορία αὕτη, ποτέρως δεῖ λέγειν· θαυμαστὸν δ' εἰ τῷ πρώτῳ καὶ ἀϊδίῳ καὶ αὐταρκεστάτῳ τοῦτ' αὐτὸ πρῶτον οὐχ ὡς ἀγαθὸν ὑπάρχει, τὸ αὔταρκες καὶ ἡ σωτηρία. ἀλλὰ μὴν οὐ δι' ἄλλο τι ἄφθαρτον ἢ διότι εὖ ἔχει, οὐδ' αὔταρκες, ὥστε τὸ μὲν φάναι τὴν
20 ἀρχὴν τοιαύτην εἶναι εὔλογον ἀληθὲς εἶναι, τὸ μέντοι ταύτην εἶναι τὸ ἕν, ἢ εἰ μὴ τοῦτο, στοιχεῖόν γε καὶ στοιχεῖον ἀριθμῶν, ἀδύνατον. συμβαίνει γὰρ πολλὴ δυσχέρεια – ἣν ἔνιοι φεύγοντες ἀπειρήκασιν, οἱ τὸ ἓν μὲν ὁμολογοῦντες ἀρχὴν εἶναι πρώτην καὶ στοιχεῖον, τοῦ ἀριθμοῦ δὲ τοῦ μαθημα-
25 τικοῦ – ἅπασαι γὰρ αἱ μονάδες γίγνονται ὅπερ ἀγαθόν τι, καὶ πολλή τις εὐπορία ἀγαθῶν. ἔτι εἰ τὰ εἴδη ἀριθμοί, τὰ εἴδη πάντα ὅπερ ἀγαθόν τι· ἀλλὰ μὴν ὅτου βούλεται τιθέτω τις εἶναι ἰδέας· εἰ μὲν γὰρ τῶν ἀγαθῶν μόνον, οὐκ ἔσονται οὐσίαι αἱ ἰδέαι, εἰ δὲ καὶ τῶν οὐσιῶν, πάντα τὰ ζῷα καὶ
30 τὰ φυτὰ ἀγαθὰ καὶ τὰ μετέχοντα. ταῦτά τε δὴ συμβαίνει ἄτοπα, καὶ τὸ ἐναντίον στοιχεῖον, εἴτε πλῆθος ὂν εἴτε τὸ ἄνισον καὶ μέγα καὶ μικρόν, τὸ κακὸν αὐτό (διόπερ ὁ μὲν

(b) Contudo, eles afirmam essas coisas simplesmente porque, segundo eles, as divindades que governam o mundo não são sempre as mesmas; mas os poetas que unem à poesia raciocínios filosóficos, na medida em que não exprimem tudo em linguagem mitológica — como por exemplo Ferécides[11] e alguns outros — afirmaram o sumo bem como princípio gerador. E do mesmo modo os magos[12], e alguns dos sábios que vieram depois, como Empédocles e Anaxágoras: Empédocles pôs a Amizade como elemento, e Anaxágoras pôs a Inteligência como princípio. E entre os que afirmam a existência de substâncias imóveis[13], alguns dizem que o Um é o Bem-em-si; eles pensavam que a sua essência era, justamente, o Um[14].

Portanto, o problema é este: qual das duas soluções deve ser aceita.

Mas seria muito estranho que ao que é primeiro, eterno, autossuficiente em sumo grau, não pertencessem originalmente, justamente enquanto bem, a autossuficiência e a garantia de segurança. E na verdade ele é incorruptível e autossuficiente porque tem a natureza do bem e não por outra razão. Portanto, dizer que o princípio tem essa natureza significa, por boas razões, dizer a verdade[15].

Mas é impossível afirmar que tal princípio é o Um, ou, em todo caso, se não o Um, um elemento, e um elemento dos números; de fato, daí decorrem numerosas dificuldades; e é justamente para evitar essas dificuldades que muitos filósofos renunciaram a esta doutrina, admitindo que o Um é princípio primeiro e elemento só do número matemático[16].

(a) De fato, todas as unidades tornam-se um bem-em-si, e assim haverá uma profusão de bens[17]!

(b) Ademais, se as Ideias são números, todas as Ideias serão bens-em-si. Mas, suponha-se que existam Ideias de tudo: então, se só existem Ideias de bens, as Ideias não serão substâncias; e se, ao contrário, existirem Ideias também das substâncias, todos os animais, as plantas e as coisas que participam das Ideias serão bens[18].

(c) Estes são os absurdos que daí derivam, e também este outro[19]: o elemento oposto ao Um — seja o múltiplo, seja o desigual, seja o grande e o pequeno — deverá ser o mal-em-si. (Por

ἔφευγε τὸ ἀγαθὸν προσάπτειν τῷ ἑνὶ ὡς ἀναγκαῖον ὄν, ἐπειδὴ ἐξ ἐναντίων ἡ γένεσις, τὸ κακὸν τὴν τοῦ πλήθους φύσιν εἶναι· οἱ δὲ λέγουσι τὸ ἄνισον τὴν τοῦ κακοῦ φύσιν)· συμβαίνει δὴ πάντα τὰ ὄντα μετέχειν τοῦ κακοῦ ἔξω ἑνὸς αὐτοῦ τοῦ ἑνός, καὶ μᾶλλον ἀκράτου μετέχειν τοὺς ἀριθμοὺς ἢ τὰ μεγέθη, καὶ τὸ κακὸν τοῦ ἀγαθοῦ χώραν εἶναι, καὶ μετέχειν καὶ ὀρέγεσθαι τοῦ φθαρτικοῦ· φθαρτικὸν γὰρ τοῦ ἐναντίου τὸ ἐναντίον. καὶ εἰ ὥσπερ ἐλέγομεν ὅτι ἡ ὕλη ἐστὶ τὸ δυνάμει ἕκαστον, οἷον πυρὸς τοῦ ἐνεργείᾳ τὸ δυνάμει πῦρ, τὸ κακὸν ἔσται αὐτὸ τὸ δυνάμει ἀγαθόν. ταῦτα δὴ πάντα συμβαίνει, τὸ μὲν ὅτι ἀρχὴν πᾶσαν στοιχεῖον ποιοῦσι, τὸ δ' ὅτι τἀναντία ἀρχάς, τὸ δ' ὅτι τὸ ἓν ἀρχήν, τὸ δ' ὅτι τοὺς ἀριθμοὺς τὰς πρώτας οὐσίας καὶ χωριστὰ καὶ εἴδη.

5

εἰ οὖν καὶ τὸ μὴ τιθέναι τὸ ἀγαθὸν ἐν ταῖς ἀρχαῖς καὶ τὸ τιθέναι οὕτως ἀδύνατον, δῆλον ὅτι αἱ ἀρχαὶ οὐκ ὀρθῶς ἀποδίδονται οὐδὲ αἱ πρῶται οὐσίαι. οὐκ ὀρθῶς δ' ὑπολαμβάνει οὐδ' εἴ τις παρεικάζει τὰς τοῦ ὅλου ἀρχὰς τῇ τῶν ζῴων καὶ φυτῶν, ὅτι ἐξ ἀορίστων ἀτελῶν τε ἀεὶ τὰ τελειότερα, διὸ καὶ ἐπὶ τῶν πρώτων οὕτως ἔχειν φησίν, ὥστε μηδὲ ὄν τι εἶναι τὸ ἓν αὐτό. εἰσὶ γὰρ καὶ ἐνταῦθα τέλειαι αἱ ἀρχαὶ ἐξ ὧν ταῦτα· ἄνθρωπος γὰρ ἄνθρωπον γεννᾷ, καὶ οὐκ ἔστι τὸ σπέρμα πρῶτον. ἄτοπον δὲ καὶ τὸ τόπον ἅμα τοῖς στερεοῖς τοῖς μαθηματικοῖς ποιῆσαι (ὁ μὲν γὰρ τό-

esta razão um desses filósofos recusa fazer coincidir o bem com o Um, enquanto seguir-se-ia necessariamente — dado que a geração procede dos contrários — que o mal é a natureza do múltiplo[20]; outros, ao contrário, dizem que o desigual constitui a natureza do mal)[21]. Seguir-se-ia, então, (a) que todos os seres participariam do mal, exceto o Um em si; (b) que os números participariam do mal em maior medida relativamente às grandezas; (c) que o mal é a matéria do bem; (d) que o mal participa e aspira ao que o destrói: de fato, o contrário tende a destruir o outro contrário. Mas, como dissemos, se a matéria de todas as coisas é aquilo que elas são em potência (por exemplo, a matéria do fogo em ato é o fogo em potência), o mal não será mais do que o bem em potência.

Todas essas consequências derivam: (a) de um lado, do fato de esses filósofos entenderem todos os princípios como elementos, (b) de outro lado, do fato de entenderam os princípios como contrários, (c) de outro lado ainda, do fato de afirmarem como princípio o Um, e (c) finalmente, do fato de afirmarem os números como substâncias primeiras, como entes separados e como Ideias[22].

5. [*A propósito da geração dos números e da causalidade dos números*][1]

(1) Portanto, se é impossível tanto não pôr o bem entre os princípios como pô-lo entre eles, é evidente que nem os princípios nem as substâncias primeiras foram retamente explicados[2]. Além disso[3], erra quem considera que os princípios do universo são semelhantes aos princípios dos animais e das plantas, porque as coisas que são mais perfeitas derivam sempre de coisas imperfeitas e indeterminadas[4]; por isso eles dizem que o mesmo se aplica aos primeiros princípios, de modo que o Um em si não será um ser determinado[5]. <Na realidade não só aqueles princípios>, mas também os princípios dos quais derivam os animais e as plantas são perfeitos: de fato, um homem gera um homem e o princípio primeiro não é o esperma[6].

(2) Também é absurdo fazer gerar-se o lugar simultaneamente aos sólidos matemáticos. De fato, o lugar de cada coisa indivi-

πος τῶν καθ' ἕκαστον ἴδιος, διὸ χωριστὰ τόπῳ, τὰ δὲ μαθη-
20 ματικὰ οὐ πού), καὶ τὸ εἰπεῖν μὲν ὅτι πού ἔσται, τί δέ ἐστιν
ὁ τόπος μή. — ἔδει δὲ τοὺς λέγοντας ἐκ στοιχείων εἶναι τὰ
ὄντα καὶ τῶν ὄντων τὰ πρῶτα τοὺς ἀριθμούς, διελομένους
πῶς ἄλλο ἐξ ἄλλου ἐστίν, οὕτω λέγειν τίνα τρόπον ὁ ἀριθμός ἐστιν ἐκ τῶν ἀρχῶν. πότερον μίξει; ἀλλ' οὔτε πᾶν
25 μικτόν, τό τε γιγνόμενον ἕτερον, οὐκ ἔσται τε χωριστὸν τὸ
ἓν οὐδ' ἑτέρα φύσις· οἱ δὲ βούλονται. ἀλλὰ συνθέσει, ὥσπερ
συλλαβή; ἀλλὰ θέσιν τε ἀνάγκη ὑπάρχειν, καὶ χωρὶς ὁ
νοῶν νοήσει τὸ ἓν καὶ τὸ πλῆθος. τοῦτ' οὖν ἔσται ὁ ἀριθμός,
μονὰς καὶ πλῆθος, ἢ τὸ ἓν καὶ ἄνισον. καὶ ἐπεὶ τὸ ἐκ τι-
30 νῶν εἶναι ἔστι μὲν ὡς ἐνυπαρχόντων ἔστι δὲ ὡς οὔ, ποτέρως
ὁ ἀριθμός; οὕτως γὰρ ὡς ἐνυπαρχόντων οὐκ ἔστιν ἀλλ' ἢ
ὧν γένεσις ἔστιν. ἀλλ' ὡς ἀπὸ σπέρματος; ἀλλ' οὐχ οἷόν
τε τοῦ ἀδιαιρέτου τι ἀπελθεῖν. ἀλλ' ὡς ἐκ τοῦ ἐναντίου μὴ
ὑπομένοντος; ἀλλ' ὅσα οὕτως ἔστι, καὶ ἐξ ἄλλου τινός ἐστιν
35 ὑπομένοντος. ἐπεὶ τοίνυν τὸ ἓν ὁ μὲν τῷ πλήθει ὡς ἐναντίον
1092b τίθησιν, ὁ δὲ τῷ ἀνίσῳ, ὡς ἴσῳ τῷ ἑνὶ χρώμενος, ὡς ἐξ
ἐναντίων εἴη ἂν ὁ ἀριθμός· ἔστιν ἄρα τι ἕτερον ἐξ οὗ ὑπομένοντος καὶ θατέρου ἐστὶν ἢ γέγονεν. ἔτι τί δή ποτε τὰ μὲν
ἄλλ' ὅσα ἐξ ἐναντίων ἢ οἷς ἔστιν ἐναντία φθείρεται κἂν ἐκ
5 παντὸς ᾖ, ὁ δὲ ἀριθμὸς οὔ; περὶ τούτου γὰρ οὐθὲν λέγεται.

dual é próprio dela, e é por isso que cada coisa é espacialmente separada das outras; mas os entes matemáticos não têm lugar. E também é absurdo afirmar que os entes matemáticos estão num lugar, sem explicar o que é este lugar[7].

(3) Os que afirmam[8] que os seres derivam de elementos, assim como as realidades primeiras, isto é, os números, deveriam distinguir os modos segundo os quais se diz que algo deriva de algo e, portanto, deveriam dizer em qual destes modos o número deriva dos princípios. (a) Seria por mistura? Mas (α) nem tudo pode ser misturado; e (β) dado que o que resulta da mistura é diferente dos elementos, o um não poderá mais existir separado, nem como uma realidade diferente da mistura, contrariamente ao que pretendem esses filósofos[9]. (b) Derivará por composição, como a sílaba? Mas então, (α) os elementos deverão necessariamente ter posição; e (β) quem pensa deverá pensar separadamente o Um e o múltiplo: o número, então, seria o seguinte: Um mais múltiplo, ou Um mais desigual[10]. (c) Ademais, dado que derivar de algo significa, de um lado, derivar de elementos imanentes e, de outro, derivar de princípios não imanentes, qual desses dois modos de derivação será próprio do número? O modo de derivação de elementos imanentes só ocorre para as coisas das quais existe derivação. O número, então, derivará de seus princípios como de uma semente? Mas não é possível que algo derive do que é indivisível[11]. (d) Ou ele derivará de um contrário que não permanece? (α) Mas as coisas que derivam desse modo derivam também de algo que permanece. Ora, como entre esses filósofos há quem ponha o Um como contrário ao múltiplo, e há quem o ponha como contrário ao desigual (considerando o Um como igual), o número deveria derivar de contrários; portanto, deveria existir alguma outra coisa da qual, junto com um dos dois contrários, o número é constituído ou gerado. (β) Além disso, dado que se corrompem todas as outras coisas que derivam de contrários ou que são constituídas de contrários (mesmo que todos os contrários se esgotem na produção destes), por que o número não se corrompe? A respeito disso aqueles filósofos não dizem

καίτοι καὶ ἐνυπάρχον καὶ μὴ ἐνυπάρχον φθείρει τὸ ἐναντίον,
οἷον τὸ νεῖκος τὸ μῖγμα (καίτοι γε οὐκ ἔδει· οὐ γὰρ ἐκείνῳ
γε ἐναντίον). — οὐθὲν δὲ διώρισται οὐδὲ ὁποτέρως οἱ ἀριθμοὶ
αἴτιοι τῶν οὐσιῶν καὶ τοῦ εἶναι, πότερον ὡς ὅροι (οἷον αἱ
10 στιγμαὶ τῶν μεγεθῶν, καὶ ὡς Εὔρυτος ἔταττε τίς ἀριθμὸς
τίνος, οἷον ὁδὶ μὲν ἀνθρώπου ὁδὶ δὲ ἵππου, ὥσπερ οἱ τοὺς
ἀριθμοὺς ἄγοντες εἰς τὰ σχήματα τρίγωνον καὶ τετράγωνον,
οὕτως ἀφομοιῶν ταῖς ψήφοις τὰς μορφὰς τῶν φυτῶν), ἢ
ὅτι [ὁ] λόγος ἡ συμφωνία ἀριθμῶν, ὁμοίως δὲ καὶ ἄνθρωπος
15 καὶ τῶν ἄλλων ἕκαστον; τὰ δὲ δὴ πάθη πῶς ἀριθμοί, τὸ
λευκὸν καὶ γλυκὺ καὶ τὸ θερμόν; ὅτι δὲ οὐχ οἱ ἀριθμοὶ
οὐσία οὐδὲ τῆς μορφῆς αἴτιοι, δῆλον· ὁ γὰρ λόγος ἡ οὐσία,
ὁ δ' ἀριθμὸς ὕλη. οἷον σαρκὸς ἢ ὀστοῦ ἀριθμὸς ἡ οὐσία
οὕτω, τρία πυρὸς γῆς δὲ δύο· καὶ ἀεὶ ὁ ἀριθμὸς ὃς ἂν ᾖ
20 τινῶν ἐστιν, ἢ πύρινος ἢ γήϊνος ἢ μοναδικός, ἀλλ' ἡ οὐσία
τὸ τοσόνδ' εἶναι πρὸς τοσόνδε κατὰ τὴν μῖξιν· τοῦτο δ' οὐκέτι
ἀριθμὸς ἀλλὰ λόγος μίξεως ἀριθμῶν σωματικῶν ἢ ὁποιων-
οῦν. οὔτε οὖν τῷ ποιῆσαι αἴτιος ὁ ἀριθμός, οὔτε ὅλως ὁ
ἀριθμὸς οὔτε ὁ μοναδικός, οὔτε ὕλη οὔτε λόγος καὶ εἶδος
25 τῶν πραγμάτων. ἀλλὰ μὴν οὐδ' ὡς τὸ οὗ ἕνεκα.

6

Ἀπορήσειε δ' ἄν τις καὶ τί τὸ εὖ ἐστὶ τὸ ἀπὸ τῶν
ἀριθμῶν τῷ ἐν ἀριθμῷ εἶναι τὴν μῖξιν, ἢ ἐν εὐλογίστῳ ἢ
ἐν περιττῷ. νυνὶ γὰρ οὐθὲν ὑγιεινότερον τρὶς τρία ἂν ᾖ τὸ

nada. E, no entanto, o contrário destrói o contrário, seja ele imanente ou não, como, por exemplo, a discórdia destrói a mistura. (Entretanto, não deveria destruir, pois a discórdia não é contrária à mistura)[12].

(4) Esses filósofos também não explicam de que modo os números são causas das substâncias e do ser[13]. São causas enquanto limites, como os pontos são limites das grandezas, e do mesmo modo como Eurito estabelecia o número de cada coisa? (Por exemplo, determinado número para o homem, outro para o cavalo, reproduzindo com pedrinhas a forma dos viventes, de modo semelhante aos que remetem os números às figuras do triângulo e do quadrado[14]). Ou são causas enquanto a harmonia é uma relação de números e, desse modo, também o homem e cada uma das outras coisas[15]? E então as afecções tais como o branco, o doce e o quente, como poderiam ser números[16]? E é evidente que os números não são substâncias nem causas da forma: a substância consiste numa relação formal, enquanto o número é matéria. Vejamos um exemplo: a substância da carne e do osso só é número no sentido de que três de suas partes são terra e duas são fogo. E um número, qualquer que seja, é sempre um número de determinadas coisas: de partes de fogo ou de partes de terra ou de unidades; mas a substância consiste na relação da quantidade dos elementos materiais que entram na mistura: e essa relação não é mais um número, mas é forma da mistura dos números (sejam eles de natureza material ou não)[17].

Portanto, o número, tanto em geral como o número composto de puras unidades, não é causa eficiente das coisas, não é essência e forma das coisas e também não é causa final delas[18].

6. [É impossível que os números sejam causas das coisas][1]

(a) Poder-se-ia também perguntar qual é o bem que deriva dos números para as coisas: esse bem — dizem eles — consiste em que a mistura ocorre segundo um número, seja este um número de proporções perfeitas, seja ele ímpar. Mas, o hidromel não é mais

μελίκρατον κεκραμένον, ἀλλὰ μᾶλλον ὠφελήσειεν ἂν ἐν
30 οὐθενὶ λόγῳ ὂν ὑδαρὲς δὲ ἢ ἐν ἀριθμῷ ἄκρατον ὄν. ἔτι οἱ
λόγοι ἐν προσθέσει ἀριθμῶν εἰσὶν οἱ τῶν μίξεων, οὐκ ἐν
ἀριθμοῖς, οἷον τρία πρὸς δύο ἀλλ' οὐ τρὶς δύο. τὸ γὰρ
αὐτὸ δεῖ γένος εἶναι ἐν ταῖς πολλαπλασιώσεσιν, ὥστε δεῖ
μετρεῖσθαι τῷ τε Α τὸν στοῖχον ἐφ' οὗ ΑΒΓ καὶ τῷ Δ τὸν
35 ΔΕΖ· ὥστε τῷ αὐτῷ πάντα. οὔκουν ἔσται πυρὸς ΒΕΓΖ
1093ᵃ καὶ ὕδατος ἀριθμὸς δὶς τρία. — εἰ δ' ἀνάγκη πάντα ἀριθμοῦ
κοινωνεῖν, ἀνάγκη πολλὰ συμβαίνειν τὰ αὐτά, καὶ ἀριθμὸν
τὸν αὐτὸν τῷδε καὶ ἄλλῳ. ἆρ' οὖν τοῦτ' αἴτιον καὶ διὰ
τοῦτό ἐστι τὸ πρᾶγμα, ἢ ἄδηλον; οἷον ἔστι τις τῶν τοῦ ἡλίου
5 φορῶν ἀριθμός, καὶ πάλιν τῶν τῆς σελήνης, καὶ τῶν ζῴων
γε ἑκάστου τοῦ βίου καὶ ἡλικίας· τί οὖν κωλύει ἐνίους μὲν τούτων τετραγώνους εἶναι ἐνίους δὲ κύβους, καὶ ἴσους τοὺς
δὲ διπλασίους; οὐθὲν γὰρ κωλύει, ἀλλ' ἀνάγκη ἐν τούτοις
στρέφεσθαι, εἰ ἀριθμοῦ πάντα ἐκοινώνει. ἐνεδέχετό τε τὰ
10 διαφέροντα ὑπὸ τὸν αὐτὸν ἀριθμὸν πίπτειν· ὥστ' εἴ τισιν ὁ
αὐτὸς ἀριθμὸς συνεβεβήκει, ταὐτὰ ἂν ἦν ἀλλήλοις ἐκεῖνα
τὸ αὐτὸ εἶδος ἀριθμοῦ ἔχοντα, οἷον ἥλιος καὶ σελήνη τὰ
αὐτά. ἀλλὰ διὰ τί αἴτια ταῦτα; ἑπτὰ μὲν φωνήεντα,
ἑπτὰ δὲ χορδαὶ ἡ ἁρμονία, ἑπτὰ δὲ αἱ πλειάδες, ἐν ἑπτὰ
15 δὲ ὀδόντας βάλλει (ἔνιά γε, ἔνια δ' οὔ), ἑπτὰ δὲ οἱ ἐπὶ
Θήβας. ἆρ' οὖν ὅτι τοιοσδὶ ὁ ἀριθμὸς πέφυκεν, διὰ τοῦτο
ἢ ἐκεῖνοι ἐγένοντο ἑπτὰ ἢ ἡ πλειὰς ἑπτὰ ἀστέρων ἐστίν; ἢ
οἱ μὲν διὰ τὰς πύλας ἢ ἄλλην τινὰ αἰτίαν, τὴν δὲ ἡμεῖς

eficaz se seus ingredientes são misturados segundo a proporção de 3 por 3; mas é mais eficaz se estiver suficientemente aguado, sem nenhuma proporção particular, do que se for feito com certa relação numérica, mas demasiado forte[2].

(b) Ademais, as relações das misturas consistem numa adição de números e não numa multiplicação: por exemplo, 3 + 2 e não 3 x 2. De fato, na multiplicação os objetos multiplicados devem ser do mesmo gênero, de modo que o produto dos fatores 1 x 2 x 3 deve ser medido pelo 1, e o produto dos fatores 4 x 5 x 6 deve ser medido pelo 4; portanto, todas as séries de fatores são medidas por um mesmo fator. Assim, o número do fogo não poderá ser 2 x 5 x 3 x 6 e o da água 2 x 3³.

(c) E se todas as coisas tivessem necessariamente uma participação no número, então muitas coisas necessariamente seriam idênticas, e o mesmo número seria próprio tanto de determinada coisa como de outra. Deve-se, então, dizer que é justamente esta a causa e que em virtude dela a coisa existe? Ou deve-se dizer, antes, que isso não é absolutamente evidente? Por exemplo, há um número para os movimentos do sol, e há um número para os movimentos da lua, e, ainda, há um número para a vida e para a idade de cada um dos seres vivos: o que impede, então, que alguns desses números sejam números quadrados, outros cúbicos, outros iguais e outros duplos? Nada impede; antes, é necessário que se fique nesses limites se, como se disse, todas as coisas participam do número. Além disso, coisas diferentes poderiam entrar no mesmo número; de modo que, se a algumas coisas devesse convir o mesmo número, elas deveriam ser idênticas, tendo a mesma forma de número: por exemplo, deveriam ser idênticos o sol e a lua[4].

(d) Mas por que os números deveriam ser causas[5]? Sete são as vogais, sete são as notas da escala musical, sete são as Plêiades, aos sete anos alguns animais perdem os dentes (outros não)[6], sete foram os combatentes contra Tebas. Então, seria a natureza do número sete que constitui a causa pela qual foram sete os combatentes contra Tebas, e a Plêiade é formada por sete estrelas? Ou não é, antes, porque são sete as portas de Tebas ou ainda por alguma outra razão? E a Plêiade não tem sete estrelas porque

οὕτως ἀριθμοῦμεν, τὴν δὲ ἄρκτον γε δώδεκα, οἱ δὲ πλείους· ἐπεὶ καὶ τὸ ΞΨΖ συμφωνίας φασὶν εἶναι, καὶ ὅτι ἐκεῖναι τρεῖς, καὶ ταῦτα τρία· ὅτι δὲ μυρία ἂν εἴη τοιαῦτα, οὐθὲν μέλει (τῷ γὰρ Γ καὶ Ρ εἴη ἂν ἓν σημεῖον)· εἰ δ' ὅτι διπλάσιον τῶν ἄλλων ἕκαστον, ἄλλο δ' οὔ, αἴτιον δ' ὅτι τριῶν ὄντων τόπων ἓν ἐφ' ἑκάστου ἐπιφέρεται τῷ σίγμα, διὰ τοῦτο τρία μόνον ἐστὶν ἀλλ' οὐχ ὅτι αἱ συμφωνίαι τρεῖς, ἐπεὶ πλείους γε αἱ συμφωνίαι, ἐνταῦθα δ' οὐκέτι δύναται. ὅμοιοι δὴ καὶ οὗτοι τοῖς ἀρχαίοις Ὁμηρικοῖς, οἳ μικρὰς ὁμοιότητας ὁρῶσι μεγάλας δὲ παρορῶσιν. λέγουσι δέ τινες ὅτι πολλὰ τοιαῦτα, οἷον αἵ τε μέσαι ἡ μὲν ἐννέα ἡ δὲ ὀκτώ, καὶ τὸ ἔπος δεκαεπτά, ἰσάριθμον τούτοις, βαίνεται δ' ἐν μὲν τῷ δεξιῷ ἐννέα συλλαβαῖς, ἐν δὲ τῷ ἀριστερῷ ὀκτώ· καὶ ὅτι ἴσον τὸ διάστημα ἔν τε τοῖς γράμμασιν ἀπὸ τοῦ Α πρὸς τὸ Ω, καὶ ἀπὸ τοῦ βόμβυκος ἐπὶ τὴν ὀξυτάτην [νεάτην] ἐν αὐλοῖς, ἧς ὁ ἀριθμὸς ἴσος τῇ οὐλομελείᾳ τοῦ οὐρανοῦ. ὁρᾶν δὲ δεῖ μὴ τοιαῦτα οὐθεὶς ἂν ἀπορήσειεν οὔτε λέγειν οὔθ' εὑρίσκειν ἐν τοῖς ἀϊδίοις, ἐπεὶ καὶ ἐν τοῖς φθαρτοῖς. ἀλλ' αἱ ἐν τοῖς ἀριθμοῖς φύσεις αἱ ἐπαινούμεναι καὶ τὰ τούτοις ἐναντία καὶ ὅλως τὰ ἐν τοῖς μαθήμασιν, ὡς μὲν λέγουσί τινες καὶ αἴτια ποιοῦσι τῆς φύσεως, ἔοικεν οὑτωσί γε σκοπουμένοις διαφεύγειν (κατ' οὐδένα γὰρ τρόπον τῶν

nós contamos sete estrelas, assim como contamos doze na Ursa
maior, enquanto outros contam mais⁷? E dizem também que X,
Ψ e Z são consonâncias, e que existem essas três consonâncias
justamente porque são três as consonâncias musicais. Mas que
possam existir mil outras consonâncias semelhantes não lhes importa: de fato, também Γ, Π poderiam ser indicados com o mesmo
signo. E se objetassem que cada uma daquelas três consonâncias
é dupla relativamente às outras, o que não ocorre com nenhuma
das outras, deveríamos responder que a razão disso é que três são
as posições da boca, e que a cada uma dessas três posições pode
ser acrescentado um sigma: por isso são só três as consonâncias
duplas, e não por serem três as consonâncias musicais: de fato,
as consonâncias são mais de três, enquanto aquelas não podem
ser mais de três⁸. Esses filósofos fazem lembrar os antigos intérpretes de Homero, que viam as pequenas semelhanças e não se
davam conta das grandes⁹. Há, ainda, alguns que dizem serem
muitos os casos desse gênero¹⁰. Por exemplo, dizem que, sendo
as cordas medianas de nove e de oito tons, também o verso épico
é de dezesseis sílabas (número igual à soma dos números dos
tons das duas cordas) e cadenciam a metade direita do verso
em nove sílabas e a metade esquerda em oito¹¹. E dizem, ainda,
que o intervalo entre as letras situadas entre A e Ω é igual ao
intervalo entre a nota mais baixa e a nota mais alta nas flautas, e
que o número desta última é igual ao número da perfeita harmonia do céu¹². Ora, deve-se notar que não é difícil para ninguém
indicar ou encontrar tais correspondências no âmbito dos seres
eternos, dado que é fácil encontrá-las também no âmbito dos
seres corruptíveis¹³.

(e) Mas as tão louvadas características que se encontram nos
números e as contrárias a elas e, em geral, as características que se
encontram nos entes matemáticos, tal como as entendem alguns
filósofos, que as afirmam como causas da realidade, parecem desvanecer a um exame conduzido do modo como o fizemos: de fato,
nenhuma dessas é causa em nenhum dos sentidos nos quais algo
se diz ser princípio, conforme estabelecemos. De resto, pode-se
dizer que esses filósofos fazem ver que o bem pertence também

διωρισμένων περὶ τὰς ἀρχὰς οὐδὲν αὐτῶν αἴτιον)· ἔστιν ὡς μέντοι ποιοῦσι φανερὸν ὅτι τὸ εὖ ὑπάρχει καὶ τῆς συστοιχίας ἐστὶ τῆς τοῦ καλοῦ τὸ περιττόν, τὸ εὐθύ, τὸ ἰσάκις ἴσον, αἱ δυνάμεις ἐνίων ἀριθμῶν· ἅμα γὰρ ὧραι καὶ ἀριθμὸς τοιοσδί·
15 καὶ τὰ ἄλλα δὴ ὅσα συνάγουσιν ἐκ τῶν μαθηματικῶν θεωρημάτων πάντα ταύτην ἔχει τὴν δύναμιν. διὸ καὶ ἔοικε συμπτώμασιν· ἔστι γὰρ συμβεβηκότα μέν, ἀλλ' οἰκεῖα ἀλλήλοις πάντα, ἓν δὲ τῷ ἀνάλογον· ἐν ἑκάστῃ γὰρ τοῦ ὄντος κατηγορίᾳ ἐστὶ τὸ ἀνάλογον, ὡς εὐθὺ ἐν μήκει οὕτως
20 ἐν πλάτει τὸ ὁμαλόν, ἴσως ἐν ἀριθμῷ τὸ περιττόν, ἐν δὲ χροιᾷ τὸ λευκόν. — ἔτι οὐχ οἱ ἐν τοῖς εἴδεσιν ἀριθμοὶ αἴτιοι τῶν ἁρμονικῶν καὶ τῶν τοιούτων (διαφέρουσι γὰρ ἐκεῖνοι ἀλλήλων οἱ ἴσοι εἴδει· καὶ γὰρ αἱ μονάδες)· ὥστε διά γε ταῦτα εἴδη οὐ ποιητέον. τὰ μὲν οὖν συμβαίνοντα ταυτά
25 τε κἂν ἔτι πλείω συναχθείη· ἔοικε δὲ τεκμήριον εἶναι τὸ πολλὰ κακοπαθεῖν περὶ τὴν γένεσιν αὐτῶν καὶ μηδένα τρόπον δύνασθαι συνεῖραι τοῦ μὴ χωριστὰ εἶναι τὰ μαθηματικὰ τῶν αἰσθητῶν, ὡς ἔνιοι λέγουσι, μηδὲ ταύτας εἶναι τὰς ἀρχάς.

aos números, e que os ímpares, o reto, o quadrado e as potências de alguns números se incluem na série à qual pertence o belo. De fato, existe correspondência entre as estações e determinado número, e todas as outras semelhanças que eles extraem dos teoremas matemáticos têm esse valor de correspondências. Por isso também assemelham-se a puras coincidências. Trata-se, com efeito, de acidentes; mas todas as coisas têm ligações recíprocas e formam uma unidade por analogia. De fato, em cada uma das categorias do ser existe o análogo: como o reto está para o comprimento, assim o plano está para a superfície e, de modo semelhante, o ímpar está para o número e o branco para a cor[14].

(f) Além disso, os números ideais não são causas das consonâncias musicais das coisas desse gênero: de fato, todos os números ideais iguais devem diferir entre si formalmente, porque as próprias unidades são diferentes entre si. Portanto, por estas razões, não se pode admitir Ideias[15].

Estas são, portanto, as absurdas consequências, e poderíamos ainda extrair outras. As numerosas dificuldades que eles encontram a respeito da geração dos números e a impossibilidade de fazer concordar suas explicações é prova de que os entes matemáticos não existem separados dos sensíveis — como alguns deles afirmam — e que não são princípios[16].

Edições Loyola

editoração impressão acabamento
rua 1822 nº 341
04216-000 são paulo sp
T 55 11 3385 8500/8501 • 2063 4275
www.loyola.com.br